T0272531

ASÍ ES COMO ME DICEN QUE ACABARÁ EL MUNDO

ASÍ ES COMO ME DICEN QUE ACABARÁ EL MUNDO

Nicole Perlroth

La carrera armamentística cibernética

Traducción de Daniel Casado Rodríguez

TENDENCIAS

Argentina – Chile – Colombia – España
Estados Unidos – México – Perú – Uruguay

Título original: *This is How They Tell Me the World Ends*
Editor original: Bloomsbury Publishing
Traductor: Daniel Casado Rodríguez

1.ª edición: octubre 2022

Copyright © 2021 *by* Nicole Perlroth
All Rights Reserved
© de la traducción 2022 *by* Daniel Casado Rodríguez
© 2022 *by* Ediciones Urano, S.A.U.
Plaza de los Reyes Magos, 8, piso 1.º C y D – 28007 Madrid
www.edicionesurano.com

ISBN: 978-84-92917-10-5
E-ISBN: 978-84-19251-59-6
Depósito legal: B-15.025-2022

Fotocomposición: Ediciones Urano, S.A.U.
Impreso por: Rodesa, S.A. – Polígono Industrial San Miguel
Parcelas E7-E8 – 31132 Villatuerta (Navarra)

Impreso en España – *Printed in Spain*

Para Tristan, que siempre me sacaba de mis escondites secretos.
Para Heath, que se casó conmigo aunque no pude decirle dónde me escondía.
Para Holmes, que se escondió en mi vientre.

There's something happening here.
What it is ain't exactly clear.
There's a man with a gun over there,
telling me I got to beware
I think it's time we stop, children, what's that sound,
everybody look what's going down.

—BUFFALO SPRINGFIELD

ÍNDICE

PARTE IV
Los mercenarios

PARTE V
La resistencia

PARTE VI
El tornado

PARTE VII
Bumerán

NOTA DE LA AUTORA

Este libro es el producto de más de siete años de entrevistas a más de trescientos individuos que han participado en la industria clandestina de las ciberarmas, que la han rastreado o que se han visto afectados de forma directa por ella. Dichos individuos incluyen a hackers, activistas, disidentes, académicos, informáticos, funcionarios del gobierno estadounidense y de otros países, investigadores forenses y mercenarios.

Muchos de ellos han sido muy generosos con su tiempo y en ocasiones han pasado incluso varios días recordando los detalles de distintos sucesos y conversaciones que se relatan en estas páginas. A las fuentes se les pidió que aportaran documentación, siempre que fuera posible, en forma de contratos, correos electrónicos, mensajes y otras miguitas digitales que se consideraban información clasificada o, en muchos casos, privilegiada bajo contratos de confidencialidad. Se han empleado grabaciones de audio, calendarios y notas siempre que se ha podido para corroborar tanto mis propios recuerdos de los sucesos como los de las fuentes.

Debido a lo delicado que es el tema tratado, muchas de las personas entrevistadas para este libro solo accedieron a ello bajo la condición de que no se las identificara. Dos personas solo hablaron conmigo bajo la condición de que cambiara sus nombres. Se ha verificado su información mediante otras personas siempre que ha sido posible. Muchas fuentes solo accedieron a participar para verificar la información proporcionada por otras.

Los lectores no deberán asumir que cualquier individuo mencionado en estas páginas fue una fuente para los sucesos o los diálogos que en ellas se describen. En varios casos, la información provino directamente de la persona, pero, en otros, se originó de testigos presenciales, terceras partes y, tanto como fue posible, de documentación escrita.

Aun así, en lo que concierne al comercio de ciberarmas, he llegado a la conclusión de que los hackers, compradores, vendedores y gobiernos llegan hasta unos extremos inimaginables para evitar dejar un rastro de documentación escrita. Mucha información y muchas anécdotas no se han incluido en estas páginas solo porque no había modo de corroborar su versión de los hechos. Espero que los lectores sepan perdonar dichas omisiones.

Pese a que lo he hecho lo mejor que he podido, son tantas las partes del comercio de ciberarmas que siguen siendo impenetrables en la actualidad que sería una locura afirmar que he dado en el blanco en todos los sentidos. Cualquier error, por supuesto, es mío.

Espero que mi obra sirva para arrojar aunque sea un atisbo de luz sobre la industria de las ciberarmas, tan escondida y prácticamente invisible, para que nosotros, una sociedad en la cúspide de este tsunami digital llamado «el Internet de las Cosas», podamos mantener algunas de las conversaciones necesarias ahora, antes de que sea demasiado tarde.

—Nicole Perlroth
Noviembre de 2020

PRÓLOGO

Para cuando mi avión aterrizó en Kiev —en pleno invierno de 2019—, nadie estaba seguro de si el ataque había acabado o de si solo se trataba de un aperitivo de lo que estaba por venir.

Una atmósfera de pánico atenuado, de paranoia alerta, se apoderó de nuestro avión en cuanto entramos al espacio aéreo ucraniano. Las turbulencias nos habían sacudido hacia arriba de forma tan repentina que había empezado a oír arcadas en la parte trasera del avión. A mi lado, una menuda modelo ucraniana me agarró del brazo, cerró los ojos y empezó a rezar.

Noventa metros por debajo de nosotros, Ucrania había entrado en alerta naranja. Un repentino vendaval arrancaba tejados de los edificios y lanzaba sus restos destrozados hacia el tráfico. Los pueblos ubicados en las afueras de la capital y en la parte occidental del país se estaban quedando sin electricidad… otra vez. Cuando aterrizamos a duras penas en la pista y empezamos a recorrer el Aeropuerto Internacional de Borispol, incluso los jóvenes y desgarbados agentes fronterizos ucranianos parecían preguntarse si se trataba de un vendaval fortuito o si era otro ciberataque ruso. Por aquel entonces no se podía estar seguro de nada.

Un día antes, me había despedido de mi bebé y había emprendido el viaje rumbo a Kiev en una especie de peregrinaje oscuro. Iba a explorar los restos de la zona cero del ciberataque más devastador que el mundo había presenciado jamás. El planeta aún se estaba recuperando de los efectos colaterales de un ciberataque ruso a Ucrania que hacía menos de dos años había cerrado instalaciones gubernamentales, vías ferroviarias, cajeros automáticos, gasolineras, el servicio postal e incluso los medidores de radiación de la antigua central nuclear de Chernóbil antes de que el código escapara de Ucrania y diera la vuelta, con torpeza, por todo el mundo. Tras su fuga, el código había paralizado empresas en la lejana Tasmania, había destruido vacunas en una de las empresas farmacéuticas más grandes del mundo, se había infiltrado en ordenadores de FedEx y había hecho que el mayor conglomerado de envíos del mundo se detuviera, y todo ello en cuestión de minutos.

El Kremlin había sido astuto y había hecho coincidir el ataque con el Día de la Constitución de Ucrania de 2017 —equivalente al día nacional del país— para enviar un lúgubre recordatorio a sus vecinos: podían celebrar su independencia todo lo que quisieran, pero la Madre Rusia jamás los iba a dejar escapar.

El ataque fue la culminación de una serie de insidiosos ciberataques rusos cada vez más graves; un acto de venganza por la revolución de Ucrania de 2014, cuando cientos de miles de ucranianos habían tomado la Plaza de la Independencia de Kiev para protestar contra el gobierno en las sombras que el Kremlin había implantado en Ucrania y que había acabado con la expulsión de su presidente, Víktor Yanukóvich, uno de los títeres de Putin.

Pocos días después de la caída del señor Yanukóvich, Putin ya lo había hecho volver a Moscú y había enviado a sus tropas a invadir la península de Crimea. Antes de 2014, la península de Crimea había sido un paraíso del mar Negro, un diamante suspendido en la costa sur de Ucrania. Winston Churchill lo había denominado «la Riviera de Hades». En aquellos momentos pertenecía a Rusia y era el infernal epicentro del alejamiento de Vladimir Putin con Ucrania.

El ejército digital de Putin había estado interfiriendo con Ucrania desde entonces. Los hackers rusos habían ido a la caza de todos y de todo lo que tuviera un pulso digital en Ucrania. Durante cinco largos años, bombardearon a los ucranianos con miles de ciberataques al día y monitorizaron las redes del país sin cesar en busca de indicios de debilidad: una contraseña débil, un cero donde no tocaba, programas pirateados o sin parches de seguridad, un cortafuegos establecido con prisa… cualquier cosa que pudieran aprovechar para causar el caos digital. Habían hecho todo lo posible por sembrar la discordia y socavar el liderazgo pro-Occidente de Ucrania.

Putin había establecido solo dos reglas para los hackers rusos. Primero, no se debía hackear nada dentro de la madre patria. Y, segundo, si el Kremlin pedía un favor, había que hacer lo que fuera necesario. Más allá de eso, los hackers contaban con una autonomía absoluta. Y ¡oh!, cuánto los quería Putin.

Los hackers rusos eran «como artistas que se levantaban de buen humor y empezaban a pintar», según le dijo Putin a un grupo de periodistas en junio de 2017, tan solo tres semanas antes de que sus *hackers* asediaran los sistemas ucranianos. «Si tienen tendencias patrióticas, es posible que intenten aportar su granito de arena a la lucha contra aquellos que hablan mal de Rusia».

Ucrania se había convertido en su laboratorio de pruebas digital, un infierno ardiente en el que podían probar la eficacia de cualquier truco y herramienta del arsenal digital de Rusia sin temor a sufrir las consecuencias. Solo durante el primer año —2014—, los medios de comunicación estatales y los troles rusos lanzaron una campaña de desinformación sobre las elecciones presidenciales ucranianas que, de forma alternativa, culpaba de los alzamientos masivos pro-Occidente del país a un golpe de Estado ilegal, a una «junta» militar o a los «estados profundos» de Estados Unidos y Europa. Los hackers se hicieron con correos electrónicos sobre las campañas, buscaron datos de votantes, se infiltraron en la autoridad de elecciones de Ucrania, eliminaron ficheros e implantaron programas maliciosos en el sistema de información sobre las elecciones del país que afirmaban que el candidato de extrema derecha se había hecho con la victoria. Los ucranianos descubrieron el plan justo antes de que los resultados llegaran a los medios de comunicación del país. Los expertos en seguridad de elecciones lo llamaron «el intento más osado de manipulación de una elección nacional de la historia».

En retrospectiva, todo aquello debería haber hecho saltar más alarmas en Estados Unidos. No obstante, en 2014, la mirada de los estadounidenses se encontraba en otro lugar: la violencia en Ferguson, Misuri; los horrores del Estado Islámico y su aparición de la nada; y, en mi campo, el ataque informático a Sony Pictures por parte de Corea del Norte que se había producido aquel diciembre, cuando los hackers de Kim Jong-un habían llevado a cabo su venganza sobre la productora de películas por una comedia de Seth Rogen y James Franco que mostraba el asesinato de su Querido Líder. Los hackers de Corea del Norte incendiaron los servidores de Sony con código antes de publicar correos electrónicos de manera selectiva para humillar a los ejecutivos de la empresa cinematográfica en un ataque que ofreció a Putin la guía perfecta para 2016.

Para la mayoría de los estadounidenses, Ucrania parecía estar a todo un mundo de distancia. Vimos atisbos de ucranianos protestando en la plaza de la Independencia, y luego celebrando cuando el nuevo liderazgo pro-Occidente reemplazó al títere de Putin. Algunos prestaron atención a las batallas que se producían al este de Ucrania. La mayoría recuerda el avión malasio, lleno de pasajeros neerlandeses, que los separatistas rusos derribaron del cielo.

Si hubiéramos estado prestando más atención, tal vez habríamos visto las luces rojas de advertencia, los servidores atacados de Singapur y Holanda, los apagones, el código que salía en todas direcciones.

Podríamos haber visto que la jugada final no era Ucrania. Era Estados Unidos.

La interferencia de Rusia en las elecciones de Ucrania de 2014 no fue más que el bombardeo de apertura de lo que iba a producirse después: una campaña de ciberagresión y destrucción nunca antes vista en el mundo.

Estaban empleando una estrategia de sus viejas guías de la Guerra Fría, y, mientras mi taxi salía de Borispol en dirección al centro de Kiev, la plaza de la Independencia, el corazón de la revolución ucraniana, me preguntaba qué estrategia emplearían a continuación y si podríamos llegar a un punto en el que pudiéramos prevenir su siguiente movimiento.

El punto crucial de la política exterior de Putin era debilitar el apoyo de Occidente en los asuntos mundiales. Con cada ataque informático y campaña de desinformación, el ejército digital de Putin trataba de enredar a los oponentes de Rusia en sus propias políticas y distraerlos del verdadero plan de Putin: fracturar la democracia occidental y, al final, a la OTAN —la Organización del Tratado del Atlántico Norte—, lo único que mantenía a Putin a raya.

Cuanto más se decepcionaran los ucranianos (¿dónde estaban sus protectores de Occidente después de todo?), más oportunidades había de que acabaran dándole la espalda al mundo occidental y regresaran al frío abrazo de la Madre Rusia.

¿Y qué mejor forma de sacar de quicio a los ucranianos y hacer que cuestionaran a su nuevo gobierno que apagar la calefacción y la electricidad del país en pleno invierno? El 23 de diciembre de 2015, justo antes de Nochebuena, Rusia cruzó un Rubicón digital. Los mismos hackers rusos que habían estado poniendo trampas y colocando explosivos virtuales en los medios de comunicación e instalaciones gubernamentales ucranianas durante meses, también se habían adentrado con sigilo en las centrales de energía del país. Aquel diciembre accedieron a los ordenadores que controlaban la red eléctrica de Ucrania y apagaron un disyuntor tras otro de forma meticulosa hasta que cientos de miles de ucranianos se quedaron sin electricidad. Por si fuera poco, también desactivaron las líneas de teléfono de emergencia. Y, por si esto fuera poco, apagaron la energía de respaldo de los centros de distribución de Ucrania, lo que obligó a los trabajadores a restablecer el sistema a oscuras.

Si bien la electricidad volvió poco después, en menos de seis horas, lo que ocurrió en la Ucrania occidental aquel día no tiene precedentes en la historia. Los videntes digitales y el público aficionado a las conspiraciones llevaban tiempo advirtiendo que un ciberataque acabaría afectando la red eléctrica, pero, hasta el 23 de diciembre de 2015, ningún Estado que contara con los medios había tenido lo que hay que tener para hacer algo así.

Los atacantes de Ucrania habían llegado a grandes extremos para ocultar su localización verdadera, al enrutar su ataque a través de servidores afectados en Singapur, los Países Bajos y Rumanía, lo que fue un nivel de ofuscación que los investigadores forenses no habían visto jamás. Habían descargado su arma en las redes ucranianas en fragmentos y trozos de aspecto benigno para confundir a los detectores de intrusión y habían aleatorizado su código con cautela para evadir los programas antivirus. Y, aun así, los funcionarios ucranianos supieron de inmediato quién se encontraba detrás del ataque. El tiempo y los recursos necesarios para desatar un ataque a la red eléctrica con aquel nivel de sofisticación se escapaba del alcance de cualquier hacker que pesara doscientos kilos y trabajara desde su cama, tal como insinuó alguna vez Donald Trump.

Desactivar la electricidad de Ucrania no le representó ningún beneficio financiero a Rusia; se trataba de un ataque político. Durante los meses siguientes, los investigadores de seguridad lo confirmaron. Rastrearon el ataque hasta una conocida unidad de inteligencia rusa y dieron a conocer sus motivos. El ataque estaba ingeniado para recordarles a los ucranianos que su gobierno era débil, que Rusia era fuerte y que las tropas digitales de Putin se habían adentrado en tantos recovecos digitales de Ucrania que Rusia podía apagar las luces cuando le viniera en gana.

Y, por si aquel mensaje no hubiera quedado claro, los mismos hackers rusos repitieron el proceso un año después y volvieron a desactivar la electricidad de Ucrania en diciembre de 2016; solo que aquella vez apagaron la calefacción y la electricidad del corazón de la nación, Kiev, en una muestra de osadía y habilidad que hizo que incluso las contrapartes rusas de la sede de la Agencia de Seguridad Nacional de Estados Unidos (NSA por sus siglas en inglés) en Fort Meade, Maryland, se estremecieran.

Durante años, la inteligencia nacional clasificada había considerado a Rusia y a China como los adversarios más formidables de Estados Unidos en el reino cibernético. China recibió la mayor parte de las atenciones, no tanto por su sofisticación, sino porque a sus hackers se les daba muy bien robar los secretos comerciales estadounidenses. El exdirector de la NSA, Keith Alexander, calificó el ciberespionaje chino como «la mayor transferencia de capital de la historia» en unas famosas declaraciones. Los chinos estaban robando cada parte de propiedad intelectual estadounidense que valiera la pena robar y se las entregaban a las empresas de su Estado para que las imitaran.

Irán y Corea del Norte también se encontraban en lo alto de la lista de ciberamenazas. Ambos países habían demostrado tener la voluntad de causar daños a Estados Unidos. Irán había derribado las páginas web de varios bancos estadounidenses y había destrozado ordenadores del casino Las Vegas Sands después de que su director ejecutivo, Sheldon Adelson, alentara públicamente a Washington a bombardear Irán, y, en una oleada de ataques con programas de secuestro, los cibercriminales iraníes tomaran varios hospitales, empresas y ciudades enteras como rehén mediante el código. Corea del Norte había prendido fuego servidores estadounidenses por el mero hecho de que Hollywood había ofendido los gustos cinematográficos de Kim Jong-un, y, más adelante, los esbirros digitales de Jong-un lograron robar 81 millones de dólares de un banco de Bangladesh.

Sin embargo, en temas de sofisticación, no cabía duda de que Rusia siempre estaba a la cabeza. Los hackers rusos se habían infiltrado en el Pentágono, en la Casa Blanca, en el Estado Mayor Conjunto y en el Departamento de Estado; y un grupo juvenil ruso llamado «Nashi», ya fuera bajo las órdenes directas del Kremlin o solo por su sentido patriótico, dejó a toda la nación de Estonia sin conexión a Internet después de que allí se atrevieran a mover una estatua de la era soviética. En un ciberataque, los hackers rusos se hicieron pasar por fundamentalistas islámicos y sacaron a una docena de canales de televisión francesa de antena. Los atraparon mientras trataban de desmantelar los controles de seguridad de una empresa petroquímica de Arabia Saudí, lo que acercó a los hackers rusos un paso más a desatar una explosión ciberinducida. Bombardearon el referéndum por el Brexit, hackearon la red eléctrica estadounidense, interfirieron en las elecciones presidenciales de Estados Unidos en 2016, en las francesas, en la Agencia Mundial Antidopaje y en las mismísimas Olimpiadas.

No obstante, en su mayoría, la comunidad de inteligencia de Estados Unidos todavía asumía que sus capacidades eran mucho mayores que las de la oposición en 2016. El Kremlin estaba probando las mejores armas de su arsenal cibernético en Ucrania, y, hasta donde sabían los especialistas de contrainteligencia estadounidenses, Rusia no se acercaba ni de lejos a las habilidades cibernéticas de Estados Unidos.

Y podría haber seguido siendo así durante algún tiempo. Si bien nadie podía predecir cuánto tiempo sería, entre 2016 y 2017, el margen entre las capacidades cibernéticas de Estados Unidos y las de cualquier otro país o agente con mala fe del planeta disminuyó en gran medida. A partir de 2016, el propio arsenal de la Agencia de Seguridad Nacional de Estados Unidos —el cual es la única razón por la que el país mantuvo su ventaja ofensiva en el ciberespacio— quedó expuesto por parte de un misterioso grupo cuya identidad no se ha podido identificar hasta el momento. Durante un periodo de nueve meses, un enigmático hacker —o hackers, puesto que aún no se sabe quién decidió torturar a la NSA— que se hacía llamar «Shadow Brokers» comenzó a publicar las herramientas de hackeo y el código de la NSA para que estuvieran al alcance de cualquier Estado, cibercriminal o terrorista y pudieran ser utilizados en sus propias cruzadas virtuales.

Pese a que las filtraciones de los Shadow Brokers llegaron a los titulares de la prensa, no permanecieron en la mente de los estadounidenses durante mucho tiempo, al igual que la mayoría de las noticias entre 2016 y 2017. El entendimiento público de lo que estaba ocurriendo era, por decirlo con suavidad, dispar en cuanto la gravedad de la situación y al impacto que tendrían dichas filtraciones sobre la NSA, los aliados de Estados Unidos y algunas de las empresas más grandes y de los pueblos y ciudades más pequeños del país.

Las filtraciones de los Shadow Brokers fueron el primer vistazo que pudo echar el mundo al arsenal cibernético más poderoso e invisible del planeta. Lo que aquellos enigmáticos hackers habían expuesto era el programa gubernamental más grande del que jamás hayas oído hablar, una operación de ciberarmas y espionaje tan clasificada que no estuvo registrada en ningún lugar durante décadas, escondida del público mediante sociedades ficticias, mercenarios, presupuestos en negro, acuerdos de confidencialidad y, durante sus primeros días, bolsas de gimnasio llenas de dinero.

Para cuando los Shadow Brokers empezaron a filtrar las ciberarmas de la NSA, yo llevaba cuatro años rastreando el programa ofensivo de la agencia, desde que había podido echar un privilegiado vistazo a unos documentos filtrados por Edward J. Snowden, excontratista de la NSA. Había rastreado la historia del programa, de tres décadas de duración. Había conocido a su Padrino. Había conocido a sus hackers, proveedores y mercenarios. Y me había familiarizado mucho con las imitaciones que habían surgido por todo el mundo. Cada vez más seguido, me encontraba con los mismos hombres y mujeres cuyas vidas habían quedado en la ruina por culpa de sus herramientas.

De hecho, lo único que no había visto (de cerca) fue lo que pasó cuando las ciberarmas más poderosas de la NSA cayeron en manos de nuestro adversario.

Por ello, en marzo de 2019 viajé a Ucrania para examinar las ruinas yo misma.

Los ataques de Rusia a la red eléctrica de Ucrania condujeron al mundo a un nuevo capítulo de la ciberguerra. Sin embargo, ni siquiera aquellos ataques de 2015 tuvieron punto de comparación con lo que ocurrió dos años después, una vez que Rusia se apoderó de las herramientas de hackeo mejor guardadas de la NSA.

El 27 de junio de 2017, Rusia desató las ciberarmas de la NSA en Ucrania, lo que se convirtió en el ciberataque más devastador y costoso de la historia. Aquella tarde, los ucranianos se despertaron ante pantallas en negro por todas partes. No podían retirar dinero de los cajeros automáticos, pagar el combustible en las gasolineras, enviar ni recibir correos electrónicos, comprar un billete de tren, hacer la compra, cobrar el sueldo, ni lo que, quizá, resultaba más terrorífico de todo: medir los niveles de radiación en Chernóbil. Y eso era solo en Ucrania.

El ataque golpeó a cualquier empresa que hiciera negocios con Ucrania. Lo único que hizo falta fue que un trabajador ucraniano teletrabajara para que el ataque lograra desactivar redes enteras. Los ordenadores de Pfizer y de Merck, empresas farmacéuticas; de Maersk, el conglomerado de repartos; de FedEx y de una fábrica de chocolate Cadbury en Tasmania quedaron afectados. El ataque incluso rebotó hacia Rusia y destruyó datos de Rosneft, el gigante del petróleo propiedad del Estado, y de Evraz, una empresa metalúrgica propiedad de dos oligarcas rusos. Los rusos habían empleado el código robado de la NSA como un cohete para impulsar sus programas maliciosos por todo el mundo. El ataque informático que dio la vuelta al mundo le costó solo a Merck y a FedEx mil millones de dólares.

Cuando visité Kiev en 2019, el conteo de daños causados por aquel ataque ruso excedía los diez mil millones de dólares, y las estimaciones seguían aumentando. Los sistemas ferroviarios y los de reparto aún no contaban con su capacidad completa. Por toda Ucrania, los ciudadanos seguían intentando encontrar paquetes que se habían perdido cuando los sistemas de rastreo habían quedado desactivados. Todavía se les debían pagos de pensiones que se habían retenido durante el ataque: los registros de a quién se le debía qué habían sido destruidos.

Los investigadores de seguridad bautizaron el ataque con un nombre desafortunado: NotPetya. Si bien al principio habían creído que se trataba del programa de secuestro conocido como Petya, más adelante descubrieron que los hackers rusos habían diseñado NotPetya específicamente para que se asemejara a un programa de secuestro normal y corriente, aunque no se trataba de nada de eso. Incluso si se pagaba el rescate, no había ninguna posibilidad de recuperar ninguno de los datos secuestrados. Era un arma nacional diseñada para causar una destrucción masiva.

Pasé las siguientes dos semanas en Ucrania, escondiéndome de gélidas ventiscas que provenían de Siberia. Hablé con periodistas. Caminé por la plaza de la Independencia junto a manifestantes mientras recordaban los días más sangrientos de la revolución. Me dirigí a la zona industrial para reunirme con detectives digitales que me explicaron los destrozos digitales de NotPetya. Hablé con ucranianos cuyos negocios familiares habían sido el paciente cero de los ataques, ya que la mayoría de las principales agencias y empresas ucranianas usan programas de informes para cuestiones de impuestos. Los rusos habían escondido su programa de secuestro con mucha astucia en forma de una actualización de los programas de impuestos de los sistemas de las empresas, y en aquel momento lo único que podían hacer los operadores familiares era medio llorar y medio reír ante el rol que habían interpretado en aquella ciberguerra entre países. Me reuní con el líder de las fuerzas policiales cibernéticas de Ucrania y con cualquier ministro ucraniano que aceptara mi visita.

Visité a los diplomáticos estadounidenses en la embajada justo antes de que se vieran involucrados en el proceso de destitución del presidente Donald Trump. El día que los visité estaban sobrepasados por la campaña de desinformación rusa más reciente: los troles rusos habían inundado páginas de Facebook frecuentadas por jóvenes madres ucranianas con propaganda antivacunas. Y lo habían hecho mientras el país se estaba recuperando del peor brote de sarampión de la historia reciente. En aquellos momentos, Ucrania tenía uno de los índices de vacunación más bajos del mundo, y el Kremlin se estaba aprovechando del caos. El brote de Ucrania ya se estaba esparciendo en Estados Unidos, donde los troles rusos estaban impulsando memes antivacuna hacia los estadounidenses. Los funcionarios del país no tenían ni idea de cómo contenerlo (y tampoco estuvieron mejor preparados al año siguiente, cuando los rusos se valieron de la pandemia para proponer teorías conspiratorias sobre que el COVID-19 era un arma biológica estadounidense o una siniestra argucia de Bill Gates para sacar beneficios de las vacunas). Los modos en los que Rusia estaba dispuesta a dividir y conquistar parecían no tener límites.

No obstante, durante aquel invierno de 2019, la mayoría estuvo de acuerdo en que NotPetya era la obra más osada del Kremlin hasta la fecha. Ni una sola persona con las que hablé en Kiev a lo largo de aquellas dos semanas había olvidado el ataque. Todos recordaban dónde se encontraban y qué habían estado haciendo cuando las pantallas se quedaron oscuras. Fue su Chernóbil del siglo veintiuno. Y en la antigua central nuclear, a unos ciento cuarenta kilómetros de Kiev, los ordenadores se quedaron «en negro, negro, negro», según me contó Serguéi Goncharov, el arisco director de tecnologías de Chernóbil.

Goncharov estaba volviendo de comer cuando el reloj dio las 01:12 p. m., y dos mil quinientos ordenadores se apagaron a lo largo de siete minutos. Empezaron a llover las llamadas; todo estaba desactivado. Mientras Goncharov trataba de restablecer las redes de Chernóbil, recibió una llamada que le informó que los ordenadores que medían los niveles de radiación —en el mismo lugar en el que se había producido la explosión más de tres décadas antes— estaban apagados. Nadie sabía si los niveles de radiación eran seguros o si los estaban saboteando de algún modo más siniestro.

«En el momento estábamos tan ocupados intentando que los ordenadores volvieran a funcionar que no pensamos demasiado sobre la procedencia de lo que estaba ocurriendo —me contó Goncharov—. Pero cuando alzamos la mirada y vimos la apabullante velocidad a la que el virus se había propagado, supimos que estábamos ante algo más grande, que alguien nos estaba atacando».

Goncharov se dirigió a un altavoz y le dijo a cualquiera que aún pudiera oírle que arrancara los ordenadores de los enchufes. Ordenó a los demás que salieran y empezaran a medir los niveles de radiación sobre la zona de exclusión.

Goncharov era un hombre de pocas palabras. Incluso mientras me describía el peor día de su vida, lo hacía en un tono monótono. No era un hombre dado a mostrar sus emociones. Aun así, me dijo que el día del ataque de NotPetya «había entrado en conmoción psicológica». Dos años más tarde, no pude saber a ciencia cierta si había salido de ella.

«Vivimos en una era totalmente distinta —me dijo—. Ahora solo existe la vida antes de NotPetya y la vida después de NotPetya».

En todos los lugares de Ucrania que visité durante aquellas dos semanas, los ucranianos pensaban lo mismo. En una parada de autobús, conocí a un hombre que había estado tratando de comprar un vehículo cuando la tienda le dijo que no —¿por primera vez en la historia de la venta de vehículos de segunda mano?— porque los sistemas de registro se habían desactivado. En una cafetería, hablé con una mujer cuyo modo de ganarse la vida, una pequeña tienda en línea de suministros de tela, había caído en bancarrota después de que el servicio postal hubiera perdido todos sus paquetes. Muchas personas compartían sus relatos sobre quedarse sin dinero o combustible y, en general, al igual que Goncharov, todos recordaban la gran velocidad a la que todo se había apagado.

Debido al momento en el que se había producido (en la víspera del Día de la Independencia de Ucrania), no tardaron demasiado en atar cabos. Había sido aquel viejo canalla, Rusia, quien los había importunado una vez más. Sin embargo, los ucranianos son personas duras. A lo largo de veintisiete años de tragedias y crisis, habían lidiado con ellas a través del humor negro. Algunos bromeaban sobre que, cuando todo se había apagado, Vova —su apodo para Putin— les había añadido unos cuantos días de vacaciones a su Día de la Independencia. Otros decían que el ataque había sido lo único que los había sacado de Facebook en años.

Por mucha conmoción psicológica y muchos costes financieros que hubieran provocado los sucesos de junio de 2017, los ucranianos parecían reconocer que todo podría haber sido mucho peor. Si bien los sistemas directivos estaban muy dañados y algunos registros importantes no podrían recuperarse nunca, el ataque no había llegado a la altura de la calamidad letal de desviar aviones de pasajeros o desatar alguna explosión mortal de algún tipo. Más allá de los medidores de radiación de Chernóbil, las centrales nucleares de Ucrania seguían funcionando con normalidad.

Parecía que al final Moscú se había abstenido de ciertas cosas. Al igual que los ataques a la red eléctrica anteriores, cuando las luces se habían apagado solo durante el tiempo necesario para enviar un mensaje, los daños provocados por NotPetya eran muy bajos comparados con lo que Rusia podría haber hecho, dado que tenía acceso completo a las armas estadounidenses.

Algunos afirmaron que Rusia había empleado el arsenal robado de la NSA para burlarse de la agencia, aunque los expertos de seguridad de Ucrania con los que hablé sostenían una teoría alternativa mucho más inquietante: el ataque de NotPetya, así como los ataques a la red eléctrica anteriores, no eran más que una prueba.

Eso fue lo que me contó Oleh Derevianko, un empresario de ciberseguridad ucraniano, durante una noche, frente a un plato de *dumplings vareniki* de carne ucraniana metida en algún tipo de gelatina de grasa. La empresa de Derevianko se había encontrado en las primeras filas del ataque. Una y otra vez, las pruebas forenses demostraban que los rusos solo estaban experimentando. Estaban empleando una versión cruel del método científico: probaban una capacidad aquí, un método allá, refinaban sus habilidades en Ucrania para demostrar a los líderes rusos lo que se podía hacer y así ganarse los galones.

Hubo una razón por la que el ataque de NotPetya fue tan devastador, por la que borró el 80 % de todos los ordenadores ucranianos.

«Estaban limpiando su rastro. Esas son las nuevas armas de una nueva guerra, y Ucrania era solo su centro de pruebas. ¿Cómo planean usar esas armas en el futuro? No lo sabemos», me dijo Derevianko.

Sin embargo, el país no había sufrido un ciberataque de semejante magnitud en dos años y, si bien existían ciertas pruebas de que Rusia planeaba interferir en las elecciones presidenciales de Ucrania de 2019, programadas para dos semanas más tarde, la oleada de ciberdestrucción se había convertido en un lento goteo.

«Eso quiere decir que han seguido adelante», concluyó Derevianko.

Comimos nuestra gelatina de carne en silencio, pagamos la cuenta y salimos. Parecía que por primera vez los violentos vendavales se habían calmado. Aun así, las calles de adoquines de la parte antigua de Kiev, siempre tan animadas, estaban vacías. Recorrimos el Andrew's Descent, el equivalente de Kiev del Montmartre de París, una conocida inclinación de adoquines, estrecha y serpenteante, que pasa por galerías de arte, tiendas de antigüedades y estudios de arte hacia la iglesia de San Andrés, un edificio que brillaba de color blanco, azul y dorado y que en un principio se había construido como la casa de verano de la emperadora rusa Isabel, durante los años 1700.

Cuando casi habíamos llegado a la iglesia, Derevianko se detuvo y observó el brillo amarillo de la farola situada sobre nosotros.

«Sabes —empezó a decir—, si nos apagan las luces aquí, tal vez nos quedemos sin electricidad durante unas cuantas horas. Pero si hacen lo mismo en tu país...».

No acabó la frase, pues no tenía que hacerlo. Ya había oído palabras similares una y otra vez por parte de sus compatriotas y de mis fuentes en Estados Unidos.

Todos sabíamos lo que ocurriría después.

Lo que había salvado a Ucrania fue precisamente lo que provocaba que Estados Unidos fuera la nación más vulnerable del planeta.

Ucrania no estaba automatizada del todo. En la carrera por conectarlo todo a Internet, el país estaba muy por detrás. El tsunami conocido como «el Internet de las Cosas», que había consumido a los estadounidenses durante la mayor parte de la década anterior, aún no había arrasado con Ucrania. Las centrales nucleares, hospitales, centrales químicas, refinerías de petróleo, oleoductos y gasoductos, fábricas, granjas, ciudades, coches, semáforos, hogares, termostatos, bombillas, refrigeradores, hornos, vigilabebés, marcapasos y bombas de insulina de la nación aún no estaban «preparados para la red».

En Estados Unidos, por otro lado, la conveniencia lo era todo y lo sigue siendo. Estábamos conectando todo lo que podíamos a Internet, a una velocidad de ciento veintisiete dispositivos por segundo. Nos habíamos tragado la promesa de Silicon Valley de una sociedad sin fricción. No había ni una sola área de nuestras vidas que no estuviera influenciada por la red. En aquellos momentos, podíamos controlar nuestras vidas, economía y red eléctrica mediante un control remoto. Y nunca nos habíamos parado a pensar que, en el proceso, estábamos creando la mayor superficie de ataque del mundo.

En la NSA, cuya misión dual es recabar inteligencia de todo el mundo y defender los secretos de Estados Unidos, la ofensiva había eclipsado a la defensa desde hacía mucho tiempo. Por cada cien ciberguerreros que se encargaban de la ofensiva, había un solitario analista en el puesto de defensa. La filtración de los Shadow Brokers fue el mayor daño producido a la inteligencia estadounidense de la historia. Si Snowden había filtrado la pólvora, los Shadow Brokers habían entregado a nuestros enemigos los cañones enteros: el código.

El mayor secreto en la ciberguerra, aquel que nuestros adversarios conocían tan bien, era que la misma nación que mantenía la mayor ventaja en la ofensiva cibernética también se encontraba entre las más vulnerables.

Ucrania tenía otra ventaja sobre Estados Unidos: la urgencia. Tras cinco años de recibir golpes y apagones de uno de los mayores depredadores del mundo, Ucrania sabía que su futuro dependía de una ciberdefensa en estado de alerta. En muchos modos, NotPetya había sido una oportunidad de empezar de cero, de crear nuevos sistemas desde el principio y de hacer que los sistemas más críticos del país nunca llegaran a tocar la red. En las semanas posteriores a que me fuera del país, los ucranianos votaron en papel para las elecciones presidenciales. No había ninguna máquina moderna que marcara los votos: todos se marcaron a mano. Las papeletas se contaron personalmente. Por supuesto, aquello no impidió las alegaciones de votos comprados que se produjeron por toda la nación. Sin embargo, a todas las personas que conocí mientras estuve allí la idea de migrar las elecciones de Ucrania a los ordenadores les pareció una absoluta locura.

Una y otra vez, los Estados Unidos no lograban alcanzar las mismas conclusiones que los hicieran ver la realidad. No supimos ver que el mundo de la guerra potencial se había desplazado de la tierra al mar, al aire y, después, al reino digital. Unos meses después de que dejara Ucrania, no eran los ataques rusos a Ucrania lo que permanecía en los recuerdos de los estadounidenses, sino el papel de dicho país en el inminente proceso de destitución de Trump. Parecíamos haber olvidado que, además de la campaña de desinformación de 2016 por parte de Rusia —la filtración de correos electrónicos del Partido Demócrata, los rusos que se hicieron pasar por secesionistas de Texas y activistas del movimiento Black Lives Matter para sembrar el caos—, el país también había sondado nuestros sistemas electorales y datos de registro de votantes en los cincuenta estados. Por mucho que no hubieran llegado a sabotear el recuento de votos final, todo lo que habían hecho hasta aquel momento, según las conclusiones de los funcionarios estadounidenses, había sido una prueba para un futuro ataque a nuestras elecciones.

Aun así, Trump seguía culpando de la interferencia rusa en las elecciones de 2016 a un hacker de doscientos kilos que trabajaba desde su cama o, en ocasiones, a China. Con Putin forzando una sonrisa a su lado en una conferencia de prensa en Helsinki en 2018, Trump no solo mostró desdén hacia los hallazgos de su propia comunidad de inteligencia —«Estoy con el presidente Putin y me acaba de decir que no ha sido Rusia, y debo decir que no veo ninguna razón para que lo haya sido»—, sino que también aceptó de buena gana la oferta de Putin de permitir que Rusia se incorporara a la caza estadounidense de quienes habían interferido en las elecciones. Más adelante, con las siguientes elecciones cada vez más cerca, Putin y Trump se reunieron una vez más, en aquella ocasión en Osaka, en junio de 2019, donde compartieron risas como antiguos compañeros de universidad. Cuando una periodista le preguntó a Trump si pensaba advertir a Rusia de que no se entrometiera en las elecciones de 2020, Trump soltó una risita, agitó un dedo de forma alegre en dirección a su amigo y le dijo: «No te metas en las elecciones, presidente».

Y aquí estamos. Mientras escribo este libro, las elecciones de 2020 siguen en disputa, los agentes extranjeros se han aprovechado de nuestro caos doméstico, nuestras ciberarmas se han filtrado, tenemos hackers rusos en los hospitales, los agentes del Kremlin se han adentrado en la red eléctrica estadounidense, unos atacantes muy decididos sondan nuestras redes informáticas millones de veces al día, luchamos contra una pandemia que ha virtualizado nuestras vidas en modos que nunca nos habíamos imaginado, y somos más vulnerables al tipo de ataques de «Pearl Harbor cibernético» acerca de los que los expertos en seguridad me habían advertido durante siete tumultuosos años.

De vuelta en Kiev, los ucranianos no dejaban que me olvidara de ello. Solo les faltó sujetarme de las orejas para gritarme: «¡Estados Unidos es el siguiente!». Las luces de advertencia parpadeaban de color rojo una vez más. Y no estábamos más preparados de lo que lo habíamos estado la última vez.

De hecho, estábamos más expuestos aún. Y lo que era peor, eran nuestras propias ciberarmas las que venían a por nosotros. Los ucranianos lo sabían. Nuestros enemigos lo sabían, por descontado. Los hackers siempre lo habían sabido.

Así es como me dicen que acabará el mundo.

PARTE I

Misión imposible

Ten cuidado. El periodismo es más adictivo que el crack *y la cocaína.*
Tu vida puede perder el equilibrio.

—Dan Rather

1
El armario de los secretos

Aún estaba cubierta de polvo cuando mis editores me pidieron que entregara mis dispositivos, hiciera un juramento de silencio y entrara en el armario de almacenaje de Arthur Sulzberger en julio de 2013.

Tan solo unos días antes había estado conduciendo por el Masái Mara en un todoterreno descapotable, tras haber concluido un viaje de tres semanas por todo Kenia. Había esperado que unas cuantas semanas alejada de todo me ayudaran a reparar los nervios quemados provocados por dos años de cubrir el ciberterrorismo. Mis fuentes no dejaban de repetirme que aquello era solo el principio, que todo iba a ir a peor.

Por aquel entonces solo tenía treinta años, pero ya notaba la inmensa carga del tema que se me había asignado. Cuando me llamaron para incorporarme al *The New York Times* en 2010, escribía historias de portada de revistas sobre emprendedores capitalistas de Silicon Valley, quienes, por habilidad o por pura suerte, habían invertido al principio en Facebook, Instagram y Uber y en aquellos momentos estaban muy al tanto de su fama. Al *The New York Times* le habían llamado la atención dichas historias y querían contratarme, pero para cubrir unas historias distintas.

«Sois *The New York Times* —les dije—. Cubriré lo que queráis que cubra. ¿Qué tan malo puede ser?».

Cuando me contaron que me estaban considerando para un puesto relacionado con la ciberseguridad, pensé que me estaban tomando el pelo. No solo no sabía nada sobre ciberseguridad, sino que me había esforzado por no saber nada sobre ciberseguridad. Estaba segura de que podían encontrar otros periodistas de ciberseguridad mejor cualificados que yo.

«Ya hemos entrevistado a esas personas —me explicaron—. Y no entendimos nada de lo que decían».

Unos meses después, me hallaba en medio de una docena de entrevistas de media hora con editores veteranos del periódico en su sede central y trataba de esconder el pánico que sentía. Cuando acabaron las entrevistas de aquella tarde, recorrí la calle hasta encontrar la bodega más cercana, compré el vino de garrafón más barato que encontré y lo bebí directamente desde el envase. Me dije que algún día al menos les podría contar a mis nietos que el sagrado *The New York Times* me había invitado a su edificio.

Sin embargo, para mi sorpresa, decidieron contratarme. Y tres años más tarde todavía intentaba no mostrar el pánico que sentía. Durante aquellos tres años había escrito sobre hackers chinos que se infiltraron en termostatos, impresoras y menús de comida a domicilio. Hablé de un ciberataque iraní que reemplazó datos de la empresa petrolera más rica del mundo con una imagen de una bandera estadounidense en llamas. Observé cómo los hackers y contratistas militares chinos rebuscaban entre miles de sistemas estadounidenses para encontrar cualquier cosa, desde los planes del bombardero sigiloso más reciente hasta la fórmula de la Coca-Cola. Informé sobre una serie de ataques rusos cada vez más graves contra las empresas de energía y de servicios públicos de Estados Unidos. Y me había mezclado con el propio equipo de seguridad informática del periódico cuando un hacker chino al que acabamos llamando «el becario de verano» aparecía en nuestras redes cada día a las 10 a. m. hora de Pekín y se marchaba a las 05 p. m., en busca de nuestras fuentes.

Y todo ello mientras me aferraba desesperadamente a la idea de que podría vivir una vida normal. No obstante, cuanto más me adentraba en aquel mundo, más a la deriva me sentía. Los ataques se producían cada hora. Pasaban semanas en las que casi no dormía, y debía haber tenido un aspecto enfermizo. Las horas impredecibles de trabajo me costaron más de una relación. Y la paranoia no tardó mucho tiempo en empezar a apoderarse de mí. Más de una vez me encontré sospechando de cualquier cosa que tuviera enchufe, preocupada de que fuera un espía chino.

A mediados de 2013 estaba decidida a alejarme todo lo posible de cualquier cosa relacionada con los ordenadores, por lo que África me pareció el único lugar lógico. Después de tres semanas durmiendo en tiendas de campaña, corriendo con jirafas y bebiendo un trago para acabar cada día mientras observaba la puesta de sol tras una lenta procesión de elefantes y, más tarde, acomodada alrededor de una hoguera mientras mi guía de safari, Nigel, me relataba cada rugido de un león, estaba empezando a notar la salvación de encontrarme tan lejos de todo. Pero en cuanto volví a Nairobi, el teléfono retomó su incesante vibración. En el exterior de un orfanato de elefantes en Karen, Kenia, respiré profundamente por última vez y me puse a leer los miles de mensajes pendientes de mi bandeja de entrada. Uno gritaba más alto que los demás: «Urgente. Llámame». Era de mi editor del *The New York Times*. Nuestra conexión ya era bastante irregular, pero él insistió en hablarme a susurros para esconder sus palabras en el ajetreo de la sala de redacción.

¿Cuándo puedes volver a Nueva York?... No puedo decirlo por teléfono... Necesitan hablar contigo en persona... Ven aquí y hazlo ya. Dos días después, salí de un ascensor hacia la planta superior de la sede central del *The New York Times*, la planta de ejecutivos, con las sandalias tribales que le había comprado a un guerrero masái. Aquello sucedió en julio de 2013, y Jill Abramson y Dean Baquet, quienes poco después iban a convertirse en los editores ejecutivos del periódico, me estaban esperando. También habían llamado a Rebecca Corbett, la editora investigadora del *The New York Times*, y a Scott Shane, nuestro reportero de seguridad nacional más veterano. Además de ellos, había otras tres caras con las que aún no estaba familiarizada, pero que no tardaría mucho en conocer demasiado: James Ball y Ewen MacAskill, del periódico británico *The Guardian*, y Jeff Larson, de ProPublica.

James y Ewen relataron cómo unos días antes, la inteligencia británica había entrado con todas sus fuerzas en la sede de *The Guardian* en Londres y había obligado al periódico a taladrar y cortar los discos duros de Snowden que contenían secretos clasificados, luego de que una copia hubiera llegado de manera clandestina al *The New York Times*. Entre los dos, Jill y Dean nos explicaron que Scott y yo debíamos trabajar junto a *The Guardian* y ProPublica para redactar dos historias basadas en las filtraciones de Edward Snowden, el conocido contratista de la NSA que había retirado miles de documentos clasificados de los ordenadores de la agencia antes de huir a Hong Kong, tras lo cual se había exiliado en Moscú. Snowden había entregado su colección de tesoros de secretos clasificados a Glenn Greenwald, un columnista de *The Guardian*. Sin embargo, aquel día nos recordaron que el Reino Unido no tenía las mismas protecciones en cuanto a la libertad de expresión que los Estados Unidos. Colaborar con un periódico estadounidense, en especial uno que contaba con los mejores abogados especializados en la Primera Enmienda, como *The New York Times*, le proporcionaba cierta protección a *The Guardian*.

No obstante, antes de nada, *The Guardian* tenía reglas. No podíamos mencionar ni una sola palabra sobre el proyecto a nadie. Tampoco podíamos «pescar», lo que significaba que teníamos prohibido buscar palabras clave en los documentos que no estuvieran relacionados de forma directa con nuestras tareas. No habría teléfonos ni Internet. Ah, y tampoco ventanas. Esa última regla fue la más problemática. El arquitecto italiano Renzo Piano había diseñado la sede de *The New York Times* como un modelo de transparencia. El edificio entero —cada planta, cada sala de conferencias, cada oficina— está rodeado de cristales que van desde el suelo hasta el techo, con la excepción de un solo espacio: el diminuto armario de almacenaje de Arthur Sulzberger.

Dicha especificación me pareció de lo más absurda y paranoica, pero los británicos insistieron. Cabía la posibilidad de que la Agencia de Seguridad Nacional, su homólogo británico, el Cuartel General de Comunicaciones del Gobierno (GCHQ por sus siglas en inglés) o algún ente extranjero en alguna parte disparara rayos láser hacia las ventanas para interceptar nuestras conversaciones. Los propios técnicos del GCHQ que habían observado cómo destruían los discos duros de Snowden en *The Guardian* se lo habían contado.

Y aquel fue el comienzo de mis primeros pinitos en la realidad post-Snowden.

Día tras día, durante las siguientes seis semanas, me despedí de mis dispositivos, me arrastré hasta aquel extraño lugar no revelado y semiseguro, me apretujé entre Scott, Jeff y los británicos y examiné los documentos de alto secreto de la NSA sin decírselo a nadie.

Si soy sincera, es probable que mi reacción a los documentos de la NSA filtrados fuera muy distinta a la de la mayoría de los estadounidenses, quienes se sorprendieron al descubrir que la agencia de espías de nuestra nación se dedicaba, de hecho, a espiar. Luego de tres años de cubrir el espionaje chino sin cesar, una gran parte de mí se alivió al comprobar que nuestras capacidades de hackeo estaban muy por encima de los correos electrónicos de *phishing* mal escritos que los hackers chinos trataban de usar para entrar en las redes estadounidenses.

La tarea de Scott fue escribir una historia de gran alcance sobre la capacidad de la NSA. Mi tarea fue más directa, aunque también muy tediosa, dado que no tenía teléfono ni Internet y tenía prohibido contactar con ninguna fuente: debía averiguar hasta dónde había llegado la mejor agencia de inteligencia del mundo en cuanto a descifrar la encriptación digital.

Resultó que no había llegado muy lejos. Tras varias semanas de revisar distintos documentos, estaba claro que los algoritmos de encriptación digital del mundo estaban, en su mayoría, aguantando bastante bien. Sin embargo, también me quedó claro que la NSA no tenía ninguna necesidad de resolver dichos algoritmos de encriptación, puesto que había adquirido numerosos modos distintos de hackear evitándolos.

En algunos casos, la NSA se dirigía a través de canales traseros hacia las agencias internacionales que establecían los estándares criptográficos adoptados por empresas de seguridad y sus clientes. En al menos un caso, la NSA convenció a unos burócratas canadienses de que defendieran una fórmula errónea para generar los números aleatorios de esquemas de encriptación para que los ordenadores de la NSA sí pudieran resolverlos con facilidad. La agencia incluso pagaba a importantes empresas de seguridad estadounidenses, como RSA, para hacer que su fórmula errónea para generar números aleatorios sea el método de encriptación por defecto de unos productos muy utilizados. Cuando sobornar a las empresas no surtía efecto, los compañeros de la NSA en la CIA se infiltraron en las fábricas de mayores fabricantes de chips de encriptación del mundo y establecieron puertas traseras en los chips que encriptaban los datos. Y, en otros casos más, la agencia hackeó los servidores internos de empresas como Google y Yahoo para extraer datos antes de que se encriptaran.

Más adelante, Snowden declaró que había filtrado los datos de la NSA para que el público empezara a prestar atención a lo que él consideraba una vigilancia ilimitada. Lo más preocupante de sus revelaciones parecía ser el programa de recolección de metadatos de llamadas de la NSA —un registro de quién llamó a quién, cuándo y durante cuánto tiempo— y los programas de interceptación legítima que instaban a las empresas como Microsoft y Google a entregar sus datos sobre clientes en secreto. Sin embargo, con toda la conmoción y el enfado que crearon aquellos programas en la televisión por cable y en el Capitolio, cada vez era más obvio que a los estadounidenses se les escapaba algo más grande.

Los documentos estaban repletos de afirmaciones de la NSA sobre que los hackers de la agencia tenían acceso a prácticamente cualquier pieza de hardware comercial y programas en el mercado. Parecía que la agencia había adquirido una enorme biblioteca de modos de entrar en cualquier app, plataforma de redes sociales, servidor, enrutador, cortafuegos, programa antivirus, iPhone, Android, BlackBerry, ordenador y sistema operativo.

En el mundo del hackeo, estos puntos de entrada tienen un nombre que parece de ciencia ficción: se conocen como día cero. «Día cero» es uno de esos términos cibernéticos como «infosec» o «ataque de intermediario» que emplean los profesionales de la seguridad para hacer que sea más fácil que el resto de los mortales los pasemos por alto.

Para quien no los conozca: los *día cero* ofrecen superpoderes digitales. Son una capa de invisibilidad, y, para los espías y cibercriminales, cuanto más invisible se pueda ser, más poder se puede llegar a tener. En el nivel más básico, un día cero es un fallo de software o hardware para el que no existe ningún parche que lo solucione. Se llaman de ese modo porque, una vez que se descubre un fallo de día cero, los buenos han tenido cero días para solucionarlo. Del mismo modo que un paciente cero en una epidemia, cualquier persona que utilice el sistema afectado está en riesgo hasta que el creador de dicho software o hardware elabore una defensa. Hasta que el vendedor se percate del fallo de su sistema, se le ocurra una solución, disemine su parche a los usuarios de todo el mundo y los usuarios actualicen el programa (*Querido lector, ¡actualiza tus programas!*) o, por otro lado, hasta que el vendedor cambie o mitigue el hardware afectado, cualquier persona que dependa del sistema afectado será vulnerable.

Los días cero son la herramienta más esencial en el arsenal de un hacker. Un día cero de primera calidad en un programa de móviles Apple permite que los espías y hackers que tengan las habilidades necesarias se aprovechen de él para entrar de forma remota en un iPhone sin que nadie se dé cuenta y obtenga acceso a cada minucia de nuestras vidas digitales. Una serie de siete vulnerabilidades de días cero* en programas industriales de Microsoft Windows y Siemens permitió que los espías estadounidenses e israelíes saboteran el programa nuclear de Irán. Los espías chinos emplearon un solo día cero de Microsoft para robar parte del código fuente mejor guardado de Silicon Valley.

---

* Durante años, el número más aceptado de días cero de Stuxnet fue cuatro, el cual es el número de días cero de Microsoft de los que el ataque se aprovechó. Al comprobar la información de este libro, Symantec y Siemens corrigieron el recuento total a siete. Los investigadores de Symantec, quienes fueron de los primeros en analizar el código de Stuxnet, sostienen que Stuxnet se aprovechó de tres días cero en el programa industrial de Siemens, además de los cuatro días cero de Microsoft. Siemens y Mitre, la organización que nombra las vulnerabilidades recién descubiertas, también consideran que el recuento total es de siete. Algunos expertos en seguridad no consideran que los problemas de Siemens fueran «días cero», y, en su lugar, afirman que se trataba de características que Siemens no llegó a pensar que podrían aprovecharse para sembrar la destrucción. Fuera como fuese, dichas características se eliminaron tras el descubrimiento de Stuxnet.

Encontrar un día cero es un poco como entrar en el modo dios de un videojuego. Una vez que los hackers averiguan los comandos necesarios para aprovecharse del fallo, pueden adentrarse en otros sistemas que antes les eran inaccesibles y revolotear sin que nadie se dé cuenta hasta el día en el que se encuentra el fallo subyacente y se parchea. Las vulnerabilidades de día cero son la aplicación más directa del cliché «el conocimiento es poder si se sabe utilizar».

Al aprovecharse de un día cero, los hackers pueden entrar en cualquier sistema —cualquier empresa, agencia gubernamental o banco— que dependa del software o hardware afectado y dejar una carga explosiva para lograr su meta, sea esta el espionaje, el robo financiero o el sabotaje. No importa si ese sistema está actualizado. No existe ningún parche para un día cero hasta que este se descubre. Es como tener la llave de repuesto de un edificio cerrado. Da igual que alguien sea el administrador informático más alerta del mundo. Si alguien cuenta con un día cero para un programa de un sistema informático y sabe cómo aprovecharlo, puede entrar en dicho sistema sin que nadie se dé cuenta, lo cual hace que los días cero sean una de las herramientas más deseadas del arsenal de un cibercriminal.

Durante décadas, conforme Apple, Google, Facebook, Microsoft y otros introducían más encriptación en sus centros de datos y en las comunicaciones de sus clientes, el único modo de interceptar los datos sin cifrar era entrar en el dispositivo de alguien antes de que los datos se cifraran. En el proceso, las «vulnerabilidades de día cero» se convirtieron en los diamantes para financiar la guerra del comercio de seguridad, perseguidos por Estados, contratistas de defensa y cibercriminales por un lado y defensores de seguridad por el otro. Según dónde se descubra la vulnerabilidad, un día cero puede otorgar la habilidad de espiar de manera invisible a los usuarios de iPhone de todo el mundo, de desmantelar los controles de seguridad de una central química o de hacer que una nave caiga a tierra. En uno de los ejemplos más flagrantes, un error de programación, un solo guion que faltaba, hizo que el *Mariner I* (la primera nave estadounidense que intentó explorar Venus) se desviara, lo que obligó a la NASA a destruir su nave de ciento cincuenta millones de dólares tan solo doscientos noventa y cuatro segundos después del lanzamiento, pues, de otro modo, se habrían arriesgado a que cayera sobre una ruta marítima del Atlántico Norte o, lo que sería aún peor, en una ciudad muy poblada. En nuestro mundo virtual, el equivalente del error del guion que faltaba estaba por todas partes, los hackers lo estaban aprovechando, y en aquel momento yo estaba viendo lo importantes que eran los mejores espías para nuestra nación. De acuerdo con las descripciones que tenía frente a mí, el catálogo expansivo de la NSA quería decir que podían entrar en dispositivos y espiarlos incluso cuando estos estaban desconectados de Internet o apagados. La agencia era capaz de pasar por alto la mayoría de los sistemas de detección de intrusiones y hacer que los productos antivirus, los propios programas diseñados para mantener a raya a los espías y a los criminales, se convirtieran en una poderosa herramienta espía. Los documentos de Snowden solo hacían alusión a aquellas herramientas informáticas; no contenían las propias herramientas, el código ni los descubrimientos algorítmicos.

Las compañías tecnológicas no le proporcionaban a la agencia puertas traseras ilegales hacia sus sistemas. Cuando salieron a la luz los primeros documentos de Snowden, mis fuentes de las mejores empresas tecnológicas de la nación —Apple, Google, Microsoft y Facebook— juraron y perjuraron que sí, que habían cumplido las peticiones legales sobre información de clientes específica, pero que no, que nunca le habían otorgado a la NSA, así como tampoco a ninguna otra agencia gubernamental, ninguna puerta trasera hacia ninguna de sus apps, productos o programas (según se descubrió más adelante, algunas empresas, como Yahoo, iban más allá de cumplir con las peticiones legales de la NSA).

La NSA estaba buscando y afinando sus días cero dentro de la unidad de Operaciones de Acceso a Medida (TAO por sus siglas en inglés) de la agencia. Sin embargo, mientras examinaba los documentos de Snowden, también se me hizo aparente que muchos de esos días cero y vulnerabilidades también provenían desde fuera de la agencia. Los documentos insinuaban un animado comercio de externalización con los «socios comerciales» y los «socios de seguridad» de la NSA, aunque nunca decían ningún nombre ni detallaban aquellas relaciones. Desde hacía mucho tiempo, había existido un mercado negro de cibercriminales que querían comprar herramientas de hackeo en la web oscura. No obstante, durante los últimos años, cada vez había más informes de un mercado gris turbio pero legal entre hackers y agencias gubernamentales, sus agentes de días cero y contratistas. Los periodistas solo habían llegado a la superficie. Los documentos de Snowden confirmaron que la NSA también participaba en él, aunque, como tantas de las filtraciones de Snowden, los documentos no contenían detalles ni contextos críticos.

No dejaba de plantearme una y otra vez las preguntas que se encontraban en el centro de todo aquello. Solo veía dos explicaciones con sentido: el acceso de Snowden como contratista no lo llevó lo suficientemente dentro de los sistemas del gobierno para obtener la inteligencia requerida, o algunas de las fuentes y métodos del gobierno para adquirir esos días cero eran tan confidenciales o controvertidas que la agencia nunca se atrevió a ponerlos por escrito.

Aquel armario fue mi primer vistazo de verdad al mercado más secreto, clasificado e invisible del planeta.

El armario de almacenaje hacía que pensar fuera imposible. Tras haber pasado un mes en los vientos áridos de África y en la sabana abierta, me estaba costando mucho trabajar sin ventanas.

También estaba quedando muy claro que los documentos que podrían ser esenciales para nuestra historia sobre la encriptación no se encontraban entre nuestra colección. Al principio del proyecto, James y Ewen habían hecho referencia a dos circulares que explicaban en gran detalle los pasos que la NSA había dado para sobrepasar, debilitar y hackear la encriptación. Aun así, tras semanas de búsqueda, era obvio que dichos documentos no estaban entre los que teníamos. Los británicos lo admitieron y nos prometieron que se los pedirían a Glenn Greenwald, el escritor de *The Guardian*, quien en aquel momento vivía en la selva de Brasil.

Solo contábamos con una porción de los documentos que Snowden había robado; Greenwald tenía la colección entera, incluidas las dos circulares que los británicos nos habían dicho que eran esenciales para nuestra historia sobre la encriptación, solo que parecía que las estaba usando de rehén. Greenwald, por decirlo de algún modo, no era muy aficionado a *The New York Times*, y Ewen y James nos habían dicho que se había enfadado porque *The Guardian* hubiera incluido a *The New York Times* en el proyecto.

Greenwald seguía molesto por una decisión que el periódico había tomado una década antes sobre retrasar la publicación de una historia de 2004 que detallaba cómo la NSA había pinchado llamadas telefónicas en Estados Unidos sin contar con las órdenes judiciales aprobadas por el tribunal que suelen ser necesarias para el espionaje doméstico. *The New York Times* había retrasado la publicación durante un año, después de que el gobierno de George Bush hubiera afirmado que aquello podría perturbar las investigaciones sobre sospechosos de terrorismo y ponerlos sobre aviso. Al igual que Greenwald, Snowden también estaba enfadado con el periódico por haber retrasado la historia. Aquella era la razón, según Snowden, de no haber llevado los documentos robados de la NSA a *The New York Times* desde el principio. Asumió sin razón que nos quedaríamos sentados sobre los documentos sin hacer nada mientras el gobierno impedía su publicación. Por tanto, cuando Snowden y Greenwald se enteraron de que nos habían incorporado al proyecto, según nos contaron James y Ewen, se pusieron furiosos.

James y Ewen nos aseguraron que Greenwald era más razonable que el hombre histérico y caótico que veíamos en Twitter todos los días. Sin embargo, a pesar de que prometían ir a buscar los documentos perdidos al complejo brasileño de Greenwald, estaba claro que alguien no estaba de humor para compartir sus juguetes.

Transcurrieron semanas hasta que nos hicimos con los documentos que faltaban. Mientras tanto, aquello se estaba volviendo insoportable. El espacio apretujado, la falta de oxígeno y el zumbido de las luces fluorescentes empezaron a desgastarnos a todos.

Cada vez tenía más claro que nos estaban utilizando. Para *The Guardian,* el *The New York Times* era una póliza de seguros contra sus problemas con los agentes de inteligencia británicos en su país. Si bien *The New York Times* les proporcionaba una cobertura a salvo y comida gratis cada día, no nos querían como compañeros de verdad. Se suponía que debíamos trabajar en conjunto, pero los británicos habían empezado a publicar sus propias historias sin avisarnos. En algún momento, alguien filtró los detalles de nuestra empresa conjunta secreta a BuzzFeed. Y, una vez destapado el meollo de la cuestión, el hecho de que siguiéramos escondidos en un armario de almacenaje sin ventanas nos pareció de lo más absurdo.

Mi fe en *The Guardian,* y en el periodismo, estaba a prueba.

Echaba de menos a los elefantes.

Cada noche regresaba a mi habitación de hotel y miraba con sospecha mi tarjeta llave y a quienquiera que merodeara por los pasillos. La paranoia había empezado a seguirme fuera del trabajo.

Un año antes, había visto que un hacker demostraba cómo entrar en una habitación de hotel mediante la vulnerabilidad de una cerradura de llave digital que había construido por cincuenta dólares. Los ladrones de verdad habían empezado a usar dicha vulnerabilidad para entrar en hoteles y robar ordenadores portátiles. Teniendo en cuenta mi situación en aquellos momentos, no me resultaba nada reconfortante. Cuando le pregunté a la amable señora de recepción si el hotel había parcheado la vulnerabilidad de las cerraduras, me miró como si fuera de Marte y me aseguró que mi habitación era segura. Y, aun así, cada noche me sentía obligada a esconder mis dispositivos debajo del sofá antes de ponerme los zapatos y salir a que me diera el aire.

En el exterior, el ambiente de pleno verano de Manhattan era agradable, y Times Square estaba a rebosar de turistas. Estaba desesperada por algo de oxígeno. Por el bien de mi cordura, me propuse ir en bici por la autopista del West Side cada tarde para digerir lo que había visto durante el trabajo. Mi mente se había convertido en un laberinto de acrónimos y nombres en código de la NSA. Estaba mareada y desorientada, y solo de noche, mientras pedaleaba arriba y abajo por el río Hudson, era capaz de pensar.

Mis pensamientos estaban consumidos por cientos de referencias a días cero sin explicar desperdigadas por todos los documentos de la NSA. ¿De dónde habían salido? ¿Cómo los utilizaban? ¿Qué pasaría si se filtraban? No eran solo puertas traseras hacia los sistemas de Rusia ni hacia los de China, o Corea del Norte o Irán. Dos décadas atrás, todos utilizábamos tecnologías distintas, pero aquel ya no era el caso. ¿Puertas traseras hacia Apple? ¿Hacia Android? ¿Facebook? ¿Windows? ¿Cortafuegos Cisco? De aquella tecnología dependía la mayoría de los estadounidenses, y ya no solo para llamadas o correos electrónicos. Accedíamos a nuestros bancos mediante los teléfonos. Vigilábamos a nuestros bebés a través de esos dispositivos. Nuestros historiales médicos estaban digitalizados. Los ordenadores que controlaban las centrales nucleares de Irán funcionaban con Windows. Con nuestros iPhones y iPads podíamos ajustar las válvulas de presión y temperatura en plantas petrolíferas a cientos de kilómetros de distancia de la costa. Lo hacíamos por conveniencia, por tranquilidad, para proteger a los ingenieros de hacerse daño al tratar de evitar una explosión. Sin embargo, ese mismo acceso podían aprovecharlo unas fuerzas más oscuras.

No podía sacarme de la cabeza que se nos estaba escapando algo más grande que la recolección de metadatos de llamadas telefónicas de la NSA. Había otra conversación nacional más grande que mantener. ¿Adónde nos llevaban esos programas? ¿Quién más tenía esa capacidad? ¿De dónde los estábamos sacando?

Por supuesto, en retrospectiva me asombra no haber atado cabos.

Después de todo, seis meses antes de pisar aquel armario, los hackers me habían mostrado la respuesta en la cara.

2

El dichoso salmón

Miami, Florida

Seis meses antes de que Edward Joseph Snowden se hiciera famoso en todos los hogares, me hallaba rodeada por un preeminente especialista en seguridad industrial alemán y dos hackers italianos en un restaurante de South Beach.

Habíamos ido a Miami para asistir a la misma extraña conferencia, una reunión a la que solo se podía asistir por invitación y que albergaba a más de cincuenta de las mentes más inteligentes de la seguridad de control industrial, una subcategoría del campo especialmente aterradora que examina las muchas y variadas formas en las que un hacker puede adentrarse en conductos de petróleo y agua, redes eléctricas y centrales nucleares.

Aquella noche, el organizador de la conferencia, un excriptógrafo de la NSA, nos invitó a cenar. En retrospectiva, dicha invitación tenía toda la pinta de ser una broma retorcida: «Una periodista, un descifrador de códigos de la NSA, un alemán y dos hackers italianos entran en un bar». Tras haber pasado tan solo un año trabajando en aquella industria, aún estaba tratando de comprender mi nueva normalidad: quién era bueno, quién era malo y quién jugaba para ambos bandos.

Digamos que destacaba un poco. Por un lado, no hay muchas rubias menudas en el campo de la ciberseguridad. A cualquier mujer que se haya quejado del índice de mujeres y hombres en la tecnología, le digo que trate de ir a una conferencia de hackers. Con muy pocas excepciones, la mayoría de los hackers que conocí eran hombres a quienes no les interesaba nada más que la programación. Y el *jiu-jitsu*. A los hackers les encanta el *jiu-jitsu*. Según dicen, es el equivalente físico de resolver un rompecabezas. Yo no era hombre, ni programadora, ni me interesaba demasiado revolcarme por el suelo para liarme a golpes. Así que, como te imaginarás, estaba en apuros.

Durante mi infancia, el *The New York Times* había sido la biblia de mi familia. Memorizaba titulares e imaginaba que a los periodistas del periódico los saludaban como si fueran emisarios del mismísimo Dios. No fue así en la ciberseguridad. La mayoría de las personas me trataban como a una niña; me decían que, cuanto menos supiera, mejor para mí. Además, tal como muchos hombres me señalan en Twitter sin cesar, nadie que esté metido en la ciberseguridad sigue usando «ciber». Ahora se dice «seguridad de la información» o, mejor aún, «infosec». Más de unas cuantas veces, tras presentarme como periodista de ciberseguridad en alguna conferencia de hackers, me mandaron a la mismísima *miércoles (Querido lector, dejaré que ese código lo descifres tú)*. Parece ser que presentarse como «ciber» lo que sea es el modo más rápido de que le indiquen a uno dónde está la puerta.

Me estaba percatando de que aquella era una industria pequeña y escalofriante formada por una intrigante mezcla de excéntricos. Todos los bares de todas las conferencias se asemejaban a la cantina de Mos Eisley de *Star Wars*. Unos hackers con coleta se mezclaban con abogados, ejecutivos del mundo de la tecnología, burócratas, operativos de servicios de inteligencia, revolucionarios, criptógrafos y el ocasional agente encubierto.

«Encuentra al poli» era el juego favorito del público. Si alguien encontraba a un agente federal en la conferencia anual de hackers DefCon en Las Vegas, ganaba una camiseta. En su mayoría, todos parecían conocerse entre ellos, al menos por reputación. Algunos de ellos se odiaban, pero también había un cierto respeto mutuo sorprendente, incluso entre bandos contrarios, siempre que se tuvieran las habilidades necesarias. La incompetencia —fuera por parte de una periodista o de alguien que se ganaba la vida vendiendo trampas digitales— era una ofensa imperdonable.

Aun así, aquella noche en Miami, sentada entre el alemán con su traje hecho a medida, sus mocasines de piel de avestruz y su cabello bien peinado y los dos italianos en camiseta con sus peinados afro descuidados, noté una tensión con la que nunca antes me había encontrado.

El cargo del alemán (especialista en seguridad industrial) no le hacía justicia. Ralph Langner había dedicado toda su vida a impedir que se produjera una catástrofe cibernética de magnitudes nucleares, el tipo de ciberataque devastador que podía hacer que un tren de la Deutsche Bahn descarrilara, desactivar los centros de comercio mundial, hacer explotar una planta química o desatar un tsunami al abrir las compuertas de una presa.

Los italianos, además de un número cada vez mayor de hackers como ellos, se estaban interponiendo en su camino. Los dos habían viajado a Miami desde la diminuta nación mediterránea de Malta, donde pasaban sus días rebuscando entre los sistemas de control industrial del mundo días cero para convertirlos en vulnerabilidades que pudieran usarse para el espionaje o el daño físico antes de venderlos al mejor postor. Supongo que los habían invitado bajo el lema «ten cerca a tus amigos, pero más cerca a tus enemigos».

Aquella noche estaba decidida a descubrir a quién habían vendido sus armas digitales aquellos dos italianos y si había algún Estado, agencia de tres letras o grupo criminal a quienes no pensaran venderles nada. Era una pregunta que había hecho numerosas veces a lo largo de los años.

Esperé hasta que se hubieran bebido un par de Beaujolais.

—Bueno, Luigi, Donato, es interesante vuestro… modelo de negocio —tartamudeé. Dirigí aquellas palabras a Luigi Auriemma, quien tenía mejor dominio del inglés de los dos, y traté de hacer todo lo posible para hablar con un tono ligero y enmascarar mi siguiente pregunta como una cuestión casual, no tan diferente a preguntar sobre el mercado de valores—. Así que contadme, ¿a quiénes les vendéis? ¿A Estados Unidos? ¿Y a quiénes no les queréis vender? ¿Irán? ¿China? ¿Rusia?

Por mucho que hubiera tratado de esconder la gravedad de la pregunta metiéndome una cucharada de comida a la boca, no engañaba a nadie. La primera regla del mercado de los días cero era que nadie hablaba sobre el mercado de los días cero. Y también la segunda y la tercera. Había formulado aquel interrogante numerosas veces, y siempre había sabido que era la única pregunta que ningún miembro de aquel negocio llegaría a responder.

Los Luigis y los Donatos del mundo habían racionalizado su oficio mucho tiempo atrás. Si las empresas como Microsoft no querían que encontraran fallos de día cero en sus programas, no deberían haber escrito un código vulnerable en primer lugar. Los días cero eran esenciales para aunar inteligencia nacional, y cada vez lo eran más, dado que la encriptación mantenía las comunicaciones mundiales en secreto. En cada vez más casos, los días cero eran el único modo en el que los gobiernos podían evitar cesar las comunicaciones.

Sin embargo, dichas racionalizaciones solían hacer caso omiso del lado oscuro de su negocio. Nadie estaba dispuesto a admitir que algún día aquellas herramientas podrían usarse en un ataque que amenazara la vida de las personas, que cada vez más de ellas llegaban a manos de regímenes opresivos que querían silenciar y castigar a sus críticos o infiltrarse en controles industriales de centrales químicas y plantas petroleras y que, tal vez, quizá de forma inevitable, aquellos que estaban metidos en aquel negocio podrían llegar a ver algún día que tenían las manos manchadas de sangre.

Todos los comensales supimos que acababa de pedir como quien no quiere la cosa que los italianos miraran directamente al lado oscuro de su negocio a la cara. Por un largo momento, los tenedores y los cuchillos se quedaron quietos y nadie abrió la boca. Todas las miradas se posaron sobre Luigi, quien no dejaba de contemplar su plato. Bebí un largo trago de mi copa de vino y noté unas ansias intensas de salir a fumar un cigarro. Pude notar que Donato también había entendido mi pregunta, aunque no pensaba romper el silencio.

Tras varios momentos de tensión, Luigi acabó murmurando:

—Podría responder a tu pregunta, pero preferiría hablar de mi salmón.

A mi derecha, notaba cómo el alemán se removía en su asiento. Dos años antes, Ralph Langner había sido de los primeros en descifrar el código y desvelar el plan detrás de Stuxnet, la ciberarma más sofisticada y destructiva que el mundo había visto hasta entonces.

Stuxnet, el nombre que acabó recibiendo aquel gusano informático, fue descubierto en pequeños fragmentos según se arrastraba por ordenadores de todo el mundo mediante un número de vulnerabilidades de día cero nunca antes visto: siete, para ser más concreta. Algunos estaban diseñados para infectar ordenadores de difícil acceso o incluso desconectados. Un día cero de Microsoft permitió que el gusano se propagara sin ser visto desde una memoria USB a un ordenador sin que nada pudiera detectarlo. Otros le permitieron arrastrarse a través de la red desde allí, por lo que escaló y escaló cada vez más alto en la cadena de mando digital en busca de su destino final: la central nuclear Natanz de Irán, donde se adentró en las profundidades de los ordenadores desconectados o «con espacio de aire» que controlaban los rotores que hacían girar los centrifugadores de uranio de Irán. Y así fue como, por control remoto, Stuxnet hizo girar varios centrifugadores a mayor velocidad al mismo tiempo que detuvo otros. Para cuando los científicos nucleares iraníes descubrieron que un gusano informático era el responsable del fallo de sus centrifugadores, Stuxnet ya había destruido una quinta parte de los centrifugadores de uranio de Teherán y había hecho retroceder las ambiciones nucleares del país varios años.

Langner se había hecho famoso por su análisis del código de Stuxnet, además de por tener la desfachatez de ser el primero en nombrar a sus dos arquitectos: Estados Unidos e Israel. Sin embargo, por aquellos días Langner no dejaba de preocuparse por lo que ocurriría cuando aquellas mismas capacidades acabaran en malas manos. El código Stuxnet podía funcionar igual de bien en un ataque sobre una central nuclear o de energía de Estados Unidos o en una planta potabilizadora. De hecho, Langner había establecido «entornos de objetivos abundantes», sistemas industriales de todo el mundo que seguían siendo vulnerables al código de Stuxnet. Y la mayoría de ellos no se encontraban en Oriente Medio, sino en Estados Unidos.

Era solo cuestión de tiempo que nuestras propias armas nos empezaran a apuntar.

«Lo que se acaba produciendo es una ciberarma de destrucción masiva —le contó Langner a los centenares de personas del público aquel día—. Esa es la consecuencia a la que debemos enfrentarnos. Y será mejor que empecemos a prepararnos ya».

Desde su descubrimiento, Langner había estado viajando por todo el mundo y había hablado con las mayores empresas de servicios públicos, plantas químicas y empresas petroleras y de gas de todo el mundo para prepararlas para lo que él y otros creían que era un inevitable e inminente ciberataque de destrucción masiva. Para él, Luigi y Donato eran mercenarios cibernéticos de sangre fría, los catalizadores de nuestra inminente perdición.

Cuanto más tiempo pasaba Luigi mirando a su salmón en silencio, más fuerte apretaba la mandíbula Langner. Finalmente, tras varios momentos de tensión, giró su silla para no ver a los italianos y poder mirarme directamente.

—Nicole —me dijo, en voz alta para que lo oyeran los demás—. Estos hombres son jóvenes, no saben lo que hacen. Lo único que les importa es el dinero. No les interesa en lo absoluto cómo usarán sus herramientas ni lo mal que acabará todo.

Luego, tras volver a mirar a Luigi, continuó:

—Pero vale. Cuéntanos. Háblanos de tu dichoso salmón.

Pasé seis semanas encerrada en un armario de almacenaje durante el verano de 2013, y durante todas ellas tuve el «dichoso salmón» dando vueltas por la cabeza una y otra vez. La frase se convirtió en mi propio código para describir a cualquier cosa que alguien que participara en el comercio de ciberarmas se negara a contarme.

¿Qué era lo que los italianos se habían negado a decirme aquella noche en South Beach?

¿A quiénes les vendían sus días cero?

¿A quiénes no les querían vender?

¿Eran ellos —y miles más de hackers no contratados iguales que ellos— el eslabón perdido de los documentos de Snowden?

¿Su comercio se regía por alguna regla o ley?

¿O se suponía que debíamos confiar en la fortaleza moral de los hackers?

¿Cómo racionalizaban la venta de días cero de la tecnología que usaban ellos mismos, sus madres, sus hijos o, qué diablos, nuestra infraestructura más importante?

¿Cómo racionalizaban la venta de días cero a un enemigo extranjero? ¿O a gobiernos que vulneraban los derechos humanos de manera flagrante?

¿Los Estados Unidos habían comprado alguna vulnerabilidad de día cero?

¿Las habían comprado de hackers extranjeros?

¿Con dinero público?

¿Cómo racionaliza nuestro gobierno el uso de dinero de los contribuyentes para sabotear la tecnología comercial del mundo? ¿Y la infraestructura global?

¿No estamos haciendo que nuestros propios ciudadanos sean vulnerables al ciberespionaje o a algo peor?

¿Hay algún objetivo que se considere prohibido?

¿Estos días cero se usan o están juntando polvo en algún almacén de alguna parte?

¿En qué condiciones los usaremos?

¿En qué condiciones no los usaremos?

¿Cómo los estamos protegiendo?

¿Qué ocurre si se escapan?

¿Quién más sabe de su existencia?

¿Cuánto dinero ganan los hackers?

¿Cómo se lo gastan?

¿Hay alguien que esté tratando de detenerlos?

¿Quién más está haciendo estas preguntas?

¿Cómo puede dormir la gente?

¿Cómo voy a dormir yo?

Me tomó siete años responder a mis propias preguntas, y, para entonces, ya era demasiado tarde. El superpoder cibernético del mundo había recibido un ataque, y sus herramientas habían quedado libres para que cualquiera las utilizara. Las condiciones se habían igualado.

Los ataques de verdad solo acababan de empezar.

PARTE II

Los capitalistas

Creo que hemos pasado los mejores años de nuestras vidas luchando en el bando contrario.

—LARRY MCMURTRY, *Paloma solitaria*

3
El vaquero

Virginia, Estados Unidos

Llegar al fondo del mercado de los días cero era una empresa inútil, según me contaron. En lo que concierne a los días cero, los gobiernos no eran reguladores, sino clientes. No tenían muchos incentivos para revelar un programa tan secreto que trataba con bienes tan secretos a una periodista como yo.

«Vas a encontrarte con muchos callejones sin salida, Nicole», me advirtió Leon Panetta, el secretario de defensa.

Michael Hayden, el exdirector tanto de la CIA como de la NSA que supervisó la mayor expansión de vigilancia digital de la historia de la agencia durante el ejercicio de su cargo, soltó una carcajada cuando le conté lo que me traía entre manos.

«Buena suerte», me dijo Hayden, y las palabras trajeron consigo una palmadita en el hombro.

Los rumores sobre mi misión no tardaron en esparcirse. Los periodistas de otros medios me dijeron que no envidiaban mi tarea. Los comerciantes y vendedores de días cero se prepararon para hacerme frente con insecticida. Nadie devolvía mis llamadas. Dejaron de invitarme a conferencias de hackers. En algún momento, los cibercriminales ofrecieron una gran cantidad de dinero a cualquiera que pudiera adentrarse en mi correo electrónico o en mi teléfono. Sin embargo, llegó un punto en el que alejarme de esta historia me habría sentado peor que seguir adelante. Había visto lo suficiente como para saber adónde iba todo.

La infraestructura mundial estaba en una carrera por conectarse a la red, y lo mismo ocurría con los datos del mundo. El modo más fiable de acceder a dichos sistemas y datos era mediante una vulnerabilidad de día cero. En Estados Unidos, los hackers y espías del gobierno acumulaban días cero en aras del espionaje, o por si tenían que hacer lo que el Pentágono denomina «D5» («desmentir, degradar, descolocar, desorientar o destruir») a la infraestructura crítica de un adversario si se producía una guerra de días cero.

Los días cero se estaban convirtiendo en un componente crítico del espionaje y la planificación bélica estadounidense. Si bien las filtraciones de Snowden dejaron claro que Estados Unidos era el mayor jugador de dicho espacio, mis reportajes me habían enseñado que no era ni de lejos el único. Los regímenes opresivos nos pisaban los talones, y un mercado estaba apareciendo para cumplir con la demanda. Había vulnerabilidades por todas partes, muchas de ellas creadas por nosotros mismos, y unas fuerzas poderosas —incluido el propio gobierno del país— se estaban asegurando de que todo siguiera de ese modo. Muchas personas e instituciones no querían que esta historia saliera a la luz. Empecé a creer que el único modo de contener al mercado más secreto e invisible del mundo era arrojar una enorme luz sobre él.

Al igual que ocurre con la mayoría de las empresas periodísticas, empezar fue la parte más complicada. Avancé del único modo que sabía. Comencé con lo poco que ya se había publicado y empecé a pelar la cebolla desde ahí. Para hacerlo, tuve que viajar al pasado, a más de una década atrás, hasta el primer atisbo del mercado de días cero. Tenía que encontrar a los hombres que, según ellos, creían ser quienes lo habían ingeniado.

Todos los mercados comienzan con una pequeña apuesta. Llegué a descubrir que el mercado de días cero, o al menos su lado público, comenzó con una inversión de diez dólares.

Eso es todo lo que necesitó John P. Watters para comprar su primera empresa de ciberseguridad a finales del verano de 2002. Fue muchísimo menos de lo que pagó para grabar sus iniciales —J. P. W.— en las botas de vaquero de piel de cocodrilo que llevó la tarde que entró en la sede de iDefense de Chantilly, Virginia, para ver si había algo que mereciera la pena salvar. Aun así, Watters supuso que diez dólares era un precio justo para una empresa que había estado perdiendo un millón de dólares al mes y que no contaba con ningún plan aparente para sacar beneficios.

Aun así, para las dos docenas de empleados reunidos en la sede de la empresa aquel agosto, nada de aquello tenía ningún sentido. Para empezar, Watters no se parecía en nada a ellos. Medía más de un metro ochenta, pesaba más de cien kilos y no se asemejaba a los demacrados hackers y extrabajadores de inteligencia que se pegaban a las pantallas de sus ordenadores en Chantilly.

Cuando se enteraron de que un misterioso millonario de Texas iba a comprar su tienda, habían esperado que un hombre trajeado entrara por la puerta. Pero a Watters no le iban los trajes. Su uniforme estándar era una camisa de Tommy Bahama, botas de vaquero y gafas de sol como las de *Blade* si no hacía mal tiempo, lo cual era un poco demasiado colorido para hombres que llevaban camisetas negras y preferían trabajar en una mazmorra sin ventanas. La dieta de ellos consistía en bocadillos y Red Bull, mientras que Watters prefería cerveza Miller Lite y costillas *rib eye* de Texas. Ni siquiera vivía en Virginia ni tenía ninguna intención de mudarse de Texas. Y lo que resultaba más extraño aún: no tenía nada de experiencia con ordenadores. Aquellos jóvenes, de ojos hundidos y relucientes, vivían a través de sus pantallas.

Watters era inversor. Había pasado el inicio de su carrera invirtiendo cientos de millones de dólares de una familia acaudalada de Texas. Aquello había acabado después de que el patriarca de la familia falleciera, y su hijo, un chef, le dijera a Watters que planeaba acompañarlo como codirector ejecutivo. Para un vaquero acostumbrado a ser su propio jefe, aquello no era posible. Por tanto, Watters dejó el cargo con algunos compromisos de capital de la familia, fundó su propia empresa de acciones privada y empezó a buscar un lugar maduro en el que aparcar parte de su dinero.

Se centró en la seguridad informática. Aquello había sucedido en 1999, y, en tan solo unas décadas, Internet había dado unos saltos cuánticos desde la invención primordial del Pentágono —ARPANET— pasando por la torpe red comercial de módems de marcación hasta convertirse en la red que los estadounidenses estaban empezando a conocer mediante sus navegadores Netscape. Las empresas de Internet como Yahoo o eBay contaban con unas tasaciones absurdas.

Watters supuso que alguien estaría dispuesto a pagar mucho dinero para hacerse con aquellos sistemas. Sin embargo, las empresas de ciberseguridad no eran nada eficientes. Era el viejo juego del gato y el ratón: cuando los cazadores de virus lograban inmunizar a sus clientes de los ataques, ya era demasiado tarde, los malos ya se habían salido con la suya, y las contraseñas y los datos de tarjetas de crédito ya habían salido del edificio. Watters sabía que lo que lo había atraído a aquel negocio en primer lugar —los elementos de policías y ladrones— no iba a ir a ninguna parte. La industria de la seguridad requería de un nuevo modelo.

Entre 1999 y 2001, Watters esperó con paciencia a que se hinchara y estallara la burbuja del puntocom mientras prestaba atención a ciertas empresas de ciberseguridad con el potencial de convertirse en negocios viables, solo que no a las tasaciones absurdas a las que los capitalistas emprendedores las habían fijado. En un momento dado, sacó a su hija de diez años de la escuela, contrató un avión privado y se presentó en la sede de iDefense en Chantilly para llevar a cabo una debida diligencia a la antigua usanza. iDefense se presentaba como un avanzado sistema de alerta para ciberamenazas para los bancos grandes como Citigroup, aunque la mayoría de sus clientes eran agencias gubernamentales: el Pentágono, la Marina y la Guardia Costera. Aun así, cuando Watters examinó con mayor detenimiento sus libros de contabilidad, comprobó que iDefense era tan solo otra empresa de relleno sin ningún producto que ofrecer ni ningún plan para crearlos.

Y tenía razón. Dos años después, iDefense se declaró en bancarrota, y, por un azar del destino, la vista judicial sobre la bancarrota estaba programada para el 11 de septiembre de 2001. Si los terroristas no hubieran secuestrado los aviones aquel día, probablemente un juez hubiera ordenado que iDefense cesara sus operaciones. En cambio, la audiencia se pospuso. Un mes después, un juez decretó que, después del 11 de septiembre, el país iba a necesitar más empresas de seguridad como iDefense. En vez de obligar a la empresa a liquidarse, el juez dictó a favor de una reestructuración del Capítulo 11 de la Ley de Quiebras.

Unos inversores británicos aportaron seiscientos mil dólares, al pensar que aquello les concedería el tiempo suficiente para reestructurar iDefense y venderla para sacar provecho. Llamaron a Watters y le dijeron que el negocio estaba a la venta: cinco millones de dólares.

Watters ni parpadeó.

«No —les dijo—. Sé tan bien como vosotros que se os va a acabar el dinero. Llamadme cuando así sea».

Aquello solo tardó diez meses en ocurrir. Los británicos le dijeron a Watters que, a menos que estuviera dispuesto a pagar y comprar sus acciones, tendrían que cerrar al día siguiente. Watters les dijo que estaba dispuesto a comprar iDefense por diez dólares.

Aceptaron. Watters le pidió a su mujer que le diera dos años para girar las tornas de la empresa.

El parking en el exterior de la sede de iDefense en Chantilly estaba casi desierto la tarde que Watters entró por segunda vez un martes de agosto de 2002. Más de dos tercios de la empresa habían sido despedidos, y el resto no había recibido ningún salario desde hacía seis semanas. Las dos docenas de trabajadores que quedaban miraron de cerca a aquel hombre tan grande como un oso metido en sus botas de cocodrilo y lo primero que pensaron fue: «¿Quién es este payaso?».

Su segunda reacción fue un gran alivio. Watters podía ser muy colorido, pero no era el típico hombre de bolsa rígido. Los empleados no habían recibido salarios en seis semanas; lo primero que hizo él fue dirigirse a la cocina de la oficina para empezar a escribir cheques para que las deudas quedaran saldadas. A los ejecutivos les dio una elección: podían cambiar sus cheques por acciones, las cuales podrían convertirse en un mayor beneficio en el futuro, o podían recibir el dinero en metálico en aquel mismo momento.

Todos escogieron el dinero, lo cual no fue el voto de confianza que Watters había estado esperando. Si bien los empleados estaban dispuestos a darle unos cuantos meses más a iDefense, nadie pensaba que aquello fuera a acabar con las campanas sonando en una sala de transacciones ni con una empresa multimillonaria. La cultura corporativa se moría de hambre, y los trabajadores no podían cruzar la calle y pedir otro trabajo. Nasdaq llegó al punto más bajo de la caída financiera de la burbuja puntocom durante el siguiente mes. Cinco billones de dólares en riqueza real desaparecieron. Dos años más tarde, más de la mitad de las empresas puntocom cerraron.

Las perspectivas competitivas de iDefense tampoco tenían muy buena pinta. El día que Watters entró en iDefense, su competidor más cercano, una empresa emergente llamada SecurityFocus, fue adquirida por Symantec, el gigante de la seguridad, por setenta y cinco millones de dólares. Al igual que iDefense, SecurityFocus les ofrecía a sus clientes un sistema de alerta de ciberamenazas en forma de una lista de distribución de hackers llamada BugTraq.

Aun así, el término «lista de distribución» nunca llegó a hacerle justicia a BugTraq. Era más bien una versión primitiva de Reddit o 4chan, un lugar en el que los curiosos, los santurrones y los traviesos de los primeros días de la web podían propagarse. El concepto detrás de BugTraq era simple: hackers de todo el mundo llenaban la lista de fallos y vulnerabilidades informáticas. Algunos lo hacían por diversión, curiosidad, imagen o solo para burlarse de los vendedores de tecnología que no les hacían caso o los amenazaban cada vez que trataban de llamarles la atención sobre los fallos de su código.

En aquellos tiempos no había ningún número gratuito al que llamar para informar a Microsoft o Hewlett-Packard de que «oye, acabo de convertir tu servidor en una herramienta de vigilancia masiva y parece que podré usarlo para entrar en la NASA». Llamar a un representante de una empresa o a un ingeniero de software sin aviso previo solía provocar silencio, enfados o una carta severa del consejo general. A los vendedores les daba igual, por lo que nunca permitieron que hacer lo correcto fuera fácil. BugTraq y, más adelante, listas similares como Full Disclosure fueron los foros por defecto para que los hackers mostraran sus mejores hallazgos y criticaran a las empresas por dejar minas en su código día tras día.

Los descubrimientos de los hackers habían formado gran parte de la materia prima del producto de iDefense llamado iAlert. Cuando los hackers descubrían un fallo, solía querer decir que había más que encontrar. Su sistema iAlert avisaba a sus clientes de los grandes agujeros en su hardware o software y les ofrecía soluciones. Si Symantec no permitía usar BugTraq a iDefense, la empresa no tendría nada de lo que alertar a sus clientes. Y, si iDefense trataba de competir con los amplios bolsillos de Symantec, fracasaría.

Los primeros meses no fueron demasiado bien. Cuanto más se adentraba Watters en el negocio, más se daba cuenta de lo burdo que era. El sistema de alerta no era diferente de muchas otras listas a las que sus clientes se suscribían, y muchas de ellas eran gratuitas.

Watters sabía que había algo ahí, solo que aún no sabía lo que era. Invitó a varios empleados a comer con la esperanza de que le dieran alguna idea o algo de consuelo. En su lugar, estuvieron de acuerdo con él. No quedaba nada más que rescatar.

—Si la compraste, es tuya —le dijo uno de los veteranos de la empresa a Watters.

—Bueno, sí, supongo que sí —fue todo lo que pudo contestar Watters—. Mierda.

Para noviembre, Watters le dijo a su mujer que iba a tener que anular el negocio o mudarse a Virginia a tiempo completo. Entre los dos, decidieron que debía darle una última oportunidad, así que compró un piso de dos habitaciones a las afueras de Chantilly —el cual llamó «la cabaña del hacker»— y se puso cómodo.

Cada día a las 5:15 a. m., Watters empezaba a enviar correos electrónicos para tratar de inculcar un nuevo ritmo en los trabajadores. Se dirigió a cada sector del negocio como si estuviera tratando de desfibrilarlo. Su nuevo lema era «tres en uno»: «Vamos a hacer tres años de trabajo en uno solo», les decía a los trabajadores, quienes solían responderle poniendo los ojos en blanco. Empezó a reemplazar a los de los ojos en blanco con personas con maña que sabía que iban a hacerlo bien. Y también comenzó a pedir ideas para nuevos productos a todos los empleados.

En aquellos tiempos, iDefense contaba con un laboratorio de investigación liderado por dos jóvenes hackers de veintitantos años: David Endler, quien había empezado su carrera en la NSA, y Sunil James, quien tan solo unos años atrás se había graduado en la universidad. James se había incorporado a iDefense en los días posteriores al 11 de septiembre, mientras el humo del pentágono seguía apestando su hogar. Pasó aquellas primeras noches durmiendo en la oficina.

El trabajo de Endler y James era rebuscar en software y hardware para encontrar días cero y echar un vistazo a BugTraq y otros foros de hackers en busca de vulnerabilidades que, en las manos equivocadas, pudieran hacer daño a los clientes de la empresa.

«El conjunto de personas que comprendían las vulnerabilidades lo suficiente como para explicarlas a los demás en términos simples aún era muy reducido», me contó James.

Los dos solían pasar el día sentados en la oscuridad, iluminada solo por el brillo de sus pantallas, a la caza de fallos. Sabían que su equipo solo podía encontrar unos pocos por sí solo, y la mayoría aún provenía de BugTraq. Y, como BugTraq había pasado a estar en manos de Symantec, sabían que su principal fuente de inteligencia estaba a punto de secarse. A menos que encontraran una nueva fuente de fallos, tal como James le dijo a Endler: «Nos vamos a ir a la mierda».

Los dos sabían que había una enorme cantidad de hackers por todo el mundo que descubrían vulnerabilidades día y noche y que no estaban aprovechando. No hacía falta ser un genio para ver que los vendedores vivían a costa del trabajo gratis de aquellas personas al emplear sus descubrimientos para hacer que sus productos fueran más seguros. Si Symantec cerraba BugTraq al público, tal como James le dijo a Endler, las empresas de tecnología y sus clientes perderían su fuente primaria de datos sobre amenazas. James tuvo una idea: ¿y si acudían directamente a los hackers y les pagaban por los fallos que encontraban?

James sabía que invitar a los hackers a diseccionar productos tecnológicos en busca de fallos no era precisamente de rigor en aquella industria. La postura de la mayoría de las empresas grandes —Hewlett-Packard, Microsoft, Oracle, Sun Microsystems— en aquellos tiempos era que, si alguien llamaba la atención sobre un fallo en sus productos, debían denunciarlo por manipulación. Los ejecutivos de Microsoft lo llamaron «anarquía de la información» y en un momento dado compararon a los hackers que publicaban fallos en BugTraq y en convenciones con terroristas «que lanzaban bombas a los parques infantiles». Aquel año, en 2002, los representantes de las principales empresas tecnológicas se reunieron en la conferencia anual DefCon en Las Vegas para poner las cosas claras. Desde que DefCon se había fundado en 1993, la conferencia se había convertido en un foro en el que los hackers podían presentar todos los modos en los que podían adentrarse en los productos de las empresas. Sin embargo, más adelante, las empresas comenzaron a pensar que los hackers habían ido demasiado lejos. Estaban hartas de que se burlaran de ellas en el escenario. Aquel año, se juntaron en Las Vegas para organizar un nuevo enfoque hacia los hackers y sus fallos que podía resumirse en «nosotros recibiremos los fallos primero o demandaremos a todos los hackers».

La idea de que iDefense pudiera considerar pagar a los hackers para ver los fallos en los programas antes que nadie no les iba a sentar muy bien a los Microsofts, Oracles y Suns del mundo. Tal vez era la camisa hawaiana y las botas de vaquero, pero Watters tenía algo que hizo que James y Endler creyeran que podría estar abierto a una línea de pensamiento distinta.

Fue Endler quien le explicó la idea: le dijo a Watters que los programadores de Microsoft, Oracle y las demás empresas tecnológicas grandes introducían fallos en su código cada día sin darse cuenta. Para cuando se encontraba y solucionaba un fallo, los desarrolladores ya habían generado más código con nuevos fallos en los programas que usaban los clientes de iDefense de todo el mundo. La industria de la seguridad no hacía mucho por proteger a sus clientes del siguiente ataque, pues seguía centrada en mitigar el último que se había producido. Y, además, tal como Endler le explicó a Watters, los propios programas antivirus estaban repletos de fallos.

Mientras tanto, los hackers de sombrero negro se aprovechaban de esos fallos para sacar beneficios o propiciar el espionaje o el caos digital. Los de sombrero blanco, quienes trataban de hacer lo correcto, se estaban quedando sin incentivo para informar a los vendedores sobre los fallos. Los vendedores no querían lidiar con personas que seguían viviendo en el sótano de sus padres y les ofendía la propia idea de que sus productos pudieran contener fallos. Lo que preferían hacer era amenazar a los hackers con demandas, en lugar de arreglar los fallos de sus sistemas. A través de su beligerancia, los vendedores estaban haciendo que cada vez más hackers de sombrero blanco se pasaran al bando de los de sombrero negro. Si nadie iba a arreglar esos fallos, al menos podrían aprovecharse de ellos o explicárselos a los *script kiddies* (niños de códigos), hackers sin demasiada experiencia que empleaban los fallos para vandalizar la página web de una empresa o sacarla de la red. Había rumores de algún tipo de mercado gris clandestino que pagaba a los hackers por información sobre los fallos y para que no dijeran nada a nadie. Y en los tiempos que corrían, recibir dinero era mucho más alentador que recibir una demanda judicial.

Según sostuvo Endler, quienes acababan perdiendo eran los clientes de iDefense: bancos y agencias gubernamentales cuyos sistemas estaban llenos de agujeros y tenían las puertas abiertas de par en par para que los atacaran.

«Podríamos organizar un programa —propuso Endler a Watters—. Podríamos pagarles a los hackers para que nos entregaran sus fallos».

Tal como dijo Endler, iDefense seguiría mostrando los fallos a los vendedores, pero, hasta que estos tuvieran un parche listo para solucionarlos, el producto iAlert podría funcionar como un sistema de advertencia para sus suscriptores. iAlert daría a sus clientes un aviso a tiempo y un modo de trabajar con el fallo para que los atacantes no pudieran aprovecharse de los fallos, que todavía no serían públicos. Según el razonamiento de Endler, iDefense no iba a tener que pagar demasiado a los hackers, pues estos solo querían disponer de un modo de publicar fallos que no acabara con ellos en la cárcel.

«Podríamos usar el programa para nuestra ventaja competitiva», le explicó Endler a Watters.

Muchos otros directivos se habrían echado atrás. La idea de que una empresa sin beneficios pudiera usar sus cada vez más reducidos fondos para pagar a los hackers —adolescentes llenos de granos en los sótanos de sus padres, programadores con coleta del lado oscuro de Internet— para que encontraran fallos en los sistemas de otras empresas les habría parecido como mínimo arriesgado a la mayoría de los ejecutivos. Y muchos abogados habrían puesto fin al programa en aquel mismo momento.

Pero no Watters. Habían sido los elementos del lejano oeste que tenía aquella industria lo que lo había atraído hacia ella en primer lugar. Además, tenía sentido económicamente hablando: al abrir un mercado de vulnerabilidades legítimo, iDefense sería la primera empresa en ver los defectos y agujeros tecnológicos, por lo que por fin tendría algo singular y concreto que ofrecer a sus clientes. Dejaría de ser otra lista ruidosa más.

También quería decir que Watters podría ser capaz de justificar un coste más elevado para el sistema de alerta de la empresa.

Y así fue como, en 2003, iDefense se convirtió en la primera tienda que abrió sus puertas públicamente a los hackers y que empezó a pagar recompensas por encontrar fallos de día cero.

Las recompensas empezaron siendo pequeñas, de setenta y cinco dólares cada una. James y Endler no sabían lo que hacían, pues no existía ningún mercado al que imitar, ningún programa competitivo, al menos no que ellos supieran.

Todo el esfuerzo fue una lotería. En aquellos primeros meses, sabían que los hackers iban a estar poniéndolos a prueba para ver si se podían salir con la suya. Los hackers no iban a entregarles los mejores fallos nada más empezar, sino que iban a empezar con los más sencillos. De los primeros mil fallos entregados durante los siguientes dieciocho meses, la mitad de ellos eran basura. Algunos eran vulnerabilidades de código de sitios web, unos fallos comunes en aplicaciones web que los hackers principiantes usaban para vandalizar una página web. O eran fallos que provocaban que Microsoft Word dejara de funcionar cada vez que se abría un nuevo documento. Dichos fallos eran molestos, pero los de sombrero negro no los estaban usando para robar propiedad intelectual o datos de clientes. Pese a que James y Endler contemplaron rechazar esos fallos, sabían que debían generar confianza entre los hackers para que estos acudieran a ellos con cargamentos mejores y más grandes. En aquellos primeros días, el equipo de iDefense se tragó el orgullo y pagó para recibir porquería.

La estrategia funcionó durante un tiempo. Entre los primeros en empezar a entregarles días cero graves se encontraba un hacker de Turquía llamado Tamer Sahin. En 1999, lo habían detenido por hackear un proveedor web turco. Como parte de su acuerdo con el tribunal, accedió a ayudar al gobierno turco a proteger sus sistemas, lo que quería decir que estaba en una búsqueda constante de vulnerabilidades en Internet y publicaba advertencias de seguridad para los programas vendidos por Microsoft, HP, AOL y otros. Sahin empezó a hacerse conocido en la comunidad de hackers, pero nunca había recibido ni un solo centavo por su trabajo.

Cuando iDefense anunció su programa en 2002, Sahin entregó su primer fallo, una vulnerabilidad en un protocolo de Internet que podía permitir que un atacante interceptara contraseñas y otros datos entre un usuario y su navegador. El fallo le permitió ganar setenta y cinco dólares, el alquiler de un mes en Turquía. Sahin se convirtió en una máquina de entregar fallos, pues acabó entregando más de cincuenta en dos años, lo suficiente como para olvidarse de tener que trabajar.

En Kansas City, un adolescente de trece años llamado Matthew Murphy también se estaba enganchando. Pese a que Murphy era demasiado joven para trabajar de forma legal, recibía cheques de cuatro cifras por parte de iDefense por los fallos que encontraba en AOL y en programas antivirus. Murphy usó el dinero para comprarle a su madre un segundo ordenador y una segunda línea telefónica para Internet.

Al final tuvo que contarle a su madre, que era policía, lo que se traía entre manos, la cual no fue una conversación nada fácil. A ella le preocupaba que sus descubrimientos pudieran emplearse para hacer daño a alguien.

«Le dije que, si los vendedores no querían que sus clientes sufrieran, deberían haber hecho que sus programas fueran seguros desde el principio».

iDefense se convirtió en la tienda favorita de los hackers en busca de recompensas rápidas por sus fallos. Cada año, Watters se proponía organizar las mejores fiestas en Black Hat y DefCon para reclutar a más personas en su programa y entregar premios a los hackers que habían encontrado las vulnerabilidades más graves. Unos hackers que prácticamente no salían de sus sótanos se emborrachaban en la fiesta de iDefense y luego llevaban su valentía líquida a las mesas de *blackjack*.

Tras un año en aquel programa, los dos mejores cazadores de fallos de iDefense eran un hacker argentino llamado César Cerrudo y un neozelandés apodado Zenith Parsec. Fuera de Internet, Zenith Parsec era Greg McManus, un pastor neozelandés que prefería encontrar fallos en programas a esquilar ovejas. En poco tiempo, la mitad de las recompensas por fallos de iDefense se las llevaba McManus.

El neozelandés aportaba una sofisticación a su trabajo que iDefense no había visto nunca. Watters imaginó que sería más barato llevarlo hasta

Virginia que seguir enviando miles de dólares de pagos de Western Union a Nueva Zelanda. Por tanto, Watters le ofreció un empleo a McManus y una habitación en su cabaña del hacker.

McManus apareció por allí unas semanas más tarde, con su ordenador, un cubo de Rubik, una mochila y una camiseta negra que rezaba «ALGUIEN DEBERÍA HACER ALGO». Como compañeros de piso, el sociable vaquero al que le gustaba la cerveza Miller Lite y el tranquilo neozelandés con el cubo de Rubik formaban una de las parejas más extrañas. Sin embargo, les fue bien. Y, en sus noches libres, McManus empezó a enseñarle a Watters el arte del hackeo.

Watters había pasado toda su vida trabajando por dinero. Los hackers, tal como le explicó McManus, no lo hacían por dinero o, al menos, no al principio. Lo hacían por la emoción de acceder a información que no estaba pensada para que nadie la viera. Algunos lo hacían por poder, conocimientos, libertad de expresión, anarquía, derechos humanos, por echar unas risas, por privacidad, piratería, por el rompecabezas, por la sensación de pertenecer a algo, de conexión o de química, pero la mayoría lo hacían por pura curiosidad. Su rasgo común era que no podían evitar hacerlo. Los hackers eran reparadores por naturaleza. No podían ver un sistema sin que les entraran ganas de separarlo por piezas, ver adónde los llevaba y construirlo de nuevo con un uso alternativo. Donde Watters veía un ordenador, una máquina, una herramienta, McManus veía un portal.

Los hackers existían desde hacía más de un siglo. En la década de 1870, habían atrapado a varios adolescentes que trataban de modificar el primitivo sistema telefónico del país. La etiqueta «hacker» cuenta con una historia moteada —una tan celebrada como condenada—, pero los emprendedores, científicos, chefs, músicos y líderes políticos más respetados del mundo eran hackers a su manera.

Steve Jobs era un hacker. Y Bill Gates también. El *The New Hacker's Dictionary*, un diccionario que ofrece definiciones para cualquier terminología del mundillo que se te pueda ocurrir, define «hacker» como «alguien que disfruta del desafío intelectual de superar o sortear las limitaciones de forma creativa».

Algunos dicen que Pablo Picasso hackeaba el arte. Alan Turing hizo lo mismo con el código nazi, y Ben Franklin, con la electricidad. Y, trescientos años antes que ellos, Leonardo da Vinci hackeó la anatomía, la maquinaria y la escultura. Es bien conocido que Da Vinci se describió a sí mismo con la frase en latín *senza lettere* («sin letras»), pues, a diferencia de sus homólogos del Renacimiento, él no sabía latín. En su lugar, aprendió al reparar, un hábito que haría que muchos hackers de la era moderna dijeran que era uno de los suyos. A pesar de que la sociedad ha acabado asociando a los hackers con los de sombrero negro y los criminales, la verdad es que les debemos mucho de nuestro progreso y, de forma un tanto irónica, de nuestra seguridad digital.

McManus le contó a Watters que todo, incluso el sistema más seguro del planeta, podía estar en riesgo. Y se dispuso a enseñarle a Watters. La primera tarea era analizar el sistema del objetivo en busca de servidores o aplicaciones web que estuvieran orientados al público. Normalmente se encontraba algo, pero, si no, la paciencia era de suma importancia. Existe una razón por la que, años más tarde, los expertos en seguridad empezaron a llamar a los grupos de hackers de la nación «amenazas persistentes avanzadas». Si eran pacientes y persistentes, en algún momento acabarían encontrando un modo de adentrarse en un sistema y quedarse en él.

Algún trabajador de la organización acabaría instalando alguna aplicación por conveniencia, y podrían aprovecharse de dichas aplicaciones para obtener acceso a los sistemas. El truco estaba en esperar con paciencia y observar a ver qué cambiaba en el perímetro del objetivo. Tal vez una ejecutiva podría instalar una aplicación para enviar y recibir llamadas desde el teléfono fijo de su oficina. En cuanto se instala dicha aplicación, el hacker empieza a examinarla y a tantearla, dirige su navegador hacia ella y la llena de tráfico web para ver qué hace. Busca cualquier cosa extraña, indicios de buena calidad o de que no valga nada. Cuando no la puede doblegar a su voluntad, busca en los foros de soporte técnico para tratar de encontrar cualquier pista sobre cómo se construyó la aplicación, qué tipo de problemas tienen los usuarios o cualquier actualización o solución para el software o el hardware. Cuando encuentra una actualización, aunque tan solo sea un pequeño fragmento de código de actualización, lo abre en canal, emplea la ingeniería inversa y descompila el código.

Del mismo modo que ocurre con cualquier idioma extranjero, leer código es una habilidad que les resulta natural a algunas personas, mientras que otras la aprenden con el paso del tiempo. Una vez que se ha leído suficiente código, se llega a un punto en el que, si bien tal vez no se sea capaz de escribirlo desde cero, sí que se puede comprender a grandes rasgos lo que se ve. Con el tiempo, según McManus le contó a Watters, se acaban identificando patrones. El objetivo es llegar hasta ese punto en el que se pueden encontrar funciones y variables que pueden emplearse para hacer algo para lo que nunca habían sido concebidas.

En ese pequeño fragmento de código de actualización, es posible que se pueda inyectar código en un servidor web que haga que muestre el código fuente de la aplicación de mensajes de voz. Y luego vuelta a empezar. Se examina el código fuente de la aplicación en busca de algo que destaque. Es posible que no se encuentre nada y que se tenga que intentar por otro lado. O también se puede encontrar una mina de oro: un fallo de ejecución de código remoto, el tipo de fallo que permite que un hacker ejecute desde lejos el código que quiera en la aplicación. Para ello, es posible que se necesite una contraseña. No hay problema. Se busca en repositorios de la web oscura para encontrar correos electrónicos, nombres de usuario y contraseñas robadas que encajen con un empleado de la organización objetivo. Si eso no funciona, se indaga más y más en la infraestructura de autenticación de usuarios del objetivo en busca de otras señales de debilidad. Puede ser que se encuentre que, cuando alguien instaló el programa de autenticación, guardó los nombres de usuario y las contraseñas en texto sin formato en un archivo de registro del servidor. Y ¡bingo! Se extrae dicho archivo de registro y ya se tiene la cadena completa.

Se encadenan los días cero, se conecta el nombre de usuario y contraseña en texto sin formato, se usa el fallo de ejecución remota para entrar en la aplicación de mensajes de voz. Y, después de eso, no solo se ha ganado acceso al sistema telefónico del objetivo, sino que se tiene acceso a cualquier cosa conectada a dicho sistema: su ordenador, cualquier otro ordenador de su red local, o el ordenador del administrador informático, que cuenta con privilegios de red especiales para acceder a más ordenadores todavía. Con semejante nivel de acceso, las posibilidades para el robo y el caos no tienen fin. Se puede acceder a datos para usar información privilegiada, se pueden vender las credenciales de los ejecutivos por una buena suma de dinero en el mercado negro, o se puede hacer lo correcto e informar a la empresa de la aplicación de mensajes de voz que tienen un enorme problema entre manos y esperar que se lo tomen en serio.

Cada noche, McManus le explicaba a Watters aquellos distintos escenarios de ataque, le señalaba anomalías en el código, identificaba puntos débiles y le mostraba cómo podía abusarse de ellos. Era aterrador, pero el acento neozelandés de McManus hacía que pareciera algo muy placentero. Durante el día, McManus era como un cerdo en el barro, evaluaba los fallos de otros hackers y le decía a iDefense por cuáles no valía la pena pagar mientras convertía los buenos fallos en vulnerabilidades. Por la noche, le mostraba a su jefe un nuevo mundo que funcionaba con un lenguaje que pocos conocían.

McManus no pedía mucho a cambio. Solo le pidió permiso a Watters para pintar las paredes del laboratorio de iDefense de negro, pues, según él, aquello lo haría sentirse más cómodo. Watters accedió. Cualquier cosa para hacer que el neozelandés se sintiera como en casa. Aquel tipo tenía una vista de águila para los fallos y las vulnerabilidades, y aquello les estaba empezando a aportar beneficios.

En numerosas ocasiones, iDefense entregaba un fallo a un vendedor, solo para que este le dijera que el fallo no era nada grave. Allí entraba McManus. Él creaba una vulnerabilidad a modo de demostración para que vieran la facilidad con la que el fallo podía tomar el control de sus programas o robar los datos de sus clientes. Durante mucho tiempo, habían sido los vendedores quienes decidían qué fallos valía la pena parchear, y muy a menudo aquellas decisiones no parecían basarse en ningún criterio establecido. En aquellos momentos, McManus les estaba demostrando tanto a los vendedores como a sus clientes que aquellos fallos ya no se podían pasar por alto. McManus también les ayudó a priorizar qué fallos exigían soluciones inmediatas para los clientes y cuáles podían esperar un tiempo razonable.

El programa aportó algo único al mercado y ayudó a que iDefense justificara una subida de precios. Aquel primer año, Watters aumentó el precio de la suscripción de iDefense a más del doble, de 18.000 dólares a 38.000. Despidió a clientes que no estaban dispuestos a pagar el nuevo precio y se percató de que podía reemplazarlos fácilmente con bancos y agencias federales con enormes presupuestos que estaban dispuestos a pagar lo que hiciera falta por un producto de inteligencia que incorporaba soluciones a fallos.

Para el disfrute de Watters, muchos de los clientes que había despedido se arrastraron de vuelta hacia él con tarifas mayores. Despidió a un cliente que le pagaba 27.000 dólares al año y, cuando volvió, pasó a pagar 455.000. Despidió a una agencia gubernamental que le pagaba 25.000 dólares y esta regresó para pagar un millón y medio de dólares. Para octubre de 2003, Watters ya había duplicado los beneficios de iDefense y había empezado a invertir más de su dinero en el negocio.

Todo ese éxito estaba empezando a molestar a los vendedores de software. Microsoft, Sun, Oracle… todos odiaban el programa. Sus empleados acusaron a iDefense de invitar a los hackers a entrar en sus productos. Y, cuando el programa de iDefense empezó a hacerse más popular, sus clientes importunaban a las compañías tecnológicas con cada vez más frecuencia para que parchearan sus sistemas, y rápido. De repente, las empresas tecnológicas más grandes del mundo se veían obligadas a trabajar según los horarios de otros, por lo que fueron contra iDefense con todas sus fuerzas.

En la convención Black Hat de aquel año, un miembro del equipo de seguridad de Microsoft se acercó a Endler para decirle que el programa de pago por fallos de iDefense era un modo de extorsión. Por todo Las Vegas, mujeres en vestidos cortos observaban atónitas como unos cerebritos en camisetas negras gritaban a otros cerebritos con camisetas con logos corporativos sobre la ética del pago por fallos.

Watters también recibió su parte de reprimendas. La directora de seguridad de Oracle, Mary Ann Davidson, lo invitó a cenar. *Va a ser interesante*, pensó Watters. Pero Davidson no perdió el tiempo. Antes de que llegaran los aperitivos, le dijo a Watters que lo que hacía iDefense, pagar a los hackers por encontrar fallos, era «inmoral».

¡Inmoral, por el amor de Dios! Dios no quiera que encontremos fallos en el preciado código de Oracle que no deberían haber estado ahí para empezar, pensó Watters. Sin su programa, los hackers aún tendrían más incentivos para aprovecharse de los fallos de Oracle que para informar sobre ellos.

Davidson era tan moralista, tan arrogante, que Watters vio que no tenía otra opción que sacar su teléfono móvil para llamar a su madre.

«Mary Ann, creo que debería hablar con mi madre —le dijo, entregándole el teléfono—. Tal vez al menos deje que ella contraargumente su posición. Creo que le dirá que soy una persona bastante moral».

Por primera vez desde que se habían sentado, Davidson se quedó sin palabras.

Cuantos más fallos se agenciaba iDefense, mejor les iba el negocio. Watters se percató de que no tenía capacidad para inscribir a tantos clientes tan rápido. Las agencias gubernamentales actualizaban sus suscripciones año tras año. Cuanto mejor le iba, más vendedores como Davidson se quejaban. El negocio de Watters iba viento en popa porque él era un vaquero en un campo abierto, pero dicho campo iba a empezar a contar con cercas justo cuando su negocio despegaba de verdad. Tuvo unos cuantos años muy buenos antes de que el mercado cambiara, otras empresas se trasladaran a él y se empezara a complicar todo.

El primer cambio de rumbo fue un correo electrónico de Bill Gates. En 2002, tras una serie de ataques cada vez más graves contra los programas de Microsoft y sus clientes, Gates declaró que la seguridad iba a convertirse en la mayor prioridad de la empresa.

Los hackers tacharon la comunicación que lanzó la iniciativa de Cómputo Confiable de Bill Gates de ser una broma. Microsoft llevaba años vendiendo programas torpes y llenos de agujeros, y ¿tenían que creer que Gates había encontrado la religión? Si bien Microsoft era la empresa dominante del mercado de ordenadores personales, desde que dos prodigios técnicos de la Universidad de Illinois llamados Marc Andreessen y Eric Bina habían creado el primer navegador de Internet, Redmond había pasado a un segundo plano. Internet existía desde hacía décadas, desde 1969, para ser precisos, en una forma inicial improvisada en el Pentágono. Y había evolucionado de forma considerable. Sin embargo, lo que hizo que las masas pudieran acceder a Internet fue el navegador Mosaic creado por Andreessen y Bina. Dicho navegador tenía colores y gráficos y facilitaba que el público subiera sus fotos, vídeos y música. De la noche a la mañana, Internet empezó a aparecer en las tiras cómicas de *Doonesbury* y en la famosa viñeta del *The New Yorker*, que muestra a dos perros frente a su ordenador mientras uno le dice al otro: «¡En Internet nadie sabe que eres un perro!». Y, desde entonces, la población de Internet se duplicó año tras año hasta que fue tan grande que los Microsofts del mundo no pudieron seguir ignorándola.

Microsoft había estado tan centrado en dominar el mercado de ordenadores personales que no le prestó demasiada atención a la red hasta que Andreessen se mudó a Silicon Valley y presentó una versión comercial de su navegador Mosaic, llamada Netscape Navigator, en 1994. Un año más tarde, Netscape ya contaba con cientos de millones de usos al día, lo que hizo que Redmond entrara en pánico.

La batalla que se produjo entre Microsoft y Netscape es toda una leyenda. Microsoft había desestimado la red como un experimento científico y había depositado todas sus esperanzas en el modelo de ordenadores personales: máquinas que trabajaban de forma independiente en despachos independientes o redes cerradas. En cuanto vio el potencial de mercado de Internet, Microsoft hizo como pudo su propio navegador (Internet Explorer), improvisó un servidor web deprisa y corriendo e instó de forma agresiva a los proveedores web a que escogieran a Microsoft antes que a Netscape. Aquello sucedió antes de que Gates se convirtiera en un santo filantrópico.

Enviaba correos electrónicos a ejecutivos de AOL en los que exigía saber: «¿Cuánto dinero tenemos que aportar para que dejen de usar Netscape?».

En sus prisas por batir a Netscape, su prioridad era la velocidad, no la seguridad. Más de una década más tarde, Mark Zuckerberg acuñó un término para ese enfoque en Facebook con su lema «muévete rápido y rompe cosas».

En cuanto esos productos llegaron al mercado, los hackers empezaron a desmontarlos de buena gana. Querían ver adónde los llevarían los fallos de sus nuevos juguetes de Internet, lo cual resultó ser bastante lejos. Los hackers se dieron cuenta de que podían recorrer los sistemas de Microsoft hasta llegar a clientes de toda la red. Si bien trataron de señalar los errores a la empresa, casi nunca los tomaron en serio. Parte del problema era que su punto fuerte era la programación, no la diplomacia.

No fue hasta que el Tío Sam se metió en el asunto —tras una serie de ataques devastadores— que las cosas empezaron a cambiar. En 2001, unos atacantes desataron Code Red, un gusano informático que transformó cientos de miles de ordenadores con programas de Microsoft en pisapapeles sin mayor utilidad. Más adelante, los atacantes usaron algunos de los fallos del gusano Code Red para lanzar un ataque masivo que desactivó los sistemas de cientos de miles de clientes de Microsoft y trataron de hacer lo mismo a un cliente bastante importante: la Casa Blanca.

Code Red sucedió poco después de una serie de vergonzosos ataques relacionados con Microsoft. Un virus informático, llamado «Melissa» por su creador en honor a una *stripper* de Florida, se aprovechó de los fallos de Microsoft para apagar los servidores de unas trescientas empresas y agencias gubernamentales, lo que provocó unos estupendos ochenta millones de dólares de daño. Otro virus nacido en Filipinas, llamado «ILOVEYOU», borró archivos e infectó a cuarenta y cinco millones de víctimas al día, lo que obligó a importantes clientes de Microsoft, como la Ford Motor Company, a desactivar sus sistemas de correos electrónicos.

Y luego llegó Nimda, un ataque que ralentizó Internet a paso de tortuga. Nimda se aprovechó de un fallo no parcheado de Microsoft para infectar todo lo que pudiera tocar —correos electrónicos, servidores, discos duros— y luego volvió a infectar de buena gana todo lo que ya había tocado antes. Nimda solo necesitó veintidós minutos para convertirse en el peor ciberataque de la época. La empresa de investigación tecnológica Gartner advirtió a los clientes de Microsoft que debían «alejarse a toda prisa» de los programas de servidores web de Microsoft.

El momento en el que se produjo el ataque de Nimda, tan solo una semana después del 11 de septiembre, hizo que los funcionarios del gobierno sospecharan de los ciberterroristas. Una línea en el código («R. P. China») apuntaba hacia el gigante asiático. ¿O tal vez lo habían plantado allí para confundir a quienes respondieran al ataque? ¿Por qué decía «RPC» y no «PRC», como sería apropiado en inglés? ¿Acaso se trataba de la obra de un hablante chino que desconocía las convenciones gramaticales del inglés? ¿O los terroristas habían dejado una pista falsa? Nadie llegó a descubrirlo nunca. Sin embargo, la mera sospecha de que el ataque podía haber sido obra de ciberterroristas hizo que las preocupaciones sobre la seguridad de Microsoft fueran demasiado alarmantes como para que el gobierno las pasara por alto.

Antes del 11 de septiembre, los productos de Microsoft tenían tantos agujeros que el valor de una sola vulnerabilidad de Microsoft era prácticamente cero. Después del atentado de las torres gemelas, el gobierno ya no podía permitirse hacer caso omiso de los problemas de seguridad de la empresa. Los trabajadores del FBI y del Pentágono empezaron a llamar a los ejecutivos de Microsoft para cantarles las cuarenta.

Nimda era el ataque más reciente. Los funcionarios estaban preocupados por una nueva clase de fallos de Microsoft que permitía que los atacantes pudieran controlar las máquinas de los clientes sin ser vistos. Querían saber qué personas de Redmond se lo estaban tomando en serio. Y dejaron claro a Microsoft que, si seguía escondiendo la cabeza bajo el ala, el Tío Sam estaba dispuesto a llevar su negocio a otra parte.

El 15 de enero de 2002, justo cuando iDefense empezaba a despegar, Gates dio el equivalente en ciberseguridad del «disparo oído en todo el mundo» que inició la guerra de Independencia de Estados Unidos. Desde aquel momento, según Gates, la seguridad iba a ser la «mayor prioridad» de la empresa.

«El Cómputo Confiable es más importante que ningún otro aspecto de nuestro trabajo —escribió Gates en su ahora conocido correo electrónico—. La computación ya es una parte importante de la vida de muchas personas. Dentro de diez años, será una parte integral e indispensable de casi todo lo que hagamos. Microsoft y la industria informática solo tendrán éxito en ese mundo si [los directores de la información], los consumidores y todos los demás ven que Microsoft ha creado una plataforma para el Cómputo Confiable».

Lo que la comunidad de la seguridad tachó de ser una pantomima se convirtió en toda una fuerza económica. Microsoft congeló nuevos productos y retiró los que ya existían, abrió sus programas en canal y formó cerca de diez mil desarrolladores para volver a crearlos, aquella vez basándose en los principios de la seguridad. Por primera vez, se establecieron procedimientos para trabajar junto a la comunidad de hackers. Microsoft preparó una línea de servicio de clientes para hackers, rastreó a cada persona que llamaba e incluso registró sus peculiaridades psicológicas, al anotar cosas como con qué hackers había que andar pisando huevos, cuáles creían ser estrellas de rock y cuáles no eran más que troles. Instauró un sistema regular para desplegar los parches de sus programas, los cuales se liberaban el segundo martes de cada mes (lo que pasó a conocerse como «Patch Tuesday», o «el martes de parches») y ofreció a los clientes herramientas de seguridad gratuitas.

Y, si bien se seguían descubriendo varios fallos de día cero, la frecuencia y la gravedad de las vulnerabilidades de Microsoft disminuyeron. Para cuando me incorporé al mundillo de la seguridad ocho años después, siempre preguntaba a los hackers:

—Sé que odias a los vendedores, pero, de todos ellos, ¿a cuál odias menos?

Y la respuesta siempre era la misma.

—A Microsoft —me decían—. Dieron un vuelco a su basura de sistema.

El efecto dominó del correo electrónico de Bill Gates llegó muy lejos de Redmond: a los foros clandestinos de la web oscura y a las habitaciones de hotel de las grandes conferencias de seguridad. Allí, en las sombras, un número cada vez mayor de contratistas de defensa, analistas de inteligencia y cibercriminales empezaron a dar mejores recompensas a los hackers que prometieran mantener en secreto los fallos que descubrieran.

En aquellos círculos subterráneos, se empezó a asignar un valor mucho más alto a las vulnerabilidades de día cero de Microsoft que lo que iDefense pagaba por ellos.

«En el año 2000, el mercado estaba saturado con fallos de Microsoft —me contó Jeff Forristal, un hacker de la primera etapa—. Ahora, una vulnerabilidad remota de Windows puede valer seis o incluso siete cifras. En aquel entonces, se podían comprar varios por solo centavos».

Los mismos fallos que los hackers habían entregado de buena gana de forma gratuita o que habían mostrado en Internet para hacer que los vendedores se avergonzaran y prepararan un parche, empezaron a adquirir un valor monetario cada vez más alto conforme un nuevo grupo de compradores misteriosos creó un mercado para sus hallazgos, y a darles a los hackers muchas más razones —o razones más beneficiosas— para vender discretamente los agujeros que encontraban, en lugar de entregárselos a los propios vendedores para que estos los mantuvieran en secreto.

Watters no tardó en empezar a recibir llamadas. Al principio eran pocas y no muy seguidas, pero, cuando el programa de iDefense despegó de verdad en 2003 y 2004, las llamadas se tornaron más frecuentes, y quienes llamaban, más desesperados. Los hombres al otro lado del teléfono querían saber si Watters podría considerar retener algunos de los fallos entregados por los hackers a sus clientes y vendedores a cambio de un mayor beneficio económico.

¿Aquellos fallos por los que Watters pagaba cuatrocientos dólares a los hackers? Los desconocidos que llamaban estaban dispuestos a pagar a iDefense ciento cincuenta mil por solo uno de ellos, siempre que iDefense mantuviera la venta en secreto y no avisara a nadie.

Aquellos hombres decían trabajar para contratistas del gobierno de los que Watters nunca había oído hablar. Si bien se había enterado de rumores de la existencia de un mercado gris de días cero, el hecho de que aquellos contratistas estuvieran dispuestos a pagar tanto dinero por ellos lo dejó anonadado.

Cuando Watters rechazó sus propuestas, ellos cambiaron de estrategia y trataron de apelar a su patriotismo. Le decían que aquellos fallos podrían usarse para espiar a los enemigos de Estados Unidos y a los terroristas. *Menuda ironía*, pensó Watters. Los vendedores lo habían tildado de criminal, y allí estaban los contratistas del gobierno diciéndole que podría estar ayudando a su país.

Watters era patriota, pero también un hombre de negocios.

«Eso habría acabado con nosotros —me explicó—. Si conspiras con el gobierno para dejar agujeros en la tecnología esencial que usan tus clientes, lo que haces es trabajar en contra de ellos».

Quienes lo llamaban acabaron captando la idea. Sin embargo, más allá de iDefense, algo estaba cambiando. Otras fuerzas del mercado se ponían en marcha. Los hackers empezaron a acumular vulnerabilidades, y las entregas de fallos disminuyeron, pues los hackers se volvieron codiciosos y cada vez pedían más dinero del que iDefense estaba dispuesta a pagar. Algunos mencionaron disponer de «otras opciones».

Estaba claro que había nuevos competidores en aquel mercado. En 2005, un misterioso grupo nuevo llamado Digital Armaments anunció recompensas de cinco cifras para fallos de los sistemas de Oracle, Microsoft y VMWare, los cuales se utilizaban mucho. Más allá de una simple página web registrada en Tokio, no se sabía mucho sobre los clientes de Digital Armaments ni de sus patrocinadores. Solicitaban unos «derechos de exclusividad» a esos fallos y decían que solo planeaban notificar a los vendedores «en algún momento».

El mercado que Endler y James creían haber creado se estaba transformando; un nuevo nivel de hackers había aparecido. Unos hackers con los que la empresa nunca había trabajado entablaron contacto con iDefense con el santo grial de los fallos de programas: unas vulnerabilidades en el navegador Internet Explorer de Microsoft que podían utilizarse para tomar el control de la máquina de alguien de forma remota. El problema era que solo estaban dispuestos a entregarlas a cambio de una recompensa de seis cifras. La mayor cantidad de dinero que iDefense había pagado por un fallo similar había sido cerca de diez mil dólares.

«De ninguna manera íbamos a pagar unas cifras ni siquiera cercanas a eso», recuerda James.

Tan solo tres años después de iniciar el programa de iDefense, los hackers pedían cuatro mil dólares por fallos que tres años antes estaban valorados en cuatrocientos. En otros cinco años más, una sola vulnerabilidad ya costaba cincuenta mil dólares. Watters me contó que los primeros mil fallos de los primeros dieciocho meses del programa, por los que iDefense había pagado doscientos mil dólares en total, costarían unos diez millones de dólares en la actualidad.

iDefense se estaba quedando fuera del mercado debido a un aumento del precio del mismo mercado que había contribuido a crear. Otros habían entendido lo que Endler sabía desde hacía mucho tiempo: había más que ganar al aceptar a los hackers y a sus descubrimientos que al pretender que los agujeros no existían. Sin embargo, aquellos nuevos jugadores entraban en el mercado por unas razones muy distintas y tenían unos bolsillos mucho más llenos.

Watters vio lo que se le venía encima. Para 2005 ya había aportado siete millones de dólares de su propio capital a iDefense. Le había dicho a su mujer que necesitaría dos años para girar las tornas de la empresa. Al final, habían sido tres. Aquel julio, casi tres años exactos después de adquirir iDefense por diez dólares, Watters vendió la empresa a Verisign por cuarenta millones de dólares, se encaminó a la autopista y se mudó de vuelta a Dallas.

Ya era hora de dejar que el mercado se dirigiera hacia donde quisiera.

4
El primer bróker

Washington D. C.

«Habría sido un negocio enorme», me dijo uno de los primeros brókeres de días cero sobre su propuesta a Watters durante un día lluvioso, entre bocados de enchilada.

Años antes de que Watters hubiera dado luz verde al programa de dinero por fallos, el mercado de fallos y vulnerabilidades de día cero ya había cobrado vida en secreto. Mientras James y Endler estaban ocupados pensando sus pintorescas listas de precios —setenta y cinco dólares por este fallo, quinientos por ese otro—, un puñado de brókeres del gobierno y contratistas de defensa a unos quince kilómetros de distancia de su laboratorio llegaban a ofrecer a los hackers hasta ciento cincuenta mil dólares por sus descubrimientos, siempre que los mantuvieran en secreto.

De hecho, los fallos más deseados necesitaban que eso ocurriera. El secretismo era una condición necesaria para los días cero, pues, en cuanto uno de esos fallos dejaba de ser un secreto, las autoridades digitales le asignaban meticulosamente un nombre y una puntuación (que va desde «eh, puede esperar» hasta «arréglalo como si te fuera la vida en ello»). Después de eso, los fallos conocidos se introducían en una base de datos de vulnerabilidades nacional a la que el público podía acceder. Cuando un fallo se solucionaba, los hackers perdían acceso al sistema en cuestión. Y los espías se percataron de que la cantidad cada vez mayor de datos del mundo solo les era de utilidad si podían acceder a ella.

Los espías del gobierno decidieron que el mejor modo de garantizar un acceso prolongado a los datos era una vulnerabilidad de día cero. Estaban dispuestos a pagar a los hackers mucho más por dicho acceso que las diminutas cantidades que les ofrecía iDefense. Y, una vez que habían desembolsado seis cifras por esos días cero, no iban a desperdiciar su inversión y

76

acceso al revelar la existencia del fallo a nadie, mucho menos a una periodista de *The New York Times*.

Aquello hizo que el mercado gubernamental de días cero, que cada vez era más lucrativo, fuera más difícil de acceder. Me llevó años encontrar a un bróker clandestino de los primeros días del mercado que estuviera dispuesto a hablar, y no fue porque no lo intentara. Cada vez que encontraba una pista, la seguía y no llegaba a ninguna parte. Muchos no llegaron a responderme nunca. La mayoría negaron haber estado involucrados en el mercado clandestino de dinero por fallos.

Algunos me explicaban que habían salido del mundillo hacía muchos años y no me decían nada más. Otros solo me colgaban el teléfono. Y uno de ellos me dijo que no solo no pensaba hablar conmigo sobre el mercado, sino que ya había advertido a todos los que conocía para que tampoco lo hicieran. Según me dijo, si continuaba por ese camino, solo conseguiría ponerme en peligro.

¿Daba miedo todo eso? Pues sí. Pero también sabía que gran parte de todo ello no eran más que ilusiones. La mayoría de los hackers solo temía por sus ingresos. En su trabajo, mantener el pico cerrado era una habilidad esencial.

Todos los tratos necesitaban confianza y discreción, y muchos de ellos estaban atados a acuerdos de confidencialidad o, cada vez con más frecuencia, clasificados. Los brókeres de mayores ganancias mantenían su negocio de días cero, e incluso el propio hecho de que existía dicho negocio, en secreto. Cuanto más discreto era un bróker, más valoraban su negocio los clientes. El camino más rápido de un bróker hacia la bancarrota era hablar con los medios de comunicación. Y lo sigue siendo.

No se trataba de paranoia. Los brókeres clandestinos cuentan con un estudio de casos perfecto sobre los peligros de hablar con una periodista sobre el mercado de días cero. El caso del que se habla una y otra vez es el de un conocido bróker de vulnerabilidades sudafricano que residía en Bangkok, conocido como el Grugq. El Grugq no podía evitarlo. A diferencia de la gran mayoría de los brókeres de días cero, quienes evitaban pisar cualquier plataforma que dejara un rastro digital, el Grugq utilizaba Twitter —con más de cien mil seguidores— y, en 2012, cometió el terrible error de hablar de forma abierta con un periodista sobre su negocio.

Si bien luego afirmó que sus declaraciones habían sido extraoficiales, no tuvo ningún problema con posar en una foto junto a una enorme bolsa llena de dinero. En cuanto el artículo apareció en la revista *Forbes*, el Grugq se convirtió en *persona non grata*. Recibió la visita de empleados de seguridad tailandeses y los gobiernos dejaron de comprarle. Según me contaron varias personas cercanas a él, perdió más de la mitad de sus beneficios.

Nadie quería seguir los pasos del Grugq y abandonar su fortuna y buena reputación en aras de la fama o la transparencia.

No fue hasta otoño de 2015, tras dos años de intentos en vano de convencer a alguien para que hablara, que uno de los primeros brókeres del mercado accedió, en contra de su buen juicio, a sentarse conmigo cara a cara.

Aquel octubre volé a Dulles, Virginia, para reunirme con un hombre a quien debo llamar Jimmy Sabien. Doce años antes, Sabien había sido el primer hombre lo suficientemente valiente como para llamar a Watters para tratar de convencerlo de venderle días cero por lo bajo, en lugar de entregarlos a los clientes de iDefense y a las grandes empresas tecnológicas. Sabien y yo organizamos una reunión en un restaurante mexicano de Ballston, a tan solo unos pocos kilómetros de varios de sus antiguos clientes, y, sobre unos platos de enchiladas, me contó lo que muchos hackers y agencias gubernamentales habían sabido desde hacía mucho tiempo, aunque lo hubieran mantenido en secreto.

Pese a que Sabien llevaba años fuera del mercado, a finales de los noventa lo habían reclutado una de las tres empresas especializadas contratadas por el gobierno que fueron las primeras en comprar fallos de día cero en nombre de las agencias de inteligencia estadounidenses. En aquel entonces, los tratos aún no estaban clasificados, lo cual quería decir que no quebrantaba ninguna ley al hablar conmigo. Aun así, en aquellos momentos Sabien seguía trabajando de un modo distinto con muchos de los mismos clientes gubernamentales e investigadores de seguridad que antes, por lo que solo accedió a encontrarse conmigo con la condición de que no usara su nombre de verdad.

Sabien había sido el primero en proponer a Watters lo que habría sido un negocio paralelo muy beneficioso.

«El margen de beneficios era algo impensable», me dijo. Estaba dispuesto a pagar ciento cincuenta mil dólares a iDefense para que le entregaran algunos de los fallos por los que el equipo de Watters tan solo había pagado cuatrocientos dólares. Cuando aquella propuesta no surtió efecto, Sabien pasó al patriotismo. «Le estarías haciendo un favor a tu país», me contó que le había dicho a Watters.

Los dos hablaron cada cierto tiempo durante varios meses, hasta que Watters le dejó claro que su respuesta era «no». Doce años más tarde, Sabien todavía meneaba la cabeza ante aquel desprecio.

«Podría haber sido algo muy grande».

Antes de ayudar a organizar el negocio de las vulnerabilidades, Sabien trabajó en el Ejército, donde protegía y gestionaba redes informáticas militares por todo el mundo, y tenía el aspecto para ello. Alto, de hombros anchos, el cabello rapado de forma meticulosa, jovial, hablaba rápido y era puntual. En aquel día lluvioso en el que nos habíamos citado, llegué unos minutos tarde y lo encontré charlando con un hombre al que me presentó como un excliente de una agencia gubernamental. Y Sabien le dijo a él que yo era periodista. El hombre le dio una sospechosa mirada de soslayo a Sabien que parecía decir «¿qué diablos haces hablando con ella?». Cuando Sabien y yo nos dirigimos a la mesa, el hombre gritó:

—Recuerda: «Congresista, no recuerdo esos programas».

Sabien me miró de reojo y soltó una risa nerviosa. Los dos sabíamos que hablar conmigo podía meterlo en líos.

Según me dijo, su etapa en la que protegió las redes informáticas del Ejército hizo que conociera los fallos tecnológicos como la palma de su mano. En el Ejército, unas comunicaciones seguras podían marcar la diferencia entre la vida y la muerte, pero las grandes empresas del mundillo de la tecnología no parecían captar el concepto.

«Diseñaban esos sistemas por funcionalidad, no por seguridad. Nadie pensaba en cómo podían manipularse».

Manipular sistemas informáticos era casi lo único en lo que pensaba Sabien al salir del Ejército camino al sector privado. Se incorporó a un contratista especializado de la zona en la que nos habíamos reunido, donde lideró a un equipo de veinticinco personas que investigaba y desarrollaba ciberarmas y herramientas de intrusión para agencias militares y de inteligencia y, a un nivel menor, para la policía.

Sabien no tardó en comprender que las sofisticadas ciberarmas que creaban no servían de nada si no disponían de un modo de desplegarlas, por lo que el acceso al sistema informático objetivo era esencial.

«Se puede ser el mejor ladrón de joyas del mundo, pero, si no se sabe cómo vencer al sistema de alarmas de una tienda Bulgari, las habilidades no servirán de nada. El acceso es la clave», me dijo.

A mediados de los años noventa, el equipo de Sabien empezó a traficar con acceso digital, buscaba fallos y los aprovechaba para sus clientes. La mayoría de los beneficios de su empresa (más del 80 %) provenía del Pentágono y de las agencias de inteligencia, mientras que el resto estaba compuesto por la policía y otras agencias gubernamentales estadounidenses. La meta era entregar a sus clientes del gobierno modos secretos de eficacia demostrada para entrar en cualquier sistema que usara el adversario, ya fuera este un Estado, un terrorista o un criminal de poca monta.

Parte de su trabajo era oportunista. Si podían encontrar un fallo en un sistema de Microsoft Windows muy utilizado, lo convertían en vulnerabilidad y lo vendían a todos los clientes que podían. Sin embargo, la mayor parte de su trabajo contaba con objetivos claros. Las agencias del gobierno acudían al equipo de Sabien en busca de un modo de controlar a los trabajadores de la embajada rusa de Kiev o al consulado pakistaní en Jalalabad. En esos casos, el equipo de Sabien tenía que llevar a cabo misiones de reconocimiento para descifrar qué sistemas utilizaba el objetivo y con qué tipo de entorno operativo trabajaban, además de anotar cualquier aplicación conectada a ellos. Y luego tenía que encontrar un modo de acceder a ellos.

Siempre lo había. Por desgracia, los humanos no somos perfectos. Siempre que los humanos fueran los responsables de escribir códigos informáticos y de diseñar, construir y configurar máquinas, el equipo de Sabien sabía que siempre habría algún error. Encontrar dichos fallos era solo la mitad de la batalla. La otra mitad era programar y refinar el código de vulnerabilidad que permitiera que las agencias gubernamentales establecieran una cabeza de puente fiable.

Y los clientes gubernamentales de Sabien no solo querían una vía de acceso, querían un modo de rastrear los sistemas de sus adversarios sin que se dieran cuenta; un modo de plantar puertas traseras invisibles que los mantuvieran dentro incluso después de que los hubieran descubierto; y modos para extraer los datos de los adversarios hasta sus servidores de mando y control sin que saltara ninguna alarma.

«Querían toda la cadena: una vía de acceso, un modo de contactar con su servidor de mando y control desde allí, capacidad de exfiltración y de ofuscación —me explicó Sabien, con su jerga militar—. Tiene sentido cuando piensas en las Fuerzas de Operaciones Especiales y el Equipo SEAL Seis. Tienen francotiradores, asaltadores, especialistas en exfiltración y personas que derriban las puertas».

Aquello era lo que el equipo de Sabien les proporcionaba en el mundo digital. Sin embargo, su trabajo no tenía nada que ver con «conmoción y pavor», sino todo lo contrario: cada uno de sus pasos debía ser sigiloso e invisible. Cuanto más les costara a sus adversarios descubrir su código y su presencia, mejor. El triplete era una serie de vulnerabilidades de día cero que les otorgaban fiabilidad, invisibilidad y persistencia. No se solían conseguir los tres aspectos al mismo tiempo, pero, cuando sí sucedía, en palabras de Sabien: «¡Bingo!».

Cuando le pedí que me hablara de vulnerabilidades concretas, recordó algunas con el mismo afecto con el que otras personas recuerdan su primer amor. Su favorita era una vulnerabilidad particularmente obstinada en una tarjeta de memoria de vídeo. La tarjeta de memoria funcionaba sobre el *firmware* de un ordenador —los programas más cercanos al propio metal de la máquina—, lo cual hacía que la vulnerabilidad fuera casi imposible de encontrar y más difícil aún de erradicar. Incluso si alguien borraba todos los datos de su ordenador y restauraba todos sus programas, el fallo de la tarjeta de memoria no se iba a ninguna parte. El único modo que tenía el objetivo de asegurarse de haberse quitado a los espías de encima era tirar la máquina a la basura.

«Esa era la mejor», recordó Sabien con un brillo en los ojos.

Lo primero que hacían los espías después de introducirse en una máquina, según me contó Sabien, era buscar a otros espías. Si encontraban pruebas de que la máquina infectada transmitía datos a otro centro de mando y control, se quedaban con lo que los demás querían obtener.

«Y, si eran más egoístas de la cuenta —me dijo Sabien—, arreglaban el sistema y echaban a todo el mundo».

Según Sabien, no era extraño encontrar a varios países espiando una misma máquina, en especial en el caso de objetivos importantes, como diplomáticos, sociedades ficticias del gobierno, traficantes de armas y cosas por el estilo. Había una vulnerabilidad muy conocida en las impresoras HP que, según me contó Sabien, se utilizó durante años por parte de «agencias gubernamentales de todo el mundo». El fallo permitía que cualquiera que supiera de su existencia tuviera acceso a cualquier archivo que pasara por las impresoras y ofrecía a los espías un punto de apoyo en la red de su objetivo, en un lugar en el que los administradores informáticos nunca sospecharían.

Sobre el día en el que Hewlett-Packard descubrió la vulnerabilidad de las impresoras y la solucionó, Sabien me dijo: «Recuerdo haber pensado que muchas personas deberían estar teniendo un día muy muy malo».

La breve lista de agencias gubernamentales que querían adquirir sus propios arsenales de días cero no fue *breve* durante mucho tiempo.

La NSA presumía del ejército más grande e inteligente de ciberguerreros de toda la comunidad de inteligencia, y, en aquellos primeros días, la agencia no necesitaba mucha ayuda externa.

Sin embargo, a mediados de los años noventa, cuando las masas empezaron a usar Internet y los correos electrónicos para compartir un registro detallado de sus vidas cotidianas, relaciones, pensamientos y secretos mejor guardados, cada vez más agencias de inteligencia se preocupaban de no estar preparadas para aprovecharse de la veloz adopción de Internet y de la mina de oro de inteligencia que ello representaba. A finales de 1995, la CIA creó un grupo de trabajo especial para evaluar la preparación de la agencia para emplear Internet como una herramienta de inteligencia. El descubrimiento principal del grupo fue que la CIA no estaba para nada preparada para aquel nuevo mundo. Y lo mismo sucedía con otras agencias de inteligencia, las cuales estaban mucho más rezagadas, puesto que contaban con presupuestos mucho más reducidos y muchos menos trabajadores con las habilidades necesarias para encontrar días cero y programarlos hasta convertirlos en vulnerabilidades fiables. Un número cada vez mayor de agencias empezó a tratar de adquirir estas capacidades mediante compras.

Almacenar esas reservas se convirtió en una empresa competitiva. El mundo cibernético fue uno de los pocos aspectos positivos en una década horrible para la inversión en defensa. En los años noventa, el presupuesto militar del Pentágono se redujo a un tercio, y el relacionado con el mundo cibernético fue la única excepción. El Congreso siguió aprobando presupuestos de «ciberseguridad» no demasiado detallados sin saber muy bien cómo los dólares se destinaban a las capacidades ofensivas o defensivas o ni siquiera lo que conllevaba un conflicto cibernético. Según palabras de James Ellis, excomandante del Mando Estratégico de los Estados Unidos, los legisladores pensaban que los ciberconflictos eran «como el Río Grande, de más de un kilómetro de ancho pero de un par de centímetros de hondo». Sin embargo, dentro de cada agencia, los funcionarios empezaron a captar que los mejores días cero les otorgaban la mejor inteligencia, lo que a la larga se traducía a unos presupuestos mayores.

Y allí estaba Sabien, en el meollo de la cuestión.

Sabien me dijo que su equipo no podía encontrar tantos fallos como les pedían. Distintas agencias querían modos de entrar en los mismos sistemas, lo cual los beneficiaba desde el punto de vista de su balance económico, pero no tanto desde la perspectiva del contribuyente estadounidense. Su empresa vendía las mismas vulnerabilidades de día cero dos, tres y cuatro veces a distintas agencias. El solapamiento y el derroche, según recordaba Sabien, fue más de lo que pudo soportar.

El gobierno tiene un nombre para ese problema (duplicación), y desperdicia millones de dólares de impuestos cada año. Sin embargo, la duplicación es incluso peor en el mundo digital, donde los contratos de fallos y vulnerabilidades quedan sellados en acuerdos de confidencialidad y suelen estar clasificados. Lo que creían las agencias de inteligencia era que, una vez que se empezaba a hablar de una vulnerabilidad, solo era cuestión de tiempo que alguien la arreglara, tras lo cual su valor se desplomaría. Por tanto, las agencias compartían muy pocas cosas, y mucho menos hablaban del tema.

«Todas las agencias quieren salirse con la suya —me contó Sabien—. Quieren subir su presupuesto para llevar a cabo operaciones ofensivas más avanzadas».

El derroche de la duplicación se convirtió en algo tan problemático que Sabien acabó llamando a sus contactos de cuatro de las agencias de inteligencia a las cuales les vendía.

«Les dije: "Mirad, como contratista se supone que no debo hablar de esto, pero como contribuyente quiero que vayáis todos a comer juntos. Tenéis intereses comunes de los que es probable que debáis hablar"».

El solapamiento y el derroche fue peor aún a partir del 11 de septiembre. Según el gasto en defensa e inteligencia aumentó más de un 50 % durante los siguientes cinco años, se produjo una estampida virtual por parte del Pentágono y las comunidades de inteligencia hacia los contratistas de la zona de Washington D. C., quienes se especializaban en el espionaje digital.

Sin embargo, necesitaban tiempo para encontrar y desarrollar fallos y vulnerabilidades, y Sabien llegó a la misma conclusión que el equipo de

Watters en iDefense. Si bien su equipo de veinticinco hombres podía rebuscar fallos y probar vulnerabilidades de nueve a cinco, todo sería mucho más sencillo si pudieran subcontratar a los miles de hackers de todo el mundo que pasaban días y noches pegados a las pantallas de sus ordenadores.

«Sabíamos que no podíamos encontrarlos a todos, pero también que la barrera de entrada era bastante baja —recordó Sabien—. Cualquier persona con dos mil dólares para comprarse un Dell podía hacerlo».

Y así fue cómo comenzó el mercado clandestino de fallos de día cero, el mismo que socavó sigilosamente el negocio de iDefense antes de consumirlo por completo, al negocio y a todos nosotros.

Las historias de Sabien sobre aquellos primeros días parecían extraídas de una novela de espías, con reuniones de intriga y misterio incluidas, además de bolsas de dinero e intermediarios sospechosos, solo que en aquel caso nada de aquello era literario o imaginario. Todo se podía comprobar.

Al principio, el equipo de Sabien examinaba BugTraq en busca de los fallos descubiertos por hackers que ofrecían de forma gratuita y los ajustaban un poco antes de incorporarlos a su propia vulnerabilidad. No obstante, con el tiempo empezaron a contactar con los propios hackers de los foros de forma directa para preguntarles si estarían dispuestos a desarrollar algo único para los clientes de Sabien sin decirle nada a nadie.

El dinero les proporcionaba bastante aliciente. A mediados de los noventa, las agencias gubernamentales pagaban a los contratistas cerca de un millón de dólares por un conjunto de vulnerabilidades de día cero. El equipo de Sabien presupuestaba la mitad de esa cantidad para comprar fallos y desarrollar vulnerabilidades ellos mismos. Un fallo decente en un sistema muy utilizado, como Windows, podía valer cincuenta mil dólares, mientras que un fallo de un sistema menos conocido que utilizara un adversario clave podía costar el doble. ¿Y un fallo que permitiera a los espías del gobierno adentrarse en las profundidades del sistema de un adversario sin ser detectados y quedarse un tiempo? Aquello podía hacer que un hacker ganara ciento cincuenta mil dólares.

El equipo de Sabien evitaba a los idealistas y a los quejosos. Y, como aquel mercado no tenía reglas, la mayoría de sus proveedores eran hackers de Europa del Este.

«Tras la ruptura de la Unión Soviética había un montón de personas con habilidades pero sin trabajo», me explicó Sabien. Aun así, los hackers de mayor talento, según me dijo, eran los israelíes, muchos de ellos veteranos de la Unidad 8200 de Israel. Le pregunté la edad de su proveedor más joven, y Sabien recordó una transacción con un chico de dieciséis años de Israel.

Era un negocio secreto y tan complicado que resultaba apabullante. No era como si el equipo de Sabien pudiera llamar a los hackers, pedirles que les enviaran el fallo por correo electrónico y luego mandarles un cheque por correo postal; los fallos y las vulnerabilidades debían probarse una y otra vez con sumo cuidado en distintos ordenadores y entornos. En algunos casos, los hackers podían salir del paso al demostrar los fallos mediante un vídeo, sin embargo, en la mayoría de los casos, los tratos debían llevarse a cabo cara a cara, muchas veces en habitaciones de hotel de convenciones de hackers. El equipo de Sabien tenía que comprender el fallo muy bien para poder extraerlo y volver a crearlo para sus clientes del gobierno, en muchas ocasiones antes de que nadie recibiera dinero. Si el fallo no funcionaba de forma fiable, nadie cobraba nada.

Y, cada vez más seguido, el equipo de Sabien tuvo que recurrir a intermediarios sospechosos. Según me contó, su jefe pasó años enviando a un intermediario israelí con bolsas de gimnasio llenas de medio millón de dólares en efectivo para comprar fallos de día cero a los hackers de Europa del Este. Una vez más, no se trataba de armas, sino de brechas de seguridad que podían aprovecharse para adentrarse en hardware y software, y se pedía al contribuyente estadounidense que financiara la cadena de suministros entera.

No era una operación muy bien engrasada. Cada paso de aquella estructura de tratos tan compleja estaba repleto de personajes sospechosos y dependía de la omertá. Todas las interacciones necesitaban una sorprendente cantidad de confianza: los clientes del gobierno tenían que confiar en que sus traficantes de ciberarmas les entregaran un día cero que funcionara cuando fuera necesario. Los contratistas tenían que confiar en que los hackers no fueran a echar a perder la vulnerabilidad al usarla ellos mismos o al venderla otra vez. Los hackers tenían que confiar en que los contratistas fueran a pagarles tras su demostración, en lugar de usar lo que habían visto para desarrollar su propia variación.

Como todos los tratos estaban ocultos en el más estricto secretismo, era casi imposible saber si el fallo de seis cifras que se había comprado a un adolescente israelí no había acabado también en manos del peor enemigo de la nación. Y luego estaba el problema del pago. Todo esto sucedió mucho antes de Bitcoin. Si bien algunos pagos se llevaban a cabo mediante Western Union, la mayoría de los fallos se pagaban en metálico; un resultado necesario, según Sabien, de un negocio que no podía permitirse dejar ningún rastro. No se podría haber creado un mercado menos eficiente si lo hubieran intentado.

Ese fue el motivo por el que, en 2003, a Sabien empezó a llamarle la atención una pequeña empresa llamada iDefense que pagaba a hackers de forma abierta por sus fallos. Cuando Sabien llamó a Watters por primera vez y le dijo que estaba dispuesto a pagar seis cifras por los mismos fallos que el equipo de Watters había adquirido por tres, lo primero que dijo Watters fue: «¿Por qué diablos paga tanto?».

Para un hombre de negocios como Watters, quien estaba centrado en hacer que el mercado saliera a la luz, lo que hacían los contratistas le parecía una estupidez, algo incluso peligroso.

«Nadie quería hablar en voz alta sobre lo que estaban haciendo —recordó Watters—. Había todo un ambiente de misterio en el asunto. Pero, cuanto más oscuro sea el mercado, menos eficiente será. Cuanto más abierto esté, más puede madurar, más compradores se encargan de todo. Sin embargo, decidieron trabajar desde el interior de la caja de Pandora, y los precios subían sin parar».

Conforme Watters siguió recibiendo llamadas por parte de más y más contratistas, las ofertas aumentaron sin cesar. Y ya no solo eran las agencias gubernamentales de Estados Unidos quienes compraban, sino que había demanda de otros gobiernos y empresas fantasma de gobiernos; todos ellos hacían subir el precio de las vulnerabilidades, lo que hacía difícil que iDefense pudiera competir. Cuando el mercado comenzó a expandirse, lo que de verdad preocupó a Watters no fue el efecto que el mercado podría tener en iDefense, sino el potencial cada vez mayor de una ciberguerra con todas las de la ley.

«Es como tener bombas atómicas cibernéticas en un mercado sin regular que pueden venderse en cualquier parte sin ninguna discreción», me dijo.

La clientela estaba cambiando junto a la tierra bajo sus pies. La certeza de la era de la Guerra Fría, con su gélido equilibrio y claridad, estaba dejando paso a una inexplorada tierra salvaje digital en la que los adversarios ya no estaban definidos por fronteras nacionales, sino por culturas y religiones. No se sabía dónde iban a aparecer, ni cuándo.

En aquel nuevo orden mundial, los enemigos parecían estar por todas partes. En Estados Unidos, las agencias de inteligencia habían empezado a depender del ciberespionaje para recabar todos los datos posibles sobre la mayor cantidad de personas posible. También empezó a desarrollar un arsenal de armas cibernéticas en el caso de que tuvieran que perturbar las redes o infraestructuras del enemigo en algún momento. Y un ejército entero de contratistas de Washington estaba más que dispuesto a suministrar las armas digitales, las herramientas de reconocimiento y todas las partes que hicieran falta.

Al principio, según Sabien, él era solo uno de los tres contratistas —que él supiera— que trataban con el ciberespionaje y el comercio de armas. Sin embargo, cuando más agencias gubernamentales y países extranjeros se adentraron en sus propios programas de ofensiva cibernética, el coste de las vulnerabilidades, así como el número de contratistas ansiosos por traficar con ellas, empezó a duplicarse cada año.

Los mayores contratistas de defensa —Lockheed Martin, Raytheon, BAE Systems, Northrop Grumman, Boeing— no podían contratar a ciberespecialistas al ritmo necesario, por lo que empezaron a extraerlos de otras agencias de inteligencia y a adquirir contratistas especializados como el equipo de Sabien.

Para cuando Sabien accedió a reunirse conmigo, ya llevaba más de una década fuera del mercado, pero este era muy difícil de evitar durante aquellos tiempos.

«En los años noventa, solo había una pequeña comunidad de personas que trabajaban con fallos y los vendían. Ahora está todo muy mercantilizado, es demasiado grande. Ahora —dibujó un amplio círculo con el dedo en el aire alrededor de la zona de Washington— estamos rodeados. Hay más de cien contratistas en este negocio, aunque lo más probable es que solo unos pocos sepan lo que hacen».

La Administración de Control de Drogas, las Fuerzas Aéreas, la Marina de los Estados Unidos y agencias de las que la mayoría de nosotros ni siquiera hemos oído hablar contaban con sus propias razones para adquirir días cero. ¿Alguien ha oído hablar de la Agencia de Defensa de Misiles? Yo tampoco hasta que un exanalista del Pentágono me dijo que aquella agencia (responsable de defender a la nación ante ataques con misiles) compraba fallos de días cero.

«No sabría decirte si hay alguien en la agencia que sepa cómo usarlos», me contó.

Que el mercado hubiera llegado a las agencias estadounidenses no era lo que preocupaba a Sabien. Lo que lo inquietaba era que se esparciera por el extranjero.

«Todo el mundo tiene enemigos —me dijo. Por primera vez desde que nos habíamos sentado, su semblante ya no se mostraba jovial—. Incluso países de los que nunca hubieras sospechado acumulan fallos por lo que pueda pasar. La mayoría lo hacen como protección. Pero, algún día, dentro de poco —añadió mientras nos poníamos de pie para irnos—, saben que tendrán que estirarse y tocar a alguien».

Antes de despedirnos, Sabien me dijo que quería mostrarme algo y me entregó su teléfono. En la pantalla había una cita atribuida a Nathaniel Borenstein, quien creía recordar que era uno de los dos hombres que habían inventado los archivos adjuntos en correos electrónicos, el invento que tantos países usaban para entregar sus programas espía.

«El modo más probable en el que se destruirá el mundo —rezaba—, según la mayoría de los expertos, es por accidente. Y ahí es donde entramos nosotros. Somos profesionales de la informática, nosotros provocamos accidentes».

Le devolví el teléfono a Sabien.

«Sigue así —me dijo—. Vas por buen camino. Esto no acabará bien».

Y, tras eso, se fue.

5
El Charlie de los días cero

San Luis, Misuri

Si sus antiguos jefes de la NSA se hubieran presentado con cincuenta mil dólares aquella tarde, tal como Charlie esperaba que hicieran, el gobierno habría podido hacer que la existencia de aquel fallo, de todo el mercado clandestino de fallos y vulnerabilidades, siguiera siendo su misterioso secreto.

Por tanto, cuando Charlie Miller se despidió de su mujer y condujo por la Interestatal I-170 rumbo al hotel del aeropuerto de San Luis aquella mañana de 2007, estaba seguro de que, cuando llegara a casa, ya tendrían el dinero que necesitaban para renovar la cocina. ¿Por qué, si no, iba la NSA a insistir en ir hasta San Luis para hablar de su fallo en persona?

Charlie salió de la autopista y se dirigió a la entrada frontal del Renaissance Airport Hotel de San Luis, una imponente estructura alta y de cristal negro que bien podría haber sido una versión en miniatura de su antiguo centro de trabajo en Fort Meade.

Sin embargo, los ejecutivos de la NSA tenían otra cosa en mente.

Solo había transcurrido un año desde que Charlie había dejado la agencia. La decisión no había sido nada fácil. La NSA lo había contratado en 2001, al ser un doctor en Matemáticas joven y prometedor, para incorporarse a las filas de los mejores criptógrafos de la agencia. Aun así, cuando acabó el programa de formación de la agencia, que duraba tres años, decidió que los ataques informáticos, y no las matemáticas, era a lo que de verdad quería dedicarse. Era un reparador obsesivo: cualquier cosa que se le pusiera por delante —coches, ordenadores, teléfonos— la desmontaba solo porque disfrutaba del rompecabezas de tomar algo construido para un propósito y luego someterlo a su voluntad.

Charlie acabó siendo uno de los mejores «analistas de vulnerabilidades y explotación de redes globales» de la NSA, un título muy sofisticado que quería decir que pasaba la mayor parte de su tiempo en busca de vulnerabilidades que permitieran que la agencia entrara en las redes más sensibles del mundo.

«En la agencia se pueden hacer cosas que son imposibles en cualquier otro lugar», me dijo Charlie.

Fuera de la agencia, había adquirido cierta fama en el mundillo de los hackers. Las vulnerabilidades que descubría llegaban a los titulares y le hacían ganar concursos de hackers. Más concretamente, se había hecho famoso encontrando brechas en los dispositivos Apple. Como es bien conocido, dicha empresa se basa en un enfoque de caja negra para su seguridad, y su defensa se considera un secreto absoluto. Incluso en la actualidad, a los empleados de Apple se les prohíbe hablar hasta de cuántas personas trabajan en seguridad. Su sede en Cupertino, California, está rodeada de losas verticales (las mismas que Donald Trump escogió para su muro fronterizo), en parte porque no se pueden escalar con facilidad.

Apple siempre ha insistido en que sus estrictos procedimientos de escrutinio hacen que los programas maliciosos, los programas espía y el correo basura no lleguen a su tienda iTunes. Charlie derribó ese mito al aportar una *app* sobre cotizaciones bursátiles falsa que contenía una enorme brecha de seguridad que permitía infectar otras *apps* de los iPhone, solo para ver si Apple se daba cuenta. A los escrutiñadores de Apple se les pasó el fallo, y, cuando Apple se enteró gracias a las noticias de que la *app* de Charlie era un troyano, lo pusieron en la lista negra. Aquel episodio hizo que Charlie fuera conocido en los círculos de hackers y le ganó un apodo: el Charlie de los días cero. Le encantaba.

En febrero de 2016, volé a San Luis para ver a Charlie en persona (tuvo que posponer nuestra reunión en un par de ocasiones porque estaba demasiado ocupado con su aparición en la serie *CSI: Cyber*). Nos habíamos conocido años atrás, en una fiesta de hackers en un tejado de Las Vegas, y seguía tal como lo recordaba: alto, delgado, de rasgos afilados y ojos serios y la boca llena de sarcasmo. La noche que nos conocimos iba vestido con ropa deportiva blanca de estilo urbano, por lo que era difícil imaginar que se trataba de un doctor en Matemáticas.

La última vez que Charlie y yo hablamos por teléfono fue después de que él y otro investigador descubrieran un fallo de día cero en los Jeep

Cherokee que les permitía tomar el control del volante, desactivar los frenos, confundir los faros, los intermitentes, los limpiaparabrisas, la radio e incluso apagar el motor desde un ordenador a miles de kilómetros de distancia. Ocho meses después, el fabricante seguía lidiando con los resultados de dicho fallo.

En aquel gélido día, me reuní con Charlie en su «despacho», el sótano de su casa en las afueras de San Luis, donde se quedaba día y noche frente a sus varias pantallas junto a su mascota erizo, Hacker. Había que andarse con cuidado para evitar pisar las piezas de coche rotas tiradas por todo el suelo. En aquel entonces, Charlie trabajaba para Uber en el Departamento de Seguridad de lo que la empresa esperaba que algún día fuera su vehículo autónomo. Sin embargo, su tiempo libre lo dedicaba a hacer algo aún mejor que su último hackeo a Jeep.

Cuando aterricé en San Luis y alquilé un vehículo, todavía recordaba muy bien aquel fallo.

«Pase lo que pase, no me des un Jeep», le dije al empleado de Budget. Cuando se lo comenté a Charlie, me preguntó dónde me hospedaba. Y, tras contestarle, me explicó muy contento que el ascensor de mi hotel utilizaba el mismo sistema vulnerable que el Jeep saboteado. Por lo que empecé a subir y bajar por las escaleras.

Pese a que Charlie había dejado la agencia en 2005, todavía no podía hablar de su trabajo en ella, más allá de menciones poco claras sobre explotación de redes informáticas. Ni siquiera su mujer sabía qué era lo que había hecho en Fort Meade.

«Salíamos con compañeros de trabajo —me contó— y nadie sabía de qué hablar delante de ella, porque no podíamos hablar del trabajo».

Le mencioné que los programas de vulnerabilidades de la NSA me resultaban un poco familiares debido al tiempo que había pasado en el armario con los documentos de Snowden.

«¡Entonces seguro que has visto algo de lo que hice yo!», exclamó.

Durante la década que pasó tras dejar la agencia, la carrera de Charlie dio unos giros sorprendentes. Se había ganado enemigos en algunas de las mayores empresas tecnológicas del país —Apple y Google—, mientras que otras lo habían contratado —Twitter y Uber—. A la NSA no les caían muy bien las personas que abandonaban sus filas antes de jubilarse. Los veteranos de la agencia tachaban a todos los que la dejaban de traidores. Si, después de salir de la agencia, alguien hablaba de algo que estuviera relacionado con el trabajo que se había hecho allí, era comparado con traidores como Benedict Arnold.

Sin embargo, cuando Charlie dejó la NSA, lo hizo con un buen motivo. Su mujer estaba embarazada de su segundo hijo y había aceptado un trabajo como profesora de Sociología en la Universidad Webster, cerca de San Luis, donde sus familias todavía vivían. Charlie aceptó un empleo de seguridad en una oficina de brókeres, que básicamente se reducía a recordar a los empleados que cambiaran sus contraseñas con regularidad. Si bien le resultaba un trabajo aburridísimo comparado con adentrarse en gobiernos extranjeros, por la noche se sentaba a oscuras, pegado a la pantalla de su ordenador, y cazaba días cero junto a un póster gigante de la película protagonizada por Angelina Jolie en 1995, *Hackers*.

Después de que naciera su segundo hijo, la baja por paternidad hizo que pudiera convertir su trabajo nocturno en un empleo a tiempo completo. Entre cambios de pañales y biberones, escudriñaba Internet en busca de fallos y modos imprevistos de doblegarlos a su voluntad.

«Es por eso que a los europeos se les da tan bien crear vulnerabilidades —me dijo—. Después de tener un hijo, los padres europeos tienen como un año para hackear».

Cazar fallos y escribir vulnerabilidades se había convertido en una adicción para él, el equivalente digital de la cocaína. Desarmaba programas y aplicaciones durante horas sin ni siquiera echarle un vistazo al reloj. Las vulnerabilidades, para Charlie, eran igual que una prueba matemática. Una vez que convertía un fallo en una vulnerabilidad, no había lugar para el debate sobre la gravedad del fallo.

Lo que Charlie encontró una noche de 2006 fue el tipo de fallo que la mayoría de las personas podrían estar buscando toda la vida sin llegar a encontrar, un día cero que podría haberle permitido recorrer los sistemas informáticos de la NASA u obtener la contraseña de la cuenta comercial de un oligarca ruso.

Era un fallo explotable de un programa de Linux llamado Samba que permitía que Charlie tomara el control del sistema objetivo sin ser detectado. Y, nada más descubrirlo, sabía que había dado con una mina de oro. Tal como lo vio, tal como lo vería cualquier hacker de alto nivel, tenía varias opciones. Una: podía informar a los vendedores del fallo y esperar que no lo amenazaran o demandaran por hacerlo. Dos: podía quedarse el día cero y usar sus nuevos poderes de invisibilidad para cumplir sus propios fines.

Tres: podía llevar su día cero a la prensa o entregarlo a una lista de envío como BugTraq, ganar cierta fama por su descubrimiento y hacer que los vendedores lo parchearan.

Sin embargo, ninguna de esas opciones le iba a proporcionar una recompensa monetaria. Y no pensaba entregar aquel fallo gratis, pues sabía lo que valía.

Consideró por unos momentos vender el fallo a iDefense, lo que le daría reconocimiento por el descubrimiento y se aseguraría de que acabarían resolviendo el problema. Aun así, Charlie sabía que aquel fallo valía más que los escasos miles de dólares que iDefense estaría dispuesta a pagar.

«Sabía que el precio sería mucho más alto con otros vendedores», me dijo.

Le pregunté cómo lo sabía.

«Había una pequeña comunidad que lo sabíamos y ya», fue lo único que me respondió.

Aquello solo le dejaba una última opción: vender su día cero en el mercado clandestino, fuera de forma directa a una agencia gubernamental o indirecta, a través de un bróker. El problema era que no se le permitiría hablar sobre el fallo ni se reconocería que él lo había descubierto. También quería decir que a lo mejor tenía que preocuparse por cómo lo utilizaban.

No obstante, Charlie no solo quería vender su fallo, quería sacar el mercado a la luz.

Desde que había dejado la criptografía por los ataques informáticos, le había sorprendido la dicotomía de cómo el gobierno y el sector privado trataban a los hackers. En la NSA, la «explotación de redes» se consideraba una preciada habilidad que requería de una paciencia infinita, creatividad y un gran conocimiento, adquirido a lo largo de años, sobre ordenadores y las redes en las que estos trabajaban. Fuera de la NSA, a los hackers se les trataba como a criminales de poca monta. La mayoría de los hackers no sabía que lo que estaban haciendo tenía un valor de verdad, en ocasiones incluso un valor de cientos de miles de dólares. Estaban demasiado centrados en evitar demandas judiciales.

«Pensaba que ya era hora de que la gente se enterase de que existía un mercado clandestino».

Y luego estaban los problemas con el propio mercado. Si los mercados eficientes necesitaban un alto nivel de transparencia y que la información fluyera con libertad, entonces el mercado de días cero tenía que ser el modelo de mercado menos eficiente posible.

A quienes vendían fallos se les hacía jurar que no hablarían nunca de su venta de días cero. Sin datos, resultaba imposible saber si habían recibido un precio justo. Y a ellos les resultaba imposible encontrar compradores sin llamar sin previo aviso a varias partes interesadas. Si describían su día cero o lo entregaban para que lo evaluaran, el comprador podía fingir no estar interesado y usarlo igualmente.

El lapso entre la demostración de un día cero por parte de un hacker y el momento en el que recibía dinero por su hallazgo era muy largo. Hacían falta semanas, por no decir meses, para comprobar el funcionamiento de un día cero, y en todo aquel tiempo alguien más podía encontrar y solucionar la vulnerabilidad. Los días cero de valor de cientos de miles de dólares podían convertirse en polvo en cuestión de segundos, lo que dejaba a los hackers en la estacada.

Y, del mismo modo que ocurría con los diamantes para financiar guerras, existía el gran problema de la conciencia de uno mismo. Debido a que el mercado cada vez contaba con más compradores —gobiernos extranjeros, empresas fantasma, intermediarios sospechosos, cibercriminales—, a los hackers cada vez les resultaba más difícil saber cómo se iban a utilizar sus días cero. ¿Su código se emplearía para un espionaje de Estado a Estado tradicional? ¿O acaso sería para rastrear a disidentes y activistas y convertir sus vidas en un infierno? No tenían cómo saberlo.

Desde el punto de vista del comprador, el mercado clandestino resultaba igual de frustrante. Una agencia gubernamental no podía anunciar que necesitaba un modo de entrar en un banco libanés o en el teléfono de un traficante de armas. Cuando sí encontraban a alguien que anunciaba tener un modo de entrar en un sistema objetivo, nunca podían garantizar que aquel vendedor no fuera a darse la vuelta para vendérselo a alguien menos discreto. Siempre existía el riesgo de que llegara otro comprador que desperdiciara una vulnerabilidad de valor de seis cifras en una operación torpe. Si el mercado no hubiera estado financiado por los impuestos de contribuyentes de todo el mundo que no sabían dónde iba a parar su dinero, posiblemente que nunca hubiera llegado a alcanzar el volumen o el valor monetario que tiene en la actualidad.

Fue la parte académica de Charlie la que decidió que usaría su día cero de Linux para escribir un libro blanco sobre el mercado en sí. Sabía que nadie se lo tomaría en serio a menos que entrara en el mercado de verdad.

«Para tener credibilidad en ese espacio, uno tenía que hacer lo que decía que hacía».

Así fue como Charlie empezó a presentar su día cero.

Sin embargo, primero tenía que mostrar su descubrimiento a sus antiguos jefes. La NSA tiene una política de revisión prepublicación muy estricta: cualquier cosa que sus extrabajadores quieran publicar, durante el resto de sus vidas, debe pasar antes por los especialistas de la agencia. Hasta que una junta de revisión de la NSA no apruebe su publicación, lo que sea que un extrabajador de la NSA desee publicar estará clasificado.

Y, en el caso de Charlie, los especialistas no pensaban acceder. La agencia le negó su petición de hacer público su día cero.

Charlie, quien nunca aceptaba un no como respuesta, apeló al proceso. No había nada sobre su día cero que estuviera clasificado: lo había encontrado como un ciudadano privado. Cualquier otro hacker de alto nivel lo habría podido encontrar.

Le llevó otros nueve meses, pero la agencia acabó fallando a su favor. Era libre de hacer lo que quisiera con su día cero.

Su primera parada fue un amigo que trabajaba en una ya extinta empresa llamada Transversal Technologies, quien tenía una agenda de contactos gubernamentales en agencias de inteligencia relevantes. Por el 10 % de los beneficios, su amigo accedió a mostrar el día cero de Charlie a varias agencias estadounidenses.

Una agencia gubernamental —Charlie nunca dijo cuál— le respondió casi al instante con una oferta de diez mil dólares. Si bien era bastante más de lo que ofrecían iDefense y otros, se trataba de una cifra muy baja comparada con lo que se rumoreaba que pagaban algunas agencias. Cuando una segunda agencia gubernamental expresó interés, Charlie se inventó un número cualquiera y le pidió ochenta mil dólares, su salario anual en la NSA. Imaginaba que aquello sería el comienzo de una negociación más duradera, pero la agencia accedió.

«Demasiado rápido —me comentó—, lo que quería decir que no les había pedido suficiente».

Aun así, el trato tenía truco: a la agencia solo le interesaba la vulnerabilidad de día cero de Charlie si esta surtía efecto en el tipo concreto de Linux que usaba uno de sus objetivos. En cuanto a quién era dicho objetivo, Charlie nunca llegó a enterarse. Ahí estaba el sacrificio moral. Cuando su día cero pasara a manos de la agencia, esta podría usarlo para espiar a quien quisiera. En Estados Unidos, los objetivos más probables eran terroristas, adversarios extranjeros o cárteles de drogas, pero no había ninguna garantía de que aquel mismo día cero no fuera a morderle la cola.

Charlie entregó su día cero para que lo evaluaran, tras lo cual pasó un mes lleno de ansiedad mientras esperaba a que volvieran a ponerse en contacto con él. Se convenció a sí mismo de que alguien más iba a encontrar su fallo, o, lo que era peor aún, de que las personas a quienes se lo había entregado iban a emplear el fallo como si fuera suyo.

Cinco semanas después, la agencia lo contactó con malas noticias: su fallo no funcionaba en el sistema que debía perforar, aunque estaban dispuestos a comprarlo a un precio más reducido, cincuenta mil dólares. Charlie aceptó, y dos semanas más tarde recibió su cheque. Como parte del trato, la agencia iba a licenciar su día cero, además de obligarlo a no decir nada, durante dos años.

Charlie empleó aquel tiempo para adentrarse más en el mercado y recopiló los pocos datos que encontraba para publicarlo todo en algún momento. Para redondear su propia experiencia, accedió a ayudar a otro investigador a vender una vulnerabilidad en una versión antigua de Microsoft PowerPoint. Sin embargo, justo cuando había acordado un trato de doce mil dólares con un vendedor extranjero, el valor de la vulnerabilidad se desplomó hasta desaparecer, pues Microsoft había arreglado el fallo que permitía el acceso. Para Charlie, aquello era la prueba de las ineficacias y fallos del mercado.

Siguió adelante. Pasó la mayor parte de su tiempo libre de aquellos dos años tratando de aprender todo lo que podía sobre cómo poner precio a las vulnerabilidades. Lo que descubrió fue que los datos de los precios estaban fuera de control. Un funcionario del gobierno le contó que algunas agencias estaban dispuestas a pagar hasta doscientos cincuenta mil dólares por una sola vulnerabilidad. Un bróker le dijo que la tasa de una sola vulnerabilidad fiable era más bien de ciento veinticinco mil dólares. Algunos hackers le contaron que les habían ofrecido entre sesenta mil y ciento veinte mil dólares por un modo de entrar en el navegador Internet Explorer. Parecía no haber ninguna lógica en el mercado. Según lo veía Charlie, los hackers salían perdiendo en todos los negocios. El único modo de devolver la cordura al mercado de las vulnerabilidades era sacarlo a la luz.

En 2007, cuando expiró el acuerdo de dos años que lo obligaba a cerrar el pico sobre su día cero, Charlie empezó a darle los últimos retoques a su libro blanco, cuyo título académico rezaba *El mercado de vulnerabilidades legítimo: dentro del mundo secreto de las ventas de vulnerabilidades de día cero*. Fue entonces cuando recibió la llamada de Fort Meade.

La voz al otro lado de la línea no le dio muchos detalles: tenían que verse cara a cara, y la agencia iba a enviar a algunos de sus agentes a San Luis para hablar con él en persona.

Tras colgar, Charlie pensó en todas las posibles razones por las que los jefazos de la NSA podrían volar hasta San Luis para hablar con él. Solo se le ocurrió un motivo plausible: tal vez, al no haber podido mantener en secreto su vulnerabilidad a través de los canales burocráticos de la agencia, la NSA estaba dispuesta a comprar su silencio del todo. Charlie ya podía oír el sonido de las monedas.

«Estaba seguro de que iban a aparecer por allí con una bolsa de dinero enorme», recordó Charlie.

Aquella noche, le dijo a su mujer que la cocina con la que habían soñado se haría realidad dentro de poco.

Un par de días más tarde, Charlie condujo hasta el Renaissance Airport Hotel de San Luis. Mientras recorría el vestíbulo y subía en ascensor hasta la última planta, recordó aquellos mitos, aquellas historias que se contaban una y otra vez, sobre los encuentros entre hackers y funcionarios del gobierno en hoteles como aquel, en los que se demostraban sus días cero y se salía de allí con un montón de dinero en metálico. Los rumores siempre le habían parecido demasiado de película, demasiado clandestinos, como para ser ciertos. Aun así, conforme Charlie subía hasta la planta doce en ascensor, no pudo evitar esbozar una sonrisa. Estaba a punto de vivir el mito.

Cuando Charlie salió del ascensor y se dirigió hasta la sala de conferencias del hotel, algo lo hizo sospechar. La sala no le pareció el escenario de un encuentro clandestino. Entraba la luz por unas ventanas que iban desde el suelo hasta el techo y daban a una pista de aterrizaje situada doce pisos por debajo. Unas acuarelas baratas adornaban la pared, y el suelo estaba cubierto de una moqueta roja de pared a pared. Cuatro hombres con traje de la NSA lo esperaban allí. La bolsa de dinero brillaba por su ausencia.

Charlie imaginó que iba a tener que sufrir una larga negociación financiera. En su lugar, la reunión duró menos de quince minutos. No tardó en comprender que aquellos hombres no habían ido allí para comprarle el fallo, sino que querían mantenerlo callado.

—Piense en su país —le dijo uno de los agentes a Charlie—. No puede hablar de esto.

Le suplicaron que no dijera ni una sola palabra sobre su día cero ni sobre la mera existencia del mercado a nadie.

Charlie los escuchó a medias mientras observaba cómo los aviones aterrizaban y despegaban en el aeropuerto. No podía creer que la agencia hubiera mandado a cuatro de sus agentes hasta San Luis solo para soltarle el discurso de «hazlo por tu país». A Charlie no le interesaba su rectitud moral y ya había cumplido con su deber patriótico. En algún momento de la reunión dejó de escuchar lo que le decían.

El dinero nunca fue la razón por la que lo hizo. La primera vez que le pregunté a Charlie por qué vendió su vulnerabilidad al gobierno fue bebiendo unas cervezas en un bar de mala muerte en el barrio Tenderloin de San Francisco.

«¡Por los billetes! ¡Dinero, dinero, dinero!», me había contestado con sarcasmo. Solo que no sonaba nada convincente, y ambos lo sabíamos. Cuanto más le insistía, más claro me quedaba que era por el principio, por recibir una remuneración justa por un servicio prestado.

Los vendedores se habían aprovechado durante demasiado tiempo del trabajo de los hackers que habían dedicado su esfuerzo a descubrir las enormes vulnerabilidades de seguridad de sus productos, y en muchas ocasiones los amenazaban, para colmo. Y las recompensas que iDefense y otras empresas estaban dispuestas a pagar eran, a ojos de Charlie, una burla.

Había llegado el momento de que el trabajo de los hackers se tomara en serio, y el único modo en el que Charlie veía que eso podía suceder era asegurarse de que se les pagara. Y si aquello significaba que tenía que exponer el mercado de días cero, que así fuera.

Ni siquiera se molestó en explicarles aquello a los agentes. Jamás lo habrían entendido.

Cuando le quedó claro que no iba a haber ningún intercambio monetario aquel día, Charlie se puso de pie para marcharse.

—Lamento que hayan tenido que volar hasta aquí para nada —les dijo—. Pero la respuesta es no. Lo haré público.

Los agentes miraron a Charlie con una mezcla de exasperación y desdén.

—Disfruten del Arco Gateway —añadió mientras se dirigía a la puerta.

Unos pocos meses más tarde, Charlie Miller subió a un podio de la Universidad Carnegie Mellon bajo una enorme imagen proyectada de un cheque de cincuenta mil dólares a su nombre.

La información sobre el propietario de la cuenta —nombre, dirección, banco e incluso la firma— se habían borrado para proteger a la agencia anónima a la que Charlie le había vendido su vulnerabilidad. Sin embargo, durante una media hora, Charlie le explicó a un público de economistas y académicos cómo había vendido su día cero al Tío Sam.

Por primera vez en la historia, el secreto había salido a la luz: el gobierno estadounidense estaba dispuesto a pagar a los hackers (una gran cantidad, además) para que les entregaran vulnerabilidades sobre productos, lo cual hacía que sus clientes (entre ellos otros ciudadanos estadounidenses) fueran vulnerables a un ataque. Y el gobierno lo hacía con dinero de los contribuyentes, las mismas personas a las que se suponía que debía proteger.

Dentro de aquella sala de audiencias, la reacción de los académicos ante la presentación de Charlie no fue nada en comparación con el enfado que generó el libro blanco de Charlie a unos cuatrocientos kilómetros al sureste. En Fort Meade, además de por toda la zona de Washington D. C., los funcionarios del gobierno no se lo podían creer. Charlie no solo había hecho caso omiso de la petición del gobierno de quedarse en silencio, sino que su libro blanco incluía una lista de los pagos —de hasta doscientos cincuenta mil dólares— que las agencias del gobierno les entregaban a los hackers a cambio de sus vulnerabilidades. Además de que la práctica les iba a resultar difícil de defender, estaban seguros de que aquella publicación iba a aumentar el precio de los días cero.

Desde Redmond hasta Silicon Valley, los ejecutivos de la tecnología de Microsoft, Adobe, Google, Oracle y Cisco repasaron el libro blanco de Charlie con una mezcla de alarma y agitación. Charlie había confirmado lo que los ejecutivos llevaban sospechando desde hacía mucho tiempo: su propio gobierno estaba dispuesto a dejarlos a ellos y a sus clientes en la estacada en aras de la seguridad nacional.

La revelación tenía toda la pinta de convertirse en una pesadilla de relaciones públicas. Los ejecutivos temblaban al pensar en los efectos potenciales que aquello tendría sobre su participación en el mercado. ¿Qué pensarían sus clientes extranjeros cuando se enteraran de que el gobierno estadounidense pagaba a los hackers para espiar a través de sus productos? Y además estaban los propios hackers. No cabía duda de que iban a valerse del libro blanco de Charlie para empezar a exigir recompensas por sus fallos. ¿Cómo iban ellos a poder competir con las cifras desorbitadas que les ofrecía el gobierno? Aun así, teniendo en cuenta la cantidad de participación en el mercado que iban a perder si sus clientes dejaban de confiar en la seguridad de sus productos, ¿cómo podían no hacerlo?

En la comunidad de hackers, el libro blanco de Charlie se celebró y se condenó a partes iguales. Algunos lo tacharon de ser un investigador sin ética que, al vender su día cero al gobierno y esperar tanto tiempo para hablar de él, había puesto a millones de usuarios de Linux en riesgo. Otros, además, propusieron que se le retirara su licencia de ciberseguridad.

Por otro lado, varios hackers creían que Charlie había hecho un muy buen trabajo por la causa, incluso si se había embolsado cincuenta mil dólares en el proceso. Las empresas a las que decidían ayudar gratis los habían tratado como rufianes y escoria desde hacía casi dos décadas. A partir de aquel momento sabían que había un mercado gubernamental muy lucrativo para el mismo trabajo por el que los vendedores se habían burlado de ellos.

Aquello podría haber sido el final de la historia de Charlie. Como se suele decir, había descubierto el pastel y el mercado estaba expuesto. Se prometió a sí mismo que el fallo que le había vendido al Tío Sam sería el último que vendería.

Sin embargo, no fue así cómo pasó a la historia. Tras un mes de lanzar su libro blanco al mundo, Charlie se hizo más conocido aún por crear el primer hackeo remoto a un iPhone.

Siempre se había creído que los iPhone, con su diseño elegante y su código tan bien guardado, eran más seguros que las alternativas. Pese a ello, Charlie derribó dicha teoría. Demostró ante un público de cientos de personas la facilidad con la que podía controlar el iPhone de alguien de forma remota al dirigir su navegador a una página web maliciosa que había creado.

La vulnerabilidad de iPhone, si Charlie la hubiera vendido, le habría hecho ganar una recompensa de seis cifras en el mercado clandestino. Solo que a él no le interesaba el dinero. Charlie seguía en aquel mundillo por la curiosidad intelectual y la reputación dentro de él. Aquella vez había avisado a Apple de lo que había encontrado y había ayudado a los ingenieros de la empresa a crear un parche. Otros ocho meses más tarde, lo volvió a hacer y hackeó un MacBook Air de Apple en menos de dos minutos. Cambió su biografía de Twitter a «soy el que le dio un mordisco a la Manzana».

Cuando Google presentó una versión beta de su sistema operativo Android aquel mismo año, Charlie no se pudo contener. Lo rompió casi de inmediato con una vulnerabilidad que le permitía captar cada pulsación de tecla de los usuarios, cada mensaje, contraseña, correo electrónico; cualquier cosa que hicieran con el dispositivo.

Al igual que hizo con sus vulnerabilidades de Apple, Charlie acudió directamente a los desarrolladores de Android con su día cero y les ofreció ayuda para solucionarlo. En aquel momento, cuando de verdad creía que su libro blanco había cambiado la dinámica entre hackers y vendedores, estaba seguro de que Google recibiría su descubrimiento con los brazos abiertos.

Y Google sí que le agradeció sus esfuerzos hasta donde Charlie sabía, al menos hasta el día en el que su jefe de la consultoría de seguridad en la que trabajaba le preguntó:

—¿Cómo vas con ese fallo de Google?

—¡Genial! —le respondió Charlie—. Estamos trabajando juntos para solucionarlo.

—Lo sé —le dijo su jefe—. Me han incluido como copia oculta en todos sus correos electrónicos.

Google había actuado a espaldas de Charlie. Los ejecutivos habían llamado a su jefe y le habían informado de que su empleado estaba entrando de manera ilegal en el moderno sistema móvil de Google. Y luego habían empezado a incluir al jefe de Charlie como copia oculta en cada correo electrónico que intercambiaban con él.

Si el jefe de Charlie no hubiera estado enterado de la brutal dinámica entre hackers y vendedores, lo hubiera despedido en el acto. En cambio, se puso del lado de Charlie y le dijo a Google que su empleado no había hecho nada malo, sino todo lo contrario, que le estaba haciendo un favor a la empresa al no permitir que alguien con malas intenciones encontrara el fallo de Android antes.

Para Charlie, aquel episodio fue bastante oscuro. Su libro blanco no había cambiado nada. Los mayores vendedores (Google, por el amor de

Dios) aún no se habían enterado. Preferían esconder la cabeza bajo el ala y amenazar a los hackers antes de trabajar con ellos para mejorar la seguridad de sus productos.

Charlie cortó las comunicaciones con Google y llevó su fallo al *The New York Times,* el cual escribió sobre su descubrimiento. Y se juró no volver a entregar ningún fallo gratis a Google ni a nadie más. Los ejecutivos de Android acababan de impulsar un movimiento, sin saberlo.

«Y eso no es lo peor de todo».

Era tarde. Charlie estaba borracho en un bar de mala muerte de Manhattan junto a otros dos investigadores de seguridad, Dino Dai Zovi y Alexander Sotirov. Entre los tres habían hackeado a Apple, Microsoft y a las mayores empresas de ciberseguridad.

Cuando Charlie les habló de su interacción con Google y de todo lo que habían hecho los ejecutivos de Android para intentar que lo despidieran, Dai Zovi y Sotirov asintieron entre largos sorbos de sus cervezas. Si bien aquel hecho les resultaba muy familiar, la hipocresía de la historia de Charlie, sumada al alcohol, los impulsó hasta un nuevo territorio.

«Es una mierda, tío», le dijo Dai Zovi a Charlie.

La opción más moral para cualquier hacker, acudir directamente al vendedor, seguía provocando los peores resultados. ¿Cómo podía ser? ¿Acaso los vendedores no conocían el valor del control de calidad? Los tres hackers estaban tan enfadados que casi ni se percataron de que una prostituta se había acercado a su mesa.

Más aún tras los pinitos de Charlie en el mercado clandestino de fallos y vulnerabilidades, le ofendía pensar que podría haber vendido el fallo por decenas o centenares de miles de dólares. Y, sin embargo, allí estaba, castigado por mostrarle un fallo crítico a Google sin pedir nada a cambio.

Los tres charlaron hasta bien entrada la noche. Tenían que darles una lección a los vendedores. Acordaron luchar juntos y le dieron un nombre a su campaña: «No más fallos gratis».

Aquel marzo de 2009, los tres subieron al escenario ante cientos de hackers en una conferencia de seguridad de Vancouver.

Vestidos de negro de la cabeza a los pies, Dai Zovi y Sotirov sostuvieron un cartel gigante que decía «NO MÁS FALLOS GRATIS». Tenía el mismo tono que *No more mister nice guy.*

Aquel mismo día, Charlie ya había ganado el concurso de hackers de la conferencia por segundo año consecutivo al entrar en un MacBook Pro mediante una vulnerabilidad de su navegador Safari… otra vez. Ganó un ordenador gratis y un premio de cinco mil dólares. Sin embargo esta vez, de acuerdo con el espíritu de su nueva campaña, Charlie no avisó a Apple. Pensaba dejar que la empresa lidiara con los resultados. Y en aquel momento subió al escenario para proponer que, a partir de entonces, los demás hicieran lo mismo.

«Se acabó —Charlie le dijo al público—. A partir de ahora, dejad de entregar fallos sin recibir nada a cambio. Hacemos todo este trabajo y lo único que nos dan son amenazas e intimidaciones. Ha llegado el momento. Debemos parar. ¡No más fallos gratis!».

Si bien los hackers no son conocidos por su entusiasmo, mientras Charlie hablaba, se pusieron en pie, vitorearon y aplaudieron. «No-más-fallos-gratis», gritaron unos cuantos. Sus cánticos empezaron a llegar a Internet. Varios de ellos acudieron a Twitter para anunciar «¡No más fallos gratis!». El *hashtag* de la campaña, #NMFB, fue tendencia según la campaña tomaba impulso.

En la parte trasera de la sala de conferencias, los hombres del gobierno —con pantalones caqui, la camisa metida en los pantalones, el cabello corto y visiblemente tensos— no sonreían. En las mesas de más atrás, nadie se puso de pie. Nadie aplaudió. Sus labios estaban cerrados. Uno de ellos le guiñó el ojo a su compañero de la agencia. Llevaban años comprando las vulnerabilidades de los hackers; con los vendedores fuera de escena, dispondrían de más hackers en el mercado clandestino. Menos parches. Un espionaje sin ataduras.

Sin embargo, un hombre de la parte trasera de la sala meneó la cabeza. Llevaba años trabajando en la NSA. En aquel momento, observó los rostros extranjeros de la sala: hackers franceses, chinos, rusos, coreanos, argelinos y argentinos. ¿A quiénes les venderían sus fallos aquellos hackers tan frustrados? No todas aquellas vulnerabilidades iban a acabar en manos del Tío Sam.

¿Cómo acabarían usando las vulnerabilidades?

Todo eso, según se dijo el hombre a sí mismo, solo empeoraría.

PARTE III

Los espías

El enemigo es muy buen profesor.

—Dalái lama

6
Proyecto Gunman

Moscú, Rusia

Resulta que la fijación de la NSA con los días cero no empezó en la década de los noventa. Empezó en la era predigital, tras un ataque enemigo a nuestros sistemas analógicos; un ataque tan astuto que dio un vuelco al orden mundial de los espías. Si no hubiera estado clasificado durante tanto tiempo, tal vez habríamos tomado aire antes de zambullirnos de cabeza en el abismo digital.

En 1983, en los años más oscuros de la Guerra Fría, los trabajadores de la embajada estadounidense de Moscú empezaron a sospechar que todo lo que hacían y decían, incluso los mensajes encriptados con tanta cautela, estaban llegando a manos de los soviéticos.

Los trabajadores sabían que estaban bajo constante vigilancia soviética, incluso en sus vidas personales. Había micrófonos en sus viviendas, pero eso era lo de menos. Solían llegar a casa y encontraban que les faltaba ropa de los armarios y había vasos sucios de licor en el fregadero. Sin embargo, aquello era distinto. Parecía que todo lo que ocurría en la embajada, incluso sus comunicaciones no verbales, acababa llegando a los soviéticos. Los espías estadounidenses estaban seguros de que había un topo en la embajada.

Y, si no hubiera sido por un difuso consejo de los franceses, jamás habrían descubierto que el topo estaba en una de sus máquinas. En 1983, la embajada francesa de Moscú descubrió que la KGB había plantado fallos en sus teletipos, los cuales habían transmitido todos sus telegramas entrantes y salientes a los soviéticos durante seis años. La embajada italiana en Moscú había descubierto lo mismo. Los diplomáticos franceses se mostraron firmes: Washington debía asumir que los soviéticos también habían hecho lo mismo en el equipamiento de la embajada estadounidense.

Los funcionarios estadounidenses sabían que los fallos podían estar en cualquier parte: sus impresoras, fotocopiadoras, máquinas de escribir, ordenadores, equipamiento criptográfico… cualquier cosa con enchufe. Los soviéticos habían demostrado ser genios en lo que concernía a escuchar a escondidas.

Al final de la Segunda Guerra Mundial, cuando las relaciones entre la Unión Soviética y Estados Unidos fueron a peor, los soviéticos aumentaron la vigilancia a su antiguo aliado. Un rastreo estadounidense de la embajada de Moscú en 1945 había desenmascarado el apabullante número de ciento veinte micrófonos ocultos en las patas de sus nuevas mesas y sillas, en la pared, en cualquier parte. Aquel descubrimiento obligó a los soviéticos a ser más creativos. En 1945, unos escolares soviéticos entregaron al embajador estadounidense una elaborada escultura tallada a mano del Gran Sello de Estados Unidos. Dicha escultura colgó de la pared del embajador durante siete años, hasta que unos funcionarios estadounidenses descubrieron un diminuto micrófono —llamado «Boca de Oro»— escondido en las profundidades de la madera que permitía a los soviéticos espiar al embajador siempre que quisieran. Si bien los muebles del despacho se habían cambiado en varias ocasiones, el micrófono siguió pegado a la pared, donde sobrevivió a cuatro embajadores hasta que lo descubrieron en 1952. El embajador durante aquellos momentos, George Kennan, recordó la sensación de ser «consciente de una presencia oculta» en el despacho. En el despacho oval, los agentes de inteligencia le presentaron las opciones al presidente Reagan, por escasas que fueran. Recoger la embajada de Moscú y abandonarla no era una de ellas. Ya llevaban cuatro años construyendo una nueva embajada en Moscú que les había costado veintitrés millones de dólares, y se estaba convirtiendo en una vergüenza para los servicios de inteligencia. El gobierno de Reagan ya gastaba más del doble en máquinas de rayos X experimentales y personal entrenado especialmente para ello que encontraban más y más equipamiento espía cada día, escondido en el propio cemento de la construcción. La nueva embajada tenía toda la pinta de estar convirtiéndose en un aparato de escucha de ocho pisos de altura. Las posibilidades de que los trabajadores de aquella embajada fueran a mudarse a aquel edificio eran más escasas con cada día que pasaba.

La Casa Blanca sabía que su única jugada posible era igualar la creatividad y astucia de los soviéticos al encontrar el fallo y reemplazar el equipamiento de la embajada; todo bajo la atenta mirada del adversario. Pese a que solo era una posibilidad remota, no tenían otra opción. Estados Unidos no iba a ganar la Guerra Fría si los soviéticos podían anticipar todos sus movimientos.

Por tanto, en febrero de 1984, el presidente Reagan aprobó lo que pasó a llamarse el «Proyecto Gunman», un esfuerzo clasificado de la NSA de seis meses de duración para retirar todo equipamiento eléctrico de la embajada estadounidense en Moscú, llevarlo de vuelta a Fort Meade para examinarlo y reemplazarlo con equipamiento que la agencia supiera que no tenía ningún problema.

En Fort Meade, el subdirector de seguridad de comunicaciones, un hombre de carácter fuerte llamado Walter G. Deeley, se ofreció para el trabajo. Había pasado por encima de sus jefes de la NSA y el Pentágono y habló en persona con Reagan para decirle por qué debía llevar a cabo el Proyecto Gunman.

Deeley llevaba años interesándose personalmente —algunos decían que de manera obsesiva— en destapar filtraciones. Había trabajado en la NSA durante treinta y cuatro años, y la mayor parte de aquel tiempo se la pasó interceptando comunicaciones extranjeras, pero durante el último capítulo de su carrera se había encontrado en el lado opuesto del problema y se había encargado de pensar cómo proteger las comunicaciones estadounidenses de los espías extranjeros.

Tras encargar a los analistas que encontraran modos de adentrarse en los propios sistemas de la NSA, a Deeley cada vez le preocupaba más lo que habían encontrado. Si sus propios analistas eran capaces de entrar en los sistemas, estaba seguro de que los soviéticos ya lo habrían hecho. Le había impresionado la astucia de las escuchas secretas de los soviéticos (una vez que los funcionarios estadounidenses habían logrado descubrirlas) y sabía que contaban con una gran ventaja sobre los estadounidenses, al no verse restringidos por los trámites burocráticos. A menos que Estados Unidos empezara a tomarse la seguridad en serio, temía que fuera a perder la Guerra Fría.

Ningún miembro de la agencia dudaba que Deeley pudiera cumplir con la tarea. Durante la guerra de Vietnam, había sido Deeley quien había creado el centro de control en constante funcionamiento de la NSA, conocido como el Centro de Operaciones de Inteligencia de Señales, el predecesor de lo que acabaría siendo el Centro de Operaciones de Seguridad Nacional, el cual se encarga de las operaciones más urgentes de la NSA.

El mismo año que Deeley asumió el cargo de director del centro de operaciones, un avión de patrulla EC-121 de la Marina de Estados Unidos fue derribado en el mar de Japón. Durante las siguientes horas, los analistas de la NSA corrieron de despacho a despacho por todo Fort Meade para tratar de recolectar la inteligencia necesaria para proporcionar una respuesta coordinada. A Deeley aquella respuesta le pareció torpe, poco eficiente e inaceptable. Durante el ejercicio de su cargo, creó un centro de vigilancia dedicado de veinticuatro horas para recabar inteligencia casi a tiempo real, atar cabos y evaluar la escala de las crisis que aparecían por todo el mundo. Fue Deeley quien insistió en que los analistas entregaran informes diarios al director de la agencia.

En ese momento, cuando ya se acercaba a la edad de jubilación, Deeley había emprendido una última misión: dar caza a la fuente de las filtraciones de la embajada, acabar con ella y proveer a la embajada de equipamiento a prueba de espías.

Deeley reunió a los mejores agentes de la NSA para ello. Tenían cien días para completar la fase uno, la cual consistía en cambiar cada pieza de maquinaria de la embajada por equipamiento nuevo.

Aquello demostró ser bastante complicado, pues a la agencia le resultó casi imposible encontrar repuestos. Las máquinas de escribir de la agencia, las Selectric de IBM —el «Cadillac Supreme» de las máquinas de escribir de entonces— habían desaparecido del mercado. Y las Selectric que funcionaran con voltaje ruso eran más difíciles de encontrar todavía. Pese a que la NSA rebuscó por todo su inventario y pidió favores a IBM, solo lograron reunir cincuenta de las doscientas cincuenta máquinas de escribir, las cuales fueron instaladas en las áreas más importantes de la embajada. Las demás tendrían que esperar.

Al equipo de Deeley le llevó dos meses preparar el nuevo equipamiento para el envío. Para cerciorarse de que cada pieza de equipamiento nuevo no contenía ningún micrófono, los analistas de la NSA desmontaron, volvieron a montar y escanearon cada pieza con máquinas de rayos X, tras lo cual anotaban cualquier irregularidad e instalaban sensores antisabotaje y etiquetas en el interior y el exterior de cada máquina de escribir.

Cuando llegó el momento de hacer el envío hacia Moscú, colocaron con cuidado cada pieza de equipamiento en bolsas antisabotaje que no se podían adquirir en la Unión Soviética, para que los espías soviéticos no pudieran romper las bolsas y reemplazarlas con unas nuevas.

Unos guardias armados protegieron las diez toneladas de equipamiento durante su viaje desde los camiones secretos de Fort Meade a la base de las Fuerzas Aéreas de Dover, luego a Frankfurt, Alemania, y, después, hasta la embajada de Moscú, donde, de forma muy conveniente, después de haber subido la primera tonelada de equipamiento, los soviéticos desactivaron el ascensor de la embajada por razones de «mantenimiento». Los trabajadores de la NSA tuvieron que subir las nueve toneladas restantes con carros por las escaleras de la embajada, y luego llevar las diez toneladas de equipamiento antiguo hacia abajo.

Ni siquiera el embajador estadounidense sabía lo que estaba ocurriendo. El día en el que los agentes de la NSA llegaron, le entregaron una breve nota escrita a mano que le indicaba que dijera a los trabajadores que el gobierno había decidido cambiar sus viejas máquinas en una entrega de generosidad.

Convencidos de que la KGB iba a intentar alterar el nuevo equipamiento, los técnicos de la NSA conectaron cables desde los sensores antisabotaje de cada caja hasta una estación de vigilancia de marines de una planta distinta, para que los guardias armados monitorizaran su estado durante las veinticuatro horas.

Durante los siguientes diez días, los técnicos de la NSA vaciaron cada caja de forma sistemática, las llenaron con el equipamiento antiguo correspondiente y reactivaron los sensores de sabotaje, para que la KGB no tratara de interceptar el equipamiento con micrófonos para extraer lo que fuera que había en su interior. Más guardias armados acompañaron al equipamiento antiguo todo el camino desde el aeropuerto de Sheremétievo en Rusia hasta Frankfurt, de Frankfurt a Dover y de allí a Fort Meade, Maryland.

Les llevó aquellos cien días solo trasladar el equipamiento de la embajada hacia la NSA. Entonces empezó la carrera por encontrar la vulnerabilidad que habían aprovechado los soviéticos.

Deeley les pidió a los veinticinco mejores analistas de la NSA que se reunieran con él en un remolque en una esquina del parking de la agencia. Lo que no les había mencionado era que la entrada al remolque se encontraba a más de un metro de altura. Los analistas buscaron bloques de hormigón y bobinas de cables vacías por todo el parking para poder entrar.

Deeley no tenía tiempo para los buenos modales.

—Nos reunimos en esta mierda de sitio porque no quiero que a ninguno de los mirones del OPS3 [el edificio de seguridad principal] les pique la curiosidad. A todos os han dicho que este proyecto es VRK [conocimiento muy restringido], ¿verdad?

Los analistas asintieron y le contestaron con un «sí» en voz baja. Sus supervisores les habían indicado que no podían hablar de aquella tarea con nadie, ni con sus compañeros de trabajo, ni con sus parejas, ni siquiera con sus perros.

—¿Sabéis lo que quiere decir VRK de verdad? —Deeley no desperdició ni una sola palabra—. Quiere decir que les cortaré las pelotas si mencionan una sola palabra de lo que están haciendo a cualquier persona, aunque sea a una sola. —Señaló a la puerta—. Lo harán a mi modo o se irán por donde han venido.

Deeley llevaba años tratando de hacer que saltaran las alarmas de que la agencia tenía que esforzarse más para proteger sus comunicaciones de las interceptaciones soviéticas. En aquel momento se encontraba en un puesto poco común para hacer eso mismo. Con su jubilación a la vuelta de la esquina, era probable que aquel fuera el último capítulo de su larga carrera. Y, a pesar de todo lo que había logrado, sabía que la nación no tenía mucha memoria en lo que concernía al éxito. Su legado estaba en juego.

—Bueno, esto es lo que vamos a hacer —continuó—. Dividiremos el equipo en dos grupos; las cosas contables [el equipamiento criptográfico] se examinarán en nuestros laboratorios del OPS3, y el resto [los teletipos, fotocopiadoras y máquinas de escribir] se examinará aquí. Cada uno de vosotros ha recibido una tarea específica de vuestro supervisor, y el trabajo comienza en el mismo instante en el que salga de aquí.

Luego les ofreció un incentivo.

—Para bien o para mal, la reputación de la NSA depende de lo bien que hagáis vuestro trabajo. Y no tenemos mucho tiempo —les advirtió—. Cuanto más tardemos en encontrar el sabotaje que el otro lado haya metido en el equipamiento, más posibilidades tenemos de que nos jodan los idiotas del Estado, en Langley, o los rusos.

Deeley hizo una pausa para darle una calada a su cigarrillo y sopló el humo en la cara de los analistas. Para acelerar el proceso, le ofreció una recompensa de cinco mil dólares al primer analista que encontrara la prueba del sabotaje.

Por primera vez, los analistas se animaron: cinco mil dólares (el equivalente a doce mil dólares en la actualidad) era más o menos un cuarto de sus salarios anuales.

—¿Alguna pregunta?

No hubo ninguna.

—Vale —dijo Deeley—. Pues a trabajar. —Y, tras eso, se marchó.

Los agentes trabajaron turnos nocturnos y de fin de semana, sin hacer caso de quienquiera que les preguntara qué hacían en aquel remolque del aparcamiento. El lugar más probable en el que se encontraría el sabotaje soviético era en el equipamiento criptográfico. ¿Cómo, si no, iban a ser capaces de capturar sus comunicaciones encriptadas? Empezaron con dicha maquinaria; extrajeron cada pieza de equipamiento con cuidado, desmontaron todas sus partes y las pasaron por máquinas de rayos X en busca de cualquier cosa extraña. Pasaron semanas buscando cada uno de sus componentes y haciendo fotos a las anomalías más diminutas, pero no apareció nada.

Deeley se pasaba una vez a la semana para observarlos mientras fumaba sin parar a un ritmo más rápido del normal y vigilaba cómo rebuscaban con dificultad por toneladas de equipamiento de la embajada. Estaba seguro de que el equipamiento criptográfico era el culpable. Cuando no encontraron nada en él, a Deeley le entró el pánico. Había pasado por encima de la NSA, del secretario de defensa, del director de la CIA y del consejero de seguridad nacional para hablar con Reagan directamente. Llevaba años aporreando mesas y advirtiendo a todos de que la NSA no podía competir con las escuchas rusas. Él mismo había convencido a Reagan de que le dejara empezar el Proyecto Gunman. Y en aquellos momentos tenía que enfrentarse al horrible hecho de que tal vez no tuviera nada que mostrar.

Por las noches, volvía a casa, tomaba una cerveza y se metía en su estudio en silencio, donde ponía *Rhapsody in Blue* de Gershwin a todo volumen una y otra vez; un mensaje cifrado a su mujer y ocho hijos para que lo dejaran en paz. Había escalado puestos por el Pentágono desde un simple sargento del Ejército hasta ser subdirector de la agencia, ¿y ese iba a ser su último capítulo? En la semana número diez, con tan solo unas pocas piezas de equipamiento por examinar, Deeley se estaba percatando de que Gunman había sido un fracaso. Los dichosos soviéticos debían haber interceptado el equipamiento. Debían haber encontrado un modo de retirar o desactivar los micrófonos mientras la maquinaria se dirigía a Fort Meade. Mientras escuchaba el estruendo de los instrumentos de viento de Gershwin, Deeley empezó a pensar en la terrible magnitud de la vulnerabilidad que no conseguían encontrar, y no solo por su propio legado, sino por la república.

Aquel verano, de vuelta en el remolque, los analistas estaban empapados en sudor. Ya habían examinado los faxes, los teletipos y los escáneres, por lo que solo quedaban las máquinas de escribir. Aun así, los inspectores de la embajada ya habían escaneado con detalle las máquinas de escribir y nadie había notado nada fuera de lo normal. Hasta entonces habían tenido una mentalidad abierta, pero en ese momento se preguntaban si Deeley estaría perdiendo la cabeza.

Sin embargo, bastante tarde en la noche del 23 de julio de 1984, uno de los analistas que estaba trabajando solo se percató de la presencia de una bobina extra en el botón de encendido de una máquina de escribir Selectric. Pese a que no era demasiado extraño, pues los nuevos modelos de máquinas de escribir contenían memoria adicional, lo cual podía explicar las bobinas y circuitos extra, el analista decidió pasar la máquina de escribir por los rayos X, de arriba abajo, solo para asegurarse.

«Cuando vi aquellos rayos X, se me escapó un "joder". De verdad estaban saboteando el equipamiento», recordó.

Allí mismo, en el visor de rayos X, vio que en una barra metálica completamente normal que recorría toda la máquina de escribir se encontraba el sabotaje más sofisticado que él o cualquier otra persona de la agencia hubiera visto jamás. La barra contenía un diminuto magnetómetro, un dispositivo que mide las más ligeras distorsiones del campo magnético del planeta. El magnetómetro convertía la energía mecánica de cada pulsación de tecla en una perturbación magnética. Y, junto al dispositivo, había una pequeña unidad eléctrica que registraba cada perturbación, cataloga los datos subyacentes y transmitía los resultados en breves descargas a través de la radio a un puesto de escucha soviético cercano. Todo el implante podía controlarse de forma remota, y lo habían diseñado para que los soviéticos pudieran desactivarlo cuando los inspectores estadounidenses merodearan por allí.

El equipo de Deeley no pudo evitar admirar la habilidad que ello había requerido. Todo el equipamiento de encriptación del mundo no habría podido impedir que los soviéticos leyeran los mensajes de la embajada, puesto que habían encontrado un modo de recibir todas y cada una de las pulsaciones de tecla antes de que nadie hubiera tenido la oportunidad de mezclarlas.

Era una obra maestra, una que la NSA no olvidaría nunca. Años después, la NSA empleó el mismo truco en iPhones, ordenadores y en las mayores empresas tecnológicas del país para capturar datos mientras fluían sin encriptar entre los centros de datos de Google y Yahoo.

La agencia siempre había asumido que los soviéticos utilizaban dispositivos de grabación y micrófonos para monitorizar las actividades de la embajada. En aquel momento, por primera vez, los soviéticos habían demostrado ser muy capaces de penetrar la seguridad de forma electromecánica también.

Para Deeley, aquello representó una vindicación completa. Llevaba años diciendo que la encriptación no era suficiente: para detener la interceptación gubernamental de una vez por todas, la NSA iba a tener que confiscar cualquier cosa que se conectara a un enchufe. Y acababa de encontrar pruebas que lo apoyaran.

Informó al director de la NSA, Lincoln «Linc» Faurer, y escogió al equipo que lo iba a acompañar a la Casa Blanca para hablar con el presidente Reagan en persona.

Su descubrimiento apremió más aún la urgencia de su misión. Si bien al principio habían determinado que seis de las máquinas de escribir de la embajada estaban saboteadas, sabían que tenía que haber más. El equipo de Deeley empezó a informar a los funcionarios y agentes de inteligencia que se dirigían a la Unión Soviética en salas insonorizadas antieco, donde sus reacciones fueron desde la sorpresa hasta la admiración y la ira.

El equipo de Deeley formó a otros agentes de la NSA para que encontraran los indicios que mostraban el ataque a las máquinas de escribir (el botón modificado, la barra metálica), y les mostró cómo pasar las máquinas de escribir por los rayos X. Los agentes acabaron encontrando aquel implante en siete máquinas más, usadas por los funcionarios de mayor rango de la embajada y sus secretarios, además de tres más en el consulado estadounidense de Leningrado.

Estaba claro que la Unión Soviética destinaba cuantiosos recursos a sus sabotajes analógicos. Interceptaban pulsos eléctricos y, al hacerlo, le estaban ofreciendo a la NSA una guía para hacer lo mismo. Años después, con el cambio de tecnologías analógicas a digitales, usaron las mismas técnicas para interceptar información cuando esta se tradujo a unos y ceros.

La NSA acabó encontrando más de cinco variantes distintas del implante soviético. Algunos estaban pensados para las máquinas de escribir que se enchufaban a la red eléctrica, mientras que unas versiones más sofisticadas funcionaban en los nuevos modelos que iban con batería.

Cuando el equipo de Deeley buscó por todo su inventario, descubrieron que el primer implante se había instalado en una máquina de escribir enviada a la embajada en 1976. Aquello quería decir que, para cuando completaron el Proyecto Gunman, los soviéticos habían extraído secretos estadounidenses mediante sus máquinas de escribir durante ocho años.

Las inspecciones rutinarias de la embajada habían pasado por alto los implantes. Los inspectores estadounidenses habían estado cerca de la solución tras encontrar una antena en la chimenea de la embajada en algún momento, pero nunca habían descubierto su propósito. Y los analistas nunca se preguntaron por qué los soviéticos trataban a sus propias máquinas de escribir con tanta paranoia. Los soviéticos habían prohibido a sus trabajadores usar máquinas de escribir eléctricas para tratar información clasificada, lo que los había obligado a emplear los modelos manuales para hablar de datos secretos. Cuando no se utilizaban las máquinas de escribir en sus propias embajadas, los soviéticos las guardaban en contenedores a prueba de sabotaje. Y, aun con todo, los estadounidenses no se habían molestado en indagar por qué.

«Creo que se suele caer en la trampa de subestimar a los adversarios —recordó más adelante Faurer—. Solíamos pensar que en asuntos tecnológicos estábamos por delante de la Unión Soviética, en cosas como ordenadores, motores de aviones o vehículos. Durante los últimos años, nos hemos encontrado sorpresa tras sorpresa, por lo que les tenemos un poco más de respeto. La mayoría ahora concede que los soviéticos han acercado distancias y nos han igualado en varios aspectos».

Los estadounidenses nunca llegaron a descubrir cómo los soviéticos habían colocado los implantes en sus máquinas de escribir. Algunos creían que las habían interceptado durante el envío; otros, durante el mantenimiento, y otros más sospechaban de la existencia de un topo. Fuera como fuese, Gunman era todo un nuevo nivel de espionaje, por lo cual acabó cambiando la partida. Unos cuarenta años después, existen muy pocos ordenadores que no se comuniquen con otros. Cada uno de ellos está conectado a una red que, a su vez, está conectada a una red más compleja todavía, lo cual forma un entramado complicado e invisible que da vueltas por todo el mundo y llega hasta el rincón más recóndito de nuestra galaxia, donde una nave en órbita transmite más datos que nunca desde el desolado paisaje de Marte. Gunman abrió la puerta a lo que era posible. En la actualidad, en cualquier parte hay infinitas oportunidades de espionaje... y de destrucción.

7

El padrino

Las Vegas, Nevada

«Ese fue el momento en el que nos dimos cuenta —me dijo James R. Gosler, el padrino de la ciberguerra estadounidense, durante una tarde de finales de 2015—. Tuvimos la gran fortuna de descubrir que nos habían saboteado. Si no, todavía estaríamos usando aquellas dichosas máquinas de escribir».

Si existe un solo tecnólogo que pueda llevarse el mérito de alentar a Estados Unidos a trepar puestos y alcanzar a otros países hasta convertirse en el superpoder digital más avanzado del mundo, es un hombre recién jubilado de casi setenta años con un parecido muy grande a Papá Noel y que en la actualidad vive en las afueras de Las Vegas.

En aquel lugar, el único indicio de su larga y oculta carrera en el mundo de la inteligencia es una caja llena de premios de inteligencia, todos entregados en ceremonias privadas y clasificadas por logros que el público probablemente no conocerá nunca.

Fue Gosler quien propuso desclasificar el Proyecto Gunman antes.

«Fui el pesado», me dijo, entre risas.

«Pesado» no es exactamente lo que fue. Le pregunté a casi todos los hombres que habían liderado la CIA y la NSA durante el cambio de siglo quién era el padre de la ciberguerra estadounidense, y ninguno de ellos dudó antes de contestar «Jim Gosler».

Y, aun así, en los círculos de hackers el nombre de Gosler sigue siendo desconocido.

Ni siquiera los miles de hackers que vuelan en masa a Las Vegas cada año para acudir a las convenciones Black Hat y DefCon y ver cómo los nombres más grandes del mundillo se adentran en iPhones, cajeros automáticos y ascensores conocen el hecho de que el verdadero mago de su oficio vive a tan solo unos kilómetros de distancia. Cuando Gosler y yo nos vimos en persona por primera vez, fue en el hotel Venetian durante la conferencia de hackers Black Hat. Fue la primera vez en los casi veinte años de historia de la conferencia que se había acercado al lugar.

«Este sitio es horrible para reclutar», me contó Gosler. La *crème de la crème* de los hackers del país, según me dijo, no se dedicaba a presumir de sus habilidades en conferencias, sino que trabajaba en secreto en laboratorios universitarios y centros de operaciones seguros.

Durante el transcurso de su carrera, Gosler fue el catalizador principal del descubrimiento de vulnerabilidades y programas de sabotaje del gobierno estadounidense mientras la sociedad pasó hacia el mundo digital. Y, si hubiera sido menos humilde, Gosler lo hubiera admitido. En cambio, reconocía el mérito de sus compañeros y jefes del mundo de la inteligencia y a todo un conjunto de gurús de la gestión de la Nueva Era. Gosler citaba a Malcolm Gladwell, y más de una vez me dijo que su obra *Fuera de serie* era fantástica. Gordon Moore y Andy Grove, dos exdirectores ejecutivos de Intel, eran sus héroes. El libro de Grove, *Solo los paranoides sobreviven*, era su biblia. Sin embargo, su favorito era Price Pritchett, el gurú de la gestión organizacional.

Durante años, cada vez que los funcionarios de inteligencia visitaban el despacho de Gosler en la sede de la CIA en Langley, Virginia, la siguiente cita de Pritchett les daba la bienvenida desde la pared:

> Las organizaciones no pueden impedir que el mundo cambie. Lo mejor que pueden hacer es adaptarse. Los astutos cambian antes de tener que hacerlo. Los afortunados logran reajustarse y cambiar a la hora de la verdad. El resto son fracasados y se convierten en historia.

La cita condensa a la perfección lo que Gosler pensaba sobre la respuesta tardía de las agencias de inteligencia estadounidense a los avances tecnológicos y a su infinito potencial de sabotaje, espionaje y destrucción.

Desde su fundación en 1952, la principal agencia de espionaje, la NSA (de la que «Nadie Se Acuerda» o la que «Ni Siquiera Aparece», como se la conocía en los viejos chistes) era el espía y descifrador más importante de la nación. Durante las primeras tres décadas de la NSA, su única misión era atrapar la inteligencia mientras volaba por la atmósfera. En Fort Meade, miles de brillantes doctores, matemáticos y descifradores de códigos rastreaban mensajes, los desencriptaban, traducían y analizaban para encontrar importantes pepitas de información que ayudaran a decidir la siguiente jugada de Estados Unidos en la Guerra Fría.

Sin embargo, cuando los datos del mundo pasaron a las máquinas de escribir, y luego a los ordenadores centrales, a los ordenadores personales, portátiles e impresoras, redes cerradas y luego a Internet, el antiguo modelo pasivo de la NSA de sentarse a esperar que las comunicaciones soviéticas llegaran a su sistema de recolección mundial ya no era suficiente. Unos volúmenes inimaginables de secretos de Estado, que antes habían estado escondidos en archivos cerrados con llave, de repente se transmitían en forma de unos y ceros y estaban al alcance de cualquiera que tuviera la creatividad y la habilidad necesarias para encontrarlos. Las cámaras en miniatura que los espías de la CIA habían utilizado para fotografiar documentos de sumo secreto en archivos habían dejado paso a un fenómeno completamente distinto.

Y Gosler, más que cualquier otro, se aseguró de que Estados Unidos aprovechara hasta la más mínima oportunidad de sabotaje digital.

Gunman fue su prueba. En la conversación que mantuvimos no dejó de mencionarlo, en parte porque Gunman ya estaba desclasificado, mientras que todo lo demás que había pasado por las manos de Gosler no lo estaba. Aun así, aquello también se debía a que era la prueba de que teníamos razones para sentirnos paranoicos. Era la prueba de que los enemigos de Estados Unidos estaban perfeccionando sus capacidades de interceptación digital… y de que ya llevaban la delantera.

Por supuesto, los estadounidenses también presumían de varias proezas de inteligencia. A mediados de los años cincuenta, la CIA y su homólogo británico, el MI6, llevaron a cabo un esfuerzo monumental conocido como Operación Regal para interceptar un cable soviético enterrado en Berlín Este. Lograron construir en secreto un túnel de más de cuatrocientos metros de largo bajo Berlín, desde el cual accedieron a las comunicaciones de Europa del Este y de la Unión Soviética durante más de un año hasta que los soviéticos los descubrieron. Más adelante, en una operación conjunta entre la NSA, la CIA y la Marina de la década de los setenta conocida como Operación Ivy Bells, unos buzos estadounidenses consiguieron interceptar un cable de comunicaciones soviético en el lecho del mar, al norte de Japón. Al creer que el cable estaba fuera del alcance de los estadounidenses, los soviéticos casi ni se molestaron en encriptar los datos que transmitían a través de él.

La NSA fue capaz de robar secretos soviéticos a partir de su propio cable, hasta que un agente doble —uno de los propios analistas de la NSA— informó a la KGB del programa de inteligencia submarino en 1981.

Sin embargo, Gunman era algo distinto.

«Sobresaliente. De una astucia técnica increíble», me dijo Gosler. Los soviéticos no dependían de un micrófono bien puesto ni de un cable interceptado, sino que habían encontrado un modo de adentrarse en las propias máquinas de escribir para enterarse de cada pulsación de tecla antes de que los estadounidenses hubieran tenido la oportunidad de encriptar sus mensajes.

En jerga del mundo de la inteligencia, aquello pasó a conocerse como «hackear los extremos», y Gunman puso el listón muy alto. En la nueva era, la NSA tomó nota mientras los Apples, Googles, Facebooks y Microsofts trataban de encriptar las comunicaciones del mundo. La agencia también iba a tener que refinar el arte de hackear los extremos: los teléfonos y ordenadores personales que contenían información en texto sin formato y sin encriptar.

«Aquel tipo de recolección técnica no se inventó con la aparición de los ordenadores. Los soviéticos lo habían hecho desde los años setenta, pero el Proyecto Gunman lo convirtió en una realidad —me explicó Gosler—. Ya no se podía pretender que no existía».

En el léxico de Gosler, existe AG (Antes de Gunman) y DG (Después de Gunman).

«Estábamos en la inopia», me dijo. AG, los estadounidenses «no tenían ni idea».

Tres décadas DG, ya nos adentrábamos en cualquier cosa que tuviera pulso.

Más allá de fechas y cargos sin mucho significado, Gosler no dice mucho sobre lo que ocurrió entre el día que entró en Sandia National Laboratories en 1979, como un joven de veintisiete años y ojos brillantes, y el día que se jubiló en aquel mismo lugar en 2013.

En su mayoría, todo está muy clasificado, por lo que tuve que insistirle para que me proporcionara los detalles más básicos. En cenas de gala, cuando los demás le preguntaban, Gosler se limitaba a decir que trabajaba para el gobierno federal.

«Hay que ser muy cuidadoso con lo que se dice, por razones de seguridad personal, en especial cuando se está en el extranjero», me dijo a media voz.

Estábamos sentados en un restaurante. Como tantos otros con los que me reuní, Gosler se aseguró de llegar pronto, encontrar una mesa cerca de una salida y evaluar a todos los que se encontraban en el interior. Había escogido el asiento que miraba hacia la entrada, la mejor posición para su supervivencia.

Durante el transcurso de nuestras conversaciones entre 2016 y 2019, el padre de la ciberguerra estadounidense empezó a explicarme fragmentos de su carrera, y, a través de ellos, de la propia evolución de Estados Unidos hasta convertirse en el saboteador con más talento del mundo en el reino digital. Tuvo la precaución de no mencionar unas enormes franjas de tiempo clasificadas de su currículum.

Esas las tuve que llenar yo misma.

Gosler pasó sus primeros cinco años en el Sandia National Laboratories del Departamento de Energía en el…

«Bah, lo llamaré el Departamento de Informática y ya está», me dijo. Su primer trabajo era rebuscar en las entrañas de ordenadores centrales y de los sistemas operativos que se ocupaban de los sistemas de administración de Sandia, como el pago de los salarios.

De los dos laboratorios nucleares nacionales de Nuevo México (Los Álamos National Laboratory y Sandia en Albuquerque), el de Los Álamos había quedado consagrado en los recuerdos de los estadounidenses. Los Álamos desarrolló el Proyecto Manhattan, y siempre fue el crisol de la investigación y del desarrollo de las armas nucleares estadounidenses. No obstante, gran parte del armamento real del programa de armas nucleares del país se llevaba a cabo en Sandia, donde se supervisaba la producción y la seguridad del 97 % de los componentes no nucleares que conformaban el arsenal nuclear de la nación. Tras cinco años en aquel puesto en Sandia, Gosler pasó a formar parte de un equipo cuya tarea era asegurarse de que cada uno de los componentes nucleares funcionara como era debido cuando el presidente lo autorizara y, lo más importante de todo, que no funcionara bajo ninguna otra circunstancia. Los accidentes y los fallos eran más comunes de lo que se pensaba. Un estudio de Sandia concluyó que, entre 1950 y 1968, al menos mil doscientas armas nucleares habían formado parte de accidentes «significativos».

Ni siquiera las bombas que por desgracia pasaron a la historia funcionaban como debían. Little Boy (la primera arma nuclear que Estados Unidos lanzó en una guerra) acabó con la vida de ochenta mil personas en Hiroshima. Sin embargo, la destrucción podría haber sido peor: solo se produjo la fisión en un 1,38 % de su núcleo. Tres días después, cuando los estadounidenses lanzaron su segunda bomba —cuyo nombre en código era «Fat Man»— sobre Nagasaki, detonó por error a más de un kilómetro de distancia de su objetivo, aunque logró matar a cuarenta mil personas de todos modos. Una prueba de una bomba de hidrógeno en 1954 en el atolón Bikini produjo una descarga de quince megatones (el triple de lo que los científicos nucleares estadounidenses habían calculado), lo que cubrió cientos de kilómetros cuadrados, además de a los propios estadounidenses que observaban el arma, de una lluvia radioactiva letal.

Aquello era el tipo de situaciones que los científicos de Sandia debían evitar. Sin embargo, al equipo de Gosler le preocupaban menos los accidentes que el sabotaje intencionado del enemigo. A mediados de los años ochenta, los científicos estadounidenses exploraron modos de impedir y perturbar de forma fiable las redes de comunicaciones soviéticas y sus sistemas de armas nucleares en el caso de que se produjera un conflicto armado. Los científicos de Sandia se figuraban que los soviéticos estarían haciendo lo mismo.

El único modo de asegurarse de que nadie alteraba el arsenal de armas estadounidense era ser el primero en encontrar y solucionar las brechas de seguridad de los propios componentes. Y, en 1984 —el mismo año que el Proyecto Gunman descubrió el sabotaje de las máquinas de escribir—, en el mismo momento en el que Gosler pisó el Grupo de Análisis de Adversarios, un grupo de Sandia de nombre muy burocrático se hizo conocido por encontrar vulnerabilidades críticas en los componentes nucleares, en cómo dichos componentes encajaban y en las aplicaciones que funcionaban sobre ellos.

—Encontraba problemas y… los solucionaba —me contó Gosler.

—¿Quiere decir que los aprovechaba para usarlos contra el enemigo? —le pregunté.

Gosler soltó una risita nerviosa.

—Eso tendrás que preguntárselo a otro.

Y eso fue lo que hice.

Pese a que tardé casi dos años, fui capaz de llenar algunas de las partes tachadas del currículum de Gosler a través de documentos, una demanda judicial de un extrabajador de Sandia y los comentarios escritos y orales de los empleados y superiores de Gosler en la NSA y la CIA, los cuales afirmaron que, si no hubiera sido por el sabio hombre barbudo y con gafas que había llegado a conocer yo, el ciberprograma ofensivo de Estados Unidos jamás habría llegado a ser lo que era.

Para 1985, Gosler tan solo llevaba un año en su nuevo empleo en caza de vulnerabilidades, pero ya veía que aquello se le iba a hacer más complicado, o incluso imposible. Al igual que muchas otras cosas, el diseño de armas nucleares estaba evolucionando y se alejaba de los discretos sistemas de control electrónico en dirección a los microchips, unos componentes más complejos. Al diseccionar los chips hasta el último fragmento, Gosler vio que los avances —y la complejidad que estos introducían— crearían más posibilidades de error, fallos técnicos y, con el tiempo, subversión y ataques enemigos.

El año anterior, Gosler había asistido a una famosa charla de Ken Thompson. Este, quien había ganado el premio Turing de 1983 por cocrear el sistema operativo Unix, usó su turno en el atril para compartir sus preocupaciones sobre la dirección en la que iba la tecnología. Tituló su charla «Reflexiones sobre confiar en la confianza», y su conclusión fue la siguiente: a menos que uno mismo escribiera el código fuente, nunca se podía confiar en que un programa informático no fuera un troyano.

Thompson había expresado a la perfección algo que Gosler sabía que era cierto. No obstante, cuando Gosler escuchó la charla de Thompson, ya veía que el problema era cada vez peor. Sabía que, dentro de muy poco tiempo, no serían capaces de garantizar la seguridad del arsenal nuclear del país.

«Claro que todavía se podían encontrar vulnerabilidades, pero la habilidad de garantizar que no existían otras vulnerabilidades cada vez era más imposible. —Hizo una pausa para añadir énfasis—. Eso es importante, Nicole. Ya no se podía afirmar que esos sistemas microcontrolados estuvieran libres de vulnerabilidades».

Otros podrían haber tirado la toalla. Muchos lo hicieron. Solo que Gosler no era de los que se amilanaban ante un reto. Y fue allí, en la profundidad de aquellos microchips, donde descubrió el propósito de su vida y lo absurdo de la condición humana, todo unido mediante cables.

Aquellos chips eran al mismo tiempo el paraíso de un hacker y la pesadilla de la seguridad nacional. Cada uno contenía un potencial infinito para el sabotaje y la subversión, el espionaje y la destrucción.

Y, durante las siguientes tres décadas de su carrera, Gosler demostró que así era.

Gosler empezó con dos experimentos. Aquel año, en 1985, convenció a sus jefes de Sandia de patrocinar un estudio. Lo llamaron «Chaperon», y su premisa era bien simple: ¿era posible diseñar una aplicación informática segura de verdad? Y ¿podría alguien subvertir dicha aplicación con un implante malicioso que no se podía detectar ni siquiera a través de una investigación forense detallada? En otras palabras: un día cero.

Sandia dividió a sus mejores empleados técnicos en buenos y malos, en evaluadores y atacantes. Estos últimos plantaron vulnerabilidades en una aplicación informática, mientras que los primeros tenían que encontrarlas.

Gosler pasó la mayoría de sus noches fuera del trabajo entrando en hardware y software solo por diversión. Sin embargo, profesionalmente hablando, solo participaba como evaluador. En aquellos momentos, ansiaba la oportunidad de ser el atacante. Diseñó dos implantes y estaba seguro de que los evaluadores iban a descubrir el primero de ellos.

«En aquel entonces estaba inmerso en un mundo de fantasía», me contó Gosler. Cuando no estaba entrando en programas, jugaba al videojuego de los años ochenta llamado Zork, el cual era popular entre algunos de sus compañeros de trabajo técnico.

Para su primer truco, insertó unas cuantas líneas que le sonaban de Zork en el código de la aplicación de seguridad. El texto de Zork logró engañar a la aplicación de Sandia para que revelara unas variables secretas que un atacante podía usar para tomar el control de la aplicación, así como de cualquier dato que esta protegiera. Gosler estaba seguro de que sus compañeros iban a pillarlo en poco tiempo.

Para su segunda subversión, Gosler insertó una vulnerabilidad que tanto él como los demás acabarían describiendo como un «hito técnico revolucionario».

Los evaluadores nunca llegaron a encontrar los dos implantes de Gosler. Incluso su subversión de Zork fue increíblemente complicada de rastrear.

Los evaluadores de Sandia todavía describen aquel estudio como uno de los experimentos más frustrantes de sus carreras. Pasaron meses buscando sus implantes antes de rendirse y pedirle que les dijera lo que había hecho.

A Gosler le llevó tres reuniones de ocho horas, durante las cuales paseaba por delante de una pizarra llena de anotaciones que atacaba en ráfagas para explicar con mucha dificultad su implante. Sus compañeros no dejaron de asentir, pero estaba claro que estaban anonadados.

Al principio, Gosler pensó que el segundo implante podría ser útil como un ejercicio de formación en Sandia, pero, tras ver la frustración de sus empleados, los jefes de Gosler rechazaron la idea. Estaban preocupados de que un ejercicio semejante fuera a llevar a los nuevos reclutas a dimitir.

Los jefes de Gosler decidieron empezar de cero y organizar un nuevo estudio: Chaperon 2. Solo que esa vez escogieron a otra persona para encabezar la subversión. Alrededor de cien ingenieros de Sandia pasaron semanas y meses en busca del implante. Si bien otros se acercaron bastante, solo uno (Gosler) logró descubrir la subversión, y la presentó en una detallada charla de varias horas de duración.

Los rumores sobre los estudios y el mago de la tecnología de Sandia llegaron a oídos de los jefes de inteligencia de la NSA —«los peces gordos del Este», como los llamaba Gosler—, quienes llamaron a Sandia y pidieron hablar con Gosler por su nombre y apellido.

Rick Proto y Robert Morris padre, los jefes de investigación y ciencia respectivamente del Centro de Seguridad Informática Nacional de la NSA, pensaron que Gosler podía enseñarles un par de cosas a sus analistas.

Sucedió en 1987. Proto era un gigante de la agencia. Morris padre, el científico informático más veterano del gobierno en aquellos tiempos, llegó a tener mala fama el año siguiente por ser el padre de Robert Tappan Morris, el estudiante de Cornell que desató el «gusano Morris» desde el MIT, lo que arruinó miles de ordenadores y tuvo un coste de decenas de millones de dólares. Pese a que Gosler ya había trabajado con algunos de los mejores científicos informáticos del gobierno, nada lo había preparado para «el fuerte». Tras entrar en Fort Meade, su impresión fue que eso era «otra división».

En su primera reunión, Gosler le formuló a Morris padre la pregunta que lo había estado carcomiendo por dentro desde hacía un tiempo.

«¿Cómo de complejo puede ser un programa para que sepa a ciencia cierta lo que es capaz de hacer?».

Morris padre sabía que era una pregunta capciosa. Los colosales ordenadores centrales estaban cediendo terreno a unos dispositivos más pequeños y baratos que contenían elementos microelectrónicos y microcontroladores. Las aplicaciones informáticas cada vez incorporaban más y más líneas de código, lo que creaba más y más oportunidades para que se produjeran errores, y se incorporaban a superficies de ataque cada vez más grandes y críticas. Y las aplicaciones eran las que se destinaban a aviones, buques navales y, tal vez lo más peliagudo de todo, las armas nucleares estadounidenses.

A pesar de lo que aquello significaba para la seguridad, no parecía que fueran a dar media vuelta. La primera versión completa del sistema operativo Linux contenía ciento setenta y seis mil líneas de código. Cinco años más tarde, ya contenía dos millones. Y, para 2011, Linux contaba con más de quince millones de líneas de código. En la actualidad, un avión Joint Strike Fighter del Pentágono contiene más de ocho millones de líneas de código en el programa de a bordo, mientras que el sistema operativo Windows Vista de Microsoft contiene una cifra estimada de cincuenta millones de líneas.

Cada línea de ese código contiene instrucciones que pueden subvertirse de forma potencial para cualquier propósito. Cuanto más código hay, más difícil se hace encontrar errores, fallos de escritura o cualquier otra cosa sospechosa. Encontrar el implante de máquinas de escribir del Proyecto Gunman había sido una hazaña de la inteligencia. ¿Encontrar el equivalente de aquel implante en un caza de combate de nueva generación? Buena suerte.

Morris padre le dijo a Gosler que tendría una «confianza del cien por cien» en una aplicación que contuviera diez mil líneas de código o menos, y ninguna confianza en una aplicación que contuviera más de cien mil líneas. Gosler aprovechó la oportunidad para compartir con Morris padre la táctica de subversión más complicada que había desarrollado para el estudio Chaperon 1 de Sandia, una aplicación con menos de tres mil líneas de código.

Morris padre invitó a un grupo de doctores, criptógrafos e ingenieros eléctricos de élite de la NSA para que le echaran un vistazo. Ninguno de ellos fue capaz de encontrar el implante de Gosler, ni tampoco pudo replicar la subversión después de que Gosler se la hubiera mostrado. Estaba claro que la NSA había sobreestimado su propia capacidad de detectar vulnerabilidades en los sistemas informáticos más sensibles de la nación. De repente, cualquier programa que tuviera más de un par de miles de líneas de código parecía sospechoso. Tras haber visto la demostración de Gosler, todo tipo de travesuras, filtraciones y desastres de seguridad nacional que nunca habían imaginado les parecían posibles.

«Incluso si encontraba algo, uno nunca podía estar seguro de que lo había encontrado todo —dijo Gosler—. Esa es la horrible naturaleza de este negocio».

Para 1989, la comunidad de inteligencia seguía tambaleándose tras la astucia que los soviéticos habían demostrado durante el Proyecto Gunman. Internet estaba a la vuelta de la esquina e iba a presentar una superficie de ataque completamente nueva. La NSA había tenido la suerte de encontrar el implante de las máquinas de escribir, pero Dios sabía cuántos otros implantes le quedaban por encontrar.

Necesitaban la ayuda de Gosler, así que Proto le pidió que se quedara. Durante los siguientes dos años, Gosler fue el primer «científico visitante» de la agencia y enseñó a los analistas de defensa de la NSA todos los modos en los que el software y el hardware modernos se podían derrotar y subvertir. Su misión era ayudar a los mayores defensores de la nación a rastrear los implantes soviéticos y anticipar los de cualquier otro adversario que quisiera atacar a Estados Unidos.

Estuvieran donde estuvieran.

«Era como un niño en una juguetería», me contó Gosler sobre los dos años que pasó en la NSA.

Todas las partes de la agencia (los trabajadores, la cultura, la misión) lo intimidaban. Según parecía, todo y todos estaban sumidos en el más absoluto secreto, incluso entre ellos.

«Era un nuevo nivel de secretismo —recordó Gosler—. Los empleados de la agencia pasaban mucho tiempo midiendo al prójimo para asegurarse de que eran de fiar y de que aportasen algo a la agencia antes de decir algo. Tenía que hablar varias veces con ellos antes de que me confiaran una tarea. Y, cuando me la daban, lo único que podía pensar era "no metas la pata"».

Gosler pasó la mayor parte de esos dos años en la división de defensa de la NSA, lo que en la actualidad se conoce como Garantía de la Información. Sin embargo, no pasó mucho tiempo hasta que quedó expuesto a lo que llamó el «lado oscuro» de la agencia, los grupos autónomos que más adelante maduraron y se combinaron para formar la división de hackers de élite de la agencia, conocida hasta hace poco como Operaciones de Acceso a Medida (TAO por sus siglas en inglés).

La operación ofensiva de la NSA seguía en su infancia por aquel entonces, muy lejos del grupo de miles de hackers que trabajaban en Fort Meade y en todo el país en la actualidad, pero la agencia había recibido advertencias desde 1960 de que la tecnología de la que dependían cada vez más podía sabotearse para perforar su seguridad.

En 1967 (nueve años antes de que el primer correo electrónico viajara por Internet), un pionero informático llamado Willis H. Ware detalló las múltiples vulnerabilidades que existían en los sistemas informáticos modernos y todos los modos en los que podían conducir a filtraciones de información clasificada o a saboteos de espionaje. Lo que llamó el «Informe Ware» acabó siendo un catalizador para que el Pentágono organizara un cuerpo especial de la Junta de Ciencia de Defensa para que estudiara la seguridad informática. Dicho cuerpo especial llegó a varias lúgubres conclusiones, la principal de las cuales era: «La tecnología contemporánea no puede proporcionar un sistema seguro en un entorno abierto».

El informe fue el primero que propuso la idea de que los ordenadores estaban conduciendo a la humanidad, y, con ella, al aparato de inteligencia de la nación, por un sendero muy peligroso. No obstante, no ofrecía muchas soluciones. Por tanto, durante los años siguientes, el gobierno estadounidense acudió a varios de los autores del informe, además de a los mayores contribuyentes de la NSA y la CIA, para que analizaran los riesgos de seguridad que presentaban los ordenadores y ofrecieran recomendaciones.

La suma de su trabajo —que recibió el nombre de Informe Anderson, por el principal autor del informe, James P. Anderson— estableció la agenda de investigación de ciberseguridad del gobierno de las siguientes décadas y construyó la base de las operaciones de ciberguerra de los Estados Unidos.

El Informe Anderson concluyó que los ordenadores proporcionaban a los atacantes una «oportunidad singular de tratar de subvertir» sus sistemas y acceder a los datos que estos contenían. «Sumado a la concentración de la aplicación (sistemas de control de datos, etcétera) en un lugar (el sistema informático)», dicha oportunidad «hacía que los ordenadores fueran un objetivo muy atractivo para la acción maliciosa (hostil)». El diseño de los sistemas de hardware y software era «completamente inadecuado para resistir los ataques», según la conclusión del informe, y, si un usuario malicioso lograba controlar un solo nodo informático, «toda la red podía estar en peligro». Los únicos límites de los ataques eran la habilidad y la imaginación del atacante en sí.

Las posibilidades no tenían fin. Un atacante podía lograr un «acceso no autorizado a datos clasificados al aprovecharse de una debilidad preprogramada debido a un diseño o una implementación descuidada» o plantar «una *trampilla* en la aplicación informática o en los sistemas operativos y de programación que apoyaban a la aplicación».

El informe concluyó que, mientras los sistemas operativos aceptaran actualizaciones de programas sin ninguna pregunta, los ordenadores podrían manipularse para aceptar trampillas.

Los autores habían analizado el sistema operativo Honeywell, uno de los primeros desarrollados teniendo en cuenta la seguridad, y descubrieron un número de fallos graves que les permitían tomar el control de cualquier sistema que tocaran, así como de los datos que estos contenían. Según descubrieron, sucedía lo mismo con la mayoría de los sistemas informáticos contemporáneos que analizaron.

En ausencia de una interferencia gubernamental grave, el Informe Anderson determinó que había «muy pocas esperanzas» de que los secretos más sensibles de la nación —planes militares, armas, inteligencia y espionaje— estuvieran a salvo de los adversarios extranjeros. Y, según los autores, la amenaza solo se iba a agravar en el futuro, una vez que los enemigos políticos de Estados Unidos reconocieran cuántos secretos de seguridad nacional podían robar de las bases de datos del gobierno y el poco esfuerzo que iban a necesitar para subvertirlas. Y todo ello antes de Internet.

«¿No te parece extraño que empezáramos a recibir aquellas advertencias a finales de los sesenta? —me preguntó Gosler décadas más tarde—. Y, aun así, mira dónde estamos ahora. ¿Qué es lo que necesitan para darse cuenta?».

Gosler había echado un vistazo a lo que se traían entre manos aquellos primeros hackers de la NSA y supo que no había nada más en el mundo que prefiriera hacer antes que eso.

Era 1989. El precursor de Internet del Pentágono, ARPANET, se había convertido en un artefacto. Había quedado reducido a una parte lenta, diminuta y anticuada de un Internet más amplio y rápido, y el Pentágono decidió que había llegado la hora de apagar ARPANET de una vez por todas.

El sucesor de ARPANET, el propio Internet, creció en silencio hasta alcanzar las cien mil máquinas servidor, cada una de ellas con múltiples usuarios, y se estaba acercando a su punto de inflexión. Cuando el navegador Netscape e Internet Explorer llegaron a los ordenadores personales, y la infatuación del mundo por la red creció, también lo hizo la de la NSA.

«¿Por qué Willie Sutton robaba bancos? —les preguntaba Gosler una y otra vez a sus jefes y subordinados de las agencias de inteligencia—. ¡Porque es ahí donde está el dinero!».

Si bien seguía habiendo dinero en los bancos físicos, la veta madre se estaba trasladando a Internet, como todo lo demás. Extraer inteligencia crítica iba a necesitar una transformación completa del modo en el que la NSA llevaba a cabo sus operaciones. La alternativa (el *statu quo*), según Gosler, solo garantizaba que Estados Unidos se convirtiera, en término de su gurú Pritchett, en «fracasados».

«No podíamos limitarnos a seguir la corriente, teníamos que ser proactivos —me contó Gosler—. No teníamos otra opción».

Los estadounidenses ya no podían depender de los viejos modelos de espionaje, aquellos juegos en los que esperaban a que sus adversarios transmitieran mensajes a través de señales radiofónicas, microondas o telefónicas, sino que iban a tener que perseguirlos hasta la fuente: el hardware, software, imágenes, sensores, sistemas de satélite, conmutadores electrónicos, ordenadores personales y redes por las que se movía. Teniendo en cuenta la cantidad de datos que aparecía en tantos millones de máquinas, la Operación Ivy Bells parecía algo pintoresco.

La NSA no solo iba a tener que penetrar los cables de fibra óptica situados bajo el mar, sino también las redes y otras redes dentro de esas redes. Tendría que averiguar a qué máquinas estaban conectadas esas redes y encontrar las que almacenaban los datos más críticos mientras se aprovechaban de las vulnerabilidades del hardware y del software (y de las personas) para extraer inteligencia crucial. Y nada de aquello iba a tener sentido a menos que pudiera lograrlo a una escala masiva.

Cuando el paso de dos años de Gosler por la NSA finalizó en 1990, tenía claro los retos —y oportunidades— a los que se enfrentaba la comunidad de inteligencia.

La comunidad de inteligencia tendría que crecer y adaptarse, o Internet se lo comería todo.

Gosler se hubiera quedado de buena gana en Fort Meade, si no hubiera prometido que regresaría a Sandia. Tenía la mentalidad de la vieja escuela que sostiene que uno le debe lealtad a quien lo ha formado, por lo que sabía que su lealtad era hacia Albuquerque.

Sin embargo, poco antes de partir hacia Nuevo México, Gosler hizo un trato con el director de la NSA (quien poco después pasó a ser el subdirector de la CIA), William O. Studeman. La idea era que Gosler utilizara sus días de vacaciones de Sandia para tratar de adentrarse en el hardware y software del que dependían los enemigos de Estados Unidos. A cambio, el almirante Studeman permitiría que Gosler trabajara directamente en algunas de las misiones ofensivas más secretas de la NSA.

«Un proyecto clasificado muy entretenido», fue lo único que me dijo Gosler.

Por ello, en 1990 Gosler regresó de forma oficial a Sandia mientras continuaba su trabajo clasificado no oficial para la NSA.

«Iba a trabajar, entraba en hardware y software, volvía a casa, cenaba y entraba en más hardware y software», me relató décadas después. Aquello fue el inicio de una relación estratégica entre la NSA y Sandia que en los siguientes años creció todavía más.

Gosler no habló sobre el trabajo de vulnerabilidades que llevó a cabo para las agencias de inteligencia durante aquella época, pues sigue siendo muy clasificado. Lo más probable es que solo podamos conocer la historia completa cuando los documentos secretos de Estados Unidos se desclasifiquen, seguramente en la segunda mitad de este siglo.

Sin embargo, solo se tiene que mirar la fuente de los fondos del departamento para ver lo crítico que se había convertido su trabajo para el aparato de inteligencia de la nación. Cuando Gosler volvió a Sandia en 1990, su departamento operaba con unos quinientos mil dólares de la Administración de Seguridad Nuclear Nacional del Departamento de Energía. Cinco años más tarde, el departamento de Gosler contaba con un financiamiento de inteligencia de cincuenta millones de dólares. Esta inversión en explotación digital era un gran contraste comparada con los recortes de presupuesto de inteligencia que se produjeron después de la Guerra Fría, los cuales eliminaron miles de millones de dólares en presupuestos de inteligencia y congelaron la contratación de nuevos reclutas en la NSA a mediados de los años noventa.

El único atisbo que tiene el mundo sobre el trabajo para el que la NSA subcontrataba a Sandia, más allá de las filtraciones de datos clasificados y los comentarios generalizados de Gosler, proviene de una demanda judicial por empleo interpuesta por uno de los antiguos subordinados de Gosler en Sandia. En la demanda, un empleado de Sandia acusaba al laboratorio y a quince de sus trabajadores, incluido Gosler, de despido improcedente por haberse negado a participar en una «guerra de información» de la NSA. La demanda sostiene que Gosler les contó a otros trabajadores de Sandia sobre el trabajo que su equipo hacía para la NSA en un «canal encubierto» y que básicamente se reducía a «introducir virus en software y hardware» y «sabotear» la maquinaria y los algoritmos de encriptación que utilizaban los adversarios extranjeros de Estados Unidos para que les resultara más fácil adentrarse en ellos. La justificación oficial de Sandia para despedir al trabajador fue que había demostrado tener una actitud demasiado relajada para con la inteligencia clasificada, además de por su «ataque flagrante contra un estimado cliente de Sandia»: la NSA.

Si bien la demanda no lo dice de manera explícita, insinúa que el equipo de Gosler pudo haber contribuido a algunos de los golpes de inteligencia más impresionantes de la NSA de la historia moderna.

El mismo año en el que Gosler presuntamente admitió a sus compañeros de Sandia que estaba contribuyendo al trabajo de explotación de la NSA en un canal encubierto, un ciudadano suizo llamado Hans Buehler fue arrestado en Teherán por espionaje.

Buehler, el mejor vendedor de una empresa de encriptación suiza, Crypto AG, pasó los siguientes nueve meses en una prisión iraní, casi siempre en aislamiento.

«Me interrogaron cinco horas al día durante nueve meses —les contó el señor Buehler a los periodistas después de su puesta en libertad—. No me golpearon nunca, pero me ataron a unos bancos de madera y me aseguraban que lo harían. Me dijeron que Crypto era un centro de espionaje».

Crypto AG, o, mejor dicho, su división alemana, pagó un millón de dólares a Teherán para la liberación de Buehler, aunque, al menos hasta donde él sabía, las alegaciones de Teherán no tenían nada de cierto. Tres años más tarde, dos periodistas del *Baltimore Sun* —Scott Shane, quien luego se incorporó al equipo del *The New York Times,* y Tom Bowman, quien pasó a trabajar en NPR como corresponsal del Pentágono— revelaron por qué Teherán tenía motivos para sospechar.

Durante años —al menos hasta la Segunda Guerra Mundial—, la NSA, con la bendición de la CIA y Crypto AG, y tal vez con la ayuda de los mejores especialistas en vulnerabilidades de Sandia, había estado saboteando las máquinas de encriptación de Crypto AG para hacer que los descodificadores y analistas estadounidenses pudieran descifrar con facilidad los mensajes que pasaban a través de ellas.

Crypto AG era el complemento perfecto para las agencias de inteligencia estadounidenses. Entre sus clientes de alto nivel se encontraban algunos de los adversarios más acérrimos de Estados Unidos: Irán, Irak, Libia y Yugoslavia, los cuales habían confiado sus secretos militares y diplomáticos más sensibles a las máquinas suizas. Jamás habrían imaginado que los suizos, conocidos por su secretismo y neutralidad, iban a acceder a un acuerdo que garantizaba que los espías estadounidenses pudieran descifrar sus datos.

La agencia lo logró en parte a su propia versión de Gunman: agentes de la NSA que trabajaban junto a ejecutivos de Crypto AG para introducir trampillas en las máquinas de encriptación de la empresa, lo cual permitía que los descifradores de código de la NSA pudieran desencriptar su contenido con facilidad.

Gosler nunca me lo llegó a confirmar. Cuando le pregunté si aquel «proyecto clasificado muy entretenido» en el que había trabajado para el almirante Studeman era un modo de referirse a Crypto AG o un proyecto similar, soltó una carcajada. A lo largo de nuestras conversaciones, llegué a conocer muy bien aquella risa. Quería decir «buen intento».

Gosler nunca habló sobre ninguna operación clasificada en la que hubiera participado o de la que le hubieran hablado, ni siquiera cuando no participaba en ella. Lo que me dijo fue que, en las décadas posteriores al descubrimiento de Gunman, la comunidad de inteligencia —con su ayuda— creó una taxonomía de adversarios que podían sabotear la tecnología para el espionaje. Y luego se aseguraron de que Estados Unidos estuviera por delante de ellos.

En la base de aquella pirámide se encontraban los adversarios de Nivel I y Nivel II, poco competentes, los *script kiddies* de los distintos países, los que no eran capaces de encontrar un día cero ni aunque su vida dependiera de ello. En cambio, dependían del poder adquisitivo para comprar vulnerabilidades fáciles de aplicar a hackers de lugares como BugTraq o de contratistas del mercado clandestino.

Justo encima de esos países de la taxonomía se encontraban los adversarios de Nivel III y IV, quienes formaban sus propios equipos de hackers, pero también dependían de contratistas externos para descubrir fallos de día cero, programar vulnerabilidades, desatarlas sobre un objetivo y «sacar tajada», tal como lo describió Gosler.

Y por encima estaban los «peces gordos», en palabras de Gosler, los estados nación de Nivel V y VI que empleaban años y miles de millones de dólares en encontrar los días cero más críticos, convertirlos en vulnerabilidades y, en un hito glorioso, insertarlos en la cadena de suministros mundial. La única diferencia entre el Nivel V y el VI, según Gosler, era que los países de Nivel VI hacían todo a una escala enorme con tan solo pulsar un botón. En aquellos tiempos, al menos, los únicos países capaces de aquel nivel de sabotaje eran Rusia, China y, aunque jamás llegaría a admitirlo, Estados Unidos.

—Piénsatelo —me dijo un día—. Ya nada se hace en Estados Unidos. ¿De verdad sabes lo que hay dentro de tu teléfono o de tu ordenador portátil?

Observé mi iPhone con una renovada sensación de intriga, la mirada que se le da a un apuesto extraño.

—No, no lo sé.

Dentro de aquel elegante sándwich de cristal negro había todo un universo de hardware (circuitos, chips de encriptación, memoria flash, cámaras, placas lógicas, celdas de batería, altavoces, sensores y chips misteriosos) unidos por unos trabajadores cansados y sin rostro en una fábrica muy fuera de mi alcance.

Y, aun así, aquí estamos, confiando todas nuestras vidas digitales —contraseñas, mensajes, cartas de amor, registros bancarios, historiales sanitarios, tarjetas de crédito, fuentes y hasta nuestros pensamientos más profundos— a estas misteriosas cajas, cuyos circuitos internos no podemos evaluar la gran mayoría de nosotros, que funcionan con un código escrito en un lenguaje que casi ninguno de nosotros comprende del todo.

Mientras Gosler me hablaba de ello, me puse a pensar en los trabajadores de Apple cansados y sin rostro en China. En mi mente, los trabajadores ya tenían rostro, y sus habitaciones tenían colchones llenos del dinero que los espías extranjeros les habían pagado a modo de soborno para que metieran su chip de encriptación saboteado, aquel cuya débil criptografía se podía desencriptar desde Fort Meade, o en Cheltenham, o en Moscú, o en Pekín o en Tel Aviv. ¿O tal vez eso lo hacía el supervisor de la empresa de los trabajadores? ¿O quizá los ejecutivos? ¿O incluso el propio director ejecutivo? ¿O quizá no se sobornaba al trabajador sino que se le chantajeaba? ¿O el trabajador había formado parte de la CIA desde el principio?

Las oportunidades para sabotear la cadena de suministros global no tenían fin, según me contó Gosler. También pensé en la sede del *The New York Times,* en el armario de Sulzberger, en uno de los dos documentos clasificados de la NSA que Glenn Greenwald no quería entregar, aquel que explicaba mediante la jerga de los servicios de inteligencia cómo la NSA saboteaba la cadena de suministros global.

El documento era una petición de presupuesto de inteligencia de la NSA de 2013 en la que se detallaban los modos en los que la agencia eludía la encriptación de Internet. La NSA lo llamó «el Proyecto Habilitante de la SIGINT», —inteligencia de señales—, y el gran alcance de la interferencia y la incursión de la agencia en la privacidad digital del mundo estaba oculta tras el lenguaje típico de la agencia:

El Proyecto Habilitante de la SIGINT involucra activamente a las industrias informáticas estadounidenses y extranjeras para influenciar de modo encubierto o potenciar de modo abierto el diseño de los productos comerciales. Dichos cambios de diseño hacen que los sistemas en cuestión sean vulnerables a la recolección de SIGINT (por ejemplo, en el extremo final o el punto medio, entre otros) si se tiene un conocimiento previo de la modificación. Para el consumidor y otros adversarios, sin embargo, la seguridad de los sistemas sigue intacta. De este modo, el enfoque habilitante de la SIGINT se vale de tecnología y conocimiento comercial para gestionar el creciente coste y los retos técnicos de descubrir y explotar con éxito los sistemas de interés dentro del entorno de comunicaciones globales, cada vez más integrado y centrado en la seguridad.

Partes de la petición de presupuesto de la NSA eran más explícitas todavía. En el intento de solicitar más fondos, la agencia presumía de que algunos de aquellos proyectos «habilitadores» estaban «completos o muy cerca de estarlo». Aquel año, en 2013, la NSA afirmó que planeaba «llegar a una capacidad operacional completa para el acceso a la SIGINT a un sistema de comunicación de voz IP y de texto». Si bien las filtraciones de Snowden no mencionaban de qué sistema hablaban, el principal sospechoso era Skype. También afirmaba que tenía «una habilitación completa para los dos principales fabricantes de chips de encriptación utilizados en redes privadas virtuales y en dispositivos de encriptación web».

En otras palabras, la NSA se estaba burlando de cualquiera que creyera que podía despistar a los espías al emplear herramientas de encriptación comerciales como una VPN (redes privadas virtuales que enrutan la actividad en Internet de una persona a través de un túnel encriptado). En teoría, el motivo para usar una VPN es proteger tus datos de los fisgones y espías.

Recordé la risa de Gosler. «Buen intento».

La NSA no logró esa escala de espionaje por sí sola. Contó con la ayuda inestimable de sus compañeros en Langley, al otro lado del río. Y allí también, como un ciber Forrest Gump, Gosler estaba presente en el mayor salto de la agencia hacia el sabotaje digital.

En diciembre de 1991, mientras el equipo de Gosler estaba ocupado saboteando hardware y software en Nuevo México, los operativos soviéticos de la CIA brindaban en copas de champán en su fiesta de Navidad anual. Aquel año, el ambiente era especialmente festivo. Enganchados a los trajes había unos pines similares a los de las campañas electorales que mostraban la hoz y el martillo soviéticos en un fondo rojo junto al lema «Se ha acabado la fiesta».

Mientras la resaca de los agentes de la CIA les seguía haciendo doler la cabeza días después, los soldados rusos entraron en el Kremlin y cambiaron la bandera soviética por la rusa, la cual no se había visto desde 1917. Si bien la Guerra Fría había terminado, había nuevos enemigos en el horizonte, y las copas de champán no iban a durar mucho. Un año más tarde, R. James Woolsey, el nuevo jefe de la CIA escogido por el presidente Bill Clinton, les dijo a los senadores:

«Sí, hemos acabado con un gran dragón. Pero ahora vivimos en una selva repleta de una enorme variedad de serpientes venenosas. Y, en cierto modo, era más fácil controlar al dragón».

Además de los adversarios de siempre como Rusia, China, Corea del Norte, Cuba, Irán e Irak, en esos momentos Estados Unidos también debía enfrentarse a una creciente lista de amenazas complejas a la seguridad nacional: la proliferación de armas nucleares, biológicas y químicas; grupos criminales y cárteles de drogas; desestabilización regional en Oriente Medio y África; y nuevas amenazas terroristas imprevistas.

El testimonio de Woosley en el Senado fue, por desgracia, profético. Tan solo tres semanas después, unos fundamentalistas islámicos detonaron más de quinientos kilos de explosivos en una furgoneta bajo el World Trade Center. Y, ocho meses más tarde, arrastraron los cadáveres mutilados de soldados estadounidenses por las calles de Mogadiscio después de que los somalíes derribaran a dos helicópteros Black Hawk.

En Fort Meade, a los líderes de la NSA les costaba encontrar su lugar en aquel reino dinámico de la seguridad nacional mientras Internet cambiaba el espionaje para siempre. La CIA se encontraba en una encrucijada similar. Los secretos que buscaban los espías estadounidenses pasaban a gran velocidad por todo un laberinto de servidores informáticos, enrutadores, cortafuegos y ordenadores personales. Para hacer bien su trabajo, las agencias de inteligencia estadounidenses iban a tener que adquirir hasta la migaja más pequeña de información digital —«todo el pajar», según palabras de Keith Alexander, el director de la NSA entre 2005 y 2014—, y, para ello, tendrían que hackearla.

En 1993, el desafío era sobrecogedor, pero, como dijo Michael Hayden, quien más adelante encabezó tanto la NSA como la CIA: «También sabíamos que, si conseguíamos hacerlo siquiera a medias, aquella sería la edad dorada de la inteligencia de señales».

Esa edad dorada de la inteligencia de señales acabó enfrentando a los descifradores de códigos de la NSA contra sus homólogos de Langley, a unos sesenta kilómetros de distancia.

En su infancia, la NSA siempre había visto a la CIA como una especie de hermano mayor. Los funcionarios de la agencia buscaban la guía de los de Langley para los presupuestos, sobre qué inteligencia recabar y cómo producirla. Sin embargo, cuando el presupuesto de la NSA se duplicó, se triplicó y se cuadruplicó, la agencia adquirió fuerza propia. Para la década de 1970, la NSA ya no tenía la necesidad de filtrar su inteligencia a través de los intermediarios de Langley cuando podía enviar sus informes directamente a la Casa Blanca, al secretario de Estado y al Consejo de Seguridad Nacional.

La CIA empezó a resentir a la NSA por lo que percibían que era extralimitarse. Ambas agencias habían llegado a un acuerdo tentativo décadas antes que dictaba que la NSA se quedaba en su «cuenco» y recogía los datos «en tránsito», mientras que la CIA se encargaba de tratar con la inteligencia en su fuente mediante espías que entraban en los hogares, maletines, ordenadores, disquetes y archivos de los objetivos. Aun así, cuando la NSA pasó de la SIGINT tradicional (la interceptación pasiva, dinámica y atmosférica que llevaba décadas practicando) a hackear de manera proactiva los extremos, o, lo que la NSA llamaba «SIGINT en reposo», mediante un giro de palabras, empezó a meterse en el terreno de la CIA. En Langley sabían que, si no redefinían su papel en aquel entorno digital emergente, los expulsarían de él de manera definitiva. Los líderes de la CIA ya estaban ocupados luchando contra legisladores que sostenían que, después de la Guerra Fría, se debería abolir la CIA, cuyas funciones primarias pasarían al Departamento de Estado.

A la CIA le costaba rebatir el argumento. La agencia organizó una serie de grupos de trabajo para que pensaran cómo demonios iba la CIA a justificar sus presupuestos cuando tantos datos se estaban alejando de los archivos físicos y de las cajas fuertes.

Para 1995, cada grupo había llegado a la misma deprimente conclusión: la CIA no estaba preparada para aprovechar las nuevas y variadas oportunidades que ofrecía Internet. Crearon un pequeño equipo de guerra de información formado por doce personas. Una mitad iba a encargarse del análisis defensivo, mientras que la otra iba a abordar las vulnerabilidades de días cero y herramientas de hackeo ofensivas que guardaban en disquetes gigantes y se pasaban entre ellos para operaciones sensibles.

Sin embargo, la agencia necesitaba algo más que un equipo improvisado. Un grupo de Personal de Proyectos Especiales recomendó que se creara una nueva oficina para enfrentarse al nuevo campo de batalla de la tecnología de la información. La llamaron la Oficina para la Tecnología de la Información Clandestina (CITO por sus siglas en inglés). Y, cuando el director de la CIA de entonces, John Deutsch, examinó el campo en busca de posibles candidatos para liderar la organización en 1995, un nombre no dejaba de aparecer por todas partes.

Gosler era una leyenda, al menos en los círculos muy clasificados. Se consideraba que aquel científico con gafas de Sandia era el mejor especialista en vulnerabilidades digitales, el hombre al que el gobierno acudía para «resolver lo imposible», tal como diría uno de sus trabajadores más adelante.

Cuando la CIA se puso en contacto con él, Gosler dudó, pues había encontrado su vocación en Sandia. No obstante, un funcionario de seguridad veterano le dijo que estaba loco si rechazaba la oferta. Por tanto, en 1996 pasó a ser el director de CITO (el predecesor del Centro de Operaciones de Información de la CIA), donde informaba directamente al servicio de espionaje de la agencia y a su división de ciencias y tecnología. La Junta Administrativa de Ciencias y Tecnología de la agencia, el equivalente de la Q Branch de las películas de James Bond, desarrolló dispositivos de vigilancia que imitaban a insectos voladores y creó la batería de iones de litio. Si bien la CIA creó la batería para mejorar sus operaciones de vigilancia, esta acabó empleándose en dispositivos móviles, vehículos eléctricos o incluso en marcapasos.

Gosler empezó a acudir a los mejores expertos técnicos de la división, pero sabía que, si quería que su misión tuviera éxito, también necesitaría la ayuda de los espías. Debía convencer a todos, desde los mandamases hasta el espía de la CIA al que peor se le diera la tecnología, de que, a partir de entonces, el sabotaje digital sería algo de vital importancia en casi todas las operaciones de espionaje del futuro.

Empezó a enseñar espionaje digital a los espías en cada oportunidad que se le presentaba. En las actividades de formación, en los pasillos, junto a la fuente de agua, trataba de convencer a los trabajadores de línea de la CIA, muchos de ellos tecnófobos, de que necesitaba su ayuda. Les aseguró que su división no iba a reemplazarlos, sino que solo quería complementar su espionaje en modos revolucionarios. Les explicó que el sabotaje digital podía ser una herramienta poderosa a la hora de chantajear y reclutar espías al desatar unos secretos extranjeros que antes ni se podían imaginar o incluso al adentrarse en las propias armas del enemigo.

Gosler tenía un don para el espionaje, lo que hizo que les cayera bien a muchos de sus reclutas de Langley. En ocasiones, el sabotaje digital era tan fácil como enviar a un agente de la CIA a la junta directiva de algún proveedor de tecnología importante para pedir directamente que incorporaran hardware o microchips saboteados por la NSA en su cadena de suministros: el viejo truco de «hazlo por la patria». No obstante, en la mayoría de las ocasiones, Gosler explicaba cómo los agentes de la CIA podían valerse de modos de espionaje tradicionales para reclutar a un infiltrado que contara con una muy buena posición dentro de un fabricante de hardware o armas extranjero, en un centro de envíos o incluso en un hotel para que saboteara los sistemas a escondidas. Con tantos datos personales fluyendo por la red, el tiempo necesario para identificar recursos de la CIA (y comprender sus vulnerabilidades) era de tan solo minutos, comparado con los días, semanas o incluso meses que antes tardaban en estudiar sus hogares, jefes, patrones de cambio de trabajo, vidas amorosas, deudas personales, patrones de viaje, vicios y lugares favoritos.

Todo aquello había pasado a estar a unos cuantos clics de distancia.

Gracias a Internet, los agentes de la CIA podían consultar bases de datos en línea para localizar a quienes tenían un acceso íntimo a las tecnologías en las que la NSA quería infiltrarse. Algunos de esos datos les sirvieron para chantajear, pero también para descartar a aquellos cuyos hábitos de gasto, apuestas u otras adicciones o aventuras extramatrimoniales los ponían en un mayor riesgo de irse de lengua o de convertirse en agentes dobles.

En otras ocasiones, el trabajo requería que los agentes de la CIA se hicieran pasar por ingenieros de sistemas, diseñadores, transportistas, encargados de logística o de mantenimiento o empleados de hoteles o del servicio de limpieza para sabotear ordenadores mientras estos viajaban desde los fabricantes hasta las líneas de ensamblaje, centros de envío y almacenes en camino a un líder, científico nuclear, traficante de drogas o terrorista hostil.

«Las personas son los puntos de acceso principales, siempre que alguien tenga los datos sobre la combinación de la sala, los códigos de encriptación, las contraseñas y los manuales de los cortafuegos —les dijo Gosler a los agentes en formación de la CIA—. Las personas han programado el software y gestionan los sistemas de datos. Los agentes de operaciones deberían reclutar a hackers informáticos, administradores de sistemas, técnicos de fibra óptica y hasta al propio conserje si eso puede hacer que entremos en el área de almacenamiento o el cable de fibra óptica correcto».

Desde 1996 hasta 2001, cuando regresó a Sandia, el equipo de Gosler trabajó en conjunto con la NSA y otras agencias de inteligencia para determinar qué tecnologías y sistemas armamentísticos valía la pena sabotear. Si bien los técnicos de CITO ayudaron con la parte técnica, eran los agentes de la CIA quienes organizaban operaciones de campo y averiguaban cómo incorporar los implantes de hardware o las modificaciones de software en los sistemas de los adversarios.

«Gosler predicaba que íbamos a ser los exploradores para la ciberofensiva de la CIA contra un gran número de objetivos. Conforme los adversarios empezaban a adquirir y a usar datos digitales e Internet se expandía, lo mismo iba a ocurrir con las ciberoperaciones de la CIA. Íbamos a estar al frente —escribió en su autobiografía Henry Crumpton, uno de los agentes formados por Gosler—. Para tranquilizarnos, Gosler repetía que, pese a que aquel era un terreno inexplorado, él nos iba a apoyar, y nosotros, como agentes de operaciones, debíamos centrarnos en las operaciones. No necesitábamos habernos graduado en informática. Solo teníamos que comprender la relación entre inteligencia extranjera en formato digital y naturaleza humana. Íbamos a aprovecharnos de esa relación. Yo eso sí lo entendía. Eso sí podía hacerlo. La evolución del espionaje en el ciberespacio fue casi instantánea. Su crecimiento rápido y el impacto que tuvo en nuestras operaciones fue sorprendente, incluso revolucionario».

A un agente de la CIA le había llevado nueve años fotografiar en secreto veinticinco mil páginas de documentos militares soviéticos y polacos clasificados en el punto álgido de la Guerra Fría. Y en aquellos momentos, de la noche a la mañana, un implante bien colocado era capaz de extraer terabyte tras terabyte de un botín de inteligencia en cuestión de horas, o incluso en minutos en algunos casos.

«Uno empieza a entender tanto la oportunidad como el desafío —me dijo Gosler— cuando se detiene a pensar que un terabyte es el equivalente a un montón de papeles de casi cincuenta kilómetros de alto, con cada hoja llena de datos».

Una vez que Gosler había ayudado a la NSA y a la CIA a abrir el grifo, este ya no se podía cerrar nunca más. Cinco años antes, el mayor temor de la comunidad de inteligencia estadounidense era que el cambio entre flujos de información los dejara ciegos o sordos. En aquellos momentos temían ahogarse.

Extraer inteligencia crítica, creíble y procesable se estaba volviendo casi imposible, pues unos flujos sin precedentes de datos llenos de ruido, aparentemente no relacionados, recorrían un laberinto infinito de tuberías digitales hasta Fort Meade. Resolver el Big Data consumió a las agencias de inteligencia estadounidenses durante décadas.

Tras cinco años de trabajo en la CIA, Gosler supuso que ya había aportado todo lo que podía a lo que todavía se refiere de forma cariñosa como «la mejor organización de inteligencia humana del planeta».

Necesitaban a alguien con una combinación de habilidades distinta para llevar los programas de sabotaje estadounidenses al siguiente nivel, para entender el río de datos que fluía hasta la zona de Washington D. C. Gosler no podía hablar de casi nada, por no decir nada, del trabajo que hizo para la CIA, pero en aquel breve periodo ganó la Medalla de Logro de Inteligencia Nacional, el premio William J. Donovan, la Medalla del Mérito a la Inteligencia, el premio del Director de la CIA y el Medallón del Servicio Clandestino. Sigue siendo la persona más condecorada del mundo cibernético de la comunidad de inteligencia estadounidense.

Su obra infundió casi cada operación clandestina que la CIA llevó a cabo. El espionaje digital y el tradicional gozaban de una relación simbiótica. El sabotaje había pasado a encontrarse en el centro de la misión de la CIA según esta rastreaba, capturaba y mataba a terroristas por todo el mundo. Estaba claro que las oportunidades para sabotear el dominio digital crecían de forma exponencial conforme la agencia dependía cada vez más de drones aéreos no pilotados, que por entonces contaban con sus propias cámaras de vídeo, sensores y equipamiento de interceptación.

Había llegado el momento de que otra persona tomara las riendas. Y, tras cinco húmedos veranos en Washington, Gosler deseaba volver al calor seco del desierto de Nuevo México. En su último día en Langley, recogió sus medallas, sus libros sobre gestión y la barra de máquina de escribir de una Selectric de IBM que tenía como recuerdo de Gunman y les deseó suerte a los hombres y mujeres de la CIA. Ellos eran los únicos que llegarían a conocer el verdadero impacto de su trabajo. Algunos se habían convertido en sus héroes, mientras que otros eran como familia para él. En los cinco años que Gosler había pasado en Langley, su hija había crecido, y nunca podría llegar a contarle exactamente qué era lo que había estado haciendo mientras estaba fuera.

Aquello sucedió en mayo de 2001. Para cuando el padrino de la ciberguerra estadounidense se dirigió al parking, subió a su Jeep y se marchó de allí, las agencias de inteligencia estadounidenses extraían una cantidad de datos nunca antes vista desde más de cien implantes colocados de forma estratégica en Irán, China, Rusia, Corea del Norte, Afganistán, Pakistán, Yemen, Irak, Somalia y en paraísos del terrorismo de todo el mundo. Sin embargo, incluso con todos los datos que fluyeron hacia Fort Meade aquel mayo, los programas de sabotaje estadounidenses seguían estando muy orientados, al menos según los estándares modernos.

Cuatro meses después de que Gosler se volviera a mudar hacia el oeste del país, los aviones golpearon las torres gemelas. Pocas cosas iban a estar «muy orientadas» a partir de entonces.

8

El omnívoro

Fort Meade, Maryland

Durante los meses más oscuros del infierno post 11 de septiembre, unos autobuses lanzadera llenos de jóvenes reclutas se dirigían hacia instalaciones sin marcar de la NSA alrededor de todo Washington.

A bordo de los autobuses, nadie decía nada. Ninguno sabía por qué se encontraba allí exactamente ni para qué lo iban a entrevistar. A los hombres del bus (la mayoría de los cuales eran ingenieros, hackers y descifradores de códigos varones) se les había dicho de la forma más imprecisa posible que poseían un conjunto de habilidades singulares que podía ayudar a su país. Con las imágenes de los aviones dirigiéndose hacia sus objetivos, del derrumbe de las torres, del Pentágono en llamas y de los restos chamuscados que ardían en un solitario campo de Pensilvania grabadas a fuego en sus mentes, se sintieron obligados a subirse al bus.

Sus lanzaderas se detuvieron frente a un edificio nada reseñable lejos del propio fuerte. Cuando bajaron de los autobuses, a cada uno se les entregó una placa roja. Dicha placa activaba una luz roja parpadeante allá adonde se dirigieran, una señal para cualquiera que los viera de que aquellos hombres no contaban con acceso a la seguridad.

«Bienvenidos a vuestra entrevista operacional», los saludó un coordinador. Fue un recibimiento extrañamente cálido para lo que tal vez era la evaluación profesional más intensa del país.

A cada recluta se le entregó una agenda que incluía varias horas de pruebas para evaluar su fiabilidad, discreción, ambición, habilidad y cualquier «desestabilización», un término de gestores para referirse a los indicios de un lado oscuro. Iban a tener que someterse a una entrevista técnica, un polígrafo, una prueba antidrogas y una evaluación psicológica. Los que aprobaran recibirían su oferta laboral formal por correo ordinario. Los salarios empezaban en cuarenta mil dólares anuales, menos de la mitad de lo que sus compañeros de clase ingenieros podían ganar en Silicon Valley, por un trabajo secreto que, según lo poco que sabían, podría hasta tratarse de limpiar baños. Transcurrieron varios meses hasta que se les permitió conocer su misión. Y en aquel momento, por supuesto, se les prohibía contarle a nadie exactamente lo que hacían allí. A modo de recordatorio, la agencia colgó un letrero gigante en la cafetería que rezaba «¡Shhh! No se habla sobre el trabajo».

Aquellos hombres iban a incorporarse a la élite de la NSA, un equipo muy clasificado de hackers de Operaciones de Acceso a Medida (TAO por sus siglas en inglés), una unidad que consideraban tan crítica en la recopilación de inteligencia post 11 de septiembre que el gobierno trató de negar su propia existencia durante años.

El aparato de seguridad nacional de Estados Unidos, que había pasado la década anterior al 11 de septiembre probando vulnerabilidades y aprovechándose de ellas por todo el mundo, en aquel momento estaba cara a cara con su propia sombra oscura. A pesar de que recababa más datos de más objetivos en todo el planeta que nunca antes en su historia, se le había pasado una inteligencia crítica. No había sido capaz de atar cabos.

Cuando las agencias de inteligencia estadounidenses rebobinaron las cintas hasta los momentos anteriores a los ataques de los aviones, se percataron de que tenían todo lo que les habría hecho falta para impedir que se produjeran los atentados. Los funcionarios de inteligencia habían hecho sonar las alarmas sobre Al Qaeda al menos en cuarenta ocasiones en el informe de inteligencia diario para el presidente Bush. Los diecinueve terroristas del 11 de septiembre habían recibido su formación en campamentos de Al Qaeda en Afganistán que estaban monitorizados por la CIA. Dos de los terroristas habían asistido a una reunión de Al Qaeda en Kuala Lumpur el año anterior a los ataques, y, aun así, se les había otorgado permiso para entrar en el país. Un informe de julio de 2001 de un agente del FBI de Phoenix, Arizona, que advertía a sus compañeros de que Osama bin Laden podía haber enviado a reclutas a escuelas de vuelo estadounidenses para llevar a cabo unos posibles ataques terroristas, había pasado desapercibido. Y, tan solo unas semanas antes de los atentados, los agentes del FBI habían detenido a un radical islamista de treinta y tres años llamado Zacarías Moussaoui (el supuesto vigésimo terrorista) por conducta sospechosa en una escuela de vuelo de Minnesota. Entre sus distintas pertenencias, los agentes habían descubierto cuchillos, prismáticos, una radio de aviación portátil, un ordenador portátil y un cuaderno. Los agentes todavía esperaban que un juez les otorgara acceso al cuaderno y al ordenador de Moussaoui cuando las torres gemelas fueron derribadas.

En la atribución de culpas que se produjo después, la Comisión del 11 de Septiembre y otros legisladores —muchos de los cuales habían votado a favor de recortar los presupuestos de inteligencia durante la década anterior— estaban de acuerdo: la culpa había sido de la inteligencia. La comunidad de inteligencia necesitaba más recursos, más autoridades jurídicas, más datos, más máquinas y más trabajadores para asegurarse de que nunca volviera a ocurrir nada similar al 11 de septiembre. Se firmó la Ley Patriota, y poco después se enmendó la Ley de Vigilancia de Inteligencia Extranjera para expandir la habilidad del gobierno para llevar a cabo vigilancia electrónica sin necesitar ninguna orden judicial. Los presupuestos anuales de inteligencia alcanzaron los setenta y cinco mil millones de dólares, cuando antes habían sido de tan solo unos pocos miles de millones. Se establecieron la Oficina del Director de Inteligencia Nacional, el Centro Contraterrorismo Nacional y el Departamento de Seguridad Nacional para coordinar la inteligencia de agencias independientes y cortar de raíz futuras amenazas.

En 2002, el Pentágono anunció su proyecto de Sensibilización de Información Total (TIA por sus siglas en inglés) para consumir tantos datos como fuera posible. Incluso después de que el Congreso recortara los presupuestos un año más tarde —y de que el público diera por muerto al TIA—, la NSA continuó examinando llamadas, correos electrónicos, conversaciones telefónicas, transacciones financieras, búsquedas en Internet y más datos como parte de un proyecto clasificado, con el nombre en código «Stellar Wind», que no salió a la luz hasta varios años más tarde. La información recabada por Stellar Wind era tan imprecisa y voluminosa que los agentes se referían a aquellos casos como «casos de Pizza Hut», pues las llamadas supuestamente sospechosas solían acabar siendo para pedir comida a domicilio.

El objetivo era rastrear cualquier pista y observar a todo terrorista, terrorista en potencia, patrocinador de terroristas y adversario extranjero. El gobierno estadounidense quería saber a quiénes conocían, dónde dormían y con quién, quién les pagaba, qué compraban, dónde viajaban, cuándo comían, qué comían, qué decían y qué pensaban, lo cual fue un esfuerzo expansivo para anticiparse a los planes de los terroristas antes de que algo hiciera ¡*bum*!

«Si no sabíamos dónde se cortaban el pelo, es que no estábamos haciendo bien nuestro trabajo», me contó un extrabajador de la NSA.

En los treinta meses posteriores al 11 de septiembre, mientras la frecuencia de los ataques de Al Qaeda aumentaba, los abogados de la NSA se pusieron manos a la obra y reinterpretaron la Ley Patriota de forma agresiva para recoger los registros telefónicos de los ciudadanos estadounidenses en masa, tras lo cual debilitaron la Ley de Vigilancia de Inteligencia Extranjera para poder pinchar teléfonos sin ninguna orden judicial que se lo indicara. La agencia empezó a interceptar las llamadas telefónicas de los extranjeros, además de las llamadas de larga distancia de los estadounidenses hacia el extranjero. Los analistas de la NSA analizaron llamadas en Irán, Irak, Corea del Norte, Afganistán y Rusia. Recabaron llamadas de funcionarios mexicanos en agencias que rastreaban los movimientos de los cárteles. Incluso los mayores aliados del país —los agentes de las Fuerzas Aéreas Israelíes, el canciller alemán Gerhard Schroeder y su sucesora, Angela Merkel— llegaron a la lista de objetivos de la NSA. La agencia devoraba datos de los cables de fibra óptica y de los conmutadores telefónicos y ordenó a las mayores empresas de telecomunicación del país que le entregaran metadatos de cada llamada hecha desde Estados Unidos, hacia Estados Unidos o incluso dentro del propio país. Conforme el mundo migraba de las llamadas telefónicas a las llamadas por Internet, a los correos electrónicos y mensajes de texto y, más adelante, a los canales de mensajes encriptados como WhatsApp, Signal y la propia *app* de mensajería del Estado Islámico, la agencia Amaq, la NSA nunca se quedó atrás. Se había convertido en lo que mi compañero Scott Shane describió como «un omnívoro electrónico de una capacidad apabullante».

Ningún bocado era demasiado pequeño para la máquina de ciberespionaje estadounidense, siempre en expansión y con buenos fondos. Creían que el conocimiento nos salvaría del próximo ataque terrorista, o en palabras del presidente Mao Zedong: «La única defensa real es la defensa activa». Por supuesto, los que entendían del mundillo también sabían que, con unas cuantas pulsaciones de teclado, el espionaje digital podía convertirse en un ataque. En un sistema de medicación intravenosa, cuando se coloca la aguja, esta puede usarse para reponer fluidos o para inyectar una dosis letal de medicamento. Con las vulnerabilidades ocurre algo parecido. Los mismos agujeros de seguridad que la NSA exploraba, acumulaba y aprovechaba para obtener inteligencia podían inyectarse con una carga explosiva capaz de destruir las máquinas que se encontraban al otro lado.

De hecho, tan solo era cuestión de tiempo.

Todo trabajador de TAO recuerda la primera vez que entró en Fort Meade, pasó por las vallas eléctricas protegidas por barreras antitanque, sensores de movimiento y cámaras rotativas y llegó a aquella pequeña ciudad de cincuenta edificios, cada uno de los cuales formaba su propia jaula de Faraday, con sus paredes y ventanas protegidas por un entramado de cobre para que ninguna señal pudiera escapar del edificio. En el centro del fuerte había un banco, una farmacia y una oficina de correos. Más allá de esos establecimientos se encontraba el propio cuerpo de policía y bomberos de la NSA. Y, más lejos aún, en un complejo segregado tras barricadas de puertas metálicas y guardias armados, se hallaba el corazón del Centro de Operaciones Remota de TAO, conocido como ROC, una de las pocas oficinas gubernamentales en las que había más tejanos y camisetas que trajes.

A pesar de que ningún miembro del ROC se hacía llamar hacker, eso eran, en todos los sentidos de la palabra. Muy pocas personas fuera de sus paredes sabían qué hacía aquella unidad. Su trabajo estaba tan bien protegido que en algún momento sus directivos consideraron instalar escáneres oculares en las puertas, aunque descartaron la idea en poco tiempo, tras llegar a la conclusión de que los escáneres solo les ofrecían una fachada de seguridad, cuando en realidad solo introducían más complejidad, más modos en los que alguien podía hackearlos. En el interior, cientos de especialistas informáticos militares y civiles trabajaban en turnos rotativos, las veinticuatro horas del día, siete días a la semana, en escritorios llenos de latas de Coca-Cola *light* y Red Bull. No era extraño que llamaran a los analistas en mitad de la noche para que se dirigieran a un teléfono unidireccional clasificado por alguna misión crítica. Tras el 11 de septiembre, aquellos cientos de trabajadores se convirtieron en miles, conforme las TAO aceleraban su misión de allanamiento de morada por todo el mundo a través de una combinación de hackear a fuerza bruta, descifrar contraseñas y algoritmos, encontrar días cero, programar vulnerabilidades y desarrollar implantes y programas maliciosos que doblegaran el hardware y el software a su voluntad. Su trabajo era encontrar cualquier grieta en todas las capas del universo digital e introducirse en ellas todo el tiempo que pudieran.

En la década posterior al 11 de septiembre, unos implantes que durante los tiempos de Gosler se habían reservado para unos pocos cientos de terroristas y funcionarios extranjeros de China, Rusia, Pakistán, Irán y Afganistán se encontraban en decenas de miles hasta alcanzar varios millones. Mientras iDefense establecía sus modestas listas de precio para fallos en Chantilly (y las grandes empresas tecnológicas se burlaban de ella), los hackers de TAO, ochenta kilómetros al este de ella, buscaban fallos en BugTraq, rebuscaban en desconocidas revistas de hackers y abrían en canal todo nuevo hardware y software que llegaba al mercado en busca de fallos que añadir al arsenal de días cero de la agencia. Las puertas traseras que había atisbado por primera vez en el armario de los secretos clasificados filtrados por Snowden no eran más que la punta del iceberg, según me dijeron quienes habían sido hackers de TAO. Comparado con el papel de tamaño desproporcionado que Snowden desempeñó en la imaginación del público, su papel de verdad y su acceso en la NSA era bastante limitado.

«Snowden era un administrador de nivel bajo —me dijo un antiguo hacker de TAO—. Las capacidades de la NSA eran muchas más que las que reveló Snowden».

Fuera del alcance de Snowden, varios niveles de acceso por encima de él, había un arsenal de vulnerabilidades al que solo podían acceder los hackers de élite de TAO. En aquel lugar, las cámaras de TAO contenían un catálogo de fallos y vulnerabilidades que otorgaban acceso a la mayoría de los recovecos del universo digital. Como la agencia no podía mantener un registro de todas las herramientas de hackeo de las que disponía, tenía que recurrir a (¿qué si no?) algoritmos informáticos para nombrar sus varias vulnerabilidades.

«Al principio nos hacían atacar los canales de los terroristas, y luego los sistemas operativos —me dijo un exoperador de TAO, cuyo paso por la NSA incluyó los momentos previos y posteriores al 11 de septiembre—. Más adelante empezamos a atacar los navegadores y las aplicaciones de terceras partes. Finalmente se produjo un gran cambio y empezamos a atacar el metal mediante vulnerabilidades a nivel de núcleo».

El «núcleo» es el centro nervioso de cualquier sistema informático, el dispositivo que controla la comunicación entre el hardware y el software de un ordenador. En el orden piramidal de una máquina, el núcleo es la cúspide, lo que permite que alguien que tenga un acceso secreto a él pueda tomar el control total del dispositivo. El núcleo también forma un poderoso punto ciego para la mayoría de los programas de seguridad, lo que hace posible que los atacantes hagan lo que quieran sin que nadie se percate de ello y que se queden allí durante meses o incluso años, por muy atenta que esté su víctima al instalar parches y actualizaciones de programas. Los espías acuñaron una descripción para estos ataques: «La carrera hacia el propio metal». Cuanto más se acercaban los hackers de TAO al metal de un ordenador, más profundo y resistente era su acceso. La NSA empezó a reclutar a hackers que se especializaban en vulnerabilidades de núcleo. En menos de una década, los hackers de TAO lograron acechar de forma invisible el núcleo de miles de máquinas, con un acceso tan profundo que podían capturar hasta el más mínimo bocado de la vida digital de su objetivo. De forma similar a un adicto, la unidad nunca tenía suficiente.

En un guiño hacia la profundidad a la que TAO se había adentrado en el metal, los hackers de la unidad desarrollaron su propio logotipo, una parodia del conocidísimo logo de Intel Inside que alerta a los usuarios de ordenador de que los procesadores Intel están incorporados en el interior del sistema. TAO creó su propio logotipo TAO Inside, un recordatorio burlón de que su unidad estaba en todas partes.

TAO se convirtió en una cadena de montaje digital para el ciberespionaje. Una unidad buscaba fallos y desarrollaba vulnerabilidades. Otra afinaba y mejoraba los implantes y las cargas explosivas que usaban después de que los hackers de TAO establecieran su cabeza de puente. Cuando no se podía monitorizar fácilmente a un terrorista, un general iraní o un traficante de armas, a un equipo TAO de élite se le encargaba encontrar un modo de interceptarlo. En unas ocasiones, aquello conllevaba un descubrimiento de programación, en otras hackeaban a su amante o a alguno de sus sirvientes y pasaban de allí hasta la red de su casa o su oficina. Otra unidad TAO, conocida como la Filial de Transgresiones, supervisaba los esfuerzos de «recolección de cuartas partes» de la NSA, un término de su jerga para referirse a aprovechar la operación de hackeo de otro país. Dicha filial se consideraba especialmente delicada, porque a menudo hackeaba a aliados estadounidenses, como Corea del Sur o Japón, para conseguir inteligencia sobre objetivos muy difíciles de alcanzar, como Corea del Norte. Otras unidades gestionaban la infraestructura interna que utilizaban para recabar y analizar el río de datos que procedían de los implantes TAO hasta servidores colocados de forma estratégica por la NSA por todo el mundo, muchos a cargo de empresas fantasma en China o en la diminuta nación de Chipre, que está muy bien colocada en términos geográficos.

Distintas unidades de TAO trabajaron de cerca con la CIA y el FBI para alcanzar objetivos y redes inalcanzables que se encontraban fuera de la red. En algunos casos, los agentes estadounidenses pasaban meses acercándose a algún miembro del círculo íntimo del objetivo para que este colocara un implante TAO en el sistema del objetivo. En otras ocasiones, TAO monitorizaba de cerca el historial de compras del objetivo y avisaba a los agentes de cualquier oportunidad que surgiera para interceptar un paquete del objetivo y colocarle un implante mientras estaba de camino. A veces era algo tan simple como que un agente de la CIA se pusiera un casco y se vistiera de obrero para entrar en la oficina del objetivo.

«No te imaginas lo que le dejan hacer a uno si lleva casco», me explicó un exagente de la CIA.

Una vez dentro, los agentes de la CIA colocaban el implante ellos mismos o lo escondían como una memoria USB y la dejaban sobre el escritorio de una secretaria. Una vez conectado a la red del objetivo, ¡bingo!, TAO podía transmitir datos a otros dispositivos del edificio y arrastrarse de forma digital hasta su objetivo desde allí. La NSA no era la única organización que se valía de estas triquiñuelas. En 2008, los trabajadores del Pentágono se horrorizaron al descubrir que había hackers rusos en sus redes clasificadas. Cuando los analistas rastrearon la fuente del fallo de seguridad, descubrieron que los espías rusos habían desperdigado memorias USB infectadas por todo el parking de una base del Ejército estadounidense en Oriente Medio. Alguien había recogido uno y lo había conectado en una red clasificada compartida por el Ejército, las agencias de inteligencia y los trabajadores de alto rango de la Casa Blanca (más adelante, el Pentágono selló sus puertos USB con superpegamento).

La guerra contra el terrorismo y los conflictos armados en Afganistán e Irak aumentaron más aún la demanda del oficio de TAO. En su afán por recabar tantos datos como fuera posible para los «clientes» de la NSA (otro término de la jerga de la agencia), es decir, la Casa Blanca, el Pentágono, el FBI y la CIA, además de los Departamentos de Estado y Energía, Seguridad Nacional y Comercio, podían interceptar lo que fuera.

La década post 11 de septiembre también marcó la edad de oro del espionaje: «Google» se convirtió en un verbo común en el habla inglesa. Su omnipresencia y utilidad ofrecía a los espías un registro muy detallado de la vida de un objetivo, repleto de detalles mundanos y comprometedores, almacenado en un archivo permanente, accesible desde cualquier parte del planeta y protegido, en la mayoría de los casos, por nada más que una sola contraseña. De la noche a la mañana, los hackers de TAO tenían acceso a cualquier sitio al que hubieran ido los objetivos, a qué habían hecho allí y con quién habían hablado. Tan solo con las coordenadas de GPS de un objetivo, los hackers de TAO eran capaces de rastrear visitas a clínicas de abuso de sustancias o de salud mental o a moteles de una noche, material útil para el chantaje. Los historiales de búsqueda de Google otorgaban a los espías una ventana íntima hacia las retorcidas curiosidades de los objetivos.

«Una de las cosas que acaba pasando… es que no necesitamos que alguien teclee nada —declaró el por entonces director ejecutivo de Google, Eric Schmidt, en 2010—. Porque sabemos dónde está. Sabemos dónde ha estado. Podemos adivinar a grandes rasgos lo que está pensando». Y la NSA también podía hacerlo.

Con la llegada de Facebook en 2004, en ocasiones se hacía difícil ver dónde acababan los esfuerzos de la NSA y dónde empezaba la plataforma de Facebook. De pronto las personas subían de buena gana toneladas de datos personales —fotos, lugares en los que habían estado, conexiones, incluso sus monólogos internos— a Internet. La agencia podía leer los pensamientos de fundamentalistas islámicos, capturar fotos de vacaciones de oligarcas rusos esquiando en Val d'Isère o apostando en St. Moritz. Mediante un programa automatizado de la NSA llamado Snacks (abreviatura en inglés de «Servicios de Conocimiento Colaborativo de Análisis de Redes Sociales»), los analistas podían visualizar la red social completa de su objetivo. Cualquier amigo, familiar o conocido del trabajo los podía conducir a más objetivos TAO todavía.

Sin embargo, nada cambió el mundo de la vigilancia más que la presentación del primer iPhone por parte de Apple en 2007. Los hackers de TAO desarrollaron modos de rastrear cada pulsación de tecla, mensaje de texto, correo electrónico, compra, contacto, recordatorios de calendario, lugar y búsqueda de un usuario de iPhone, o incluso maneras de capturar transmisiones de audio y vídeo de su vida en directo al apropiarse de la cámara del teléfono o de activar su micrófono. La NSA engullía alertas móviles de agencias de viaje —confirmaciones de vuelo, retrasos y cancelaciones— y las contrastaban con los itinerarios de otros objetivos. Un programa automatizado de la NSA llamado Where's My Node? (¿Dónde está mi nodo?) enviaba un correo electrónico a los analistas cada vez que un objetivo del extranjero se movía de una torre de cobertura móvil a otra. Y, hasta las filtraciones de Snowden, los usuarios de iPhone parecían no tener ni idea de la invisible pulsera tobillera que les había puesto la NSA.

Mientras tanto, las TAO se convirtieron en un gran archipiélago de partes distintas, cada una con sus propios incentivos para recabar y analizar tanta inteligencia como fuera posible. Las operaciones TAO estaban desperdigadas y compartimentadas en ocho embajadas de todo el mundo y en oficinas satélite de todo el país. En Aurora, Colorado, los trabajadores de TAO aunaron esfuerzos con las Fuerzas Armadas para hackear dispositivos espaciales y satélites. En Oahu, Hawái, trabajaron junto a la Marina para interceptar amenazas contra buques de guerra estadounidenses. En un centro de la NSA de Augusta, Georgia (que recibía el apropiado nombre en código Sweet Tea, «Té Dulce»), los hackers interceptaban comunicaciones de Europa, Oriente Medio y el Norte de África. Y, en una antigua fábrica de chips de Sony en San Antonio, Texas, los hackers de TAO monitorizaban los cárteles de drogas y funcionarios de México, Cuba, Colombia, Venezuela y, en ocasiones, Oriente Medio.

Todo ello ocurría sumido en el más absoluto secreto. Los estadounidenses solo vislumbraron su primer atisbo de lo que la NSA se traía entre manos cuando los ciudadanos de San Antonio empezaron a quejarse en foros de sus vecindarios de que las puertas de sus garajes se abrían y se cerraban por sí solas. Algunos presentaron quejas a la policía, pues creían que se trataba de ladrones del barrio. Sin embargo, la policía no sabía qué estaba pasando. Los incidentes obligaron a la NSA a admitir que una antena descarriada de la agencia era la culpable, una de las pocas cosas que ha admitido. Al parecer, sin que se hubieran dado cuenta, la antena interactuaba con marcas antiguas de llaves de garaje.

Aquel trabajo conllevaba un desapego necesario. Descifrar algoritmos, descodificar unos y ceros y examinar hardware y software para encontrar vulnerabilidades y usarlas como armas era solo parte de su trabajo. Cada vez era más complicado seguir el itinerario de una sola vulnerabilidad de la NSA desde el descubrimiento del fallo hasta, a lo largo de su ciclo de vida, ser un instrumento de vigilancia o ataque.

Por tanto, durante los años siguientes al 11 de septiembre, la NSA decidió otorgar a sus mejores analistas un vistazo a los frutos de su labor. Los agentes de mayor rango organizaron una reunión que, según me contaron dos de los presentes, se quedaría grabada a fuego en sus mentes durante los años venideros. En una sala segura en Fort Meade, los agentes proyectaron más de una docena de rostros en una pantalla brillante. Cada uno de esos hombres, según les contaron a los analistas, había muerto gracias a su trabajo digital. La mitad de los hombres de la sala sintió un gran orgullo al saber que su obra se había usado para acabar con terroristas.

«La otra mitad tuvo una reacción alérgica —me explicó un exanalista de TAO—. Nos decían: "Aquí está tu trabajo. Aquí están las bajas que has causado. Buen trabajo, sigue así". Hasta entonces, lo que hacíamos era descifrar algoritmos, cosa de matemáticas. Y de repente eso se había transformado en matar personas. Ahí es cuando cambiaron las cosas. No había vuelta atrás».

Si los hackers de TAO guardaban algún recelo acerca de su propio trabajo, en muchas ocasiones lo único que tenían que hacer era echar un vistazo a sus homólogos chinos para sentirse mejor en cuanto a su misión. Los hackers chinos no solo se involucraban en el espionaje entre países tradicionales, sino que robaban propiedad intelectual de todas las principales empresas de la lista Fortune 500, además de laboratorios de investigación y grupos de expertos estadounidenses. Pekín, que ya no se conformaba con ser el centro de mano de obra barata del mundo, había enviado a los hackers del país a robar secretos comerciales de los innovadores del extranjero, la mayoría de los cuales se encontraban en Estados Unidos, y trasladaban miles de millones de dólares, o incluso billones según algunos cálculos, de investigaciones y desarrollos estadounidenses hacia las empresas propiedad de China.

«Tras examinar todas los ordenadores importantes, en el gobierno, el Congreso, el Departamento de Defensa, en empresas aeroespaciales o que tuvieran secretos comerciales valiosos, aún no hemos encontrado ninguno que no haya estado infectado», me explicó más adelante Mike McConnell, exdirector de inteligencia nacional, refiriéndose a los ataques que provenían de China.

Si bien TAO estaba metiéndose en todo lo que podía, al menos los trabajadores se podían decir a sí mismos que no se habían involucrado en el robo para sacar provecho. La agencia tendía a formular su misión como una vocación noble.

«Los profesionales de SIGINT deben tener la ventaja moral, incluso cuando los terroristas o los dictadores tratan de aprovecharse de nuestra libertad —declaraba un documento interno clasificado de la NSA—. Algunos de nuestros adversarios dirán o harán lo que sea para hacer progresar su causa; nosotros no».

En cuanto a que los datos de estadounidenses se vieran arrastrados por su cada vez más amplia red, los hackers de TAO con los que hablé no tardaron en señalar que la agencia estaba regulada por unos protocolos estrictos que les prohibían consultar cualquier dato estadounidense que hubieran recogido mediante lo que la agencia denominaba «recolección accidental». Las consultas de los trabajadores de TAO estaban monitorizadas de cerca por un equipo de auditoría de la NSA que informaba a otro equipo de supervisión, al inspector general, a los abogados de la agencia y al consejo general.

«Consultar datos de ciudadanos estadounidenses nos habría llevado a la cárcel», me dijo un exoperador de TAO.

No obstante, eso no era del todo cierto. En los años siguientes al 11 de septiembre, pillaron a un grupo de empleados de la NSA tratando de usar el enorme aparato de escucha de la agencia para espiar a sus exparejas e intereses amorosos. Pese a que estos incidentes no fueron algo común, la agencia llegó a darle nombre a la práctica: LOVEINT, un giro de SIGINT «inteligencia de señales» y HUMINT «inteligencia humana». En todos los casos, los auditores de la NSA atraparon a los infractores en cuestión de días, los degradaron, les recortaron el salario y les quitaron su acceso de seguridad, lo cual dejó a muchos sin otra elección que abandonar la agencia. No obstante, ninguno fue denunciado.

Por mucho que los funcionarios de la agencia citaran la supervisión de la NSA por parte de la Corte de Vigilancia de Inteligencia Extranjera, la cual por ley tenía que dar el visto bueno a cualquier operación de vigilancia que pudiera afectar a ciudadanos estadounidenses, la corte había empezado a aprobar cualquier cosa. Los argumentos de la NSA se escuchaban sin ningún consejo opositor, y, cuando la corte comunicó las cifras —bajo presión pública debido a las filtraciones de Snowden—, estas mostraron que, de las 1789 propuestas que había recibido para supervisar a estadounidenses en 2012, había aprobado 1748 de ellas sin ningún cambio. Solo habían retirado un caso.

En ocasiones, los esfuerzos de la NSA daban fruto de inmediato. En un caso, impidieron un plan para asesinar al artista sueco que había dibujado caricaturas del profeta Mahoma. En otro, pudieron avisar a los trabajadores del aeropuerto JFK de Nueva York de los nombres y números de vuelo de una organización china de tráfico de personas. Un equipamiento de escucha a bordo de un avión del Pentágono, que volaba a dieciocho kilómetros sobre Colombia, rastreó el paradero y los planes de los rebeldes de las FARC de Colombia.

«Tienes que entender —me dijo uno de los analistas TAO de la NSA— que estábamos recogiendo una inteligencia casi de otro mundo. No podíamos creer lo que veíamos. Nuestro trabajo acababa directamente en reuniones presidenciales. Sentíamos que lo que hacíamos salvaba incontables vidas».

Para 2008, la NSA empezó a retirar la toma de decisiones humanas —y, con ella, cualquier cálculo moral complicado— de su trabajo. Un programa muy clasificado de la NSA, de nombre en código «Genie», empezó a colocar implantes de forma agresiva no solo en los sistemas de adversarios extranjeros, sino en todas las principales marcas y modelos de enrutador, conmutador, cortafuegos, dispositivo de encriptación y sistema informático del mercado.

En 2013, Genie ya gestionaba ochenta y cinco mil implantes —un número cuatro veces mayor que el de cinco años atrás— según los presupuestos de inteligencia estadounidenses, y el plan era aumentar aquella cifra hasta alcanzar los millones. Si bien tres cuartas partes de aquellos implantes aún daban prioridad a los objetivos de Irán, Rusia, China y Corea del Norte, TAO se había vuelto mucho menos escrupuloso.

En un mensaje secreto de un foro interno de la NSA, filtrado por Snowden, un trabajador de la NSA describió a su nuevo objetivo de alta prioridad: administradores de sistemas informáticos extranjeros cuyos permisos administrativos les daban acceso a cientos de miles, por no decir a millones, de objetivos potenciales más. Cada uno de los implantes de la NSA empezó a extraer enormes volúmenes de secretos extranjeros en forma de mensajes de texto, correos electrónicos y grabaciones de voz, algo inimaginable para los pioneros del sabotaje digital como Gosler.

Lo más que me llegué a acercar a las operaciones de SIGINT de gran escala de la NSA fue la Operación Shotgiant. Durante años, los funcionarios estadounidenses habían excluido a la empresa Huawei, de China (el fabricante de equipamiento de telecomunicaciones más grande del mundo), de los tratos de negocios estadounidenses. Más adelante, Estados Unidos se había adentrado en una cruzada para presionar a los aliados para que prohibieran el acceso del equipamiento de Huawei a las redes inalámbricas 5G de alta velocidad, debido a unos supuestos vínculos entre la empresa y el Partido Comunista chino. El gobierno de Donald Trump incluso había llegado a amenazar con no entregar inteligencia a los aliados si estos proseguían en sus tratos con la empresa.

Los funcionarios estadounidenses señalaban sin cesar que el fundador de Huawei, Ren Zhengfei, «el Steve Jobs de China», era un exoficial del Ejército Popular de Liberación de China, y que el equipamiento de Huawei estaba lleno de puertas traseras chinas. La inteligencia china podía usar ese acceso para interceptar comunicaciones de alto nivel, extraer inteligencia, librar una guerra cibernética o desactivar servicios críticos en épocas de emergencia nacional.

Todo aquello podía ser cierto. Y también a la inversa. Al tiempo que los funcionarios estadounidenses acusaban en público a China de colocar puertas traseras en los productos de Huawei, mi compañero del *The New York Times* David Sanger y yo descubrimos en documentos clasificados filtrados que la NSA se había adentrado en la sede de Huawei en Shenzhen hacía varios años, había robado su código e implantado sus propias puertas traseras en los enrutadores, conmutadores y dispositivos móviles de la empresa.

Concebido en 2007, el Proyecto Shotgiant se diseñó en un principio para descubrir cualquier vínculo entre Huawei y el Ejército Popular de Liberación de China, el cual había hackeado empresas y agencias gubernamentales de Estados Unidos durante años. Aun así, no pasó mucho tiempo hasta que la NSA empezó a usar su cabeza de puente para adentrarse en los clientes de Huawei, en concreto en países como Irán, Cuba, Sudán, Siria y Corea del Norte, los cuales evitaban usar tecnología estadounidense.

«Muchos de nuestros objetivos se comunican mediante productos de Huawei —decía un documento clasificado de la NSA—. Queremos asegurarnos de que sabemos aprovecharnos de esos productos para obtener acceso a redes de interés».

No obstante, la NSA no se detuvo con Huawei. Shotgiant se expandió hasta hackear dos de las redes móviles más grandes de China, que en aquellos momentos también estaban llenas de implantes de la NSA. Cuando publicamos nuestro artículo en 2014, los documentos clasificados dejaban claro que la NSA seguía elaborando nuevos implantes y programas maliciosos, herramientas que pudieran encontrar voces de interés en las redes móviles chinas, capturar partes seleccionadas de sus conversaciones y transmitirlas hasta Fort Meade, donde los equipos de traductores, descifradores de códigos y analistas de la NSA los examinaban en busca de inteligencia crítica. En resumen, la NSA hacía todo lo que había acusado a Pekín de hacer y más aún.

Para 2017, las herramientas de reconocimiento y selección de voz ya se habían desplegado por las redes móviles chinas. Y Estados Unidos no solo se estaba adentrando en China; cientos de miles de implantes se habían colocado en las profundidades de otras redes, enrutadores, conmutadores, cortafuegos, sistemas informáticos y teléfonos por todo el mundo. La mayoría extraía mensajes de texto, correos electrónicos y conversaciones de forma activa para enviar a los servidores de la agencia día tras día.

Muchos otros eran células durmientes, desactivados hasta que se recurriera a ellos en caso de emergencia o en algún futuro apagón… o ciberguerra en toda regla.

En las prisas post 11 de septiembre por capturar y analizar tantos datos como fuera posible, los documentos clasificados filtrados y mis entrevistas con empleados de inteligencia dejaban claro que muy pocos se habían detenido a pensar en las potenciales implicaciones que provocaría que el público se enterase de sus aventuras digitales.

Nadie preguntó qué podía significar todo aquello en algún momento para las empresas tecnológicas estadounidenses en las que se estaban adentrando, que servían a más clientes en el extranjero que en Estados Unidos. Durante la Guerra Fría, la NSA no había tenido que lidiar con ese dilema: los estadounidenses espiaban a la tecnología rusa, mientras que los rusos establecían puertas traseras en las máquinas de escribir estadounidenses. Sin embargo, ese ya no era el caso. Entonces el mundo usaba los mismos sistemas operativos de Microsoft, bases de datos de Oracle, Gmail, iPhones y microprocesadores para impulsar nuestras vidas cotidianas. El trabajo de la NSA cada vez estaba más lleno de conflictos de interés y peligros morales. Nadie parecía preguntar qué podía significar todo aquel allanamiento y explotación digital para los patrocinadores de la NSA —los ciudadanos estadounidenses—, quienes dependían de tecnología saboteada por la NSA no solo para sus comunicaciones, sino para tratar con su banco, para el comercio, el transporte y la asistencia sanitaria. Y nadie se paró a preguntar tampoco si, en sus ansias por abrir agujeros e implantarse en los sistemas digitales del mundo, estaban haciendo que la infraestructura crítica de Estados Unidos (hospitales, ciudades, transportes, agricultura, fábricas, petróleo y gas, defensa; en resumen, todo lo que se encuentra en el trasfondo de nuestras vidas cotidianas) fuera más vulnerable a ataques desde el extranjero. Las vulnerabilidades, sabotajes y programas maliciosos no tienen ninguna patente. Si la NSA encontraba un modo de sabotear un sistema digital, existían muchas probabilidades de que algún día, tal vez meses o años después, otras entidades con mala fe descubrieran y se aprovecharan de esas mismas debilidades.

La respuesta de la NSA a este dilema moral fue crear más secretos. Siempre que su obra estuviera muy clasificada y fuera invisible, la agencia podía seguir postergando el problema. Sus críticos afirmaban que esos niveles de clasificación no hacían nada por garantizar la seguridad de los estadounidenses, sino que solo protegían a la agencia de su propia responsabilidad, alzaban el listón cuando sus programas y obras acabaran filtradas en el dominio público e inspiraban a otros (no solo a los ciberpoderes de élite) a unirse al mundillo.

«El mayor problema de la NSA es que llegó a creer que era la más lista de todos», me dijo un día Peter G. Neumann, uno de los sabios de la ciberseguridad de Estados Unidos.

Neumann, quien ahora tiene más de ochenta años, es uno de los pocos científicos informáticos (por no decir el único) que puede presumir de haber hablado de las vulnerabilidades inherentes de la nación con Albert Einstein. Y, a lo largo de los años, se convirtió en una voz ignorada que advertía a los trabajadores de la NSA, el Pentágono y a cualquiera que formara parte de la cadena, que los fallos de seguridad conllevarían consecuencias desastrosas en algún momento.

Según me dijo Neumann, el trabajo de la NSA estaba lleno de arrogancia. Al insertar puertas traseras en cualquier dispositivo al que le pudieran poner las manos encima, la NSA imaginaba —muy para el pesar del país— que todos los fallos que descubría en los sistemas informáticos globales no iban a ser descubiertos por nadie más.

«Lo estaban simplificando todo para adentrarse en ello. Pensaron: "Solo nosotros tenemos puertas traseras que podemos usar", sin darse cuenta de que las puertas traseras eran las que quería el resto del mundo también. Era la carrera armamentística otra vez. En las prisas por aprovecharnos de todo lo que podíamos, acabamos en un callejón sin salida. Sería un desastre para el resto del país».

Los mismos implantes de los que dependían los empleados de TAO para su espionaje también podían usarse para futuros ciberataques. Funcionaban al mismo tiempo como células durmientes que podían pasar de ser benignas a catastróficas. Los programas maliciosos empleados para el espionaje podían cambiarse o modificarse para destruir datos al otro lado de un sistema. Eran capaces de desactivar redes extranjeras o incluso infraestructura física con un solo clic. Se atacaba a cualquier sistema industrial que usaran los enemigos del país, incluso si eran los mismos sistemas que usaban los estadounidenses, por si algún día los necesitaban.

Según las reglas del espionaje, todo aquello era justo. Estados Unidos espía, China espía, Rusia espía. Sin embargo, en 2009, sin ningún debate previo, tras las paredes seguras recubiertas de cobre de Fort Meade, Estados Unidos estableció unas nuevas reglas para la ciberguerra.

A partir de aquel año, no solo era aceptable implantar código en la infraestructura crítica de otra nación, sino que Estados Unidos había dejado claro que se podía traspasar una frontera para desactivar el programa nuclear de otro país.

Siempre que nadie dijera una sola palabra sobre ello, claro. Y siempre que se hiciera mediante código.

9
El Rubicón

Planta nuclear de Natanz, Irán

«Dadme una tercera opción», les dijo Bush a sus ayudantes aquel junio.

Era 2007, y Estados Unidos, bajo presión de Israel, tenía que lidiar con Irán y con su uranio de calidad armamentística. Durante casi una década, Irán había ocultado la construcción de su planta de enriquecimiento nuclear Natanz, tras esconder dos salas cavernosas más o menos la mitad de grandes que el Pentágono bajo unos nueve metros de roca, tierra y cemento.

La diplomacia no había detenido a Irán. Esa había sido la primera opción. Los analistas del Pentágono habían comenzado a preparar juegos de guerra sobre cómo Teherán podría responder a un ataque israelí y sobre lo que aquello significaría para las tropas estadounidenses de la región. Lo más probable era que una incursión hiciera subir en gran medida el precio del petróleo. Las tropas de Estados Unidos, si se involucraban, ya no darían abasto en el resto de Oriente Medio. Aquella era la segunda opción.

El presidente George W. Bush necesitaba algo que le quitara a los israelíes de encima sin comenzar la Tercera Guerra Mundial.

Fue Keith Alexander, el mago de la tecnología de la NSA, quien propuso la tercera opción, la medida desesperada. Como director de la NSA, el general Alexander siempre había sido una especie de bicho raro. A diferencia de sus predecesores en la agencia, él sí era un hacker hecho y derecho. En la academia militar había trabajado con los sistemas informáticos de los departamentos de ingeniería eléctrica y física. Durante los años ochenta, en la Escuela Naval de Posgrado de Monterrey, había construido su propio ordenador y desarrollado sus propios programas para trasladar el anticuado sistema de tarjetas del Ejército a unas bases de datos automatizadas. En su primera misión para el Centro de Inteligencia del Ejército en Fort Huachuca, Arizona, se había dedicado a memorizar las especificaciones técnicas de todos y cada uno de los ordenadores del Ejército e hizo un mapa de los primeros programas de inteligencia y de guerra digital del Ejército. Conforme escalaba puestos por la cadena de mando, obtuvo másteres en guerra electrónica, física, estrategia de seguridad nacional y finanzas.

Justo antes de que lo escogieran para ser el decimosexto director de la NSA, Alexander fue el director y el jefe de una organización de inteligencia del Ejército en Fort Belvoir, Virginia, donde había trabajado en una especie de *Enterprise* de *Star Trek,* que incluía una silla de capitán y puertas que sonaban cada vez que se abrían y cerraban. Algunos lo llamaban «emperador Alexander», un guiño a su fijación por Star Trek, pero también porque tenía un don para usar su encanto de cerebrito para conseguir lo que quería. Si bien los militares lo llamaban Alexander el Cerebrito, en un juego de palabras con su tocayo griego; el predecesor de Alexander en la agencia, Michael Hayden, lo llamaba «vaquero» por su reputación de actuar primero y pedir disculpas después. El otro apodo burlón de Hayden para Alexander era «el Swoosh», en honor al logotipo Swoosh de Nike y su eslogan «Just Do It!», que reflejaba su carácter a la perfección.

Para cuando Bush estaba pidiendo su «tercera opción», la NSA y los laboratorios de energía nacional ya llevaban años sumidos en un esfuerzo de larga duración para tratar de mapear las instalaciones nucleares de Irán. En TAO, los hackers habían llevado a cabo un reconocimiento sin cesar para extraer cualquier plano nuclear. Habían desplegado virus diseñados específicamente para buscar archivos de AutoCAD —un programa que mapea las redes informáticas en una fábrica—, o, en este caso, plantas de enriquecimiento nuclear. Tomaron nota de cualquier sistema operativo, aplicación, función, característica y código iraní común y empezaron a acumular días cero de casi todas las marcas y modelos de máquinas que usaban los trabajadores y contratistas nucleares iraníes en busca de más datos. Pese a que todo aquello se había hecho en aras del espionaje, Alexander sabía que aquel mismo acceso se podía emplear para un ciberataque de una índole distinta, uno que pudiera sabotear la infraestructura del otro lado. Los «ataques a redes informáticas» (CNA por sus siglas en inglés, como se suele llamar en la jerga de inteligencia) necesitaban, según la ley, una aprobación presidencial específica. Y, hasta 2008, habían sido bastante básicos y limitados. En algún momento, el Pentágono trató de desactivar las comunicaciones de Al Qaeda en Irak, por ejemplo, pero aquello parecía coser y cantar comparado con lo que Alexander propuso más adelante.

En una épica hazaña de traducción, Alexander le explicó a Bush lo que podía ser un ciberataque destructivo sobre las instalaciones nucleares de Irán.

En el Laboratorio Nacional de Oak Ridge del Departamento de Energía, en Tennessee, los ingenieros y los expertos nucleares habían construido una réplica muy similar de la instalación nuclear de Natanz, con centrifugadores P-1 iraníes incluidos. Los ingenieros comprendían que, para descifrar el programa de Irán, tenían que adentrarse en sus centrifugadores —dispositivos que giran a velocidades supersónicas, a más de cien mil revoluciones por minuto— y separar los isótopos que hacían que las cosas hicieran ¡*bum*!

También sabían que los eslabones más débiles de todos los centrifugadores eran los rotores, los cuales eran frágiles y volubles. Dichos dispositivos debían ser ligeros, al mismo tiempo que fuertes y bien equilibrados, con cojinetes esféricos para reducir la fricción. Si se movían muy rápido, se corría el riesgo de hacer explotar los centrifugadores. Si se los hacía frenar de improviso, se corría el riesgo de que un centrifugador de casi dos metros de altura se saliera de su eje mientras giraba y, como un tornado, destrozara todo a su paso. Incluso durante condiciones normales, no era extraño que los centrifugadores se rompieran o explotaran. En Estados Unidos, un buen número explotó a lo largo de los años. En Irán, los ingenieros reemplazaban con regularidad alrededor del 10 % de sus centrifugadores cada año debido a accidentes naturales.

Lo que Alexander propuso en 2008 fue un ciberataque que podía imitar y acelerar aquellos accidentes mediante un código convertido en arma. Los rotores que giraban los centrifugadores de Natanz se controlaban mediante unos sistemas informáticos especializados llamados «controladores lógicos programables» (PLC por sus siglas en inglés). Los PLC hacían que fuera posible que los técnicos nucleares de Natanz monitorizasen los centrifugadores a distancia, comprobaran sus velocidades y diagnosticaran cualquier problema. Alexander explicó que, si la NSA podía adentrarse lo suficiente en los sistemas de Natanz con acceso a esos PLC, sus hackers podían controlar las velocidades de los rotores y hacer que los centrifugadores aceleraran más de la cuenta o detenerlos del todo.

Y lo mejor de todo era que el proceso podía suceder de forma gradual, de modo que los técnicos de Irán pudieran llegar a pensar que los incidentes eran fallos técnicos normales. Aun así, aquella destrucción podía provocar un retraso de varios años en las ambiciones nucleares de Irán. No cabía duda de que sería la apuesta más arriesgada que Estados Unidos había intentado en el reino cibernético. Sin embargo, si surtía efecto, cabía la posibilidad de que Teherán se viera obligada a negociar.

La propuesta de Alexander me recordaba a la cita que Sabien, el bróker de días cero original, compartió luego conmigo: «El modo más probable en el que se destruirá el mundo, según la mayoría de los expertos, es por accidente. Y ahí es donde entramos nosotros. Somos profesionales de la informática, nosotros provocamos accidentes».

No había ninguna garantía. No obstante, en 2008, los israelíes comenzaron una campaña de presión máxima para convencer a la Casa Blanca de Bush de que, o les entregaban destructores de búnkeres capaces de destrozar las instalaciones nucleares de Irán, o se apartaban de en medio. En junio de ese año, las Fuerzas Aéreas Israelíes desplegaron a más de cien cazas de combate F-15 y F-16, acompañados de petroleros de repostaje y helicópteros, en Grecia. La Casa Blanca no tenía que adivinar por qué. La distancia entre Tel Aviv y la Acrópolis era casi la misma distancia que desde Tel Aviv a Natanz.

«Fue el modo que tuvo Israel de decirnos que había llegado el momento de decidirnos de una vez por todas», me dijo un funcionario del Pentágono más adelante.

Los israelíes no hablaban por hablar. En una operación en solitario hacía un año, los cazas israelíes, bajo la cobertura de la oscuridad, habían destrozado un reactor nuclear sirio en la ribera del Éufrates después de que Bush les hubiera dejado claro que Estados Unidos no pensaba bombardearlo. Israel había hecho lo mismo en 1981, cuando había atacado el reactor nuclear Osirak en Irak. En aquellos momentos planeaban un ataque inminente sobre Natanz, y, si lo hacían, las simulaciones del Pentágono mostraban que Estados Unidos se vería arrastrado a la Tercera Guerra Mundial. Un año antes, un número récord de soldados estadounidenses habían perdido la vida en Irak, y el capital político de Bush, así como su índice de aprobación, habían llegado a su punto más bajo.

Sin ninguna otra opción sobre la mesa, Bush accedió a la medida desesperada de Alexander.

Solo había un problema: tenían que saberlo los israelíes, tenían que mostrarles que había otro modo de hacerlo. Además, los israelíes tenían el mejor entendimiento sobre cómo funcionaban los sistemas nucleares iraníes. Y sus habilidades cibernéticas ya empezaban a compararse incluso a las de TAO.

Durante las siguientes semanas, nació Juegos Olímpicos.

Algunos dicen que fue un algoritmo informático de la NSA quien se inventó el nombre. Otros, que se escogió adrede debido a los cinco anillos olímpicos, los cuales simbolizaban la cooperación a cinco bandas sin precedentes entre la NSA, la Unidad 8220 de Israel, la CIA, el Mossad y los laboratorios de energía nacional. Durante meses, varios equipos de hackers, espías y físicos nucleares viajaron entre Fort Meade, Langley, Tel Aviv, Oak Ridge y el centro de pruebas nucleares de Israel, Dimona, donde los israelíes habían construido su propia réplica gigante de Natanz. Planearon toda su misión como una operación del Equipo SEAL seis: navegación, estrategias de entrada y salida, vehículos de entrega y equipamiento armamentístico personalizado.

Los líderes iraníes le dieron una gran ventaja a la operación sin saberlo. El 8 de abril de 2008 (el «día nacional nuclear» de Irán), Mahmud Ahmadinejad invitó a periodistas y fotógrafos a un recorrido en persona por Natanz. Con las cámaras soltando chasquidos por el camino, Ahmadinejad se abrió paso entre los periodistas para dirigirse más allá de los rotativos centrifugadores P-1 y entonces, como un padre orgulloso, presumió de los relucientes centrifugadores de segunda generación de Irán, los cuales, según él, podían enriquecer uranio de forma «más de cinco veces» más efectiva que los P-1. Los fotógrafos ofrecieron el mejor vistazo hasta el momento de un mundo que antes solo conocían los iraníes y unos cuantos inspectores nucleares.

«Hay quien mataría por esta inteligencia», dijo un experto en proliferación nuclear británico por entonces, sin saber que, en esos precisos momentos, los analistas de la NSA estaban trabajando con todas las fotografías en busca de una entrada digital.

Con esas imágenes, diseños y centrifugadores en mano, los estadounidenses y los israelíes listaban todo lo que iban a necesitar para su ciberarma. Necesitaban una lista de cada persona, contratista y empleado de mantenimiento que entraba en Natanz. Necesitaban un modo de burlar cualquier antivirus o protección de seguridad con la que contara la planta. Necesitaban saberlo todo sobre cada sistema informático del edificio: sistemas operativos, características, impresoras, cómo se conectaban entre ellos y, lo que era más importante aún, a los PLC. Necesitaban un modo de diseminar su código de máquina a máquina sin que nadie se percatara de ello. Y los abogados de la NSA necesitaban garantías de que, cuando llegara el momento

165

de soltar la bomba, el ataque sería concentrado y causaría los mínimos daños colaterales. Los abogados tenían razones de peso para mostrarse inquietos: los PLC se usaban para tareas que iban desde hacer girar el algodón de azúcar hasta el sistema de frenos de las montañas rusas o en plantas automotrices y químicas de todo el mundo. Tenían que estar seguros de que el ataque solo iba a surtir efecto en los PLC exactos que hacían girar los centrifugadores de Irán. Después de eso, los estadounidenses y los israelíes tenían que diseñar una carga explosiva, las instrucciones que harían girar los rotores y desestabilizarían los centrifugadores. Y necesitaban pensar en un modo de convencer a los técnicos de Natanz de que todo iba bien, incluso cuando sus centrifugadores giraban sin parar hasta su perdición. No podían dejar ninguna huella. Ningún fallo accidental. Y ningún ataque impulsivo. El código tenía que permanecer dormido sin ser detectado durante un tiempo para que nadie lo descubriera.

Cumplir con solo uno de esos requerimientos era una hazaña. Cumplir con todos al mismo tiempo, a lo largo de meses y años, sin que nadie se enterase, era un golpe de espionaje de una magnitud digital sin precedentes que acabaría comparándose con el Proyecto Manhattan.

Ocho meses más tarde, un centrifugador P-1 estropeado fue transportado en avión privado desde Oak Ridge, Tennessee, hasta la sala de crisis de la Casa Blanca.

Bush le dio el visto bueno final a Juegos Olímpicos.

Todavía no sabemos exactamente quién introdujo el gusano. Algunos sospechan de un espía del Mossad, de un agente de la CIA, de un topo neerlandés, de un infiltrado muy bien pagado o de un contratista, sin saberlo, de una de las cinco empresas iraníes en las que Juegos Olímpicos se había adentrado antes del primer ataque. Y es probable que recién se descubra cómo sucedió en el año 2039, cuando se desclasifique la operación Juegos Olímpicos. Por el momento, lo que se sospecha es que lo hizo un humano con una memoria USB infectada.

Los sistemas informáticos de Natanz tenían «un espacio de aire» específicamente para mantener a los estadounidenses y los israelíes alejados. Se dice que, años antes, los estadounidenses habían tratado de sabotear los centrifugadores con un ataque más rudimentario. Los espías estadounidenses habían interceptado los suministros de energía de Natanz mientras estos viajaban de Turquía a Irán, y, cuando conectaron el equipamiento, una potente descarga eléctrica recorrió los conversores de frecuencia que controlaban los motores de los centrifugadores, lo que hizo que estos estallaran. Resultaba tan obvio que la descarga había sido un ataque externo que Irán cambió de proveedores y se aseguró de que ninguna máquina de la instalación llegara a conectarse a Internet nunca.

Sí, aquello quería decir que, por muchos avances en sabotaje digital que se hubieran producido durante las tres décadas anteriores, a veces la tecnología tenía sus límites.

Sin embargo, en cuanto el toque humano activara el ataque, el resto podía cumplirse mediante la magia de las vulnerabilidades de día cero, cuatro en los programas de Microsoft y tres en el software de Siemens dentro de los PLC.

Aún no sabemos de dónde —con dos grandes excepciones— procedieron estos días cero, si se produjeron «en casa» por TAO o en la Unidad 8200 de Israel o si se adquirieron en el mercado clandestino. Lo que sí sabemos es que el gusano —que en su forma final pesaba quinientos kilobytes— era cincuenta veces más grande que cualquier otro descubierto antes que él. Contenía cien veces más kilobytes que los necesarios para enviar el *Apolo 11* a la luna. Y era caro, puesto que costaba millones de dólares. Aun así, comparado con solo un bombardero B-2, de dos mil millones de dólares, era una ganga. Todos y cada uno de los siete días cero tuvieron un papel crítico en hacer que el gusano llegara hasta los sistemas informáticos de Natanz y se arrastrara hasta los centrifugadores**.

El primero era un día cero en el software de Microsoft que permitía que el gusano pasara desde la memoria USB infectada hasta los sistemas informáticos de Natanz. La vulnerabilidad se escondió con mucha astucia como un archivo .LNK benigno (archivos que se utilizan para mostrar los diminutos iconos del contenido de una memoria USB, como archivos de música o

---

** Durante años, el número más aceptado de días cero de Stuxnet fue cuatro, que es el número de días cero de Microsoft de los que el ataque se aprovechó. Al comprobar la información de este libro, Symantec y Siemens corrigieron el recuento total a siete. Los investigadores de Symantec, quienes fueron de los primeros en analizar el código de Stuxnet, sostienen que el número total de días cero es siete: cuatro días cero de Microsoft y tres en el programa industrial de Siemens. Siemens y Mitre, la organización que nombra las vulnerabilidades recién descubiertas, confirmaron que Stuxnet se aprovechó de tres vulnerabilidades de día cero adicionales de Siemens. Muchos expertos en seguridad no consideran que los problemas de Siemens fueran «días cero», y afirman que se trataba de características que Siemens no llegó a pensar que podían aprovecharse para sembrar la destrucción.

documentos de Microsoft Word). Cada vez que se conecta una memoria USB a un ordenador, una herramienta de Microsoft busca de forma automática estos archivos .LNK en el dispositivo. Atacar aquel proceso de análisis hacía que el gusano se pusiera en acción y se depositara en la primera máquina de Natanz sin tener que pulsar ni un solo botón.

Una vez que el gusano se encontraba en aquel primer sistema de Natanz, se activaba una segunda vulnerabilidad de día cero de Microsoft Windows, aunque, técnicamente, esta segunda vulnerabilidad no era un día cero en toda regla. Se había detallado en la desconocida revista de hackeo polaca *Hakin9*, a la que, al parecer, los hackers TAO y de la Unidad 8200 seguían de cerca, pero ningún miembro de Microsoft o de Irán se había molestado en leer.

El fallo detallado en *Hakin9* era el siguiente: cada vez que alguien pulsa «imprimir» en un sistema Windows, se genera un archivo con el contenido del documento a imprimir y los códigos de control que le indican a la impresora si el documento debe imprimirse a doble cara, en blanco y negro o en color. Al atacar dicha función de impresoras, alguien puede adentrarse en cualquier sistema informático de la red local a la que acceda dicho dispositivo.

Del mismo modo que las universidades y los laboratorios usan redes para compartir archivos como hojas de cálculo, archivos de música o bases de datos, Natanz también contaba con una de esas redes. De ese modo, el gusano pudo propagarse de ordenador a ordenador según buscaba su destino final. En ocasiones, lo hizo mediante el fallo de las impresoras; otras veces, se valió de una vulnerabilidad de ejecución de código remoto muy conocida que los técnicos de Irán no se habían molestado en parchear.

Una vez que el gusano se encontraba en la red local de Natanz, usó dos días cero de Microsoft Windows adicionales para tomar el control de cada máquina que infectaba en su caza de los sistemas que controlaban los PLC de Natanz. Para saltarse las defensas de Windows, el gusano se valía del equivalente digital de un pasaporte robado. Daba fe de sus componentes a través de certificados de seguridad de dos empresas distintas de Taiwán. Eso, en sí mismo, era una hazaña bastante importante. Solo unas pocas multinacionales se consideraban lo suficientemente seguras como para otorgar los certificados digitales que daban fe de que una página web era segura o, en este caso, de que el sistema operativo Windows podía confiar en el controlador que el gusano instalaba en cada nueva máquina. Las empresas se quedaban con las claves privadas necesarias para abusar esos certificados en el equivalente digital de Fort Knox. Las cámaras que contenían esas claves solían estar protegidas por cámaras y sensores biométricos y, en muchos casos, solo se podía acceder a ellas cuando dos trabajadores de confianza presentaban sus credenciales en dos partes. Esta estrategia impedía que un infiltrado robara claves que podía vender por una gran suma de dinero en el mercado negro (en este caso, el hecho de que dos autoridades de certificados taiwanesas compartieran el mismo parque empresarial llevó a muchos a sospechar que los robos fueron, de hecho, un crimen interno).

Mientras viajaba de sistema en sistema, el gusano buscaba a alguien que hubiera instalado el programa Step 7 de Siemens para los PLC. Aquel software indicaba la velocidad a la que giraban los centrifugadores o si se estaban deteniendo o apagando. Luego los hackers emplearon una técnica de hackeo de eficacia demostrada: la contraseña por defecto que establece el fabricante (normalmente «admin» o «password»). Con eso, ya casi estaban dentro.

El gusano fue capaz de adentrarse en la base de datos de Step 7 y colocar código malicioso en los archivos de datos. Luego se limitó a esperar a que los trabajadores de Natanz se conectaran a la base de datos, lo cual activaba una vulnerabilidad adicional para infectar la máquina del trabajador en cuestión. Y, una vez que se encontraran en dichos sistemas, ya tenían acceso a los PLC y a los rotores de los centrifugadores que estos controlaban. El gusano actuó con suma cautela, pues estaba diseñado con los comentarios de los abogados en mente, por lo que solo soltaba su carga explosiva en los PLC que cumplían con requisitos exactos. El gusano buscaba específicamente PLC que controlaran grupos de exactamente ciento sesenta y cuatro máquinas. Aquello no era un número sacado de la manga: Natanz agrupaba sus centrifugadores en conjuntos de ciento sesenta y cuatro.

Cuando el gusano encontraba algo que encajaba con los requisitos, soltaba su carga explosiva en el PLC. Este último paso era surrealista por sí mismo. Hasta aquel momento, nunca había existido un gusano que funcionara tanto en ordenadores personales como en PLC. Las dos máquinas eran completamente distintas, con sus propios lenguajes y microprocesadores. Lo primero que hacía el gusano en aquellos PLC era sentarse a esperar. Durante trece días, solo medía la velocidad de los rotores de los centrifugadores. Comprobaba los sistemas para cerciorarse de que los rotores giraban a frecuencias de entre ochocientos y mil cien hercios, el intervalo de frecuencias que usaban los centrifugadores de Natanz (los conversores de frecuencia que trabajan a más de mil hercios están revisados por los controles de exportaciones estadounidenses porque se suelen usar para enriquecer uranio). Terminado el periodo de espera de trece días, la carga explosiva se puso manos a la obra. El código estaba diseñado para acelerar la frecuencia a la que giraban los rotores hasta mil cuatrocientos hercios durante quince minutos exactos antes de regresar a los valores normales durante veintisiete días. Después de los veintisiete días, ralentizaba la velocidad de los rotores a tan solo dos hercios durante quince minutos antes de devolverlos a los valores normales durante otros veintisiete días, tras los cuales repetía el proceso desde el principio.

Para impedir que los ingenieros de Natanz se percataran de que sucedía algo extraño, los arquitectos de Juegos Olímpicos imitaron a *Misión Imposible*. Como los ladrones de bancos que sustituyen las transmisiones de las cámaras de seguridad con grabaciones preparadas durante un golpe, el gusano transmitía datos grabados hasta los sistemas con Step 7 que monitorizaban los PLC mientras hacía girar los centrifugadores de Natanz fuera de control o los detenía del todo para que los técnicos no se enteraran de nada.

A finales de 2008, la operación conjunta conocida como Juegos Olímpicos se había infiltrado en los PLC de Natanz, y nadie parecía sospechar de un ciberataque. Mientras el gusano empezaba a propagarse, Bush y Alexander se sentían satisfechos con el progreso. Y los israelíes también. Si bien continuaban insistiendo en llevar a cabo bombardeos, parecía que, por el momento, la amenaza más inmediata había pasado. Sin embargo, Juegos Olímpicos empezó a actuar con más prisa según se acercaba la campaña presidencial estadounidense de aquel noviembre.

Cada vez parecía más probable que el sucesor de Bush fuera Barack Obama, y no John McCain, y, según lo veían los israelíes, Obama no era de fiar.

Días antes de que Bush le entregara el despacho oval a Obama a principios de 2009, el presidente invitó al presidente electo a la Casa Blanca para hablar cara a cara.

Tal como informó mi compañero David Sanger más adelante, fue en aquella reunión cuando Bush instó a Obama a preservar dos programas clasificados. Uno de ellos era un programa de drones estadounidenses en Pakistán. Y el otro era Juegos Olímpicos.

Para ser un presidente sin ningún tipo de formación técnica en particular, Obama se involucró mucho en Juegos Olímpicos. Ni un mes después de su inauguración presidencial, el gusano logró su primer gran éxito: un conjunto de centrifugadores de Natanz habían perdido el control, y varios de ellos se habían roto. Obama llamó a Bush por teléfono para decirle que su «tercera opción» estaba surtiendo efecto.

A pesar de que Ahmadinejad había declarado que Irán estaba decidida a acabar instalando más de cincuenta mil centrifugadores, tras haber aumentado de forma constante su capacidad entre 2007 y 2009, los registros de la Agencia de Energía Atómica Internacional (IAEA por sus siglas en inglés) muestran un descenso gradual que comenzó en junio de 2009 y continuó hasta el año siguiente.

El programa funcionaba tal como Alexander había esperado. A principios de 2010, el gusano ya había destruido dos mil de los ocho mil setecientos centrifugadores de Natanz. Durante cada nuevo ataque sobre los rotores, Obama se reunía con sus consejeros en la sala de crisis de la Casa Blanca. No solo se estaban rompiendo los centrifugadores, sino que los iraníes estaban perdiendo confianza en el programa nuclear en sí. Las inspecciones no revelaban nada, y los trabajadores de Natanz empezaron a sospechar el uno del otro, al creer que alguien estaba saboteando la planta. Despidieron a varios técnicos, y a los que quedaban les ordenaron que vigilaran en persona los centrifugadores y los protegieran con la vida. Mientras tanto, las pantallas de sus sistemas mostraban que todo funcionaba con normalidad.

Si bien se alegraba del resultado, a Obama también le preocupaba el precedente que podían establecer los ataques. Se trataba de la primera ciberarma de destrucción masiva del mundo. Si se descubría la existencia del gusano, el conflicto armado tal como lo conocíamos iba a cambiar de forma. Por primera vez en la historia, un país podía ir más allá de sus fronteras y emplear el código para hacer lo que antes solo se podía conseguir mediante aviones y bombas. Si Irán o cualquier otro adversario se enteraba de la existencia de la nueva arma, lo más probable era que ello lo animara a hacer la propia.

Las empresas, pueblos y ciudades estadounidenses habían demostrado ser muy vulnerables. Incluso una breve lista de ciberataques recientes —el ataque ruso a las redes clasificadas y no clasificadas del Pentágono en 2008; una serie de ataques norcoreanos que cortaron el servicio a las páginas web del Departamento del Tesoro, el Servicio Secreto, la Comisión de Comercio Federal, el Departamento de Transporte, el Nasdaq y la Bolsa de Nueva

York en 2009; los incesantes asaltos por parte de China a los secretos comerciales y militares de Estados Unidos— dejaba ver el problema. Cualquier adversario que quisiera dañar los intereses estadounidenses en el reino cibernético lograba sus objetivos. Estados Unidos contaba con una gran variedad de vulnerabilidades, su defensa era poco adecuada y su superficie de ataque crecía con cada nuevo ordenador, teléfono y PLC que se activara. ¿Cuánto tiempo faltaría hasta que los adversarios del país descubrieran el potencial de provocar un daño más grave? ¿Y hasta que adquirieran esas mismas capacidades? ¿Y hasta que las probaran en territorio estadounidense?

Durante la primavera de 2009, Obama creó un nuevo puesto de ciberseguridad en la Casa Blanca para que ayudara a coordinar las distintas agencias gubernamentales que se encargaban de la ciberdefensa del país y para que aconsejara a las empresas estadounidenses más vulnerables ante un ataque. En el discurso en el que anunció las medidas, Obama advirtió a los ciudadanos que la migración masiva a Internet conllevaba «una gran promesa, pero también un gran peligro».

Por primera vez, Obama habló sobre su propio roce con los ciberataques: unos hackers se habían adentrado en sus oficinas de campaña y en las de su rival presidencial de 2008, John McCain.

«Los hackers lograron acceder a correos electrónicos y a varios archivos de campaña, desde documentos sobre nuestra postura sobre políticas hasta planes de viaje —declaró—. Fue un gran recordatorio de que, en esta era de la información, una de nuestras mayores fuerzas… también puede ser una de nuestras mayores debilidades».

Y, mientras tanto, el gusano seguía haciendo girar los centrifugadores sin control.

El primer atisbo que tuvieron los inspectores nucleares de que algo iba mal se produjo en enero de 2010. Unas grabaciones de las cámaras de seguridad colocadas en el exterior de las salas de centrifugadores de Natanz mostraban a técnicos iraníes, vestidos con sus batas de laboratorio blancas y sus cobertores de zapatos de plástico azul, frenéticos mientras sacaban carrito tras carrito de centrifugadores rotos.

Oficialmente, la Agencia Internacional de Energía Atómica no tenía permiso para preguntar a los técnicos iraníes por qué descartaban tantos centrifugadores. Y los iraníes se negaron a admitir que algo fuera mal.

Desde el punto de vista de Estados Unidos, el gusano parecía funcionar con una eficacia espectacular. Hasta que escapó.

Nadie sabe a ciencia cierta cómo se escapó el gusano. Sin embargo, aquel junio, el por entonces director de la CIA, Leon Panetta, su subdirector, Michael Morell, y el vicepresidente del Estado Mayor Conjunto, el general James «Hoss» Cartwright, se reunieron con Obama y con el vicepresidente Joe Biden para informarles que, de algún modo, el gusano había salido del edificio, y les explicaron el horror que iba a producirse dentro de poco.

Su teoría más consistente era que los israelíes, impacientes por la velocidad del progreso del gusano, habían introducido un nuevo mecanismo de propagación que había hecho que acabara escapando, aunque esa teoría nunca se llegó a confirmar.

David Sanger informó más adelante que Biden se sumaba a la teoría de culpar a Israel.

«¡Mierda! —se dice que soltó el vicepresidente—. Tienen que haber sido los israelíes. Han ido demasiado lejos».

Otra teoría sostiene que un técnico o trabajador de mantenimiento de Natanz pudo haber conectado un sistema infectado a su dispositivo personal, lo cual permitió que el gusano se escapara de su cautiverio. Pese a todo el cuidado que habían tenido al diseñar la primera versión y al refinar las condiciones bajo las que desplegaba su carga explosiva, los arquitectos de Juegos Olímpicos no contemplaron qué podría pasar si el gusano se escapaba de su espacio de aire.

Obama les hizo a Panetta, a Morell y a Cartwright la pregunta que todos temían:

«¿Debemos cerrar el programa?».

Desde que Bush le informara acerca del programa, esa siempre había sido la peor posibilidad. ¿Cuánto tardarían los iraníes en atar cabos y percatarse de que el código filtrado había procedido de sus máquinas? ¿Hasta dónde se extendería el gusano? Y ¿qué daños colaterales provocaría?

Los consejeros de Obama no tenían ninguna respuesta aceptable. Lo que sí sabían era que a los investigadores les llevaría algún tiempo rastrear el código, sus orígenes y su objetivo. Hasta que se descubriera su tapadera, Obama supuso que debían usar el tiempo del que disponían para hacer tanto daño como fuera posible, por lo que ordenó a los generales que aceleraran el programa.

Durante las siguientes semanas, TAO y la Unidad 8200 llevaron a cabo otra agresiva ronda de ataques, lo cual destruyó otra ronda de centrifugadores, mientras el gusano recorría toda la red, buscando más PLC sin nada que lo guiara. No había cómo saber cuántos sistemas iban a infectarse. Sin embargo, no iba a pasar mucho tiempo hasta que alguien lo detectara y abriera el código en canal.

Fue el joven consejero de Obama, Benjamin Rhodes, quien advirtió: «Esto acabará en el *The New York Times*». Y tenía razón.

Aquel verano, prácticamente al mismo tiempo, investigadores de seguridad de Bielorrusia, investigadores rusos de Kaspersky en Moscú, de Microsoft en Redmond, dos investigadores de Symantec en California y Ralph Langner, el experto de seguridad industrial en Alemania, empezaron a ver rastros del gusano conforme este viajaba de Irán a Indonesia, a India, Europa y Estados Unidos y hasta cien países más, donde infectó a decenas de miles de sistemas a su paso. Al mismo tiempo, Microsoft transmitió una advertencia urgente a sus clientes. Mediante un anagrama de las primeras letras del código, nombraron al gusano «Stuxnet».

En su elegante oficina de Hamburgo, Langner se estaba poniendo nervioso. Llevaba años tratando de que le hicieran caso, advirtiendo a sus clientes de Alemania y de todo el mundo que aquellas pequeñas cajas grises PLC que conectaban a sus plantas automotrices, químicas y de energía, a sus presas, hospitales e instalaciones de enriquecimiento, algún día iban a ser el objetivo de un sabotaje o de algo peor: explosiones, tsunamis desatados de forma digital, apagones generalizados… Sin embargo, hasta aquel momento, su preocupación no había sido nada más que hipotética. Conforme el código de Stuxnet y su carga explosiva se descubría, Langner se percató de que el ataque que había temido desde hacía tanto tiempo le estaba devolviendo la mirada.

Dentro de los confines de su laboratorio, el equipo de Langner infectó varios sistemas con Stuxnet para ver qué hacía el gusano.

«Y ocurrieron varias cosas entretenidas —recordó—. Stuxnet se comportó como una rata de laboratorio a la que no le gustaba nuestro queso. Olisqueaba, pero no quería comer».

Probaron el gusano en distintas versiones de PLC, pero seguía sin morder. Estaba claro que buscaba una configuración de máquinas muy específica, y que sus autores habían diseñado el código mediante información interna sobre su objetivo.

«Sabían qué bits y bytes necesitaban atacar —dijo Langner—. Seguro que hasta sabían la talla de zapatos del operador. —Si bien los mecanismos de propagación eran impresionantes, fue la carga explosiva del gusano (lo que Langner llamó su «ojiva») lo que lo dejó petrificado—. La carga explosiva es ciencia aeroespacial», dijo.

La maestría del código indicaba que aquello no era obra de algún malhechor cibercriminal, sino de un Estado con muchos recursos. Y se había diseñado, según las conclusiones de Langner, para «volver locos a los ingenieros de mantenimiento».

A Langner también le sorprendió un número que no dejaba de aparecer en la carga explosiva: ciento sesenta y cuatro. Le pidió a su ayudante que le consiguiera una lista de expertos en centrifugadores para ver si aquel número coincidía con alguno de ellos. Y sucedió: en la planta de enriquecimiento de Natanz, los operadores agrupaban los centrifugadores en conjuntos de ciento sesenta y cuatro. ¡Bingo!

En *The New York Times*, mis compañeros David Sanger, William Broad y John Markoff también empezaban a atar cabos en cuanto al misterio del código Stuxnet. En enero de 2011, los tres publicaron un largo artículo sobre el gusano en el periódico, en el cual detallaron el involucramiento de Israel.

Dos meses más tarde, en marzo de 2011, Ralph Langner estaba en Long Beach. Le habían pedido que diera una charla de diez minutos para explicar el código Stuxnet en la conferencia de ideas TED anual. Langner nunca había oído hablar de las charlas TED, pues el concepto tras ellas es contrario a la forma de ser de los alemanes. Los alemanes no se ponen a hablar por hablar y no les van las tonterías. Los mensajes demasiado optimistas y la autopromoción descarada no tienen lugar en Alemania. Que uno haga bien su trabajo no le da ninguna razón para dar una larga charla sintiéndose importante. Aquel marzo, Langner se encontraba sumido en un amargo divorcio, y se imaginó que un viaje pagado hasta California y unos cuantos paseos por la playa le podrían dar un respiro. Sin embargo, cuando llegó allí aquel domingo, le dio la sensación de que esa no era una conferencia de ciberseguridad ordinaria. La lista de oradores y público incluía a Bill Gates; Sergey Brin, cofundador de Google; Indra Nooyi, directora ejecutiva de Pepsi; y Stanley McChrystal, quien había sido el comandante de mayor rango de Estados Unidos en Afganistán. Entre los primeros oradores se encontraba un astronauta que transmitía hacia Long Beach desde el espacio para hablar sobre la vida en la Estación Espacial Internacional.

Langner nunca llegó a dar su paseo por la playa. Descartó su discurso técnico y se pasó los siguientes días encerrado en su habitación de hotel, tratando de crear una presentación y de pensar una explicación para personas de a pie sobre «controladores lógicos programables». Salía de allí solo para asistir a eventos especiales exclusivos para invitados como la cena para oradores, donde se montó un plato de bufé y se fue a comer en paz en la mesa más cercana hasta que se le acercó Sergey Brin, quien, al parecer, era un fan de su análisis de Stuxnet. Brin tenía preguntas. Y eso solo hizo que el estrés de Langner aumentara más aún.

Cuando Langner se dirigió al escenario tres días más tarde, ofreció lo que se podría decir que es la descripción más coherente de la primera ciberarma de destrucción masiva digital del mundo. Y acabó con una advertencia: Stuxnet se había diseñado específicamente para Natanz, pero también era genérico en el sentido de que no había nada en el código que impidiera a otros disparar la misma arma a los mismos sistemas Windows y Siemens, sistemas que controlaban bombas de agua, sistemas de aire acondicionado, plantas químicas, redes eléctricas y fábricas del mundo. Según Langner, el mundo debía estar advertido de que el siguiente gusano podía no estar tan confinado.

—El mayor número de objetivos para un ataque de esa índole no está en Oriente Medio —dijo Langner—, sino en Europa, en Japón y en Estados Unidos. Tendremos que enfrentarnos a las consecuencias, y lo mejor será que nos preparemos ahora mismo.

—Ralph, tengo una pregunta —dijo Chris Anderson, el fundador de TED, en cuanto Langner acabó su presentación—. Se ha hablado mucho de que el Mossad es la entidad principal detrás de todo esto. ¿Usted opina lo mismo?

Hasta aquel momento, el gabinete de Obama tenía motivos para esperar que, como los periodistas y los investigadores se estaban centrando en los israelíes, su propio papel en los ataques pudiera no llegar nunca a la luz, o de que, si los investigadores sí se percataban de que otro Estado estaba involucrado, no se atreverían a pronunciar su nombre.

Pero no iban a tener aquella suerte con el alemán.

—¿De verdad quiere saberlo? —le preguntó Langner a Anderson.

El público soltó una carcajada. Langner respiró profundamente y se alisó el traje.

—Mi opinión es que el Mossad está involucrado, pero la fuerza líder no es Israel —contestó—. La fuerza líder es el ciberpoder líder. Solo hay uno. Y es Estados Unidos. Por suerte. Porque, si no, nuestros problemas serían aún peores.

Los iraníes nunca llegaron a reconocer la destrucción que Stuxnet desató sobre sus programas de enriquecimiento. Ali Akbar Salehi, director de la Organización de Energía Atómica de Irán, afirmó que su equipo había «descubierto el virus exactamente en el punto en el que quería penetrar en nuestros sistemas gracias a nuestra vigilancia, por lo que había impedido que el virus causara daños [en nuestro equipamiento]».

En realidad, los iraníes ya estaban buscando modos de vengarse, y Estados Unidos e Israel les habían mostrado un atajo increíble. Pese a que Estados Unidos podría haber evitado una guerra convencional, al desatar Stuxnet sobre el mundo, abrió un nuevo frente de batalla. El gusano había cruzado el Rubicón desde el espionaje defensivo a las ciberarmas ofensivas, y, tan solo unos pocos años después, volvió como un bumerán hacia el país.

Tal vez fue Michael Hayden, el exdirector de la NSA, quien lo explicó mejor al decir:

«Todo esto huele a agosto de 1945. —El mes y el año en el que Estados Unidos lanzó la primera bomba atómica del mundo sobre Hiroshima—. Alguien acaba de usar una nueva arma, y esta no se va a volver a guardar en su caja».

10
La fábrica

Reston, Virginia

Stuxnet dio un par de vueltas por Asia antes de regresar a Estados Unidos.

La primera empresa estadounidense que reconoció que sus sistemas informáticos estaban infectados fue Chevron, la segunda mayor empresa de energía del país. Y, si bien los elementos de precaución del código impidieron que el gusano hiciera daño a aquellos sistemas informáticos, fue una llamada de atención para todo funcionario de información del país: era un daño colateral en una ciberguerra global cada vez más cruenta.

«No creo que el gobierno estadounidense se llegara a percatar de cuánto se había propagado —declaró un trabajador veterano de Chevron ante varios periodistas—. Creo que el lado malo de lo que hicieron va a ser mucho peor que lo que lograron de verdad».

Con el gusano fuera de su contenedor, Irán husmeando en el plan entre Estados Unidos e Israel y la infraestructura estadounidense todavía tan vulnerable, uno hubiera pensado que la agencia cuya tarea era tanto la ofensiva como la defensa volvería la vista hacía dentro para comprobar sus propias vulnerabilidades y dar comienzo al lento y arduo trabajo de cerrar su propio reino amurallado.

Sin embargo, se trataba de la era de la aceleración. Todo lo que era analógico se estaba digitalizando. Todo lo que estaba digitalizado se estaba almacenando. Y todo lo que se almacenaba se analizaba, lo que abría unas nuevas dimensiones para la vigilancia y el ataque. Los *smartphones* se habían convertido en rastreadores a tiempo real que digitalizaban cada movimiento, relación, compra, búsqueda y ruido de una persona. Los hogares inteligentes podían ajustar termostatos, bombillas y cámaras de seguridad, reproducir y capturar música y sonidos e incluso precalentar el horno mientras el dueño volvía a casa del trabajo. Los sensores de los trenes podían identificar ruedas rotas y eliminar el tiempo de mantenimiento. Los semáforos inteligentes, equipados con radares, cámaras y sensores, podían gestionar el flujo del tráfico, ajustar las señales para avisar de inclemencias del tiempo y atrapar a alguien que se saltaba un semáforo en rojo. Los vendedores podían rastrear la compra de un cliente hasta el cartel «inteligente» por el que habían conducido días antes. Incluso a las vacas se las equipaba con podómetros y sensores para alertar a los granjeros sobre cuándo estaban enfermas o en celo.

El coste de registrar, almacenar, diseminar y analizar estos datos se estaba convirtiendo en algo prácticamente gratis gracias a los avances de la nube, el almacenaje, la conectividad de fibra óptica y el poder computacional. En febrero de 2011, el ordenador Watson de IBM apareció por primera vez en público en el concurso de televisión *Jeopardy!*, donde le ganó a los mejores campeones humanos del programa y demostró que las máquinas ya eran capaces de comprender preguntas y de responderlas mediante un lenguaje natural. Tan solo ocho meses más tarde, Apple presentó a Siri al mundo, nuestra nueva asistente de voz, cuyo reconocimiento de voz de alta calidad y procesamiento de lenguaje natural permitía enviar correos electrónicos y mensajes de texto, además de establecer recordatorios y listas de reproducción.

La mezcla resultante de movilidad en masa, conectividad, almacenamiento, procesamiento y poder computacional le proporcionó a la NSA unas aberturas y capacidades sin precedentes para rastrear a cada persona y sensor del planeta. Durante la siguiente década, la NSA continuó explorando hasta el último poro de aquella nueva dimensión digital para el sabotaje, la vigilancia y los futuros ataques. Una vez abierta la caja de Pandora, ya no había vuelta atrás.

Con Stuxnet en marcha, en junio de 2009, el gabinete de Obama creó un Cibermando en el Pentágono dedicado a ciberataques ofensivos. Más ataques informáticos, y no una mejor defensa, fue la respuesta del Pentágono a los ataques rusos sobre sus propias redes clasificadas. El éxito de Stuxnet, por breve que fuera, quería decir que no había vuelta atrás. Para 2012, el presupuesto anual del Cibermando de Estados Unidos, el cual para entonces tenía tres años, se había triplicado, desde 2,7 mil millones de dólares a 7 mil millones (más otros 7 mil millones de dólares para actividades cibernéticas por todo el Pentágono), mientras que sus filas crecieron desde un personal de novecientos miembros dedicados hasta cuatro mil, y, en 2020, hasta catorce mil. A partir de 2012, Obama ordenó a sus funcionarios de inteligencia más veteranos que elaboraran una lista de objetivos extranjeros («sistemas, procesos e infraestructuras») a los que atacar de forma cibernética, según decían las órdenes clasificadas filtradas por Snowden el año siguiente. Si bien no quedaba claro si el mando planeaba atacar a dichos objetivos o si el Pentágono solo estaba «preparando el campo de batalla», la directiva hacía evidente que atacar esos objetivos podía proporcionarles modos «singulares y poco convencionales de avanzar los objetivos nacionales por todo el mundo sin ninguna advertencia al adversario o al objetivo y con unos efectos potenciales que iban desde lo sutil hasta los daños catastróficos».

Para entonces, el desafío en la NSA no era cómo penetrar los objetivos sino quién se encargaría del aparato de vigilancia y ataque del gobierno, el cual era cada vez más amplio. A pesar del alcance global de la NSA, la agencia solo contaba con el personal necesario para monitorizar una octava parte de las decenas de miles de implantes digitales que había colocado en sistemas informáticos de todo el mundo, incluso si los líderes de la agencia presionaban para conseguir un mayor presupuesto para que los implantes de la NSA pudieran alcanzar los millones.

La NSA había empezado a probar un nuevo robot que iba a revolucionarlo todo, con el nombre en código «Turbine», para que se encargara de gestionar su enorme aparato de implantes. Descrito de forma interna como «un mando y control de inteligencia» que les permitiría «un sabotaje a escala industrial», Turbine estaba diseñado para funcionar «como un cerebro». El robot Turbine formaba parte de una iniciativa más amplia de la NSA, «poseer la red», y, si iba bien, los funcionarios creían que podía acabar sustituyendo a los humanos en la gestión de la enorme telaraña digital de la NSA.

A partir de entonces, sería aquel robot automatizado quien decidiría si usar un implante para extraer datos crudos o para inyectar programas maliciosos que, como una navaja suiza, pudieran desempeñar cualquier tarea que la NSA necesitara hacer. El amplio arsenal de herramientas maliciosas de la agencia —algunas descritas en documentos de la NSA filtrados, aunque la gran mayoría no— era capaz de robar conversaciones telefónicas, hilos de texto, correos electrónicos y planos industriales. Otros tipos de programas maliciosos podían activar el micrófono de un sistema informático infectado para capturar cualquier conversación que se produjera cerca de ellos. Y otras herramientas más podían robar capturas de pantalla, negar el acceso de un usuario a ciertas páginas web, apagar sistemas a distancia, corromper o borrar todos sus datos o capturar sus pulsaciones de teclas, términos de búsqueda, historiales de navegación, contraseñas o cualquier clave necesaria para descodificar datos encriptados. Algunas herramientas de la NSA sobrecargaban los programas maliciosos de la agencia, lo cual permitía que su código se propagara de forma automática de servidor vulnerable a servidor vulnerable en una fracción de segundo, en lugar de depender de que unos operadores humanos infectaran cada servidor uno a uno de forma manual. Todo un tesoro de herramientas de hackeo de la NSA estaba desarrollado solo para causar confusión.

Las filtraciones de Snowden de documentos internos y diapositivas de PowerPoint de la NSA se referían a estas herramientas en términos inciertos y abiertos. Si bien bastaron para enviarme en esta misión alocada, no se acercaban ni de lejos a lo que descubrimos a finales de 2013, cuando la publicación alemana *Der Spiegel* divulgó un catálogo clasificado de cincuenta páginas de la NSA que detallaba algunas de las técnicas de sabotaje más astutas de la agencia, tan astutas que los agentes empezaron a sospechar que las filtraciones no provenían de Snowden, sino de otro topo de la NSA o de un espía extranjero que había logrado entrar en la cámara de TAO.

El catálogo de equipamiento parecía haber salido de la Q Branch de James Bond. Entre ellos se encontraban Monkeycalendar, una vulnerabilidad que transmitía la geolocalización del objetivo a la agencia mediante mensajes de texto invisibles; o Picasso, un fallo similar que podía hacer todo eso y activar el micrófono de un teléfono para espiar cualquier conversación cercana. Surlyspawn, el equivalente moderno del sabotaje de las máquinas de escribir por parte de Rusia en Gunman, era capaz de registrar pulsaciones de teclas en ordenadores que ni siquiera estaban conectados a Internet. La filtración de *Der Spiegel* fue como el mundo llegó a conocer Dropoutjeep, el sabotaje de TAO desarrollado específicamente para iPhone, aquel que podía hacer los ataques comunes a los mensajes de texto, llamadas, monitorización de localización, activar micrófonos y hacer fotos, mientras el iPhone estaba fuera de la red.

Entre las herramientas más intrigantes de las mencionadas en el catálogo había un dispositivo llamado Cottonmouth I, de apariencia similar a cualquier memoria USB, pero que contenía un transceptor radio en miniatura que transmitía datos a otro aparato de la NSA (llamado «Nightstand») que se encontraba a kilómetros de distancia. Una vez se filtraron los detalles de dichas herramientas, los investigadores de seguridad empezaron a sospechar que ahí podía encontrarse la clave de cómo los estadounidenses y los israelíes habían colocado Stuxnet en Natanz.

En su mayoría, los días cero de la NSA seguían siendo descubiertos y afinados por humanos dentro de la agencia, pero también por un número cada vez mayor de hackers privados de la zona de Washington D. C. y más allá.

Sin embargo, su despliegue se dejaba a manos de los superordenadores. En 2013, Turbine ya estaba completamente operacional y empezó a sacar a los analistas de TAO de sus operaciones. El robot estaba diseñado, según palabras de un documento interno de la NSA, para «evitar que el usuario debiera conocer los detalles o preocuparse por ellos». A finales de año, la NSA previó que Turbine iba a gestionar «millones de implantes» para recabar inteligencia y «ataques activos». La NSA estaba tan centrada en sus nuevas herramientas cibernéticas ofensivas durante aquel año que los esfuerzos ofensivos duplicaron a los defensivos en la agencia. El presupuesto de allanamiento de la NSA había crecido hasta alcanzar los 652 millones de dólares, el doble de lo que se destinaba a defender las redes gubernamentales de los ataques del extranjero. Los críticos empezaron a afirmar que la NSA había abandonado su misión defensiva de una vez por todas.

El mundo había cambiado en los treinta y pocos años desde Gunman. El hecho de que los estadounidenses usaran un modelo de máquinas de escribir mientras sus adversarios usaban otro ya no era el caso. Gracias a la globalización, todos dependíamos de la misma tecnología. Una vulnerabilidad de día cero del arsenal de la NSA no podía modificarse para solo afectar a un funcionario de inteligencia pakistaní o a un operativo de Al Qaeda. Los ciudadanos, negocios e infraestructura crítica de Estados Unidos también serían vulnerables si un día cero llegaba a manos de un poder extranjero, un cibercriminal o un hacker con malas intenciones.

Dicha paradoja empezó a hacer que los trabajadores del Pentágono no pudieran dormir tranquilos. Las ciberarmas del país no podían existir de forma unilateral. A efectos prácticos, Estados Unidos financiaba una investigación y desarrollo peligrosa que podía volver como un bumerán para atacar al propio país. Los negocios, hospitales, servicios de electricidad, centrales nucleares, oleoductos y gaseoductos, sistemas de transporte (aviones, trenes y vehículos) dependían de las mismas aplicaciones y hardware de los que se aprovechaba el arsenal de la NSA.

Y eso no cambiaría en poco tiempo. Tal como el gabinete de Trump descubrió más adelante de primera mano —durante su batalla en vano para excluir a Huawei de las redes móviles de nueva generación—, ninguna cantidad de presión gubernamental podía detener la globalización en lo concerniente a la tecnología.

La NSA se enfrentaba a un dilema: su solución para lidiar con los malhechores del mundo era aumentar una carrera armamentística que solo hacía que Estados Unidos fuera más vulnerable a un ataque. La respuesta de la agencia a este problema fue un sistema llamado «Nadie salvo nosotros» (NOBUS por sus siglas en inglés). La idea detrás de NOBUS era que los elementos más sencillos, las vulnerabilidades que los adversarios del país podrían descubrir y aprovechar con suma facilidad, debían arreglarse y entregarse a los vendedores para que estos las parchearan. Sin embargo, las vulnerabilidades más avanzadas, el tipo de días cero avanzados para el cual la agencia creía ser la única que poseía el poder, recursos y habilidades para usar, permanecerían en el almacén de la agencia y se usarían para espiar a los enemigos de la nación o para degradar sus sistemas en el caso de que se desatara una guerra cibernética.

Michael Hayden, el exdirector de la NSA hasta 2005, se refirió a NOBUS de la siguiente forma:

«Una vulnerabilidad se ve de otro modo si, aunque se posea la vulnerabilidad, hace falta un poder computacional significativo u otros atributos similares, y entonces se debe evaluar: ¿quién más puede hacer esto? Si existe una vulnerabilidad aquí que debilita la encriptación, pero se necesitan dieciséis kilómetros cuadrados [de superordenadores] en un sótano para que funcione, se piensa en NOBUS, y esa es una vulnerabilidad que no nos sentimos ni ética ni moralmente obligados a tratar de solucionar, pues es una que, del mismo modo, podríamos tratar de usar para mantener a salvo a los estadounidenses de nuestros enemigos».

No obstante, a partir de 2012, NOBUS empezó a quedarse corto.

«Hackear enrutadores ha sido un buen negocio para nosotros y para nuestros compañeros de Five Eyes durante cierto tiempo —apuntó un analista de la NSA en un documento interno secreto de ese año que se había filtrado—. Pero cada vez está más claro que otros estados nación están afinando sus habilidades para entrar en escena».

La NSA había encontrado pruebas de que los hackers rusos estaban saboteando los mismos enrutadores y conmutadores de los que la agencia se había aprovechado durante años. Los hackers chinos se adentraban en empresas de telecomunicaciones y de Internet estadounidenses para robar contraseñas, planos, código fuente y secretos comerciales que podían usar para sabotear los sistemas y cumplir sus propios fines.

Si bien la agencia contaba con una gran ventaja en inteligencia de señales, gracias a Gosler y a otros que pasaron por allí después de él, dicha ventaja era cada vez menor. Se podía pensar que eso iba a obligar a la agencia a percatarse del fracaso de su enfoque NOBUS y de las realidades de una era de Internet más llana. Sin embargo, para seguir delante de los demás, la NSA redobló sus esfuerzos: aumentó su búsqueda de días cero para acumular más de ellos y subcontrató la caza y el desarrollo de aquellas herramientas a empresas privadas de toda la zona de Washington D. C.

En 2013, la NSA incorporó una nueva partida presupuestaria de 25,1 millones de dólares a su presupuesto negro clasificado. Esa cifra era lo que la agencia planeaba gastar cada año para adquirir «vulnerabilidades de software de vendedores privados de programas maliciosos». Según una estimación, aquello permitió a la agencia comprar hasta seiscientos veinticinco días cero al año, los cuales se sumaron a las vulnerabilidades que la agencia desarrollaba de forma interna.

Todo ese apetito por fallos y vulnerabilidades creó un auge en el mercado de las ciberarmas ofensivas. Y no era solo la NSA. Después de Stuxnet, la CIA, la Administración de Control de Drogas, las Fuerzas Aéreas, la Marina y el FBI empezaron a destinar más dinero a las vulnerabilidades de días cero y a las herramientas maliciosas. En TAO, los jóvenes hackers que tenían las habilidades para desarrollar dichas herramientas se percataban de que podían ganar mucho más dinero fuera de la agencia que dentro, al desarrollar y vender sus herramientas de vigilancia y ataque al gobierno. Si bien en Rusia y en China se podía coaccionar, amenazar o chantajear a cualquiera con habilidades cibernéticas para que llevara a cabo operaciones de hackeo ofensivas, el gobierno estadounidense no contaba con dichos lujos. Cada vez más seguido iba perdiendo a sus mejores hackers y analistas ante trabajos mejor pagados por contratistas de defensa privados como Booz Allen, Northrop Grumman, Raytheon, Lockheed y Harris, además de por empresas especializadas en dar caza y desarrollar días cero que se encontraban en la zona de Washington D. C.

Las filtraciones de Snowden en 2013 agravaron la fuga de cerebros todavía más. Tras la tunda pública que sufrió la NSA aquel año y la desmoralización que se produjo después, conforme la agencia se veía forzada a cerrar programa tras programa, sus analistas empezaron a salir de allí a montones (algo que la agencia discute, pues alega que el problema era una falta de personas con las habilidades necesarias).

Más y más, el único modo de adquirir las mismas capacidades que la agencia antes desarrollaba de forma interna era comprarlas a hackers y contratistas. Y, una vez las agencias de inteligencia empezaron a destinar mayores partes de sus presupuestos a vulnerabilidades de día cero y a herramientas de ataque del mercado privado, los miembros de este tenían menos incentivos aún para entregar los fallos de día cero subyacentes a los vendedores para que los parchearan. En su lugar, empezaron a aumentar los niveles de clasificación y secretismo alrededor de estos programas.

Lo irónico es que los secretos no hacían que los estadounidenses estuvieran más a salvo. Los días cero no se mantienen en secreto durante toda la vida. Un estudio de la RAND Corporation, la empresa de investigación que se centra en la planificación de defensa de Estados Unidos, concluyó que, aunque la vulnerabilidad de día cero media podía mantenerse en secreto durante casi siete años, cerca de un cuarto de los fallos se llegaba a descubrir en un año y medio. Unos estudios previos determinaron que la esperanza de vida media de un día cero era de diez meses. Después de que Stuxnet abriera los ojos del mundo ante el poder de un día cero, los aliados y adversarios del país y los regímenes autoritarios comenzaron a buscar y a acumular sus propias vulnerabilidades. Los niveles de clasificación estadounidenses y sus acuerdos de confidencialidad no podían hacer nada por detenerlos, sino que lo único que conseguían era impedir que periodistas como yo revelaran el sucio secreto del gobierno.

Un día de 2008, casi al mismo tiempo, cinco de los mejores hackers de la NSA devolvieron sus placas de seguridad y salieron del parking de Fort Meade por última vez.

Dentro de la agencia, a aquellos hombres se los conocía como «los Cinco de Maryland» y gozaban de una gran reputación, pues, una y otra vez, habían demostrado ser indispensables. Cada uno de ellos era miembro de un equipo de acceso de TAO de primer grado que hackeaba los sistemas que nadie más podía. Si el objetivo era un terrorista, un traficante de armas, un topo chino o un científico nuclear, querían a los Cinco en ello. Rara vez había un sistema o un objetivo al que no pudieran hackear.

No obstante, la burocracia, las guerras de territorio, el personal directivo intermediario, los secretos y el papeleo los estaban drenando. Al igual que había ocurrido con tantos otros hackers antes que ellos, el dinero nunca había sido un factor que los motivara demasiado. Todos tenían menos de treinta años y no tenían hipotecas ni préstamos universitarios que pagar; lo que buscaban era su independencia. Aun así, no pudieron evitar ver cómo sus jefes cada vez estaban más dispuestos a entregar fondos a sociedades fantasma para que pagaran a hackers, brókeres y contratistas de defensa externos para conseguir el mismo trabajo que ellos llevaban a cabo dentro de Fort Meade.

Y fue así como abandonaron la NSA para empezar su propia empresa, una tienda especializada en días cero, a menos de una hora de distancia de Fort Meade. Y, durante doce largos años, lograron mantener toda su operación en secreto.

Un día nublado de marzo de 2019, me metí en un taxi cerca del Pentágono y di vueltas por las afueras de Virginia hasta llegar a una oficina de seis plantas nada llamativa en Reston, rodeada de cristal reflectante. En un día normal, no le habría prestado atención a aquel edificio, apretujado entre una guardería y un centro de masajes. De hecho, era difícil saber si estaba en el lugar correcto. No había ningún indicio sobre la empresa que yo sabía que estaba dentro, pues no publicitaban nada. El edificio era igual a cualquier otro edificio de oficinas construido en los años noventa.

No tenía cita aquel día y tampoco creía que fuera a llegar muy lejos. A lo largo de los años, había oído rumores sobre los hombres que trabajaban allí. Aun así, cuando traté de contactar con los ejecutivos o los empleados, nunca recibí ninguna respuesta. Antes de entrar en su sede aquel día, esperaba encontrarme con cámaras de seguridad, torniquetes o guardias armados. Por entonces estaba embarazada de ocho meses, por lo que supuse que, si alguien me lo ponía difícil, podría decir que estaba buscando un baño. Sin embargo, cuando entré, no había nadie allí para tratar de detenerme. Llegué a los ascensores y le di al botón del tercer piso para ir a la Suite 300 y ver qué podía descubrir sobre la versión del laboratorio de Q del Tío Sam, aunque con un nombre mucho menos cinematográfico: Laboratorio de Investigación de Vulnerabilidades (VRL por sus siglas en inglés).

Sabía que la discreción era una de las mayores virtudes del VRL. Su sobria página web formulaba la pregunta: «¿Por qué no has oído hablar de nosotros?» y luego la respondía: «VRL no se publicita. Llevamos a cabo todas nuestras relaciones de negocios en el secreto más estricto». La única pista que había allí que indicara que la empresa participaba en el armamento del universo digital era su lema, que habían tomado prestado del antiguo filósofo chino Sun Tzu: «Conoce a tu enemigo y conócete a ti mismo; en cien batallas, nunca saldrás derrotado».

Incluso si VRL trataba de enfatizar los elementos defensivos de su negocio —y sí que se dedicaba a la defensa también—, sabía a través del pánico visible en los rostros de los cazadores y brókeres de días cero cada vez que mencionaba sus tres iniciales que VRL se encontraba entre los mayores compradores y vendedores de vulnerabilidades de días cero, herramientas de vigilancia y ciberarmas del mercado. VRL tenía una política estricta de decir lo menos posible sobre su trabajo ofensivo. Despedía a cualquiera que siquiera susurrara el nombre de un cliente detrás de aquellas puertas de cristal. Si las agencias de tres letras se enteraban de que VRL hablaba de sus negocios en público, los contratos desaparecerían.

Aun con todo, LinkedIn siempre daba unos resultados interesantes. Por entonces, unos exagentes intermediarios de SIGINT de la NSA eran «gestores de herramientas y tecnologías ofensivas» de VRL. Un exespecialista contra el terrorismo de Estados Unidos se había convertido en el director de operaciones de la empresa. Algunos trabajadores de VRL llenaban su descripción laboral como «censurado». En páginas web de búsqueda de trabajo, encontré ofertas de la empresa para ingenieros con habilidades para descubrir «vulnerabilidades críticas en software y hardware» para «mejorar las capacidades de caza cibernética de nuestros clientes». La empresa buscaba en todo momento especialistas en sabotaje de núcleos y desarrolladores móviles que pudieran encadenar vulnerabilidades para crear herramientas de espionaje que funcionaran con un solo botón. En ningún lugar de la página web de VRL se mencionaba su negocio de adquisición de días cero, pero, por alguna razón, buscaba y contrataba a los mejores investigadores de días cero del país, en especial a los que se habían formado con los mayores clientes de VRL: la NSA y la CIA.

En una web de anuncios de trabajo, la empresa dejó clara su proposición de valores: «El conocimiento único de VRL sobre los almacenes de ciberarmamento de los adversarios extranjeros, además de las características distintivas de su trabajo, hacen que VRL esté por encima de los demás».

Si bien el secretismo definía aquel negocio, los nombres de los primeros competidores estadounidenses de VRL (empresas como Endgame en Virginia, Netragard en las afueras de Boston y Exodus Intelligence en Austin) eran relativamente conocidos. Pero VRL no. Pasé años rebuscando en escándalos para tratar de comprender por qué todos los miembros de aquel negocio llegaban hasta ese extremo para ocultar la existencia de VRL.

Ningún miembro de la empresa quería hablar conmigo. Muy pocos de los contratos de VRL eran públicos, y los que sí encontré no me dijeron mucho. En la base de datos de adquisiciones del gobierno, seguí la pista de varios contratos de VRL con el Ejército, las Fuerzas Aéreas y la Marina que estaban valorados en millones de dólares. Un contrato mostraba que las Fuerzas Aéreas habían pagado a VRL 2,9 millones de dólares por la incierta razón de «equipamiento periférico de sistemas informáticos». El rastro de papeleo desaparecía en los años posteriores a que Computer Sciences Corp, el coloso de la contratación de defensa, hubiera comprado VRL en 2010. VRL casi no tenía presencia en Internet, a pesar de ser una empresa cuyo director ejecutivo presumió durante la adquisición por parte de Computer Sciences Corp. que VRL tenía unas «capacidades sin igual» en el mundo de la ciberseguridad.

«Creemos que un conjunto de talento como el que hemos conseguido no ha existido nunca en una entidad comercial», dijo Jim Miller, el presidente de VRL por aquel entonces.

Sin embargo, durante los años siguientes a la venta, empecé a encontrarme con extrabajadores de VRL en las grandes conferencias internacionales de hackers en Buenos Aires, Vancouver, Singapur y Las Vegas. Muchos no decían nada. Aun así, cuanto más compartía con ellos lo que ya sabía (que VRL se encontraba entre los proveedores de herramientas de espionaje y ciberarmas ofensivas más secretos del gobierno), más empezaron a hablar conmigo. Algunos solo se ofrecieron a comprobar la veracidad de la información básica que había descubierto. Otros estaban más abiertos, en parte, según me dijeron, porque habían empezado a cuestionar si era buena idea encontrar vulnerabilidades en los sistemas informáticos, teléfonos móviles e infraestructura del mundo para convertirlas en elegantes herramientas de espionaje y lanzarlas «sobre la valla» hacia las agencias gubernamentales, sin tener ni idea de cómo estas las iban a utilizar.

Aquel tipo de recelos había alcanzado una nueva dimensión después de que Donald Trump llegara a la presidencia. Con su extraña afinidad por los dictadores, su incapacidad para poner contra las cuerdas a Rusia por su interferencia en las elecciones de 2016, su abandono de los kurdos, unos de los aliados más cercanos de la nación, y su negativa a condenar de forma clara el horrible asesinato del columnista del *Washington Post* Jamal Khashoggi por parte de los saudíes, Estados Unidos estaba perdiendo su autoridad moral (incluso después de que una valoración de la CIA concluyera que el príncipe heredero de Arabia Saudí, Mohammed bin Salman ordenara personalmente el asesinato de Khashoggi, Trump contestó que: «Quizá lo hizo, quizá no»). Al ver que todos esos casos se acumulaban, un extrabajador de VRL me dijo a finales de 2019:

«Cada vez es más difícil saber si uno vende estas herramientas a los buenos o si está ayudando a los malos».

Resulta que, según me dijeron varios extrabajadores de VRL, mi búsqueda de sus contratos había sido en vano desde el principio. Las herramientas de VRL se adquirían principalmente a través de «vehículos de contrato especiales» establecidos por la CIA y la NSA para esconder sus tratos con los contratistas (para entonces, ya me estaba empezando a dar cuenta de por qué Panetta me había dicho que iba a «encontrarme con muchos callejones sin salida»).

Sin embargo, según me dijeron esos hombres, en 2008 la idea original detrás de la empresa era: «Encontrar un día cero es un incordio. Convertir un día cero en un arma es un incordio todavía más grande. Y comprobarlo y hacer que sea fiable es el mayor incordio de todos».

VRL llevaba a cabo todas esas tareas… por cierto precio. A partir de 2008, los Cinco contrataron a algunos de los mejores cazadores de días cero de la NSA, establecieron contratos con hackers de lugares como Argentina, Malasia, Italia, Australia, Francia y Singapur, y aportaron dinero a «granjas informáticas» —decenas de miles de sistemas informáticos situados en granjas de servidores virtuales— que lanzaban terabytes de código basura a las herramientas de VRL para cerciorarse de que nada de lo que vendían a las agencias de inteligencia fallaría en mitad de una operación o avisaría a un objetivo de que el Tío Sam acababa de hackearlo.

Las herramientas de VRL alcanzaron la reputación de ser lo mejor del mercado, muy por encima de la basura que compraban iDefense, Tipping Point u otras empresas tiempo atrás.

«Se trataba de días cero que valían varios millones de dólares, eran cien por cien fiables y estaban protegidos con mucho recelo —me explicó un extrabajador—. Esos no se usaban así como así. Solo se utilizaban en ataques de precisión crítica, porque, una vez se desplegaban, el riesgo de que se descubrieran era demasiado grande. Prácticamente nunca se desplegaban "en un arrebato" Se tenía que esperar a que ocurriera una emergencia lo suficientemente grave como para gastarlos».

VRL proporcionaba herramientas para las operaciones concentradas más sensibles del gobierno, el tipo de operación que podía acabar con la captura del terrorista Aiman al Zawahiri o desactivar los sistemas de lanzamiento de misiles de Corea del Norte. No solo vendían vulnerabilidades de días cero, sino que proporcionaban a las agencias herramientas de espionaje y ciberarmas preconfiguradas que, en palabras de un empleado, «¡podían hacer que explotara todo!».

«La diferencia entre comprar un fallo y una vulnerabilidad fiable convertida en arma es como el día y la noche —me dijo uno de ellos—. Eran sistemas que funcionaban con un solo botón».

Una década atrás, si un hacker que sabía lo que hacía descubría un día cero por la mañana, tal vez tuviera una vulnerabilidad convertida en arma lista para usarse aquella misma tarde. Sin embargo, conforme los vendedores de software como Microsoft empezaron a introducir más seguridad y mitigaciones antisabotaje en sus sistemas, cada vez se necesitaban más horas de trabajo para desarrollar una vulnerabilidad fiable.

«Pasó de unas pocas horas a varias semanas y luego a varios meses», me contó un exanalista de la NSA.

VRL había encontrado un poderoso hueco en el mercado al convertir días cero en armas y vender a las agencias herramientas de hackeo preprogramadas que funcionaban en una gran variedad de sistemas distintos.

Como contratista, VRL también podía jugar donde a las agencias gubernamentales no se les permitía: en los elementos más sospechosos del mercado, donde compraban días cero, vulnerabilidades y técnicas ofensivas de los hackers extranjeros. Tras ello, VRL convertía las materias primas en herramientas de espionaje y ciberarmas listas para disparar, y sus clientes en la CIA y otras agencias gubernamentales de Estados Unidos jamás tendrían que saber de dónde procedían las vulnerabilidades subyacentes.

En ocasiones, VRL aceptaba «ventas sin cita» y compraba vulnerabilidades de hackers que contactaban con ellos para entregar sus descubrimientos. Aun así, lo que ocurría con mayor frecuencia era que VRL desarrollaba un concepto para un dispositivo de espionaje o ciberarma y pedía a los hackers extranjeros que lo convirtieran en una realidad. Le pregunté a un empleado si guardaba algún recelo por trabajar con hackers extranjeros o si alguna vez se había preguntado a quién más les estarían vendiendo sin que se enterasen.

«Nos daba igual —me contestó—. Hacíamos lo que hiciera falta para producir los bienes».

Incluso después de que VRL fuera comprada en 2010, seguía trabajando de forma relativamente independiente cuando llegué a sus puertas de cristal aquel mes de marzo. No vi ninguna cafetería elegante, ningún gimnasio de escalada, ninguna otra de las ventajas que ofrecían las empresas emergentes. No había hípsters con gafas de pasta y pantalones ajustados.

De hecho, aquello era la versión contraria de Silicon Valley. En el interior de la empresa, los trabajadores de VRL le hacían la vida imposible a los ingenieros de seguridad de empresas como Google y Apple al encontrar brechas en sus productos y convertir su código en armas. Las herramientas que desarrollaba VRL eran del tipo que, si se llegaban a descubrir, harían que los ingenieros de seguridad se dirigieran directo a las salas de crisis de Mountain View y Cupertino para descubrir hasta qué punto su propio gobierno se había adentrado en sus sistemas y cómo sacarlo de ellos.

«Todos los que trabajaban allí tenían una dedicación de monje hacia el trabajo —me contó un extrabajador—. Se parecían más a los caballeros templarios que a lo que se ve en Google o Facebook».

Aquellos extrabajadores usaron un ejemplo una y otra vez para demostrar la cultura de lealtad similar a los SEAL de la Marina que tenía la empresa: la historia de un empleado que había descubierto que padecía de insuficiencia renal. Casi todos los miembros de la empresa se habían sometido a pruebas hasta que encontraron un posible donante, y un compañero le acabó donando un riñón. Aquellas cosas no ocurrían en Google ni en Facebook.

Me quedé frente a las puertas de VRL y observé cómo una veintena de hombres programadores entraban y salían. Eran como los había imaginado: de aspecto modesto, centrados en sus iPhone y sin reparar en mi presencia. No llevaban camisetas con mensajes irónicos ni auriculares retro de un tamaño exagerado como hacían en Silicon Valley. Sus voces no eran las que veía gritar en Twitter día tras día. De hecho, dudaba de que alguno de ellos usara alguna red social.

Si bien ninguna persona ajena a los círculos clasificados y al mercado de días cero clandestino había oído hablar de aquellos hombres, dentro de aquellos muros, VRL tenía una capacidad cibernética más avanzada que la gran mayoría de los países de todo el mundo. Y, aun así, hasta donde veía, no había nadie que los supervisara. Los empleados de VRL que provenían de las grandes agencias tenían cierta idea de cómo se iban a utilizar sus herramientas, pero habían pasado años desde que muchos de ellos habían tenido un papel operacional.

«Una vez arrojaba las cosas por encima de la valla, no sabía qué se hacía con ellas —me dijo un extrabajador de VRL. A veces veía algo en las noticias y pensaba: "¿Habré sido yo?"—. El problema es que el otro lado es tan opaco y clasificado que no se puede tener ninguna certeza».

VRL estaba decidido a vender sus herramientas de hackeo solo a agencias estadounidenses. Y, para la mayoría de los empleados, aquello era lo único que necesitaban saber.

«Puede que no estuviéramos de acuerdo con todo lo que hacía el gobierno, pero, si se quieren vender vulnerabilidades, al menos el gobierno estadounidense es uno de los más responsables éticamente. La mayoría de nosotros venía de la NSA, y aquel era un buen modo de hacer la transición tras salir. No teníamos que lidiar con la burocracia. Podíamos ganar bastante dinero y seguir alineados a la misión de la agencia».

Si alguna vez albergaban alguna duda, lo único que tenían que hacer era ver qué hacían algunos de sus antiguos compañeros de la NSA por toda la zona de Washington D. C. (con algunos de los aliados de mala reputación del país) para sentirse mejor.

«Miraba lo que hacían algunos de mis amigos y pensaba: "Esos sí que son de los malos". Supongo que, si uno quiere justificarse algo a sí mismo, acaba encontrando cómo hacerlo. En las vulnerabilidades y en la vida».

En sus ansias por pagar más dinero para una mayor cantidad y calidad de vulnerabilidades de día cero y herramientas de espionaje, las agencias de espionaje estadounidenses estaban contribuyendo al crecimiento de una carrera de ciberarmas tan lucrativa como poco regulada, una que, poco a poco, dejó de jugar según las reglas de Estados Unidos.

Pese a que las empresas como VRL solo entablaban negocios con las agencias estadounidenses y a que otras como Azimuth y Linchpin Labs trabajaban de forma exclusiva dentro de Five Eyes, el legado más oscuro de Stuxnet fue que mostró a otros países lo que se podía conseguir con unos cuantos días cero encadenados. Después de que se descubriera el gusano en 2010, países con unos registros de derechos humanos horrendos empezaron a organizar sus propias unidades de ciberofensiva a toda prisa. Sin embargo, sin el talento de los programadores de la NSA o de la Unidad 8200, aquellos países empezaron a frecuentar el mercado de días cero para pagar más que los gobiernos occidentales y sus sociedades fantasma para adquirir vulnerabilidades de día cero en un intento por alcanzar el tipo de éxito, por temporal que este fuera, que Stuxnet había logrado en Irán.

«Creo que acierto al decir que nadie se esperaba lo que iba a ocurrir —me dijo un funcionario veterano de Estados Unidos—. Y ahora mismo nadie está seguro de cómo va a acabar todo».

Para 2013, Five Eyes seguía siendo el mayor patrocinador del mercado, pero Rusia, India, Brasil y algunos países del Pacífico asiático como Malasia y Singapur también compraban. Corea del Norte e Irán se encontraban en el mercado. Y, poco después, los servicios de inteligencia de Oriente Medio se convirtieron en los que más gastaban en el mercado.

Aquel mismo año, los hackers estadounidenses empezaron a recibir correos electrónicos urgentes de brókeres extranjeros que no eran lo que se dice *sutiles*: «Necesito vulnerabilidad de ejecución de código con urgencia —rezaba el asunto de un correo electrónico que un hacker compartió conmigo—. Querido amigo —saludaba—. ¿Tienes alguna vulnerabilidad de ejecución de código para Windows, Mac, para aplicaciones como navegadores, Office, Adobe?».

«En caso de que sí —añadía el correo—, el pago no es problema».

El año en el que me metí en el armario de los secretos clasificados de Snowden, el mercado de días cero se había convertido en una fiebre del oro en toda regla. No obstante, no había demasiado incentivo para regular un mercado en el que el gobierno de Estados Unidos seguía siendo el mayor cliente.

Aquel mismo año, de forma irónica, tras haber creado el mercado de días cero y arrojado el mundo a la era de la ciberguerra, a Keith Alexander, el arquitecto de Stuxnet, se le preguntó qué era lo que lo mantenía despierto por las noches.

«Mi mayor temor —le dijo Alexander a un periodista— es la cada vez más probable posibilidad de que las vulnerabilidades de día cero acaben en malas manos».

PARTE IV

Los mercenarios

El hombre debe tener palabra.

—OMAR LITTLE, *The Wire*

11
El kurdo

San José, California

Regular la venta global de días cero siempre ha sido un esfuerzo confuso y complicado. La mayoría está de acuerdo en que regular la venta de herramientas de hackeo a los regímenes autoritarios es, en teoría, algo noble. Los partidarios de dicha regulación señalan que el Departamento de Estado bloquea con regularidad ventas de armas a dictaduras y afirman que la misma lógica debería aplicarse a las herramientas digitales que pueden usarse para espiar a poblaciones enteras o desatar una explosión mortal.

Sin embargo, los críticos sostienen que, en la práctica, a aquellas reglas les saldría el tiro por la culata. Los investigadores de seguridad sostienen que las restricciones en días cero acabarían impidiendo la ciberseguridad, en el sentido de que haría que los investigadores no pudieran compartir estudios sobre vulnerabilidades y código malicioso a través de las fronteras. Las empresas estadounidenses que llevan a cabo negocios en el extranjero afirman que ello las dejaría expuestas a una acusación sesgada y que acabaría beneficiando a países como China o Rusia, que solo aplican las regulaciones cuando les resulta conveniente. Otros sostienen que los días cero son código, y que regular el intercambio de código sería lo mismo que regular las matemáticas o las ideas, lo cual infringe la libertad de expresión. Tal como dijeron los dos italianos, Luigi y Donato:

«No vendemos armas, vendemos información».

La presión ha ayudado a mantener el mercado de días cero prácticamente sin regular. Y, mientras Estados Unidos siga siendo uno de los mayores patrocinadores del mercado, no es probable que se vaya a producir ningún cambio.

Lo más cerca que Estados Unidos ha estado de controlar la exportación de herramientas de hackeo y tecnología de vigilancia fue el Acuerdo Wassenaar.

Nombrado por la ciudad neerlandesa en la que se firmó el acuerdo en 1996, el Acuerdo Wassenaar sobre Controles de Exportación para Armas Convencionales y Bienes y Tecnologías de Uso Dual se diseñó para reemplazar al conjunto de normas de la Guerra Fría en las que se basaban los países occidentales para impedir que las armas y la tecnología militar llegara a Rusia, a China y a sus satélites comunistas. El objetivo de Wassenaar era controlar la venta de sistemas armamentísticos convencionales y tecnologías de uso dual —sistemas informáticos, centrifugadores y drones sofisticados— para que no llegara a los déspotas de Irán, Irak, Libia y Corea del Norte. Los signatarios originales incluyeron a Estados Unidos y a cuarenta y un países más, entre ellos la mayor parte de Europa, Argentina, Australia, Canadá, Corea del Sur, India, Japón, México, Nueva Zelanda, Reino Unido, Rusia, Sudáfrica, Suiza, Turquía y Ucrania; y, a pesar de que el acuerdo no era vinculante, los estados miembros acordaron establecer y aplicar sus propias leyes domésticas para controlar la venta de objetos que se encontraran en la lista de control Wassenaar, la cual actualizan cada diciembre.

En 2012 y 2013, mientras trabajaba junto a investigadores de seguridad en el Citizen Lab de la Escuela Munk de Asuntos Internacionales de la Universidad de Toronto, escribí una serie de artículos para el *The New York Times* sobre la venta y la propagación de los programas espías de una empresa británica a países como Baréin, Brunéi, Etiopía y los Emiratos Árabes Unidos, donde encontraron a las autoridades usando ese código para monitorizar a periodistas, disidentes y activistas de derechos humanos. Los artículos hicieron que los miembros de Wassenaar añadieran la tecnología de vigilancia a su lista de control. Y, pese a que los países europeos empezaron a exigir que las empresas sacaran licencias para exportar programas espía y otras herramientas de vigilancia e intrusión, Estados Unidos nunca lo hizo.

Lo más cerca de ello que estuvo el país fue en mayo de 2015, cuando los reguladores trataron de incorporar los cambios de Wassenaar en la ley nacional. El Departamento de Comercio intentó exigir que los investigadores de seguridad y las empresas de tecnología obtuvieran una licencia para exportar «bienes de ciberseguridad» como los «programas de intrusión». Sin embargo, la propuesta fracasó una vez que todas las empresas, desde Electronic Frontier Foundation hasta Google, se quejaran. Los críticos más vocales fueron las empresas que se encontraban en la industria de «pruebas de penetración», valorada en 1,7 mil millones de dólares, en la cual los hackers de sombrero blanco recibían dinero por hackear los sistemas de sus clientes con vulnerabilidades y herramientas de intrusión para mejorar sus defensas. Les aterraba que las palabras demasiado amplias de Wassenaar pudieran sacarlos del negocio, por lo que presionaron a los legisladores estadounidenses para que abandonaran la propuesta y a los miembros de Wassenaar para que centraran el enfoque de los objetos añadidos a su lista de control. Tras un tiempo, acabaron saliéndose con la suya: se limitó el control de Wassenaar a los sistemas de software de intrusión de «mando y control». E incluso entonces, después de que los estados miembros de Wassenaar adoptaran ese control más limitado en sus leyes nacionales, Estados Unidos nunca lo hizo ni dio explicación al respecto.

Como resultado, el mercado de vulnerabilidades de Estados Unidos sigue sin estar regulado. La única excepción son las herramientas que se encuentran en la antigua categoría de controles a la exportación de encriptación. Los estadounidenses no pueden vender herramientas de intrusión a países prohibidos, como Corea del Norte, Irán, Sudán, Siria y Cuba. No obstante, no hay nada que impida a los hackers vender vulnerabilidades y herramientas de intrusión a países «favorables», es decir, a la mayoría de sus aliados occidentales, pero también a países con registros de derechos humanos cuestionables, como Turquía. Para vender estas herramientas a otros grupos extranjeros, los controles criptográficos exigen que los vendedores obtengan una licencia de la Oficina de Comercio de la Industria y la Seguridad, la cual suele otorgarlos durante cuatro años o más y, a cambio, solo pide que los vendedores informen sobre sus ventas dos veces al año. Los probadores de penetraciones (los que trabajan con pruebas de penetración en sistemas), los brókeres de vulnerabilidades y los fabricantes de programas espía afirman que los controles de encriptación son adecuados, mientras que a los activistas de los derechos digitales les parece algo ridículo.

Una vez quedó claro que Estados Unidos no iba a adoptar las reglas más estrictas que se habían establecido en Europa, varios vendedores de programas espía y brókeres de días cero se mudaron de Europa a Estados Unidos, cerca de sus mejores clientes, alrededor de la zona de Washington D. C. Entre 2013 y 2016, el número de empresas que vendía tecnología de vigilancia en Estados Unidos aumentó al doble. Una empresa que antes catalogaba las tecnologías de espionaje en lo que llamaba el «Pequeño Libro Negro de la Vigilancia Electrónica» tuvo que cambiar el nombre a su catálogo, el cual pasó a llamarse «El Gran Libro Negro» en 2016. Su edición de 2017 incluía ciento cincuenta empresas de vigilancia. Esas empresas empezaron a hacer una polinización cruzada con agencias de policía extranjeras, algunas de ellas en lugares con registros de derechos humanos dudosos, y, poco después, nació un nuevo tipo de seguridad: uno que no solo vendía a agencias gubernamentales de Estados Unidos o a Five Eyes, sino a algunos de los transgresores de los derechos humanos más reconocidos del mundo.

Entre los negocios más conocidos que llevaba a cabo un antiguo hacker de la NSA se encontraba la empresa con sede en Miami fundada por Dave Aitel: Immunity Inc. Aitel, un esbelto hacker moreno de rostro angulado, era conocido por ir más allá de los límites de la agencia, lo cual acabó molestando a sus superiores. Había tomado como costumbre aparcar su Toyota Camry en espacios reservados para los agentes de mayor rango de la NSA; en la parte frontal del parking. Por si esto fuera poco, Aitel colocó una pegatina que decía «LIBERTAD PARA KEVIN» en la parte trasera de su coche, en referencia a Kevin Mitnick, un hacker cazado por el FBI que se encontraba en prisión por ataques informáticos (tras su paso por prisión, Mitnick se convirtió en un hacker de sombrero blanco, pero no tardó en pisar el territorio gris, al vender vulnerabilidades de día cero a gobiernos y empresas sin nombre para tener un ingreso adicional). Cuando los encargados del parking llamaron a los jefes de Aitel para quejarse de lo que había hecho, Aitel no se echó atrás. En su lugar, organizó una insurrección a través de la lista de correos internos de la NSA. Con un guiño al eslogan no oficial de la agencia, «Un equipo, una misión», Aitel escribió a sus compañeros: «Un equipo, un parking» y animó a los miembros de menor rango de la NSA a aparcar donde les diera la real gana.

No obstante, lo que más molestó a los jefes de Aitel fue lo que hizo después de abandonar Fort Meade. Escribió un libro junto a otros hackers conocidos, titulado *The Shellcoder's Handbook: Discovering and Exploiting Security Holes* [La guía del programador: cómo descubrir y aprovecharse de brechas de seguridad]. La obra se convirtió en la biblia de los aspirantes a hacker. En ella, Aitel detallaba vulnerabilidades específicas y metodologías de ataque que, según sus jefes, iban demasiado lejos al divulgar el espionaje de la NSA. En Fort Meade, colocaron una diana de dardos con la cara de Aitel en ella y animaron a sus sucesores a apuntar entre los ojos.

En 2002, Aitel fundó su empresa de seguridad, Immunity, desde su vivienda en Harlem y empezó a asesorar a las grandes empresas de servicios financieros. Sin embargo, poco después desarrolló una herramienta de sabotaje automatizada llamada «Canvas» que permitía que sus clientes probaran amenazas de verdad —algunas de ellas ya eran conocidas, mientras que otras eran vulnerabilidades de día cero que el propio Aitel había desarrollado— en sus sistemas para imitar las técnicas de los Estados y cibercriminales más avanzados. La herramienta fue todo un éxito entre los bancos y, poco después, entre los gobiernos, a los cuales les interesaba menos defender sus sistemas ante un ataque que aprender a utilizar los días cero para hackear a sus enemigos, o, en algunos casos, a sus propios ciudadanos.

Aitel nunca me habló de su trabajo con vulnerabilidades para los gobiernos. Cuando trataba de sonsacarle alguna respuesta, él se volvía evasivo.

—¿Alguna vez has vendido alguna vulnerabilidad de día cero a una agencia gubernamental, sea doméstica o extranjera? —le pregunté directamente.

—Jamás hablaría sobre mis clientes —me contestó.

«El dichoso salmón».

Para comprender aquella dimensión del comercio de vulnerabilidades, tuve que acudir al primer trabajador de Aitel, un hacker kurdo llamado Sinan Eren.

Eren era de ascendencia kurda y había crecido en Estambul. Aprendió a hackear como forma de resistencia: su padre, un activista kurdo, pasó casi un año en prisión después del golpe militar turco de 1980 y todavía tenía una bala clavada en el hombro, cortesía de un policía turco que le disparó durante una protesta.

El Eren joven, sin embargo, se mantuvo al margen de la política y desfogaba su rabia tocando el bajo en su grupo independiente, Conflict. Su madre era la heredera de una acaudalada familia de la metalurgia, y Eren se parecía a ella. A diferencia de la mayoría de los kurdos de Turquía, que tenían un acento muy marcado, Eren podía hacerse pasar por un estambulí con dinero. Por tanto, la policía lo dejó en paz durante su adolescencia.

No obstante, cuando se intensificó la mano dura contra los kurdos por parte de Turquía, Eren se convirtió en un objetivo regular. La ley exigía que los turcos llevaran una identificación consigo, y, cada vez que un policía paraba a Eren y veía que era kurdo, empezaban los problemas.

«Podía pasar cualquier cosa —me explicó durante una tarde veraniega. La mayoría de las veces lo detenían solo por ser kurdo, lo metían a él y a sus amigos en un autobús, donde la policía los hacía quedarse de pie durante horas y horas—. Solo para ver si nos orinábamos encima».

Eren y sus amigos empezaron a temer a un policía turco en particular, quien azotaba a los kurdos con un látigo de más de medio metro de largo para recordarles quién estaba al mando. Aquellos a quienes golpeaba y soltaba se consideraban afortunados, pues, en los años noventa, los asesinatos de activistas kurdos se convirtieron en algo cotidiano. Los turcos tenían un término legal para esos asesinatos (*faili meçhul*, que puede traducirse como «criminal desconocido»), y, a mediados de los años noventa, miles de turcos kurdos desaparecieron.

«Veíamos cómo recogían a personas en la misma marca y modelo de Renault que sabíamos que pertenecía a la policía secreta y luego no los volvíamos a ver —me contó Eren—. Gritaban sus nombres, los nombres de sus familiares y sus números de teléfono desde la parte trasera del coche para que al menos sus familias supieran qué les había ocurrido. Me hice mayor de edad en esos tiempos».

Eren quería que entendiera por qué se había metido en el mundo de los ataques informáticos y del desarrollo de vulnerabilidades y por qué —cuando los gobiernos más desagradables entraron en el mercado de vulnerabilidades— tuvo que salir de él.

Empezó a hackear en la universidad, como una forma de resistencia política. Desde que podían recordar, los campus universitarios siempre habían sido zonas seguras para los kurdos ante la brutalidad policial. No obstante, aquello empezó a cambiar durante el paso de Eren por la Universidad Técnica de Estambul. Con una frecuencia bastante alarmante, los administradores invitaban a la policía secreta al campus por «cualquier cosita». Los miembros del Sindicato de Estudiantes Kurdos establecieron canales de Internet —versiones muy tempranas de Slack— para advertir a otros de que la policía se encontraba en el campus. Aquello se convirtió en el primero de muchos pequeños actos de resistencia. Eren y sus amigos imitaron a los *hackers script kiddies* que vandalizaban páginas web de Estados Unidos, y, en el aniversario del golpe militar turco, modificaron varias páginas web del gobierno de aquel país.

Eren dejó su grupo de música y empezó a dedicar todo su tiempo libre a los foros de hackers, donde se comunicaba con otros hackers de Argentina y Estados Unidos para aprender su oficio y el arte de los días cero. Así fue como vio que los ataques informáticos no eran solo una herramienta de resistencia, sino que también podían ser una poderosa herramienta de inteligencia. Mediante las herramientas que extrajo de los foros de hackers, empezó a entrar en los correos electrónicos de los trabajadores de la universidad y vio que ellos también eran cómplices de la mano dura.

«No teníamos acceso a todo, pero sí podíamos recoger las miguitas (actas de reuniones, citas u horarios) y filtrarlas a la prensa».

Eren se estaba convirtiendo en uno de los primeros *hacktivistas* de Internet, pero su familia no comprendía lo que aportaba.

«Me decían: "Nosotros arriesgamos la vida y tú te pones a pintar con colores"».

No obstante, él seguía aferrado a su idea. Eren veía el impacto directo que provocaban sus vandalizaciones y filtraciones en la prensa, además del poder de su nuevo movimiento virtual. Él y sus amigos pegaron panfletos por todo el barrio ofreciendo números de Internet por módem gratuitos, así como nombres de usuario y contraseñas hackeadas para dar a los ciudadanos acceso a Internet gratuito y que pudieran incorporarse a la nueva resistencia digital. Los ataques informáticos y el *hacktivismo* se convirtieron en una compulsión.

Conforme se acercaba su graduación, el Ejército empezó a llamar a la puerta de Eren. A los estudiantes turcos, incluso a los kurdos, se les estaba obligando a alistarse.

«Sabía que, con mi historial, iban a intentar volverme en contra de mi propio pueblo».

Eren buscó trabajo en el extranjero. Una empresa de seguridad israelí contrataba a ingenieros en San José, la ciudad industrial en el centro de Silicon Valley. Se encontraba en medio del aumento de contrataciones de ciberseguridad post 11 de septiembre. Eren fue uno de los pocos extranjeros afortunados que pudieron obtener un visado para profesionales con trabajos especializados para poder trabajar en Estados Unidos. Aquel fue su modo de escapar de allí.

San José y Estambul bien podrían haber estado en planetas distintos. Eren pasaba la mayor parte de sus días en el trabajo, y los fines de semana, en los foros de hackers. Su trabajo era muy distinto del *hacktivismo* al que se había dedicado en Estambul, y echaba de menos a su familia. Cuando McAfee, el gigante de la seguridad, adquirió su empresa y lo trasladó a su sede de aquella misma calle, supo que tenía que salir de allí. La cultura le parecía «seca y aburrida» y, profesionalmente, se sentía en un callejón sin salida.

Por las noches, Eren se dirigía a sus conocidos foros de hackeo para ver lo que los hackers habían publicado en BugTraq y para desmontar sus herramientas. Fue allí donde conoció a Aitel, el antiguo hacker de la NSA. Aitel colocó una nueva herramienta de detección de intrusiones en la lista, y Eren se puso a atacarla de inmediato y publicó modos de engañarla. Los dos se sumieron en un toma y daca de varias rondas, y al arrogante estadounidense llegó a caerle bien el kurdo por su tenacidad. Aitel le preguntó a Eren si le gustaba la idea de ser el segundo empleado de Immunity.

Ambos empezaron a trabajar para desarrollar vulnerabilidades de día cero que incorporar al marco Canvas de Immunity. Comparado con su puesto previo, a Eren todo aquello le resultaba de lo más estimulante. En poco tiempo, Immunity llamó la atención de las grandes empresas de seguridad: McAfee, Symantec, Qualys y otras querían licenciar su plataforma y su oficio. Si bien Canvas y los encargos de consultoría pagaban las facturas, Eren y Aitel se dieron cuenta de que los verdaderos beneficios se encontraban en formar a los contratistas de seguridad sobre técnicas de sabotaje basado en días cero.

Poco después, Booz Allen, el contratista de defensa, llamó a su puerta. Luego Boeing, Raytheon y Lockheed Martin.

Luego la policía francesa. Y el gobierno noruego.

En poco tiempo, los clientes más grandes de Immunity provenían del extranjero.

Tal vez era algo inevitable, como siempre ocurre en Internet, que los «agentes de peor gusto», como los llamaba Eren, aparecieran por allí.

Un día, en plena sesión de formación, Eren se vio cara a cara con su peor enemigo: un general turco. El general no se percató de que Eren era kurdo, porque ¿cómo iba a saberlo? Lo único que reconoció fue su acento estambulí.

—¡No sabía que trabajabas con un turco! —le dijo el general a Aitel—. ¿Por qué no me habías dicho nada?

El general exigió que Eren se encargara personalmente de su formación. Con el turco rodeándolo poco a poco, a Eren le costaba respirar. Pensó en su padre y en sus tíos, que todavía se encontraban en su país. Pensó en todos los modos en los que los militares turcos podían usar las técnicas de sabotaje de Immunity para convertir la vida de su pueblo en un infierno. Recordó la bala en el hombro de su padre, las redadas, aquel policía turco del látigo, los autobuses de kurdos que se lo hacían encima. Incluso casi podía oler el humo de los Renault Toros, los coches en los que sus amigos y compatriotas kurdos desaparecieron para siempre. Y empezó a temblar.

Mientras Eren me explicaba aquella interacción años después, pude oír la ira en su voz. Ya había oído aquella voz antes; lo hacía cada vez que mis abuelos —judíos que habían huido del Holocausto, pero cuyos hermanos y padres perdieron la vida en Auschwitz— mencionaban la Alemania nazi.

El turco le estaba pidiendo que traicionara a su propia sangre. Tuvo que contenerse todo lo posible para no agarrar al general del pescuezo. Su instinto le pedía que luchara o huyera, y se decantó por eso último. Eren se excusó con educación y se fue a hablar con Aitel para decirle que preferiría ir a la cárcel que enseñarle su oficio al militar turco.

Le pregunté cómo había reaccionado Aitel.

—Es muy estadounidense —fue la respuesta de Eren—. Aquello era un negocio, y estaba dispuesto a trabajar con quien fuera.

Aitel dijo que no recordaba el episodio, aunque tampoco lo negó.

Aquella no fue la última vez que un compatriota suyo se acercó a Eren. Las sociedades fantasma turcas se presentaban con regularidad en los talleres de Immunity en busca de formación o de vulnerabilidades de día cero. Eren aprendió a encontrarlos.

«No quiero decir que hackeamos a nadie —me dijo—, pero desarrollamos nuestros propios métodos para descubrir quién era quién. Y rechacé a muchas empresas turcas que olían a tapadera».

Y no eran solo los turcos. Otros clientes de Immunity empezaron a hacer que Eren se detuviera a pensar. Incluso los «aliados», clientes como las agencias gubernamentales francesas, no le dejaban pegar ojo. Pensó en los argelinos. Incluso España tenía sus razones para usar vulnerabilidades con propósitos más oscuros.

«Pensaba: "¿Y qué pasa con los vascos? ¿Y los catalanes? ¿Y si hay un alzamiento?". El negocio se complicaba deprisa. No siempre había buenas respuestas».

Empezó a sentirse cansado.

«Las personas con quienes trabajaba no me dejaban dormir y se me aparecían en sueños».

En 2009, Eren dimitió. Junto con otro extrabajador de Immunity, fundaron su propia empresa de seguridad y se juraron filtrar mejor a sus clientes. Aun así, sabía que no podía evitar a los gobiernos del todo, pues era en ellos donde estaba el dinero de verdad, y sobre todo después de que las autoridades de Israel, Reino Unido, Rusia, India, Brasil, Malasia y Singapur empezaran a crear sus propios mandatos y cuotas para vulnerabilidades y herramientas de día cero. Stuxnet había abierto la caja de Pandora de par en par. En poco tiempo, unos gobiernos que jamás podrían competir contra Estados Unidos en términos de guerra convencional vieron lo que se podía hacer a través del código. Y, aunque no contaran con los ciberguerreros necesarios para llevar a cabo aquellas operaciones ellos mismos, sí que tenían el dinero para adquirirlos.

A la NSA se le había prohibido de forma expresa utilizar aquellas herramientas sobre los ciudadanos estadounidenses. Los gobiernos que se dirigían a Immunity, a la nueva empresa de Eren y a sus competidores no tenían tantas restricciones. Por mucho que la mayoría de ellos planeara usar las vulnerabilidades para espiar a adversarios y terroristas extranjeros, cada vez más buscaban herramientas para espiar a sus propios ciudadanos.

«Teniendo en cuenta lo que viví, participar en este mercado era un dilema un tanto lúgubre», me dijo Eren.

Eren trató de encontrar un punto medio. Él y su compañero de negocios buscaron en registros de Amnistía Internacional y elaboraron una lista de gobiernos con registros demostrados de normas democráticas, respeto por las libertades civiles y de prensa, y se juraron colaborar solo con gobiernos adecuados. Era una historia que me sonaba familiar, una que escuchaba una y otra vez por parte de hackers que creían que, al inventarse su propio código ético, podrían mantener a raya las fuerzas más oscuras de Internet —el autoritarismo, la represión y los estados policiales— durante más tiempo.

«Israel me contactó una vez —me contó Eren—. Ni siquiera les atendí el teléfono. Rechazaba a todas las naciones exsoviéticas. Trabajaba con agencias de Estados Unidos y Canadá, pero no con México, y solo con algunos países europeos».

La disputa ética se hizo más compleja aún con el paso del tiempo. Y luego la adrenalina paró de repente. En 2015, Eren vendió su empresa a Avast, el gigante de los antivirus checo, y, después de quitarse las esposas de oro, se liberó.

Cuando me reuní con Eren en 2019, había ido en la dirección opuesta, pues estaba trabajando en una *app* que podía detectar la vigilancia gubernamental en los dispositivos móviles. Él mismo reconoció que se trataba de un giro un tanto irónico. En aquel momento, protegía a los ciudadanos de a pie de sus antiguos clientes.

Para 2019, montones de agentes extranjeros se habían adentrado en el mercado. Sin embargo, lo que de verdad sorprendió a la industria, o, al menos, a los periodistas que hablaban de ella, fue lo que se descubrió aquel año: que algunos de los mejores hackers de la NSA se estaban mudando al otro lado del charco, muchos de ellos a los países del Golfo. Su tapadera era que iban a ayudar a los aliados de Estados Unidos a defenderse contra ciberamenazas y terroristas. La realidad era mucho más lúgubre y sórdida.

En junio de 2019, recibí un críptico mensaje de un antiguo hacker de la NSA, David Evenden, quien estaba preparado para contarlo todo. Evenden había leído un artículo que había publicado yo sobre la venta clandestina de herramientas de hackeo.

«¿Te interesaría saber más?», me escribió en Twitter.

Lo había reclutado un contratista especializado en seguridad llamado CyberPoint, un competidor de VRL. La diferencia entre ambas empresas era que VRL trabajaba estrictamente para agencias gubernamentales estadounidenses, mientras que CyberPoint se había «diversificado». CyberPoint atrajo a antiguos hackers de la NSA, entre ellos Evenden y algunos de sus mejores amigos, con ofertas que duplicaban —o en algunos casos, cuadruplicaban— sus salarios. También les habían prometido un lujoso estilo de vida de contratista en Abu Dabi. El trabajo, según le dijeron, sería el mismo que ya hacía en la NSA, solo que lo haría en nombre de uno de los aliados cercanos de la nación.

Cuando Evenden y su mujer aterrizaron en Abu Dabi en 2014, vieron señales de alarma por todas partes. La sede de CyberPoint no se encontraba en uno de los numerosos rascacielos corporativos del centro de la ciudad, sino en una mansión secreta y fortificada conocida como la Villa, a las afueras de la ciudad. Aquello, por lo que me dijo Evenden, no era nada del otro mundo: había oído hablar de otras empresas emergentes estadounidenses que trabajaban en lugares similares.

Pero luego estaban las dos carpetas.

En su primer día de trabajo aquel agosto, los nuevos jefes de Evenden abrieron una carpeta y le leyeron la descripción de su nuevo trabajo de forma meticulosa. Estaba allí para ayudar a los Emiratos Árabes Unidos a defender sus redes de ciberamenazas.

«¿Lo entiendes? Bien», le dijeron sus jefes.

Porque, en cuanto cerraron aquella primera carpeta, abrieron la segunda. Todo lo que le acababan de contar era mentira; la primera carpeta era su tapadera, el «informe morado», según lo llamaron. Tenía que memorizarlo palabra por palabra y recitarlo una y otra vez, como un actor cuando ensaya sus diálogos. Si alguien le preguntaba qué hacía en Abu Dabi, Evenden tenía que contar aquella tapadera. La segunda carpeta contenía su papel de verdad, lo que CyberPoint llamaba el «informe negro». Su tarea era hackear células terroristas y redes extranjeras en nombre de los clientes emiratíes de CyberPoint. Ni siquiera aquello, según Evenden, le resultaba tan extraño. Todos los antiguos hackers de la NSA que se habían convertido en contratistas que conocía, ya fueran de la zona de Washington D. C. o de otro país, recibían sus equivalentes de los informes morado y negro. Todos ellos debían mencionar los elementos defensivos de su trabajo a periodistas entrometidos como yo y nunca jamás hablar del trabajo ofensivo que llevaban a cabo para sus clientes gubernamentales.

Aun así, dos carpetas en Abu Dabi eran algo distinto a dos carpetas en Virginia; a pesar de las rebuscadas leyes que gobernaban el comercio de hackeo ofensivo, la NSA contaba con sus propias reglas para lo que sus empleados podían o no podían hacer tras salir de Fort Meade. La primera regla: los extrabajadores de la NSA tenían prohibido —de por vida— revelar información y transacciones clasificadas a cualquier persona si no contaban con la aprobación específica de la agencia.

Es por ello que el Charlie de los días cero había tenido que pedir permiso a sus jefes para publicar su libro blanco sobre su venta de vulnerabilidades.

Sin embargo, Evenden también hizo caso omiso de aquella señal de alarma. Sus jefes le aseguraron que todo era legítimo, que sus tareas para los Emiratos Árabes Unidos habían recibido la aprobación de los niveles más altos: el Departamento de Estado, el de Comercio y la NSA. El proyecto incluso tenía un nombre en código: «Proyecto Raven». Todo formaba parte de un contrato de defensa más amplio entre Estados Unidos y los Emiratos Árabes Unidos —iniciado en 2008 por Richard Clarke, el exespecialista contra el terrorismo bajo los gabinetes de Bill Clinton y George W. Bush— para ayudar a las monarquías del golfo a desarrollar sus propias tecnologías de rastreo del terrorismo. El contrato en general tenía un nombre bastante siniestro —Proyecto DREAD (temor)—, las siglas en inglés para el Departamento de Explotación y Análisis de la Investigación de Desarrollo. Dicho proyecto dependía mucho de subcontratistas como CyberPoint y muchos otros antiguos hackers de la NSA con talento, como Evenden.

Una de las primeras tareas de Evenden fue rastrear a células terroristas del Estado Islámico que se estaban preparando por todo el Golfo. Aquello no era tan sencillo. Los terroristas islámicos eran «consistentemente inconsistentes» en lo que concernía a su tecnología. Aquel enemigo, el cual supuestamente no era nada sofisticado, se adaptaba de forma constante. Sabían que no tenían ninguna posibilidad de vencer a Occidente en un juego cibernético del gato y el ratón, por lo que trataban de mantenerse fuera de Internet y de mezclarse entre la multitud. Dejaron de lado los teléfonos a favor de unos desechables y cambiaban de una plataforma tecnológica a otra sin cesar. Los compañeros de Evenden en CyberPoint se acercaban a brókeres de día cero día tras día para buscar vulnerabilidades de las desconocidas plataformas que el Estado Islámico usaba sobre la marcha. Era el único modo que tenían para seguirles el paso. El grupo terrorista estaba demostrando ser tan astuto como repulsivo.

Sin embargo, tras tan solo unos pocos meses, los jefes de Evenden cambiaron de postura.

«Nos dijeron: "Tenemos informes de que Catar está financiando a los Hermanos Musulmanes. ¿Podéis demostrarlo?"».

«No sin acceso a Catar», le respondió Evenden a sus jefes. En otras palabras, no a menos que hackeara a Catar.

La respuesta de sus jefes fue: «Adelante».

Otros podrían haber hecho más preguntas. Evenden no las hizo.

Una vez que estuvo dentro de los sistemas de Catar, a sus jefes no parecía interesarles que saliera de allí. Normalmente, la meta de una operación como aquella era adentrarse en un sistema y permanecer en él solo el tiempo que fuera necesario. No obstante, sus jefes le dejaron claro que querían que se propagara de forma tan amplia y profunda por las redes de Catar como pudiera. Los Emiratos Árabes Unidos, y sus aliados cercanos, los saudíes, habían estado en contra de su vecino Catar desde hacía mucho tiempo. La gestante batalla por la supremacía del Golfo —«Juego de Thaubs», como algunos llaman a la lucha entre los monarcas árabes vestidos con esas túnicas blancas conocidas como *thaubs*— es de las menos conocidas fuera de la región, y, desde luego, ese es el caso entre los hackers de la NSA que atraían hacia la región del Golfo. En resumen, Catar, un país que antes había sido un páramo para los buscadores de perlas y pescadores, había enfadado a sus vecinos del Golfo cuarenta años atrás, al encontrar gas en su costa. Desde entonces, aquella diminuta nación se había convertido en el mayor exportador del mundo de gas natural líquido, justo cuando sus vecinos, ricos en petróleo, habían empezado a enfrentarse al mayor descenso del mercado petrolero en muchos años. La independiente e influyente red de noticias de Catar, Al Jazeera, criticaba a sus vecinos del Golfo a menudo. Y los cataríes habían apoyado la Primavera Árabe de 2011, al mismo tiempo que Arabia Saudí y los Emiratos Árabes Unidos temían sus propios levantamientos, aunque habían logrado evitarlos por poco.

«En retrospectiva, no teníamos ni idea de qué hacíamos allí —me dijo Evenden—. Oficialmente, estábamos para rastrear a terroristas. De forma extraoficial, los emiratíes se valieron de informes acerca de que Catar había financiado a los Hermanos Musulmanes para hacer que los hackers de la NSA les otorgaran acceso a los sistemas del país».

El equipo de Evenden nunca llegó a encontrar ninguna prueba de que Catar estuviera destinando fondos a los Hermanos Musulmanes, ni tampoco encontraron nada que demostrara que Catar había sobornado a los dirigentes de la FIFA para asegurarse la Copa Mundial de Fútbol de 2022, algo sobre lo que los emiratíes también querían saber. Aun así, no les dejaban de llegar peticiones. Poco tiempo después, el equipo de Evenden hackeó a dirigentes de la FIFA en Europa, América del Sur y África. Los emiratíes tenían un interés particular en los vuelos de Catar. Sus clientes querían saber adónde viajaba cada miembro de la realeza del país, con quiénes se reunían y con quiénes hablaban. Según le dijeron al equipo, aquello también formaba parte de su misión en la guerra contra el terrorismo y en el mercado de la ofensiva cibernética, se podía racionalizar prácticamente todo.

Y lo hicieron. Tras poco tiempo, el equipo de Evenden pasó a elaborar correos electrónicos de *phishing* para los activistas de derechos humanos de los Emiratos Árabes Unidos y los periodistas británicos. Evenden me dijo que nunca le dieron a *enviar*. Los funcionarios emiratíes solo querían saber (de forma hipotética, por supuesto), cómo podía enterarse uno de si sus críticos tenían conexiones con algún terrorista. Le sugirieron que tal vez podía escribir una plantilla.

Evenden escribió un correo electrónico trampa dirigido a Rori Donaghy, un periodista de Londres que en aquellos tiempos revelaba los abusos de derechos humanos en los Emiratos Árabes Unidos. Dicho correo invitaba a Donaghy a una conferencia falsa sobre derechos humanos. Se suponía que no debía ser enviado.

Solo que sí se envió, junto con programas espía que podían rastrear cada pulsación de tecla, contraseña, contacto, correo electrónico, mensaje de texto y localización de GPS de Donaghy. Para cuando los investigadores descubrieron el programa espía en el ordenador de Donaghy, las huellas digitales de CyberPoint ya estaban en los hackeos de unas cuatrocientas personas de todo el mundo, entre ellas varios emiratíes a los cuales recogieron, encarcelaron y metieron en aislamiento por osar insultar al Estado en redes sociales o por haber cuestionado al monarca del país en su correspondencia personal más íntima.

En retrospectiva, tal vez era inevitable que la red de pesca de CyberPoint acabara recabando datos de funcionarios estadounidenses también. Sin embargo, pocos habían predicho que, algún día, los antiguos hackers de la NSA acabarían atacando a los estadounidenses de mayor nivel.

Todas sus racionalizaciones desaparecieron el día en el que el equipo de Evenden hackeó a la primera dama de Estados Unidos.

A finales de 2015, el equipo de Michelle Obama estaba retocando los detalles de su gran viaje de una semana a Oriente Medio. Su Alteza Real de Catar, la jequesa Moza bint Nasser, la segunda mujer del exlíder de Catar, el jeque Hamad bin Khalifa al Zani y madre de su heredero, Emir Tamim bin Hamad al Zani, había invitado personalmente a Michelle Obama para que diera un discurso en su conferencia anual sobre educación en Doha. Y Michelle Obama vio esto como el lugar idóneo para hablar de su iniciativa de educación «Dejemos que las niñas aprendan». También era la oportunidad perfecta para reunirse con las tropas estadounidenses que se encontraban en el desierto catarí, en la base aérea Al Udeid.

El equipo de la primera dama se coordinó con el comediante Conan O'Brien para proporcionar un necesario respiro a los cerca de dos mil soldados de la base. Obama también iba a hacer una breve parada en Jordania para visitar una escuela para refugiados sirios que había financiado Estados Unidos. Había unos setecientos mil dólares en logística que planear. Su equipo se encontraba en una comunicación constante con la jequesa Moza.

Y hasta el correo electrónico más breve entre su Alteza Real, la primera dama y sus respectivos equipos, además de cada nota personal, reserva de hotel, itinerario de vuelo, equipo de seguridad y cambio de itinerario, llegaba a los servidores de CyberPoint. El equipo de Evenden no estaba hackeando solo a los cataríes, ni a los activistas emiratíes, ni a los occidentales y sus blogs, sino que acababan de hackear a unos estadounidenses. Y no a una estadounidense cualquiera.

Si Evenden buscaba una señal de que se encontraba en el lado equivocado de la ley, o simplemente a la deriva, sin brújula moral que lo guiara, ver los correos electrónicos de la primera dama en su pantalla fue una dura y gélida bofetada en la cara.

«Aquel fue en el momento en el que dije: "No deberíamos hacer esto, esto no es normal. No deberíamos capturar estos correos. No deberíamos atacar a estas personas"», me dijo.

Evenden acudió a sus jefes y les exigió que le mostraran la carta del Departamento de Estado que había dado luz verde al programa. Las primeras veces que lo preguntó, estaba claro que sus jefes albergaban la esperanza de que acabara por dejar el tema. Sin embargo, continuó preguntando hasta el día en que le permitieron verla en persona. El documento era real y contaba con el emblema del Departamento de Estado y una firma… solo que la fecha era de 2011. Era imposible que el Departamento de Estado hubiera aprobado lo que hacía su equipo en aquel momento. Fue entonces que Evenden se percató de que casi todo lo que le habían contado hasta aquel punto había sido mentira.

Cuando él y sus compañeros confrontaron a los ejecutivos de Cyber-Point, estos les dijeron que todo se trataba de un terrible error. Si encontraban datos de ciudadanos estadounidenses, lo único que tenían que hacer era señalarlo, y sus jefes se encargarían de que se destruyeran. Y eso fue lo que hicieron. Aun así, dos, tres y cuatro semanas después, Evenden consultaba las bases de datos de CyberPoint y comprobaba que los datos no se habían ido a ninguna parte.

Más allá de la Villa, Evenden empezó a ver Abu Dabi con otros ojos. Sus islas artificiales y museos eran tan solo la distracción de un país que encarcelaba a cualquiera que mostrara el más ligero indicio de crítica. Evenden leía artículos del periódico local sobre exciudadanos estadounidenses que acababan en la «cárcel de deudores» porque no eran capaces de pagar la deuda de sus tarjetas de crédito. Un día, mientras conducía, fue testigo de un accidente horrible en el que un emiratí se saltó un semáforo y chocó contra un inmigrante. A pesar de que estaba clarísimo que la culpa del accidente había sido del emiratí, la policía del lugar dejó que este se marchara de allí y detuvieron al inmigrante a rastras.

«El gobierno de Abu Dabi nos empezó a dar más miedo que cualquier organización terrorista», me contó Evenden.

Los jefes de Evenden parecían decididos a hacer la vista gorda. Su jefe más inmediato ganaba más de medio millón de dólares al año. Cuando Evenden y sus compañeros acudieron a él con sus quejas, la única respuesta del jefe fue: «Os preocupáis demasiado».

La solución de CyberPoint para todos aquellos dilemas morales no fue dejar de atacar a los disidentes, periodistas o estadounidenses, sino todo lo contrario. A Evenden y a su equipo les dijeron que sus contratos se transferirían desde CyberPoint hasta una sociedad de responsabilidad limitada emiratí llamada Dark Matter. Ya no iban a estar de préstamo por parte del Departamento de Estado, sino que iban a pasar a trabajar directamente para los emiratíes sin ninguna restricción. Los jefes de Evenden les dieron dos opciones a los trabajadores de CyberPoint: podían incorporarse a Dark Matter, o CyberPoint pagaría por su regreso a Estados Unidos, todo sin hacer preguntas.

La mitad de ellos se pasó a Dark Matter, a pesar de que Evenden advirtió a sus excompañeros de que se lo pensaran muy bien.

«Vais a estar atacando a estadounidenses», les dijo.

O bien no veían lo que ocurría, o bien los enormes cheques saudíes los habían cegado. Algunos le dijeron a Evenden que no tenían ninguna posibilidad de ganar todo aquel dinero en su propio país.

«En resumen, lo que me dijeron fue: "Si sigo aquí un par de años más, todo irá bien" —me dijo Evenden—. Se trazó una gran línea. —A los que decidieron no incorporarse a Dark Matter los echaron de los círculos de amigos—. Compañeros con quienes solíamos salir a tomar algo, a quienes habíamos invitado a nuestra propia casa, dejaron de hablarnos».

Y luego los echaron del centro de trabajo. CyberPoint les retiró sus tarjetas llave y cerraron sus cuentas de trabajo. Evenden y los demás que habían decidido salir de allí tuvieron que esperar hasta que la empresa pudiera organizar sus traslados de vuelta a Estados Unidos.

Y, una vez llegaron allí, una vez enfrentaron lo que habían dejado atrás, Evenden informó al FBI.

Para cuando Evenden contactó conmigo a mediados de 2019, el FBI ya estaba investigando a Dark Matter. Una de las compañeras de Evenden que había decidido quedarse en los Emiratos Árabes Unidos —otra exanalista de la NSA llamada Lori Stroud— recibió la visita de los agentes del FBI en el aeropuerto de Dulles, en Virginia, cuando quería regresar a Dubái. Tres años más tarde, contó su historia a los periodistas de Reuters.

«Aquel fue su modo de sincerarse —me dijo Evenden—. Fue su modo de decir "oye, que yo soy de los buenos". Pero la verdad es que le dejamos muy claro que iba a atacar a estadounidenses si se quedaba allí. Sabía lo que hacía».

Todo ello me llevó a preguntarme por qué Evenden había contactado conmigo también. ¿Acaso fue su modo de cubrirse las espaldas? La investigación del FBI seguía en marcha, así que seguro que no querían que se comunicara con periodistas. Sin embargo, cada vez lo llamaban más operadores de la NSA, quienes seguían de servicio y habían recibido una oferta de Dark Matter.

«Me preguntaban: "Todo suena bastante bien, ¿qué debería hacer?"».

Su respuesta siempre era la misma. Conforme aumentaba el número de personas que se ponían en contacto con él, se sintió obligado a dar un anuncio público.

«Mi idea es: "Exoperadores de la NSA, escuchadme, esto es lo que no se debe hacer cuando se acepta un trabajo en el extranjero" —empezó—. "Si las personas que os dan el trabajo no os cuentan qué vais a hacer allí, no vayáis. Si, una vez que llegáis allí, os entregan dos carpetas, eso es una señal de alarma. Si estáis considerando aceptar un contrato por una gran suma de dinero en el extranjero, es probable que no vayáis a hacer el trabajo que creéis que es"».

La confianza inicial de Evenden en CyberPoint me pareció una ingenuidad típica estadounidense. Era como el cuento de la rana que hierve a fuego lento, sin percatarse del peligro hasta que es demasiado tarde. Sabía que el daño ya estaba hecho, que Evenden había llegado demasiado tarde. La rana ya había hervido.

12
Un negocio turbio

Boston, Massachusetts

«Siempre me había dicho a mí mismo que, cuando el negocio se volviera turbio, saldría de él», me explicó Adriel Desautels durante una noche veraniega de 2019.

Desautels era un mercader de ciberarmas con aspecto de lechero. Tenía la cabeza llena de rizos rebeldes, llevaba unas gafas sin marcos, tenía un hueco entre los dientes delanteros y una inclinación por citar al astrofísico Carl Sagan. Su alias de hacker original, «Cyanide», no le iba demasiado, así que, con el tiempo, lo cambió al más sensato «Simon Smith». Sin embargo, en un negocio sin rostros, eso no significaba mucho. Cualquiera que entendiera del mundillo sabía que Desautels era uno de los mejores brókeres de días cero del país.

Cuando empecé a indagar sobre el comercio de días cero, el nombre de Desautels estaba por todas partes, aunque no en mal sentido. Parecía ser el único hombre que poseía una brújula moral en una industria que carecía de ella. Si bien yo quería comprender los principios básicos del oficio, también quería saber cómo una persona tan interesada en la verdad y la transparencia podía adentrarse en un mundo rodeado de tanta oscuridad. Pese a que a otros brókeres de días cero parecía gustarles su reputación de Darth Vaders inescrutables, Desautels había salido a la luz. Parecía entender algo de su reputación que los nuevos miembros del mercado ignoraban: esa era su verdadera moneda. Como resultado, sus clientes —agencias gubernamentales estadounidenses de tres letras, contratistas de la zona de Washington D. C. y personas amañadas que no toleraban la ostentación, el sigilo o a los traidores— confiaban en él.

Al igual que Eren, Evenden y tantas otras personas de aquel oficio, Desautels nunca buscó el mercado de días cero, sino que este lo encontró a él.

Desautels y su compañero, Kevin Finisterre, habían descubierto un día cero en un programa de Hewlett-Packard en 2002, y, en lo que ahora ya suena a historia trillada, HP amenazó con demandarlos bajo las leyes de crímenes informáticos y de derechos de autor. En lugar de rendirse, Desautels y Finisterre se rebelaron, contrataron a un abogado de la Electronic Frontier Foundation, y, entre los tres, obligaron a la empresa a retractarse de sus amenazas, a disculparse y a sentar un nuevo precedente sobre cómo las empresas debían comportarse en cuanto a la investigación de vulnerabilidades. Nunca se les pasó por la cabeza que aquel caso los iba a hacer conocidos. Era el año 2002, y el programa de fallos de iDefense seguía en sus inicios. Desautels me dijo que ni siquiera sabía de la existencia de un mercado de vulnerabilidades hasta que recibió la llamada de un número que no conocía.

—¿Qué tiene en venta? —le preguntó el hombre. Eso lo confundió bastante.

—No sé a qué se refiere —respondió él—. ¿Quiere decir servicios de seguridad?

—No, quiero comprar vulnerabilidades —le explicó el hombre.

A Desautels, la idea de comprar una vulnerabilidad le parecía de lo más ridícula. ¿Por qué iba alguien a *comprar* una cuando se podían descargar de BugTraq, Full Disclosure o cualquier otra lista de correos de hackers? Sin embargo, el hombre insistió.

—Dígame en qué está trabajando y ya.

Daba la casualidad de que el compañero de Desautels, Finisterre, una estrella del hackeo, había estado trabajando en una astuta vulnerabilidad de día cero de MP3 por diversión. Si Finisterre enviaba a alguien un archivo de música MP3, y el receptor lo reproducía, el día cero le otorgaba acceso completo al sistema del receptor. Desautels empezó a describir la vulnerabilidad de Finisterre, pero, antes incluso de poder acabar de explicar cómo funcionaba la vulnerabilidad, el hombre lo interrumpió.

—Lo quiero. ¿Cuánto es?

Desautels aún no tenía claro si el hombre le estaba tomando el pelo o no.

—¡Dieciséis mil! —respondió él a modo de broma.

—Vale.

Una semana más tarde, un cheque les llegó por correo. Desautels me contó que se lo quedó mirando durante un buen rato hasta que llegó a la misma conclusión a la que estaban llegando Sabien y tantas otras personas de la zona de Washington D. C.: aquello iba a ser un gran negocio.

En esos tiempos, la empresa de pruebas de penetración de Desautels, Netragard, todavía se estaba asentando. La empresa, por decirlo de algún modo, estaba más involucrada que su competencia.

«Todo lo que había en el mercado era una porquería», me contó.

Netragard llevaba a cabo el tipo de pruebas de hackeo a profundidad que se aseguraban de que sus clientes no pudieran recibir ataques de personas como él. De hecho, aquel era su lema: «Te protegemos de personas como nosotros». La mayoría de los otros probadores de penetraciones hacían un escaneo básico de la red de una empresa y luego elaboraban un informe de elementos que actualizar y arreglar. De todos modos, eso era lo que quería la mayoría de los negocios: tachar elementos de una lista de cumplimiento. Sin embargo, en términos de impedir el acceso a los hackers, las pruebas eran inútiles. Desautels comparó las prácticas de la competencia con «probar la eficacia de un chaleco antibalas con una pistola de agua». En su libro, los tachaba de estafadores que cobraban decenas o incluso cientos de miles de dólares a los clientes para luego no impedir el acceso a los hackers. Cuando Netragard llevaba a cabo una prueba de penetración, hackeaba al cliente de verdad. Falsificaban documentos, saboteaban paneles de seguridad y placas de trabajo. Cuando los métodos digitales de eficacia demostrada no surtían efecto, enviaban a hackers a los montacargas del cliente para quitar una placa del escritorio de un secretario o sobornar al personal de limpieza y entrar en las oficinas de los jefes ejecutivos. Todo ello estaba reflejado en su contrato, al cual se referían como a su «carta de salir libre de la cárcel gratis», y Netragard no tardó en hacerse conocida por adentrarse en casinos de Las Vegas, empresas farmacéuticas, bancos y los mayores laboratorios nacionales.

Desautels pensó que podía financiar el negocio de Netragard al actuar de bróker de vulnerabilidades de día cero como trabajo adicional para mantener a raya a los inversores de riesgo. La siguiente vez que Desautels recibió la llamada del bróker que les había pagado a él y a Finisterre dieciséis mil dólares por el día cero de MP3 de Finisterre, Desautels dobló el coste. Y, la siguiente vez, lo volvió a subir hasta sesenta mil dólares. Siguió aumentando el precio hasta encontrarse con resistencia. Poco después, vendía días cero a más de noventa mil dólares cada uno. Para entonces, iDefense había surgido con su miserable lista de precios de cien dólares. Desautels no sabía por qué iba alguien a venderle a iDefense cuando podían pasarse por lo que Desautels llama el «mercado negro invisible y legítimo» y vivir de un solo cheque durante años.

Le pregunté a Desautels si albergaba algún recelo sobre cómo se utilizaban sus vulnerabilidades. Nunca me desveló los nombres de sus compradores, solo que vendía de forma exclusiva a entidades estadounidenses del «sector público y privado»; en otras palabras, agencias estadounidenses de tres letras, contratistas de defensa y, a veces, empresas de seguridad que querían poner a prueba su propio software con sus días cero. El 11 de septiembre seguía fresco en su mente, y se dijo a sí mismo que sus vulnerabilidades se usaban para el bien, para rastrear a terroristas y pederastas. Empezó a decirle a sus amigos que, si ellos tenían una vulnerabilidad de día cero, podía ayudarlos a venderla. iDefense y los programas de recompensas por fallos pagaban una miseria, según les dijo, en comparación con los cheques de cinco y seis cifras que ofrecían sus compradores. En poco tiempo, pasó a vender más vulnerabilidades de las que desarrollaba.

Desautels podía vender vulnerabilidades por diez veces el precio de iDefense, y a dicha empresa le dedicaba sus sobras. Los días cero con los que Desautels comerciaba debían estar en un «estado idóneo», es decir, no necesitaban ninguna interacción por parte del objetivo: ningún mensaje de texto repetitivo ni correos electrónicos de *phishing* como los que enviaban los hackers chinos. Las vulnerabilidades que Desautels desarrollaba y vendía tenían que funcionar el 98,9 % de las veces, y, si fallaban, tenían que hacerlo de un modo «limpio», lo que quería decir que no podían desatar una alerta de seguridad ni hacer que el ordenador del objetivo colapsara. Nadie podía enterarse de que lo estaban hackeando, pues las operaciones eran demasiado sensibles. Si el objetivo atisbaba el más mínimo indicio de que alguien lo estaba atacando, se acababa la partida.

Desautels parecía muy confiado de que sus compradores tenían buenas intenciones, de que no usaban sus vulnerabilidades para rastrear a disidentes, periodistas ni exparejas.

Pero «¿y tus vendedores?», le pregunté. ¿Quiénes eran? ¿Y si también vendían a otras personas? ¿Y si vendían las mismas vulnerabilidades que habían vendido a Desautels a gobiernos autoritarios como el de los Emiratos Árabes Unidos o China, los cuales las usaban para espiar a sus propios ciudadanos?

No se trataban de preguntas hipotéticas. En 2013, el año en el que Desautels había empezado a comerciar con vulnerabilidades, el mercado estaba a rebosar de clientes chinos. A un joven hacker bastante conocido, George Hotz, alias «Geohot», quien se hizo famoso por desbloquear el primer iPhone y hackear la consola PlayStation de Sony, lo grabaron tratando de vender una vulnerabilidad de Apple por trescientos cincuenta mil dólares a un bróker que insinuó que China era el cliente final (Hotz, quien más adelante trabajó en Google, negó que aquel trato se llegara a completar e insistió en que solo había trabajado con compradores estadounidenses, aunque añadió que no pensaba demasiado en la moralidad de a quién le vendía y a quién no: «La ética no me va mucho»).

Desautels también tenía un plan para eso. Pagaba a los hackers el triple de lo habitual por sus días cero si estos accedían a venderle a él de forma exclusiva. Unos acuerdos de confidencialidad cristalizaban aquellos tratos. Sin embargo, ¿cómo podía estar tan seguro de que los hackers no vendían ellos mismos días cero sin que se enterase? No se trataba de armas convencionales, sino de código. Según me dijo, todo se basaba en el Bushido, el código de honor de los samuráis. Tenía que confiar en que los hackers no iban a irse de la lengua sobre el épico día cero que acababan de vender, en que tampoco iban a venderlo a otra parte ni a delatarlo a él ni a su negocio de bróker en el proceso. Teniendo en cuenta quiénes eran esos hackers, y, sobre todo, dónde se encontraban, no pude evitar pensar que parecía una cantidad de confianza desmesurada.

La gran mayoría de los vendedores, según me dijo Desautels, se encontraban en Estados Unidos, Europa y Rumanía. Conocía a un hombre en Rumanía que podía hackear cualquier cosa y nunca se lo contaba a nadie. «¿Rumanía?». Tuve que tomarme un segundo; Rumanía era la capital mundial del fraude. Y, aun así, Desautels había nombrado aquel país como si estuviera charlando sobre Iowa durante el Día de la Independencia.

«Había hackers en Irán con una habilidad enorme, y vimos algunos ataques interesantes que procedían de Corea del Norte, pero esos nunca se pusieron en contacto con nosotros».

Al principio de sus negocios, compró un día cero a un hacker ruso por cincuenta mil dólares, pero, la segunda vez que aquel hombre contactó con él, algo no le parecía apropiado, y Desautels cesó el contacto. El hacker no había aprobado lo que Desautels llamaba su «prueba olfativa».

Le pregunté dónde había desarrollado aquella prueba. ¿Había leído manuales de interrogación? ¿Ciencia de la conducta? ¿La psicología de la manipulación? ¿Cómo leía a las personas?

«Tengo un don —me contestó con una arrogancia afable—. Incluso cuando era pequeño, solo me llevaba dos minutos de hablar con alguien para saber qué tipo de persona era. Me fijo en su conducta, sus microexpresiones, sus gestos al hablar». Me removí en mi asiento. Muchas vidas dependían de la prueba olfativa de una persona.

Quince por ciento. Ese era el porcentaje de vulnerabilidades que aceptaba. Las demás las rechazaba porque no eran lo suficientemente buenas o porque el vendedor le daba mala espina. Y, de forma regular, les recordaba a sus proveedores que, si quebrantaban su acuerdo de confidencialidad, habría consecuencias, muchas de ellas fuera de su control inmediato.

«En resumen, les decía que, si su día cero aparecía en algún otro lugar, nuestros compradores disponían de los medios para entender de dónde había venido. Podían examinar el patrón de la vulnerabilidad y seguirle el rastro. Y, cuando lo hicieran, no dudaríamos en darles la información del autor, y ellos lidiarían con él. Decía: "Vale, venderé la vulnerabilidad en tu nombre, pero, si la llevas a otro sitio, te destriparán"».

Sus palabras contenían algo de absurda despreocupación. Sonaba exagerado, y lo decía con naturalidad, como si solo se tratara de negocios. Nada personal.

Su enfoque se ganó la confianza de los clientes. En poco tiempo, Desautels fue el bróker de varios clientes, lo que le proporcionó un ingreso mensual o trimestral para negociar con hackers en su nombre. El precio de un día cero cambiaba según el programa del que se aprovechara. En el fondo del montón, un día cero que era capaz de tomar el control de enrutadores o memorias USB a los cuales el operador tenía acceso físico se pagaba a decenas de miles de dólares. Justo por encima de ellos estaban los días cero que podían emplearse para sabotear los programas de PDF de Adobe, los navegadores Safari y Firefox o las aplicaciones de Microsoft como Word y Excel. Los siguientes eslabones de la cadena eran las vulnerabilidades que podían hackear a distancia los productos de correo electrónico de Microsoft y el software de Windows, los cuales oscilaban entre los cien mil y los doscientos cincuenta mil dólares. La prisa también modificaba los precios. Cuando sus compradores necesitaban sabotear algo *ya* —por ejemplo, el móvil de un terrorista, el sistema informático de un científico nuclear iraní o la embajada rusa en Kiev—, sus compradores soltaban entre quinientos mil y un millón de dólares por un día cero para el que de otro modo habrían pagado doscientos cincuenta mil dólares. En la mayoría de las ocasiones, Desautels se quedaba con un pequeño porcentaje de la venta, a veces tan poco como un

3 %, pero su tarifa podía ascender hasta el 60 % si tenía que evaluar y comprobar una vulnerabilidad para un cliente sobre la marcha.

Como negocio, le estaba yendo de maravilla.

El mercado se llenaba de nuevos participantes, tanto compradores como vendedores. Y estos eran muy distintos a los de siempre. Estaba el Grugq, aquel sudafricano que vivía por todo lo alto en Tailandia y que permitió de buena gana que le hicieran una foto junto a una bolsa llena de dinero para *Forbes*. Estaba el emprendedor de programas espía alemán de quien solo se conocían sus iniciales, MJM, y que borró todo rastro de sí mismo de Internet. Estaban Luigi y Donato en Malta, quienes anunciaban días cero en sistemas de control industrial, la mayoría utilizados en Estados Unidos. En Singapur, un animado hombre de negocios llamado Thomas Lim vendía munición cibernética a países y brókeres que no contaban con habilidades de vulnerabilidades propias, pero que sí tenían los fondos necesarios para adquirirlas. Un francoargelino llamado Chaouki Bekrar se burló en repetidas ocasiones de Google y Apple al presumir de los fallos de sus productos que encontraba, compraba y vendía a los gobiernos de Dios sabe dónde. El Twitter de Bekrar aceptaba su condición de villano sin miramientos. Mostraba una imagen de Darth Vader, y le gustaba recordarle a todo el mundo que sus críticos lo llamaban el «Lobo de Vuln Street».

A aquellos hombres no parecía importarles la percepción pública. Les daba igual el Bushido. Y no se sentían más responsables de convertir Internet en un arma que las empresas tecnológicas que habían dejado enormes brechas de seguridad en sus productos. Se comportaban más como mercenarios que como patriotas. Desautels recuerda la primera vez que vio a aquellos nuevos compradores y brókeres acechando por las conferencias de hackers en 2010. No necesitó ninguna prueba olfativa, puesto que a su sentido olfativo le llegó una sobrecarga de basura.

«Me sacaban de quicio a más no poder. Sabía que había suficientes países corruptos en el mercado negro como para tenerlos a todos contentos. Todo se volvió turbio muy rápido», me dijo, con una punzada de vergüenza.

Desautels sabía muy bien que existía un mercado muy lucrativo para personas como aquellas. Unos intermediarios, desde Israel hasta Corea del Sur, se le empezaron a acercar de forma agresiva en las conferencias de hackers para insistirle en que abriera su negocio hacia los extranjeros. Dejó de anunciar sus viajes porque temía que aquellos intermediarios lo rastrearan para presionarlo hasta conseguir hacer negocios con él. Aun así, lo encontraron de todos modos. Una mañana, en Las Vegas, lo despertó el teléfono fijo de su habitación de hotel en el Caesars Palace. Nadie sabía que estaba allí.

«Baje», le pidió una voz extraña. «Tenemos que hablar». Se trataba de un intermediario asiático (de un país aliado, aunque Desautels no me dijo cuál) que le ofreció una visita de primera clase a su país y toda una gira guiada por él si empezaba a hacer negocios con ellos. Desautels siempre se negó.

Otras partes interesadas ni siquiera se molestaron en preguntar. En un viaje a Moscú, alquiló adrede un piso de Airbnb con pesadas puertas metálicas y unas cerraduras enormes, con refuerzos de acero. Antes de salir, pintó los tornillos de su ordenador portátil con el esmalte de uñas de su mujer. Por muy paranoico que pareciera, en aquel momento ya tenía motivos para preocuparse de verdad. Si unos miembros más sospechosos estaban adentrándose en la industria, los más sospechosos de todos estaban en Rusia. Y así fue, cuando volvió, la capa de pintura estaba resquebrajada: alguien había alterado su ordenador portátil. Si los extranjeros estaban dispuestos a llegar tan lejos por él, estaba casi seguro de que se aproximaban a los nuevos participantes que dejaban bien claro que estaban abiertos a los negocios con extranjeros.

Para 2013, el año en el que me metieron en un armario, el mercado se estaba propagando mucho más allá de Desautels y de la fiabilidad de su prueba olfativa. Aquel mismo año, el fundador de una feria comercial anual de vigilancia estimó que el mercado había sobrepasado los cinco mil millones de dólares, tras haber empezado «en nada hacía diez años». Aquel también fue el año en que la NSA añadió veinticinco millones de dólares de presupuesto para días cero y en que CyberPoint compraba días cero para hackear a nuestros aliados y a los enemigos de los Emiratos Árabes Unidos. El negocio de adquisición de días cero de Desautels había doblado su volumen, pero lo mismo había ocurrido con sus competidores. Vupen, la empresa francesa del Lobo de Vuln Street, veía cómo sus ventas a los gobiernos se duplicaban con cada año que transcurría. Israel, Reino Unido, Rusia, India y Brasil podían competir con los precios del gobierno de Estados Unidos. Malasia y Singapur también compraban. De hecho, lo raro era encontrar un país —más allá de la Antártida— que no estuviera metido en el comercio de días cero.

El apoyo que tenía Desautels sobre el mercado se estaba debilitando, y, con tanto dinero que procedía de tantas fuentes, a nadie le importaba su prueba olfativa, pues los vendedores disponían de muchas otras opciones. Los hackers empezaron a escurrirse de sus cláusulas de exclusividad. Desautels trató de mantenerse fiel a sus principios, pero los mejores desarrolladores de vulnerabilidades no le dejaron muchas opciones; amenazaron con dejar de venderle días cero a menos que hiciera excepciones.

«Iremos a hablar con los compradores y les diremos que al vendedor no le interesaba vender si eso quería decir que la venta era exclusiva».

Sus compradores empezaron a ceder también.

«Decían: "Vale, consíganos la exclusividad durante dos o tres meses, y luego les daremos unos términos sin exclusividad"».

Sus clientes de siempre también habían empezado a rendirse de otros modos. Uno de los compradores en el que Desautels más confiaba contactó con él sobre la posibilidad de vender sus días cero a nuevos clientes fuera de Estados Unidos. Le dijeron que nunca se les ocurriría vender sus bienes a gobiernos opresivos, pero que habían empezado una relación con un nuevo comprador en Europa; en Italia, de hecho.

«Como un idiota —admitió Desautels— asumía que los italianos solo trabajaban con "países amistosos": agencias gubernamentales estadounidenses y europeas y sus aliados más cercanos».

El trato italiano fue con un nuevo participante de Milán llamado «Hacking Team», y aquello le costó el mercado.

Desautels abrió su ordenador y trató de no vomitar.

A exactamente las 03:15 a. m., hora italiana, de aquel 5 de julio de 2015, la cuenta de Twitter de Hacking Team, que solía estar tranquila, publicó el siguiente mensaje siniestro: «Ya que no tenemos nada que ocultar, vamos a publicar nuestros correos electrónicos, archivos y código fuente».

Resulta que Hacking Team, el proveedor de herramientas de hackeo con sede en Milán, había sido hackeada por un hacker ideológico que usaba el alias «Phineas Fisher». Durante las siguientes horas y días, Fisher publicó cuatrocientos veinte gigabytes de contratos, documentos de nómina, facturas, documentos jurídicos internos, registros de asistencia al cliente y cinco años de correspondencia electrónica desde el jefe ejecutivo hasta los demás miembros de Hacking Team. A pesar de las tranquilizadoras palabras de los compradores de Desautels, Hacking Team no solo vendía a «países amistosos», sino que incorporaba su vulnerabilidad de día cero al programa espía que vendía a algunos de los peores transgresores de derechos humanos del planeta.

Para entonces, era difícil saber si Desautels era el lechero o el mercenario. Enterrado en las filtraciones había un correo electrónico que él mismo había enviado directamente a Hacking Team: «Hemos estado cambiando nuestras políticas de clientes internas y hemos trabajado con compradores internacionales en secreto […] Entendemos quiénes son sus clientes, tanto en Estados Unidos como en otros lugares, y nos sentimos cómodos trabajando directamente con ustedes».

«Como un idiota, no había practicado la debida diligencia», me respondió Desautels cuando le pregunté sobre ello.

Aquello se quedaba corto. Si hubiera prestado siquiera un poco de atención, se habría enterado de una serie de artículos perturbadores sobre Hacking Team. Durante más de tres años, yo había trabajado junto con investigadores de Citizen Lab, un laboratorio que vigila la ciberseguridad en la Facultad Munk de Asuntos Internacionales de la Universidad de Toronto, para destapar el programa espía de Hacking Team que contenía los correos electrónicos enviados a disidentes de Baréin, a periodistas de Marruecos y a periodistas etíopes en Estados Unidos. Por mucho que Hacking Team publicitara sus herramientas como «imposibles de rastrear», los investigadores de Citizen Lab habían sido capaces de aplicar la ingeniería inversa y rastrear su programa espía hasta los servidores que se encontraban en dictaduras de todo el mundo.

No se trataba de datos enterrados en alguna página web, sino que había escrito sobre aquellos hallazgos en las portadas del *The New York Times*. Y siempre había tratado de contactar con los ejecutivos italianos de Hacking Team para que pudieran comentar sobre la situación. El jefe ejecutivo de la empresa, David Vincenzetti, me insistió mucho en que Hacking Team hacía un «gran esfuerzo» para asegurarse de que su programa espía solo se utilizaba para investigaciones criminales y contra el terrorismo y que nunca se vendía a gobiernos «en listas negras de países europeos, Estados Unidos o la OTAN, ni a cualquier régimen opresivo, fuera cual fuera». Vincenzetti me dijo que su empresa había establecido una junta —compuesta por ingenieros y abogados de derechos humanos— que podía vetar cualquier venta. Sin embargo, tras examinar los correos electrónicos filtrados de Vincenzetti, me quedó claro que la empresa me había estado mintiendo desde el principio.

Lo que «Phineas Fisher» (su identidad real sigue sin conocerse) desató en julio de 2015 confirmó mis peores sospechas. Durante doce años, Hacking Team había estado vendiendo sus programas espía a una lista de agencias gubernamentales cada vez más amplia de todo el mundo, algunas de ellas con unos registros de derechos humanos que se pasaban de lo cuestionable y llegaban a lo grotesco. Sus clientes incluían al Pentágono, el FBI y la Administración de Control de Drogas, la cual usaba el programa para espiar a cárteles desde la embajada estadounidense en Bogotá. Hacking Team había prestado muestras de su programa espía a través de una sociedad fantasma en Annapolis, Maryland. Las filtraciones mostraban que tenían contratos con agencias de toda Europa: Italia, Hungría, Luxemburgo, Chipre, República Checa, España, Polonia y Suiza. Sin embargo, la bola había ido creciendo. Hacking Team también había vendido su «sistema de control remoto» a CyberPoint, en los Emiratos Árabes Unidos, a los saudíes, a los egipcios, a los servicios de seguridad rusos, a las autoridades de Marruecos, Baréin, Etiopía y Nigeria, además de a Azerbaiyán, Uzbekistán y Kazajistán, donde las autoridades usaban sus herramientas de espionaje contra civiles inocentes. Los correos electrónicos filtrados mostraban que los ejecutivos habían intentado llegar a un trato con Bielorrusia (el país al que se suele llamar «la última dictadura de Europa»), un «escuadrón de la muerte» de Bangladesh y organismos aún peores. Hacking Team había vendido programas espía por valor de un millón de dólares a Sudán, al mismo servicio de inteligencia que había estado involucrado durante varias décadas en un esfuerzo por desplazar, matar, violar, mutilar, secuestrar y robar a grandes partes de la población sudanesa. Sudán, según los trabajadores humanitarios estadounidenses, tenía «una de las situaciones de derechos humanos más horribles del mundo», y Desautels acababa de proporcionar armas a las personas responsables de ello.

«Nunca había sentido tanto asco en la vida —me dijo Desautels—. Me daban ganas de vomitar».

Los periodistas de todo el mundo comenzaron a investigar los correos electrónicos. Unos periodistas de Corea del Sur descubrieron correos electrónicos que mostraban que un programa espía de Hacking Team podía haber ayudado a los operativos surcoreanos a amañar unas elecciones (un agente surcoreano que había usado el programa espía de Hacking Team se suicidó después de que sus correos electrónicos se hicieran públicos). En Ecuador, los periodistas descubrieron que el partido que gobernaba el país había empleado un programa espía para rastrear al partido de la oposición. Las filtraciones mostraban que, a pesar de sus repetidas negativas, Hacking Team también hacía tratos con gobiernos que aplicaban una violenta mano dura a sus críticos y disidentes.

Después de que las primeras series de reportajes y artículos de Citizen Labs salieran a la luz en 2012, Hacking Team, al parecer, había detenido sus operaciones para evaluar a algunos de sus clientes. La empresa había dado fin a su apoyo a Rusia en 2014, porque, tal como dijo un portavoz, «el gobierno de Putin había evolucionado de uno que se consideraba amistoso a Occidente a un régimen más hostil». Según parece, el ataque de Putin a Crimea había colocado a Rusia en una categoría de cliente distinta, por mucho que, durante años, numerosos periodistas y activistas rusos hubieran desaparecido bajo la atenta mirada de Putin. En cuanto a Sudán, Hacking Team cesó su contrato en 2014 «por preocupaciones sobre la habilidad del país de usar el sistema de acuerdo con el contrato de Hacking Team». Todo aquello después de que cientos de miles de sudaneses ya hubieran muerto y de que millones más se hubieran visto desplazados.

También ofrecía un vistazo más mundano a las ineficacias del comercio de días cero: cláusulas de garantía si se parcheaba un día cero en cuestión, las absurdas discrepancias de precio en un mercado que no tenía nada de transparencia, meses de un frustrante toma y daca entre brókeres de días cero de la empresa COSEINC de Singapur y en Vupen solo para acabar con vulnerabilidades cuyos fallos ya se habían arreglado, y un intercambio casi cómico en el que Hacking Team había comprado una vulnerabilidad de Microsoft falsa de un vendedor sospechoso en India.

Los correos electrónicos filtrados también dejaban claro lo poco que habían pensado en Hacking Team sobre los posibles abusos de sus productos. En un correo en el que Vincenzetti parecía predecir el futuro, bromeó: «Imagina esto: ¡una filtración en WikiLeaks que te muestre a TI explicando la tecnología más malvada del planeta! ☺».

Cualquier persona con conexión a Internet iba a descubrir dentro de poco que Desautels había conseguido a los italianos una vulnerabilidad de día cero en el software Adobe Flash que había formado la materia prima del programa espía de Hacking Team. El día cero de Adobe de Desautels hacía que fuera posible que los clientes como CyberPoint hackearan a sus objetivos mediante documentos PDF con trampas disfrazados de documentos legítimos. El único consuelo de Desautels era que, como su día cero había salido a la luz para que lo viera todo el mundo, el fallo acabaría por solucionarse, por lo que, con el tiempo, el programa espía de Hacking Team perdería su eficacia. Aun así, le daba asco pensar cómo lo podían haber utilizado ya.

Desautels había creído que podía controlar el mercado mediante la moral y los escrúpulos. «Bushido —pensé—. Más bien basura». El día cero de Flash que Desautels había proporcionado a Hacking Team había sido el primero que había vendido a un comprador fuera de Estados Unidos. Ambos sabíamos que no había modo de verificar aquel hecho con cien por cien de veracidad, en especial debido al secretismo y a las cada vez mayores complejidades del mercado, en el que unos intermediarios sospechosos solían actuar como sociedades fantasma para varios clientes. Sin embargo, también fue el último día cero que Desautels llegó a vender.

«Siempre me había dicho a mí mismo que, en cuanto el negocio se volviera turbio, saldría de él», me explicó. Y, después de aquellas primeras filtraciones, anunció de repente que iba a cerrar su negocio de días cero:

Las filtraciones de Hacking Team han puesto de manifiesto que no podemos comprobar de forma suficiente la ética y las intenciones de los nuevos compradores. Hacking Team, sin que nosotros lo supiéramos hasta las filtraciones, vendía su tecnología a partes cuestionables, incluidas, aunque no limitadas a ellas, partes conocidas por sus transgresiones de derechos humanos. Pese a que no es la responsabilidad del vendedor controlar lo que hace un comprador con el producto adquirido, la lista de clientes de Hacking Team filtrada es algo inaceptable para nosotros. La ética de dicha lista es espantosa, y no queremos tener nada que ver con ella.

En una industria nada conocida por sus escrúpulos, la posición de Desautels destacaba, aunque ya era demasiado tarde (para entonces ya había comprobado que ningún miembro de la industria parecía posicionarse hasta que ya era demasiado tarde). Las filtraciones de Hacking Team ofrecieron una increíble ventana hacia cómo se ponía precio a las vulnerabilidades de día cero, a cómo se comerciaba con ellas y se incorporaban a programas espía cada vez más poderosos que los gobiernos cuyos derechos humanos eran de los peores del mundo eran capaces de comprar. Para entonces, no me sorprendió nada de eso. Pese a ello, sí que hubo un elemento de las filtraciones que no me esperaba. Siempre había imaginado que los artículos que había escrito sobre Hacking Team habían ayudado a arrojar algo de luz sobre una industria tan secreta. En ocasiones, los reguladores europeos y los abogados de derechos humanos citaban los artículos y juraban investigar, cambiar las reglas de exportación y mirar más de cerca el comercio de ciberarmas.

Sin embargo, mientras examinaba las filtraciones, me percaté de que los artículos habían surtido el efecto contrario: habían funcionado a modo de publicidad ya que había mostrado lo que se estaban perdiendo a los gobiernos que no poseían aquellas capacidades.

A finales de 2015, ninguna agencia de inteligencia del planeta pensaba perderse nada más.

13

Armas por encargo

México, Emiratos Árabes Unidos, Finlandia, Israel

Los periodistas seguían lidiando con los efectos de las filtraciones de Hacking Team cuando una fuente se presentó en mi casa en el verano de 2016, charló conmigo durante una hora y luego, sin previo aviso, abrió su ordenador portátil.

«Saca fotos de mi pantalla, imprímelas, borra todo rastro de ellas de tu teléfono, ordenador e impresora y no le digas nunca a nadie de dónde las has sacado. ¿Entendido?».

Si bien fue un giro en la conversación un tanto abrupto, mi fuente había demostrado ser fiable en otras ocasiones, por lo que hice lo que me pedía. Hice fotos de lo que parecían ser correos electrónicos, diapositivas de PowerPoint, propuestas y contratos. Las imprimí y borré todo rastro de ellas de mi teléfono, de mi impresora y de la nube. Para entonces, mi fuente ya se estaba marchando en su coche, así que me quedé sola para tratar de encontrarle sentido a la pila de documentos desperdigados por la encimera de mi cocina. Durante las siguientes horas, días y semanas, rebusqué entre detallados registros de clientes, descripciones de productos, listas de precios e incluso fotos tomadas en secreto a otros teléfonos.

Pertenecían a una empresa de programas espía israelí muy secreta llamada «NSO Group» de la que solo había oído hablar en algunos rumores. NSO no tenía una página web corporativa, y solo pude encontrar una mención de pasada en una sola entrada en la página web del Ministerio de Defensa de Israel, en la cual la empresa afirmaba haber desarrollado programas espía de tecnología punta. Encontré algunas ruedas de prensa y artículos sobre tratos con fecha de 2014, el año en el que NSO había vendido una participación mayoritaria a Francisco Partners, una empresa de fondos de capital privado de San Francisco, por unos ciento veinte millones de dólares.

Sin embargo, hasta ahí llegaban las miguitas digitales. Conforme leía los archivos de NSO, me sentí tentada a llamar a cada periodista, disidente, hacker de sombrero blanco y activista de la libertad en Internet de mi lista de contactos antes de tirar el teléfono por el retrete.

Mientras el mundo se quedaba ensimismado con Hacking Team, las filtraciones dejaban claro que los estados de vigilancia sofisticados y las agencias de inteligencia y de policía ya habían pasado página. Los israelíes no se molestaban con los ordenadores personales; podían conseguir todo lo que quisieran o necesitaran sus clientes gubernamentales mediante unos simples ataques a teléfonos. Y, a juzgar por su presentación de negocio, NSO había encontrado un modo de adentrarse de forma invisible y remota en cualquier *smartphone* del mercado: BlackBerries, los dispositivos Symbian de Nokia que aún se utilizaban en el tercer mundo, Android y, por supuesto, iPhones.

Fueron unos exmiembros de la Unidad 8200 de Inteligencia de Israel quienes desarrollaron la tecnología de vigilancia de NSO. En 2008, dos antiguos compañeros dc instituto israelíes, Shalev Hulio y Omri Lavie, vendieron la tecnología a empresas de telefonía como un modo de solucionar los problemas informáticos de sus clientes a distancia. El momento de su aparición fue de lo más fortuito: el iPhone tenía menos de un año, y los *smartphones* (más aún que los ordenadores personales) ofrecían a los policías y a los espías una ventana íntima a tiempo real hacia la localización, fotografías, contactos, sonidos, vistas y comunicaciones de su objetivo. ¿Qué más podía necesitar un espía? Los rumores sobre las capacidades de NSO no tardaron en llegar a las agencias de espionaje occidentales, y, poco después, todos querían hacerse con el programa.

La tecnología de NSO no solo podía transformar un dispositivo en un teléfono espía, sino que les proporcionaba a los gobiernos un modo de saltarse la encriptación. Los grandes gigantes de la tecnología, como Apple, Google y Facebook, habían empezado a encriptar los datos de sus clientes conforme pasaban de servidor a servidor, de dispositivo a dispositivo. Durante años, la policía criticó aquellas medidas, pues advertía de que la encriptación hacía mucho más difícil monitorizar a pederastas, terroristas, líderes de cárteles y otros criminales. A aquel fenómeno lo llamaron «pérdida de comunicación», y, para 2011, el FBI en particular temía que lo peor estuviera por llegar. Durante años, la agencia había tenido acceso a datos de un modo relativamente sencillo al pinchar llamadas. Sin embargo, tras el cambio a las comunicaciones descentralizadas —teléfonos móviles, mensajes instantáneos, correos electrónicos y llamadas telefónicas a través de Internet— y la aparición de la encriptación, incluso cuando los agentes conseguían una orden judicial para acceder a las comunicaciones de alguien, en muchas ocasiones todo lo que lograban era un código sin sentido.

«A esta falta de capacidad lo llamamos el "problema de la pérdida de comunicación" —testificó la por entonces consejera general del FBI, Valerie Caproni, ante el Congreso de Estados Unidos en 2011—. El gobierno cada vez es menos capaz de recolectar pruebas valiosas en casos que van desde la explotación o la pornografía infantil hasta el terrorismo y el espionaje, pasando por el crimen organizado y el tráfico de drogas; pruebas que un tribunal ha autorizado al gobierno que reúna».

Durante la siguiente década, el FBI continuó insistiendo en unas soluciones con numerosos fallos: establecer un requisito para que las empresas tecnológicas introdujeran puertas traseras para que los agentes de la ley pudieran infiltrarse en sus sistemas. En teoría, sonaba como algo posible. En la práctica, no llegó a ninguna parte. Una puerta trasera para una parte, como bien sabían los trabajadores de seguridad nacional, sería un objetivo para cualquiera. La idea de que aquellas empresas iban a dejar a los estadounidenses más vulnerables a los cibercriminales y a otros países para satisfacer las necesidades de los agentes de la ley estaba más que descartada. Y luego estaban los retos logísticos: no todas las empresas tecnológicas tenían sede en Estados Unidos. Skype, por ejemplo, se encontraba originalmente en Luxemburgo. ¿Cuántas puertas traseras para cuántas agencias gubernamentales se les pediría que produjeran a aquellas empresas?

Lo que NSO ofrecía a los agentes de la ley era una solución alternativa muy poderosa, una herramienta para evitar que se quedaran ciegos. Al hackear los «extremos» de la comunicación (los propios teléfonos), la tecnología de NSO les daba a las autoridades un acceso a los datos antes de que estos se encriptaran en el dispositivo del objetivo. Poco después de que Caproni testificara ante el Congreso, Hulio y Lavie cambiaron de postura y empezaron a vender su tecnología de acceso remoto como una herramienta de vigilancia. A su herramienta la llamaron «Pegasus», y, al igual que el mitológico caballo alado que le daba nombre, podía hacer lo que parecía imposible: capturar una enorme cantidad de datos que antes no eran accesibles (llamadas telefónicas, mensajes de texto, correos electrónicos, contactos, alertas de calendario, datos de localización de GPS, conversaciones de Facebook,

WhatsApp y Skype) del aire sin dejar rastro. Pegasus incluso podía hacer lo que NSO llamaba «micrófonos en la sala»: recoger sonidos e imágenes de una sala al valerse del micrófono y la cámara de un teléfono. Podía negar a sus objetivos acceso a ciertas páginas web y aplicaciones, extraer capturas de pantalla de sus teléfonos y registrar cada una de sus búsquedas e historiales de navegación. Una de sus mayores ventajas era que el programa espía «respetaba la batería». Uno de los pocos indicios de que uno tiene un programa espía en un dispositivo es que la batería se drena de forma constante; todo ese espionaje y extracción de datos puede hacer mella en una batería. Sin embargo, Pegasus contaba con un as bajo la manga: era capaz de detectar si estaba agotando la batería, apagarse a sí mismo y esperar a que el objetivo se conectara a una red wifi antes de seguir extrayendo datos. Se trataba, hasta donde podía ver yo, del programa espía más sofisticado del mercado comercial.

Los contratos filtrados mostraban que NSO ya había vendido hardware, software y capacidades de interceptación por valor de decenas de millones de dólares a dos clientes muy ansiosos de México y los Emiratos Árabes Unidos, y en aquellos momentos trataban de vender Pegasus a otros clientes de Europa y Oriente Medio. Hice una breve búsqueda de NSO en la base de datos de Hacking Team de WikiLeaks y sí, los correos electrónicos de Vincenzetti mostraban el retrato de un competidor que había entrado en pánico absoluto. Los italianos habían tratado de proteger a toda prisa tantas relaciones con clientes como habían podido contra NSO, pues unos clientes habituales de México y el Golfo amenazaron con llevar su negocio a los israelíes. El trato de NSO con Francisco Partners había vuelto loco al equipo directivo de Hacking Team, el cual buscaba un socio de capital privado propio. Sin embargo, lo que más asustó a los italianos fue una característica particular de NSO que desde siempre se había considerado el unicornio del mercado de ciberarmas.

Si bien en algunos casos Pegasus aún necesitaba que el objetivo entrara en un enlace, imagen o mensaje malicioso para adentrarse en el teléfono, con cada vez más frecuencia ya no necesitaba ninguna interacción. Rebuscando entre las descripciones de empresa y propuestas de NSO, la empresa ofrecía un método de infección que no necesitaba ninguna interacción por parte del usuario y al que los ejecutivos llamaban «instalación encubierta a través del aire». NSO no detalló exactamente cómo lo había logrado. En algunos casos hacía alusión a sabotear zonas wifi públicas, pero parecía que también podían apoderarse del teléfono de un objetivo a larga distancia. Fuera como fuese, estaba claro que el método de infección sin interacción de NSO era su ingrediente secreto. Y los italianos temían que aquello fuera a hacerles perder el negocio.

«Trabajamos en el problema de NSO día y noche —escribió Vincenzetti a su equipo a principios de 2014—. Tenemos una tolerancia cero para una característica que supuestamente nos falta».

Un año más tarde, Hacking Team todavía no era capaz de imitar la característica sin interacción de NSO, y perdía clientes por todas partes. Llamé a otras fuentes para indagar cualquier cosa sobre NSO, pero parecía que la empresa era la única del mercado que había logrado pasar desapercibida, incluso cuando su programa espía era claramente uno de los mejores del mercado. Los precios de NSO en sí mismos eran un buen indicio de que el programa espía de los israelíes era de lo mejorcito; la empresa cobraba el doble del precio inicial de Hacking Team. Cobraba una tarifa plana de instalación de quinientos mil dólares, y luego otros seiscientos cincuenta mil para hackear a tan solo diez iPhones o dispositivos Android. Sus clientes podían hackear a cien objetivos adicionales por ochocientos mil dólares; cincuenta objetivos extra costaba quinientos mil; veinte, doscientos cincuenta mil dólares; y diez, ciento cincuenta mil. Sin embargo, lo que aquello proporcionaba a los clientes, según NSO, era de un valor incalculable: podían «recabar información a distancia y en secreto sobre las relaciones, localización, llamadas telefónicas, planes y actividades de sus objetivos, estuvieran donde estuvieran». Y, tal como prometían sus folletos, Pegasus era un «fantasma» que «no dejaba ni un solo rastro».

NSO ya había instalado Pegasus en tres agencias mexicanas: el Centro de Investigación y Seguridad Nacional, el despacho de su fiscal general y su Departamento de Defensa. Por todo ello, la empresa había vendido a los mexicanos hardware y software por valor de quince millones de dólares, y en aquellos momentos pagaban a NSO unos setenta y siete millones de dólares para rastrear a un gran abanico de objetivos. Los Emiratos Árabes Unidos también se habían sumado al programa. Y las propuestas, folletos y descripciones personalizadas de NSO dejaban claro que había una lista de espera cada vez más larga de partes interesadas.

Cuando Finlandia está en el mercado, se sabe que todos los demás países europeos también lo están. Entre las descripciones de empresa de NSO se encontraban propuestas personalizadas para Finlandia, y los correos electrónicos entre los finlandeses y los vendedores de NSO indicaban que los primeros estaban ansiosos por firmar el trato. Tuve que volver a revisarlo todo: ¿Finlandia, la tierra de las saunas y los renos, estaba en el mercado de programas espía?

Es cierto que Finlandia no sufría de ningún problema de terrorismo discernible. Sin embargo, el país sí que comparte una frontera de más de mil trescientos kilómetros de largo con el depredador más astuto del planeta: Rusia. Y, a diferencia de los vecinos más pequeños de Rusia, Finlandia había decidido no incorporarse a la OTAN por temor de hacer enfadar a Moscú. Durante la Guerra Fría, los finlandeses hicieron de parachoques entre la Unión Soviética y Occidente. A cambio de soberanía sobre sus asuntos domésticos, Finlandia había accedido a no perseguir ninguna política exterior que provocara a Rusia. No obstante, para 2014, los rusos ya habían empezado a dar pequeños mordisquitos, a adentrarse en el espacio aéreo finlandés y a enviar a mil inmigrantes indios y afganos a la frontera finlandesa en un movimiento que algunos compararon con *Scarface* y el éxodo del Mariel, cuando Fidel Castro vació sus cárceles y envió a esas personas a Florida. En respuesta a ello, los finlandeses comenzaron a modernizar su ejército mediante unos ejercicios militares en conjunto con Estados Unidos y otros estados miembro de la OTAN. Querían dejar claro a Moscú que no pensaban rendirse sin pelear.

«Necesitamos un umbral lo suficientemente alto como para que si alguien quiere venir aquí sin invitación, sepa que le va a salir caro», declaró el presidente finlandés Sauli Niinistö a un periodista en 2019, con cuidado de no mencionar el nombre «Vladimir Putin».

Niinistö no permitió que el periodista llevara un ordenador portátil a su vivienda en Helsinki, y había presumido de sus cortinas especiales, las cuales bloqueaban sensores que podían grabar su conversación (parece que, después de todo, sí que había un buen motivo por el que nos encerraran en el armario de Sulzberger).

«Las paredes oyen», bromeó Niinistö, sin mencionar que los finlandeses también estaban invirtiendo en sus propios oídos.

La propuesta de Finlandia y la lista de peticiones de NSO por parte de países como Croacia y Arabia Saudí dejaban claro que cualquier país con el suficiente capital y enemigos, fueran estos reales o imaginarios, iban a convertirse en clientes de la empresa. Lo que NSO, Hacking Team y otros vendedores de ciberarmas habían logrado casi de la noche a la mañana había sido democratizar las capacidades de vigilancia que otrora habían estado reservadas a Estados Unidos, sus aliados más cercanos de Five Eyes, Israel, y sus adversarios más sofisticados: China y Rusia. Por entonces, cualquier país con un millón de dólares podía adentrarse en el mercado, muchos sin ningún miramiento hacia el debido proceso, la libertad de prensa o los derechos humanos.

Estudié las filtraciones durante semanas, mientras pensaba qué hacer con ellas. Lo último que quería era publicitar los servicios de NSO a las pocas agencias gubernamentales y regímenes autoritarios que no se encontraran ya en su lista de espera.

Por tanto, busqué por todas partes pruebas de cómo los clientes de NSO usaban Pegasus para bien o para mal. Me dije a mí misma que, ante el primer indicio de abuso, haría público todo lo que tenía.

Como era de esperar, no tuve que esperar mucho.

Tan solo unas pocas semanas después de que mi fuente desperdigara las entrañas de NSO en mi casa, recibí una llamada de unos hackers de sombrero blanco que creían haber descubierto el primer indicio de NSO «en estado salvaje».

Un activista emiratí llamado Ahmeed Mansoor —un hombre al que había llegado a conocer bastante bien— había transmitido una serie de extraños mensajes de texto que había recibido y que, supuestamente, contenían información sobre la tortura de otros ciudadanos emiratíes. Al sospechar que algo no cuadraba, Mansoor había informado de aquellos mensajes a Bill Marczak, un estudiante de posgrado de Berkeley y uno de mis contactos más antiguos, quien en aquellos momentos formaba parte de Citizen Lab. Mansoor, un gran crítico de la opresión de los Emiratos Árabes Unidos tras la Primavera Árabe, tenía motivos para sospechar. Lo había entrevistado hacía pocos meses, después de que Marczak confirmara que había sido el objetivo no solo de un producto de espionaje comercial, sino de dos: uno por parte de Hacking Team, y el otro vendido por un fabricante de programas espía comerciales británico llamado «Gamma Group». Como ambas empresas afirmaban vender sus programas espía solo a los gobiernos, estaba bastante claro que la culpa recaía en los Emiratos Árabes Unidos. Ya había escrito sobre la campaña de los Emiratos Árabes Unidos para espiar a Mansoor para el *The New York Times*; el Estado no iba a ser tan imprudente como para atacarlo con un tercer programa espía.

Pero eso era precisamente lo que estaba ocurriendo. Después de que Marczak desenredara los mensajes de texto de Mansoor, descubrió un tipo de programa espía que no había visto nunca. El código estaba cubierto de capas de encriptación y enredado de un modo que resultaba casi imposible de comprender. Infectó su propio teléfono con el programa espía y encontró lo que parecía ser el filón madre: un día cero en el navegador Safari de Apple. Un día cero que bien podía valer cientos de miles de dólares, o tal vez más de un millón, en el mercado clandestino de días cero. Aquello estaba por encima de sus habilidades. Un compañero le sugirió que contactara con Lookout, una empresa de seguridad móvil al otro lado de la bahía, para que lo ayudara a examinar el código.

Y así fue; conforme Marczak y los investigadores de seguridad de Lookout desentramaron los mensajes, descubrieron una cadena de vulnerabilidades de día cero de Apple diseñadas para implantar Pegasus en el iPhone de Mansoor. El programa espía provenía de un dominio web de los Emiratos Árabes Unidos y contenía una carga explosiva. En su interior había archivos que contenían varios cientos de menciones a «Pegasus» y «NSO». Aquella era la primera vez que se había pillado al programa espía «sin rastro» de NSO con las manos en la masa mientras trataba de infectar a un objetivo. Los investigadores habían empezado a llamar a Mansoor el «disidente del millón de dólares»; estaba claro que el aparato de seguridad de los Emiratos Árabes Unidos lo creía merecedor de emplear semejante suma de dinero en un programa espía para él.

Para entonces, la vida de Mansoor ya se había convertido en un infierno. Se trataba de un poeta apacible que se había graduado en ingeniería eléctrica y había obtenido un máster en telecomunicaciones en Estados Unidos, en la Universidad de Colorado Boulder, lo que le había hecho descubrir por primera vez lo que era una sociedad libre. En 2011, cuando los emiratíes empezaron a tomar medidas drásticas contra el más ligero atisbo de disconformidad, Mansoor no lo pudo dejar estar. Junto a un grupo de académicos e intelectuales emiratíes, pidió el sufragio universal y empezó a acusar públicamente al Estado por sus detenciones y arrestos arbitrarios. Alcanzó fama internacional y fue galardonado con premios por ser una de las pocas voces creíbles e independientes que denunciaba los abusos de derechos humanos en lo que, por otro lado, eran unos esterilizados medios de comunicación propiedad del Estado. Y la monarquía de los Emiratos Árabes Unidos no pensaba dejar que aquello siguiera así.

En 2011, Mansoor y otros cuatro hombres —los «Cinco de los EAU», tal como empezaron a ser conocidos— fueron arrestados por insultar a los líderes de los Emiratos. Debido a la presión internacional (y al temor de que todo ello los fuera a convertir en mártires) las autoridades los pusieron en libertad y les entregaron un perdón. Sin embargo, fue entonces cuando empezaron los verdaderos problemas de Mansoor. Para cuando pude contactar por teléfono con él a finales de 2015 y principios de 2016, él era uno de los objetivos frecuentes de una campaña de desprestigio por parte de los medios de comunicación del Estado. Según el día, era un terrorista o un agente iraní. Lo habían despedido del trabajo, le habían cortado su pensión y confiscado el pasaporte y le habían sustraído los ahorros de su cuenta bancaria. Cuando las autoridades lo «investigaron», descubrieron un cheque falso de ciento cuarenta mil dólares escrito en su nombre y con una firma falsificada, destinado a un fantasma. Cuando fue a juicio, el juez sentenció al fantasma a un año en prisión, pero Mansoor nunca llegó a recuperar su dinero. Las autoridades casi ni se molestaron en disimular su acoso. En una ocasión, la policía lo hizo acudir a una comisaría para un interrogatorio de tres horas de duración, y el coche de Mansoor desapareció del parking. Recibía amenazas de muerte con regularidad. Pincharon las ruedas del coche de su esposa. Hackearon su correo electrónico y rastrearon su localización. Solo lo sabía porque unos matones habían aparecido de la nada para darle una paliza dos veces durante la misma semana. La primera vez, pudo librarse de ellos y salió de la pelea con arañazos y moretones. La segunda vez, el asaltante le propinó repetidos puñetazos en la nuca y «trató de dejarlo paralizado de verdad».

«Me he enfrentado a cualquier cosa que puedas imaginar», me dijo Mansoor.

El día que hablamos, Mansoor no había salido de casa en cuestión de semanas. Sus amigos, parientes y socios habían dejado de llamarlo o visitarlo por temor a las represalias. A algunos les habían retirado el pasaporte, mientras que a otros los acosaban. Para entonces, el equipo de CyberPoint había hackeado a un periodista británico que simpatizaba con la causa de Mansoor sin que se enterase. La esposa de Mansoor, una ciudadana suiza, le había suplicado que se fueran del país con sus cuatro hijos. A lo largo de nuestras varias conversaciones, yo también se lo acabé pidiendo.

—Esto no es vida —le dije. Sin embargo, sin un pasaporte, no podía irse a ninguna parte.

—Me gustaría poder luchar por mis derechos y por los de otras personas, poder ganarme la libertad desde dentro —añadió él—. No es fácil, pero lo hago porque creo que es el modo más difícil en que alguien puede expresar su patriotismo hacia su país.

Atrapado en su hogar sin trabajo ni dinero y con un futuro sin esperanza, Mansoor me contó que había empezado a leer y a escribir poesía una vez más. Aquello era lo único que podía hacer para evitar sentirse tan aislado. En otras ocasiones, sabía muy bien que no estaba solo. Quienes lo vigilaban ya se habían adentrado en sus ordenadores portátiles, por lo que había bastantes posibilidades de que estuvieran escuchando nuestra conversación.

«Es como si alguien se colara en tu sala de estar —me dijo—, una invasión total de privacidad. Uno acaba aprendiendo que tal vez ya no debería confiar en nadie».

Años más tarde, me enteré de que era aún peor que eso. Los compañeros de Evenden en CyberPoint no solo habían instalado programas espía en los dispositivos de Mansoor, sino que también habían hackeado los de su esposa. Incluso tenían nombres en código: Mansoor era «Garza», mientras que su mujer era «Garza Imperial». Además de ello, se habían adentrado en el vigilabebés de Mansoor y habían observado y escuchado dormir a su bebé. Y sí, confirmé que también habían espiado nuestra llamada.

«Te despiertas un día y te han clasificado como terrorista —me dijo Mansoor en 2016—. A pesar de no saber cómo se pone una bala en una pistola».

Aquella fue la última vez que hablamos. Dos años más tarde, el Estado decidió que ya había llegado el momento de callarlo de una vez por todas. En un juicio secreto en mayo de 2018, Mansoor fue sentenciado a diez años de cárcel por dañar la «unidad y armonía social» del país, y se ha pasado la mayor parte de los últimos dos años en aislamiento. No tiene cama, colchón ni luz solar, ni tampoco lo que debe ser peor para él: libros. Lo último que supe de él es que su salud había ido a peor. Debido al aislamiento prolongado en una celda pequeña, ya no puede caminar. Y, aun así, de algún modo, sigue luchando. Tras una paliza particularmente espantosa, se declaró en huelga de hambre. Al momento de escribir este libro, llevaba seis meses en una dieta a base de líquidos. Se ha convertido en una advertencia no solo para los emiratíes, sino para cualquier activista de derechos humanos, disidente y periodista de todo el mundo. No pasa un día en el que no piense en Ahmed Mansoor, los Mansoor cuyos nombres desconozco, el estado de vigilancia, y no quiera gritar.

En otoño de 2016, NSO por fin accedió a hablar conmigo, aunque con ciertas condiciones, por supuesto. Para entonces, la empresa ya había salido a la luz. Yo había publicado todo lo que sabía sobre Pegasus, su joya de la corona, en el *The New York Times*. Apple había alertado a mil millones de usuarios de iPhone sobre los trucos de NSO después de publicar un parche de emergencia para los tres fallos de días cero de los que dependía el programa espía de NSO. Además, los investigadores habían sido capaces de rastrear Pegasus hasta sesenta y siete servidores distintos, y descubrieron que había engañado a más de cuatrocientas personas para que descargaran un programa espía en sus teléfonos. Aunque no era nada sorprendente que la mayoría de los objetivos se encontraran en los Emiratos Árabes Unidos y en México, Marczak pudo rastrear las infecciones hasta operadores de otros cuarenta y cinco países, entre ellos varios transgresores de los derechos humanos: Arabia Saudí, Argelia, Baréin, Bangladesh, Brasil, Canadá, Catar, Costa de Marfil, Egipto, Estados Unidos, Francia, Grecia, India, Irak, Israel, Jordania, Kazajistán, Kenia, Kirguistán, Kuwait, Letonia, Líbano, Libia, Marruecos, Omán, Países Bajos, Pakistán, Palestina, Polonia, Reino Unido, Ruanda, Sudáfrica, Singapur, Suiza, Tailandia, Tayikistán, Togo, Túnez, Turquía, Uganda, Uzbekistán, Yemen y Zambia.

Cómo no, los israelíes lo negaron todo. En una de las videoconferencias más extrañas en las que he estado, diez ejecutivos de NSO, quienes se negaron a darme sus nombres o títulos, insistieron en que no eran mercenarios a sangre fría. Según dijeron, solo habían vendido Pegasus a gobiernos democráticos para su uso expreso en investigaciones criminales y terroristas. Al igual que Hacking Team antes que ellos, me dijeron que NSO contaba con un proceso de evaluación interna muy estricto para determinar a qué gobiernos vendía y a cuáles no. Afirmaron que un comité ético de NSO, compuesto por trabajadores y consejeros externos, evaluaba a sus clientes de acuerdo con las clasificaciones de derechos humanos establecidas por el Banco Mundial y otros organismos internacionales. Además, cada venta requería de la aprobación del Ministerio de Defensa de Israel. Hasta la fecha, según me dijeron, a NSO no se le había negado ni una sola licencia de exportación.

No me confirmaron el nombre de ninguno de sus clientes. «El dichoso salmón». Y mis preguntas incisivas solían ir seguidas de unas largas pausas, pues me silenciaban para deliberar sus respuestas.

—¿Turquía? —les pregunté. Para entonces, Turquía se había convertido en mi país de prueba. Ankara había encarcelado a más periodistas aquel año que ningún otro país con registros—. ¿Le venderían a Turquía? —repetí. Otra larga pausa.

—Por favor, espere. —Otra pausa de cinco minutos—. No —fue la respuesta.

Estaba claro que los israelíes todavía tenían mucho por descubrir. Sin embargo, lo que NSO sí estaba ansiosa por contarme era que su programa espía había ayudado a frustrar un plan terrorista en Europa. También había ayudado a las autoridades mexicanas a rastrear y a arrestar a Joaquín Guzmán —«El Chapo», el traficante de drogas más poderoso de México— no una sola vez, sino dos. La empresa había interpretado un papel esencial en ambos casos, y los ejecutivos parecían estar enfadados porque el titular no fuera ese.

No obstante, cuando llegó el momento de responder por Ahmed Mansoor y por las decenas de otros periodistas y disidentes que me había enterado de que habían quedado arrastrados en la red de Pegasus en México, los israelíes se hicieron los locos.

En los meses posteriores a que publicara todo lo que sabía sobre NSO, incluidos los pocos detalles que había podido descubrir sobre los contratos de la empresa en México, mi teléfono empezó a recibir llamadas de un abanico de objetivos improbables: nutricionistas, activistas antiobesidad y legisladores en temas de salud de México, e incluso funcionarios del gobierno mexicano; todos ellos me informaron que habían recibido una serie de extraños mensajes de texto cada vez más amenazadores con enlaces que temían que fueran el programa espía de NSO. Me reuní con activistas de derechos humanos mexicanos y Citizen Lab, el cual examinó los mensajes y confirmó que cada uno de ellos era un intento por instalar el programa espía Pegasus.

Aparte de ser de México, me costó ver qué tenían en común todas aquellas personas. Con el tiempo, tras investigar un poco, llegué a la conclusión de que todos ellos habían estado a favor del impuesto a los refrescos de México, el primer impuesto nacional sobre los refrescos de aquel tipo. Sobre el papel, dicho impuesto tenía mucho sentido. México es el mayor consumidor de Coca-Cola del mundo, y también es un país en el que la diabetes y la obesidad matan a más personas que el crimen violento. Sin embargo, el impuesto tenía oponentes en la industria de refrescos, y estaba claro que alguien que trabajaba para el gobierno no quería perder sus sobornos. Parecía que habían llegado a unos extremos impensables para monitorizar a los médicos, nutricionistas, legisladores y activistas que querían aprobar el impuesto sobre los refrescos.

Los mensajes eran un claro caso de desesperación. Siempre empezaban de forma inocua: «Oye, léete esta noticia». Cuando eso no funcionaba, los mensajes se tornaban más personales: «Mi padre ha muerto al amanecer. Estamos destrozados. Te envío los detalles del funeral». Y, cuando esos tampoco surtían efecto, iban a la yugular: «Tu hija ha sufrido un grave accidente y está en el hospital», o «Tu mujer te está siendo infiel, aquí están las fotos que lo demuestran». Todos los mensajes intentaban hacer que el objetivo entrara en un enlace. Algunos eran tan extraños, que el receptor nunca lo hacía. Los que sí lo hicieron fueron redirigidos de forma un tanto lúgubre a Gayosso, la mayor funeraria de México, mientras Pegasus se descargaba en segundo plano. La campaña de hackeo era claramente un uso corrupto del programa espía de NSO. Cuando contacté con un miembro de un grupo de presión para la industria de los refrescos mexicana, me dijo: «No sabíamos nada de esto, y, sinceramente, a nosotros también nos asusta».

NSO me dijo que lo investigaría. Sin embargo, en lugar de cortar el acceso de México al programa espía, este siguió apareciendo en casos más perturbadores aún. Ni bien publiqué mi artículo, me empezó a sonar el teléfono de nuevo con llamadas de activistas anticorrupción mexicanos muy respetados. Unos abogados que estaban investigando la desaparición en masa de cuarenta y tres estudiantes mexicanos, dos de los periodistas más influyentes del país y un estadounidense que representaba a víctimas de abusos sexuales por la policía mexicana habían recibido mensajes similares. El espionaje incluso había afectado a familiares, entre ellos al hijo adolescente de uno de los periodistas más importantes de México. Mi compañero Azam Ahmed, nuestro jefe de la oficina de México, y yo tratamos de hablar con tantos objetivos como pudimos, y él empezó a reconocer sus mensajes de texto. Resulta que había recibido uno como esos hacía seis meses. Después de que su teléfono hubiera empezado a funcionar mal durante unos meses, se había deshecho de él y había comprado uno nuevo. Por fin sabía a qué se debía todo.

Azam y yo pasamos los siguientes meses rastreando a otros objetivos. Los ejecutivos de NSO me dijeron que, si reunía a todos los objetivos de Pegasus del mundo en un mismo lugar, solo sería capaz de llenar un pequeño auditorio. Sin embargo, en México, los objetivos de NSO salían por todas partes, muchos de ellos críticos del presidente mexicano Enrique Peña Nieto o periodistas que habían escrito artículos que lo criticaban. Uno de los objetivos frecuentes para los amenazantes intentos de hackeo era Carmen Aristegui, la periodista mexicana que había desvelado el escándalo del caso «Casa Blanca», una trama de bienes inmuebles que involucraba a la mujer de Peña Nieto por haber recibido una oferta barata para una mansión de uno de los principales contratistas del gobierno. Poco después de que su artículo obligara a la mujer de Peña Nieto a dejar la casa, Aristegui empezó a recibir mensajes que le imploraban su ayuda para localizar a un niño perdido. Otro la alertó de un cargo repentino en su tarjeta de crédito. Otro supuestamente procedía de la embajada estadounidense y era por un problema con su visado. Y, cuando todos fracasaron, los intentos de *phishing* se volvieron más estridentes. Uno le advirtió de que iban a encarcelarla. Su hijo de dieciséis años, que en aquel momento vivía en Estados Unidos, también empezó a recibir mensajes similares. Unos matones comenzaron a entrar en su oficina, a amenazarla y a seguirla.

«Todo es una venganza por el artículo —dijo Aristegui—. No hay otro modo de verlo».

Otras víctimas también tenían vínculos con Peña Nieto. Sus objetivos incluían a los abogados de las mujeres de Atenco (once estudiantes, activistas y vendedoras de mercado que fueron arrestadas por la policía hacía más de diez años durante las protestas en la ciudad de San Salvador Atenco y las cuales fueron víctimas de brutales abusos sexuales de camino a la cárcel). Además del grave abuso de poder, el caso era más peliagudo todavía: el hombre que había ordenado la mano dura contra las manifestantes era el por entonces gobernador, y luego presidente, Peña Nieto.

En México, solo un juez federal puede autorizar la vigilancia de comunicaciones privadas, y solo cuando se puede demostrar que existe una buena base para la petición. Sin embargo, no era nada probable que un juez hubiera dado el visto bueno a los casos que estábamos descubriendo. La vigilancia ilegal en México se había convertido en la norma, y las autoridades tenían el poder de llevar a cabo espionaje con el programa espía de NSO con tan solo pulsar un botón. No importaba lo que permitiera o no permitiera el contrato con NSO. Una vez que la empresa se enteraba de que se había abusado de su programa espía —y, para entonces, el aviso más frecuente de que se estaba abusando de sus productos era una llamada de una servidora—, no había mucho que pudiera hacer. Los ejecutivos de NSO dijeron que no podían presentarse en las agencias de inteligencia, retirarles el hardware y llevarse sus herramientas de vuelta.

«Cuando se venden AK-47, no se puede controlar cómo las va a usar el comprador una vez salen del cargamento», esto es lo que explicó Kevin Mahaffey, un ejecutivo de seguridad.

Pocas horas después de publicar nuestro artículo, los ciudadanos tomaron las calles de la Ciudad de México para exigir la dimisión de Peña Nieto. El *hashtag* #GobiernoEspía fue tendencia mundial en Twitter. Parecía que todo México estaba indignado. Nuestros reportajes habían obligado a Peña Nieto a reconocer que México usaba el programa espía de NSO, algo que ocurría por primera vez en el caso de un líder de gobierno. Aun así, Peña Nieto negó ordenar al gobierno que espiara a sus críticos y periodistas. Y luego, el presidente de México se salió de su guion: advirtió que su gabinete iba a «aplicar la ley contra aquellos que habían lanzado acusaciones falsas contra el gobierno». Más adelante, los súbditos de Peña Nieto se retractaron. El presidente se había expresado mal y no había pretendido amenazarme a mí ni a Azam ni al *The New York Times*.

No obstante, durante los meses siguientes, tenía bien claro que no debía entrar en las decenas de extraños mensajes de texto que hacían sonar mi teléfono y me pedían que los pulsara.

PARTE V

La resistencia

No podemos detener la marcha del capitalismo. Pero siempre podemos ponerle la zancadilla.

—Jarett Kobek, *Odio Internet*

14

Aurora

Mountain View, California

Durante varias horas de un lunes por la tarde a mediados de diciembre de 2009, un ingeniero de seguridad de Google percibió el equivalente de un pitido de sonar en su pantalla. Alguien había hecho saltar una alarma.

«Seguro que ha sido otro becario», dijo con un suspiro.

Google acababa de instalar varios cables trampa por toda su red, y las alarmas saltaban sin cesar. Los ingenieros de seguridad de la empresa habían empezado a pasar todo su tiempo tratando de descifrar qué pitidos indicaban un ataque inminente, un ingeniero que había entrado en una página web de póker sospechosa o un becario que se había metido en el pasillo digital equivocado. Casi siempre solía ser eso último.

«Existe la niebla de guerra, pero también la niebla de paz —me dijo Eric Grosse, el afable vicepresidente de ingeniería de seguridad de Google—. Se activan tantas señales que resulta difícil saber cuáles se deben perseguir».

Algunos miembros de la empresa lo compararon con Pearl Harbor. Aquella mañana de domingo de diciembre de 1941 en la isla hawaiana de Oahu había empezado con suficiente paz. Los tenientes todavía se estaban acostumbrando al nuevo sistema de radar de la base naval cuando un operador de radar en el extremo más alejado de la isla informó al teniente de guardia que había visto un pitido extrañamente grande en la pantalla de su radar, el indicio de una flota aérea que se acercaba a ellos a gran velocidad desde más de cien kilómetros de distancia. La primera reacción del teniente fue decirle que no se preocupara. Imaginó que el pitido en cuestión era un escuadrón de bombarderos B-17 que debían llegar desde San Francisco, y no la primera oleada de bombarderos japoneses.

Con tantos pitidos en las pantallas de Google durante aquel diciembre, fue una simple cuestión de naturaleza humana preferir la explicación simple y benévola (un becario desorientado) que la realidad: un ataque inminente por parte de otra nación.

«No estábamos formados para pensar en espías», explicó más adelante Heather Adkins, la directora del equipo de seguridad de la información de Google, una treintañera con pecas.

Aquel lunes por la tarde, Adkins estaba por terminar otra reunión de Google sobre China. La empresa había entrado con cuidado en el mercado chino tres años antes y seguía tratando de navegar las draconianas reglas de censura de Pekín. Adkins parecía una anomalía entre los programadores llenos de testosterona a los que lideraba. A la mayoría no les gustaba nada la autoridad; enterraban la cabeza en el código durante el día y vivían a través de juegos de rol por la noche. A Adkins le gustaba más la historia, y pasaba sus horas libres leyendo sobre la Edad Media. Veía su puesto de seguridad en Google como el equivalente digital de detener a invasores medievales en el mundo antiguo. Su trabajo era simple: «Dar caza al mal».

Conforme acababa su reunión, Adkins echó un vistazo al reloj. Eran las 04 p. m.; tal vez podía evitar las aglomeraciones de tráfico de la hora punta si salía un poco antes. Sin embargo, mientras se dirigía a la puerta, uno de sus ingenieros la llamó:

—Heather, ven a ver esto.

El pitido de la pantalla se había metastatizado y en aquellos momentos se movía a una velocidad apabullante por todos los ordenadores de los empleados de la red de Google. Quien fuera que se encontrara al otro lado de eso no era ningún becario.

«Fue el ciberataque más rápido que hubiéramos visto jamás —recordó Adkins—. Fuera quien fuese, estaba claro que tenía práctica. No era su primera vez».

Cuando la tarde se convirtió en noche, el pitido se volvió más agitado. En esos momentos saltaba de ordenador a ordenador y recorría los sistemas de Google a través de un patrón impredecible, en busca de algo. El ingeniero se quedó pegado a su pantalla hasta la hora de la cena, cuando se detuvo para acompañar al resto del equipo en la cafetería de Google. Allí, mientras comían unos burritos, explicó el extraño rastro del pitido, que parecía haber cobrado vida propia. Esa noche, en la mesa se encontraba Grosse, el jefe de Adkins, y varios ingenieros de seguridad.

Con sus gafas y cabello canoso, Grosse tenía un aspecto socrático, como de profesor. Era uno de los pocos directores de Google que dejaba de lado su oficina para sentarse con los ingenieros, y no era extraño encontrarlo encorvado en un sofá, con su ordenador en el regazo, o quedándose hasta tarde para cenar con los ingenieros veinteañeros. Esa noche, Grosse escuchó con atención lo que contaba el ingeniero, hizo preguntas y compartió comentarios con los otros comensales. Llegaron a un consenso: fuera quien fuese, parecía encontrarse en la primera fase de reconocimiento. ¿Un infiltrado? ¿Qué buscaba? ¿Registros de salarios? Cuando los hombres acabaron de cenar y salieron a la pista de voleibol aquella noche, ninguno había sospechado que se tratara de un ataque de otro país.

Conforme Mountain View se retiraba para descansar, el sol acababa de salir sobre los Alpes Suizos en Zúrich, cuando Morgan Marquis-Boire, un hacker con rastas que por entonces tenía treinta años, inició sesión. Los ingenieros de Google en Zúrich —o «Zooglers», como se hacían llamar—, se referían a su oficina como la «Mountain View de verdad», en alusión a su paisaje alpino. No obstante, Marquis-Boire siempre había pensado que la sede suiza de Google, con su enorme logotipo del color del arcoíris, parecía un payaso en medio de la vieja Hürlimannplatz de Zúrich.

Durante años, Hürlimannplatz había sido el hogar de una antigua empresa cervecera suiza. Sin embargo, cuando los cerveceros descubrieron un brote de agua que surgía en los muros de ladrillo del edificio, empezaron a producir su propia agua mineral. Los europeos de todo el continente hacían peregrinajes de fin de semana a la fuente mineral de la plaza para probar el agua más pura que ofrecía Europa. En aquellos tiempos, el pozo se había convertido en un baño termal y un spa. Era un escenario un tanto zen como para estar aplicando protocolos de intervención en el inicio de una ciberguerra.

Esa mañana, Marquis-Boire empezó donde el ingeniero de Mountain View lo había dejado y siguió al pitido conforme este rebotaba por toda la red de Google, cada vez de forma más sospechosa. Casi ni se percató de la nieve que cubría en silencio los tejados y campanarios de Zúrich.

No se trataba de ningún becario.

«Puede que Google no sea una central de enriquecimiento nuclear —me dijo—, pero, en términos de seguridad, se acerca bastante».

Fuera quien fuese, había conseguido sobrepasar las medidas de seguridad más duras que había visto nunca. Y en aquel momento corría sin impedimentos por las redes de Google y accedía de forma indiscriminada a sistemas que no encajaban con el típico camino digital de un empleado. La lista de posibles explicaciones para el pitido anómalo cada vez era más corta, hasta que solo quedó una posibilidad: Google estaba bajo ataque.

«¡Hemos atrapado a uno!», gritó Marquis-Boire. Tuvo que contenerse para no saltar sobre su escritorio, golpearse el pecho y gritar: «¡Empieza lo bueno!».

Había estado persiguiendo fantasmas imaginarios y señalando los fallos de la seguridad débil durante años, y se enfrentaba por fin a algo de verdad. Le parecía una vindicación.

Para cuando transmitió su análisis a Mountain View y dejó la oficina, ya eran las 11 p. m. Las calles estaban cubiertas de nieve. Normalmente volvía en bici hasta su piso en Langstrasse, el equivalente de Zúrich al barrio de luces rojas de Ámsterdam. Sin embargo, esa noche pensó que sería mejor caminar, puesto que necesitaba tiempo para procesarlo todo. Conforme sus botas militares hacían crujir la nieve por las calles, recordó una presentación en Las Vegas dos años antes, donde había declarado con valentía a un gran público de hackers que «se sobrestimaban las amenazas sobre los hackers chinos». Al pensar en aquellas palabras más adelante, Marquis-Boire solo podía sonreír:

«La historia siempre se las ingenia para hacer que te salga el tiro por la culata».

A la mañana siguiente, en Mountain View, ya estaba claro que no se trataba de ningún simulacro.

Para las 10 a. m., todo el equipo de seguridad de Google ya había recibido la información del ataque. No obstante, esa misma tarde la actividad cesó de repente. Quien fuera que se encontrara al otro lado de las pantallas se había retirado durante unas horas; por la noche, el pitido volvió con fuerzas renovadas. Varios ingenieros decidieron quedarse en la oficina y rastrear los movimientos del atacante hasta la madrugada.

Parecía que el intruso era un animal nocturno, o bien que trabajaba desde un huso horario distinto. Para cuando los somnolientos ingenieros informaron a sus sustitutos frescos del día siguiente, no les cabía ni la menor duda de que se estaban enfrentando al ciberataque más sofisticado que Google hubiera visto jamás.

Había llegado el momento de llamar a los especialistas. La primera llamada de Google fue a una tienda de ciberseguridad de Virginia llamada «Mandiant». En aquel mundo confuso de infiltraciones de seguridad, Mandiant se había hecho un lugar al responder a ciberataques, y en aquellos momentos era de los primeros a quienes llamaban todos los directores de información de las empresas de la Fortune 500.

Kevin Mandia, el fundador de Mandiant, era como el meticuloso personaje que habla rápido interpretado por Harvey Keitel en *Pulp Fiction*, el Lobo; a quien las corporaciones estadounidenses acudían para limpiar los destrozos de los ataques digitales más sangrientos, los ataques de extorsión y las campañas de ciberespionaje. Google le pidió a Mandiant que acudiera a Mountain View lo antes posible.

«Solo una cosa —le dijeron los ejecutivos de Google—. No os pongáis traje».

Al día siguiente, el equipo forense de Mandiant se dirigió al Googleplex. Habían hecho caso omiso al consejo de su cliente y aparecieron allí con trajes oscuros y gafas de sol. Los trabajadores de Google, con sus sudaderas, echaron un vistazo a los hombres y concluyeron que debían tratarse de agentes federales.

Grosse y Adkins los condujeron a su sala de crisis improvisada, una sala de conferencias pequeña, sin ventanas ni ninguna característica reseñable, donde estarían a salvo de los láseres y demás travesuras digitales. El personal de seguridad de Google había colocado un cartel en la puerta: «Esta sala de conferencias queda desactivada hasta próximo aviso».

Durante la siguiente hora transcurrió lo que Kevin Mandia llama cariñosamente la «hora de vomitar». El equipo de Mandiant insistió en que Google les entregara todo lo que tenían: registros del cortafuegos, registros web, correos electrónicos, chats… Interrogaron al equipo de Grosse y Adkins sobre todo lo que sabían hasta el momento y les lanzaron una serie de preguntas que se podían resumir en: «¿Quién demonios creen que puede haber sido?».

El tiempo era oro. Con cada segundo que perdían, el pitido recababa más datos, más código. Cabía la posibilidad de que los atacantes ya hubieran colocado puertas traseras en los sistemas de Google para poder volver sin tantas demoras. Los trabajadores de Google prácticamente vomitaban información sobre la mesa, cualquier dato, por pequeño que fuera, que pudiera ofrecer a los investigadores de Mandiant una miguita o huella digital para rastrear la identidad y el motivo de los atacantes.

En las oficinas de Google de todo el mundo, los investigadores internos empezaron a llamar a sus empleados para interrogarlos. ¿Por qué su dispositivo había accedido a ese archivo, a ese sistema, a ese dato en concreto? ¿Qué buscaban? Sin embargo, cuando terminó aquel día, ya les había quedado claro que no se trataba de nadie de dentro de la empresa: un atacante se había infiltrado en sus máquinas desde el exterior. Los investigadores de Mandiant se centraron en los registros y buscaron cualquier enlace o archivo adjunto malicioso al que hubiera podido acceder algún empleado para otorgar sin querer acceso a sus sistemas.

Ya habían presenciado algo así miles de veces. Los clientes de Mandiant podían destinar millones de dólares a los últimos y más novedosos programas de cortafuegos y antivirus, pero la seguridad solo era tan eficaz como su eslabón más débil. Y, normalmente, dicho eslabón era un humano que hacía clic en un simple correo electrónico de *phishing* o un mensaje que albergaba malas intenciones. Los mensajes podían ser muy persuasivos: el atacante podía imitar un aviso de envío de FedEx o a un director de recursos humanos. Alguien, en alguna parte de la organización, acababa cayendo en la trampa y hacía clic donde no debía. Conforme los investigadores de Mandiant rastrearon el camino de máquina infectada a máquina infectada, encontraron un hilo común: varios trabajadores de Google de la oficina de Pekín intercambiaban mensajes con compañeros, socios y clientes mediante un servicio de chat externo de Microsoft. Cuando los investigadores examinaron sus chats, encontraron una flagrante señal de alarma: cada uno de ellos había accedido a un enlace que acompañaba el mismo mensaje amenazador: «Muérete».

Durante aquellos días de diciembre de 2009, la sala de crisis de Google se convirtió en un entramado de datos y mentes cuando Grosse y Adkins empezaron a llamar a ingenieros de cualquier rincón de la empresa para decirles que pidieran a cualquiera de sus amigos que tuviera experiencia en seguridad que fuera a trabajar a Google. Empezaron a contratar a espías digitales de Fort Meade y del campo australiano y a ingenieros de seguridad de la competencia de Google por toda la autopista de California, a los cuales les ofrecían unas primas de cien mil dólares por firmar el contrato, inmediatas y sin hacer preguntas.

La sala de crisis se convirtió en un lugar de curioseo para los demás empleados de Google, y más aún cuando Sergey Brin, el energético cofundador de la empresa, empezó a ser una presencia regular en aquella planta. Brin, quien dedicaba su tiempo libre a ser un trapecista, no pasaba desapercibido. Solía llegar a la oficina a toda velocidad sobre unos patines o unas bicicletas elípticas de exterior que parecían hechas para payasos, vestido con un traje completo de luge o, como mínimo, con zapatillas de color neón.

Brin, un exiliado ruso judío, se había interesado personalmente en el ataque. Se le daba bien abrir cerraduras, y, cuando estudiaba en Stanford, había experimentado con varias técnicas para hacerlo. También daba la casualidad de que era uno de los mayores expertos del mundo en minería de datos, el arte de extraer patrones con significado a partir de montañas de datos. Aquel tipo de misión forense era, en muchos modos, lo que mejor se le daba. Aunque aquello no impidió que se tomara el asalto como un asunto personal. La identidad de Brin (y se podría decir que también la identidad corporativa de Google) estaba muy vinculada a cómo su familia había escapado de la Unión Soviética a finales de los años setenta. Brin veía el ataque como un asalto directo contra los principios de fundación de Google, los cuales se resumen en su lema: «No hagas el mal».

Con cada visita a la sala de crisis, Brin quedaba más y más convencido de que aquello no era obra de alguien que operaba desde su sótano, pues sabía que se trataba de un ataque apoyado por muchos recursos. En el interior de aquel intento de *phishing* de una sola palabra, «Muérete», se encontraba un enlace a una página web de Taiwán que ejecutaba un código que contenía una vulnerabilidad de día cero del navegador de Microsoft, Internet Explorer. Una vez que los trabajadores de la oficina de Google en China accedieron al enlace, descargaron sin saberlo un programa malicioso encriptado que proporcionó una cabeza de puente a los atacantes de Google, desde la cual fueron capaces de entrar y salir de la red de Google. Ningún crío —a Brin no le importaba lo bueno que este fuera— iba a gastar una vulnerabilidad de día cero de Microsoft en Google y a encriptar su código de ataque solo por curiosidad. El atacante buscaba algo más importante y había tenido mucho cuidado al asegurarse de borrar su rastro. Aquel nivel de ofuscamiento por sí solo indicaba que todo aquello era obra de un adversario con mucho entrenamiento y abundantes fondos. Brin hizo que su misión personal fuera averiguar quién había sido.

Conforme más ingenieros se incorporaron a la búsqueda, la investigación se trasladó a otra sala de conferencias más grande, luego a otra más grande aún, y por último a un edificio vacío enfrente del campus, donde unos doscientos cincuenta trabajadores tenían la tarea de averiguar quién se había adentrado en la red de Google, qué buscaba y por qué. Su búsqueda había alcanzado tal propósito que los ingenieros se negaban a volver a casa, y algunos empezaron a dormir en el campus.

«Cuando hay un incendio en el edificio, es difícil hacer que los bomberos se vayan de allí», recordó Adkins.

Conforme se acercaba la Navidad, Adkins animó a su equipo a volver a casa para dormir y darse una ducha, incluso cuando ella se estaba convirtiendo en una presencia permanente en el campus, y con un aspecto un tanto ridículo, además. Se le había acabado la ropa limpia al mismo tiempo que los trabajadores de Google se dirigían en masa a la tienda de regalos del campus para comprar sus regalos de Navidad de última hora. Con su metro sesenta de altura, Adkins acabó dirigiendo una de las mayores investigaciones digitales metida en una sudadera de Google de color verde neón que le iba más que grande.

Cancelaron los viajes de vacaciones. A los empleados de Google no se les permitía contar a sus seres queridos qué era lo que los mantenía en la empresa. Adkins logró ir a Las Vegas para ver a su madre para Navidad, pero pasó todo aquel tiempo pegada a un ordenador. Grosse solo logró hacer una breve aparición el día de Navidad.

«Tuve que decirle a mi madre: "Pasa algo grande. Créeme, es importante"», me contó Adkins.

La obsesión con el ataque empezó a dejar paso a la paranoia. Mientras se dirigía al campus una mañana, Adkins vio a un trabajador de mantenimiento que salía de una alcantarilla.

«Pensé: "Oh, no, esa persona quiere poner una puerta trasera en la fibra del campus". Y empecé a preguntarme si alguien estaría escuchando nuestras llamadas telefónicas».

En Zúrich, los ingenieros estaban preocupados por su seguridad personal. Se preguntaban cuán personal los atacantes de Google estaban dispuestos a convertirlo todo. A efectos prácticos, ellos eran civiles trabajando en contrainteligencia contra alguien que estaba claro que era un adversario con muchos fondos. Muchos de ellos empezaron a andarse con cuidado cuando iban y venían del trabajo por la noche.

Conforme pasaron las semanas, el equipo de seguridad de Google pudo comprobar que tenían buenos motivos para preocuparse. El atacante había empezado a mostrar señales inequívocas de tratarse de un adversario sofisticado en concreto: un grupo de contratistas del gobierno chino con el que Mandiant ya se había encontrado antes, un grupo que la Agencia de Seguridad Nacional rastreaba bajo el pseudónimo clasificado «Legión Yankee».

La Legión Yankee era uno de los más sospechosos (y prolíficos) de los veintitantos grupos de hackers chinos que rastreaba la NSA mientras estos extraían propiedad intelectual, secretos militares y correspondencia de las agencias gubernamentales, grupos de expertos y universidades de Estados Unidos, además de las empresas tecnológicas más dinámicas del país.

El robo cibernético chino tomaba dos formas. La mayoría de las cruzadas de hackeo las llevaban a cabo el Segundo y Tercer Departamento del Ejército Popular de Liberación de China. A juzgar por sus objetivos, estaba claro que varias unidades del Ejército habían sido asignadas a hackear gobiernos y ministerios extranjeros en lugares geográficos concretos o a robar propiedad intelectual en industrias determinadas que beneficiaran a las empresas propiedad de China, así como a sus planes económicos.

El otro enfoque era menos directo y más ocasional. Con cada vez más frecuencia, los funcionarios de altos cargos del Ministerio de Seguridad Estatal de China subcontrataban ataques contra objetivos de gran importancia —disidentes políticos como el dalái lama, minorías étnicas uigures y tibetanas y distinguidos contratistas de defensa de Estados Unidos— a hackers autónomos de las universidades y empresas de Internet chinas.

El Estado identificaba a aquellos hackers por sus habilidades, que en gran medida sobrepasaban las de sus homólogos en el Ejército Popular de Liberación de China. Además, si alguien llegaba a rastrear un ataque a esos individuos, Pekín siempre podía fingir no saber nada.

«De ese modo, Pekín puede decir: "No hemos sido nosotros, han sido estos hackers, que no se saben controlar". Puede que no sean responsables de la mayor parte de la actividad, pero el mero hecho de existir le da al gobierno una excusa», me explicó James A. Lewis, un experto en ciberespionaje del Centro de Estudios Estratégicos e Internacionales de Washington.

Era la estrategia de Putin al pie de la letra: el Kremlin llevaba años subcontratando ciberataques a criminales rusos. Dicha estrategia pudo importarse a China con suma facilidad, pues, allí, la aceptación por parte del Estado de las libertades y los mercados libres tenía sus límites. Los que tenían habilidades de hackeo notables no eran contratados por el aparato del Estado, sino que más bien se les obligaba a ello.

En un caso, fui capaz de encontrar el blog personal de un prolífico hacker del Ejército que usaba el alias «UglyGorilla». Dicho hacker se quejaba de que lo habían obligado a alistarse, del bajo salario, de las largas horas de trabajo, de su diminuta habitación y de su dieta a base de *ramen* instantáneo. No quedaba claro cómo el Ministerio de Seguridad del Estado de China reclutaba a estos hackers privados para que trabajaran de noche en esos ataques. Con bastante frecuencia, los investigadores de seguridad rastreaban ataques hasta los estudiantes de universidades chinas, en especial la Universidad Jiaotong, la cual recibía una significativa inversión del Estado. En otros casos, rastreaban los ataques hasta la empresa de Internet líder en China, Tencent. A menudo, China enrutaba sus ataques a través de algunas de sus páginas web más populares, como 163.com (el equivalente chino de Yahoo) y Sina, la empresa que dirige Sina Weibo, el equivalente chino de Twitter. Si bien la página 163.com pertenece oficialmente a un milmillonario del sector de los juegos, sus servidores de correo operaban desde un dominio del gobierno chino, lo que le daba al Partido Comunista acceso a todos los mensajes y tráfico digital que pasaba por allí. Por lo que la República Popular de China había empezado a usar los servidores de 163.com como base de sus ataques.

Algunos expertos en ciberseguridad sostenían que los trabajadores y estudiantes de China ganaban dinero extra al hackear para el Estado, mientras que otros afirmaban que no se les había dado otra opción. Fuera cual fuese la relación, la NSA no tenía mejores respuestas que yo.

«Se desconoce la afiliación exacta con las entidades gubernamentales chinas; sin embargo, sus actividades indican un probable requisito de información de inteligencia proporcionada por el Ministerio de Seguridad del Estado de China», fue la respuesta más clara que encontré en un documento interno de la NSA filtrado.

La NSA no contaba con esa capa de negación plausible, pues el Tío Sam no obligaba a los ingenieros estadounidenses a hackear en su nombre, ni tampoco desplegaba a los mejores hackers de TAO para atacar industrias extranjeras y extraer secretos comerciales que pudiera entregar a las empresas estadounidenses para sacar beneficios. Incluso si la NSA acababa encontrando fórmulas químicas valiosas o el código fuente de Tencent, ¿a qué empresa se lo iba a entregar? ¿A DuPont? ¿Monsanto? ¿Google? ¿Facebook? En una economía de libre comercio de verdad, dicha idea sonaba absurda.

Durante los últimos años, fueron los grupos de contratistas vinculados al Ministerio de Seguridad de China los que empezaron a martirizar a los analistas de la NSA y a los investigadores de seguridad privados, conforme los contratistas chinos asaltaban un número cada vez mayor de objetivos nuevos, algo que resultaba perturbador. Ya se habían adentrado en empresas del sector de la defensa, donde, según un documento clasificado, se habían dirigido a «tecnologías aeroespaciales, de misiles, satélites y del espacio», y, quizá lo peor de todo, a «tecnologías de armamento y propulsión nuclear».

El atacante de Google, la Legión Yankee, había estado en el punto de mira de los analistas de inteligencia estadounidenses seis meses antes de que Google notara aquel pitido en su pantalla. La Legión había aparecido en varios ataques a contratistas de defensa. Los trabajadores del Departamento de Estado acabaron conectando el ataque de Google a Zhou Yongkang, el mayor funcionario de seguridad de China, y a Li Changchun, un miembro del mayor organismo de gobierno de China, el Comité Permanente del Politburó, además del funcionario más veterano de la propaganda del país. Al parecer, Li se había buscado a sí mismo en Google y no le había gustado lo que había encontrado, según indican los documentos diplomáticos filtrados. Como resultado, Li quería castigar a Google, primero al ordenar a las empresas de telecomunicación propiedad del gobierno chino que interrumpieran su negocio con la empresa estadounidense, y luego al coordinar el ataque subcontratado contra las redes de Google. Pero las respuestas no llegaron hasta mucho tiempo después.

Aquel enero, a los investigadores de Mandiant no les sorprendió nada encontrar a aquel grupo en las redes de Google, pues los hackers chinos atacaban con descaro a todos y a todo lo que pudieran. Ya no les sorprendía nada. Sin embargo, los ingenieros y ejecutivos de Google no se lo podían creer.

—No se nos había pasado por la cabeza que nos podría atacar el Ejército chino —me dijo Adkins—. No se espera que una empresa tuviera que lidiar con eso.

—No sabíamos que a un ejército se le permitía hackear a civiles en tiempos de paz —dijo Grosse—. No creíamos que fuera cierto porque imaginábamos que las consecuencias podrían ser muy graves. Ahora eso es lo normal en todo el mundo.

Google no tardó en percatarse de que no era la única víctima. Según los investigadores que rastreaban el ataque hasta el servidor de mando y control de los atacantes, encontraron rastros que conducían a montones de empresas estadounidenses, muchas de ellas en Silicon Valley (Adobe, Intel o Juniper Networks). Entre las bajas se encontraron algunos contratistas de defensa, la empresa de seguridad Akamai, Dow Chemical, Morgan Stanley y otras que, hasta la fecha, se han negado a reconocer que sufrieran algún ataque.

El equipo de seguridad de Google trató de advertir a sus homólogos de aquellas otras empresas, pero resultaba agotador.

—Era muy difícil llegar hasta ellos —me explicó Adkins—. Teníamos que hablar con alguien que conocía a alguien que conocía a alguien de nuestra competencia y a través de tantas industrias distintas. No nos podíamos creer lo grande que era el ataque. Si lográbamos hablar con alguien, le decíamos: «Oye, tienes un problema. Mira esta dirección IP y verás algo horrible».

—Oíamos cómo se ponían pálidos al otro lado del teléfono —me contó Grosse—. Y luego silencio absoluto.

El ataque buscaba las cuentas de Gmail de Google y su código fuente.

La mayoría de las personas de a pie creen que los hackers buscan recompensas a corto plazo: dinero, datos de tarjetas de crédito o información médica con la que puedan chantajear a alguien. No obstante, los atacantes más sofisticados quieren el código fuente, los jeroglíficos que crean y admiran los ingenieros. El código fuente es la materia prima del software y el hardware, es lo que les dice a los dispositivos y a las *apps* cómo comportarse, cuándo encenderse, cuándo dormir, a quién deja entrar y a quién no. La manipulación del código fuente es lo que se busca para un beneficio a largo plazo. Se puede robar y manipular un código hoy y, como un agujero invisible en la pared del despacho oval, dar frutos de inmediato o años más tarde.

El código suele ser el bien más valioso del que disponen las empresas tecnológicas, su joya de la corona, y, aun así, cuando los hackers subcontratados por China empezaron a aparecer por treinta y cuatro empresas de Silicon Valley a finales de 2009, nadie se le había ocurrido ponerlo a salvo. Los datos sobre clientes y tarjetas de crédito ameritaban una protección feroz, pero la gran mayoría de las empresas tecnológicas habían dejado sus repositorios de código fuente abiertos de par en par.

Una investigación subsiguiente llevada a cabo por los investigadores de McAfee, quienes denominaron a aquella operación china «Aurora», descubrieron que no se trataba solo de Google. En todos los lugares que habían atacado los hackers chinos (empresas de tecnología de punta, contratistas de defensa) habían tenido un éxito perturbador a la hora de adentrarse en los repositorios de código fuente. Con aquel acceso, podían alterar de forma subrepticia el código que se dirigía a productos comerciales y atacar a cualquier cliente que usara el software en sí.

Extraer las puertas traseras chinas del código fue peor que encontrar una aguja en un pajar. Aquello implicaba comparar cualquier software con versiones de respaldo, un proceso de lo más laborioso incluso para la empresa líder en búsquedas del mundo, en especial cuando se trata de unos proyectos colosales con millones de líneas de código.

El ataque Aurora de Google generó una pregunta fundamental: ¿es posible hacer que un sistema informático sea completamente seguro? Se asemejaba al ejercicio de Gosler en Sandia, más de dos décadas atrás, cuando los hackers de élite de la nación no fueron capaces de encontrar su implante en dos mil líneas de código, un código que sabían que estaba alterado. El software necesario para que funcionen todos los servicios de Google, desde el buscador hasta Gmail y Google Maps, se basa en una estimación de dos mil millones de líneas de código. A modo de comparación, se estima que el sistema operativo Windows, de Microsoft, contiene unos cincuenta millones de líneas de código. McAfee nunca llegó a encontrar una prueba concreta de que los atacantes de China hubieran alterado el código fuente de alguno de sus objetivos, pero, con tantas víctimas de China negando que las hubieran atacado, la única certeza era la incertidumbre.

Mandiant y los investigadores de Google estaban dispuestos a seguir el rastro chino hasta su amargo desenlace. Y el rastro dejaba claro que sus atacantes tenían un objetivo concreto en mente: buscaban las cuentas de Gmail de disidentes chinos. Pese a que los hackers podrían haberse adentrado en aquellas cuentas mediante pruebas con contraseñas posibles, las contraseñas podían cambiarse, y se podía cortar el acceso a los hackers tras una serie de intentos fallidos. Los chinos querían un acceso más permanente: al robar el código fuente de Google, era posible implantar puertas traseras en el código de Gmail para garantizarles un acceso a largo plazo a cualquier cuenta de Gmail que quisieran.

Y estaba claro que buscaban a sus objetivos de siempre. Además de a los activistas prodemocracia, China considera que los tibetanos, los musulmanes uigures, los taiwaneses proindependencia y los miembros de la religión Faul Gong son lo que el Estado denomina los «Cinco Venenos»: grupos que el Partido Comunista chino determina que son la mayor amenaza a su hegemonía. China se había reservado sus mejores vulnerabilidades de días cero y a sus mejores hackers para atacar a sus propios ciudadanos.

En retrospectiva, Google podría haberse visto venir el ataque. Tres años antes, Google se había adentrado en el mercado chino como una especie de salvador. En aquellos tiempos, Brin y su cofundador, Larry Page, les dijeron a sus trabajadores que era mejor darles unos resultados de búsqueda censurados a los ciudadanos chinos que nada. Google podía ayudar a informar a los ciudadanos chinos sobre el sida, los problemas medioambientales, la gripe aviar y los mercados mundiales. La alternativa, según dijeron, era dejar a mil millones de personas en la inopia.

Aquella racionalización era algo común en Silicon Valley, donde los líderes y fundadores de la tecnología habían empezado a verse a sí mismos como profetas, por no decir dioses, que otorgaban la libertad de expresión y las herramientas para alcanzar a las masas, por lo que estaban cambiando el mundo. Muchos directores ejecutivos habían empezado a pensar que eran el verdadero heredero de Steve Jobs, cuya megalomanía se excusó como un producto de su habilidad para cumplir lo que prometía. Aun así, Jobs estaba en un nivel muy por encima, y, cuando los otros directores ejecutivos de empresas tecnológicas seguían su ejemplo, solían emplear el mismo lenguaje de iluminación para justificar su propia expansión sin descanso en el mercado de Internet, que crecía a la mayor velocidad del mundo, por autoritario que fuera.

Al poco tiempo de que Google entrara en China en 2006, a Brin aquel acuerdo le pareció difícil de digerir. Los funcionarios chinos exigían que Google esterilizara los resultados de búsqueda para ocultar toda mención al Falun Gong, el dalái lama y a la sangrienta masacre de 1989 en la plaza de Tiananmen. Aquello ya se lo había esperado Google. No obstante, poco después la lista aumentó hasta incluir cualquier cosa que ofendiera al gusto y los «valores socialistas» del Partido Comunista chino: cosas como hablar de viajes en el tiempo o la reencarnación o incluso Winnie the Pooh entraron en la lista negra. Cuando Mountain View no bloqueaba el contenido ofensivo lo suficientemente rápido, los funcionarios chinos empezaron a calificar a Google de ser una «página web ilegal».

La presencia de Google en China tampoco sentó muy bien en Washington. A Brin y a Page los equipararon a colaboradores nazis. Los miembros del Comité de Relaciones Internacionales del gobierno compararon a Google con un «funcionario del gobierno chino» y calificaron sus acciones de «abominables».

«Google ha abandonado su política de "no hacer el mal". Así es, se ha convertido en el cómplice del mal», declaró un congresista republicano.

Algunos ejecutivos de la empresa también empezaron a pensar de ese modo. Sin embargo, sabían que cualquier cosa que no fuera un cumplimiento total con las autoridades chinas era sinónimo de peligro. Todos habían oído los rumores: los agentes chinos asaltaban oficinas corporativas a menudo para amenazar a los ejecutivos locales con llevarlos a la cárcel si no actuaban deprisa para bloquear contenido «problemático».

Ceder sobre la censura era una cosa, pero ser un cómplice de la vigilancia gubernamental china era algo muy distinto. Cuando Google entró en China, Brin y Page habían decidido adrede no hacer que sus plataformas de blogs y correo electrónico estuvieran disponibles para los clientes chinos, por temor de que se les obligara a entregar la información personal de un usuario a la policía secreta. Dos años antes, Yahoo había entregado la información personal de un periodista chino al Estado, después de que el periodista filtrara detalles sobre restricciones de prensas chinas a una página web prodemocracia liderada por exiliados chinos en Nueva York. El excliente de Yahoo había sido condenado a diez años de cárcel.

En la mente de Brin, lo que los chinos habían hecho al atacar a Google había sido prácticamente lo mismo que le habían hecho a Yahoo, con la única diferencia de que no se habían molestado en pedir permiso a Google para obtener acceso a la información de sus usuarios. El ataque apestaba al totalitarismo de la infancia soviética de Brin, por lo que se lo tomó como una afrenta personal.

Brin nació en Moscú y se crio entre la opresión soviética. Si bien en términos de política la Unión Soviética no era antisemita, en la práctica, a los judíos se les prohibía la entrada a las universidades rusas prestigiosas y a los niveles profesionales superiores. Se les obligaba a dar los exámenes de acceso a la universidad en salas separadas (a las que llamaban «cámaras de gas») y se les calificaba según una curva más empinada. El padre de Brin tuvo que abandonar su sueño de ser astrónomo porque a los judíos se les prohibía de forma expresa formar parte de los departamentos de física de las universidades de prestigio de Moscú. Los soviéticos no confiaban en ellos para su investigación de misiles nucleares, y el Estado determinó que la astronomía era un subcampo de la física. Los padres de Brin huyeron a Estados Unidos a finales de los años setenta para evitar que el joven Sergey tuviera el mismo destino. Años más tarde, Brin era uno de los emprendedores de mayor éxito del mundo, además de una de las personas más ricas, por lo que no pensaba rendirse ante otro régimen autoritario.

Y tampoco pensaban hacerlo ninguna de las personas que se encontraban en la sala de crisis de Google aquel enero de 2010. Habían ido a trabajar a Google por los beneficios, comida, clases y gimnasio gratuito y su ética de «No hacer el mal». Sus reclutas más recientes se habían incorporado a la batalla. Ninguno de los que estaba allí durante aquel enero iba a seguir en la empresa si pensaba que su trabajo ayudaba de algún modo a la vigilancia, encarcelamientos y torturas por parte de China.

«Toda nuestra actitud cambió —me dijo Eric Schmidt, el director ejecutivo de Google—. No íbamos a permitir que ocurriera otra vez, no podíamos hacerlo. Teníamos que tomar una acción decisiva».

Pero ¿qué podían hacer? Google era un negocio de búsqueda; defender a disidentes de unos hackers de otro país muy bien entrenados no entraba precisamente en la descripción de su trabajo. Hacer lo que hacía falta para echar a los chinos de sus sistemas (y para asegurarse de que no volvieran) necesitaría una cantidad de trabajo y dinero astronómica. La empresa tendría que crear su propia agencia de inteligencia, contratar a sus propios hackers y espías de países y cambiar toda su cultura. La cultura corporativa de Google es conocida por estar centrada en la innovación y la «felicidad de los trabajadores», y es bien sabido que la seguridad es todo un incordio. Nadie ha dicho nunca: «¡Me encantan las contraseñas largas!». Aun así, la empresa no podía esperar cosechar las recompensas de cientos de millones de dólares de inversión renovada en seguridad si sus trabajadores seguían creando contraseñas débiles y entrando sin darse cuenta en enlaces maliciosos. Al fin y al cabo, incluso si Google cumplía con todo lo mencionado, ¿podían de verdad mantener a raya al Ejército chino? La mayoría de los ejecutivos podía ver —y ven— que se trata de una misión imposible.

«Mantuvimos una serie de debates muy acalorados y sinceros sobre el coste que de verdad haría falta. Tuvimos que preguntarnos a nosotros mismos: "¿Estás listo para hacer lo que es necesario?"», me contó Grosse más adelante.

«Defendernos del Ejército chino parecía algo muy alejado de lo que se puede esperar que lidie una empresa —recordó Adkins—. La pregunta de "¿Vamos a intentar alejarlos siquiera? ¿Deberíamos rendirnos?" estaba en el aire. La mayoría de las empresas llegarían a la conclusión de que no valía la pena hacer todo lo que tendrían que hacer para ello».

Finalmente, fue Brin quien decidió responder con todas sus fuerzas. Presionó a Google para que saliera de China, lo que les hizo perder una participación en el mercado más buscado del planeta. Los usuarios de Internet de China eran el doble que todos los ciudadanos de Estados Unidos, y el índice de crecimiento de Internet en China superaba con creces el de cualquier otro país. Sin embargo, ceder ante la censura china ya había sido bastante, y el ataque no le dejó otra opción a Brin. Había llegado el momento de abandonar China y de que Google hiciera todo lo que estaba en sus manos para asegurarse de que nada como Aurora volviese a ocurrir nunca más.

En medio de la oscuridad de una noche de enero de 2010, sin previo aviso, el equipo de seguridad de Google recorrió las oficinas de la empresa y confiscó cualquier máquina que hubieran tocado los hackers. Cientos de empleados se quedaron boquiabiertos al llegar a sus escritorios a la mañana siguiente y encontrar un entramado de cables y una nota donde antes habían estado sus ordenadores. «Incidente de seguridad —rezaba—. Nos llevamos la máquina».

El equipo de seguridad de Google cerró la sesión de cada trabajador de todos y cada uno de los sistemas de la empresa y les resetearon las contraseñas de forma simultánea. Cuando los molestos empleados y ejecutivos exigieron explicaciones, se limitaron a decirles: «Te lo contaremos más tarde. Confía en nosotros».

Mientras tanto, los ejecutivos de Google empezaron a planear cómo enfrentarse a su atacante. Ya no pensaban cumplir la censura de Pekín, pero necesitaban encontrar un enfoque legal que no pusiera en peligro a sus trabajadores. Si dejaban de filtrar Google.cn, estarían incumpliendo la ley china, y no les cabía ni la menor duda de que serían los empleados chinos y sus familias quienes pagarían el pato. El equipo jurídico de Google urdió un plan para cerrar Google.cn y redirigir el tráfico de Internet chino hacia Google a través de los motores de búsqueda sin censura de Hong Kong. Pese a que la antigua colonia británica había formado parte de China desde 1997, operaba bajo una política de «un país, dos sistemas». Las autoridades continentales no se molestaban en censurar el contenido de Internet en Hong Kong. La redirección hacia dicho territorio metería el dedo en la llaga de las autoridades chinas, pero seguiría estando bajo los límites legales. Después de todo, no estaban eliminando la censura de Google.cn, sino que este simplemente dejaba de existir. Aquello pondría la pelota en el tejado de Pekín. China iba a tener que hacer su propio filtrado hacia Hong Kong y desde allí; Google ya no tendría que hacerles el trabajo sucio.

Sabían que China se las iba a hacer pagar. Lo más seguro era que el Partido Comunista echara a Google del mercado por completo. Ninguna empresa estadounidense había acusado en público a Pekín de ser el autor de un ciberataque, incluso mientras los hackers chinos robaban propiedad intelectual estadounidense en lo que Keith Alexander, por entonces el director de la NSA, llamó «la mayor transferencia de capital de la historia». Un investigador de seguridad llamado Dmitri Alperovitch acuñó una frase muy utilizada para describir el fenómeno: «Solo hay dos tipos de empresas: las que saben que han sido atacadas y las que no lo saben». Otras variaciones posteriores eran más específicas. Tres años después del ataque a Google, James Comey, por entonces líder del FBI, lo dijo del siguiente modo: «Existen dos tipos de empresas grandes en Estados Unidos. Las que los chinos han hackeado y las que no saben que los chinos las han hackeado».

La mayoría de las víctimas se negaron a decir nada por temor de lo que ello podía acarrear en cuanto a sus reputaciones o al precio de sus acciones. No obstante, los funcionarios estadounidenses que viajaban a China por negocios empezaron a llevar teléfonos y ordenadores portátiles desechables, o incluso no llevaban ningún aparato electrónico encima, pues sabían que iban a estar infectados con programas que registran las pulsaciones de teclas para cuando regresaran. Un ejecutivo de Starbucks me dijo que, en un viaje a Shanghái, una tormenta cortó la energía de todo el hotel, excepto en la quinta planta, donde, convenientemente, se hospedaban él y otros ejecutivos de empresas estadounidenses como Ford Motor Co. o Pepsi, entre otras.

«Nuestra planta tenía sistemas de redundancia de energía y de Internet, y estaba claro que vigilaban todo lo que hacíamos —me dijo—. Habíamos identificado las mejores localizaciones para establecer cafeterías Starbucks. Tras nuestra visita, nuestros competidores chinos empezaron a abrir cafeterías en esos mismos lugares».

La mayoría de las empresas estadounidenses cedieron ante el ciberespionaje chino. Y, por lo que pude averiguar a través de las conversaciones de Google con otras víctimas del ataque Aurora —en los sectores de defensa, tecnología, finanzas y manufacturación—, ninguno de los otros planeaba culpar a China en algún momento. Si Google no emprendía una acción agresiva y decisiva, ¿quién lo haría? Por muchas consecuencias que ello fuera a desencadenar, el *statu quo* era mucho peor.

El martes 12 de enero de 2010 a las 03 a. m., hora de Pekín, Google hizo público su ataque ante todo el mundo. Como temía por la seguridad de sus trabajadores, Google ya había dado el aviso al Departamento de Estado. Hillary Clinton, por entonces secretaria de Estado, fue informada de todo. Los diplomáticos estadounidenses de la embajada de Pekín estaban preparados para una posible evacuación en masa de los trabajadores chinos de Google y sus familias.

Y entonces pulsaron el botón de *publicar*. «Hemos dado el paso para nada usual de compartir información sobre estos ataques con un gran público no solo por las implicaciones de seguridad y de derechos humanos que hemos desentramado, sino también porque esta información está en el centro de un debate mucho más amplio sobre la libertad de expresión —escribió quien por entonces era el director de los abogados de Google, David Drummond, en un blog—. Estos ataques y la vigilancia que han dejado al descubierto, junto con los intentos durante el último año de limitar aún más la libertad de expresión en Internet, nos han llevado a la conclusión de que debemos reevaluar la viabilidad de nuestras operaciones de negocios en China. Hemos decidido que ya no estamos dispuestos a seguir censurando nuestros resultados en Google.cn».

Aquellas palabras recibieron el visto bueno de todos los eslabones de la cadena corporativa, pero los ejecutivos de Google no sabían lo que todo eso significaba de verdad. Durante la mayor parte del último mes, los ingenieros habían rastreado el itinerario de un diminuto pitido a través de un camino de una inmensa complejidad que los había conducido hasta el gobierno chino. Muy poco de lo sucedido en las últimas semanas les había parecido real hasta ese momento.

«Se nos implantó una nueva mentalidad —recordó Adkins—. Nuestros usuarios estaban en peligro. Fue entonces que comprendimos que éramos los únicos pastores de su seguridad».

Pocos minutos después, un titular sobre el ataque apareció en la CNN: «Google informa de un ataque desde China y afirma que salir de su mercado es una posibilidad». Los teléfonos de Google sonaban sin parar. Varios periodistas de Bloomberg, Reuters, el *Wall Street Journal*, el *The New York Times,* el *Christian Science Monitor,* la CNN, la BBC y los blogs de tecnología de todo Silicon Valley lucharon por plasmar en palabras lo que aquel momento significaba para Google, para la ciberseguridad y para Internet. Por primera vez, una empresa estadounidense había acusado a China de un robo cibernético. Y Google no se anduvo con chiquitas. Hasta entonces, si alguien buscaba en Google «plaza de Tiananmen» desde China, solo encontraba fotografías de sonrientes parejas chinas y paisajes turísticos de la plaza iluminada durante la noche. El 12 de enero de 2010, cualquiera que hiciera aquella misma búsqueda era dirigido a la lista de muertos de las protestas lideradas por estudiantes de Tiananmen y a la icónica imagen de un hombre chino, que no llevaba nada más que una bolsa de la compra, bloqueando una columna de veinticinco tanques para que no atropellara a los manifestantes. Al «hombre del tanque» lo habían captado los fotógrafos justo antes de que la policía secreta se lo llevara a rastras de allí. Su destino, e incluso su identidad, seguían siendo un misterio. A China le hubiera convenido mostrar quién era para silenciar el clamor global, pero no lo hizo nunca. La mayoría imaginó que lo habían ejecutado, pues muchos habían sido torturados o asesinados por menos. Cuando Pekín se despertó aquella mañana, muchos acudieron a la sede de Google a dejar flores como modo de agradecimiento o duelo por lo que todos sabían que iba a ser la inminente salida de Google.

Los censuradores chinos redireccionaron a toda prisa sus filtros de Internet —«el Gran Cortafuegos»— hacia Google.com.hk. Poco después, cualquiera que intentara encontrar la imagen del hombre del tanque vería que su conexión a Internet se reseteaba. Y luego los funcionarios chinos lo dieron todo. En Xinhua, el servicio de medios de comunicación estatal de China, un funcionario veterano arremetió contra Google por incumplir la promesa que había hecho al entrar en el mercado chino de filtrar sus resultados de búsqueda. Los funcionarios negaron toda responsabilidad por el ataque a Google y expresaron su «descontento e indignación» ante semejantes acusaciones.

Algunos funcionarios llamaron a los ejecutivos de Google directamente, y Schmidt bromeó más adelante sobre ello, en referencia a la falta de censura en Hong Kong:

«Les dijimos a los chinos: "Ustedes dicen *un país, dos sistemas*. Pues a nosotros nos gusta el otro sistema". Eso tampoco les sentó demasiado bien».

Durante las siguientes semanas, la decisión de Google desencadenó una disputa diplomática entre Washington y Pekín. En los medios propiedad del estado, los funcionarios chinos continuaron negando con rotundidad su papel en el ataque de Google y acusaron a la Casa Blanca de organizar una campaña de propaganda antichina. En Washington, el presidente Obama exigió respuestas a Pekín. Clinton le pidió a China que llevara a cabo una investigación transparente sobre el ataque a Google. En un discurso de media hora sobre la libertad de expresión, Clinton habló directamente de la censura china.

«Una nueva cortina de información desciende por muchos lugares del mundo —declaró la secretaria Clinton ante el público antes de lanzar la advertencia más clara hasta el momento sobre los ciberataques chinos—. En un mundo interconectado, un ataque sobre las redes de una nación puede ser un ataque contra las de todas».

Para cuando Clinton se dirigió al podio, los hackers de China ya habían desconectado y abandonado sus herramientas de ataque y servidores de mando y control. Pasaron varios meses hasta que la Legión Yankee volvió a aparecer en los radares estadounidenses. Un año más tarde, apareció en otro sofisticado ciberataque contra RSA, la empresa de seguridad que vendía claves de autenticación a algunos de los contratistas de defensa de Estados Unidos de mayor importancia, antes de valerse del código fuente de RSA para hackear Lockheed Martin. La Legión Yankee acabó por atacar a miles de empresas occidentales de un gran abanico de industrias (bancos, ONG, fabricantes de automóviles, despachos de abogados y empresas químicas) para extraer secretos militares y comerciales muy bien guardados por valor de miles de millones de dólares.

En los meses siguientes a la revelación de Google, Brin declaró ante el *The New York Times* que esperaba que las acciones de Google condujeran a un «Internet más abierto en China».

«Creo que, a largo plazo, van a tener que abrirlo», dijo.

No podría haber estado más equivocado.

China bloqueó Google de forma permanente. Y tres años más tarde, bajo su nuevo presidente, Xi Jinping, China pasó a controlar toda la red. Codificó los castigos en la legislación criminal para cualquiera que «dañara la unidad nacional». Inventó nuevas formas de vigilancia digital —programas de reconocimiento facial, herramientas de hackeo y nuevos programas espía— que apuntaban no solo a sus propios ciudadanos, sino al creciente número de la diáspora china. Y también empezó a exportar su censura a otros países. En un momento dado, tomó el control del tráfico extranjero que se dirigía a Baidu, la empresa de Internet más grande de China, inyectó un código que transformaba el tráfico de Baidu en una manguera y apuntó hacia páginas web estadounidenses que albergaban reflejos del contenido prohibido en China. Algunos llamaron a ese movimiento «el Gran Cañón», y fue un disparo a quemarropa contra cualquiera que hubiera creído que en algún momento Pekín pensaba tolerar algo que no fuera un control absoluto sobre Internet.

En cuanto a Google, incluso las empresas más honestas tienen una memoria corta en lo que concierne al mercado más grande del mundo. Menos de un año después de que Google saliera de China en 2010, algunos ejecutivos presionaron para volver a entrar.

Conforme la empresa de búsquedas se expandió durante la siguiente década, Google se convirtió en un gran repertorio de empresas distintas (Android, Google Play, Chromebook, páginas web para compartir imágenes, termostatos de Google Nest, servicios de almacenaje en la nube, drones, empresas farmacéuticas o de capital de riesgo o incluso satélites), todas ellas con sus propios motivos para querer entrar en el mercado de crecimiento más rápido del mundo.

En 2015, Brin y Page reorganizaron los distintos negocios bajo un nuevo nombre —Alphabet— y separaron los negocios que generaban beneficios de los lanzamientos espaciales. Empezaron a alejarse del día a día de la empresa y ascendieron a quien desde hacía mucho tiempo había sido su segundo al mando, Sundar Pichai, a la posición de jefe ejecutivo y contrataron a un nuevo director financiero de Wall Street, quien hizo que superar los beneficios trimestrales fuera la mayor prioridad.

La vuelta de Google a China se convirtió en un tema de debate acalorado dentro de la empresa. Con más de setecientos cincuenta millones de usuarios, la población de Internet de China había superado a las poblaciones combinadas de Europa y Estados Unidos. El archirrival de Google, Apple, invertía en gran medida en China. Baidu, el rival de Google en China, había establecido su sede justo al lado del complejo de Google en Silicon Valley. Otras empresas tecnológicas chinas, como Alibaba, Tencent y Huawei, establecieron sus propios centros de investigación y desarrollo en Silicon Valley y tentaron a trabajadores de Google con unos salarios más altos.

Las preocupaciones sobre los derechos humanos pasaron a un segundo plano cuando la empresa se volvió a centrar en los beneficios. Los ejecutivos dispuestos a capturar la participación en el mercado de Microsoft, Oracle, Apple, Amazon y competidores chinos como Baidu no tenían paciencia con los que continuaban impulsando un debate sobre derechos humanos que se basara en ciertos principios. Para 2016, ya estaba claro de qué lado se encontraba el nuevo jefe ejecutivo de Google.

«Lo que me importa es llevar el servicio a los usuarios de todos los rincones del mundo. Google es para todos —declaró Pichai aquel mismo año—. Queremos estar en China y servir a los usuarios chinos».

Lo que no dijo fue que, para entonces, Google ya planeaba su regreso. Un pequeño grupo de ejecutivos de Google estaba elaborando un motor de búsqueda censurado de sumo secreto para China bajo el nombre en código «Dragonfly». Al año siguiente, Google estableció un nuevo centro de investigación sobre inteligencia artificial en Pekín. Y, seis meses después, Google empezó a publicar unos productos de aspecto inconsecuente para los usuarios chinos —primero una *app*, luego un juego móvil—, al parecer con la esperanza de que, una vez Dragonfly estuviera listo, se pasara por alto como el siguiente paso lógico en el regreso de Google.

Y no era solo China. En Arabia Saudí, Google alojaba una *app* que permitía a los hombres rastrear y controlar los movimientos de sus familiares mujeres. En Estados Unidos, Google firmó un contrato con el Pentágono sobre un programa (bajo el nombre en código «Maven») para mejorar la captura de imágenes para ataques con drones militares, lo cual hizo que decenas de trabajadores de Google dimitieran en un acto de protesta. La publicidad de Google había sido un tema candente para la empresa desde hacía mucho tiempo, y, a partir de las elecciones a la presidencia de Estados Unidos de 2016, quedó claro que la empresa había ganado dinero mediante anuncios en páginas web que mostraban desinformación y teorías de la conspiración descaradas. Los algoritmos de YouTube, también de Google, estaban radicalizando a los jóvenes estadounidenses, en particular a los varones blancos jóvenes y enfadados. Incluso la programación de YouTube Kids se puso en duda cuando unos periodistas descubrieron que unos vídeos que animaban a los niños a suicidarse se colaban entre los filtros de Google.

Y me enteré de que Morgan Marquis-Boire, el hacker que había tenido un papel tan importante en el ataque de Google en 2010, alguien con quien había pasado incontables horas a solas, o incluso días, tenía un pasado más oscuro de lo que dejaba entrever. En 2017, varias mujeres lo acusaron de que las había drogado para abusar de ellas. Después de que una denunciante filtrara un intercambio en el que él admitía haberlo hecho, Marquis-Boire desapareció sin dejar rastro. Y no volví a saber nada de él.

Sin embargo, en aquellos primeros años tras el ataque Aurora, los hombres y mujeres del equipo de seguridad de Google trabajaron con fuerzas renovadas. La seguridad de Google y de las empresas de todo Silicon Valley jamás volvería a ser la misma.

El equipo de Adkins lo resumió bien con su nuevo lema no oficial de dos palabras: «Nunca más».

15
Cazarrecompensas

Silicon Valley, California

Aurora fue el Proyecto Gunman de Silicon Valley.

Había hecho falta un ataque ruso para que la NSA se pusiera las pilas en cuestión de ofensiva. Del mismo modo, Aurora —y las revelaciones de Snowden tres años más tarde— impulsaron a Silicon Valley a reconsiderar su defensa.

«El ataque fue una prueba de que eran unos participantes serios (países) quienes hacían esas cosas, y no solo unos críos», me dijo Adkins.

Google sabía que China volvería. Para ganar algo de tiempo, cambió tantos sistemas como pudo a plataformas que los chinos no reconocerían. Y luego comenzaron el lento y arduo proyecto de reforzar Google (y, con el tiempo, todo Internet) desde dentro.

Grosse y Adkins comenzaron con unas medidas de seguridad que deberían haber incorporado hacía tiempo, antes de avanzar hacia ideas más alocadas. En breve, el equipo de Google ya se había acostumbrado a un intenso régimen de refuerzo de seguridad poco a poco, hasta que acabó liderando un movimiento de resistencia a la vigilancia con todas las de la ley. Para cuando su lista de tareas estuvo completa, años más tarde, la misión de Google incluía una adición radical: inutilizar los almacenes del mundo de vulnerabilidades de días cero y ciberarmas.

Google no solo introdujo nuevos protocolos para sus trabajadores, sino también para los cientos de millones de usuarios de Gmail. La empresa llevaba algún tiempo trabajando en un sistema de autenticación en dos pasos, un paso de seguridad adicional que requiere que los usuarios introduzcan una contraseña secundaria temporal que normalmente les llega mediante un mensaje de texto al teléfono cada vez que inician sesión desde un dispositivo desconocido. La autenticación en dos pasos (2FA por sus siglas en inglés) sigue siendo el mejor modo de neutralizar a un hacker que posee una contraseña robada. Y, para 2010, las contraseñas robadas estaban por todas partes. Los hackers analizaban Internet en busca de vulnerabilidades de manera religiosa, entraban en bases de datos de contraseñas y las publicaban en la web oscura. Un hacker de sombrero blanco ruso me llamó sin previo aviso aquel mismo año para decirme que acababa de descubrir un alijo de mil millones de contraseñas.

«Tu contraseña —me dijo— es el nombre de un chico, seguida de tu dirección».

Y era cierto. Cambié la contraseña de cada cuenta que tenía a increíblemente largas letras de canciones y citas interminables de películas y me pasé a la 2FA. No confiaba en los gestores de contraseñas: la mayoría de ellos ya habían sido hackeados. Ni siquiera las empresas que se molestaban en mezclar (con una «función hash») las contraseñas de los usuarios podían competir con las «tablas arcoíris» de los hackers, bases de datos de valores *hash* para casi cualquier combinación de caracteres alfanuméricos hasta cierta longitud (*Querido lector, usa contraseñas largas*). Algunas páginas de la web oscura publicaron hasta cincuenta mil millones de valores *hash*, y las contraseñas descifradas se podían comprar por un dólar la unidad. A menos que la autenticación en dos pasos estuviera activada, una sola contraseña robada era lo único que necesitaba un hacker para entrar en un correo electrónico, banco, cuenta de imágenes en la nube o de gestión bursátil. Google había estado probando la 2FA con sus trabajadores durante un tiempo, pero, después de Aurora, tal como me contó Adkins:

«Fue como ¡*bingo!* Ha llegado el momento de hacer que todos los usuarios de Gmail puedan activarla».

Antes de Aurora, Google contaba con treinta ingenieros de seguridad. Después del ataque, contrataron a doscientos más. Aquel año, Silicon Valley se sumió en una guerra despiadada por contratar a nuevos talentos. Google subió los salarios un 10 % para evitar que sus empleados se marcharan a Facebook y soltaron decenas de millones de dólares más solo para que dos de sus mejores gestores de productos no se fueran a Twitter. Por todo Silicon Valley, a los ingenieros se les tentaba con grandes cantidades de acciones, abundantes bonus por firmar contratos y regalos como iPads, comidas orgánicas, servicio de lanzadera, un año de cervezas gratis o diez mil dólares de presupuesto para decorar su cubículo.

Sin embargo, Google tenía una ventaja sobre su competencia.

«Parece que contarle al mundo lo que sucedió durante el ataque fue la mejor estrategia de reclutamiento del mundo», me dijo Adkins.

Tras nombrar a China y señalarla como responsable, cientos de ingenieros de seguridad que ansiaban luchar —muchos de los cuales habían descartado trabajar para Google porque no les gustaban sus prácticas de privacidad— empezaron a llamar a la puerta. Hackers de la NSA, la CIA y sus homólogos de Five Eyes empezaron a enviar sus currículums. Durante la siguiente década, el equipo de seguridad de Google sobrepasó los seiscientos ingenieros, todos decididos a mantener a China y a otros regímenes opresivos a raya. Google convirtió en arma su mayor recurso: los datos (montones de ellos) para analizar su código en busca de errores. Desplegó enormes granjas de servidores formadas por miles de sistemas informáticos para lanzar cantidades ingentes de código basura al software de Google día tras día para encontrar código que fallara ante tal carga. Los fallos eran una señal de debilidad, de que su software podía contener fallos de los que alguien se podría aprovechar.

Google sabía que sus propios hackers, así como las granjas de servidores más potentes del mundo, seguían sin poder competir con un país decidido a rastrear a sus propios ciudadanos. Y así fue como llegó a la misma epifanía que iDefense tantos años atrás: empezó a valerse de los hackers del mundo para hacer el bien. Hasta 2010, Google solo había pagado con respeto a los hackers que les indicaban fallos: cualquiera que mencionara una vulnerabilidad de Google de forma responsable recibía una camiseta y una mención en la página web de Google. Después de Aurora, Google decidió que había llegado el momento de comenzar a pagar a su ejército voluntario con recompensas más tangibles.

Empezaron a pagar a sus hackers unas recompensas mínimas de quinientos dólares y máximas de mil trescientos treinta y siete. Esa cifra, aparentemente aleatoria, era un astuto guiño a su público; el número 1337 indica «leet» en lenguaje informático, una forma abreviada de «élite». Los hackers «leet» eran hackers de gran habilidad, lo opuesto a los *script kiddies*. Aquello fue la ofrenda de paz de Google hacia los hackers que, durante años, habían percibido a las empresas de tecnología como a la reencarnación de Satanás.

No era la primera vez que una empresa de tecnología pagaba a los hackers por encontrar fallos. Años antes de iDefense, en 1995, Netscape había empezado a pagar unas sumas de dinero diminutas a todos aquellos que encontraran fallos en el navegador Netscape Navigator. Eso inspiró a Mozilla, que empezó a hacer lo mismo y recompensó con unos cuantos cientos de dólares a hackers que encontraban brechas de seguridad graves en su navegador Firefox en 2004. Sin embargo, el programa de Google subió la apuesta. Comenzó a pagar a los hackers que encontraran fallos en Chromium, el código de acceso abierto detrás del navegador Google Chrome. Del mismo modo que iDefense, los primeros fallos por los que pagó Google no eran más que basura. Aun así, cuando se propagaron los rumores de que Google iba en serio, la empresa empezó a recibir transmisiones de fallos más críticos. En cuestión de meses, Google expandió el programa y remuneró a los hackers por cualquier vulnerabilidad aprovechable que pusiera en riesgo los datos de los usuarios de YouTube, Gmail y demás. Además, aumentó su recompensa máxima de 1337 dólares a 31.337 («eleet», otro juego de palabras con «élite» en lenguaje informático) y empezó a igualar las ofertas por recompensas que los hackers donaran a la caridad.

Google nunca iba a ser capaz de convencer a los Charlie de los días cero del mundo, quienes lo habían pasado mal con anterioridad, ni tampoco podía esperar competir con las tarifas que pagaban Desautels y otros por el estilo. Sin embargo, aquello fue suficiente para tentar a los programadores de Argelia, Bielorrusia, Rumanía, Polonia, Rusia, Kuala Lumpur, Egipto, Indonesia, la Francia rural e Italia (e incluso a kurdos sin Estado) para que pasaran sus horas libres en busca de fallos en Google. Algunos usaban sus recompensas para pagar el alquiler, mientras que otros las aprovechaban para irse de vacaciones a lugares cálidos. Missoum Said, un argelino de dieciocho años que vivía en una pequeña comuna en Oued Rhiou, colgó sus botas de fútbol y empezó a hackear. Llegar a la lista de los diez mejores cazarrecompensas de Google se convirtió en una obsesión, y poco después ya había ganado suficiente dinero como para comprarse un buen coche, remodelar la casa de su familia, viajar a países con los que nunca había soñado y enviar a sus padres a la Meca. Dos hackers de Egipto se compraron un piso. Uno de ellos usó su recompensa para comprar un anillo de compromiso. En los barrios bajos de India, los programadores empezaron a transmitir fallos y usaron sus recompensas para lanzar nuevas empresas emergentes. Propietarios de restaurantes en Rumanía, programadores despedidos de Polonia y Bielorrusia, empezaron a ganarse la vida con las recompensas de Google. En la escarpada punta norte del estado de Washington, un hacker donó su recompensa a Special Olympics. En Alemania, uno de los mayores cazarrecompensas de Google, Nils Juenemann, dobló su recompensa al donarla a una escuela de Etiopía. Empezó a enviar recompensas a escuelas infantiles en Togo y ayudó a establecer una planta solar en una escuela de niñas en Tanzania. Durante años, un pequeño conjunto de hackers había estado ganando cientos de miles de dólares, en algunos casos incluso millones, al vender vulnerabilidades y fallos al mercado secreto del gobierno. Por entonces, Google pagaba a cientos más de programadores y hackers de defensa para que les hicieran el trabajo más difícil.

Sin embargo, conforme el programa de recompensas de Google tomó impulso, la velocidad a la que sus hackers entregaban fallos críticos se ralentizó. En parte, aquello fue porque las recompensas de Google surtieron el efecto deseado: el software de Google cada vez era menos vulnerable. Por ello, Google subió la apuesta todavía más. La empresa empezó a añadir bonus de miles de dólares y patrocinó competiciones de hackeo en Kuala Lumpur y Vancouver, en las cuales ofrecía sesenta mil dólares por una sola vulnerabilidad de su navegador Chrome. Algunos se mofaron de las recompensas de Google, pues sabían que aquella misma vulnerabilidad les podía hacer ganar tres veces más en el mercado gubernamental. ¿Por qué iban los hackers a contarle a Google sobre sus defectos cuando podían ganar mucho más dinero al quedarse callados?

Nadie se burló más de Google y sus recompensas que el Lobo de Vuln Street. Chaouki Bekrar, el francoargelino, acechaba las mismas competiciones y conferencias de hackers que promocionaba Google. Cada año, los hackers de todo el mundo descendían sobre Vancouver para hackear software y hardware, ganando recompensas en metálico y dispositivos gratuitos en el concurso Pwn2Own de la conferencia CanSecWest, la competición de hackers que mejor pagaba de todo el mundo.

En los primeros días del concurso, los hackers competían por entrar en Safari, Firefox e Internet Explorer con la mayor brevedad posible. Cuando los *smartphones* empezaron a estar por todas partes, los mayores premios se les concedían a aquellos que eran capaces de adentrarse en iPhones y BlackBerries. En 2012, el sistema a batir era el navegador Google Chrome. Tres equipos de hackers lograron entrar en Chrome aquel año, pero solo dos recibieron la recompensa monetaria por parte de Google. El equipo de Bekrar, formado por hackers de Vupen, se negó a acatar las reglas de Google, las cuales exigían que el ganador revelara los detalles de su fallo a la empresa.

«No compartiríamos el fallo con Google ni por un millón de dólares —le contó Bekrar a un periodista—. Queremos guardárnoslo para nuestros clientes».

Bekrar fue tan directo y crudo como cualquier bróker del mercado.

«No trabajamos así de duro para ayudar a empresas multimillonarias a hacer que su código sea seguro —continuó—. Si quisiéramos hacer de voluntarios, ayudaríamos a los sintecho».

Desde la sede de Vupen, al sur de Francia, los hackers de la empresa soltaban vulnerabilidades de días cero a agencias gubernamentales de todo el mundo. Entre sus clientes más grandes de aquel año se encontraba la propia NSA. La NSA, su equivalente alemán (la BSI) y otros clientes de Vupen estaban dispuestos a desembolsar cien mil dólares al año solo para tener acceso a difusas descripciones de las vulnerabilidades de Vupen. Para entregarles el código de la vulnerabilidad en sí, Vupen cobraba a los gobiernos cincuenta mil dólares o más además del precio anterior por una sola vulnerabilidad. A Bekrar, las recompensas de Google le parecían calderilla, y acudía a aquellas conferencias para relacionarse con clientes. A pesar de que afirmaba solo vender a países miembros de la OTAN o a «socios de la OTAN» (como los miembros de Five Eyes que no formaban parte de la organización), admitió con descaro que el código tenía un don para acabar en malas manos.

«Hacemos todo lo que podemos para asegurarnos de que no sale de la agencia a la que lo vendemos —le explicó Bekrar a un periodista—. Pero cuando se venden armas a alguien, no hay ningún modo de asegurarnos de que no las venderán luego a otra agencia».

Bekrar decía que eso era ser «transparente», mientras que sus críticos afirmaban que era «desvergonzado». Entre ellos se encontraba Chris Soghoian, un gran activista de la privacidad que comparó a Bekrar con un «mercader de muerte de la actualidad» que vendía «las balas de la ciberguerra».

«Vupen no sabe cómo se usan sus vulnerabilidades, y lo más probable es que no quiera saberlo. Siempre que el cheque sea válido», le dijo Soghoian a un periodista.

Lo que dijo Soghoian quedó validado con las filtraciones de Hacking Team tres años más tarde, las cuales mostraban que Hacking Team había estado incorporando vulnerabilidades de días cero de Vupen al programa espía que vendía a países como Sudán y Etiopía. La atención mediática de la filtración hizo que ambas empresas estuvieran en el punto de mira público. Los legisladores europeos admitieron la hipocresía de ser la voz más dura del mundo a favor de la privacidad y, al mismo tiempo, la sede de los mayores traficantes de ciberarmas. Tras poco tiempo, los legisladores revocaron la licencia de exportación global de Hacking Team, lo cual significaba que la empresa ya no podía vender su programa espía a otros países sin el permiso explícito de Italia. La siguiente empresa en sufrir las consecuencias fue Vupen. Después de que las autoridades le retiraran la licencia de exportación global a Vupen, Bekrar hizo las maletas y trasladó su oficina de Montpelier a la sede global del mercado de ciberarmas: Washington D. C. Aprendió del contratista militar caído en desgracia llamado Blackwater y le cambió el nombre a la empresa, la cual pasó a llamarse Zerodium. Estableció una nueva y elegante página web y, en un movimiento sin precedentes, publicó los precios que pagaba para adquirir vulnerabilidades de días cero a cambio del silencio de los hackers.

«La primera regla del negocio de días cero es que no se habla de los precios en público —escribió Bekrar en mensajes a periodistas—. Así que, bueno, vamos a hacer pública nuestra lista de precios de adquisiciones».

Ofreció pagar ochenta mil dólares por vulnerabilidades que pudieran derrotar al navegador Google Chrome y cien mil dólares por vulnerabilidades de Android. El mayor premio, quinientos mil dólares, estaba reservado para el iPhone. Conforme crecía el número de clientes de Zerodium, también lo hicieron los pagos de Bekrar. En 2015, Zerodium publicó en un tuit una oferta de un millón de dólares por la mina de oro: una liberación de iPhone remota que conllevaba una cadena de vulnerabilidades de días cero capaz de permitir a sus clientes del gobierno espiar a un usuario de iPhone a distancia. Para 2020, Bekrar ofrecía un millón y medio de dólares por vulnerabilidades que pudieran acceder de forma remota a los mensajes de WhatsApp o de iMessages, de Apple, sin tener que pulsar ni un solo botón. Pagaba dos millones por liberaciones de iPhone remotas y (en lo que fue un cambio un tanto notable) dos millones y medio por una liberación de Android. Las vulnerabilidades de Apple siempre habían sido las más caras; algunos dijeron que aquel cambio de precio era la prueba de que la seguridad de Apple era cada vez más débil, mientras que otros señalaron que no existía un solo sistema Android, sino que cada fabricante de dispositivos lo personalizaba un poco a su modo. Una liberación de un modelo de Android podía no funcionar en otro, lo cual hacía que un ataque remoto que funcionara en distintos dispositivos fuera mucho más valioso.

Las empresas odiaban a Bekrar por todo ello. Había borrado cualquier duda de que los hackers tenían mejores opciones que las recompensas de Google. Cuando las transmisiones de fallos críticos a Google disminuyeron, la empresa no tuvo otra opción que aumentar sus listas de precios una vez más. Para 2020, Google había aumentado su mayor recompensa a un millón y medio de dólares por una liberación de su sistema Android de forma totalmente remota.

Era una carrera armamentística en toda regla.

Sin embargo, Google tenía una gran ventaja sobre los Zerodiums del mundo: los brókeres necesitaban omertá. Los cazarrecompensas de Google podían hablar de su trabajo en abierto y evitar el lado más oscuro del oficio.

Google tenía otra ventaja sobre los mercados ofensivos, una que puede que la empresa no supiera ver del todo por aquel entonces. Los hackers autónomos del gobierno habían empezado a ver con peores ojos el mercado de ciberarmas.

«Los contratistas pueden llegar a explotar a los trabajadores», me contó un hacker una noche en un club de Vancouver. La competición de hackeo CanSecWest había acabado aquella noche, y los hackers, brókeres y contratistas se estaban soltando el pelo. Linchpin Labs, un bróker de vulnerabilidades para Five Eyes, contaba con numerosos representantes, y lo mismo ocurría con Arc4dia, una tienda canadiense que vende vulnerabilidades a unas listas secretas de servicios de inteligencia extranjeros. Unos cuantos antiguos hackers de VRL también se encontraban allí, además de Bekrar. Los agentes federales estaban haciendo todo lo que podían por mezclarse entre ellos. Un conocido mutuo me había presentado al hacker (un hombre de casi cincuenta años que guardaba un gran parecido a William Shatner y al que llamaré Ciber Shatner), después de dar fe de que podía confiar en mí y de que no revelaría su verdadero nombre.

Shatner había vendido sus vulnerabilidades a los grandes contratistas de defensa durante décadas. No obstante, aquel día, a juzgar por la avalancha de quejas que salían de él, estaba claro que quería salir del mundillo.

«Vendo una vulnerabilidad a Raytheon por treinta mil dólares y en cuanto dejo de mirar se la venden a una agencia por trescientos mil —me dijo Shatner. Durante un tiempo, había trabajado en exclusiva para Raytheon—. Hasta que me enteré de que me estaban dando gato por liebre».

En todos los mercados hay un idiota. Y, poco tiempo antes de la conferencia, Shatner se había dado cuenta de que el idiota era él. Los días cero no tienen leyes de derechos de autor, no hay patentes para vulnerabilidades. Me dijo que había pasado meses desarrollando una vulnerabilidad para un cortafuegos, pero que, cuando la entregó, la empresa la rechazó.

«Raytheon me dijo que no funcionaba. Y un año más tarde, me enteré por un amigo que trabajaba allí de que habían estado usando mi vulnerabilidad durante meses. Y nunca me pagaron. Es una carrera armamentística —me dijo Shatner—. Y el resultado es que nos están tomando el pelo a todos».

Los intentos por parte de Shatner por rectificar la situación no fueron bien recibidos. En un momento dado, me contó que lo habían invitado a presentar su trabajo en una conferencia anual de contratistas de defensa y clientes de Five Eyes a la que se acudía solo con invitación. Había aprovechado la oportunidad para hablar de un modo mejor de hacer las cosas: un fideicomiso para las vulnerabilidades. Propuso que los contratistas consideraran usar una tercera parte de fiar y que supiera de tecnología para estimar el valor de cada vulnerabilidad y determinar un precio justo. Aquello impediría que engañaran a los hackers, eliminaría la desconfianza que reinaba en el mercado y seguiría manteniendo la discreción. Para él, aquello tenía todo el sentido del mundo. Pero los contratistas lo vieron de otro modo.

«No me han vuelto a invitar desde entonces», se lamentó.

No era solo que a Shatner le ofrecieran tarifas bajas, sino que lo estaban reemplazando por extranjeros que hacían el mismo trabajo por menos dinero. Si bien las regulaciones federales exigen que solo los ciudadanos estadounidenses con permisos de seguridad puedan trabajar en sistemas clasificados, eso deja un gran vacío legal en lo que concierne a la materia prima: el código en sí. En 2011, un informante avisó al Pentágono que su software de seguridad estaba repleto de puertas traseras rusas. El Pentágono había pagado a la Computer Sciences Corporation (el mismo megacontratista que en la actualidad posee VRL) 613 millones de dólares para proteger sus sistemas. CSC, a su vez, subcontrató la parte de programación a una empresa de Massachusetts llamada NetCracker Technology, la cual subcontrató a programadores de Moscú. ¿Por qué? Por avaricia. Los rusos estaban dispuestos a trabajar por un tercio del coste que pedían los programadores estadounidenses. El resultado de todo ello fue que el software de seguridad del Pentágono era un enorme troyano ruso que le abría las puertas al propio adversario para el cual el Pentágono había derrochado cientos de millones de dólares para mantener a raya.

La situación era incluso más peliaguda en la parte ofensiva. Nadie se molestaba en preguntarles nunca a los contratistas de defensa de dónde procedían las vulnerabilidades subyacentes. Los brókeres como Desautels, Bekrar y los trabajadores de VRL admitieron sin problema que algunas de sus mejores vulnerabilidades provenían de hackers de Europa del Este, Sudamérica y Asia. No había ninguna supervisión y nadie tenía que saber que así era. Aquello lo complicaba todo más aún para los artistas de las vulnerabilidades estadounidenses como Shatner.

El programa de recompensas de Google ofrecía a los Shatners del mundo un modo de salir de allí. Pese a que Google no podía llegar a competir con los precios del mercado gris, pagaba por fallos. Los hackers no tenían que pasarse meses convirtiendo dichos fallos en armas, en una vulnerabilidad fiable, mientras sentían la paranoia de que alguien iba a descubrir ese mismo fallo o de que, al final, fueran a engañarlos. Además, también podían tener la conciencia tranquila: no tenían que preocuparse de cómo se iban a utilizar sus herramientas ni de contra quién se iban a usar.

Un año después del inicio del programa de recompensas de Google, dos jóvenes hackers neerlandeses, de poco más de veinte años, elaboraron una lista de cien empresas a las que hackear. La llamaron el «Hack 100».

Michiel Prins y Jobert Abma crecieron casi puerta con puerta en el pintoresco norte de Holanda, donde se hicieron amigos debido a su odio mutuo hacia los vientos helados del mar del Norte y su afinidad por el hackeo. Se gastaban bromas el uno al otro de forma constante. Michiel encontraba modos de entrar en el ordenador de Jobert desde el otro lado de la calle y escribir «Michiel estuvo aquí». Jobert hacía que los discos salieran volando del puerto de CD-ROM de Michiel desde casi doscientos metros de distancia. Para cuando cumplieron los dieciséis años, sus padres empezaron a presionarlos para que salieran de casa y usaran sus habilidades para algo de mayor provecho. Empezaron a llamar a las puertas de los vecinos que habían dejado sus redes wifi abiertas y les ofrecieron cerrárselas… por un módico precio. Poco después de eso, ya entraban en negocios y edificios gubernamentales de toda Holanda para vender sus servicios. A veces aquello necesitaba una tarta; a los neerlandeses les encantan las tartas. Si los ejecutivos les concedían media hora, ellos les prometían encontrar una gran brecha de seguridad en su página web. Si fracasaban, los adolescentes les daban una tarta. Nadie recibió ninguna. Durante cinco años, ganaron miles de dólares ofreciendo sus servicios a las mayores marcas de los Países Bajos hasta que el aburrimiento empezó a apoderarse de ellos.

«Les decíamos a personas distintas cómo arreglar las mismas vulnerabilidades una y otra vez», dijo Jobert.

En 2011, ambos conocieron a un emprendedor neerlandés entrado en sus treinta llamado Merijn Terheggen. Terheggen se encontraba en los Países Bajos por motivos de negocio, pero vivía en Silicon Valley, y entretuvo a los jóvenes con historias de empresas emergentes y de dólares de capital emprendedor que parecían salir de la nada como por arte de magia. Los dos se imaginaron Silicon Valley como el paraíso de los aficionados a la tecnología, rodeados de secuoyas y montañas verdosas; como Suiza, solo que con sonrientes ingenieros que pedaleaban arriba y abajo en la calle Sand Hill con sus sudaderas con logotipos. Terheggen los invitó a ir a verlo allí.

«Genial, estaremos allí en un par de semanas», le contestaron.

Cuando llegaron a San Francisco aquel verano, solo pudieron ver las secuoyas durante un rato. Pasaron la mayor parte de su tiempo conduciendo por la autopista 101 para visitar los campus de Facebook, Google y Apple. En 2011, una cantidad apabullante de dinero recorría Silicon Valley. Facebook, que aún no era pública, estaba valuada por una cantidad sin precedentes: cincuenta mil millones de dólares. Twitter, que todavía no contaba con ningún modelo de negocio, estaba valorada en diez mil millones de dólares. Groupon, la tienda de descuentos en Internet, rechazaba ofertas de adquisición de seis mil millones de dólares. Los neerlandeses sintieron la necesidad de aprovecharse de la situación. Ninguno de los unicornios de Silicon Valley parecía demasiado preocupado por la seguridad (aquel mismo año, le pregunté a Jack Dorsey si le preocupaba que los hackers no dejaran de señalar brechas de seguridad en Twitter y en su nueva empresa emergente de pagos, Square, y su respuesta fue que «a esos les encantaba quejarse»).

Si Prins y Abma lograban mostrar a los Dorseys la facilidad con la que podían hackearlos, quizá también pudieran convencer a los hombres de dinero de Silicon Valley de que una empresa de seguridad tenía el potencial para convertirse en el siguiente unicornio. Elaboraron una lista de cien empresas de éxito que se encontraban en Silicon Valley, y una semana más tarde ya las habían hackeado a todas. De media, les tomó quince minutos cada una.

Cuando alertaron a los ejecutivos, un tercio de ellos no les hizo caso. Otro tercio les dio las gracias, pero no se molestaron en arreglar los fallos. El resto se apresuró a solucionar los problemas. Por suerte, nadie llamó a la policía.

Sheryl Sandberg nunca había recibido un correo electrónico como aquel. Una mañana de 2011, Sandberg, la directora ejecutiva de Facebook, revisó su bandeja de entrada y encontró un correo electrónico etiquetado como «delicado». Dicho correo detallaba un fallo de Facebook que le había permitido a unos veinteañeros neerlandeses tomar el control de todas las cuentas de Facebook. Sandberg no perdió el tiempo: imprimió el correo, corrió hasta la oficina del director de seguridad de producto de Facebook y le dijo que lo solucionara.

Alex Rice, un ingeniero con pecas de poco más de treinta años, echó un vistazo al correo electrónico y se quedó impresionado, tanto por el fallo en sí como por la iniciativa de Sandberg. La mayor competencia de Facebook en aquellos tiempos, MySpace, tenía un historial de tratar con agresividad a los hackers que señalaban fallos en su página web. El fundador de Facebook, Mark Zuckerberg, tenía un enfoque opuesto. Zuckerberg se consideraba a sí mismo un hacker y organizaba maratones de hackeo nocturnas en las que entablaba conversaciones con cualquiera que le transmitiera un fallo grave y, en muchos casos, los contrataba. La oferta pública inicial de Facebook en 2012 era mitad declaración regulatoria de la Comisión de Bolsa y Valores y mitad carta de amor a los hackers de todo el mundo.

«La palabra *hacker* tiene una connotación negativa injusta debido a que en la prensa se han mostrado como personas que atacan ordenadores —escribió Zuckerberg—. En realidad, *hackear* solo quiere decir fabricar algo muy rápido o probar los límites de lo posible. Como casi todas las cosas, puede usarse para el bien o para el mal, pero la gran mayoría de los hackers que he conocido son personas idealistas que quieren provocar un impacto positivo en el mundo».

Parecía «la sinopsis de un intento de libro de autoayuda», según el *The New Yorker*. Sin embargo, Zuckerberg lo decía con toda la sinceridad del mundo.

Rice invitó a los neerlandeses a una barbacoa, trabajó con ellos para solucionar el fallo y usó aquel ejemplo para presionar a la junta directiva para que diera comienzo a un programa de recompensas por fallos en Facebook. Poco después, Facebook ya pagaba una recompensa mínima de quinientos dólares y no tenía ningún límite máximo. Dos años más tarde, la empresa había pagado un millón y medio en recompensas a unos trescientos treinta investigadores por un total de seiscientos ochenta y siete fallos, cuarenta y uno de los cuales podrían haberse usado para convertir Facebook en el patio de juegos de un cibercriminal o espía. En 2014, Rice llamó a sus viejos amigos neerlandeses para ver si había alguna posibilidad de eliminar el mercado de ciberarmas de una vez por todas.

A Microsoft le llevó dos dolorosos años más llegar hasta ese punto. En 2010, Aurora le mostró a todos los países el potencial de vigilancia de una sola vulnerabilidad de día cero de Microsoft. Y, unos meses más tarde, Stuxnet mostró el potencial de destrucción de unas cuantas vulnerabilidades de días cero de Microsoft encadenadas. Luego se produjo el descubrimiento de los predecesores de Stuxnet, Duqu y Flame, en 2011 y 2012. Duqu había infectado sistemas informáticos de todo Oriente Medio mediante un fallo de Microsoft Word, y el mecanismo de infección de Flame era peor aún. Los estadounidenses, los israelíes o los dos al mismo tiempo habían transformado la confianza de los clientes en Microsoft en una arma bélica. Habían propagado Flame a través del mecanismo de actualizaciones de Windows. Lo que lo hacía ser tan terrorífico era que novecientos millones de sistemas Microsoft obtenían sus parches y actualizaciones por medio de aquel mecanismo. Infectar las actualizaciones de Microsoft era el Santo Grial para los hackers, pero una pesadilla para Redmond. En manos de cualquier otra organización, Flame podría haber tumbado la economía global, la infraestructura esencial, los hospitales o la red eléctrica.

Que los investigadores rusos de Kaspersky descubrieran Flame fue todo un desastre para Microsoft que hizo que los hackers de Redmond tuvieran que pasar semanas en su sala de crisis. Flame era un virus de proporciones colosales (veinte megabytes, veinte veces el tamaño de la mayoría de los programas maliciosos), y, aun así, se había estado ocultando a simple vista. Ningún miembro de Microsoft lo descubrió hasta cuatro años más tarde. Unos investigadores de seguridad bien respetados empezaron a difundir teorías conspiratorias sobre que Microsoft era cómplice de la ciberguerra o sobre que había un topo de la CIA o la NSA en Redmond.

Para 2011, el número de informes de fallos que Microsoft recibía de forma directa por parte de los hackers, que hasta entonces había fluido en torrentes de cientos de miles de mensajes al año, empezó a disminuir. Cada vez más hackers se quedaban los fallos para sí mismos o decidían venderlos a los contratistas de defensa que estaban dispuestos a pagar cientos de miles de dólares por algo que Microsoft recibía gratis.

Katie Moussouris, la directora de trato con hackers de Microsoft, sabía que aquello no pintaba bien para la empresa ni para Internet. Incluso si su tarjeta de visita decía «Microsoft», se seguía considerando una hacker y se lo recordaba a todo el mundo con una camiseta en la que había escrito «No ODIES AL DESCUBRIDOR, ODIA AL FALLO». Con su cabello negro azabache, que en ocasiones se teñía de rosa brillante, era fácil confundirla con una hacker de veinte años, por mucho que ya estuviera bien entrada en los cuarenta.

«Soy vieja, pero me conservo muy bien porque no salgo nunca», me explicó.

La misión de Moussouris, según la veía ella, era encandilar a los hackers del mundo para que les entregaran sus fallos, y, con suerte, vaciar los almacenes de ciberarmas del mundo en el proceso. Los países y regímenes autoritarios convertían a Microsoft, más que a cualquier otra empresa, en un arma para el espionaje, la vigilancia, el secuestro informático y, en el caso de Stuxnet, el ataque digital más destructivo que el mundo había visto hasta el momento. Stuxnet y Aurora habían sido toques de atención, pero el alcance del daño potencial y la falta de restricciones aseguraban que, a menos que Microsoft protegiera sus sistemas, un participante con mala fe podía usar esas mismas capacidades para un ciberataque de destrucción masiva o como una herramienta en un autoritarismo bruto. Cada vez había más cosas en juego.

Moussouris tenía que trabajar cuesta arriba. Cuando empezó en Microsoft, en 2007, el enlace a la política de divulgación de vulnerabilidades de la empresa llevaba años caído. Era como llamar a Emergencias y que saltara el contestador. A ella le pareció imposible de creer que no hubiera ningún modo oficial de decirle a la empresa líder en tecnologías del mundo que sus sistemas tenían un fallo crítico. Creía que los hackers, tanto dentro como fuera de Microsoft, eran la clave para neutralizar los ataques que podían tener consecuencias muy graves para las vidas de todos.

Empezó a comprarles cervezas a los hackers. Muchas cervezas. También los invitaba a sesiones nocturnas de karaoke en las grandes conferencias de hackeo. Se encargó de actualizar personalmente la política de divulgación de vulnerabilidades coordinada de Microsoft, la cual le proporcionaba algo a lo que señalar cuando los hackers le decían que no pensaban entregar un fallo a Microsoft jamás por temor a que la empresa los demandara. Su trabajo dio frutos en poco tiempo. Los hackers empezaron a darle a Microsoft un aviso de un par de semanas antes de soltar un día cero de Windows en el escenario de DefCon. Poco después, Microsoft ya recibía doscientos mil informes de vulnerabilidades al año. Dichos informes le dieron a Microsoft un gran banco de datos sobre cómo se podía abusar de sus productos, y al equipo de Moussouris le dieron un conocimiento muy valioso sobre los propios investigadores. El personal de seguridad de Microsoft logró ver, con el tiempo, qué hackers solo querían hacerles perder el tiempo, además de con cuáles debían andarse con cuidado porque eran capaces de soltar un día cero crítico en cualquier momento. Para cuando me metí en el mundillo cibernético en 2011, siempre preguntaba a los hackers a qué empresa de tecnologías odiaban menos.

«A Microsoft —decían casi siempre—. Dieron un vuelco a su basura de sistema». Si bien la mayor parte de ese cambio se debía a la iniciativa de Cómputo Confiable de Bill Gates, una gran parte también se debía a la influencia directa de Moussouris.

En cuanto los informes de fallos empezaron a escasear en 2011, Moussouris comprendió que Microsoft tenía un grave problema. La empresa había empezado a recibir más informes por parte de los brókeres —seguramente después de que alguien ya se hubiera aprovechado de las vulnerabilidades— que de los propios hackers. Aquello no solo era una mala noticia para los disidentes, activistas y periodistas, por el potencial de ciberdestrucción que significaba, sino que también era malo para Microsoft. La brutal guerra de talentos de Silicon Valley seguía en marcha. Redmond se había convertido en una tierra fértil en la que empresas emergentes más jóvenes, como Twitter y Facebook, iban a recoger su cosecha. La empresa no solo perdía en términos de informes de fallo, sino que también cortaba acceso a un gran número de talento. Si Microsoft, no podía competir por el mejor talento de seguridad, entraría en un territorio peligroso. Como Google y Facebook ya daban recompensas por fallos, Moussouris sabía que ya era hora de que Microsoft hiciera lo mismo.

Convencer a los líderes de Microsoft de que empezaran a pagar recompensas a los hackers demandó un esfuerzo colosal. Para empezar, Microsoft jamás sería capaz de competir contra los gobiernos en el mercado de las ciberarmas. También existía un límite lógico en qué recompensas podían llegar a ser un incentivo perverso: cuanto más dinero se pudiera ganar en la ofensiva, más personas abandonarían la defensa. ¿Cuántos ingenieros de seguridad con talento tratarían de conseguir un trabajo o quedarse en él si podían ganar miles de dólares por un solo fallo de Microsoft?

Moussouris empezó a estudiar la teoría del juego en su tiempo libre para entender distintos modelos de incentivos y sus desventajas. Por mucho que Microsoft nunca pudiera competir contra el mercado gubernamental, ella sabía que el dinero no era lo que más motivaba a los hackers. Agrupó sus motivaciones en tres categorías: compensación, reconocimiento y la «búsqueda de felicidad intelectual». Si Microsoft no era capaz de pagar mejor que otros, tenía que crear las condiciones por las que arreglar un fallo resultara más atractivo que convertirlo en un arma para vender a los gobiernos. No podría convencerlos a todos, pues algunos sí que lo hacían por dinero, y otros justificaban sus ventas a los gobiernos como un deber patriótico. Sin embargo, había dieciocho millones de programadores de software en el mundo. Si Microsoft reconocía a esos programadores de un modo más significativo, podía aprovechar su intelecto para el bien e invitar a los mejores a acudir a Redmond.

Cuando Moussouris explicó su propuesta a los generales de Steve Ballmer en 2011, estos se mostraron receptivos, aunque no estaban listos para apretar el gatillo. Necesitaban más datos. Durante los siguientes dos años, Moussouris se comparó a sí misma con Casandra, «condenada a conocer el futuro, pero nadie le hace caso hasta que puede mostrarles los datos». En 2013, contaba con dos años de datos que mostraban que Microsoft perdía informes de fallos ante terceras partes como brókeres e intermediarios. En junio de aquel año, corregir la tendencia se convirtió en un asunto urgente. *The Guardian* publicó las primeras filtraciones de Snowden ese mismo mes, las cuales detallaban un programa de la NSA llamado «Prism». Una diapositiva de la NSA parecía mostrar que Microsoft, además de otras empresas tecnológicas, habían otorgado a la NSA un acceso directo a sus servidores. Algunas filtraciones describían Prism como un «deporte de equipo» entre las empresas tecnológicas, la NSA, el FBI y la CIA.

De todas las filtraciones de Snowden, aquellas diapositivas acabaron siendo las más incriminatorias… y engañosas. Las empresas de tecnología jamás habían oído hablar de Prism. Sí, cumplían con las estrechas peticiones mediante orden judicial para entregar metadatos y cuentas de clientes específicos, pero la idea de que colaboraban con la NSA de algún modo y le entregaban a la agencia un acceso en tiempo real a las comunicaciones privadas de sus clientes no era cierta. Sin embargo, las negativas por parte de las empresas se complicaron por el hecho de que, legalmente, se les prohibía revelar la naturaleza completa de su cooperación y resistencia hacia las órdenes judiciales secretas.

La confianza que Microsoft había pasado años fomentando estaba en peligro de desaparecer. Empezó a perder clientes, desde los alemanes, quienes compararon Prism con el Stasi, hasta el gobierno brasileño entero. Los extranjeros exigieron trasladar sus centros de datos a otros países, donde, según sus ilusiones, sus datos estarían a salvo de los ojos fisgones del gobierno estadounidense. Los analistas proyectaron que las empresas tecnológicas estadounidenses podían perder un cuarto de sus beneficios durante los siguientes años ante la competencia en Europa y Sudamérica. Los hackers estaban asqueados.

Moussouris sabía que, a menos que Microsoft actuara rápido (y no solo en el frente de relaciones públicas, sino con acciones de verdad), la empresa perdería a sus mejores aliados en la protección de Internet. A través de rastrear los datos, sabía que el mayor descenso en informes de fallos directos se había producido en fallos de Internet Explorer. Estaba claro que existía un mercado ofensivo para fallos de Internet Explorer, ya que aún era uno de los navegadores más utilizados del mercado. Una sola vulnerabilidad de dicho navegador podía otorgar un gran conocimiento sobre un objetivo: nombres de usuario, contraseñas, transacciones bancarias en línea, pulsaciones de teclas, historiales de búsqueda, planes de viaje… en esencia, una lista de deseos de un espía.

Moussouris empezó por ahí. ¿Y si Microsoft ofrecía pagar a hackers para que examinaran versiones beta (de prueba) de Internet Explorer y de actualizaciones de Windows, el cual estaba claro que era otro de los objetivos principales del gobierno, antes de que estas llegaran al mercado? A los gobiernos no les interesaba aprovecharse de software que sus adversarios, terroristas y disidentes aún no utilizaban. Si Microsoft desplegaba a hackers para encontrar fallos en su software en versión beta, no estaría compitiendo con el mercado clandestino. La empresa podía ofrecer recompensas tan bajas como quinientos dólares, hasta cien mil dólares por técnicas de sabotaje muy innovadoras. El equipo de Ballmer aprobó un programa piloto de un mes de duración. El junio de aquel año, Microsoft activó el programa y empezó a pagar a hackers para que estos le entregaran fallos de Internet Explorer. En lo que se acabó convirtiendo en una especie de tradición, la primera recompensa fue a parar a un ingeniero de Google. Aun así, para final de mes, Microsoft había recibido una cantidad de fallos críticos equivalente a dos meses, y Ballmer aprobó un programa permanente que empezaría aquel mismo noviembre. Un año después de activar el programa, Microsoft había pagado doscientos cincuenta mil dólares a los investigadores —más o menos el sueldo anual de un ingeniero de seguridad talentoso— y había solucionado problemas de seguridad en sus programas antes de que estos llegaran al mercado. En el proceso, crearon un sistema que drenó cientos de fallos de los almacenes gubernamentales, y, con el tiempo, Moussouris esperaba que todo aquello pudiera inclinar la balanza a favor de la defensa.

Google, Facebook y Microsoft competían de forma feroz por los mejores ingenieros de seguridad, pero a todos les interesaba proteger Internet en general. Solían intercambiar amenazas de inteligencia con regularidad, se encontraban en las grandes conferencias de hackers y compartían sus historias de guerra relacionadas con las recompensas. Para 2014, Rice, Moussouris y los tres neerlandeses (Terheggen, Abma y Prins) se preguntaron si podían hacer algo más grande. Si bien sus conversaciones iniciales fueron informales, con el tiempo empezaron a trazar los contornos de una empresa que gestionaría los programas de recompensas de tantas empresas como pudieran contratar. Las recompensas conllevaban obstáculos psicológicos para los ejecutivos; si eran capaces de gestionar la logística de la parte de programación y los pagos y ofrecer una plataforma fiable a través de las cuales los hackers pudieran involucrarse con las empresas de distintas industrias, podrían hacer más mella todavía en los almacenes de vulnerabilidades que lo que podrían hacer desde sus respectivos silos.

En abril de 2014, Rice y los neerlandeses recorrieron la Market Avenue de San Francisco, subieron en ascensor hasta las doradas oficinas abiertas de Benchmark Capital, un edificio renovado sobre el Warfield, el teatro histórico de la ciudad, y presentaron su idea a cinco de los inversores de capital de riesgo más competitivos de Silicon Valley. A diferencia de las ajetreadas empresas como Andreessen Horowitz y Accel Partners, que llenaban sus nóminas de encargados de *marketing*, de relaciones públicas y diseñadores contratados, Benchmark era conocida por su atención. La empresa se había hecho rica al apostar al principio por eBay, y, más adelante, por Dropbox, Instagram, Uber, Yelp, Twitter y Zillow. Sus fondos habían otorgado a los inversores unos beneficios de veintidós mil millones de dólares, una ganancia del 1000 %, durante la década anterior. Y lo había conseguido mediante una simple fórmula: cinco socios iguales, cada uno de ellos con la misma participación en los fondos de la empresa, invertían en rondas de financiación por las mayores participaciones de capital y una silla en la junta. Mientras otras empresas conocidas como Sequoia Capital y Accel se expandían a China e India, Benchmark no se desvió de su objetivo. Los socios odiaban a las empresas de Silicon Valley como Andreessen Horowitz que se metían en una autopromoción incesante. Acuñaron un nombre para ello, «saltos de exhibición», porque creían que el crédito de verdad debía ir a los emprendedores que se encargaban de las operaciones cotidianas. Y eran conocidos por ser duros con sus emprendedores, lo más duros posible. Toda inversión debía ser unánime. En algunas pocas ocasiones, los socios intercambiaban una mirada en aquellas reuniones para recibir propuestas. Esa mirada significaba «Vendido, ¿dónde firmamos?». El día en que el equipo de HackerOne presentó su idea a Benchmark, recibieron la mirada, acompañada de nueve millones de dólares.

«Todas las empresas van a hacer lo mismo —me dijo Bill Gurley, un antiguo jugador de baloncesto universitario y uno de los vicepresidentes más competitivos de Silicon Valley—. No intentarlo es absurdo».

Gurley solía tener razón. En menos de un año, HackerOne había persuadido a algunos de los mayores nombres del campo de la tecnología (entre ellos Yahoo e incluso las dos empresas de Dorsey, Square y Twitter), además de empresas con las que nunca se habían imaginado colaborar, como bancos y empresas petroleras, para que empezaran a pagar recompensas a hackers por encontrar fallos en sus plataformas. Y, en dos años más, incorporaron a fabricantes de automóviles como General Motors y Toyota, empresas de telecomunicaciones como Verizon y Qualcomm e incluso aerolíneas como Lufthansa para que los hackers neutralizaran los fallos que amenazaban con convertir las torres de cobertura, bancos, vehículos y aviones en armas para la vigilancia y la ciberguerra. En 2016, la empresa incluso había conseguido firmar un contrato con el participante menos probable de todos: el Pentágono.

A decir verdad, resultaba un poco apabullante. Cuando el secretario de defensa, Ash Carter, anunció el programa de recompensas «Hackea el Pentágono» en la conferencia de seguridad RSA de aquel año, oí unos quejidos entre el público y juraría que un hombre sentado a unos pocos asientos de mí soltó un gruñido. Todos los hackers habían visto la película *Juegos de guerra*, en la que un adolescente Matthew Broderick hackea los sistemas informáticos del Pentágono sin querer, casi da comienzo a la Tercera Guerra Mundial y el FBI va a buscarlo. Que el FBI vaya a buscar a un hacker parece ser la única conclusión lógica de atacar al Pentágono, por mucho que la sola institución los invitara a hacerlo. Nadie estaba dispuesto. Imaginé que el hombre del gruñido opinaba lo mismo que los hackers que se quejaron sobre el programa bebiendo unas copas aquella misma noche, convencidos de que era tan solo otra idea del gobierno para rastrearlos. Pese a que parecía todo un poco paranoico, debo admitir que tenía sentido. El programa solo entregaba recompensas a hackers que se sometieran a revisiones de antecedentes, algo que no es para nada ideal para personas que disfrutan de su anonimato.

Sin embargo, para entonces el gobierno sabía que tenía que hacer *algo*. El año anterior, la Oficina de Administración de Personal de Estados Unidos, la misma agencia que almacena los datos más delicados de millones de trabajadores y contratistas federales (entre ellos, historiales personales, financieros y médicos muy detallados; números de la seguridad social e incluso huellas dactilares), reveló que unos hackers chinos la habían atacado a una escala que el gobierno no había visto jamás. Los chinos habían estado en el interior de los sistemas de la oficina durante más de un año hasta que los descubrieron en 2015. Cuando me decidí a buscar qué otras agencias gubernamentales almacenaban datos delicados y podrían ser vulnerables, encontré el equivalente cibernético a una pandemia. En la Comisión Regulatoria Nuclear, la cual regula las centrales nucleares, la información sobre componentes nucleares esenciales se encontraba en dispositivos de red sin seguridad, y la agencia había perdido la pista de varios ordenadores portátiles que contenían datos críticos. Los ordenadores del Servicio de Rentas Internas permitían a los trabajadores usar contraseñas débiles como «contraseña». Un informe detalló 7329 vulnerabilidades porque la agencia ni siquiera se había molestado en instalar parches de programas. En el Departamento de Educación, que almacena datos de millones de peticiones de préstamos estudiantiles, los auditores lograron conectar ordenadores ajenos a la red sin que nadie se diera cuenta. La Comisión de Bolsa y Valores no había instalado un cortafuegos ni ninguna protección contra intrusiones en una parte crítica de su red desde hacía meses.

Sin embargo, un año y medio más tarde, para mi sorpresa y la de muchos otros, el programa de recompensas del Pentágono estaba tomando impulso de verdad. Más de mil cuatrocientos hackers se habían apuntado al programa de recompensas (el triple de lo que esperaban los funcionarios) y el Pentágono ya había pagado recompensas por un valor de setenta y cinco mil dólares, que iban desde los cien dólares hasta los quince mil. Aquello no era nada en comparación con lo que la NSA y otras agencias pagaban a los hackers, pero era algo. Y ya no era solo HackerOne. El Departamento de Defensa de Estados Unidos también había contratado a un competidor de HackerOne, Bugcrowd, además de a otra empresa llamada «Synack», fundada por otro antiguo hacker de la NSA, que asignaba pruebas de penetración a hackers fiables de todo el mundo. El cofundador de Synack, Jay Kaplan, me aseguró que el programa del Pentágono era de verdad, y no solo una mentira burocrática, y me convenció de que me dirigiera a Arlington para verlo por mí misma.

Llegué allí en abril de 2018, embarazada de ocho meses. No me había visto los pies desde hacía semanas. Tampoco me había dado cuenta de que el Pentágono era tan… grande. Caminé con dificultad por todas partes, en lo que me parecieron varios kilómetros, entre el Departamento de Fuerzas Aéreas y la diminuta oficina que contenía el recién nacido Servicio de Defensa Digital del Pentágono (DDS por sus siglas en inglés). Además de TAO, el DDS era una de las pocas oficinas del Departamento de Defensa que no tenía código de vestimenta. Carter lo había organizado así para atraer a hackers y talentos de Silicon Valley hacia el Pentágono para hacer un servicio militar de un año de duración, para cambiar las cosas y supervisar la iniciativa de recompensas.

«Hemos tenido que llegar a disuadir a personas para que no nos hablen de vulnerabilidades —me dijo Chris Lynch, el director con sudadera de DDS—. Ha llegado el momento de "hacer que Estados Unidos vuelva a ser seguro"».

Lynch, un emprendedor tecnológico en serie, hablaba con franqueza y no le asustaba usar un lenguaje claro. Solía estar al lado de Carter, y resumió su misión en DDS como «dejar de perder el tiempo». Mediante su presión, el Pentágono había expandido su programa de recompensas desde un diminuto conjunto de páginas web sin clasificar hasta sistemas más delicados como el Programa de Estación de Descarga de Información de Aeronaves Fiable (TADS por sus siglas en inglés) de los F-15, el sistema que recaba datos de cámaras de vídeo y sensores durante un vuelo. Los hackers de Synack habían encontrado varios días cero en TADS que, si se saboteaban, podían usarse para tomar el control de todo el sistema. También habían descubierto un día cero crítico en un mecanismo de transferencia de archivos del Pentágono que usaban los soldados para transmitir información crítica para una misión entre las redes del Pentágono, incluso las clasificadas. Los contratistas del gobierno ya habían sometido al sistema a pruebas de penetración, pero uno de los hackers de Synack había encontrado un modo de entrar en las redes clasificadas del Pentágono en menos de cuatro horas.

«Este mundo de vulnerabilidades de días cero es algo grande —me dijo el general Bradford J. *B. J.* Shwedo en lo que yo ya sabía que era quedarse corto—. Si uno espera a encontrar un día cero en el día del partido, ya es demasiado tarde. Alejarte del mundo no es el futuro de las guerras. En el mundo cibernético, todo es espía contra espía».

En el montón de burocracia que era el Departamento de Defensa, una agencia pagaba a hackers para que solucionaran sus brechas de seguridad, mientras que otros les daban mucho dinero más para mantener abiertos de par en par las brechas del mundo.

Recordé algo que me dijo Chris Inglis, el subdirector de la NSA ya jubilado:

«Si quisiera puntuar el mundo cibernético del mismo modo que el fútbol, diría que el recuento es 462 a 452 tras veinte minutos de partido. En otras palabras, es todo ataque y nada de defensa».

Seis meses más tarde, el Pentágono decidió destinar dinero de verdad detrás de su programa de recompensas: treinta y cuatro millones de dólares. Si bien era calderilla comparado con lo que destinaba al ataque, tal vez podría ser capaz de bajar el marcador de una vez por todas.

16

Pérdida de comunicación

Silicon Valley, California

Si la NSA se hubiera ahorrado la carita sonriente, lo habrían tenido todo mucho más fácil.

A lo largo del verano de 2013, Silicon Valley seguía lidiando con los resultados de Prism. Las filtraciones de Snowden habían introducido un matorral de insinuaciones, y las empresas recibían llamada tras llamada de periodistas y clientes enfadados que las acusaban de estar compinchadas con la NSA. Sin embargo, en octubre de aquel año, el *Washington Post* publicó las filtraciones de Snowden más incriminatorias de todas. Unas diapositivas secretas de la NSA mostraban que, además de todos los datos que las agencias recibían por parte de las empresas por delante (las exigencias jurídicas de entregar datos de sus clientes), también extraían cantidades ingentes de datos por detrás.

Sin el conocimiento ni la cooperación de las empresas, las revelaciones de Snowden de aquel otoño mostraban que la NSA, así como su contraparte británica, el GCHQ, extraían los datos de las empresas desde los cables de fibra óptica y los conmutadores de Internet submarinos. En jerga de las agencias, eso se conocía como recolección «contracorriente», para separarlo de métodos «con la corriente» como Prism, en los cuales las agencias exigían los datos de los clientes a las empresas a través de órdenes judiciales secretas. En un solo día, las diapositivas secretas de la NSA mostraron que, sin que Yahoo, Microsoft, Facebook ni Google lo supieran, la agencia había recabado «444.743 agendas de contacto de correos electrónicos de Yahoo, 105.068 de Hotmail, 82.857 de Facebook, 33.697 de Gmail y 22.881 de proveedores no especificados».

Y aquello no era lo peor. Las diapositivas parecían mostrar que la NSA y el GCHQ hackeaban directamente los centros de datos internos de Google y Yahoo para interceptar datos de clientes antes de que se encriptaran y pasaran por la red abierta, lo que en esencia era un ataque de intermediario. El nombre en código de la NSA y el GCHQ para esos ataques era «Muscular». Por un lado, ello ayudaba a explicar que las empresas no eran cómplices de los ataques a sabiendas.

«Nos dio una clave para comprender por fin lo que estaba pasando —declaró Brad Smith, el presidente de Microsoft, a la revista *Wired*—. Habíamos leído que se suponía que la NSA tenía una cantidad de datos enorme, aunque nosotros y otros miembros de la industria creíamos que les estábamos proporcionando pocos datos. Era difícil encontrarle el sentido, y aquella fue una explicación muy lógica».

Por otro lado, desencadenó una guerra criptográfica en toda regla entre las empresas tecnológicas y su propio gobierno. Las filtraciones de aquel octubre incluían un dibujo hecho a mano por un analista de la NSA sobre un gran pósit amarillo. El diagrama señalaba al punto del que la NSA y el GCHQ extraían los datos de Google sin encriptar antes de que se mezclaran y se movieran a la red. Entre dos dibujos de nubes (una de ellas etiquetada como «Nube de Google» y la otra como «Internet Público»), el analista había dibujado una carita sonriente, un emoji triunfante para decir «¡Te pillé!», que hizo que las empresas se prepararan para la batalla.

Sin aquella carita secreta, Silicon Valley podría haber hecho caso omiso de las diapositivas, al pensar que era alguna especie de explicación sobre cómo los datos se trasladaban desde los centros de datos de Google hasta la red abierta. Sin embargo, el emoji triunfante del analista indicaba que las agencias ya estaban allí. El efecto que aquello tuvo sobre los clientes y activistas extranjeros, así como sobre cualquiera a quien la privacidad le importara lo suficiente, fue una sensación de impotencia. No importaba que los abogados de Silicon Valley se resistieran a las órdenes secretas del gobierno para que les entregaran datos; tal como indicaba el dibujo, la NSA recibía lo que quería de todos modos.

Google distribuía los datos de sus clientes entre servidores de cara al usuario (el «GFE» del dibujo, refiriéndose a «Google front-end») de todo el mundo, en parte en aras de la velocidad y en parte por la seguridad. Un usuario de Gmail de Bangladesh no tenía que esperar a que los datos viajaran por medio mundo desde Silicon Valley para abrir un documento de Google. Y, del mismo modo, los datos de los usuarios no quedarían atrapados por desastres naturales regionales o cortes de electricidad locales. Los servidores de cara al usuario también eran un mecanismo de seguridad capaz de detectar y detener ataques de denegación de servicio. Google encriptaba los datos de los usuarios conforme se movían de estos servidores a Internet en general, pero no se molestaba en encriptar los datos de forma interna entre sus centros de datos. Pese a que Google declaró que encriptar los enlaces entre centros de datos se encontraba entre sus planes a largo plazo, hasta Snowden, encriptar los datos mientras viajaban entre sus propios centros de datos siempre había parecido un esfuerzo innecesariamente caro.

Los hackers de las agencias se habían valido de este patrón de espera para su ventaja. Al escuchar el tráfico de red de Google, la NSA podía acceder a todas las bandejas de entrada y mensajes de Gmail, a todas las búsquedas y localizaciones de Google Maps, y a todos los calendarios y contactos que quisieran en forma de texto sin formato. Era una hazaña del espionaje digital que hacía que Prism —además de cualquier otra cosa que hiciera la NSA para devorar los datos del mundo— pareciera un juego de niños.

De forma oficial, Google declaró que estaban «escandalizados». Erich Schmidt declaró ante el *The Wall Street Journal* que la NSA «infringía la privacidad de todos y cada uno de los ciudadanos de Estados Unidos» para encontrar a unos pocos malhechores. Tras bastidores, los ingenieros de seguridad de Google fueron más directos. «Se pueden ir a la mierda», escribió un ingeniero de seguridad de Google llamado Brandon Downey en una entrada de su página personal de Google Plus. Downey y otros cientos de ingenieros de Google acababan de dedicar los últimos tres años a impedir que China hackeara a sus clientes solo para descubrir que su propio gobierno les estaba tomando el pelo. En una ventana a cómo piensan los ingenieros de Silicon Valley, Downey hizo la referencia obligatoria a *El señor de los anillos:*

«Es como volver a casa tras la guerra con Sauron y destruir el Anillo Único para acabar descubriendo que la NSA está en la entrada de la Comarca, talando el Árbol de la Fiesta y subcontratando a todos los granjeros hobbits con semiorcos y látigos —explicó—. Estados Unidos tiene que ser mejor que eso».

En Zúrich, un ingeniero británico de Google llamado Mike Hearn se sumó a Downey al «lanzar un enorme *que les jodan* a las personas que habían hecho aquellas diapositivas».

«Saltarse ese sistema es ilegal por un buen motivo —escribió Hearn—. Ningún miembro del GCHQ ni de la NSA tendrá que comparecer ante un juez y responder por esta subversión del proceso judicial de escala industrial.

—En ausencia de eso, añadió—: Por tanto, tenemos que hacer lo que los ingenieros de Internet hemos hecho siempre: construir software más seguro».

«Sin rencores, pero mi trabajo es hacer que su trabajo sea más difícil», me dijo Eric Grosse seis meses después. Estábamos en el Googleplex, y no pude evitar percatarme de la presencia de un palo gigante tras él. Grosse me contó que se trataba de un bastón; sus ingenieros se lo habían dado poco después del episodio de la carita sonriente. Era un guiño al bastón que alza Gandalf, el mago de *El señor de los anillos*, cuando se enfrenta a un Balrog malvado y entona: «¡No puedes pasar!». Grosse se había convertido en el Gandalf de Silicon Valley, sobre aquel puente de piedra que eran los servidores de Google, donde prefería morir antes que dejar que las agencias de inteligencia del mundo llegaran a los centros de datos de Google.

Durante los últimos seis meses, Grosse y su equipo habían sellado toda grieta de la que la NSA se había aprovechado con tanta astucia. Grosse se refirió a los enlaces sin encriptar entre los centros de datos de Google como «la última abertura de nuestra armadura», y había pasado a encriptar los datos de Google de forma interna. Otras empresas hicieron lo mismo y migraron a una forma de encriptación más robusta conocida como «Perfect Forward Secrecy», que hacía que la NSA necesitara mucho más esfuerzo para descodificar los datos. Google también había pasado a usar sus propios cables de fibra óptica bajo los océanos del mundo, acompañados de sensores que alertarían a la empresa de cualquier sabotaje submarino.

«Al principio estuvimos en una carrera armamentística contra criminales sofisticados —nos dijo Grosse a David Sanger y a mí cuando le hicimos una visita durante la primavera de 2014—. Luego en una carrera armamentística contra China. Y ahora en una contra nuestro propio gobierno. Estoy dispuesto a ayudar en el lado puramente defensivo de las cosas, pero la interceptación de señales queda descartada».

Una vez Google había completado todos los elementos de su lista, entregó una herramienta de encriptación de correos fácil de utilizar a sus clientes. Escondida en su código había una carita sonriente,☺

Pero la encriptación no servía de mucho a la hora de proteger a los usuarios de un país contra un día cero. Esa era la belleza de un día cero: una buena vulnerabilidad era capaz de perforar la encriptación del mundo y llevar a alguien hasta el dispositivo de un objetivo, donde todo se encontraba en texto sin formato. Si bien para hackear esos extremos hacía falta mucho más tiempo y era mucho más difícil, según Snowden, eso era precisamente el objetivo que tenía para haber filtrado todo. Esperaba que las filtraciones alejaran a los gobiernos de la vigilancia en masa y los acercaran a una forma de recopilación de inteligencia más centrada y constitucional.

Las recompensas por fallos eliminaron los más sencillos de ellos e hicieron que a los Estados les resultara más complicado hackear las plataformas, aunque solo un poco, según los diversos analistas del gobierno con los que hablé. Y, por tanto, en 2014, los ingenieros de Google se reunieron y decidieron llevar las cosas al siguiente paso. Chris Evans, un ingeniero de seguridad británico de expresión seria y mandíbula cuadrada, sabía que proteger a Google no sería suficiente. La seguridad de los grandes productos de Google, como su navegador Chrome, todavía dependía de la seguridad de código de terceras partes, como Adobe Flash, programas antivirus y varios elementos de los sistemas operativos Windows, Mac y Linux. Los atacantes siempre iban a por el eslabón más débil. Si Google no hacía nada por lidiar con los fallos de otros sistemas, todo lo que hacía la empresa habría sido para nada. Para Evans, la seguridad era una cuestión personal. Pese a que era un hombre amable, se puso hecho una furia cuando se enteró de que un día cero de Adobe Flash se usaba para rastrear a ciudadanos y luchadores por la libertad sirios. Desde Aurora, había mantenido una hoja de cálculo de cada día cero de Flash que se descubría y anotó cuándo se usaban contra los ciudadanos y disidentes sirios, además de contra la industria aeroespacial. No toleraba las empresas que arrastraban los pies hasta parchear los días cero que ponían a las personas en riesgo de verdad.

«Es algo inaceptable», me dijo.

Dentro de Google, Evans empezó a alistar a hackers de élite en secreto para enfrentarse al mercado mundial de ciberarmas. Llamó a los mejores hackers de la empresa a una cabaña en el lago Tahoe en agosto de 2014 para hacerles una simple pregunta: «¿Qué podemos hacer para que crear días cero sea más difícil?». No todas las vulnerabilidades eran iguales; algunas provocaban un daño desmedido. Las recompensas eran un paso en la dirección correcta, pero el programa estaba abierto a todos. ¿Y si Google movilizaba a un equipo para que se centrara en objetivos estratégicos, como el software de Adobe Flash que permitía que los regímenes opresivos hackearan a sus propios ciudadanos; los programas antivirus; el código Java que tocaba todos los teléfonos y ordenadores portátiles, los centros de datos, superordenadores y hasta el propio Internet? Las liberaciones de iPhone y Android por las cuales Zerodium, el NSO Group y otros pasaron a pagar unas grandes sumas de dinero necesitaban cadenas de vulnerabilidades de días cero para funcionar. Si lograban neutralizar tan solo un fallo de la cadena, podrían desproveer a los espías de sus herramientas de intrusión, o al menos retrasarlos varios meses, quizá incluso años. Conforme los precios de los días cero continuaban subiendo, la investigación de ataques se estaba volviendo clandestina a una velocidad apabullante. ¿Y si podían sacarlo todo a la luz? Donde había un fallo, siempre había más. Si hacían públicas sus investigaciones, tal vez podrían inspirar a otros defensores para que encontraran el resto. Ya había pasado antes. Al final de aquel fin de semana, la misión tenía nombre, «Proyecto Cero», y una meta: hacer que el número de fallos críticos fuera cero.

Entre los primeros reclutas del Proyecto Cero se encontraban Ben Hawkes, un musculoso jugador de rugby de Nueva Zelanda que se especializaba en días cero de Adobe Flash y Microsoft; un investigador británico llamado Tavis Ormandy, uno de los cazadores de fallos más prolíficos del mundo; Geohot, el talentoso hacker que se había adentrado en Sony y había desarrollado la primera liberación de iPhone, aquel por el que las agencias de la ley salivaban por reclutar; e Ian Beer, un extrabajador de inteligencia del GCHQ que había acabado neutralizando decenas de vulnerabilidades del iOS de Apple, entre ellas las que los hackers chinos utilizaban para monitorizar a la minoría uigur, fallos que en el mercado clandestino habrían valido decenas de millones de dólares. Casi de inmediato, los investigadores del Proyecto Cero encontraron días cero críticos en el navegador Safari de Apple, fallos de diseño en algunos de los productos de seguridad de mayor reputación del mundo y un día cero de Microsoft que habría otorgado a los espías el control absoluto sobre los sistemas Windows. Su trabajo despertó admiración y desdén a partes iguales, en particular en Microsoft, quien los acusó de revelar el fallo antes de que tuviera un parche para solucionarlo. El equipo del Proyecto Cero les daba noventa días a los vendedores. Transcurrido ese tiempo, publicaban los fallos en Internet. Parte de su objetivo era obligar a los vendedores a darse prisa.

Los investigadores también recibieron críticas porque podían facilitarles el trabajo a los espías; al publicar su trabajo, según los vendedores, en especial antes de que ellos desplegaran los parches, les estaban dando a los NSO del mundo una oportunidad de aprovecharse de aquel lapso de tiempo. Los datos muestran que los fallos alcanzan su mayor índice de sabotaje justo después de su publicación (el día cero), mientras las empresas se apresuran en preparar un parche y los clientes lo instalan. En una de las críticas, un desarrollador de vulnerabilidades dijo que el NSO Group era «el *brazo comercial* del Proyecto Cero». Sin embargo, la alternativa —no divulgar la investigación— no hacía nada por mejorar la seguridad a largo plazo.

También había otro beneficio al publicar el trabajo del Proyecto Cero. Enviaban un mensaje a los clientes y gobiernos escépticos, en especial a los que habían empezado a creer que Google era cómplice de la vigilancia de la NSA, de que Google se tomaba la seguridad en serio. La revelación también ayudaba a atraer a los mejores desarrolladores de vulnerabilidades al bando de la defensa. Uno de los primeros reclutas de Hawkes fue un hacker surcoreano de veintiún años llamado Jung Hoon Lee, alias «Lokihardt», que había llamado la atención de los brókeres de vulnerabilidades (y la de Google) en el concurso Pwn2Own de Vancouver de ese año. Rodeado por su guardaespaldas, un intérprete y un equipo de hackers con gorras y gafas de sol, Lokihardt había destripado a Chrome, Safari y al software más reciente de Windows en cuestión de minutos. Vi cómo a Bekrar, de Zerodium, se le caía la baba. Meses más tarde, Lokihardt pasó a formar parte del Proyecto Cero para neutralizar los fallos por los que Bekrar y compañía pagaban una gran suma de dinero. Bekrar me dijo durante aquella conferencia que Lokihardt era el mejor hacker que había visto en años. En ese momento, ambos trabajaban en bandos opuestos.

Durante los siguientes años, el Proyecto Cero identificó más de mil seiscientos fallos críticos, vulnerabilidades importantes no solo en el software y herramientas de seguridad que sufrían más ataques de todo el mercado, sino también en los chips Intel que se encuentran en el interior de casi todos los sistemas informáticos del mundo. Sus investigadores eliminaron tipos de fallos enteros, lo que complicó la vida a los espías.

«Los grupos de espionaje no me llamaban para decirme: "¡Me has quitado el día cero!" —me contó Grosse. Pero, de forma anecdótica, añadió—: Nos hemos enterado de que se lo hemos puesto mucho más difícil. Me conformo con eso».

Tim Cook, de Apple, no dejaba de recibir cartas personales de todos los rincones del mundo: Brasil, China, Alabama, el cual era su estado natal… Había recibido más notas personales por parte de alemanes entre 2013 y 2014 que el total de notas que había recibido durante sus diecisiete años en Apple. Y las palabras que contenían esas notas no eran dramáticas o emocionales por el mero hecho de serlo: salían del corazón. Los alemanes habían sobrevivido a la vigilancia de Stasi, cuando cada centro de trabajo, universidad y lugar público había estado monitorizado por soldados, analistas, cámaras diminutas y micrófonos para encontrar a «individuos subversivos». Sesenta y cinco años más tarde, los horrores del pasado de Alemania del Este seguían siendo reales.

«Esta es nuestra historia —le escribieron a Cook—. Esto es lo que la privacidad significa para nosotros. ¿Lo entiendes?».

El propio Cook era conocido por su discreción. Era gay y había crecido en el estado conservador de Alabama, por lo que había mantenido aquel hecho en privado hasta 2014, el año siguiente a las revelaciones de Snowden. Uno de los recuerdos más vívidos de su infancia en Alabama era presenciar cómo los miembros del Ku Klux Klan quemaban una cruz en el jardín de una familia negra de su barrio mientras entonaban insultos racistas. Él les había gritado que pararan, y, cuando uno de ellos se había retirado su capucha blanca, Cook lo había reconocido: se trataba del diácono de una iglesia del lugar. Las libertades civiles eran algo de suma importancia para él, y se tomó las revelaciones de Snowden como una afrenta personal. Tal como lo veía Cook, había pocas cosas más preciadas que la privacidad. Había observado cómo los nuevos negocios y empresas emergentes de todo Silicon Valley erosionaban la privacidad, poco a poco, bit a bit, y le preocupaba que todo aquello condujera a un futuro orwelliano. Apple era como el hijastro pelirrojo de Silicon Valley: vendía productos (teléfonos, tabletas, relojes y ordenadores), no datos. No se ganaba la vida rastreando compras o búsquedas ni a partir de anuncios personalizados. Era, según me dijo él mismo durante una de nuestras reuniones aquel año, lo que más valoraba de Apple. Y las cartas le llegaban al corazón.

Por tanto, cuando el presidente Obama invitó a Cook, junto a Randall Stephenson, el jefe ejecutivo de AT&T, Vint Cerf, uno de los pioneros de Internet, y a varios activistas de libertades civiles a la Casa Blanca para hablar sobre el daño colateral de Snowden en agosto de 2013, Cook llevó las cartas consigo. Para entonces, las empresas estaban acelerando sus planes a largo plazo de encriptar los datos de los clientes, y Washington (y el FBI en particular) se empezó a preocupar de que fueran a «perder la comunicación» para siempre.

En esa reunión a puerta cerrada, Obama defendió un enfoque equilibrado para la privacidad y la seguridad nacional. Cook escuchó con atención, y, cuando llegó el momento de hablar, compartió lo que le habían transmitido los clientes de Apple en el extranjero. Le dijo al presidente que se sospechaba mucho de las empresas tecnológicas de Estados Unidos. El país había perdido su halo sobre las libertades civiles, y transcurrirían varias décadas hasta que lo recuperara. Dejar cualquier cosa abierta ante la vigilancia era, en su opinión, una pesadilla de libertades civiles, y eso sin mencionar que sería malo para el negocio. Las personas tenían un derecho fundamental a la privacidad, y, si las empresas estadounidenses no lograban protegerlas, iban a llevarse su negocio a otra parte. Cook estaba dando un toque de atención al gobierno: Apple iba a encriptarlo todo.

Un año más tarde, en septiembre de 2014, Cook se dirigió al escenario de Cupertino para mostrar el nuevo iPhone 6, «el mayor avance en la historia de iPhone», el teléfono para la era post-Snowden. A partir de aquel momento, Apple encriptaba de forma automática todo lo que contuviera el teléfono (mensajes, registros de llamadas, fotografías, contactos…) mediante un complejo algoritmo matemático que usaba la propia contraseña del usuario para envolver el dispositivo con una clave más grande. De aquel modo, Apple ya no tenía la llave de repuesto hacia los datos de los clientes, sino que les habían dado el único juego a los usuarios. Si los gobiernos querían acceder a sus datos, iban a tener que preguntarles a los clientes directamente.

Hasta aquel momento, si un gobierno necesitaba la ayuda de Apple para desbloquear un iPhone, tenía que volar físicamente a Cupertino y llevar el teléfono hasta una instalación segura de información compartimentada (SCIF por sus siglas en inglés), donde un ingeniero de Apple fiable lo desbloqueaba. Los viajes podían llegar a ser algo cómico. En un caso, un gobierno extranjero envió un iPhone, junto con un escolta del gobierno, en un avión privado hasta Cupertino para llevarlo hasta el SCIF, donde el ingeniero de Apple les dijo que el propietario ni siquiera se había molestado en establecer una contraseña. Después del iPhone 6, Apple les estaba diciendo a los gobiernos que no había necesidad de viajar hasta Cupertino, pues Apple no podría desbloquear ningún iPhone, por mucho que quisieran.

Tratar de adivinar la contraseña mediante «fuerza bruta» no serviría de nada. El nuevo iOS de Apple contaba con una característica de seguridad extra que eliminaba los datos del disco duro del dispositivo si alguien introducía una contraseña incorrecta diez veces seguidas.

Les pregunté a los ingenieros de Apple si se habían esperado lo que había sucedido a continuación.

«La única sorpresa —me respondieron— fue que el gobierno se sorprendiera de que fuéramos a hacer eso. Había sido nuestra misión desde el principio».

El FBI se puso como loco. La agencia contaba con muchas menos herramientas de intrusión para hackear teléfonos que las que tenían la NSA y la CIA para interceptar comunicaciones extranjeras. Aquella siempre había sido una cuestión espinosa entre el FBI y las agencias de inteligencia: que la inteligencia acaparaba a su mejor talento y sus mejores herramientas. Y Apple había desplegado su avanzada encriptación justo cuando emergía una nueva amenaza terrorista. El Estado Islámico se apresuraba a superar a su predecesor, Al Qaeda, como el grupo yihadista más importante del mundo en términos de violencia, crueldad, alcance y capacidad de reclutamiento. El Estado Islámico cada vez se refugiaba más en *apps* encriptadas y se valía de las redes sociales para coordinar sus ataques y reclutar simpatizantes en Europa, Reino Unido y Estados Unidos.

Durante las siguientes semanas, el director del FBI, James Comey, emprendió una gira para hablar sobre la pérdida de comunicación.

«Ningún miembro de este país está fuera del alcance de la ley —declaró Comey ante unos periodistas en la sede del FBI una semana después del anuncio de Apple—. La idea de que alguien pueda vender un armario que no se puede abrir, ni siquiera en un caso sobre un niño secuestrado que cuenta con una orden judicial, para mí, no tiene sentido».

Participó en el programa de televisión *60 Minutes* y, durante la hora que pasó en la Brookings Institution, le dijo al público que el «péndulo post-Snowden» se había «balanceado demasiado lejos», tras lo cual comentó que la nueva encriptación de Apple «amenazaba con llevarnos a un lugar muy oscuro».

En esencia, Comey se valió de los mismos argumentos que había empleado la Casa Blanca hacía dos décadas, después de que un programador llamado Phil Zimmermann liberara un programa de cifrado de extremo a extremo al público en general. El programa Pretty Good Privacy (PGP) de Zimmermann facilitaba que las personas se comunicaran mediante un cifrado de extremo a extremo, el cual codifica los mensajes de un modo que solo pudieran descifrarlo el emisor y el receptor. Por miedo a que PGP hiciera que la vigilancia fuera imposible, el gobierno de Bill Clinton propuso el «Chip Clipper», una puerta trasera para las fuerzas de la ley y las agencias de seguridad. Sin embargo, el Chip Clipper provocó una respuesta negativa por parte de una coalición de extraños compañeros de cama, entre ellos un senador republicano de Misuri, John Ashcroft y un senador demócrata de Massachusetts, John Kerry, el teleevangelista Pat Robertson, ejecutivos de Silicon Valley y la Unión Estadounidense por las Libertades Civiles. Todos ellos sostenían que el Clipper no solo iba a acabar con la Cuarta Enmienda, sino también con la ventaja que tenía el país en el mundo tecnológico. En 1996, la Casa Blanca se echó atrás.

Cada nueva forma de encriptación generaba nerviosismo. Cuando Zimmermann presentó su Zfone en 2011, los analistas de la NSA hicieron circular su anuncio en un correo electrónico titulado: «Esto no pinta bien». El Zfone no llegó a prosperar, pero el nuevo iPhone de Apple, con su software iOS, era el Zfone de la era post-Snowden, solo que contenía más datos que el gobierno podía perder. A finales de 2014, el FBI y el Departamento de Justicia se prepararon para enfrentarse a Apple en los juzgados. Solo era cuestión de esperar al caso adecuado.

Un año más tarde, dos asaltantes, Syed Rizwan Farook y Tashfeen Malik, armados con rifles de asalto y pistolas semiautomáticas, se pusieron a disparar en una fiesta de Navidad del Departamento de Salud de San Bernardino, California, acabaron con la vida de catorce personas e hirieron a otros veintiuno antes de huir del lugar. Para cuando los abatieron en un tiroteo cuatro horas más tarde, lo único que dejaron atrás fueron tres bombas que no habían llegado a detonar, una publicación en Facebook en la que Malik profesó su fidelidad al Estado Islámico y el iPhone bloqueado de Farook. Comey ya había encontrado su caso.

Cuatro meses después del tiroteo, me dirigí a un bazar de ciberarmas en Miami. Nadie me quería allí, y trataron de retirarme la invitación. Dos veces. Era por mi libro, según me dijeron. Nadie quería tener nada que ver con él.

«No venga —me decían—. No será bien recibida. Quédese en casa».

Cuando les dije que ya había comprado mi billete de avión y que pensaba presentarme allí por las buenas o por las malas, se echaron atrás. Aun así, cuando llegué a la entrada de aquella zona verde sobre Miami Beach, donde se reunía una breve lista de invitados compuesta por los mejores hackers, desarrolladores de armas digitales y espías del mundo, los organizadores de la conferencia tenían otro as bajo la manga: una vara fluorescente.

«Tenga, póngase esto en el cuello —me dijo el hombretón sentado tras el mostrador de recepción del hotel Fontainebleau. "Esto" era una reluciente vara fluorescente de color verde pensada para avisar a cualquier persona del lugar de que yo era la periodista, la paria, una mujer a la que debían evitar a toda costa. Le dediqué una mirada a aquel hombre que decía que no me hacía ni pizca de gracia—. Considérese afortunada —me dijo—. Habíamos pensado atarle un globo de helio gigante al cuello».

Ya estaba acostumbrada a aquellos tratos, pues conocía de primera mano hasta dónde llegaban los hackers, agentes federales y contratistas para mantener a salvo su pequeño secreto. Y sabía que el único modo en el que me iban a dejar entrar a aquel bazar de ciberarmas, la única esperanza que tenía de encontrar a los hombres a quienes había ido a buscar, era seguir sus reglas, incluso si ello implicaba ponerme aquel artículo de fiesta tan humillante en el cuello.

Así que participé en su jueguecito, me puse la vara fluorescente, salí al calor de Miami, caminé hacia el horizonte oriental, donde unas nubes de tormenta se agrupaban sobre el océano Atlántico, y me adentré en la reunión de unos doscientos de los mejores hackers, brókeres de ciberarmas, agentes federales y espías del mundo. Con el rabillo del ojo observé atentamente cómo los organizadores de la conferencia sorbían sus gin-tonics y mojitos de menta y esperé a que llegara el momento en el que estuvieran tan borrachos que pudiera quitarme aquel dichoso collar de perro neón que me habían puesto. Me dije a mí misma que aquella era mi última parada. El hacker de iPhone del FBI tenía que estar allí.

El Departamento de Justicia llevaba meses presionando a Apple en los juzgados para que proporcionara su ayuda para superar su encriptación a prueba de ataques para que el FBI pudiera acceder al iPhone de Farook, uno de los terroristas del ataque de San Bernardino que se había producido hacía cuatro meses. Era el último intento desesperado del FBI para evitar seguir a ciegas.

Para el FBI, el ataque de San Bernardino era el caso perfecto para sentar precedente. Dos simpatizantes del Estado Islámico habían llevado a cabo un ataque sobre territorio estadounidense, y ambos habían tenido mucho cuidado al cubrir sus rastros digitales. Habían borrado toda su correspondencia electrónica, habían destrozado sus discos duros y teléfonos personales y habían pasado a usar teléfonos desechables. Lo único que habían dejado atrás había sido la publicación de Malik en Facebook, donde ella había jurado su lealtad al Estado Islámico, y el iPhone del trabajo de Farook. Dicho dispositivo, si el FBI lograba desbloquearlo, podía contener pruebas esenciales: coordenadas de GPS de Farook justo antes del ataque o cualquier último contacto con socios u otros terroristas del Estado Islámico del país que estuvieran planeando más ataques. Farook no había hecho una copia de seguridad de sus datos en iCloud, lo cual habría proporcionado al FBI un vistazo a los contenidos de su teléfono. El único modo de saber qué había en aquel dispositivo era obligar a Apple a desbloquearlo. Si Apple se negaba, el gobierno podría defender el caso de que la empresa estaba protegiendo a un terrorista. El FBI creía tener otros argumentos a su favor: Farook había muerto, por lo que no había ningún conflicto con la Cuarta Enmienda. Técnicamente, el teléfono no era suyo, sino que había pasado a ser propiedad de su jefe (el condado), el cual había dado su consentimiento para la búsqueda.

Durante seis semanas, el Departamento de Justicia trató de convencer a un juez para que obligara a Apple a reducir su seguridad, mientras la empresa se mantenía firme. Comey había pedido a Apple en persona que programara un nuevo software que permitiera que el FBI descifrara su nuevo esquema de encriptación. Y, a pesar de que prometió que el FBI emplearía el buen juicio al usar el programa, estaba claro que lo que pedía el gobierno era un nuevo Chip Clipper. Los hackers y activistas de la privacidad acuñaron un término para lo que el FBI pedía a Apple: lo llamaban «sistema operativo Gobierno». Eso no solo haría que Apple fuera menos segura, sino que tenía el potencial de destruir la participación en el mercado de Apple en su mayor mercado —China—, además de en un sinfín de otros países, como Alemania y Brasil, los cuales pedían a Apple que hiciera todo lo posible por proteger sus datos de los espías estadounidenses.

Rendirse también sentaría un precedente peligroso, pues garantizaría unas exigencias similares para software menos seguro y puertas traseras por parte de Pekín, Moscú, Ankara, Riad, El Cairo y cualquier otro país con el que Apple negociara. Aquella lista ya incluía a casi todo el mundo, con la excepción de una cantidad cada vez más pequeña de países (Irán, Siria, Corea del Norte y Cuba) que se encontraban bajo sanciones comerciales estadounidenses. Si Apple solo obedecía a los funcionarios estadounidenses y negaba aquel mismo acceso a los extranjeros, la empresa podía perder más de un cuarto de sus beneficios futuros a la competencia de otros países.

Y también tenían que pensar en el efecto que ello tendría sobre su reputación. Conforme Apple se enfrentó al FBI, la marca había recogido el halo de las organizaciones de derechos civiles estadounidenses con más fondos, el último frente en la lucha por preservar un asomo de privacidad en la era digital. Si la empresa más rica de Estados Unidos no podía enfrentarse a un gobierno democrático, ¿quién podría? En aquella emergente narrativa, Cook se había convertido en el señor Privacidad, un cruzado de los derechos humanos de todo el mundo. Rendirse no era una opción. Y Cook lo dejó muy claro a sus clientes en una carta de mil cien palabras que publicó en la página web de Apple.

«Lo que implican las exigencias del gobierno es algo terrorífico —escribió Cook—. Tememos que esta exigencia vaya a minar las mismas libertades que nuestro gobierno debe proteger».

Cook nos convocó a mi compañero David Sanger y a mí a una reunión en el hotel Palace de San Francisco para explicar su punto de vista en persona.

«Su argumento es introducir una vulnerabilidad para los buenos; es algo extraño y erróneo desde el principio —nos contó Cook—. Estamos en un mercado global. Podrían ir a preguntarles a los gobiernos del mundo: "Si Apple hace algo de lo que pide el FBI, una puerta, una clave, una varita mágica que les dé acceso, ¿qué pensarían de ello?". El único modo de obtener información, al menos por ahora, el único modo que conocemos, sería programar un software que a nosotros nos parece el equivalente del cáncer. Haría del mundo un lugar peor. Y no queremos ser partícipes de nada que haga del mundo un lugar peor».

Cook casi llegó a emocionarse.

«Los detalles más íntimos de la vida de una persona están en su teléfono —nos dijo, alzando su iPhone—. Sus historiales médicos, sus mensajes a su pareja, sus localizaciones a cada hora del día. Esa información es suya. Y mi trabajo es asegurarme de que sigue siendo suya. Si se valoran las libertades civiles de algún modo, no se puede acceder a lo que nos piden».

Cook tenía otro argumento firme. Incluso si Apple cumplía con lo que le pedía el gobierno, incluso si programaba una puerta trasera solo para ese caso, aquella puerta trasera se convertiría en un objetivo para cada hacker, cibercriminal, terrorista y país de la faz de la Tierra. ¿Cómo podía el gobierno estadounidense llegar a garantizar la seguridad de la puerta trasera de Apple cuando ni siquiera era capaz de proteger sus propios datos? El ataque contra la Oficina de Administración de Personal seguía siendo algo reciente en los recuerdos de Cook. Dicho ataque había expuesto los datos que uno diría que el gobierno tiene el mayor incentivo personal para proteger: números de la seguridad social, huellas dactilares, historiales médicos y financieros, direcciones de domicilios y demás detalles delicados de cada estadounidense que había recibido una comprobación de antecedentes durante los últimos quince años, entre ellos Comey y los funcionarios más veteranos del Departamento de Justicia y la Casa Blanca. Si ni siquiera podían proteger sus propios datos, ¿cómo podían esperar que confiaran en ellos para proteger la puerta trasera de Apple?

Apple y el Departamento de Justicia continuaron su toma y daca en una disputa judicial que cautivó al público. Todo el mundo, desde el presidente hasta Edward Snowden, pasando por el comediante John Oliver, dio su opinión. Las encuestas mostraban que los ciudadanos estadounidenses tenían una opinión dividida, pero cada vez más se posicionaban a favor de Apple.

Incluso Carole Adams, la madre de una de las víctimas que habían muerto en San Bernardino, ofreció su apoyo en público a la empresa. Nadie más que ella tenía el derecho a saber algo sobre los asesinos de su hijo, pero ni siquiera ella creía que el riesgo a la privacidad que conllevaba la petición del FBI valiera la pena.

«Creo que Apple tiene todo el derecho del mundo de proteger la privacidad de todos los estadounidenses —les dijo a unos periodistas—. Eso sí es lo que hace que Estados Unidos sea grande».

Pese a que el FBI estaba perdiendo en el tribunal de la opinión pública, el caso seguía estando en manos de un juez, y Apple había dejado claro que estaba dispuesta a llevar su lucha hasta el Tribunal Supremo. Sin embargo, una semana antes de que yo llegara a Miami, se produjo un giro en el caso.

Sin aviso previo, el Departamento de Justicia abandonó el caso tras informar al juez de que ya había encontrado otro modo de acceder a los datos de Farook, por lo que ya no necesitaba la ayuda de Apple. Unos hackers sin nombre se habían dirigido al FBI con una entrada alternativa, un método de hackeo que permitía que el gobierno se saltara la encriptación de Apple para acceder al iPhone de Farook: una vulnerabilidad de día cero.

Y, tal vez lo más descabellado de todo ello, Comey admitió que su agencia había pagado a aquellos misteriosos hackers una cifra mayor que su propio salario de los más de siete años que le quedaban en la agencia. Los periodistas y los hackers hicieron números: el FBI acababa de declarar en público que había pagado a unos hackers 1,3 millones de dólares por un modo de saltarse la seguridad de Apple. Y la agencia admitió que no conocía cuál era el fallo subyacente y que no tenía planes para ayudar a Apple a solucionarlo.

Era la primera vez en la historia que el gobierno admitía abiertamente que pagaba unas grandes sumas de dinero a hackers privados para que estos le entregaran vulnerabilidades de tecnología muy utilizada.

«De un modo un tanto extraño, la polémica sobre la litigación estimuló una especie de mercado por todo el mundo que antes no existía, un mercado de personas que trataban de adentrarse en el iPhone», declaró Comey ante el público en abril de aquel año, en un giro sobre la oscura verdad del mercado gubernamental. Durante dos décadas, el mercado de ciberarmas había funcionado en las sombras. En esos momentos, el público acababa de recibir el primer vistazo hacia algo que los hackers, las agencias de inteligencia y un ejército cada vez más grande de la zona de Washington D. C. sabían desde hacía dos décadas. El público se quedó boquiabierto, pero para mí no era ninguna noticia, puesto que llevaba años rastreando el mercado de ciberarmas del gobierno, desde el armario de Sulzberger hasta aquella fiesta en Miami Beach en la que me encontraba, con una vara fluorescente de color verde neón en el cuello. Aún tenía preguntas por responder, entre ellas: ¿a quién diablos le había pagado el FBI por su vulnerabilidad de un millón de dólares?

Era muy probable que esa persona estuviera justo enfrente de mí.

El bazar de ciberarmas tenía ciertas reglas básicas. Nadie podía llevar una etiqueta con su nombre, sino tan solo unas pulseras de colores: negras para los oradores, rojas para el público, y, al parecer, una vara fluorescente de color verde neón para mí. La lista de doscientos cincuenta asistentes (hackers, espías y mercenarios) era secreta. Los organizadores de la conferencia nos recordaron que, si no sabíamos con quién estábamos hablando, significaba que no debíamos hablar con ellos.

Distinguí a la delegación de hackers de la NSA de inmediato. Era fácil reconocerlos: todos eran hombres jóvenes y pálidos, de unos veinte o treinta años, que no interactuaban mucho con los demás. En el bar, rodeados de gintonics, se encontraban sus homólogos del GCHQ. La brigada de Washington D. C. también estaba allí. Un buen hombre llamado Pete, de apellido desconocido, que trabajaba en «una pequeña empresa a las afueras de D. C.» se ofreció a invitarme a una copa. También estaban los grandes desarrolladores de vulnerabilidades de Trail of Bits, Exodus Intelligence e Immunity, la creación de Dave Aitel, el antiguo hacker de la NSA, quien se dirigió a la conferencia y formó de buena gana a cualquier representante del gobierno que quisiera pagar en las artes oscuras de las técnicas de sabotaje cibernético. Había «especialistas en seguridad» franceses, alemanes, italianos, malasios y finlandeses de empresas que, según me dijo un exanalista de la NSA, eran intermediarios de operaciones clandestinas que querían comprar vulnerabilidades para los gobiernos de sus respectivos países. Un grupo de desarrolladores de vulnerabilidades argentinos también se encontraba en la fiesta.

Saludé a Nate Fick, un exmarine de Estados Unidos que había servido en Irak y Afganistán como capitán de reconocimiento mientras el resto de sus compañeros de clase de Dartmouth se dirigían a Wall Street sin mirar atrás. Se trataba de un graduado en literatura clásica, no el típico soldado lleno de testosterona que Hollywood siempre nos muestra. Su aire pensativo lo convirtió en el protagonista ideal de la serie *Generation Kill* de HBO. Los inversores de riesgo pensaron que lo convertía en el candidato ideal para darle la vuelta a Endgame, un controvertido contratista conocido como «el Blackwater del mundo del hackeo».

Cuando Fick se convirtió en el director ejecutivo en 2012, Endgame vendía vulnerabilidades y herramientas ofensivas de nombres desafortunados al gobierno. Su producto estrella, «Bonesaw» (sierra para huesos), mapeaba qué software usaban los adversarios de Estados Unidos, desplegaba un menú de todos los modos de hackearlo y lo exfiltraba. Una sierra para huesos de verdad colgaba de la pared, firmada por el equipo que había desarrollado el programa.

«Hay dos modos de averiguar cosas sobre el adversario: leer libros blancos sobre el adversario o ser el adversario», me explicó Fick.

Endgame ayudaba a Estados Unidos a ser el adversario, pero los elementos más sospechosos del mercado de vulnerabilidades nunca le sentaron bien a Fick. Ni eso ni el tamaño que tenía el mercado.

«Tal vez funciona para un adolescente rumano que vive en el sótano de sus padres, pero no para una empresa con capital de inversión», me explicó.

Por tanto, desde que Fick había tomado el control de la empresa, había retirado la sierra de la pared, había sacado a Endgame del mundo de las vulnerabilidades poco a poco, había reorientado el negocio hacia la defensa y había empezado a exigir normas cibernéticas, lo cual (teniendo en cuenta el público del momento) lo hizo parecer un pez fuera del agua.

Vi a Thomas Lim, el jovial fundador de una empresa especializada en vulnerabilidades de Singapur llamada «COSEINC» que comerciaba con vulnerabilidades con la lista de cien —y cada vez más— países que querían entrar en el mundo de las vulnerabilidades informáticas, pero que aún no disponían de las habilidades de programación o del talento para vulnerabilidades de Five Eyes, Rusia, China o Israel.

Los israelíes también habían acudido a la fiesta en masa. Una empresa israelí en concreto, Cellebrite, que se especializaba en desbloquear iPhones y Androids cifrados, era el principal sospechoso para la liberación de iPhone del FBI. Cellebrite había emitido un anuncio de producto público sobre su software para adentrarse en iPhones la misma semana que el FBI había desvelado que alguien los había ayudado a acceder al iPhone de Farook. Un periódico israelí publicó un contrato de 15.278,02 dólares del FBI con Cellebrite con la misma fecha en la que el FBI había informado al juez sobre su nuevo acceso. Los medios de comunicación invadieron los teléfonos y la cuenta de Twitter de Cellebrite para tratar de confirmar los rumores. Y los hackers israelíes de Cellebrite respondían «sin comentarios» en sus tuits, aunque acompañados de emojis que guiñaban el ojo. Según lo veía yo, los rumores de que Cellebrite había sido el cómplice del FBI habían empezado en la propia empresa, un conveniente plan de *marketing* para vender su último servicio de ataques a teléfonos. Pero los representantes del gobierno negaron categóricamente que Cellebrite fuera su proveedor. Si bien era difícil saber qué pensar, 15.278,02 dólares era una cifra muy alejada del 1,3 millones que habían mencionado.

Por tanto, durante los siguientes dos días paseé entre torneos de jiujitsu de hackers y el hotel Fontainebleau. Observé cómo los hackers atacaban el software de Apple y Java durante el día y pasaban a explicar sobre unas bebidas cómo utilizar la ingeniería inversa en Tinder para geolocalizar a espías de la NSA desde el parking de Fort Meade. Le pregunté a cualquiera que no se apartara de mí nada más acercarme si sabía algo sobre el hacker del iPhone del FBI. No descubrí nada. Incluso si el culpable estaba justo a mi lado, nadie pensaba transgredir su acuerdo de confidencialidad de 1,3 millones de dólares. El dichoso salmón.

El mercado de ciberarmas era un caos incoherente. Los hackers de todas partes del mundo vendían herramientas de guerra y espionaje digital a países que las usaban contra sus propios ciudadanos, y poco después, si es que no lo hacían ya, contra nosotros. La encriptación solo había añadido otro obstáculo y había alentado a la competencia. El mercado se propagaba por los lugares más remotos del planeta. Los precios de los días cero aumentaban sin cesar, y lo mismo ocurría con el riesgo. Nadie hablaba de ello, ni tampoco consideraba lo que aquello implicaba para la defensa del país. No había ninguna norma, al menos ninguna que alguien pudiera articular. Y, en aquel vacío, estábamos estableciendo nuestras propias normas, unas que sabía que no nos iban a gustar cuando, en algún momento, de forma inevitable, nuestros adversarios las usaran en nuestra contra.

No llegué a encontrar al hacker del iPhone del FBI durante los tres días que pasé en Miami.

A veces, las partes más intrigantes de una pista son un camino más fortuito. Dos meses después de irme de Miami, estaba en un bar lleno en el Waverly Inn de Nueva York. Había ido a celebrar con un amigo que acababa de escribir un libro sobre la web oscura. Apretujados cerca de mí había agentes literarios, grandes nombres de los medios de comunicación y amigos de uno de los agentes del FBI que aparecían en el libro. Me presenté a los agentes federales y, mientras bebíamos unos cócteles Negroni, nos pusimos a conversar. Les dije que aún seguía detrás de su hacker del iPhone.

«Oh, ya hace tiempo que se fue —me contó un agente—. Dejó el trabajo y ha estado recorriendo el Sendero de los Apalaches».

El agente no me dio su nombre, pero sí me dijo que no era israelí y que nunca había trabajado para Cellebrite. Era tan solo otro hacker estadounidense que ejercía de mercenario por las noches. Todo aquel tiempo que había pasado buscándolo en Miami, él había estado fuera de la red, recorriendo un solitario camino de tierra en algún lugar entre Georgia y Maine.

PARTE VI

El tornado

Liberar el poder del átomo lo ha cambiado todo, excepto nuestra forma de pensar… La solución a este problema yace en el corazón de la humanidad. Si lo hubiera sabido, me habría hecho fabricante de relojes.

—ALBERT EINSTEIN

17
Cibergauchos

Buenos Aires, Argentina

Nuestro taxi aceleró en un semáforo en rojo y le arrancó el parachoques a otro coche. Me preparé para frenar en seco e imaginé que íbamos a ir a ver al otro conductor para asegurarnos de que estuviera bien. Sin embargo, nuestro conductor ni se inmutó. En cambio, pisó el acelerador a fondo, evitó por los pelos a otro vehículo y un bache del tamaño de una mula pequeña y continuó su camino entre el tráfico matutino de Buenos Aires.

Me quedé helada. Mi compañero me miró y soltó una carcajada.

—Es por eso por lo que tenemos tantos hackers en Argentina —me dijo César Cerrudo—. Para progresar hay que aprovecharse del sistema. ¡Mira!

Señaló a otro grupo de coches que tenían golpes y abolladuras por todas partes y cuyos parachoques se sostenían con cinta aislante o alambre. Eran conductores romanos desatados. Tanto César como el conductor se estaban riendo de mí.

—¡Atado con alambre! —intervino el conductor.

Fue la primera de las tantas veces que oí esas tres palabras durante la siguiente semana. Se trataba de una jerga argentina que hacía referencia a la naturaleza propia de MacGyver con la que las personas lograban por allí salir adelante con poco. Era el mantra de los hackers argentinos.

Durante años, había oído que algunas de las mejores vulnerabilidades del mercado procedían de Argentina y me había cruzado con argentinos en Miami, Las Vegas y Vancouver. Sin embargo, me seguía pareciendo algo difícil de creer. Por ello, a finales de 2015, viajé al sur para conocer a los desarrolladores de vulnerabilidades del otro hemisferio y ver cómo estaba cambiando el mundo.

El sector tecnológico de Argentina me pareció arcaico, en especial cuando lo comparaba con los estándares de Silicon Valley. El «embargo a todo lo bueno», tal como lo describían los hackers, quería decir que la mayoría de los televisores de alta definición costaban el doble que en otros lugares y llegaban seis meses más tarde. Amazon aún no hacía envíos a domicilio en aquel país. BlackBerry (o lo que quedaba de la empresa) aún tenía una mayor participación en el mercado argentino que Apple. Para comprar un iPhone, los argentinos tenían que desembolsar dos mil dólares o más en páginas web de subastas clandestinas.

No obstante, eran esos escollos, según me dijeron César y otras personas, lo que hacía que Argentina fuera una tierra tan fértil para cazadores de días cero y los brókeres que recorrían largas distancias —desde Arabia Saudí, los Emiratos Árabes Unidos o Irán— para comprar su código. Los argentinos tenían acceso a una educación técnica gratuita y de alta calidad, además de uno de los niveles de alfabetización más altos del continente. Aun así, en lo que concernía a acceder a los frutos de la economía digital moderna, había ciertos obstáculos. Si los argentinos querían algo que los canales comerciales normales no proporcionaban, tenían que hackearlo. Para acceder a los videojuegos y a las *apps* que en Estados Unidos se daban por sentado, tenían que emplear la ingeniería inversa para crear un sistema antes de poder encontrar cómo saltárselo.

«Engañar al sistema forma parte de la mentalidad argentina —me dijo César—. A menos que seas rico, todo el mundo crece sin ordenadores. Para acceder a nuevo software, tienes que aprender por ti mismo desde cero».

Mientras hablaba, me di cuenta de que era lo opuesto a la situación que vivíamos en Estados Unidos. Los ingenieros que programaban las *apps* y servicios de Silicon Valley ya no tenían que usar la ingeniería inversa para llegar al núcleo de un sistema o para aventurarse por todo el recorrido hasta el metal. Con cada vez más frecuencia, solo navegaban por la superficie, y, en el proceso, olvidaban el profundo conocimiento necesario para encontrar y desarrollar las mejores vulnerabilidades de día cero.

Y aquello ya había empezado a notarse. Cada año, pequeños equipos de universitarios de más de cien países distintos se reúnen en la Competición Internacional Universitaria de Programación (ICPC por sus siglas en inglés), la competición más antigua y de mayor prestigio de su clase. Pese a que hacía dos décadas los equipos estadounidenses de Berkeley, Harvard y el MIT dominaban la lista de diez finalistas, en la actualidad los ganadores eran rusos, polacos, chinos, surcoreanos y taiwaneses. En 2019, un equipo de Irán había superado a Harvard, Stanford y Princeton, que ni siquiera entraron en los veinte mejores. La cantidad de talento cibernético estadounidense era cada vez menor. Las agencias de inteligencia estadounidenses habían recibido un duro golpe a su moral por las revelaciones de Snowden, y los analistas de la NSA abandonaban la agencia a espuertas. Algunos lo compararon con una «epidemia». Mientras tanto, los graduados universitarios más capaces ya no aceptaban trabajos en la NSA, y mucho menos cuando podían ganar más dinero con trabajos en Google, Apple o Facebook. Al Departamento de Seguridad Nacional le costaba más aún reclutar a defensores. Siempre había sido más divertido ser pirata que formar parte de la Guardia Costera, y ello estaba poniendo al país en desventaja. Estados Unidos no reclutaba a la fuerza a hackers con talento de Google y el MIT para que trabajaran por la noche en ataques, como hacían los rusos, iraníes, norcoreanos y chinos. Puede que el país todavía tuviera el ciberpoder más sofisticado del mundo en términos de ofensiva, pero la balanza se estaba inclinando en su contra. Cuando le pregunté a Gosler qué pensaba sobre el mercado de días cero en una de nuestras primeras conversaciones, me dijo que no creía que fuera algo necesario. Solo que lo era cuando las agencias podían contar con personas como él para que se incorporaran a sus filas. Cuando los talentos empezaron a marcharse a otros lares, las agencias se vieron obligadas a comprar a miembros externos vulnerabilidades que antes habían desarrollado ellas mismas.

«Este es el nuevo mercado laboral —me dijo César—. Las nuevas generaciones de hackers argentinos tienen muchas más opciones que las que tuvimos nosotros».

César se parecía mucho al actor Jason Segel, de la película *Paso de ti*. Era el doble argentino de Segel, y yo estaba convencida de que eran gemelos que habían separado al nacer; uno un actor famoso por un desnudo en una comedia romántica y el otro un hacker de un pueblo argentino que tenía las llaves de la infraestructura crítica del mundo. Busqué una imagen de Segel en mi teléfono y la sostuve junto al rostro de César. Nuestro taxista asintió para mostrar que estaba de acuerdo. César se negó a reconocer a su gemelo.

El gemelo perdido argentino de Segel obtuvo mi atención a través de iDefense. Quince años antes, César había estado peleando con Greg McManus, el neozelandés, por el liderazgo en el programa de recompensas de iDefense. Por entonces era un adolescente con coleta que ganó cincuenta mil dólares en un año enviando días cero a iDefense desde Paraná, una pequeña ciudad cerca del río en el noreste de Argentina. La economía del país se estaba yendo a la ruina, y los días cero de César lo estaban haciendo rico. Sin embargo, en la actualidad tenía mujer e hijos, y, al igual que otros hackers argentinos de su generación, había abandonado la montaña rusa de la caza de fallos y desarrollo de vulnerabilidades por un puesto con salario en una empresa de seguridad estadounidense.

Aun así, nunca dejó su afición. Un año antes, había logrado cierta fama mundial con un ataque que parecía haber salido directamente de *Jungla de cristal*. Había volado a Washington D. C., se había dirigido a Capitol Hill y había sacado su ordenador portátil. Con unas cuantas teclas y clics, había empezado a cambiar los semáforos en rojo a verde y los que estaban en verde, a rojo. Podría haber paralizado la zona del Capitolio si hubiera querido, pero solo lo había hecho para demostrar que podía. La empresa que diseña los sensores de los semáforos no pensaba que el pequeño día cero de César fuera un problema, por lo que también había acudido a Manhattan y a San Francisco para demostrar que todos eran vulnerables a un apocalipsis cibernético de tráfico.

Había escrito sobre las aventuras de César para *The New York Times*. Hubiera dicho que los legisladores harían algo al respecto, pero ni se inmutaron. Y, luego, allí estábamos, navegando a través de baches en Buenos Aires, donde, al parecer, los semáforos eran opcionales. «¡Pero al menos estaban desconectados de la red!». Las ciudades inteligentes eran estúpidas. Las ciudades estúpidas eran inteligentes. Todo el sistema estaba bocabajo y del revés.

Nos dirigimos a Palermo, la zona de restaurantes y boutiques de Buenos Aires más a la moda. Los dólares estadounidenses valían mucho allí; el tipo de cambio oficial del país era una absoluta ficción. El «dólar blue», el tipo de cambio no oficial, era casi el doble del oficial, de 9,5 pesos por dólar. Cristina Fernández de Kirchner, la presidenta de Argentina que poco después terminó su mandato, se negó a corregir la situación. Los porteños comparaban a Kirchner con una «Gaddafi mujer», y ella prefería una cortina de mentiras que la realidad, un hecho que se podía apreciar en su rostro. Había pasado por más intervenciones de cirugía plástica que ninguna otra persona en los últimos años, salvo tal vez Michael Jackson. Ajustar los tipos de cambio para que fueran apropiados para la realidad argentina del momento sería, para ella, admitir la inflación crónica del país.

Los hackers de Argentina habían podido aislarse en gran medida de la crisis financiera al vender vulnerabilidades a escondidas a cambio de dólares estadounidenses y habían destinado su dinero elegantes viviendas modernas en Palermo por mil dólares al mes. Por otros mil quinientos dólares al mes, podían alquilar una segunda vivienda con una piscina infinita a treinta minutos del centro de Buenos Aires.

Le pregunté a César por qué los hackers argentinos se habían dirigido al mercado clandestino de vulnerabilidades cuando sus contrapartes en Brasil ganaban tanto dinero mediante el cibercrimen. Brasil estaba tomando el relevo de Europa del Este como el líder mundial en fraudes en Internet. Los bancos brasileños perdían ocho mil millones de dólares al año por los cibercriminales, y una gran parte de esa cifra provenía de sus propios ciudadanos.

La respuesta era fácil, según me dijo César. En Argentina, nadie, ni siquiera los hackers, se molestan con los bancos. Desde que llegué a Buenos Aires, los porteños me dijeron que los evitara del todo. Me indicaron varias «cuevas», casas de cambio, para que las usara en su lugar. Tras años de derrumbe económico y congelaciones gubernamentales en las retiradas de fondos, los argentinos habían perdido la fe en los bancos. La banca en línea o la móvil prácticamente no existían allí, lo que quería decir que había menos incentivos para hackearlas. En cambio, Argentina se había convertido en la «India del desarrollo de vulnerabilidades», según me contaron los hackers porteños.

Llegamos de una pieza a una empresa petrolera al aire libre en las afueras de la ciudad. Más de mil jóvenes hackers argentinos se encontraban por todo el lugar. Los más jóvenes parecían tener unos trece años, como adolescentes en la pista de skate. Entremezclados entre ellos había algunos extranjeros, asiáticos, europeos y estadounidenses y unos pocos procedentes de Oriente Medio. Habían acudido allí a reclutar, tal vez, o a comerciar con los últimos y más novedosos códigos espía argentinos.

Había hecho coincidir mi visita con la mayor conferencia de hackers de Latinoamérica. Ekoparty era una meca para hackers de toda Sudamérica, y, más recientemente, para brókeres de días cero que provenían de todos los rincones del mundo en busca de diamantes de guerra digitales. Aquella era mi mejor oportunidad para echar un vistazo al nuevo mercado laboral de vulnerabilidades del mundo. El orden del día listaba hackeos a dispositivos médicos cifrados, además de a sistemas de voto en línea, vehículos, tiendas de *apps*, Androids, ordenadores personales y las *apps* de negocio de Cisco y SAP que podían permitir que los atacantes tomaran el control de los sistemas informáticos de las mayores multinacionales y agencias gubernamentales del mundo de forma remota.

Pese a que Ekoparty era más pequeña que DefCon, Black Hat y RSA, lo que le faltaba en números y pomposidad lo compensaba en puro talento creativo. No se veía a las mujeres florero ni a los estafadores que se encontraban por todas partes en las conferencias de hackers de Estados Unidos. En aquel lugar, toda la atención estaba puesta sobre los ataques informáticos. Era una oportunidad para que los argentinos demostraran sus habilidades ante todo el mundo.

Vi a representantes de Deloitte y Ernst & Young. Avast, el gigante checo de los antivirus, estaba por allí. Y lo mismo ocurría con Synack. Habían ido a reclutar. No pude evitar percatarme de que el «Patrocinador Platino» de Ekoparty era Zerodium. «Mira tú por dónde». Chaoukri Bekrar era un gran tema de conversación, pues había publicado un tuit en el que decía que Zerodium acababa de adquirir una liberación de iPhone por un millón de dólares.

Vi a Federico «Fede» Kirschbaum, quien había cofundado Ekoparty más de una década atrás. En aquellos primeros días, nadie vendía vulnerabilidades a los gobiernos aún, sino que Ekoparty era más por diversión y aventuras. Lo seguía siendo, pero también se podía ganar grandes sumas de dinero con ello.

«Tira una piedra —me dijo Fede, señalando a los cientos de hackers argentinos que nos rodeaban— y le darás a alguien que vende vulnerabilidades».

Por mucho que antes hubieran estado bien contenidos en la zona de Washington D. C., en ese momento los mercenarios estadounidenses se encontraban en Abu Dabi, y las vulnerabilidades se podían adquirir en los barrios de Argentina. Todo se estaba saliendo de control muy rápido.

Me vino a la mente un discurso inaugural de la conferencia Black Hat del año anterior, por parte de un miembro de la CIA llamado Dan Geer. Geer era el director de seguridad de la información en Q-Tel, el brazo de inversión de la CIA, y era toda una leyenda en la industria. Conocía de buena mano el mercado de días cero y había usado su turno en el podio para animar al gobierno estadounidense a acordonar el mercado al pagar más que ningún otro comprador extranjero. Según Geer, el Tío Sam debía decir:

«Muéstranos una oferta competente y pagaremos diez veces más». Aquello podía proporcionar a Estados Unidos una oportunidad de usar esos días cero antes de entregarlos a los vendedores para que estos los solucionaran, lo cual iría minando los almacenes de sus adversarios. Podía seguir haciendo que el mercado fuera lucrativo sin llevarlo a su destrucción al mismo tiempo. Su sugerencia era provocativa, pero, al encontrarme en aquella vieja empresa petrolera de Buenos Aires, vi que la lógica de Geer ya no tenía sentido. Era demasiado tarde: Estados Unidos había perdido su apoyo en el mercado hacía años.

Durante los siguientes días, observé cómo un famoso hacker argentino, Juliano Rizzo, demostraba un día cero en el escenario que le podría haber hecho ganar cientos de miles de dólares en el mercado gubernamental.

Los hackers argentinos demostraron vulnerabilidades espeluznantes que podían controlar un vehículo o la red eléctrica. Los extranjeros —quienes más tarde me percaté de que eran brókeres— rodeaban a esos hombres después de sus charlas. No entendía por qué los brókeres iban a hablar con ellos *después* de que hubieran mostrado sus mejores vulnerabilidades en el escenario. ¿Acaso no eran inservibles ya?

«Quieren lo que sea que vayan a crear en el futuro —me explicó Fede—. Entablar relaciones con ellos y adquirir sus días cero y armas para cuando haga falta».

Los gobiernos extranjeros tenían más hambre de vulnerabilidades que nunca. Stuxnet les había mostrado lo que era posible, y luego Snowden le había dado a cada país un plano sobre el aspecto de un sofisticado programa cibernético ofensivo. Y, una vez que Apple y Google habían empezado a cifrar hasta el último bit de sus iPhones y Androids, los gobiernos tenían más incentivos que nunca para adquirir las herramientas que podían ayudarlos a entrar.

Si bien Estados Unidos aún tenía uno de los presupuestos de ciberofensiva más grandes del mundo, en comparación con las armas convencionales, las vulnerabilidades eran baratas. Los gobiernos extranjeros ya estaban dispuestos a competir con los precios estadounidenses para hacerse con las mejores ciberarmas y días cero. Las monarquías ricas en petróleo de Oriente Medio pagaban lo que hiciera falta para monitorizar a sus críticos. Y en Irán y Corea del Norte, países cuyas armas convencionales no se podían comparar con las de Estados Unidos, los líderes veían el mundo cibernético como su última esperanza de allanar el terreno. Si los NSO, Zerodiums y Hacking

Teams del mundo no querían venderles su mercancía, podían subirse a un avión hacia Buenos Aires.

Fede me dijo que, si de verdad quería ver de qué eran capaces los hackers argentinos, tenía que visitar al Cibergaucho, un hacker entrado en los cuarenta que se llamaba Alfredo Ortega y había crecido en la lejana Patagonia. Por tanto, en mi tercer día, me dirigí al taller de maravillas informáticas del Cibergaucho, donde los telescopios, microprocesadores hackeados y dispositivos de rayos X capaces de cruzar hasta centrales nucleares se encontraban desperdigados por el suelo.

«Dale lo que quieras —me dijo Fede— y podrá adentrarse en ello».

El Cibergaucho me ofreció té y galletas.

«Hacía frío en Patagonia —empezó—, así que nunca salía».

Al igual que muchos otros hackers de su generación, había empezado a hackear en un Commodore 64. Logró acceder a juegos que no podía conseguir de otro modo, y se incorporó a antiguos foros de hackers para aprender cómo hacer más. Fue allí donde conoció a uno de los padrinos del mundo del hackeo de Argentina, un anciano llamado Gerardo Richarte, o Gera. Ya había oído el nombre de Gera antes, pues no solo era una leyenda en Argentina, sino en todo el mundo. Eren había mencionado que Gera lo había ayudado a planear su movimiento de resistencia digital kurdo en Turquía cuando era un estudiante.

Dos décadas atrás, Gera y cuatro personas más habían fundado Core Security, un negocio de pruebas de penetración. Resultaba imposible separar la historia del hackeo en Argentina de dicha empresa. Entre sus primeros clientes se encontraban bancos brasileños y estadounidenses y consultorías como Ernst & Young. A Core le fue tan bien durante los primeros años que pudo establecer una oficina en Nueva York el 6 de septiembre de 2001. Cinco días más tarde se produjo el atentado, y unos contratos de Core de un valor de un millón de dólares se desvanecieron en la nada. En Argentina, la economía estaba implosionando. Miles de enfadados y empobrecidos porteños tomaron las calles para protestar la gestión de la crisis por parte del gobierno. Destrozaron ventanas de bancos y asaltaron la Casa Rosada, el palacio presidencial. Muchas personas perdieron la vida durante las protestas, y el presidente de Argentina se vio obligado a dimitir.

Los fundadores de Core sabían que, para mantenerse a flote, se les iba a tener que ocurrir algo más convincente que escanear bancos en busca de software sin parchear. Inventaron una herramienta de ataque automatizada, Implant, que penetraba las redes de los clientes con vulnerabilidades, algunas conocidas, pero muchas descubiertas por ellos mismos. Los analistas tacharon la herramienta de ser peligrosa y poco ética, pero uno de los primeros clientes de Impact, la NASA, ayudó a cambiar el parecer de la industria.

Core empezó a reclutar a desarrolladores de vulnerabilidades para que programaran nuevas vulnerabilidades para su herramienta Implant y formó a hackers argentinos como Juliano Rizzo. Gera reclutó personalmente al Cibergaucho para que acudiera a Buenos Aires y se incorporara a Core, un gran paso adelante comparado con lo que el Cibergaucho esperaba para su vida, dirigiendo las gasolineras de su padre en la Patagonia. En Core, el Cibergaucho se especializó en hackear hardware, y, cada vez más seguido, *firmware*, la primera capa de software que toca el metal de la máquina.

«Me convertí en una especie de especialista en *firmware*», me explicó.

Unos veinte años más tarde, no había máquina que el Cibergaucho no pudiera derrotar. Dos semanas antes de las elecciones presidenciales argentinas, el Cibergaucho y los miembros de Ekoparty se habían hecho con las nuevas máquinas de votación del país, y él se adentró en el sistema en menos de veinte minutos. Después de eso se produjo una redada policial. En esos momentos, él y otros hackers trabajaban junto a legisladores para hacer que las máquinas fueran seguras antes de unas elecciones tan importantes.

El Cibergaucho me llevó a dar una pequeña vuelta por su estudio. Cuando pasamos junto al telescopio, me dijo que una vez había hackeado un satélite. En otra esquina había algo en lo que estaba trabajando: un dispositivo estilo Rube Goldberg que emitía rayos X y podía cruzar espacios de aire para adentrarse en sistemas no conectados a la red, como Natanz. Le pregunté cómo se las ingeniaba para hackear las redes más protegidas del mundo.

—Es fácil —me contestó—. Jamás se esperaron que alguien las atacaría.

Los fabricantes de chips contrataban al Cibergaucho para cerciorarse de que sus chips fueran seguros. Él había descubierto todo tipo de modos en los que se podían hackear los chips para adentrarse en la cadena de suministros global. Me mostró cómo hackear un chip mediante un «ataque de canal lateral», al enviar un programa malicioso mediante transmisiones de radio hacia el propio cobre del chip. Cada dispositivo contaba con al menos diez de aquellos chips.

«Es difícil encontrar uno que haya sido atacado —me dijo—, pero no imposible».

El Cibergaucho se había encontrado con la obra de otros hackers en otras ocasiones. Un gran fabricante de electrodomésticos (no especificó cuál) lo había contratado para que investigara sus electrodomésticos, y sí, pudo confirmar que alguien se había adentrado en su *firmware* mediante el ataque de cadena de suministros más sofisticado que había visto jamás, del tipo que Gosler me había dicho que solo las naciones del Nivel I eran capaces de llevar a cabo.

—Este ataque no era obra de cibercriminales, nadie se mete con esos —dijo el Cibergaucho—. Fue un país.

Eso era todo lo que estaba dispuesto a compartir conmigo. Pero parecía un momento lógico para hacerle la pregunta que ya se había vuelto algo estándar para mí:

—¿Alguna vez has vendido vulnerabilidades a brókeres o gobiernos? —El Cibergaucho era tan dulce que me costaba imaginármelo vendiendo vulnerabilidades a los iraníes en callejones oscuros.

—No —respondió. Solo que no era producto de algún cálculo moral—. No tengo problema con el espionaje —me explicó—. No creo que el espionaje sea algo malo.

—Entonces, ¿por qué no?

—Así no se puede vivir —me contestó—. No vale la pena perder la libertad. Es como ser un físico en los años treinta con la bomba atómica. Alguien me acabaría matando.

Pensé en lo que me había dicho el Cibergaucho conforme caminaba de vuelta a mi hotel aquel día. Para los hackers, aquello ya no era una afición, no estaban participando en un juego. En un abrir y cerrar de ojos, se habían convertido en los nuevos científicos nucleares del mundo, solo que la teoría de la disuasión nuclear no aplicaba tan bien en su caso. Las ciberarmas no requerían de material fisible. La barrera de entrada era mucho más baja, y el potencial de escala, mucho más rápido. Nuestro propio almacén de vulnerabilidades y armas cibernéticas no disuadía a nuestros adversarios de tratar de adquirir el suyo. Lo que Irán, Corea del Norte y otros países no lograban desarrollar por sí mismos, podían comprarlo en el mercado. Por mucho que el Cibergaucho no fuera a venderles un modo de entrar en el mercado, había muchos otros hackers que sí estaban dispuestos a ello.

Si hubiera llegado diez minutos más tarde, tal vez no las habría visto. Doblé una esquina y me encontré con una marcha de protesta. Más adelante me enteré de que era algo que ocurría cada jueves. Las madres de luto de Argentina, con pañuelos blancos en la cabeza, acudían a la plaza más antigua de la ciudad, la plaza de Mayo, con pancartas con los nombres de sus hijos que habían desaparecido. Llegué a la marcha a las 03:30 p. m., justo cuando comenzaban.

Las madres eran tan mayores y frágiles que solo lograban dar unas pocas vueltas alrededor del obelisco antes de sentarse en sus sillas. Una de ellas se detuvo para dirigirse al público que las miraba. El dolor en su voz todavía era palpable. Era fácil de olvidar, al recorrer la parte antigua de Buenos Aires, con sus bares y cafés a la moda, que, no mucho tiempo atrás, el Ejército argentino se había vuelto en contra de sus propios ciudadanos. A lo largo de la «guerra sucia» de Argentina a finales de los años setenta y principios de los ochenta, la junta militar «hizo desaparecer» a unas treinta mil personas. A los activistas de izquierda se les acusaba de terrorismo, se les torturaba, violaba, secuestraba y fusilaba en el borde de enormes fosas o se les drogaba y se les lanzaba desnudos y medio inconscientes desde aviones militares hasta el Río de la Plata. Mientras nunca se descubriera a los desaparecidos, el gobierno podía pretender que no existían. Cuarenta años más tarde, Argentina aún no había dedicado ningún esfuerzo serio a identificar o documentar a sus víctimas. Aquella había sido la época en la que los hackers argentinos mayores como el Cibergaucho o Gera habían crecido.

No era de extrañar entonces que no les hiciera especial ilusión entregar sus vulnerabilidades digitales a los gobiernos. Las generaciones más jóvenes de argentinos eran distintas, no habían vivido la era de los desaparecidos. Y, con tanto dinero en juego, no había muchas cosas que les impidiera lanzarse de cabeza al mercado.

Aquella noche, Fede y sus amigos me invitaron a cenar, pero no acepté. Quería ver otra parte de la ciudad. Dejé mi ordenador portátil en la caja fuerte del hotel, me puse un vestido, metí mis doloridos pies en tacones y llamé a un taxi para recorrer la ciudad camino al viejo Puerto Madero.

Llegué justo a tiempo para ver la puesta de sol y paseé por la ribera del Río de la Plata. Las calles estaban nombradas por mujeres famosas de la historia argentina: Olga Cossettini, Carola Lorenzini, Juana Manso, Alicia Moreau de Justo. Crucé el Puente de la Mujer, diseñado por el arquitecto valenciano Santiago Calatrava para que pareciera una pareja sumida en la agonía de un tango. Era un respiro muy bienvenido después de la testosterona de Ekoparty.

Conforme caminaba alrededor de mujeres argentinas de vestimentas elegantes, me di cuenta de que hacía varios días que no hablaba con ninguna mujer. Me pregunté si tal vez las mujeres fueran la clave para que aquel mercado no perdiera el control. Habían empezado guerras en otros momentos, tal vez también pudieran impedirlas. Me recordó algo que me había dicho una amiga hacker una noche, cuando yo aún estaba empezando en aquel mundillo. Me dijo que el único modo de hacer que alguien dejara de hackear era hacer que se casara. «Ojalá fuera tan fácil».

Mientras caminaba de vuelta por el Puente de la Mujer, ya se estaba haciendo de noche. Buenos Aires relucía en la distancia, y pude ver por qué lo llamaban el París del Sur. Recorrí el paseo marítimo hasta un espacioso asador en el agua, pedí un fuerte Malbec y un asado y disfruté de cada bocado.

Cuando llegué a mi hotel aquella noche, ansiaba mis sábanas limpias y descansar bien por una vez. Me vi en el espejo del ascensor: tenía los ojos hundidos, pues aún me estaba acostumbrando al desfase horario. Cuando llegué a mi habitación, la puerta estaba entreabierta. Me pregunté si la había dejado así al salir con prisa, o si tal vez el servicio de limpieza aún estaba dentro. Crucé la puerta y no había nadie. Todo estaba tal como lo había dejado, excepto la caja fuerte que contenía mi ordenador portátil. Estaba abierta de par en par. El portátil aún estaba dentro, solo que en una posición distinta. Comprobé si había algún indicio de un intruso en el baño, los armarios o el balcón. Nada. Todo lo demás estaba intacto: mi pasaporte, incluso el dinero que había cambiado en la «cueva». Me pregunté si se trataba de algún tipo de disparo de advertencia o si había hecho saltar alguna alarma.

Miré el portátil con tranquilidad. Se trataba de un préstamo; había dejado mi ordenador de verdad en casa y había usado bolígrafo y papel durante la conferencia. No había nada en aquel portátil cuando había salido del hotel, pero me pregunté qué habría en aquel momento. Lo metí en una bolsa de basura vacía, volví a tomar el ascensor hasta el vestíbulo y lo tiré a la basura.

Me había guardado mi último día en Buenos Aires para encontrarme con Ivan Arce. Arce, como Gera Richarte, era uno de los padrinos del mundo del hackeo argentino, uno de los cinco miembros que habían fundado Core Security veinte años atrás.

Si bien Arce no tenía la majestuosa barba gris de Gera ni su cordialidad (solía meterse en peleas en Twitter), la historia del hackeo en Argentina le apasionaba más que a ninguna otra persona que hubiera conocido.

«Nuestra generación es la responsable de haber llegado adonde hemos llegado —me dijo—. Compartíamos vulnerabilidades como un juego. Ahora la siguiente generación los acumula por dinero».

Arce, Gera y los demás habían formado a la generación venidera de hackers argentinos, pero Arce me dijo que esos hombres tenían una mentalidad más *millennial*. No eran fieles a las empresas y podían ganar más dinero vendiendo vulnerabilidades en el mercado clandestino que incorporándolas a la herramienta de ataque de Core.

«Tal vez se quedan en Core unos dos años antes de irse —me explicó Arce—. A la nueva generación la mueve la satisfacción inmediata, ya no tienen lealtad. Son los mismos que venden vulnerabilidades a gobiernos extranjeros».

Estaba claro que lo que hacía la generación más joven molestaba a Arce.

«Su cálculo es que así pueden ganar más dinero y no pagar impuestos —continuó—. Vender vulnerabilidades a espías tiene algo de James Bond. Antes de que se den cuenta, han descubierto ese estilo de vida lujoso, y entonces ya no hay vuelta atrás».

Por mucho que aquellos jóvenes de la conferencia no hubieran querido hablar conmigo, sí que estaban dispuestos a hablar con su padrino. A lo largo de los años, Arce me dijo que había mantenido numerosas conversaciones con la generación venidera, encuentros que solían generar una mezcla de desdén y de comprensión. Así funcionaba el mundo después de Stuxnet, según me dijo Arce. Vender vulnerabilidades a los gobiernos era su modo de salir de la pobreza y de sus esfuerzos corporativos.

Le formulé la pregunta que ya había hecho a tantos antes que él. Me la habían rechazado tantas veces que había perdido la práctica y solté las palabras con torpeza.

—Entonces, ¿solo venden sus vulnerabilidades a los gobiernos occidentales buenos?

Arce me repitió las palabras que acababa de pronunciar.

—¿*Gobiernos occidentales buenos*?

Me hundí tanto en mi asiento que estaba segura de que no podía verme la cabeza. Las palabras eran mucho más humillantes al provenir de la boca de un argentino. Las relaciones entre Argentina y Estados Unidos habían sido tensas desde que Argentina se había negado a declarar la guerra contra la Alemania nazi en la Segunda Guerra Mundial y se había convertido en la única nación latinoamericana sin acceso a las ayudas estadounidenses. Las relaciones mejoraron un poco cuando Argentina ayudó a Estados Unidos en la guerra del Golfo, pero se volvieron a hundir bajo el gobierno de Kirchner, quien pasó la mayor parte de su tiempo al mando del gobierno ahuyentando a financiadores de fondos de cobertura estadounidenses que se habían quedado con bonos argentinos inservibles. Un fondo de cobertura neoyorquino había llegado a incautar el avión de Kirchner, una embarcación argentina con doscientos veinte miembros de la tripulación a bordo e incluso una caseta argentina en la Feria del Libro de Frankfurt. En un inconexo discurso televisado hacía poco tiempo, Kirchner había acusado a Estados Unidos de planear su asesinato.

«Si me pasa algo, no miren a Oriente Medio, sino al norte», declaró.

El desdén por parte de Argentina hacia Estados Unidos había disminuido ligeramente bajo el gobierno de Obama, pero los argentinos seguían divididos entre los que tenían una opinión favorable sobre el país y los que pensaban que los estadounidenses eran monstruos. No se les podía culpar. Unos documentos diplomáticos de Estados Unidos desclasificados mostraban que, en 1976, el secretario de Estado Henry Kissinger había dado luz verde a la junta militar argentina para dar marcha a su represión, asesinatos, secuestros y torturas generalizadas hacia sus ciudadanos.

«Queremos que le vaya bien —le dijo Kissinger a un almirante argentino ese año—. Si hay algo que se pueda hacer, debe hacerlo deprisa».

Aquel episodio seguía fresco en los recuerdos de los argentinos. Para ellos, Estados Unidos no era ningún salvador democrático, sino el país que había permitido el secuestro de sus hijos.

—Tienes que olvidar ese punto de vista, Nicole —me dijo Arce—. En Argentina, ¿quién es bueno? ¿Quién es malo? Si no me equivoco, el país que bombardeó a otro hasta hacerlo desaparecer no fue China ni Irán.

En el hemisferio sur, todo el cálculo moral estaba del revés. Allí abajo, los iraníes eran aliados, y Estados Unidos era el patrocinador del terrorismo entre estados.

—Muchos de esos hackers solo son adolescentes —me explicó—. Si alguien de la NSA y alguien de Irán se presentan con enormes sacos de dinero, ¿crees que hacen un análisis ético? ¿O pesan los sacos para ver cuál pesa más?

Mi esperanza de que hubiera un cálculo ético en aquel mercado siempre había sido algo ingenua. Si bien podía ser cierto en estadounidenses como Desautels y otros antiguos miembros del TAO, incluso si parte de su lealtad hacia el país se había visto mermada, estaba claro que ese no era el caso en todas partes.

—No todos los traficantes de armas son éticos —continuó—. Al final, todo depende del presupuesto más grande. Y, en estos momentos, ese puede ser el de la NSA. La pregunta es: ¿cuánto tiempo puede mantener la NSA sus armas en secreto?

Aquella noche, me permití un último festín de asado antes de dirigirme a un club clandestino en un enorme edificio industrial de Palermo. Era la última noche de la conferencia, la última oportunidad que tenían los hackers de soltarse el pelo y cerrar tratos. Caminé entre cuerdas de terciopelo, al lado de guapas jovencitas en minifaldas y medias de rejilla e inmigrantes que parecían banqueros que habían usado su paga extra de fin de año para ir a Buenos Aires. Recorrí tenues luces estroboscópicas verdes y humo hasta llegar a la sección VIP para ver a los hackers de la planta superior. El DJ estaba mezclando a Talking Heads. «En mi hogar es donde quiero estar. Recógeme y dame la vuelta. Estoy entumecido, con un corazón débil. Supongo que debo estar pasándolo bien».

Los hackers VIP estaban encandilados por las esbeltas y jóvenes camareras, habilidosas en el arte de servir bebidas y en la cháchara insulsa. Cuando el alcohol empezó a hacerles efecto, algunos se pusieron a mover el esqueleto. Otros bailaban en el limbo. Alguien me ofreció un vodka con Red Bull. Desactivé mis papilas gustativas y bebí un largo trago. «Cuanto menos hablemos de ello, mejor. Improvisamos según avanzamos». Las imágenes y conversaciones de aquella semana se entremezclaban y formaban una sola imagen, una sola voz. «Los nuevos físicos nucleares». Me pregunté quién se iría a casa con su código. «Tal vez te preguntes *¿estoy en lo cierto? ¿Me equivoco?* Puede que te digas a ti mismo *¡Dios! ¡Qué he hecho?*».

Dejé el vodka con Red Bull y me fui al bar a por un cóctel de verdad. A través del humo, pude espiar una conversación privada entre dos rostros conocidos en un rincón. Los reconocí de Ekoparty: dos hombres que habían hecho todo lo posible por evitarme durante la mayor parte de la conferencia, uno de ellos era un extranjero mayor con traje —de Oriente Medio, solo que ¿de dónde? ¿Arabia Saudí? ¿Catar? No era estadounidense, desde luego—, y el otro un hacker argentino de unos treinta años.

Entre los estruendos de David Byrne, no logré entender lo que se decían, pero su lenguaje corporal dejaba claro que estaban hablando de un asunto serio. Era la conversación íntima de unas vulnerabilidades que se vendían y compraban. El mercado que Estados Unidos había engendrado ya estaba fuera de su control, y me pregunté si alguna vez podría estar contenido. Deseé saber qué código iban a desbloquear las llaves del hacker en aquella ocasión, y contra quién. Cuando bebí el último trago de mi bebida, el señor mayor, el extranjero, se percató de mi mirada. Le hizo un gesto al hacker para adentrarse más en las sombras, donde la niebla era tan densa que los perdí de vista.

Salí de aquel lugar. En el exterior, la noche acababa de empezar. Me abrí paso entre porteños e inmigrantes medio borrachos que hacían cola para entrar. Llamé a un taxi y bajé la ventanilla. Mientras salíamos a la carretera, aún podía oír el verso de la canción. «Ahí viene el tornado».

18
La tormenta perfecta

Dhahran, Arabia Saudí

En retrospectiva, fue la bandera estadounidense en llamas lo que desató todo, la década en la que todos y cada uno de los adversarios cibernéticos del país fue a por él.

Tres años después de que Estados Unidos e Israel se adentraran en las fronteras iraníes para destruir sus centrifugadores, Irán lanzó un ataque en respuesta, el ciberataque más destructivo que el mundo hubiera visto hasta la fecha. El 15 de agosto de 2012, los hackers iraníes atacaron a la empresa saudí Aramco —la petrolera más rica del mundo; una empresa que, sobre el papel, valía cinco veces más que Apple— y le inyectaron un programa malicioso que destrozó treinta mil de sus sistemas informáticos, borró sus datos y los reemplazó todos con una imagen de la bandera estadounidense en llamas. Ni siquiera todo el dinero del mundo había podido impedir que los hackers iraníes se infiltraran en los sistemas de Aramco. Los hackers iraníes habían esperado hasta la víspera de la noche más sagrada del islam, la «Noche del Destino», cuando los saudíes estaban en casa celebrando la revelación del Corán al profeta Mahoma, para activar un botón y detonar un programa malicioso que no solo destruyó los sistemas y datos de Aramco e interrumpió su acceso a los correos electrónicos y a Internet, sino que también dio un vuelco al mercado global de discos duros. Podría haber sido peor. Conforme los investigadores de CrowdStrike, McAfee, Aramco y otros siguieron el rastro de los iraníes, descubrieron que los hackers habían intentado cruzar el Rubicón entre los sistemas del negocio de Aramco y sus sistemas de producción. En aquel sentido, habían fracasado.

«El principal objetivo de este ataque fue detener el flujo de petróleo y gas hacia los mercados nacionales e internacionales, y, gracias a Dios, no lograron cumplirlo», declaró Abdullah al Saadan, el vicepresidente de Aramco, a la cadena de televisión saudí Al Ekhbariya.

Durante años, los generales, los agentes, los espías y los hackers me habían advertido que veríamos un ciberataque de consecuencias cinéticas. Solo que nunca pensamos que Irán iba a llegar a ello tan deprisa.

Estados Unidos había subestimado demasiado a su enemigo y la velocidad a la que los iraníes podían aprender de nuestro propio código. El programa malicioso que los iraníes utilizaron para atacar a Aramco ni siquiera era tan sofisticado; en esencia, era un plagio del código que los estadounidenses y los israelíes habían usado para infectar y borrar datos de las redes petroleras iraníes cuatro meses atrás. Sin embargo, dicho programa malicioso —conocido como «Shamoon» debido a una palabra que contenía el código— cumplió lo que necesitaba hacer: hizo que el mayor rival de la región de Irán, los saudíes, se volvieran locos, e indicó a Washington que Irán ya representaba una ciberamenaza formidable por sí mismo, una que no tardaría en ir a por ellos.

«Nos sorprendió que Irán fuera capaz de desarrollar aquel tipo de virus sofisticado —me contó más adelante Leon Panetta, por entonces el secretario de defensa—. Lo que nos dijo fue que sus capacidades eran mucho más avanzadas de lo que nosotros creíamos. Estábamos lidiando con un virus que bien podrían haber usado contra nuestra infraestructura. Era un arma que podía sembrar tanto caos y destrucción como el 11 de septiembre o Pearl Harbor».

Si bien Teherán no podía esperar competir contra Estados Unidos en términos de armas convencionales o gasto militar, Juegos Olímpicos le había mostrado a Irán que las ciberarmas tenían el mismo potencial de destrucción. Por mucho que Estados Unidos siguiera estando a la cabeza en ofensiva, estaba muy atrás en la protección de sus propios sistemas, y cada día era más vulnerable. Los ataques a los datos estadounidenses habían aumentado un 60 % año tras año, y en aquellos momentos eran algo tan común que se habían convertido en poco más que una breve mención en las noticias de las once de la noche. La mitad de los estadounidenses tenían que cambiar de tarjeta de crédito al menos una vez debido al fraude en Internet, incluido el presidente Obama. Los ataques habían alcanzado a la Casa Blanca, al Departamento de Estado, a las mayores agencias federales de inteligencia, al banco más grande, al mayor operador sanitario, empresas de energía, minoristas e incluso al servicio postal. Para cuando alguien se percataba de ello, los secretos gubernamentales o comerciales más delicados o los datos de trabajadores y clientes ya habían desaparecido del edificio. Y los estadounidenses cada vez conectaban a Internet más centrales de energía, trenes, aviones, controles aéreos, bancos, salones de transacciones, oleoductos, presas, edificios, hospitales, residencias y vehículos, sin pensar en el hecho de que todos aquellos sensores y puntos de acceso los dejaban muy vulnerables. Y los grupos de presión se aseguraban de que los legisladores estadounidenses no movieran ni un dedo al respecto.

Tan solo dos semanas antes de que Irán atacara a Aramco, el mayor intento del Congreso para proteger la infraestructura esencial del país había fracasado. La propuesta de ley —que empezaba en serio— pretendía establecer unos estándares de ciberseguridad estrictos para las empresas que supervisan la infraestructura crítica de Estados Unidos. Todo parecía muy prometedor. En unas reuniones a puerta cerrada en una instalación segura de información compartimentada (SCIF por sus siglas en inglés) dentro del Capitolio, varios funcionarios administrativos veteranos —Janet Napolitano, la secretaria de seguridad nacional; Robert Mueller, el director del FBI; el general Martin Dempsey, presidente del Estado Mayor Conjunto; y Mike McConnell, el director de inteligencia nacional— trataron de persuadir a los senadores de que la amenaza cibernética contra la infraestructura esencial del país era crítica.

«Que quede claro que, si nos atacara alguien, saldríamos perdiendo», les dijo McConnell a los senadores. El gobierno necesitaba la ayuda del sector privado.

«La mayoría de la infraestructura está en manos privadas —me explicó en aquel entonces Michael Chertoff, exsecretario de seguridad nacional—. El gobierno no puede administrarlo como si fuera el sistema de control aéreo. Tenemos que contratar a un gran número de partes independientes. —Según él, si aquello significaba valerse de la regulación para obligar a las empresas privadas de servicios públicos, operadores de oleoductos y plantas de tratamiento del agua a aumentar su seguridad, que así fuera. Él ya había supervisado la respuesta del gobierno al huracán Katrina y sabía que Estados Unidos se enfrentaba a una ciberamenaza contra su infraestructura que podía llegar a ser igual de atroz, o incluso peor—. Estamos en una carrera contrarreloj».

Pero entonces llegaron los grupos de presión de la Cámara de Comercio de Estados Unidos, la cual el año anterior había sido víctima de un horrible ataque informático por parte de China que había afectado a los termostatos e impresoras de la Cámara. Los grupos de presión de la Cámara gritaron argumentos como «sobrerregulación», «control del gobierno», etcétera, y poco después los estándares se redujeron hasta quedar como algo voluntario. Y, por alguna razón, incluso los estándares voluntarios fueron demasiada molestia para los senadores republicanos, quienes habían tratado de obstruir la legislación y, al final, votaron en contra. Si no podíamos ni estar de acuerdo en estándares voluntarios, uno haría bien en preguntarse si Estados Unidos tenía alguna posibilidad de subsistencia en aquel campo de batalla. A casi diez mil kilómetros de distancia, los ayatolás percibieron la sangre en el agua.

Stuxnet había atacado lo que Irán más valoraba, su programa nuclear, y el país no tardó en comprender que también podía emplear unos medios cibernéticos para golpear a Estados Unidos donde más le dolería: en su acceso a petróleo barato, en la economía y en nuestra propia sensación de seguridad y superioridad militar. Una vez Stuxnet se había descubierto y se había desenredado, se convirtió en el grito de guerra de Teherán, en la mejor herramienta de reclutamiento que los ayatolás jamás hubieran podido imaginar. La barrera de entrada era tan baja que, por el coste de tres bombarderos sigilosos F-35, los Cuerpos de la Guardia Revolucionaria Islámica de Irán podían construir un ejército cibernético de clase mundial.

Antes de Stuxnet, los datos indican que los Cuerpos habían destinado setenta y seis millones de dólares al año a su incipiente ejército cibernético. Después de Stuxnet, Irán dedicó mil millones de dólares a nuevas tecnologías, infraestructura y conocimientos del mundo cibernético y empezó a alistar, tanto de forma voluntaria como obligatoria, a los mejores hackers del país para que se incorporaran a sus filas digitales. Stuxnet había retrasado los programas nucleares de Teherán varios años y había logrado detener las bombas israelíes. Aun así, tan solo cuatro años más tarde, Irán no solo había recuperado su uranio, sino que había instalado dieciocho mil centrifugadores, más del triple de los que giraban cuando se produjo el primer ataque. Y, en aquellos momentos, Teherán se jactaba de contar con «el cuarto mayor ejército cibernético del mundo».

Irán nos pilló completamente desprevenidos. A Estados Unidos ya le costaba rastrear los miles de ciberataques chinos, y mucho más defenderse de ellos. Aurora fue la punta del iceberg: la «Legión Yankee» era solo uno de las más de dos docenas de grupos de hackers y contratistas chinos que atacaban sin cesar las agencias gubernamentales, negocios, universidades y laboratorios estadounidenses. Arrebataban propiedad intelectual, planos de propulsión nuclear y armas por valor de billones de dólares, lo cual hizo que los estadounidenses perdieran hasta un millón de trabajos al año. El gabinete de Obama despachó a delegación tras delegación a Pekín para confrontar a sus contrapartes chinas. En aquellas reuniones, los chinos escuchaban, lo negaban todo, señalaban que ellos también eran víctimas de ciberataques y volvían a sus hackeos.

Después de Google, *The New York Times* fue la primera empresa en culpar directamente a China por un ataque contra sus sistemas. Justo antes de que acudiera a imprenta con mi artículo, mis editores habían comprobado si estábamos listos. ¿De verdad queríamos hacer público nuestro ataque? ¿Qué diría la competencia?

«Nada —les contesté—. A todos ellos también los han hackeado».

Y así fue; pocas horas después de pasar por imprenta, *The Washington Post* y el *Washington Journal* admitieron que China también los había atacado. Una organización de noticias no era creíble si China no había tratado de atacarla. El artículo abrió las compuertas. Nunca me había sentido tan orgullosa de decir que trabajaba para el *The New York Times*. Durante años, las víctimas habían tratado los ciberataques como secretos sucios que debían ocultar a sus clientes, accionistas y competencia, no fuera a ser que hablar de ello hundiera el precio de sus acciones o pusiera en riesgo sus lucrativas oportunidades de negocio en China. En ese momento, las víctimas por fin se atrevían a salir a la luz.

Mientras tanto, los funcionarios chinos siguieron negando su participación en los ataques. Dijeron que mi reportaje carecía de base y exigieron «pruebas sólidas» que respaldaran las acusaciones. Por ello, decidimos suministrar dichas pruebas. Dos semanas más tarde, mis compañeros David Barboza, David Sanger y yo llevamos los ataques hasta la misma puerta del Ejército Popular de Liberación de China. Junto con Mandiant, descubrimos la torre blanca de doce plantas de Shanghái exacta desde la cual los miembros de la Unidad 61398 del Ejército lanzaban miles de ataques contra negocios estadounidenses, entre ellos Coca-Cola, la empresa de seguridad RSA y Lockheed Martin. Pudimos rastrear a hackers individuales con localizaciones IP específicas, y, en algunos casos, incluso observar lo que ocurría en sus pantallas. La única limitación fue que no pudimos entrar en el edificio del Ejército Popular de Liberación.

«O proceden del interior de la Unidad 61398 —nos explicó Kevin Mandia—, o las personas que dirigen las redes de Internet más controladas y monitorizadas del mundo no saben que hay miles de personas que generan ataques desde ese barrio en concreto».

Los reportajes habían envalentonado a la Casa Blanca. Cinco días después de que mi artículo acusara a China del ataque al *The New York Times*, el presidente Obama pronunció su discurso sobre el estado de la nación, en el que reprendió a «los países y empresas extranjeras que nos robaban los secretos corporativos». Fue el primer indicio de que la Casa Blanca estaba dejando atrás su diplomacia silenciosa sobre el robo cibernético para empezar a ponerse los guantes de boxeo.

En el Departamento de Justicia, los funcionarios empezaron a elaborar un caso jurídico contra China. Y, un año más tarde, los fiscales federales destaparon su acusación contra cinco miembros de la Unidad 61398, tras lo cual añadieron a aquellos hombres a la lista de los más buscados del FBI. Aun así, todo era simbólico, ya que no había ninguna posibilidad de que China fuera a entregar a sus propios soldados. Durante unas cuantas semanas, el grupo de hackeo chino abandonó sus herramientas de ataque y desapareció del mapa. Sin embargo, cualquier optimismo que la Casa Blanca hubiera albergado se desvaneció semanas más tarde, cuando las herramientas ofensivas del grupo aparecieron en una serie de ataques contra objetivos estadounidenses y surgió una nueva unidad de hackeo del Ejército Popular de Liberación que retomó el trabajo de sus compañeros.

Si la Casa Blanca no era capaz de impedir que una parte racional como China se adentrara en sus sistemas, ¿cómo podía contener a una parte irracional como Irán? Nadie tuvo una buena respuesta a esa pregunta cuando los iraníes atacaron los bancos del país.

El petróleo es para los saudíes lo que las finanzas para la economía estadounidense. Poco más de un mes después de los ataques contra Aramco, los hackers iraníes pusieron a los bancos estadounidenses en su punto de mira. Los ejecutivos del Bank of America, J. P. Morgan, Citigroup, Fifth Third Bank, Capital One y la Bolsa de Nueva York se quedaron mirando, impotentes, cómo las páginas web de los bancos se desplomaban una a una o se quedaban fuera de la red debido a un aluvión de tráfico de Internet iraní.

Eran «ataques de denegación de servicio», de los que sobrecargan una página web con peticiones informáticas coordinadas desde miles de sistemas informáticos hasta que las páginas caen ante todo ese peso. Sin embargo, aquellos ataques tenían una diferencia perturbadora. Se trataba de un nuevo tipo de arma: en lugar de emplear ordenadores individuales para cumplir sus propósitos, los atacantes habían saboteado sistemas informáticos de centros de datos de todo el mundo, lo que transformó al equivalente informático de unos cuantos chihuahuas con sus ladriditos en una manada de Godzillas con aliento de fuego. El flujo de tráfico era tan poderoso que ninguna defensa de seguridad era adecuada para detenerlo. Unos bancos con una capacidad de Internet de cuarenta gigabits —una cantidad enorme teniendo en cuenta que la mayoría de los negocios disponen de un solo gigabit— no fueron capaces de soportar aquella manguera sostenida de setenta gigabits de tráfico, varias veces la cantidad de tráfico que los hackers rusos habían lanzado contra Estonia en 2007 durante un asalto de meses de duración que casi paró en seco a la nación báltica. Nunca antes tantas instituciones financieras se habían encontrado bajo tanta coerción. Durante meses, los hackers iraníes atacaron a los bancos estadounidenses, uno detrás del otro, en una serie de ataques sostenidos cada vez más poderosos que interrumpieron a casi cincuenta bancos en total y marcó el ciberataque de mayor duración de la historia de Internet.

Cuando Obama invitó a los ejecutivos de Wall Street a Washington para unas reuniones de emergencia, los ejecutivos salieron de allí meneando la cabeza. El gabinete les había dejado claro que el culpable era Irán. Sin embargo, cuando llegó el momento de ofrecer soluciones, los funcionarios estuvieron tan impotentes como los ejecutivos. Los ataques habían expuesto los límites de la defensa cibernética de Estados Unidos. El Departamento de Seguridad Nacional, la agencia cuya tarea era proteger la infraestructura esencial (que incluye al sistema financiero) no podía hacer nada. El Departamento solo podía aconsejar a las empresas privadas sobre los riesgos de sus sistemas y ayudarlas en caso de que se produjera un ataque. Aun así, en términos de cubrir los millones de dólares de pérdidas y costes de solución, aquello recaía en las propias víctimas. Ese era el aspecto de aquella nueva era de guerra cibernética asimétrica. Estados Unidos podía atacar la infraestructura esencial de otros país mediante ataques cibernéticos, pero, cuando dichos países contraatacaban, eran los negocios estadounidenses los que tenían que defenderse. Estados Unidos no contaba con ninguna respuesta coherente ante los ciberataques cada vez más grandes que se producían contra sus sistemas por parte de otros países.

«Si pretendemos ser agresivos al usar nuestras ciberarmas contra esos adversarios —me dijo Panetta—, más nos vale estar preparados cuando esos ataques se dirijan hacia nosotros».

Cuando los iraníes volvieron a atacar, los funcionarios estadounidenses respondieron más deprisa, aquella vez casi hasta el punto de la calamidad.

«¿Deberíamos despertar al presidente?», le preguntó John Brennan, el director de la CIA, al coordinador de ciberseguridad de la Casa Blanca, J. Michael Daniel, en mitad de una noche de agosto de 2013. Era la proverbial llamada a las tres de la madrugada, Brennan le dijo a Daniel que los hackers iraníes se habían adentrado en la presa Bowman, en los controladores PLC, y parecía que iban a abrir las compuertas de la esclusa.

Un ataque contra la enorme presa Arthur R. Bowman en Crooked River, Oregón, sería algo catastrófico. Dicha presa, de más de setenta metros de altura y casi doscientos cincuenta de ancho, impedía que casi un kilómetro cúbico de agua inundara a unas diez mil viviendas en Pineville, situada río abajo. Si los hackers de Irán abrían todas las compuertas al mismo tiempo, podían desencadenar un tsunami que merecería una respuesta igual de destructiva por parte de Estados Unidos. Daniel nunca había oído a Brennan, siempre impasible, sonar tan asustado.

Aun así, resultó que los hackers iraníes habían fallado. No se encontraban en la presa Arthur R. Bowman de Oregón, sino en la diminuta presa Bowman Avenue, de unos seis metros, en el condado Westchester de Nueva York, la cual impide que un pequeño riachuelo inunde los sótanos de un barrio. No era la presa Hoover precisamente. Y, en aquella noche en concreto, las puertas de sus esclusas estaban desconectadas por motivos de mantenimiento.

«Es ridículo lo pequeña que es esa presa, lo insignificante que es teniendo en cuenta las circunstancias —le dijo el alcalde de Rye Brook, Paul Rosenberg, a mi compañero Joseph Berger después de que se revelara el ataque—. No es algo vital para la infraestructura del país».

Años más tarde, Daniel todavía se estremecía al pensar lo cerca que habían estado los funcionarios estadounidenses de contraatacar aquella noche.

«Fue una gran lección de que, en el mundo cibernético, la primera evaluación no suele ser la correcta».

Fuera como fuese, la amenaza iraní era cada vez más grave y dinámica. Tan solo unos pocos meses después, los hackers iraníes lograron adentrarse en la Marina estadounidense. Aquel año, en el Pentágono y en los laboratorios de energía de Nuevo México y Idaho Falls, los analistas e ingenieros organizaron juegos de guerra para comprobar cómo sería un ataque iraní real sobre las infraestructuras. Simularon ataques a las redes móviles, al sistema financiero, las plantas de agua y la red eléctrica. El ciberataque cataclísmico que los funcionarios estadounidenses temían desde hacía tanto tiempo se acercaba. Tal como dijo un militar estadounidense veterano:

«Atacar la infraestructura estadounidense solo tiene ventajas para ellos».

El año del incidente Bowman, era difícil no percatarse de los jóvenes hackers iraníes que pasaban por las conferencias de hackeo de seguridad industrial. En la misma conferencia de Miami en la que había comido con los mercenarios italianos y había visto cómo se quedaban mirando el salmón, al día siguiente vi, sorprendida, cómo un joven programador iraní llamado Ali Abbasi se dirigía al escenario y se adentraba en los sistemas informáticos que controlaban la red eléctrica… en cinco segundos. Lo único que daba más miedo que la demostración de Abbasi era su currículum. Tiempo atrás, Irán había identificado a Abbasi como uno de sus hackers jóvenes más prometedores. Había estado organizando análisis de vulnerabilidades y respuestas ante incidentes en la Universidad Técnica Shafir, de Irán, antes de que lo escogieran para ir a estudiar ciberataques industriales en China. Aquel año, estudió todos los modos en los que se pueden hackear los sistemas industriales, con fondos del programa de alta tecnología 863 de China, el cual proporciona fondos a las universidades chinas que, durante los últimos años, se han convertido en unas de las múltiples fuentes de ciberataques contra objetivos estadounidenses. La especialidad de Abbasi me pareció particularmente problemática. Según explicó, con su acceso a la red eléctrica podía causar todo tipo de destrucción: sabotear datos, apagar las luces, hacer explotar un conducto o una planta química al manipular sus válvulas de presión o temperatura. Describió cada uno de los pasos como si nos contara cómo colocar una rueda de repuesto, en lugar del ataque cibercinético de proporciones catastróficas que los funcionarios creían que se iba a producir en poco tiempo.

Tan solo unos meses antes, Panetta había anunciado la primera gran advertencia de un ciberataque por parte de un secretario de defensa estadounidense, un ataque que, dijo, sería «de una destrucción comparable al ataque terrorista del 11 de septiembre». Estados Unidos volvía a encontrarse en un «momento pre 11 de septiembre, y una nación agresora o grupo extremista podía usar esas herramientas cibernéticas para tomar el control de unos botones críticos», tal como manifestó Panetta ante el público del *USS Intrepid* en Nueva York.

«Pueden hacer descarrilar trenes de pasajeros, o lo que es más peligroso aún, hacer descarrilar trenes llenos de productos químicos letales. Pueden contaminar el suministro de agua de las ciudades más grandes o desconectar la red eléctrica en grandes partes del país».

La prioridad de Panetta y de cualquier otra persona que hubiera prestado atención aquel año fue Irán.

«Al igual que con las armas nucleares, en algún momento llegarán allí», me dijo Jim Lewis, un exfuncionario del gobierno y experto en ciberseguridad, a principios de 2014.

En aquel entonces, nadie podría haber esperado que los primeros ciberataques destructivos dirigidos al territorio estadounidense serían contra un casino de Las Vegas y un estudio cinematográfico de Hollywood.

Dos meses después del ataque Bowman, Irán atacó el imperio de casinos Sands de Sheldon Adelson. Durante la mañana del 10 de febrero de 2014, los ordenadores del casino Sands se desactivaron. Del mismo modo que había ocurrido con Aramco, sus ordenadores se convirtieron en ladrillos inservibles. Los correos electrónicos y los teléfonos quedaron inaccesibles, y los discos duros, vacíos de datos. En esa ocasión, el mensaje no fue una bandera estadounidense en llamas, sino que los hackers iraníes habían reemplazado la página web de Sands con un mapa mundial que mostraba llamas en la localización de cada casino Sands del mundo, una fotografía de Sheldon Adelson con el primer ministro israelí Netanyahu y un mensaje personal para Adelson. «No dejes que la lengua te corte la garganta», rezaba. Estaba firmado por el «Equipo Anti Armas de Destrucción Masiva».

Los hackers iraníes se habían vengado del magnate milmillonario de los casinos por unos comentarios recientes en los que sugería que Estados Unidos debía lanzar bombas atómicas sobre Irán. Adelson, uno de los mayores donantes del mundo a la causa israelí, le había dicho al público de la Universidad Yeshiva que Estados Unidos debía lanzar una bomba atómica en medio del desierto de Irán para luego decir: «¿Veis? La próxima será en medio de Teherán». A los ayatolás de Irán no les había hecho mucha gracia. El líder supremo, el ayatolá Ali Khamenei, dijo que Adelson «debía recibir un golpe en la boca».

El ejército cibernético de irán lo entendió como una orden directa y atacó a Sands como ya había hecho con Aramco, aunque con un nuevo giro. Los hackers de Teherán fueron un paso más allá y publicaron en Internet los nombres de los trabajadores y sus números de la seguridad social (en un informe de seguridad, Sands reveló que el ciberataque le había costado al casino unos cuarenta millones de dólares).

En Washington, el ataque paralizó a los funcionarios estadounidenses, quienes aún no habían formulado una estrategia clara para contener la creciente ciberamenaza de Irán, y mucho menos para responder a ella cuando una empresa privada estadounidense quedaba atrapada en el fuego cruzado. Ya les costaba lo suficiente proteger sus propios sistemas de los ataques.

Pese a que los funcionarios estadounidenses no lo sabían aún, durante el mismo mes del ataque a Sands, los hackers chinos se encontraban en su fase de preparación de su ataque contra la Oficina de Administración de Personal, el ataque que se saldó con el robo de los datos más delicados posibles de los 21,5 millones de estadounidenses que en algún momento hubieran buscado obtener una autorización de seguridad.

Nos estaban golpeando por todas partes. Aquel tornado de escalada giraba fuera de control.

A casi diez mil kilómetros de distancia, otro enemigo estadounidense estaba observando de cerca los ataques iraníes, así como la falta de una venganza seria por parte de Estados Unidos.

En diciembre de 2014, mientras los funcionarios estadounidenses estaban absortos con China, Irán, y las cada vez más frecuentes incursiones por parte de Rusia en los sistemas electorales y la red eléctrica de Ucrania, los hackers norcoreanos salieron de la nada y atacaron a Sony Pictures en un ataque al estilo del de Aramco o Sands que destruyó el 70 % de los sistemas informáticos de Sony y obligó a los trabajadores a usar bolígrafo y papel durante meses.

Los hackers norcoreanos atacaron al estudio de Sony como venganza por una película ridículamente mala de James Franco y Seth Rogen, *The Interview*, en la cual los personajes de Franco y Rogen asesinan al querido líder de Corea del Norte, Kim Jong-un. Los norcoreanos, del mismo modo que los iraníes antes que ellos, habían borrado los datos, filtrado los números de la seguridad social de los trabajadores y, dando un paso más allá, publicaron en Internet los correos electrónicos más embarazosos de los ejecutivos.

Los atacantes se hacían llamar «los Guardianes de la Paz», pero, en pocos días, quedó claro que el verdadero culpable era Corea del Norte. Los hackers de Sony habían empleado la misma infraestructura de ataques que los hackers norcoreanos habían usado un año antes para atacar los bancos y medios de comunicación de Corea del Sur.

En la Casa Blanca, los funcionarios estadounidenses vieron la intrusión en Sony como un asalto contra la libertad de expresión, en especial después de que varios cines, bajo continuas amenazas de Corea del Norte, decidieran no contar con *The Interview*. Sin embargo, lo que más alarmaba a los funcionarios era lo similar que era el ataque de Sony a la destrucción sembrada en Aramco y Sands. Los enemigos de Estados Unidos no solo aprendían del país, sino también entre ellos.

«Deberían haber sonado las alarmas de destrucción», me dijo Panetta.

Pero la cobertura mediática se centró en los correos electrónicos filtrados, en los cuales los ejecutivos de Sony criticaban las películas de Adam Sandler y llamaban a Angelina Jolie «una niña mimada de escaso talento». Los correos también revelaron una sorprendente brecha salarial entre géneros y razas. Por mucho que el estudio fuera la víctima del ataque, también era quien se encontraba bajo un duro escrutinio público. Amy Pascal, la copresidenta de Sony, dimitió tras el ataque debido a unos correos electrónicos que mostraban que se había burlado de los hábitos cinematográficos del presidente Obama. Los correos electrónicos filtrados eran lo suficientemente ofensivos como para que los medios de comunicación se quedaran encandilados, al mismo tiempo que pasaban por alto su procedencia.

«El ataque causó grandes estragos, y, aun así, no recibimos ningún apoyo de otros estudios cinematográficos, ni del alcalde de Los Ángeles ni de Kamala Harris, por entonces la fiscal general —me dijo más adelante Michael Lynton, el expresidente y director ejecutivo de Sony. Cinco años después del suceso, seguía enfadado, y estaba claro a qué se debía—. Me di cuenta de que Hollywood solo es una comunidad en apariencia. Nadie nos echó una mano. Aunque, en cierto modo, no los culpo, porque, de lejos, nadie entendía de verdad lo dañina o difícil que era la situación».

Las filtraciones de Sony, además del frenesí con el que los medios de comunicación estadounidenses fueron a por la empresa, crearon una guía para otro ataque, en aquella ocasión contra las elecciones estadounidenses.

«Nuestro ataque llevó a la luz pública en un abrir y cerrar de ojos cómo podía ser un gran ciberataque en terreno estadounidense», dijo Lynton.

Resultaba perturbador ver cómo cada uno de esos ataques evolucionaban y se basaban en el anterior, así como la destrucción que todos ellos causaban. El ataque a Sony, del mismo modo que el que se había producido antes contra Sands, también era un ataque hacia la libertad de expresión. Si los estadounidenses ya no tenían la libertad de publicar películas malas, contar chistes malos o compartir sus pensamientos más oscuros sin la amenaza de ser víctima de un ciberataque que les costara millones de dólares o que filtrara sus correos electrónicos para que los viera todo el mundo, aquello sin duda conduciría a una erosión de la libertad de expresión, quizá no de repente, pero sí poco a poco, bit a bit.

En la Casa Blanca, el presidente Obama concluyó que no responder *ya* no era una opción. Aquel diciembre, el presidente anunció que Estados Unidos pensaba «responder en proporción» al ataque de Corea del Norte. Se negó a mencionar nada más específico y se limitó a decir que Estados Unidos atacaría «cuándo, dónde y cómo decida». Más adelante, los funcionarios me dijeron que Obama se estaba dirigiendo a dos públicos aquel día, pues también se refería a Irán. Tres días más tarde, ocurrió algo curioso. La conexión de Corea del Norte con el mundo exterior, ya tenue de por sí, se apagó del todo durante un día entero.

En 2015, el gabinete de Obama cerró dos tratos: uno con Teherán, sobre sus planes nucleares, y el otro con Pekín, sobre los ciberataques. Ambos surtieron efecto y frenaron los ciberataques contra los sistemas estadounidenses durante un tiempo, aunque ninguno de los dos duró demasiado.

Tras décadas de golpes de estado, secuestros, terrorismo, sanciones y ciberataques, los iraníes por fin habían indicado que estaban dispuestos a debatir los límites de su programa de armas nucleares. Y, si bien solo era una parte de su cálculo general, la Casa Blanca creía que negociar con Teherán podía ser el único modo de impedir el siguiente ataque. Y así fue: conforme los funcionarios del Departamento de Estado entablaban conversaciones con sus homólogos de Teherán, los ataques destructivos de Irán disminuyeron. No llegaron a detenerse del todo, sino que pasaron a estar más ocultos. Los hackers iraníes pasaron de unos ataques destructivos y vistosos a rastrear silenciosamente a diplomáticos estadounidenses. David Sanger y yo destapamos una sutil campaña de hackeo por parte de Irán contra los correos electrónicos y cuentas de Facebook personales de los trabajadores del Departamento de Estado. Estaba claro que Irán quería seguir de cerca a los diplomáticos con los que negociaba, al parecer en un intento por evaluar si Estados Unidos iba en serio o no. Por muchas críticas que recibiera el trato nuclear con Irán que se firmó en julio de 2015 (que el trato no iba lo suficientemente lejos, que retirar las sanciones llevaría a inestabilidad regional, que habían engañado a Estados Unidos) la comunidad de ciberseguridad soltó un suspiro de alivio. Después de que se firmara el trato, el equipo de demolición interrumpió su trabajo.

«El trato nuclear impone unas restricciones en Irán —me dijo Jim Lewis aquel mes. Aun así, advirtió—: Cuando el trato desaparezca, sus restricciones también lo harán».

Mientras el secretario de Estado John Kerry defendía el trato con Irán durante aquel verano, una delegación separada de funcionarios estadounidenses trazaba una línea roja para sus contrapartes en Pekín. El robo de secretos comerciales por parte de China les costaba a las empresas estadounidenses miles de millones de dólares al año. Una y otra vez, los funcionarios de Estados Unidos habían insistido a los chinos que dejaran de atacar los negocios, pero a pesar de sus fuertes exigencias y de las condenas por parte del Departamento de Justicia al personal militar chino, Estados Unidos no logró mucho.

«El ataque a la Oficina de Administración de Personal empeoró la situación», me explicó Rob Silvers, quien por entonces era secretario adjunto de política cibernética del Departamento de Seguridad Nacional. Había llegado el momento de actuar.

Xi Jinping debía acudir a su primera visita formal a la Casa Blanca como presidente de China aquel septiembre. De un modo un tanto revelador, Xi había reservado su primera visita estatal para Moscú. Estaba demostrando ser el líder más autoritario de China desde el presidente Mao y le había confesado a Putin que eran «de carácter similar». Por mucho que Xi no cabalgara a lomos de un caballo con el torso desnudo, sí que buscaba poder y prestigio a toda costa, como Putin. Al principio de su etapa como presidente, Xi había investigado a decenas de miles de sus ciudadanos y había arrestado a más ciudadanos chinos que en ningún otro momento desde mediados de los años noventa y los días posteriores a la masacre de la plaza de Tiananmen. Xi había asumido o creado diez cargos para sí mismo: no solo era jefe del Estado y su Ejército, sino también de los comités más poderosos del Partido Comunista (sobre economía, política exterior y Taiwán), además del de nuevos organismos que supervisaban Internet, la seguridad nacional, los tribunales, la policía y la policía secreta. Se burló de los burócratas comunistas al llamarlos «cerebritos» y alabó el «espíritu de equipo de una manada de perros que se comía a un león». Estaba decidido a que no lo vieran como una persona débil fuera del país.

Conforme se acercaba la primera visita estatal de Xi, en septiembre de 2015, los funcionarios estadounidenses pensaron que podían usar la vulnerabilidad china ante cualquier situación embarazosa como una ventaja estratégica. En agosto de aquel año, la consejera de seguridad nacional, Susan Rice, acudió a Pekín con un mensaje alto y claro: «Si China no deja de robar nuestras propiedades, sancionaremos al país en la víspera de la primera visita estatal del presidente Xi a Estados Unidos». Repitió la postura de Estados Unidos a sus interlocutores chinos en cualquier oportunidad que tuvo y, de forma más diplomática, al propio Xi. Recordó a los chinos que, tan solo cuatro meses antes, Obama había firmado una orden ejecutiva que les otorgaba a los altos cargos las herramientas para sancionar de inmediato a cualquier país debido a unos ciberataques. Si China no paraba, Estados Unidos pensaba recibir la visita de Xi con sanciones. Cuando Rice despegó de Pekín aquel agosto, unos altos cargos anónimos filtraron al *The Washington Post* que el gabinete ya se estaba preparando para sancionar a China. Las filtraciones surtieron el efecto deseado.

«China entró en pánico», me contó un funcionario. Preocupados ante la posibilidad de que las sanciones perturbaran la visita de Xi, China pidió enviar una delegación de alto nivel a Washington de inmediato para atajar de raíz cualquier sorpresa embarazosa. Propusieron una visita liderada por Meng Jianzhu, el especialista en seguridad de Xi, el 9 de septiembre, el día exacto en el que los funcionarios de la Casa Blanca planeaban anunciar las sanciones.

En la Casa Blanca, los funcionarios debatían sobre cómo proceder. En un bando se encontraba Rice, quien sostenía que debían esperar a ver qué decía el enviado de China antes de anunciar las sanciones. Si no quedaban satisfechos, aún estaban a tiempo para anunciar las sanciones antes de la visita de Xi. Otros funcionarios alegaron que Estados Unidos ya había probado el método diplomático hasta la saciedad. Según ellos, debían sancionar a China de forma preventiva y luego aplicar sanciones más graves si el enviado de Pekín se negaba a cumplir con sus peticiones. Sin embargo, aún no habían respondido a la pregunta de qué era exactamente lo que los funcionarios estadounidenses querían pedir. El ataque contra la Oficina de Administración de Personal había sido ir demasiado lejos, pero los funcionarios de inteligencia de Estados Unidos no querían exigir de verdad una prohibición en ataques informáticos a agencias gubernamentales extranjeras. Ese era un trato que Estados Unidos no pensaba cumplir.

«Era el viejo problema de las personas en casas de cristal —me dijo un funcionario de Obama. La acción más básica de la NSA era atacar a agencias y funcionarios extranjeros. El ataque a la Oficina de Administración de Personal por parte de China había sido, en esencia, una contramedida—. Había una tensión inherente entre proteger el sector privado, los datos personales de nuestros ciudadanos, y los intereses de nuestra comunidad de inteligencia, la cual organizaba el mismo tipo de campañas. Aun así, el verdadero asesino era el espionaje comercial».

Obama acabó decidiendo guardarse las sanciones hasta que escuchara lo que los chinos tenían para decir. A lo largo de tres días a principios de septiembre de 2015, Meng se reunió con Jeh Johnson, secretario de seguridad nacional; Loretta Lynch, la fiscal general; y Comey, el director del FBI, antes de ir a ver a Rice en la sala Roosevelt de la Casa Blanca. Meng reiteró la vieja frase china en la que negaba el papel de Pekín en los ciberataques y se quejaba de los ataques estadounidenses contra sus propias redes. Rice le dijo a Meng que, a menos que China cesara sus robos cibernéticos de secretos comerciales, Estados Unidos estaba preparado para humillar a Xi con sanciones antes de su visita en menos de dos semanas. Rice reiteró la posición estadounidense en una charla privada con otro miembro de la delegación de Meng, el viceministro de asuntos exteriores, Zhang Yesui, y le dijo:

«Estamos en un punto crítico. No estamos de farol y no disponemos de espacio para maniobrar. Si China no accede a nuestra propuesta, nos espera un arduo viaje».

Durante treinta y seis horas de negociaciones casi continuas en la Casa Blanca y la embajada china, los representantes de Obama redactaron la propuesta de su trato. Meng dijo que llevaría su propuesta a Xi.

La mañana del 25 de septiembre de 2015 empezó con una elaborada bienvenida. Con el trasfondo celebratorio de disparos de cañones, la banda militar tocó el himno chino, «La marcha de los voluntarios», y «The Star-Spangled Banner», el de Estados Unidos. Xi y Obama pasearon por el jardín sur de la Casa Blanca, frente a filas de tropas, y se detuvieron para saludar a unos niños que ondeaban banderas estadounidenses y chinas.

Aquel día, a lo largo de dos horas de reuniones a puerta cerrada, Obama empleó un tono asertivo y le dijo a Xi que los ciberataques chinos contra los negocios estadounidenses debían parar. Si no paraban, Estados Unidos tenía la siguiente ronda de condenas preparada y pensaba aplicar sanciones. Xi se mostró de acuerdo, pero todos los que se encontraban en aquella sala sabían que, para entonces, China ya había recabado suficiente propiedad intelectual estadounidense para que le durara hasta la siguiente década y más. Los hackers chinos habían extraído de todo, desde los diseños del próximo caza de combate F-35 hasta el código de Google, la red inteligente de Estados Unidos y las fórmulas de la Coca-Cola y de la pintura Benjamin Moore.

Aquella misma tarde, con Xi a su lado en la rosaleda de la Casa Blanca, Obama anunció que los dos líderes habían alcanzado un «entendimiento mutuo» en el que ni Estados Unidos ni China iban a involucrarse en robo de la propiedad intelectual del otro país. Obama declaró ante los periodistas reunidos allí aquel día que, juntos, iban a buscar nuevas «reglas internacionales para el camino de la conducta apropiada en el ciberespacio». Los dos habían prometido establecer un canal informal a través del cual ambos países podían alertar al otro de software malicioso en sus respectivas redes, con la idea de que los investigadores chinos y estadounidenses trabajaran codo a codo para encontrar su procedencia. Los dos también se valieron de un acuerdo de Naciones Unidas, adoptado en julio de aquel año, para abstenerse de atacar a la infraestructura crítica del otro país (centrales de energía, redes móviles, bancos y conductos) en tiempos de paz. Aún quedaban muchas preguntas por responder: ¿qué consideraban *infraestructura crítica*? ¿Un ciberataque contra una aerolínea o un hotel se consideraría robo industrial? ¿Y si el ataque tenía la intención de rastrear los viajes de los funcionarios extranjeros?

Aun así, los funcionarios estadounidenses consideraron que aquel acuerdo era una victoria. Aquella misma noche, los ejecutivos de Apple, Microsoft, Facebook, Disney y Hollywood se reunieron en una copiosa cena estatal para celebrar. La primera dama se puso un vestido de hombros descubiertos fabricado por la diseñadora sinoestadounidense Vera Wang. Las influencias asiáticas estaban por todas partes, desde los limones Meyer del sorbete de lichi hasta el pergamino de seda de casi cinco metros de alto en la sala este que mostraba dos rosas, lo cual simbolizaba «una reunión de las mentes completa». En un brindis, Obama dijo que, aunque los desacuerdos entre ambos países eran inevitables, esperaba que los estadounidenses y los chinos pudieran «trabajar juntos como dedos de una misma mano en aras de la amistad y la paz». Xi dijo que la visita había sido un «viaje inolvidable» y alabó la gran bienvenida que le habían brindado.

Casi de la noche a la mañana, los robos cibernéticos chinos que habían destrozado los negocios estadounidenses durante la última década se redujeron en gran medida. Las empresas de seguridad informaron de un 90 % de descenso en ciberataques industriales chinos. Durante dieciocho meses, el primer acuerdo de control a las ciberarmas del mundo pareció surtir efecto.

Mientras la bailarina de ballet Misty Copeland danzaba para la delegación china y el cantante Ne-Yo entonaba *Because of You* aquella noche de septiembre, el líder chino sonreía y aplaudía. Xi parecía sincero. No obstante, luego llegó Trump, quien le dio la vuelta a la situación con sus aranceles y su guerra comercial. Según me dijeron algunos funcionarios, si no hubiera sido por ello, los ciberataques industriales por parte de China podrían haberse reducido todavía más. Aun así, los cínicos lo veían de otro modo, pues afirmaban que el acuerdo siempre había sido un engaño, que Xi solo había estado esperando el momento oportuno.

Dos años más tarde, los ciberataques volvieron a producirse. Solo que ya no eran los ataques torpes de la década anterior, sino unos más sigilosos, estratégicos y sofisticados. Y estos hicieron aumentar el precio de los días cero todavía más.

19
La red eléctrica

Washington D. C.

Decían que alguien estaba mapeando la red eléctrica. Pero nadie sabía quién era, por qué lo hacía ni qué hacer al respecto.

Ese era el resumen de las llamadas que empecé a recibir a finales de 2012 de números que no conocía y personas a las que nunca había visto antes. Se trataba de analistas del Departamento de Seguridad Nacional, la agencia que se encargaba de proteger la infraestructura crítica de Estados Unidos, y no pude evitar oír la urgencia en sus voces. Los ataques marcaron el inicio de una nueva era en la ciberguerra.

Todo empezó con campañas de *phishing* contra los trabajadores de empresas del sector del gas y el petróleo. Sin embargo, a lo largo de unos pocos meses, los ataques se expandieron hasta incluir a trabajadores de plantas eléctricas que tenían acceso directo a los sistemas informáticos que controlaban la puesta en marcha de la red eléctrica.

«¿Dónde está el sector cibernético en el Departamento de Seguridad Nacional en estos momentos? —me preguntó un analista lleno de pánico a principios de 2013—. ¿Quién se encarga de ello?».

No había ninguna buena respuesta. En un periodo de cuatro meses a principios de 2013, en el preciso momento en que los ciberataques empeoraron, los mayores funcionarios de ciberseguridad del departamento —Jane Holl Lute, la subsecretaria de la agencia; Mark Weatherford, el mayor funcionario de ciberseguridad; Michael Locatis, el subsecretario de ciberseguridad; y Richard Spires, el director de información— dimitieron. Y el problema no se encontraba solo en los cargos superiores; el departamento no conseguía reclutar a ingenieros con talento. Aquel año, la secretaria de seguridad nacional, Janet Napolitano, estimó que el departamento necesitaba incorporar a seiscientos hackers a sus filas para mantener el ritmo ante las nuevas amenazas, pero la agencia se había quedado muy rezagada. Se creó un programa de becas de la Fundación Nacional de Ciencias para reclutar a estudiantes de instituto prometedores y llevarlos a las agencias federales al ofrecerles becas universitarias a cambio de comprometerse al servicio federal. Aun así, las cifras mostraban que la gran mayoría de los estudiantes que recibieron las becas favorecían a la NSA por encima del departamento, pues ahí podían trabajar en la ofensiva. El Departamento de Seguridad Nacional se estaba convirtiendo en un trámite burocrático sin importancia. Los que acudían lo hacían por caridad. Y en aquellos momentos, según me contaron los analistas, se estaba produciendo el peor escenario posible. A finales de 2012, varios de ellos decidieron que, para bien o para mal, informar a una periodista del *The New York Times* podía ser su última y desesperada esperanza para hacer que sus jefes, o los jefes de sus jefes, se lo tomaran más en serio.

El problema no era que el gabinete de Obama fuera negligente, sino el Congreso. La red eléctrica estadounidense recibe energía de distribuidoras eléctricas locales que se regulan de estado a estado y no están sujetas a ningún estándar de seguridad federal. Los sistemas informáticos que proporcionan energía a la red se diseñaron mucho antes de que los ciberataques estuvieran a la orden del día; estaban construidos para el acceso, no por la seguridad. Muchos usaban software antiguo, caducado, para los cuales las empresas como Microsoft ya no ofrecían ningún parche. Y los operadores de la red eléctrica locales contaban con muy pocos de los recursos que sí tenían las grandes distribuidoras de energía como PG&E.

Durante años, los funcionarios militares y de inteligencia advirtieron al Congreso que una nación o hacker con malas intenciones podía aprovecharse de brechas en software y puntos de acceso para derribar las subestaciones que suministran energía a Silicon Valley, el NASDAQ, o alterar los sistemas de votación de un condado durante las elecciones presidenciales. En 2010, un grupo mixto de diez exfuncionarios de seguridad nacional, inteligencia y energía (entre ellos los exsecretarios de defensa James Schlesinger y William Perry, los exdirectores de la CIA R. James Woolsey y John Deutsch y los exconsejeros de seguridad nacional Stephen Hadley y Robert McFarlane) envió una carta confidencial a la Comisión de Energía y Comercio de la Cámara para apoyar una propuesta de ley que pretendía mejorar la ciberseguridad de la infraestructura esencial de Estados Unidos. La carta era bastante directa: «Prácticamente toda nuestra infraestructura civil crítica (incluidas las telecomunicaciones, el agua, el saneamiento, el transporte y la sanidad) dependen de la red eléctrica. La red es muy vulnerable a una disrupción provocada por un ataque, sea este cibernético o no. Nuestros adversarios ya cuentan con la capacidad para llevar a cabo un ataque semejante, y las consecuencias de un ataque a gran escala sobre la red eléctrica estadounidense serían catastróficas para nuestra economía y seguridad nacional». Y continuaba: «Bajo las condiciones actuales, reconstituir la red eléctrica en un breve espacio de tiempo después de un ataque bien dirigido que destruya un equipamiento particular sería imposible, y, según los expertos del gobierno, resultaría en unos apagones de entre meses y dos años o más de duración, según la naturaleza del ataque».

La Cámara de Representantes hizo caso de sus advertencias, pero la propuesta de ley se marchitó en el Senado. Fue el senador «inconformista» de seguridad nacional, John McCain, quien lideró la oposición republicana a aquella propuesta durante el verano de 2012. Los grupos de presión incluso habían logrado convencer a McCain, un senador que daba prioridad a la seguridad nacional sobre casi cualquier otra cosa, de que cualquier regulación de seguridad sería demasiado molesta para las empresas privadas que supervisan las presas, fuentes de agua, conductos y la red eléctrica del país. Parte del problema era la invisibilidad de la amenaza: si los funcionarios de inteligencia les hubieran dicho a los senadores que un país muy bien financiado estaba colocando bombas y minas terrestres en las empresas de servicios públicos y líneas de transmisión estadounidenses, esta historia podría haber tenido otro final. A efectos prácticos, los ataques que dieron comienzo a finales de 2012 fueron el equivalente cibernético a dichas armas.

«Más allá de cierta comunidad que se centraba en la seguridad de la red, nadie trataba esa situación como una de código rojo —me dijo un alto cargo de Obama—. Claro que era una preocupación, pero tienes que recordar dónde nos encontrábamos. Pasaban muchas cosas».

Tenía razón: China arrebataba propiedad intelectual estadounidense, e Irán acababa de incorporarse a la red. Aun así, los ciberataques cada vez más graves contra el sector energético de Estados Unidos que empezaron a aumentar en 2012 presentaron una amenaza mucho más grave. Rusia pareció ser el principal sospechoso, aunque solo porque los hackers habían ido muy lejos para ocultar sus herramientas y borrar sus huellas. Tal vez los hackers de TAO de la NSA sabían quiénes eran, pero, si así era, no compartieron su inteligencia con sus contrapartes de defensa del Departamento de Seguridad Nacional. Los analistas del departamento me dijeron que ningún miembro de la agencia sabía quién se encontraba detrás de los ataques, y nadie había sido capaz de adentrarse en la carga explosiva de los atacantes. Aquello decía mucho por sí mismo. El código de Irán era destructivo pero burdo; si Teherán hubiera podido ocultar sus cargas explosivas, ya lo habría hecho. Del mismo modo, los ciberataques de China contra empresas estadounidenses eran descarados, y encontrar al culpable era relativamente fácil. Quien fuera que se estuviera adentrando en la red eléctrica estadounidense estaba demostrando unos niveles de ofuscación y sofisticación que los analistas solo habían visto en las propias campañas cibernéticas de Estados Unidos. Y lo estaban consiguiendo con una frecuencia alarmante. A finales de 2012, los analistas del Departamento de Seguridad Nacional habían respondido a ciento noventa y ocho ataques contra sistemas de infraestructura crítica de Estados Unidos, un aumento de un 52 % respecto al año anterior.

Los investigadores de CrowdStrike, la empresa de seguridad, empezaron a recibir llamadas de las empresas de petróleo y energía de Estados Unidos para investigar. Conforme CrowdStrike empezó a escudriñar el código a finales de 2013, encontró artefactos en ruso y marcas de hora que indicaban que los atacantes trabajaban en horario de Moscú. O bien se trataba de una campaña rusa, o bien alguien se había esforzado mucho para que lo pareciera. CrowdStrike les dio a los hackers de la red eléctrica un nombre engañosamente afable, «Oso Luminoso», pues «Oso» era la palabra en código de la empresa para referirse a los grupos financiados por Rusia. Según la empresa siguió tirando del hilo, descubrió que el código databa del 2010, el mismo año en que se había descubierto Stuxnet en Irán.

Tal vez la elección del momento de Rusia no era más que una coincidencia, pero cualquiera que hubiera estado siguiendo de cerca la reacción de Moscú ante Stuxnet podía ver una línea clara entre la ciberarma estadounidense que acababa de hacer aparición en el escenario mundial y el momento en que se habían producido los ataques rusos. Poco después de que escapara Stuxnet, los funcionarios rusos, boquiabiertos por lo que los estadounidenses y los israelíes habían sido capaces de conseguir en el reino cibernético, empezaron a presionar para conseguir una prohibición internacional contra las ciberarmas. El año siguiente, en una conferencia de Moscú, los académicos, funcionarios del gobierno y expertos de ciberseguridad rusos calificaron a la escalada cibernética como la amenaza más crítica de nuestros tiempos. Una y otra vez, Rusia había demostrado ser vulnerable a los ciberataques contra su infraestructura. Durante años, Kaspersky, la empresa de ciberseguridad rusa, había organizado competiciones de hackeo sobre la red eléctrica, y, cada año, un grupo de hackers rusos u otro había descubierto la facilidad con la que podía tomar el control de una subestación rusa y provocar un cortocircuito en la energía que recorría una línea de transmisión. La superficie de ataque rusa era cada vez más grande. La empresa de servicios públicos controlada por el Estado, Redes Rusas PJSC, contaba con 2,35 millones de kilómetros de líneas de transmisión y quinientas siete mil subestaciones por todo el país, y tenía planes de automatizar todas sus subestaciones y líneas de transmisión para 2030. Cada nuevo nodo digitalizado presentaba otro punto de acceso para un ataque. Tras el descubrimiento de Stuxnet, los funcionarios rusos temieron ser un objetivo demasiado obvio para Estados Unidos. En un discurso de 2012, el ministro de telecomunicaciones ruso pidió un tratado internacional que prohibiera la guerra informática, mientras los funcionarios rusos hablaban con sus homólogos estadounidenses a través de canales traseros para organizar una prohibición bilateral. Sin embargo, Washington hizo caso omiso de las peticiones de Moscú, al creer que se trataba de una jugada diplomática para arrebatar el liderazgo en términos de ciberguerra a Estados Unidos.

Sin ningún tratado a la vista, parecía que Rusia se estaba implantando en la red eléctrica estadounidense, y a un ritmo alarmante. Durante el siguiente año y medio, los hackers rusos se adentraron en más de mil empresas en más de ochenta y cuatro países, la mayoría estadounidenses. En gran parte de los casos, los rusos hackeaban a personas, los ingenieros de control industrial que mantenían un acceso directo a los conductos, líneas de transmisión e interruptores de alimentación. En otros casos, los rusos infectaban páginas web legítimas frecuentadas por operadores de empresas de servicios públicos, de conductos y de la red eléctrica con programas maliciosos en lo que los especialistas de seguridad denominan un «ataque de abrevadero», porque los hackers envenenan el pozo y aguardan hasta que la presa acude a él. En otros casos más, los hackers rusos empleaban ataques de intermediarios, mediante los cuales redirigían el tráfico web de las víctimas a través de los sistemas informáticos de los atacantes rusos para arrebatar a los operadores de la red eléctrica estadounidenses sus nombres de usuario, contraseñas, planos y correos electrónicos durante su trayecto.

Aquella no era la primera vez ni de lejos que un agente extranjero atacaba al sector energético. China ya había hackeado a una empresa de energía estadounidense tras otra con ciberataques que los funcionarios estadounidenses

habían concluido que estaban diseñados para robar tecnología de fractura-
ción hidráulica y de energías renovables. Conforme la frecuencia e intensi-
dad de los ataques rusos aumentó a principios de 2013, los funcionarios
estadounidenses se preguntaron si los rusos estarían tratando de lograr su
propia ventaja competitiva. Durante décadas, la economía rusa había de-
pendido demasiado del petróleo y el gas, dos exportaciones cuyo precio Putin no podía controlar. En términos de Producto Interior Bruto, Rusia
estaba por debajo de Italia, a pesar de tener el doble de población. Según
otras métricas, como la paridad de poder adquisitivo, Rusia se encontraba
en el puesto setenta y dos del mundo, por detrás incluso del hijo con problemas económicos de Europa, Grecia. Con su población disminuyendo a toda
prisa (según los datos más actuales, Rusia perdía un millón de adultos en
edad laboral al año), la expectativa de crecimiento económico del país había
disminuido hasta aproximarse a cero. Y en esos momentos, con Putin y el
capitalismo clientelar a la cabeza, un aumento de inversión extranjera parecía poco probable. Los funcionarios estadounidenses llegaron a creer (o tal
vez debería decir «esperar») que los ataques por parte de Rusia contra las
empresas de energía estadounidenses no eran más que un modo turbio de
Moscú para diversificar su economía. No se les ocurría ninguna otra buena
razón por la que Moscú quisiera apagar las luces de Estados Unidos.

Todo el optimismo se evaporó en 2014, cuando los rusos dieron un
paso más en sus ataques. En enero de aquel año, CrowdStrike descubrió que
los hackers rusos habían saboteado con éxito empresas de software de control industrial y habían introducido troyanos en las actualizaciones de programas que se dirigieron a cientos de sistemas de control industrial de todo
el país. Era la misma técnica que los estadounidenses e israelíes habían empleado cinco años antes con Flame, cuando infectaron sistemas informáticos
de Irán mediante unas actualizaciones de software de Microsoft con troyanos. Sin embargo, los rusos habían sido mucho menos juiciosos. Ya no eran
solo las empresas de petróleo y gas de Estados Unidos, sino que los hackers
rusos habían infectado las actualizaciones de software que llegaban hasta los
controladores industriales de presas hidroeléctricas, centrales nucleares, conductos y la red eléctrica, y estaban en el interior de los mismos sistemas informáticos que podían abrir los cierres de las presas, desatar una explosión o
desactivar la energía de la red eléctrica.

No se trataba de ningún espionaje industrial como el de China: Moscú
estaba preparando el campo de batalla.

«Fue la primera fase en una preparación a largo plazo para un ataque —me explicó John Hultquist, uno de los mejores investigadores de amenazas—. No hay otra explicación posible. Digamos que no se habían adentrado ahí para recabar inteligencia sobre el precio del gas».

Al mismo tiempo que Rusia se adentraba en la red eléctrica de Estados Unidos, unos «pequeños hombres verdes» (fuerzas especiales rusas armadas que vestían uniformes verdes sin insignia) habían empezado a dirigirse a Crimea. El Kremlin le estaba indicando a Washington que, si contraatacaba en nombre de su aliado, Ucrania, o siquiera se atrevía a apagar las luces de Moscú, Rusia tenía la capacidad de devolverle la jugada. Un acto de destrucción mutua asegurada en la era de Internet.

Y, si Rusia decidía atacar la red eléctrica, estábamos perdidos. El Departamento de Seguridad Nacional tenía planes de emergencia para desastres naturales, terremotos, huracanes, tornados, olas de calor y apagones de días de duración, pero no contaba con ningún plan maestro para un ciberataque que denegara el acceso a la electricidad de millones de personas durante un periodo prolongado. Los funcionarios de inteligencia habían avisado al Congreso, una y otra vez, de que un ciberataque orquestado con cautela sobre la red eléctrica estadounidense podía provocar apagones de al menos meses de duración, por no decir años.

Los expertos en ciberseguridad y los hackers siempre habían odiado a aquellos miembros de sus comunidades que traían a colación el tema de un ataque a la red eléctrica, pues los acusaban (en muchos casos, con razón) de atemorizar a la gente para que compraran más ratoneras inútiles. El miedo, la incertidumbre y la duda eran una plaga tan común en la industria de la ciberseguridad que los hackers les habían otorgado unas siglas: FUD. Durante años, me había pasado muchas horas de trabajo esquivando mangueras de FUD. Mi bandeja de entrada estaba llena de propuestas de relaciones públicas de personal de seguridad que hablaban de una catástrofe mundial inminente. Mi viaje diario a través de los más de sesenta kilómetros de autopista entre Palo Alto y San Francisco estaba adornado con carteles publicitarios FUD que gritaban alguna variación de los siguientes mensajes: «¡Te están vigilando! ¿Sabes dónde está tu propiedad intelectual? ¡Porque China sí lo sabe! ¿Conoces a los cibercriminales rusos? ¡Porque ellos sí saben tu número de seguridad social! Esconde a tu mujer,

ESCONDE A TU HIJO, INTERNET TE VA A PRIVAR DEL REGOCIJO. A MENOS QUE COMPRES ESTO QUE VENDEMOS». La publicidad de ciberseguridad se había convertido en un deporte sangriento.

La industria había pasado veinte años anunciando a toda voz todos esos escenarios apocalípticos, pero, entre finales de 2012 y 2014, un ataque contra la red eléctrica, aquel sobre el que tanto me habían advertido, se encontraba en su fase inicial. No sabía si debía estar arrepentida de no haber prestado más atención o enfadada porque las estrategias publicitarias de la industria de la ciberseguridad hubieran hecho que fuera tan fácil para los estadounidenses dejar de hacer caso a las advertencias.

Dentro de la NSA, los analistas observaron cómo los hackers rusos se adentraban en la red eléctrica estadounidense. Habían rastreado el grupo hasta una unidad de inteligencia rusa. Sin embargo, en julio de 2014, después de que unos investigadores de seguridad privados de CrowdStrike, FireEye y Symantec hubieran publicado sus hallazgos, el grupo recogió sus herramientas y se desvaneció, lo que dejó a los analistas sin saber qué pensar.

El primer indicio de que los rusos se traían algo nuevo entre manos fue el día cero.

Habían transcurrido nueve años desde que Watters había vendido su primer bebé, iDefense, a Verisign, y estaba a punto de vender su segunda empresa, iSight, otra empresa de inteligencia sobre amenazas con sede en Chantilly, Virginia. El paisaje de las amenazas había evolucionado de manera drástica en la década anterior: las empresas ya no solo tenían que enfrentarse a cibercriminales y *script kiddies,* sino que se esperaba que se defendieran ante naciones avanzadas con recursos infinitos. Aquella vez, Watters se había propuesto reunir a la mayor empresa privada de contrainteligencia del mundo. iSight contaba con doscientos cuarenta y tres investigadores de amenazas dedicados en plantilla, muchos de ellos exanalistas de inteligencia que hablaban ruso, chino mandarín, portugués y veinte idiomas más. Si iSight hubiera sido una agencia gubernamental de contrainteligencia, Watters afirmaba que hubiera estado entre las diez más grandes del mundo. Por supuesto, debido a la naturaleza clasificada de esas cosas, me fue imposible corroborar su afirmación.

El objetivo, según me contó Watters, fue quedarse «a la izquierda del *bum*», una expresión de la jerga militar estadounidense para referirse al momento antes de que detone una bomba. Los analistas de iSight pasaban sus días tras líneas enemigas, donde se hacían pasar por hackers de sombrero negro en la web oscura y observaban los canales de ataques informáticos para encontrar fragmentos de información sobre las intenciones de los hackers, así como sus objetivos, técnicas, programas maliciosos de rastreo, vulnerabilidades y elementos por el estilo, para poder proporcionar a los clientes de iSight, los bancos y empresas de gas y petróleo, además de a unas trescientas agencias gubernamentales, otro sistema de avisos de emergencia.

Cuando visité iSight a finales del verano de 2015, Watters todavía llevaba camisas de Tommy Bahama y botas de vaquero hechas de piel de cocodrilo mientras soltaba analogías militares.

«Cuando fuimos a Irak, el mayor número de bajas no se produjo por los francotiradores —me dijo—, sino por los explosivos ocultos. No nos adelantamos a la amenaza hasta que empezamos a preguntarnos: "¿Quién fabrica las bombas? ¿Cómo consiguen sus materiales? ¿Cómo las detonan? ¿Y cómo nos metemos en ese ciclo antes de que lleguen a colocar las bombas en su lugar?". Nuestro negocio es rastrear a los traficantes de armas y fabricantes de bombas para que podamos estar a la izquierda del bum y evitar la explosión del todo».

En la oficina de iSight, durante aquel verano, encontré varios rostros conocidos. Endler y James ya se habían marchado hacía tiempo, pero Greg McManus, el neozelandés, seguía desmontando código en la sala negra. También había caras nuevas: John Hultquist, un reservista del Ejército que procedía de Tennessee y era del tamaño de un oso, había servido en Afganistán tras el 11 de septiembre y en ese momento dirigía la división de ciberespionaje de iSight. Hultquist había rastreado al Oso Luminoso de cerca hasta que se había desvanecido de repente el año anterior. Aún seguía tratando de comprender sus motivos cuando recibió un intrigante correo electrónico de un compañero de la oficina de iSight en Kiev.

El correo incluía una presentación de Microsoft PowerPoint adjunta, de aspecto inocente, que supuestamente contenía una lista de los simpatizantes del Kremlin en Ucrania. El correo electrónico se valía de los mayores temores de los ucranianos. Durante meses, unos soldados rusos, en teoría «de vacaciones», habían empezado a aparecer en la zona del Dombás, al este de Ucrania. Por mucho que Putin se hiciera el loco, habían grabado a los soldados rusos transportando artillería, sistemas antiaéreos y vehículos blindados hasta sus simpatizantes al este del país. Entonces llegó un correo electrónico que decía contener una lista de los que habían participado en el movimiento. Se trataba de un intento de *phishing* que había llegado en el momento oportuno.

Hultquist abrió el PowerPoint en ordenadores del laboratorio negro virtual de iSight, donde un grupo de investigadores, como McManus, pasaban sus días sumergidos en las últimas amenazas digitales. Sin embargo, lo que los investigadores de iSight vieron aquel día fue tal vez la amenaza más avanzada hasta la fecha. El archivo de PowerPoint adjunto descargó un programa malicioso en los ordenadores del laboratorio que tomó el control de la versión más reciente de software de Microsoft: estaban presenciando el inicio de un ataque de día cero que podía cambiar la naturaleza de la guerra digital tal como la conocíamos. Los atacantes usaban el día cero para inyectar una versión de un programa malicioso muy avanzado que llevaba años circulando por Rusia. El programa en sí se llamaba BlackEnergy y había aparecido por primera vez en los foros de hackers rusos siete años atrás, cuando el hacker ruso Dmytro Oleksiuk, alias «Cr4sh», empezó a ofrecer su nueva herramienta en los foros rusos por cuarenta dólares la unidad. Si bien Oleksiuk había diseñado su herramienta BlackEnergy específicamente para ataques de denegación de servicio, en los siete años transcurridos desde que había desatado su programa malicioso sobre el mundo, el programa había evolucionado. Otros hackers habían desarrollado nuevas variantes y le habían incorporado nuevas características. Aún se utilizaba para ataques de denegación de servicio, pero las variaciones se usaban para cometer fraudes financieros.

Pero aquella variante de BlackEnergy era algo completamente nuevo. El programa malicioso trataba de llamar a casa, a un servidor de mando y control que se encontraba en algún punto de Europa. Cuando el equipo de Hultquist examinó más de cerca dicho servidor, descubrió que los atacantes lo habían dejado desprotegido. Fue uno de esos golpes de suerte digitales que puede reducir en gran medida el tiempo que les lleva a los investigadores desentramar un ataque, de años a semanas. De forma milagrosa, dentro del servidor de mando y control de los atacantes había una lista de comandos de BlackEnergy. Aquella variante del programa no estaba diseñada para detener el funcionamiento de una página web o robar credenciales bancarias, sino que se trataba de una herramienta de espionaje muy avanzada de una nación que podía extraer capturas de pantalla, registrar pulsaciones de tecla y robar archivos y claves de encriptación de los sistemas informáticos de las víctimas. Y no había ningún misterio sobre quién se encontraba detrás de todo: los comandos de archivo de BlackEnergy estaban todos escritos en ruso.

iSight subió una muestra del programa malicioso BlackEnergy a Virus-Total, una especie de motor de búsqueda, como Google, para programas maliciosos que los investigadores usan para ver dónde puede haber aparecido antes un programa malicioso concreto. VirusTotal reveló que, cuatro meses antes, en mayo de 2014, los atacantes habían usado el mismo ataque de BlackEnergy contra una empresa de energía polaca, en aquella ocasión con un archivo de Microsoft Word que supuestamente contenía la última actualización sobre los precios del petróleo y el gas en Europa. Durante las siguientes semanas, iSight destapó otros cebos: algunos de ellos estaba claro que pretendían infectar los ordenadores de los asistentes de una cumbre sobre Ucrania en Gales; otros correos electrónicos estaban escritos para tentar a los asistentes a un evento de la OTAN sobre el espionaje ruso que se había producido en Eslovaquia. Un cebo estaba dirigido específicamente a un experto estadounidense en política exterior rusa, mientras que otro apuntaba a los ingenieros de la agencia ferroviaria ucraniana, Ukrzaliznystia. Algunos de los archivos databan de 2010, el mismo año en que el Oso Luminoso había empezado a atacar el sector energético estadounidense, pero aquel grupo parecía distinto. Desperdigadas entre el código de los atacantes había referencias a *Dune*, la novela de ciencia ficción de Frank Herbert publicada en 1965 y ambientada en un futuro no muy lejano en el que el planeta ha quedado destrozado por la guerra nuclear. Los protagonistas se refugian en el desierto, donde unos gusanos de arena de más de trescientos metros de largo se mueven bajo la superficie. Hultquist denominó a aquel nuevo grupo de ataque ruso «Gusano de Arena».

En la NSA, los analistas de inteligencia rastreaban Gusano de Arena con otro nombre: era uno de los varios departamentos que trabajaban bajo la Unidad 74455, una división del Directorio Principal del Alto Estado Mayor de Rusia, el GRU. Y a los analistas de la NSA cada vez les asustaba más lo que estaban viendo. Sin embargo, cómo no, sus hallazgos estaban muy clasificados. Hultquist sospechaba que Gusano de Arena era una unidad del GRU, pero, sin ninguna prueba definitiva, no podía salir a decirlo. Para cuando su equipo publicó su informe sobre Gusano de Arena seis semanas más tarde, lo único que sabía a ciencia cierta era que los rusos llevaban cinco años adentrados en una campaña de espionaje equipada con un día cero cuyo propósito no se acabaría revelando hasta el año siguiente.

El equipo de Hultquist celebró la publicación de sus hallazgos sobre Gusano de Arena aquel octubre en su instalación segura de información compartimentada, la cual, de hecho, era un bar sin ventanas con un grifo de cerveza Miller Lite. Si el mundo se iba a acabar en algún momento, Watters quería asegurarse de que sus tenientes tenían una fuente garantizada de cerveza. Sin embargo, en aquella ocasión, el equipo de iSight cambió de opinión y brindaron por Hultquist con vodka, en un guiño hacia el origen ruso de Gusano de Arena. Mientras brindaban con sus copas aquel octubre de 2014, a unos cuatro mil kilómetros de distancia, dos investigadores de seguridad de Trend Micro, una empresa de seguridad japonesa, habían empezado a examinar el informe de iSight en una conferencia en Cupertino, California. Los investigadores de Trend Micro buscaron en sus bases de datos y en VirusTotal las direcciones IP que Gusano de Arena usaba en sus ataques. Fueron capaces de rastrearlas hasta un servidor de Estocolmo, lo cual reveló más miguitas digitales.

Entre los archivos de Gusano de Arena se encontraba una gran pista. Gusano de Arena no buscaba correos electrónicos ni documentos de Word, sino archivos que utilizaban los ingenieros industriales. Uno de los investigadores de Trend Micro había trabajado antes en Peabody Energy, el mayor productor de carbón del mundo. Aquello le proporcionó una ventaja singular para entender lo que veían. Los atacantes de Gusano de Arena buscaban archivos «.cim» y «.bcl», dos extensiones de archivo que usaba el software de control industrial Cimplicity de la empresa General Electric, el mismo software que los ingenieros de Peabody empleaban para comprobar su equipamiento de minería de forma remota. El mismo software de General Electric que usaban los ingenieros industriales de todo el mundo. Se trataba de una interfaz entre humanos y máquinas que se utilizaba para comprobar los PLC que controlan las plantas potabilizadoras, los servicios públicos eléctricos, las empresas de transporte y los oleoductos y gaseoductos del mundo. Los investigadores de Trend Micro indagaron más en el código y descubrieron que estaba diseñado para instalarse a sí mismo, ejecutar su código y, una vez terminado el trabajo, borrarse de inmediato. Entre sus varios comandos se encontraban las palabras «morir» y «apagar», el primer paso para sabotear la maquinaria al otro lado. Los hackers rusos no se adentraban en esos sistemas por mera diversión, sino que querían hacer daño.

Dos semanas después de que Trend Micro publicara su alarmante anexo a los hallazgos de Hultquist, el Departamento de Seguridad Nacional hizo sonar las alarmas incluso más. Tal como advirtió la agencia en un aviso de seguridad del 29 de octubre de 2014, Gusano de Arena no atacaba solo a los clientes de General Electric, sino también a clientes de dos fabricantes más de software de control industrial: Siemens, la misma empresa que Estados Unidos e Israel habían saboteado en el ataque de Stuxnet, y Advantech, uno de los mayores facilitadores del Internet de las Cosas del mundo. El software de Advantech estaba incorporado en hospitales, centrales de energía, oleoductos y gaseoductos y redes de transporte de todo el mundo. El Departamento de Seguridad Nacional dejó claro que, a partir de al menos 2011, Gusano de Arena había empezado a introducirse en la infraestructura crítica del mundo, no solo en Ucrania y Polonia, sino también en Estados Unidos. Pese a que Gusano de Arena aún no había utilizado aquel enorme acceso con propósitos destructivos, tras leer el informe de aquel octubre, estaba claro que eso era lo que planeaba Moscú.

Casi en el mismo instante en el que el departamento publicó su informe, Gusano de Arena desapareció del mapa. Los atacantes desconectaron sus herramientas y se desvanecieron. Cuando los rusos reaparecieron un año más tarde, lo hicieron por todo lo alto.

«Supongo que se puede decir que ha sido un fallo nocturno», me dijo Oleksii Yasinsky sobre el día en que Gusano de Arena volvió a asomar su fea cabeza en 2015. Nos encontrábamos en la oficina de Yasinsky, en el corazón de la zona industrial de Kiev, en uno de los pocos edificios que estaban entre dos distritos, cada uno con su propia subestación de energía. Si se perdía la energía en uno de los distritos, aún contaban con electricidad. No se trataba de ningún accidente.

En la víspera de las elecciones de Ucrania el 24 de octubre de 2015, Yasinsky había estado trabajando como director de seguridad de la información en Starlight Media, una empresa ucraniana, cuando su director de informática lo llamó para despertarlo en mitad de la noche. Dos de los servidores principales de Starlight se habían desconectado. Que fallara un servidor no era nada fuera de lo común, pero ¿dos al mismo tiempo? Aquello era motivo de preocupación, por no decir para entrar en pánico. Los hackers rusos habían estado bombardeando las redes informáticas ucranianas con ciberataques, y el momento que habían escogido para ello no presagiaba nada bueno. Justo antes de las elecciones ucranianas del año anterior, los hackers rusos habían desconectado la Comisión de Elecciones Central de Ucrania. Yasinsky se dijo que tal vez los fallos de los servidores no eran más que una coincidencia, pero, como las elecciones iban a empezar en pocas horas, supuso que lo mejor sería ir a comprobarlo. Por tanto, en las oscuras horas de la madrugada de aquel octubre, Yasinsky se vistió, salió a hurtadillas de su casa y se dirigió a su oficina. Para cuando llegó, sus ingenieros habían descubierto otra anomalía: el canal de YouTube de un miembro de la competencia de Starlight, STB, estaba promocionando a un candidato de extrema derecha. Ucrania contaba con unas reglas muy estrictas sobre los medios de comunicación impulsando noticias relacionadas con las elecciones durante el día de la votación. O bien STB se había salido de control, o alguien acababa de sabotear el canal de YouTube de su competencia.

Yasinsky empezó a rebuscar a través de los registros del servidor de Starlight y se topó con los atacantes. Alguien pudo ver que Yasinsky se disponía a llevar a cabo una investigación forense y destruyó un servidor que contenía sus comandos de ataque. Yasinsky presenció, en tiempo real, cómo el servidor se apagaba.

«Fue el primer indicio de que estábamos bajo ataque y de que los atacantes seguían dentro —me explicó—. Nos acabábamos de topar en un pasillo oscuro».

Yasinsky aceleró el paso y buscó cualquier punto de acceso o salida. Al escanear los registros, vio que uno de sus servidores se había estado comunicando con un sistema informático en los Países Bajos. Tras desentramar el tráfico más atrás aún, descubrió el primer comunicado del servidor neerlandés, con fecha de seis meses antes. Alguien había enviado un correo electrónico a un trabajador de Starlight que decía contener información sobre una decisión judicial ucraniana. El trabajador había reenviado el correo de *phishing* al departamento jurídico de la empresa, donde alguien lo había abierto.

«Eso —me dijo Yasinsky— convirtió a Starlight en el paciente cero».

En cuanto el abogado de Starlight entró en el archivo Excel adjunto, BlackEnergy se escapó a rastras. Eso había sucedido hacía tanto tiempo que el abogado ya ni siquiera trabajaba en la empresa. Más adelante, Yasinsky y otros especularon brevemente sobre si se habría tratado de un topo ruso. Desde la cabeza de puente que los atacantes habían establecido en abril de aquel año, Yasinsky vio que habían hecho ochenta y nueve peticiones a la red de Starlight. No se trataba de un robo relámpago, sino de una infiltración tremendamente complicada, bien pensada y ejecutada a la perfección hasta la noche en que habían fallado los servidores.

«No se trataba de ninguna captura de bandera —dijo Yasinsky—. No querían entrar y salir lo más rápido posible».

Los atacantes habían tenido la precaución de no descargar BlackEnergy de golpe, sino en fragmentos, con un módulo del programa malicioso a la vez en distintos ordenadores a lo largo de un periodo de varios meses. Era una estrategia muy astuta. Cada parte de BlackEnergy parecía ser completamente inocente; los atacantes solo empezaron a montar su arma digital cuando todas las piezas estuvieron en su sitio. Para cuando los servidores de Starlight fallaron seis meses más tarde, doscientos sistemas informáticos de Starlight estaban infectados. Lo que el equipo de Yasinsky encontró dentro de las máquinas infectadas fue un KillDisk relativamente básico y no muy distinto a la herramienta que los hackers iraníes habían empleado para eliminar los datos de los ordenadores del casino Sands y la empresa saudí Aramco. Y, al igual que en esos ataques, el KillDisk tenía una bomba de relojería. Los atacantes planeaban hacer detonar su programa malicioso a las 09:51 p. m., justo cuando Starlight iba a empezar a informar sobre los resultados de las elecciones de Ucrania. Si los servidores no hubieran fallado, se podrían haber salido con la suya.

En la otra punta de la ciudad, otro competidor de Starlight, una cadena de televisión ucraniana llamada TRK, no había tenido tanta suerte. Aquella noche, unos cien sistemas informáticos de TRK perdieron todos sus datos por culpa de BlackEnergy y el KillDisk. Cuando Yasinsky habló con las otras víctimas, surgieron unas ligeras diferencias entre las tácticas de los atacantes. Todos ellos descubrieron a BlackEnergy y el KillDisk en sus sistemas, pero los atacantes se habían adentrado en cada red mediante distintas técnicas y métodos, como si estuvieran tratando de arreglar algo. En uno de los casos, los atacantes descargaron sus herramientas de forma prolongada, a la 01:20 p. m. cada día. En otro, las descargaron a toda prisa.

«Probaron una técnica aquí, otra allá —me explicó Yasinsky—. Era el método científico en acción».

Lo que Yasinsky no lograba averiguar era por qué los atacantes se habían esforzado tanto por atacar a medios de comunicación. Los medios no tienen ninguna propiedad intelectual valiosa, y muy pocos datos de clientes o financieros. Las mutaciones de nivel de montaje que habían usado sus atacantes para instalar y esconder sus herramientas eran de lo más avanzado que Yasinsky hubiera visto jamás. ¿Por qué llegar hasta esos extremos solo para borrar unos cuantos datos? No tenía sentido.

«Piensa en *Ocean's Eleven*. ¿Por qué iban a pasar medio año haciendo esto —dijo Yasinsky señalando su detallada cronología de los ataques— solo para acabar matando dos servidores y borrando algunos datos? No tiene sentido».

Los rusos solo estaban llevando a cabo simulacros, y el KillDisk era su modo de borrar sus huellas.

«No fue hasta que se produjeron los ataques tres meses después —continuó Yasinsky— que nos dimos cuenta de que solo éramos su conejillo de Indias».

Unas pocas semanas después de que Yasinsky detuviera los ataques de Gusano de Arena contra Starlight, a John Hultquist lo invitaron a acudir al Pentágono. En noviembre de aquel año, Hultquist explicó a los altos cargos sus hallazgos sobre Gusano de Arena: las elaboradas técnicas de ofuscación, la evolución de BlackEnergy desde sus burdos orígenes como herramienta para *script kiddies* hasta convertirse en un sofisticado instrumento para la vigilancia y, posiblemente, para la destrucción. Mencionó la fijación de Gusano de Arena por la infraestructura crítica, sus víctimas de Estados Unidos y Polonia, la agencia ferroviaria ucraniana y luego los dos medios de comunicación del mismo país. Conforme llevaba a cabo su presentación, los funcionarios lo miraron sin ninguna emoción en el rostro. A Hultquist le costaba saber si la gravedad de sus hallazgos había calado en ellos. Luego un funcionario del Pentágono le preguntó a Hultquist adónde creía que conducía todo ello.

—Creo que hay una gran probabilidad —les contestó Hultquist a los funcionarios— de que vayan a apagar las luces.

Un mes más tarde, justo antes de la Nochebuena de 2015, los hackers del GRU de Rusia hicieron eso mismo.

En las semanas posteriores a la charla de Hultquist en el Pentágono, Gusano de Arena se adentró en un equipamiento de la infraestructura ucraniana tras otro: el tesoro del país; su fondo de pensiones; sus ministerios de finanzas e infraestructura; sus vías ferroviarias y sus empresas de energía, Ukrenergo, Ukrzaliznytsia, Kyivoblenergo y Prykarpattyaoblenergo, las cuales proporcionan electricidad a unas grandes zonas del oeste de Ucrania.

A las 03:30 p. m. del 23 de diciembre, en la región de Ivano-Frankivsk del oeste de Ucrania, los residentes de la zona estaban empezando a recoger sus escritorios para volver a casa a pasar la Navidad cuando un ingeniero del centro de control de Prykarpattyaoblenergo notó que su cursor se desplazaba por su pantalla, como si lo moviera una mano invisible.

El cursor se desplazó hasta el panel de instrumentos que controlaba los disyuntores de Prykarpattyaoblenergo de las subestaciones de toda la región. Uno a uno, el cursor hizo doble clic en el botón de abrir los disyuntores y desactivar las subestaciones. El ingeniero se quedó mirando, horrorizado, cómo aparecía una ventana emergente para confirmar una última vez si quería desactivar la calefacción y la electricidad a miles de sus compatriotas. Si bien trató desesperadamente de retomar el control de su *mouse*, fue inútil. Quien fuera que se hubiera adentrado en su máquina lo había dejado sin poder alguno, y en ese momento le estaba cerrando la sesión. Trató de iniciar sesión una vez más, pero la mano invisible le había cambiado la contraseña, por lo que lo había expulsado de forma permanente. Lo único que pudo hacer fue observar cómo un fantasma digital se movía de disyuntor a disyuntor y apagaba con mucha meticulosidad treinta subestaciones en total. Al mismo tiempo, otras dos empresas energéticas de Ucrania sufrieron ataques similares, lo que dejó a un total de doscientos treinta mil ucranianos sin electricidad. Una vez se interrumpió el suministro de energía, la mano oculta también desactivó las líneas telefónicas de emergencia del país, para empeorar el caos. Y, finalmente, el golpe de gracia: los atacantes desactivaron los generadores de respaldo de los centros de distribución de energía, lo que obligó a los ucranianos a arreglar el sistema a oscuras.

Se trataba de un acto de crueldad digital sin precedentes, aunque los rusos se detuvieron justo antes de acabar con la vida de alguien. Seis horas más tarde, volvieron a activar el suministro de energía en Ucrania; el ataque había durado lo suficiente como para transmitir a su vecino, y a los ayudantes de Kiev en Washington, un mensaje muy claro: «Podemos acabar con vosotros».

En Washington, los funcionarios estaban en alerta. Unos representantes del FBI, la CIA, la NSA y el Departamento de Energía se reunieron en el Centro Nacional de Integración de Ciberseguridad y Comunicaciones del Departamento de Seguridad Nacional para evaluar los destrozos y calcular el riesgo de un ataque inminente contra Estados Unidos. Los apagones de Ucrania eran el escenario propio de una pesadilla que los especialistas en ciberseguridad habían predicho durante años. Los rusos se habían frenado justo antes del temido Pearl Harbor cibernético, pero los funcionarios temblaban al pensar en lo letales que podrían haber sido los ataques y en lo peor que habría sido el daño si los rusos hubieran hecho lo mismo en Estados Unidos.

Para entonces, los hackers rusos se habían adentrado tanto en la red eléctrica estadounidense y en su infraestructura crítica que se encontraban a un solo paso de acabar con todo. Aquel fue el modo de Putin de hacerle una seña a Estados Unidos. Si Washington intervenía más en Ucrania o si llevaba a cabo un ataque como el de Stuxnet contra Rusia, atacarían. La red eléctrica del país no era menos vulnerable que la de Ucrania; la única diferencia era que la de Estados Unidos estaba más conectada y dependía más de Internet, además de que los ciudadanos estaban sumidos en una negación mayor.

«Aún estábamos atascados en la forma de pensar de espía contra espía de la Guerra Fría —me contó un alto cargo—. Cuando vimos aquellos ataques por primera vez, dijimos: "Eso es lo que hace Rusia, eso es lo que hacemos nosotros. Es un código de caballeros. Nadie lo lleva demasiado lejos". Luego lo ocurrido en Ucrania y en las elecciones echaron esa teoría por tierra».

PARTE VII

Bumerán

Esa vieja ley de «ojo por ojo» deja a todos ciegos.

—Martin Luther King Jr.

20
Ahí vienen los rusos

Washington D. C.

A finales de 2015, conforme los rusos se adentraban en las redes del Departamento de Estado, la Casa Blanca y el Estado Mayor Conjunto y preparaban su asalto contra Ucrania y las elecciones de 2016, volé a Washington para reunirme con el especialista en ciberseguridad de Obama, J. Michael Daniel.

Crucé las puertas de hierro del Edificio de la Oficina Ejecutiva Eisenhower, la enorme monstruosidad gris adyacente a la Casa Blanca que contiene las oficinas del personal presidencial. Una vez comprobaron mis credenciales, un trabajador de la Casa Blanca me condujo a una apretujada oficina sin ventanas, donde debía esperar a que Daniel concluyera sus asuntos en el Ala Oeste. En la puerta de la oficina, en una tipografía enorme, se encontraban las siguientes palabras: «Estoy harto de tener que buscar soluciones desesperadas de última hora para casos imposibles provocados por unos...». Reconocí la cita de la película de 1992, *Alerta máxima*. La frase era de un resentido exagente de la CIA, interpretado por Tommy Lee Jones, que había vendido unos misiles de crucero Tomahawk y unas cabezas nucleares a unos terroristas que se dirigían a Estados Unidos en ese momento.

Bajo la cita había un plan de emergencia para los ciberataques. «Hora 0 —decía el cartel—: Notificar al mecanismo de respuesta de seguridad de la Casa Blanca. Hora 1: El FBI y el Servicio Secreto hablan con la víctima, la NSA analiza inteligencia en busca de información, y el Departamento de Seguridad Nacional coordina una respuesta de seguridad nacional. Final del día: Enviar mensaje de estado. Si resulta pertinente, este mensaje dirá que: No se transmitirá ningún

OTRO MENSAJE A MENOS QUE SE OBTENGA NUEVA INFORMACIÓN SIGNIFICATI-
VA, LO CUAL PUEDE TARDAR DÍAS O MESES».

Siempre había imaginado que la Casa Blanca contaría con un avanzado mapa en tiempo real de los ciberataques, marcados por luces intermitentes rojas, que navegaban hacia la Casa Blanca desde servidores señuelo de todo el mundo, y un equipo de emergencia listo para acabar con ellos en tiempo real. Pues no. En lo que concernía a la defensa, la nación con las capacidades de hackeo más avanzadas del planeta estaba reducida a un papel impreso, como el resto de nosotros.

Un miembro de la Casa Blanca me condujo hasta una señorial sala de paneles de madera al otro lado del pasillo, donde esperé a Daniel. Fue la última vez que nos vimos cara a cara antes de las elecciones. En menos de un año, Daniel quedó fuera de la oficina, y, unos pocos años más tarde, Trump eliminó el puesto de coordinador de ciberseguridad de la Casa Blanca del todo. Daniel y yo habíamos hablado muchas otras veces, sobre los ataques iraníes contra Aramco y los bancos, los ataques chinos contra la Oficina de Administración de Personal y sobre el horrible estado en el que se encontraban las defensas cibernéticas de Estados Unidos. Sin embargo, esa sería la primera vez, y probablemente la última, en que tuviera la oportunidad de formularle las preguntas que debía hacerle sobre el almacén de días cero del gobierno.

Un año antes, habían arrastrado a Daniel hacia el debate sobre los días cero, y repito lo de *arrastrado*. Un día cero había obligado al gobierno a hacerlo. Durante el Día de los Inocentes de abril de 2014, casi al mismo tiempo, unos investigadores de seguridad en Finlandia y en Google descubrieron un día cero en un protocolo de cifrado muy utilizado. El día cero que habían descubierto era tan crítico que lanzaron toda una campaña publicitaria sobre el fallo, la cual incluía un nombre memorable, «Heartbleed», un logotipo y camisetas.

«En una escala del uno al diez, esto es un once», escribió en aquel entonces Bruce Schneier, un experto en ciberseguridad muy respetado.

Heartbleed era un fallo clásico en OpenSSL, una herramienta de acceso abierto muy popular que se utiliza para encriptar el tráfico de Internet. Todo el mundo, desde Amazon y Facebook hasta el FBI, empleaba dicha herramienta gratuita para cifrar sus sistemas. Estaba incorporada en los teléfonos

Android, los enrutadores wifi destinados al público e incluso en los sistemas armamentísticos del Pentágono. El fallo Heartbleed era el resultado de un error de programación clásico, un caso de desbordamiento de búfer que permitía a cualquiera extraer datos, entre ellos contraseñas y claves de encriptación, de los sistemas que debían ser protegidos. A diferencia del software propietario, que se crea y mantiene mediante unos pocos empleados, el código de acceso abierto como OpenSSL puede, en teoría, ser comprobado por programadores de todo el mundo.

«Con muchas miradas, todos los errores saltarán a la vista» es como lo explicó Eric S. Raymond, uno de los veteranos del movimiento de acceso abierto en su ensayo de 1997, *La catedral y el bazar*, manifiesto sobre la filosofía de acceso abierto. Sin embargo, en el caso de Heartbleed, según me dijo Raymond, «no había ninguna mirada».

El mundo no tardó en enterarse de lo descuidado que había quedado OpenSSL. Por mucho que el código tuviera un papel esencial en proteger a millones de sistemas, estaba mantenido por un solo ingeniero que trabajaba con un ajustado presupuesto anual de dos mil dólares (la mayoría de ellos donaciones de distintos individuos), lo justo para pagar las facturas de luz. El fallo Heartbleed se había introducido en una actualización de hacía dos años, y, aun así, nadie se había molestado en percatarse de él.

Pocos días después de que se descubriera Heartbleed, Bloomberg publicó un reportaje sin demasiadas fuentes que afirmaba que la NSA había sabido de la existencia del fallo y se había estado aprovechando de él en silencio desde entonces. Aquella alegación llegó a medios como la CNN, el Drudge Report, el *The Wall Street Journal*, NPR y *Politico*, lo cual obligó a la agencia secreta a publicar una respuesta oficial. La NSA declaró en un tuit que no había sabido nada del fallo hasta que este se hizo público.

No obstante, la NSA llevaba nueve meses sumida en un torrente interminable de revelaciones de Snowden, por lo que ya nadie aceptaba la palabra de la agencia. La controversia obligó a la Casa Blanca a llegar mucho más lejos que ningún otro país antes de ello al hablar en público sobre el proceso mediante el que lidia con los días cero. Los funcionarios, de manera extraoficial, les contaron a los periodistas que el presidente Obama había decidido unos meses atrás que, cuando la NSA descubriera un día cero, debía (en la mayoría de los casos) asegurarse de que se solucionara. Con todo, al parecer, el presidente había dejado lugar a una flagrante excepción para «una necesidad clara de seguridad nacional o de cumplimiento de la ley», un tecnicismo tan grande que los críticos dijeron que la decisión no valía para nada. Fue Daniel quien tuvo que aclarar la situación.

Hasta Heartbleed, el gobierno ni siquiera había mencionado el término «día cero» en voz alta. Aun así, en abril de aquel año, Daniel habló sin tapujos de la política de días cero de Estados Unidos. En una declaración publicada en la página web de la Casa Blanca, detalló lo que llamaba un «proceso de toma de decisiones disciplinado, riguroso y de alto nivel para revelar las vulnerabilidades», en el cual varias agencias gubernamentales daban a conocer su opinión sobre los pros y contras de no desvelar la existencia de un día cero. Incluyó una lista de preguntas que se formulaban a las agencias para determinar si revelar u ocultar el hecho. Entre ellas: «Esta vulnerabilidad, si no se soluciona, ¿representa un riesgo significativo?», «¿Cuánto daño puede llegar a hacer una nación rival o grupo criminal si llega a conocer esta vulnerabilidad?», «¿Cuántas probabilidades hay de que otra entidad descubra la vulnerabilidad?».

Era la primera vez que un gobierno reconocía en público que ocultaba información sobre una brecha de seguridad a sus ciudadanos. Pero Daniel había dejado muchas preguntas sin responder. E imaginé que era mi última oportunidad de pedirle que las respondiera.

Poco después de las 05 p. m., Daniel entró en la sala y se acomodó en su silla frente a la larga mesa de caoba. Con su cabello castaño y sus ojos cansados, de verdad se parecía a Tommy Lee Jones en *Alerta máxima*, solo que con menos pelo. Me pregunté si Daniel sería el responsable de la cita de la puerta. Después de todo, su trabajo era buscar soluciones desesperadas de última hora para casos imposibles provocados por unos imbéciles.

Y no solo era Heartbleed. Daniel aún estaba lidiando con los problemas de Snowden, y Corea del Norte había atacado a Sony Pictures mientras él estaba al mando.

«Kim Jong-un es el culpable de que no pasara la Navidad con mi familia», me contó.

Fue su teléfono el que sonó a las tres de la madrugada cuando los iraníes atacaron la presa Bowman (equivocada). Fue Daniel quien lideró la campaña sobre el reciente hackeo de China a la Oficina de Administración de Personal. Y en ese momento, delante de nuestros ojos, una unidad de hackers rusos —una división de la antigua KGB, que pasó a llamarse

SVR— recorría los sistemas informáticos del Departamento de Estado, la Casa Blanca, el Estado Mayor Conjunto y, aunque ninguno de los dos lo sabíamos en aquel momento, el Comité Democrático Nacional.

«No termina nunca —me explicó Daniel—. Lo hacemos todo sobre la marcha. Soy aficionado de la historia y no consigo encontrar ningún precedente para esto».

El trabajo de Daniel era formular una política cibernética coherente en la Casa Blanca (una misión imposible como ninguna otra), y fue Daniel quien heredó la posición nada envidiable de liderar el proceso administrativo a través del cual el gobierno decidía qué días cero de su arsenal se quedaba y cuáles entregaba para que los solucionaran. El proceso que supervisaba Daniel contaba con un nombre difuso y burocrático, el Proceso de Equidad de Vulnerabilidades, y, cómo no, un acrónimo (VEP por sus siglas en inglés). Y Daniel lo odiaba con todo su ser. Había heredado la responsabilidad del VEP de su predecesor, Howard Schmidt, un hombre pensativo con aires de abuelo benévolo que había ayudado a aconsejar a George W. Bush sobre ciberseguridad y que había establecido la primera estrategia cibernética formal bajo las órdenes de Obama. Schmidt, quien falleció en 2017, comprendía el valor de inteligencia que había en los días cero, pero también sabía lo vulnerables que dejaban al resto de los mortales.

«Los gobiernos han empezado a decir: "Para poder proteger mejor a mi país, tengo que encontrar vulnerabilidades en otros países" —me dijo Schmidt antes de fallecer-—. El problema es que, así, todos acabamos estando en un peligro mayor».

Stuxnet había inspirado a numerosos países a entrar en la caza de días cero, y Estados Unidos estaba perdiendo el control de un mercado que antes había dominado.

«Si alguien acude a ti con un fallo que podría afectar a millones de dispositivos y dice "serías el único que lo tendría si me pagas lo que te pido", siempre habrá alguien decidido a pagar —me contó Schmidt. Nunca he olvidado lo que me dijo a continuación—: Por desgracia, jugar con fuego es algo muy común en el ciberespacio».

El proceso que Schmidt instauró en la Casa Blanca se había adaptado del de la NSA. Durante años, la NSA había tenido su propio VEP para decidir qué días cero se quedaba y cuáles entregaba, solo que, dado lo involucrada que estaba la agencia en encontrar días cero y el papel que estos interpretaban en las operaciones más críticas de la agencia, la NSA solo decidía entregarlos en muy raras ocasiones, y siempre después de que ya los hubiera utilizado. Para cuando Schmidt le entregó las riendas a Daniel en 2014, los debates sobre días cero seguían siendo informales, algo muy dispar a la gravedad de los ataques que sacudían las redes estadounidenses sin cesar.

Durante los doce meses anteriores, los hackers rusos habían lanzado un agresivo ciberataque contra el Departamento de Estado. Habían convencido a trabajadores ingenuos de que pulsaran sobre los enlaces de sus correos electrónicos de *phishing* y habían recorrido los sistemas informáticos de los diplomáticos estadounidenses que trabajaban con la política rusa. Para cuando llamaron al equipo de Kevin Mandia, encontraron hackers rusos en los recovecos más escondidos de la red del Departamento de Estado. Cada vez que bloqueaban una puerta trasera, los hackers rusos entraban por otra. Fue uno de los esfuerzos más descarados que el equipo de Mandia hubiera visto jamás. Y, en cuanto Mandiant empezó a tener el ataque bajo control, los rusos aparecieron a un kilómetro de distancia, en aquella ocasión dentro de la Casa Blanca. Pese a que los rusos habían actuado con sigilo, los funcionarios estadounidenses vieron con mucha claridad quién los estaba atacando. Unas agencias de inteligencia neerlandesas se habían adentrado en una universidad cercana a la plaza Roja de Moscú, donde los hackers de SVR (conocidos como «Oso Amistoso» entre los investigadores de seguridad privados) operaban en ocasiones. Los neerlandeses habían logrado adentrarse en las cámaras de seguridad de la universidad, y, mediante un programa de reconocimiento facial, identificaron a los hackers de SVR por nombre. Fue un vistazo de alta definición al enemigo más adepto de Estados Unidos, y, si la Casa Blanca hubiera seguido en ello con mayor atención, podría haber atrapado a aquellos mismos hackers en la fase inicial de su ataque contra las elecciones presidenciales del país.

No obstante, el día en que me senté con Daniel, Rusia no fue más que una tangente en nuestra conversación. Daniel describió a Rusia como un «factor imprevisible». Todos sabíamos ya que Rusia estaba en nuestros sistemas y que tenía la habilidad y el acceso necesarios para desatar un ataque funesto; pero, al menos por el momento, Moscú había demostrado saber controlarse. Según Daniel, lo que más les preocupaba era Irán y Corea del Norte. Esperaba que el trato nuclear con Irán mejorara la conducta de Teherán, pero no se mostró demasiado optimista. Corea del Norte también estaba en las puertas, solo que aún no poseía la capacidad para generar un gran ataque. En cuanto al Estado Islámico, según Daniel, sus terroristas usaban las redes sociales para reclutar seguidores y planear ataques; aunque, en términos de ciberataques, lo peor que había logrado la «División de Hackeo del Estado Islámico» había sido publicar nombres y direcciones de más de mil miembros del Ejército y del gobierno. Los hackers del Estado Islámico lo llamaron «lista de personas a las que matar» y afirmaron haberse adentrado en sus sistemas. En realidad, era tan solo una lista de personas que tenían correos electrónicos *gov* o *mil*, los cuales habían extraído de un ataque a un vendedor en línea de Illinois. El hacker responsable del ataque ya estaba en la cárcel, y el que había publicado el tuit con la lista había muerto en un ataque con dron en agosto de aquel año. En términos de capacidades cibernéticas, los terroristas estaban años por detrás. Y, aun así, Daniel sabía muy bien que, si alguno de ellos se hacía con el ciberarsenal de Estados Unidos, bueno, que Dios nos ayudara.

El VEP que Daniel había pasado a supervisar estaba diseñado para sopesar los distintos intereses involucrados en el proceso de mantener a salvo a los ciudadanos estadounidenses. Por un lado, retener una vulnerabilidad de día cero minaba la ciberseguridad colectiva del país. Por el otro, publicar un día cero para que los vendedores pudieran solucionarlo minaba la habilidad de las agencias de inteligencia de llevar a cabo su espionaje digital, la habilidad del Ejército de emplear ciberataques ofensivos y la de la policía para investigar crímenes. Aquel cálculo era mucho más simple cuando todos seguíamos usando máquinas de escribir distintas.

«No es ningún secreto que cada país espía —me dijo Daniel—. En los años setenta y los ochenta, Rusia usaba tecnología que nosotros no, y nosotros usábamos tecnología que ellos no. Si encontrábamos una brecha de seguridad en sus sistemas, nos aprovechábamos de ella y punto final. No hay más que hablar. Ahora no es tan sencillo: todos hemos migrado a la misma tecnología. Ya no se puede hacer un agujero en algo sin afectar a la seguridad de todo el mundo».

Cuando Daniel pasó a encargarse del VEP, aceleró los esfuerzos de Schmidt y agrupó a los sospechosos comunes (representantes de la NSA, la CIA, el FBI y el Departamento de Seguridad Nacional) con representantes de un número cada vez mayor de agencias gubernamentales, como el Departamento del Tesoro, de Comercio, de Energía, de Transportes, de Servicios Sanitarios y Humanos y otros, cuyos sistemas podían recibir ataques si un día cero estadounidense llegaba a malas manos.

Era mejor que nada. De hecho, Estados Unidos era uno de los tan solo dos países (el otro era Reino Unido) que afirmaba contar con un sistema así.

Incluso en Alemania, donde se preocupaban tanto por la privacidad, los funcionarios me dijeron que se encontraban lejos de organizar un VEP propio. Y no había muchas posibilidades de que los funcionarios de Irán y Corea del Norte se reunieran en una larga mesa de caoba para debatir si debían entregarle un día cero de Windows a Microsoft.

Daniel aceptó que el proceso era más arte que ciencia. Nunca lo admitiría, pero, dado los grandes recursos que las agencias de inteligencia estadounidenses destinaban a la ofensiva, además de la inteligencia que un día cero podía otorgar sobre ataques terroristas inminentes o lanzamientos de misiles norcoreanos, el proceso siempre estaba inclinado a favor de quedarse con un día cero en vez de entregarlo para que se solucionara. Sin embargo, conforme más hospitales, centrales nucleares, bolsas de valores, aviones, vehículos y partes de la red eléctrica se conectaban a Internet, los debates del VEP empezaron a volverse despiadados.

«Hay muchas emociones involucradas», me explicó Daniel.

Por muy transparente que fuera él, los debates estaban envueltos en secretos. Daniel ni siquiera me confirmó qué agencias contaban con un asiento en la mesa del VEP.

«Pero podrás imaginar cuáles son —me dijo— si piensas en todos los sistemas que podrían verse afectados si esas herramientas acabaran en malas manos».

El cálculo en sí era relativamente sencillo en teoría, aunque confuso en la práctica.

«Cuando hacemos estas valoraciones —me explicó Daniel—, evaluamos lo generalizada que es la tecnología en particular. Si es muy generalizada, nos decantamos por revelar el fallo. Y si esa tecnología solo la usan nuestros adversarios, ello inclina la balanza en el otro sentido, y es más probable que nos quedemos con la vulnerabilidad. Y, cuando nos la quedamos, [las agencias de inteligencia] tienen que defender por qué y por cuánto tiempo. Luego revisamos de forma periódica la decisión y pensamos si ha llegado el momento de solucionar la vulnerabilidad o no. Si descubrimos alguna prueba de que nuestros adversarios han empezado a aprovecharse de la vulnerabilidad, la arreglamos».

Si bien otorgarle un proceso a todo ello le daba a la Casa Blanca un atisbo de responsabilidad, en la práctica era una partida con mucho en juego en el que ningún participante quería perder y que se estaba saliendo de control. Le pregunté a Daniel por el hecho de que Estados Unidos hubiera engendrado el mercado de días cero y luego le hubiera mostrado al mundo la destrucción que podían sembrar siete días cero encadenados. Le dije que el lado de los proveedores de la economía clandestina había aparecido en otras partes, en mercados que no podrían controlar. Le hablé de los argentinos, de los hombres que me habían dicho que no sentían más obligación de vender a Estados Unidos que a Irán o a las acaudaladas monarquías del Golfo, o incluso menos aún.

«Mira, no voy a pretender que lo sabemos todo —me contestó—. A veces —añadió, apesadumbrado—, aún queda sangre en la mesa».

A pesar de que Daniel nunca llegó a hablar de vulnerabilidades específicas, entre aquellas que habían pasado por su oficina se encontraba una familia de vulnerabilidades de la NSA a las que la agencia les había otorgado el nombre en código «Eternal».

El nombre se le ocurrió a un algoritmo informático de la NSA, pero acabó siendo una denominación apropiada para un conjunto de vulnerabilidades de días cero que persiguió a Daniel, la NSA y los negocios, pueblos y ciudades estadounidenses durante años. Una de esas vulnerabilidades, EternalBlue, se valía de fallos críticos en un protocolo de software de Microsoft llamado «bloque de mensajes del servidor» (SMB por sus siglas en inglés). Dicho protocolo permitía que los sistemas informáticos transmitieran información, como archivos o servicios de impresora, de servidor a servidor a velocidad de Internet. En la NSA, encontrar los fallos subyacentes de los que se aprovechaba EternalBlue solo era media batalla. La verdadera hazaña, según me contaron los hackers de TAO, era encontrar un modo de usar esos fallos sin hacer que el ordenador del objetivo fallara. Poco después de que TAO descubriera o adquiriera los fallos que componían la herramienta EternalBlue, pasaron a llamarlo «EternalBluescreen», una referencia a la inquietante pantalla azul de la muerte que aparece cuando un sistema Windows falla. Durante un tiempo, los operadores de TAO se encontraron bajo órdenes estrictas de usar EternalBlue solo para ataques precisos. Necesitaban un permiso especial de los altos cargos para disparar la vulnerabilidad, por temor a poner en peligro una misión. Necesitaron a un equipo de algunos de los mejores analistas de la NSA para desarrollar el algoritmo que se aseguraba de que EternalBlue aterrizaba en el sistema del objetivo sin generar ninguna pantalla de error en el otro lado. Y, una vez resolvieron ese problema, TAO se maravilló ante la magia de su pulida herramienta de espionaje.

«Nos proporcionó alguna de la mejor inteligencia contra el terrorismo que teníamos», me contó un antiguo hacker de TAO.

Una de las mejores características de EternalBlue era que no era «sucio»: no dejaba muchos registros a su paso. Eso permitía a los hackers de la agencia moverse de servidor a servidor sin que nadie se diera cuenta. Las posibilidades de que los objetivos de la NSA —terroristas, Rusia, China, Corea del Norte— acabaran descubriendo que habían sufrido un ataque mediante la vulnerabilidad de la agencia eran casi inexistentes. La agencia usó Eternal-Blue para el espionaje. Sin embargo, sabían que si la vulnerabilidad se acababa descubriendo, podía funcionar como un misil intercontinental. Si los hackers de Irán, Corea del Norte, China, Rusia o de Dios sabe dónde cambiaban la carga explosiva por una que pudiera sabotear datos o desactivar sistemas al otro lado, podía causar un caos sin precedentes.

«Sabíamos que podía ser un arma de destrucción masiva», me dijo un antiguo hacker de TAO.

Algunos funcionarios sostuvieron que la vulnerabilidad era tan peligrosa que debían entregar los días cero subyacentes a Microsoft. Aun así, la inteligencia que producía era tan crítica, según me dijo un exanalista de inteligencia, que nunca llegaron a considerar en serio entregarlos. En lugar de eso, la NSA se aferró a EternalBlue durante siete años —un periodo en el que se produjeron algunos de los ciberataques más agresivos contra las redes estadounidenses de la historia— y rezó para que nadie lo encontrara nunca.

Daniel nunca me habló de EternalBlue ni de ninguna otra vulnerabilidad directamente. No obstante, en un momento de reflexión años más tarde, concedió que se arrepentía de algunas decisiones del VEP. Y, una vez EternalBlue acabó en manos no de un solo adversario sino de dos, y se utilizó para causar una destrucción de miles de millones de dólares por todo el mundo, fue fácil imaginar que la decisión de retener aquellos días cero de Microsoft durante siete años había sido una de ellas.

Daniel no lo sabía por entonces, pero los rusos ya se estaban preparando para inclinar la balanza de las elecciones presidenciales de Estados Unidos de 2016.

Para junio de 2014, el Kremlin había despachado a dos agentes rusas, Aleksandra Y. Krylova y Anna V. Bogacheva, a Estados Unidos para una gira de reconocimiento de tres semanas. Las dos mujeres llevaron cámaras, tarjetas SIM y teléfonos desechables, y planearon «escenarios de evacuación» en caso de que los funcionarios estadounidenses se percataran del verdadero motivo de su viaje. En total, las mujeres visitaron nueve estados (California, Colorado, Illinois, Luisiana, Míchigan, Nevada, Nueva York, Nuevo México y Texas) para «recabar inteligencia» sobre la política estadounidense. Aquel verano, Krylova transmitió a sus jefes en San Petersburgo sus hallazgos sobre el partidismo estadounidense y los «estados morados», donde el Partido Demócrata y el Republicano cuentan con un nivel de apoyo similar por parte de los votantes. Su informe creó una guía de campo para la interferencia de Rusia en 2016.

En San Petersburgo, la máquina de propaganda de Putin, conocida como la «Agencia de Investigación de Internet», estaba dando sus primeros pasos. Los rusos otorgaron el nombre en clave «Proyecto Traductor» a su creación, y su objetivo era «dispersar la desconfianza hacia los candidatos y el sistema político en general». Putin nominó a su antiguo chef —un hombre corpulento llamado Yevgeny Prigozhin, quien había pasado nueve años en la cárcel por fraude antes de ascender de vendedor de perritos calientes a confidente de Putin— para que supervisara la campaña de guerra de información desde un edificio de cuatro plantas corriente y moliente cerca de la plaza Roja. Con un presupuesto multimillonario a su disposición (del cual aún se desconoce su procedencia), la Agencia de Investigación de Internet (IRA por sus siglas en inglés) se dispuso a reclutar a unos veintitantos redactores de noticias, diseñadores gráficos y «especialistas de optimización de motores de búsqueda» con sueldos semanales de mil cuatrocientos dólares, más del cuádruple de lo que podían ganar en otros lares. En una planta, unos troles rusos que trabajaban en turnos rotativos de doce horas crearon y desplegaron cientos de cuentas falsas en Facebook y Twitter para cargar contra cualquiera que criticara a su amo, Vladimir Putin. En otra planta, los troles de la IRA esperaban su tarea diaria: una lista de crisis políticas estadounidenses del día, cualquier cosa que los rusos pudieran aprovechar para sembrar el caos, la división y la desconfianza.

Con la guía de campo de Krylova en mano, los troles de Rusia empezaron en Texas y se desperdigaron a partir de ahí. En septiembre de 2014, la IRA lanzó un grupo de Facebook llamado «Heart of Texas» (el corazón de

Texas) y empezó a soltar memes secesionistas a favor de Texas, etiquetas como #texit y las tácticas para sembrar el miedo de siempre, como que Hillary Clinton iba a quitarles las armas y cosas por el estilo. En menos de un año, el grupo había generado cinco millones y medio de «me gusta» en Facebook. Más adelante, en un contramovimiento, la IRA creó un grupo de Facebook separado, los «United Muslims of America» (los Musulmanes Unidos de América), y promocionó mitines y contramitines en el exterior del Centro Islámico Da'wah de Houston. Los manifestantes del grupo Heart of Texas confrontaron a los del movimiento promusulmanes del otro lado de la calle en un terrorífico enfrentamiento del mundo real que los titiriteros digitales de Rusia coordinaban desde ocho mil kilómetros de distancia. Ni siquiera los troles rusos de San Petersburgo se podían creer que los estadounidenses fueran tan ingenuos.

Para aportar credibilidad al proceso, los rusos se valieron de identidades robadas de estadounidenses reales, cuyos números de seguridad social y credenciales bancarias y de correo electrónico se encontraban en las plataformas rusas de la web oscura. En el punto álgido de la campaña rusa, la IRA contaba con más de ochenta trabajadores que accedían a Facebook y Twitter mediante redes virtuales privadas seguras para enmascarar aún más sus identidades. Y empezaron a reproducir la suerte que habían tenido en Texas hacia el resto del país, con una atención especial a los estados morados como Colorado, Virginia y Florida (más adelante, los agentes del FBI descubrieron que «estados morados» se había convertido en una especie de mantra ruso en su interferencia de 2016). «Usad cualquier oportunidad para criticar a Hillary y al resto (salvo a Sanders y Trump, a ellos sí los apoyamos)», les dijeron los jefes de la IRA a sus lacayos en documentos internos filtrados.

La IRA usó sus identidades falsas para comunicarse con voluntarios de la campaña de Trump y grupos populares que apoyaban su causa. Compraron anuncios pro-Trump y anti-Clinton en Facebook y soltaron memes xenófobos que incitaban al racismo, con el objetivo de hacer que menos minorías votaran en las elecciones o que votaran a candidatos de terceras partes, como Jill Stein. Los rusos establecieron páginas del movimiento Black Lives Matter y cuentas de Instagram con nombres como «Woke Blacks» (Negros Conscientes) que trataban de convencer a los afroamericanos, una demografía esencial para Clinton, de que se quedaran en casa durante las elecciones. «El odio hacia Trump engaña al pueblo y lleva a los negros a votar a Killary —rezaba su mensaje—. No podemos conformarnos con el mal menor. En ese caso, lo mejor será que NO VOTEMOS». En Florida, la IRA pagó a un votante de Trump, sin que este lo supiera, para que construyera una jaula en la parte trasera de una camioneta y contratara a una actriz para que se vistiera de Clinton y se sentara en la jaula en una concentración mientras la muchedumbre gritaba «encerradla». Cuando aquello tuvo éxito, organizaron concentraciones en Pensilvania, Nueva York y California. Para cuando se reveló la campaña de la IRA, años más tarde, los troles de Putin habían llegado hasta 126 millones de usuarios de Facebook y habían recibido 288 millones de impresiones de Twitter, un número apabullante, dado que solo hay 200 millones de votantes registrados en Estados Unidos, y solo 139 millones de ellos votaron en 2016.

Sin embargo, la campaña de la IRA fue solo el más visible de los intentos de interferencia por parte de Rusia. Desde 2014, los hackers rusos empezaron a entrometerse en los padrones electorales de los cincuenta estados y lograron adentrarse en los sistemas de registro de votantes en Arizona y extraer los datos de los votantes de una base de datos de Illinois. Empezaron a tantear las defensas estadounidenses y a identificar debilidades en su enorme aparato informático de elecciones (operaciones de registro de votantes, padrones electrónicos y otro equipamiento) a través del cual se llevaban a cabo las elecciones del país. Hackearon a VR Systems, la empresa que proporciona software de comprobación de padrones electrónicos en estados pendulares críticos como Florida, Carolina del Norte y otros seis estados más. Los estadounidenses solo lograron ver un atisbo de la operación rusa en junio de 2016, cuando hackearon el Comité Democrático Nacional.

En junio de aquel año, estaba de vacaciones en Sierra Nevada cuando la alerta apareció en mi teléfono. *The Washington Post* informaba de que CrowdStrike había descubierto no uno, sino dos grupos de hackers rusos separados dentro de las redes informáticas del Comité Democrático Nacional. El primero, Oso Amistoso (el mismo grupo de SVR que ya había atacado con éxito el Departamento de Estado y la Casa Blanca) había estado en el interior de las redes del Comité durante más de un año. El segundo, Oso Lujoso, un grupo que yo conocía bien debido a sus ataques contra cualquiera, desde los periodistas estadounidenses hasta los diplomáticos y sus esposas, se había adentrado en las redes del Comité tres meses antes mediante un simple correo electrónico de *phishing*. En marzo de aquel año, los hackers rusos de Oso Lujoso habían enviado a John Podesta, el líder de la campaña de Hillary Clinton, una alerta de Google falsa que declaraba que tenía que cambiar su contraseña de Gmail. Podesta había reenviado el correo electrónico al equipo informático del Comité para que lo evaluaran, y, en lo que acabaría siendo el error de escritura más trágico de la historia de las elecciones estadounidenses, un ayudante de la campaña respondió: «Es un correo electrónico legítimo». Había querido escribir «ilegítimo», pero el daño ya estaba hecho.

Cuando Podesta introdujo su nueva contraseña en la página web de acceso de Gmail falsificada por los rusos, les otorgó a los hackers rusos acceso a sesenta mil correos electrónicos que iban hasta una década atrás, y una cabeza de puente para adentrarse más aún en el Comité Democrático Nacional y en los correos electrónicos de Hillary Clinton. Si bien el reportaje del *The Washington Post* era bastante completo, no había dado en el blanco. Estaba lleno de mensajes tranquilizadores como: «Parece que no se ha accedido a ninguna información personal, financiera o de donaciones», y el *Post* informó de que se trataba de una campaña de espionaje ruso tradicional, motivada por un «deseo de comprender las políticas, fuerzas y debilidades de una futura presidenta en potencia, del mismo modo que los espías estadounidenses recababan información similar sobre candidatos y líderes extranjeros». Aun así, ¿quién podía culparlos? Nadie estaba preparado para lo que iba a suceder a continuación.

En cuanto vi el artículo del *The Washington Post*, llamé a David Sanger, quien también estaba de vacaciones en Vermont. Ambos habíamos visto la escalada de tácticas rusas y comprendíamos a qué se estaba enfrentando Estados Unidos.

«Esto es el Watergate», dijimos los dos.

Llamamos a nuestros editores del *The New York Times*, pero en junio de aquel año fue difícil darles impulso a muchos artículos, al estar sumidos en la campaña presidencial más abrumadora de nuestros tiempos. Los ciberataques se habían convertido en una banda sonora repetida hasta la saciedad en nuestras vidas, y los editores enterraron el artículo al final de la sección de política. En la Casa Blanca, los funcionarios estaban igual de hastiados, tras responder al asalto de ataques cada vez peores por parte de Rusia contra la red eléctrica, la Casa Blanca y el Departamento de Estado. Varios informes indicaban que el Comité Democrático Nacional no era la única víctima; pues el Comité Republicano Nacional también había sufrido varios ataques.

Hasta que un misterioso y solitario hacker apareció de la nada, los funcionarios achacaron los ataques al espionaje ruso tradicional.

Un día después de que aparecieran las noticias sobre el ataque, una enigmática figura que se hacía llamar «Guccifer 2.0» apareció en Twitter con un enlace a una diatriba en línea titulada «Servidores del DNC atacados por un solo hacker».

«La empresa de ciberseguridad reconocida en todo el mundo, CrowdStrike, anunció que los servidores del Comité Democrático Nacional (DNC) fueron atacados por unos grupos de hackers sofisticados —escribió Guccifer 2.0—. Me complace ver que la empresa valora tan bien mis habilidades. Pero, a decir verdad, me resultó fácil, muy fácil».

Casi al instante, los funcionarios estadounidenses se percataron de que habían subestimado en gran medida las motivaciones de Rusia. El mensaje de Guccifer 2.0 incluía una muestra de datos robados al Comité, como correos electrónicos, documentos sobre políticas, los nombres de donantes demócratas y dónde vivían, y la investigación de oposición que había llevado a cabo el Comité sobre Trump, que incluía títulos de capítulo como «Trump ha demostrado en repetidas ocasiones que no tiene ni idea sobre política exterior clave» y «Trump solo guarda lealtad hacia sí mismo». Eso, según Guccifer 2.0, era «solo una pequeña parte de todos los documentos que había descargado de las redes de los demócratas». Los «miles de archivos y correos electrónicos» restantes se encontraban en manos de WikiLeaks. «Los publicarán pronto —escribió, y añadió—: ¡¡Que les den a los Illuminati y a sus conspiraciones!!».

El alias de hacker de Guccifer 2.0 y la referencia a los Illuminati formaban parte de una elaborada tapadera rusa. El Guccifer original (pronunciado gú-cci-fer) era una persona real: Marcel Lazar Lehel, un cibercriminal rumano que usó el pseudónimo para hackear a miembros de la familia Bush, los documentos internos de Hillary Clinton sobre Bengasi y la página web de Colin Powell. Llegó a los titulares con su filtración de cuadros que George W. Bush había pintado de sí mismo en la ducha. Lehel era conocido por su fijación con los Illuminati, un sombrío «estado profundo» que los seguidores de las teorías de la conspiración creen que controla el mundo. Lehel había sido detenido en Rumanía dos años antes y lo habían extraditado a Virginia para enfrentarse a cargos de ataques informáticos. Mientras esperaba su sentencia, Lehel afirmó haberse adentrado en el servidor privado de Hillary Clinton. En esos momentos, Guccifer 2.0 afirmaba que estaba retomando la misión de Lehel tal como la había dejado.

Sin embargo, los expertos en seguridad informática se centraron de inmediato en los metadatos de los documentos filtrados del Comité Democrático Nacional, los que mostraban que habían pasado a través de ordenadores con configuración en ruso. Algunos de los archivos estaban marcados por última vez por una persona cuyo nombre de usuario era muy revelador y estaba escrito en el alfabeto cirílico: Felix E. Dzerzhinsky, también conocido como Iron Felix, el primer jefe de la policía secreta soviética. Conforme los investigadores desplegaron sus hallazgos en Twitter, Guccifer 2.0 afirmó que tan solo era un simple rumano sin vínculo con Rusia. Un periodista emprendedor de Motherboard, la página web de noticias sobre tecnología, entrevistó a Guccifer 2.0 a través de Twitter. El periodista, Lorenzo Franceschi-Bicchierai, fue astuto al formular sus preguntas en inglés, rumano y ruso. Guccifer 2.0 respondió las preguntas en rumano y en un inglés algo torpe, pero afirmó no poder entender las preguntas en ruso. Cuando los lingüistas empezaron a desentramar las respuestas de Guccifer 2.0, estaba claro que desde luego no era rumano: se había valido del traductor de Google. Se trataba de una operación de influencia rusa en toda regla. Los rusos tenían un nombre para ese tipo de operación: «kompromat», el arte ruso de diseminar información dañina para desacreditar a sus enemigos. Los rusos llevaban años practicando el *kompromat*, y los hackers detrás del ataque al DNC eran el mismo grupo ruso que se había adentrado en los sistemas de informes electorales de Ucrania antes de la importante votación del país dos años antes.

Aun así, los orígenes de la filtración del Comité se perdieron en la tormenta mediática que ocurrió a continuación. Guccifer 2.0 había transmitido fragmentos de correos electrónicos robados del Comité a periodistas de *Gawker* y de *The Smoking Gun*. Los periodistas y comentaristas de ambos lados del pasillo político descendieron sobre los correos como moscas. El artículo de *Gawker* por sí solo generó medio millón de clics. Y, poco después, tal como había prometido Guccifer 2.0, WikiLeaks empezó a soltar decenas de miles de correos electrónicos y demás bienes robados, los que aparecieron de inmediato en *The Guardian,* el *Intercept,* BuzzFeed, *Politico,* en *The Washington Post* y en *The New York Times*. Los rusos se guardaron sus revelaciones más incriminatorias para los días anteriores a la Convención

Democrática Nacional, cuando los miembros del partido debían reunirse, y filtraron unos correos electrónicos que mostraban que el Comité había favorecido en secreto a Hillary Clinton sobre su principal oponente, Bernie Sanders. Los funcionarios del partido habían pensado el mejor modo de desacreditar a Sanders. Algunos cuestionaron su fe judía y sostuvieron que pintar al candidato como ateo «podía sacar algunos puntos de ventaja» al estar tan cerca de las elecciones primarias. Otros propusieron dar a conocer un incidente en el que el equipo de Sanders presuntamente había robado los datos de la campaña de Clinton. Con todo, los correos electrónicos más perjudiciales fueron los de la presidenta del Comité, Debbie Wasserman Schultz, quien escribió que Sanders «no iba a ser presidente». Las filtraciones surtieron el efecto deseado. Pocos días después, cuando comenzó la convención, a Wasserman Schultz la recibieron con abucheos y silbidos. Varios manifestantes (¿o serían títeres colocados por la IRA?) sostenían pancartas que decían «CORREOS ELECTRÓNICOS» y «¡GRACIAS POR LA AYUDA, DEBBIE! :)». En aquel toma y daca, los estadounidenses habían perdido de vista la procedencia de las filtraciones. Aquel julio, conforme acababa la convención, escribí un artículo junto a David Sanger en el que desafiaba a los lectores a recordarlo: «Una pregunta inusual capta la atención de los ciberespecialistas, expertos en Rusia y los líderes del Partido Demócrata en Filadelfia: ¿Acaso Vladimir V. Putin está intentando entrometerse en las elecciones presidenciales estadounidenses?». El director de campaña de Clinton, Robby Mook, insistió en que los rusos estaban filtrando los datos «con el propósito de ayudar a Donald Trump». Sin embargo, sin ninguna prueba que apoyara sus afirmaciones, la campaña de Clinton se quedó dando vueltas en el aire.

En Rusia, los hackers y troles de Putin se pusieron las pilas. Poco satisfechos con la tracción que estaban generando los correos electrónicos robados del Comité Democrático Nacional en WikiLeaks, los hackers rusos empezaron a impulsar los correos electrónicos robados de los demócratas a través de sus propios canales. Los correos del Comité empezaron a aparecer en una nueva página web llamada DCLeaks (la cual, de forma sospechosa, se había registrado en junio), un indicio de que los rusos se habían preparado para usar los correos demócratas como armas varios meses atrás. Varios usuarios de Facebook con nombres estadounidenses como «Katherine Fulton» y «Alice Donovan» aparecieron por arte de magia y promovieron a DCLeaks entre sus seguidores. Y, un mes antes de las elecciones, WikiLeaks publicó el filón madre: los correos electrónicos personales de John Podesta, los que incluían un total de ochenta páginas de controvertidos discursos por los que Clinton había recibido dinero para pronunciar en Wall Street. En uno de esos discursos filtrados, Clinton le había dicho al público que algo muy importante para los políticos era tener una posición «pública» y una «privada», lo cual se aprovechaba de las críticas que afirmaban que la candidata tenía dos lados y que no actuaba en aras del interés público. Los extremistas de «construyamos el muro» de Trump se aferraron a un discurso en el que Clinton defendía unas «fronteras abiertas». Cada una de las filtraciones fue diseminada, convertida en arma y etiquetada por el ejército de troles de la IRA rusa, que dirigía las filtraciones a una población estadounidense ya cínica de por sí. Meses después de que Sanders hubiera dado por finalizada su campaña y hubiera apoyado a Clinton, varios activistas que lideraban páginas de Facebook a favor de Bernie Sanders empezaron a notar una sospechosa marea de comentarios hostiles hacia Clinton. «¡Los que votamos por Bernie no votaremos por la corrupta Hillary! —decían—. ¡La revolución debe continuar! #NuncaHillary».

«La magnitud y la violencia de todo ello —le dijo un administrador de Facebook a mi compañero Scott Shane— sugería que era obra de un adversario de sangre fría con malas intenciones».

Aun así, a muchos estadounidenses la mera idea de que algo fuera una campaña rusa aún les sonaba como una locura propia de la Guerra Fría.

En el Ala Oeste, los funcionarios ya tenían bastante más claro quién se encontraba detrás de los intentos de desacreditar la campaña de Clinton, aunque la extensión real de la interferencia rusa no fue visible hasta años más tarde. La pregunta era: ¿qué podían hacer al respecto?

Los funcionarios del DNC presionaron a la Casa Blanca para que revelara lo que sabía sobre la campaña de ataques e información por parte de Rusia. La CIA ya había concluido con «una gran confianza» que era el gobierno ruso quien había orquestado el hackeo al Comité. No obstante, la Casa Blanca se había quedado en silencio de forma sospechosa. Se estaba engendrando una lucha dentro del gabinete. La NSA decía que no podía atribuir el ataque a los rusos con nada más que «confianza moderada». Sus analistas seguían indagando a través de la inteligencia de señales y querían estar seguros al cien por cien antes de que la NSA publicara una de sus poco comunes declaraciones. En la CIA, los funcionarios sabían con una certeza del cien por cien que se trataba del trabajo sucio del Kremlin, pero su inteligencia se basaba en unos espías estadounidenses muy delicados en la red de Putin. A la CIA le preocupaba que hacer público algo sobre el tema pudiera poner en peligro a sus fuentes. Y a Obama le preocupaba que, si declaraba que el ataque sobre la campaña se trataba de una operación rusa, el pueblo fuera a entender que él también estaba interfiriendo en las elecciones.

Daniel, quien solía comportarse de manera tranquila y sosegada, defendió con fuerza la idea de proporcionar una respuesta equitativa. ¿Podíamos tomar el control de algún modo de los servidores de mando y control del GRU? ¿O desconectar a DCLeaks y a Guccifer 2.0 de Internet? ¿Y a WikiLeaks? ¿Podíamos desconectarlo también? Consideraron llevar la guerra de información hasta la puerta de Putin. ¿Y si filtraban los tratos financieros corruptos de Putin y sus secuaces? ¿Tal vez podían darle donde más dolía y cortarle el acceso al sistema bancario mundial? Según me dijeron los funcionarios, ninguno de esos escenarios llegó al escritorio del presidente y no se tomaron en serio.

Para Obama y sus funcionarios de inteligencia más veteranos, la constante descarga de filtraciones y titulares sobre el Comité Democrático Nacional fue una atracción secundaria comparada con los ataques rusos que se producían en las bases de datos de registros de votantes de cada estado. En Arizona, descubrieron que habían robado las contraseñas que pertenecían a un funcionario de las elecciones, las cuales podían usarse para manipular los datos de registros de votantes. En Illinois, los funcionarios del estado estaban recién empezando a valorar los daños producidos por un ataque contra sus redes, en el cual los rusos habían extraído los datos de votantes de Illinois. Los analistas del Departamento de Seguridad Nacional vieron que Rusia analizaba los sistemas de registro de votantes de todo el país. Si lograban introducirse en los padrones de votantes, podían cambiar el estado de un votante de registrado a no registrado, manipular los datos para mostrar que alguien ya había votado cuando no era así o eliminar a los votantes del padrón directamente. Los hackers rusos ni siquiera tenían que sabotear las propias máquinas de votación, puesto que les resultaría mucho más fácil, además de menos visible, privar del derecho a voto de forma digital a miles de votantes de condados tradicionalmente demócratas en los estados morados. Incluso si cambiaban los datos solo un poco, los rusos podían provocar sospechas de elecciones amañadas y sembrar el caos sobre las elecciones y el país. Y el caos, según los expertos en política exterior de Rusia, era lo que buscaban siempre.

Con la creciente amenaza de aquel otoño, la Casa Blanca sabía qué tenía que hacer algo. Obama decidió que lo mejor sería transmitir un mensaje bipartito de solidaridad. Despachó a sus mejores tenientes del Departamento de Seguridad Nacional y el FBI para informar a los mayores legisladores y pedirles que, entre todos, señalaran a Rusia. Sin embargo, cuando Lisa Monaco, Jeh Johnson y James Comey llegaron a Capitol Hill en una caravana de todoterrenos negros aquel septiembre, la reunión se redujo a una pelea entre ambos partidos. Mitch McConnell, el líder mayoritario del Senado, dejó claro que no pensaba firmar ninguna declaración bipartita que culpara a los rusos; desestimó la inteligencia, amonestó a los funcionarios por caer en lo que según dijo se trataba de una táctica democrática y se negó a advertir a los ciudadanos sobre los intentos de socavar las elecciones de 2016.

En aquel vacío entró el candidato Donald Trump.

«¡Me encanta WikiLeaks!», declaró Trump en uno de sus mitines. Promocionaba los ataques de Rusia en cada oportunidad que se le presentaba.

«Unos correos electrónicos del Comité Democrático Nacional muestran planes para destruir a Bernie Sanders… Muy violento. AMAÑADO», escribió en un tuit. En otro, bromeó al decir que esperaba que los hackers del Comité se hubieran infiltrado también en el servidor de correos electrónicos personales de Clinton. Y, mientras tanto, Trump se negaba a mencionar el nombre de los rusos. Mitin tras mitin, expresaba sus dudas respecto a que Rusia estuviera involucrada. En septiembre, en una entrevista con la cadena de televisión rusa RT, Trump declaró que era «muy poco probable» que hubiera sido Putin quien ordenara los ataques contra el Comité.

«Creo que son los demócratas quienes dicen eso. Quién sabe, pero creo que es muy poco probable». Y, en el primer debate presidencial, Trump dijo que los ataques podían haber sido obra de «alguien que pesara doscientos kilos y trabajara desde su cama».

Conforme se acercaban las elecciones, la Casa Blanca transmitió dos advertencias a Putin. Una provino del propio Obama, quien le dijo a Putin a la cara en una cumbre en Hangzhou de aquel septiembre que, si Rusia seguía en sus trece, Estados Unidos tenía la habilidad de destruir la economía rusa. La otra advertencia provino del director de la CIA, John Brennan, quien le dijo a su homólogo ruso en la FSB, la agencia sucesora de la KGB soviética, que, a menos que Rusia se echara atrás, «le saldría el tiro por la culata».

Y Rusia sí que se echó atrás, o tal vez había concluido su trabajo. La campaña ya había hecho suficiente daño a Clinton. Pensaron que tal vez podría hacerse con la victoria, pero que no tendría eficacia. Según algunas estimaciones de inteligencia, Rusia no esperaba que Trump llegara a ganar de verdad. Su objetivo principal era golpear a Clinton y hacer que el pueblo cuestionara su victoria. Cuando Trump ganó las elecciones de aquel noviembre, fue imposible decir, en términos estadísticos, qué impacto había ejercido la intromisión rusa en su victoria. Los expertos de desinformación afirmaron que el *kompromat* ruso había sido poco efectivo. Pero yo no estoy tan segura. Las cifras muestran que, de hecho, Trump perdió el voto popular por tres millones de votos, pero recibió una pequeña parte de los votos en las campañas que Al Gore, John Kerry y Mitt Romney habían perdido. No fue que Trump hubiera ganado en 2016, sino que Clinton perdió. Cierto número de tendencias de votos se atascaron o cambiaron de curso en 2016. La participación en las elecciones por parte de los votantes negros, el electorado al cual los troles rusos habían dirigido muchos de sus intentos, disminuyó en gran medida en 2016 por primera vez en veinte años. Y el margen de victoria de Trump en 2016 en los estados pendulares fue más pequeño que los votos totales que recibió Jill Stein, la candidata del Partido Verde a la cual apoyaban los troles rusos. En Wisconsin, donde Clinton perdió por 23.000 votos, Stein ganó 31.000; en Míchigan, donde Clinton perdió por 10.704 votos, Stein recibió 50.000. Por supuesto, los estrategas políticos conservadores afirman que los demócratas habían subestimado lo mal que caía Clinton desde el principio. Aun así, es probable que nunca lleguemos a saber cuánta parte de la descarga diaria por parte de Rusia de memes anti-Clinton, mitines simulados y bots hicieron que personas que hubieran votado a Clinton se quedaran en casa o crearan una nube tan oscura sobre su candidatura que los condujo a votar a terceras partes.

Los funcionarios de Obama habían planeado lidiar con la cuestión de Rusia después de las elecciones, una vez que ganara Clinton. No obstante, la victoria de Trump en noviembre de 2016 sembró la duda sobre todo. El gabinete de Obama introdujo unas dolorosas sanciones contra Rusia en diciembre de aquel año. Expulsó a treinta y cinco «diplomáticos» rusos, muchos de ellos espías, y cerró dos propiedades diplomáticas rusas secretas, una de ellas una mansión de cuarenta y nueve salas en un complejo de más de cinco hectáreas en Long Island, y la otra un nido de espías de Maryland a pie de playa, donde los vecinos comentaron, con cierto temor, que los rusos de al lado no hervían los cangrejos como las personas de allí.

«Apuñalan al cangrejo con un destornillador, le rompen el caparazón de la espalda, lo limpian y luego hierven el cuerpo», declaró un vecino a Associated Press.

En conjunto, no fue más que una bofetada por haber quemado la casa hasta los cimientos. Y hablando de quemar, cuando el gabinete de Trump ordenó por fin a Rusia que cerrara su consulado en San Francisco nueve meses más tarde, unas sospechosas columnas de humo negro empezaron a salir de la chimenea del edificio el día de la mudanza. En el interior, los rusos quemaban quién sabe qué. Las personas del lugar se reunieron en la acera para fisgonear y llamaron a los bomberos para que investigaran, y los funcionarios medioambientales de la zona enviaron a un inspector. Un periodista del lugar se acercó a un hombre y a una mujer rusos que salían del edificio para preguntar sobre el fuego. Con el humo ácido y negro que aún los rodeaba, la mujer respondió:

—¿Qué fuego?

21

Los Shadow Brokers

Localización desconocida

El primer indicio de que el almacén de ciberarmas de la NSA se había escapado fue una serie de tuits muy poco coherentes en la cuenta de Twitter @shadowbrokerss.

En agosto de 2016, tan solo dos semanas después de las primeras filtraciones del Comité Democrático Nacional, mientras los troles rusos atacaban a Hillary Clinton en las redes sociales y tanteaban los sistemas electorales de Estados Unidos estado a estado, aquella cuenta de Twitter apareció de la nada. Los Shadow Brokers, fueran quienes fueran, afirmaron haber hackeado la NSA y en esos momentos organizaban una subasta en línea muy contentos para vender las ciberarmas de la agencia.

«¡¡¡Atención patrocinadores gubernamentales de la ciberguerra y aquellos que se aprovechan de ella!!! —empezaba el mensaje, escrito en una especie de burla del ruso, imitación del inglés—. ¿Cuánto pagas tú por las ciberarmas de enemigos?».

La cuenta afirmaba haber interceptado ciberarmas que pertenecían al «Grupo Ecuación». El Grupo Ecuación (como las extrañas convenciones de nombres de CrowdStrike para las unidades de hackers rusas como Oso Amistoso u Oso Lujoso) era el nombre que la empresa rusa Kaspersky le daba a TAO, el escuadrón de hackers de élite de la NSA.

Seguimos tráfico de Grupo Ecuación. Encontramos variedad de fuente de Grupo Ecuación. Hackeamos Grupo Ecuación. Encontramos muchas muchas ciberarmas de Grupo Ecuación. Ves imágenes. Damos algunos archivos de Grupo Ecuación gratis, ¿sabes? Es buena prueba, ¿no? ¡¡¡Disfruta!!! Tú rompe muchas cosas. Tú encuentra muchas intrusiones. Tú escribe muchas palabras. Pero no todos, vamos a subastar los mejores archivos.

Al principio, aquel texto sin sentido parecía una elaborada mentira, otro imitador de Guccifer que quería sus quince minutos de fama o distraer la atención pública de la infiltración en las elecciones a tiempo real que pasaba por nuestras pantallas. No obstante, el depósito de herramientas de hackeo que los Shadow Brokers publicaron en Internet parecía ser real. Adjunto a aquel mensaje había un enlace a trescientos megabytes de datos, el equivalente en texto de trescientas novelas, solo que en aquel caso los archivos contenían herramientas de hackeo con nombres en código como «Epicbanana», «Buzzdirection», «Egregiousblunder» y «Eligiblebombshell». Unos cuantos imaginaron que algún idiota con demasiado tiempo libre había pasado por los documentos de Snowden y el catálogo ANT del TAO que *Der Spiegel* había publicado años atrás, se había inventado unos nombres raros y los había colocado en las herramientas de hackeo extraídas de la web oscura.

Pero los operadores de la NSA, los investigadores de seguridad y los hackers de todo el mundo empezaron a analizar los archivos y comprobaron que se trataba de algo real. Aquel conjunto contenía vulnerabilidades de día cero capaces de atravesar de forma invisible los cortafuegos vendidos por Cisco, Fortinet y algunos de los más utilizados en China. Llamé de inmediato a cada extrabajador de TAO que quisiera atender el teléfono para preguntarles:

—¿Qué es esto?

—Son las llaves del reino —se limitó a decir uno de ellos. Ya había analizado el conjunto de muestra y había reconocido las herramientas, pues estas le pertenecían a TAO. Estas eran lo único que necesitaba un ciberterrorista para adentrarse en agencias gubernamentales, laboratorios y redes corporativas de todo el mundo. Si bien Snowden había dejado entrever las descripciones de los programas de la NSA y sus capacidades, los Shadow Brokers acababan de publicar las capacidades en sí. Códigos y algoritmos para desatar una destrucción masiva estaban al alcance de cualquiera que quisiera provocarla o que tuviera datos que robar; en esencia, se trataba de la peor pesadilla de la NSA, el escenario que, en teoría, el VEP debía detener.

Sin embargo, aquel conjunto era solo una muestra, un anuncio para un tesoro de herramientas de la NSA mucho más grande que planeaban vender al mejor postor. Los Shadow Brokers continuaron con otro archivo cifrado —«¡mejor que Stuxnet!», según escribieron— y se ofrecieron a desencriptarlo para cualquiera que pagara con más bitcoins. En aquella ocasión, los Shadow Brokers añadieron un giro al proceso: si la apuesta alcanzaba un millón de bitcoins (más de quinientos millones de dólares en aquel entonces), estaban dispuestos a publicar el contenido de su tesoro robado. El caos era bastante caro.

Los Shadow Brokers concluyeron con una extraña diatriba sobre las «élites»:

«Dejémoslo claro para las Élites. Vuestro dinero y control dependen de datos electrónicos —escribieron—. Si datos electrónicos dicen adiós, ¿dónde se quedan Élites con dinero? ¿A lo mejor con ovejas tontas? ¿Te crees al mando? Élites con dinero, envía bitcoin, apuesta en subasta, ¿quizá gran ventaja para ti?».

Para mí, y para muchos otros periodistas, además de para los expertos rusos de todo el mundo, el inglés torpe de los Shadow Brokers, que trataba de imitar el ruso, sonaba como un hablante nativo de inglés que quería parecer ruso, una especie de treta. No sonaba como las sofisticadas unidades de hackers rusos a las que tanto nos estábamos acostumbrando. Aun así, aquel agosto, justo después de los ataques rusos contra el Comité Democrático Nacional, nadie imaginó que aquella táctica estuviera por debajo de ellos.

Jake Williams, de treinta y nueve años, estaba sentado en un centro de mando de Ohio y ayudaba a otra empresa más a recuperarse tras un violento ciberataque. Su equipo llevaba una cantidad ingente de horas tratando de echar a los cibercriminales de la red de su cliente cuando él vio los tuits de los Shadow Brokers.

Descargó las herramientas de muestra de los Shadow Brokers y reconoció el trabajo de inmediato. Pese a que no lo iba contando por ahí, hacía cuatro años que Williams había abandonado TAO. Era un exparamédico que había trabajado en inteligencia militar antes de incorporarse a la NSA y había sido un especialista en vulnerabilidades de TAO desde 2008 hasta 2013, un periodo más largo que la mayoría en los tiempos que corren. Y, si bien no podía decirme si alguna de las herramientas que habían publicado los Shadow Brokers eran suyas, me aseguró que eran auténticas.

Williams intercambió una mirada con su compañero, otro exanalista de TAO, quien también reconoció las herramientas. «No puede estar pasando. ¡Mierda, mierda, mierda! No puede estar pasando».

En la sala de redacción, yo pensaba lo mismo. Para entonces, ya había rastreado el almacén de días cero del gobierno desde su infancia: Gunman, Gosler, la agencia, los hackers, los brókeres, los espías, el mercado, las fábricas. El dilema siempre había sido: «¿Y si nuestros adversarios o cibercriminales descubren esos mismos fallos por sí mismos?». Muy pocas personas, si es que alguien lo había hecho, se habían parado a considerar qué ocurriría si alguien robaba el almacén del gobierno. No me creía lo que veía. Las filtraciones de Snowden fueron un desastre desde el punto de vista diplomático, y la publicación del catálogo ANT de la NSA había clausurado operaciones de la NSA por todo el mundo. «Pero ¿el código? ¿Las vulnerabilidades en sí?». Aquella muestra contenía vulnerabilidades que a los mejores hackers y criptógrafos de Estados Unidos les había llevado meses establecer a la perfección. No cabía duda de que en esos momentos se encontraban desplegados en operaciones TAO activas contra adversarios estadounidenses, e incluso contra algunos aliados, por todo el mundo. Si las filtraciones de Snowden ya eran algo malo, aquello era peor.

Williams examinó los archivos. Su equipo ya estaba cerca de alejar a los atacantes de la red de su cliente de una vez por todas, y él ya estaba listo para volver a Georgia. Luego vio que los cortafuegos de su cliente estaban expuestos a las mismas vulnerabilidades de día cero que los Shadow Brokers acababan de publicar en Internet. Nadie iba a volver a casa pronto.

Su equipo pasó las siguientes horas alterando la red de su cliente para protegerla del golpe que iba a producirse más adelante. Para cuando estuvieron cerca de establecer un búfer, ya se había hecho tarde, y el edificio se había quedado sin trabajadores. Williams se dirigió a su hotel, donde, sobre varios Tés Helados Long Island recargados, leyó la publicación de los Shadow Brokers, diseccionó el intento de inglés ruso y las mofas y trató de imaginar quién en su sano juicio estaría dispuesto a hacer eso. Sabía que los peores enemigos y mejores aliados de Estados Unidos iban a estar escaneando sus propias redes en busca de cualquier rastro del código robado de la NSA. Si lo encontraban, o, mejor dicho, cuando lo encontraran, el resultado no iba a ser bonito. Aquello tenía todos los indicios de convertirse en un nuevo nivel de tortura.

En términos diplomáticos, la filtración de Snowden más perjudicial fue la revelación de que la NSA estaba espiando el teléfono de la canciller alemana Angela Merkel. Tres años más tarde, los diplomáticos estadounidenses seguían tratando de reparar las relaciones con Berlín. ¿Qué operaciones de la

NSA iban a descubrir nuestros aliados entonces? Gracias a más Tés Helados Long Island de los que quisiera admitir, Williams repasó mentalmente una lista de los adversarios de Estados Unidos que podían hacer algo así y reflexionó sobre cuáles podían sacar mayor provecho de ello. Irán y Corea del Norte habían demostrado poseer la voluntad de hacer daño al país durante años; aun así, por dañinos que hubieran sido sus ataques y por muy rápido que hubieran demostrado ser unos enemigos cibernéticos formidables, Estados Unidos todavía se encontraba años luz por delante de ellos en lo que concierne a las capacidades cibernéticas. En esos momentos, alguien (¿quién carajos sería?) les acababa de entregar las ciberarmas de Estados Unidos para que redujeran dicha ventaja.

A Williams le daba escalofríos pensar en el colosal caos que podían sembrar aquellas herramientas. A sus clientes les esperaba una buena. Estaba seguro de que los cibercriminales de todo el mundo estaban dispuestos a valerse de las herramientas para sacar provecho. Sin embargo, los otros países también podían incorporar bombas digitales y borradores de datos a las herramientas, detonar datos y desconectar las agencias gubernamentales, empresas e infraestructura crítica estadounidense.

A la mañana siguiente, Williams se despertó y tragó su antídoto para las resacas: bebidas energéticas Monster Rehab. Mientras se dirigía de vuelta a la oficina de su cliente, la misma pregunta seguía atormentándolo: ¿quién carajos podía hacer algo así?

El momento escogido no podía tratarse de una coincidencia. Los rusos acababan de atacar el Comité Democrático Nacional y estaban soltando *kompromat* por todas partes. Seguro que el Pentágono estaba barajando opciones para un posible contraataque. Williams se preguntó si la publicación de los Shadow Brokers sería un ataque preventivo. Tal vez era un recordatorio al mundo por parte del Kremlin de que Estados Unidos no era el único país que se encontraba en aquel juego. O tal vez Rusia quería advertir a Estados Unidos de que, si decidían contraatacar con ciberataques, el Kremlin ya conocía sus métodos.

Entre aquellos que promovieron ese punto de vista se encontraba el propio Edward J. Snowden. En un tuit que escribió desde Moscú, Snowden dijo: «Unas pruebas circunstanciales y el sentido común indican que el responsable es Rusia»; las filtraciones de los Shadow Brokers eran «con toda probabilidad una advertencia de que alguien podía demostrar que Estados Unidos era responsable de cualquier ataque que se originara desde ese servidor de programa malicioso. Ello podía tener unas consecuencias significativas en la política exterior», tal como añadió en otro tuit. «En concreto, si alguna de esas operaciones se lanzó contra aliados de Estados Unidos» o contra sus elecciones. «Del mismo modo —continuó—, puede ser un intento por influenciar el cálculo de los líderes que se preguntan con qué fuerza responder a los ataques contra el Comité Democrático Nacional».

Dicho de otro modo, Snowden dijo que «alguien quería transmitir el mensaje» de que contraatacar a la interferencia rusa en las elecciones «podía volverse feo muy deprisa».

En la sede de Cisco en Silicon Valley y en las oficinas satélite de la empresa en Maryland (a poco más de quince kilómetros de Fort Meade), los analistas de amenaza e ingenieros de seguridad examinaron el código de la NSA. Aquel era el día cero de las vulnerabilidades. Los días cero que los Shadow Brokers habían expuesto sobre el cortafuegos Cisco eran un escenario propio de una pesadilla, y no solo para Cisco en sí, sino para los millones de clientes de la empresa de todo el mundo. Los ingenieros de Cisco se apresuraban por programar un parche o una solución temporal. Hasta que lo hicieran, cualquiera con las habilidades digitales necesarias podía adentrarse en secreto en las redes de sus clientes sin ninguna restricción.

Los días cero de Cisco podían haber valido decenas de miles de dólares en el mercado clandestino, pero, según mis fuentes, los daños provocados por la publicación de los Shadow Brokers podían exceder los cientos de millones de dólares. Los archivos de muestra más antiguos de los Shadow Brokers eran de 2013, aunque parte del código llegaba hasta 2010. «¿La NSA se los ha guardado durante tanto tiempo?». Aquellos días cero no neutralizaban un solo cortafuegos, sino once productos de seguridad distintos. En Fortinet, otra empresa de seguridad de la Autopista 101, tenía lugar el mismo escenario de pesadilla. Fortinet había estado recabando más cuota de mercado en el extranjero, y a sus ejecutivos les preocupaba que sus clientes extranjeros fueran a entender aquella filtración como una complicidad por parte de la empresa. Los ingenieros maldijeron a su propio gobierno.

Las filtraciones de los Shadow Brokers convirtieron en mentirosos a los funcionarios estadounidenses que, en los últimos años, habían enaltecido el VEP y el «NOBUS», el cálculo de «nadie salvo nosotros», que los funcionarios de la NSA usaban para decidir si entregaban un día cero o no. Sin embargo, las vulnerabilidades que los Shadow Brokers filtraron no eran del nivel de NOBUS. Se aprovechaban de fallos que cualquiera (adversarios del país, cibercriminales o aficionados) podían haber encontrado y desarrollado por sí mismos. Aquellos cortafuegos se utilizaban para proteger redes estadounidenses, y, aun así, la NSA se había aferrado a ellos durante años. Si el VEP funcionara tal como Daniel y otros habían declarado que lo hacía, ya habrían entregado y solucionado los fallos mucho tiempo atrás.

Durante años, los funcionarios estadounidenses sufrieron por el hecho de que las propias ciberoperaciones del país, los ataques como el de Stuxnet, fueran a inspirar a sus enemigos a hacer lo mismo. Porque algún día, con los suficientes fondos y formación, fueran a eliminar la ventaja que Estados Unidos tenía sobre ellos. Y en esos momentos, las propias herramientas de hackeo de Estados Unidos se encontraban en Internet, en público, a disponibilidad de cualquiera que quisiera usarlas para disparar contra el país. En Fort Meade, los espías sudaron la gota gorda.

Por muy lucrativos que hubieran podido ser los días cero de los Shadow Brokers en el mercado clandestino, su subasta pública no llegó demasiado lejos. Tal vez se debía a que quienes podrían haber pujado tenían miedo —con buena razón— de que pujar los convirtiera en objetivos para los mejores espías del mundo. Veinticuatro horas después de que diera comienzo la subasta, los torturadores de la NSA solo habían conseguido una miserable subasta de novecientos dólares.

Aun así, ninguno de los investigadores del FBI ni del brazo de contrainteligencia de la NSA, conocido como el «Q Group», creían que los Shadow Brokers lo hubieran hecho por dinero. Fuera quienes fueran los responsables, lo habían hecho bajo un gran riesgo para la agencia, para su país, para cualquier red informática afectada del mundo y para sí mismos, si alguna vez los atrapaban. Los investigadores llegaron a creer que se trataba de un plan terrorista que se desplegaba a cámara lenta.

Los medios de comunicación no revolotearon sobre la publicación de los Shadow Brokers como hicieron con las filtraciones de Snowden o las del Comité Democrático Nacional. En el *The New York Times*, mis compañeros David Sanger, Scott Shane y yo cubrimos las filtraciones en un artículo tras otro, varios de ellos en la portada, pero, debido a su aspecto técnico, no produjeron el mismo impacto que las filtraciones anteriores. Pero el daño que provocó a las operaciones de la NSA fue mucho mayor.

En Fort Meade, además de en sus campus satélite desperdigados por todo el país, la agencia cerraba a toda prisa cualquier operación afectada por el código filtrado, intercambiaba herramientas y trataba de prever lo que los Shadow Brokers fueran a filtrar a continuación. Mientras tanto, cualquier persona que siquiera hubiera echado un vistazo al código robado fue arrastrada para ser interrogada. En la caza de traidores a favor de los Shadow Brokers, algunos tuvieron que someterse a polígrafos, mientras que a otros los suspendieron de forma indefinida. La moral de la NSA, de por sí mermada debido a las filtraciones de Snowden, estaba más baja que nunca. Algunos de los especialistas de la agencia, incluso veteranos que habían pasado toda su carrera allí, empezaron a buscar empleos en el sector privado, donde los esperaba un mejor salario, menos burocracia y menos polígrafos.

Aquel verano, conforme la agencia trataba de rastrear la fuente de las filtraciones, la NSA alertó al FBI sobre un tuit de un contratista de la NSA llamado Harold «Hal» Martin III. Martin había usado Twitter para contactar con Kaspersky Lab, lo cual alertó a la NSA. El FBI aprovechó el soplido para conseguir una orden de búsqueda para la vivienda de Martin, donde encontraron cincuenta terabytes de datos (seis cajas enteras llenas de código y documentos clasificados, algunos de los cuales contenían los nombres de funcionarios de inteligencia infiltrados) desperdigados por el coche de Martin y su maletero, su casa, jardín y cabaña. No obstante, Martin resultó ser un coleccionista, no un traidor. No había ninguna prueba de que hubiera accedido a los archivos que habían robado ni de que los hubiera compartido. Y, si la NSA creía que habían encontrado al culpable, poco después le demostraron que se equivocaba.

Con Martin bajo custodia aquel octubre, los Shadow Brokers reaparecieron el día anterior a Halloween con una nueva entrada de blog: «¿Truco o trato?». Aquella vez no filtraron ningún código, sino las direcciones web de los servidores señuelo que la NSA había establecido por todo el mundo, lo cual le concedió a los aliados y adversarios del país un mapa completo de las operaciones secretas de ataques informáticos de la NSA en distintos países, en Corea del Norte, China, India, México, Egipto, Rusia, Venezuela, Reino Unido, Taiwán y Alemania. La filtración incluía una burla hacia el vicepresidente Joe Biden, quien tan solo unos días antes había declarado en *Meet the Press*, de la NBC, que Rusia era el responsable del ataque al Comité Democrático Nacional y que las agencias de inteligencia estadounidenses planeaban contraatacar.

«Vamos a transmitir un mensaje —había declarado Biden—. Será cuando nosotros decidamos y bajo las circunstancias que causen el mayor impacto».

A los Shadow Brokers no les sentó demasiado bien: «¿Por qué el Viejo-Verde amenaza de una ciberguerra entre CIA y Rusia? —tuitearon—. El truco de control más viejo de todos, ¿eh? Ondear bandera, cargar problemas a fuente externa, no tomar responsabilidad de los fracasos. No obstante, hackear al Comité Democrático Nacional es mucho mucho más importante que Grupo Ecuación perdiendo capacidades. ¿Los *amerikanskis* no saben que cibercapacidades de Estados Unidos bajo ataque? ¿Dónde está "prensa libre"? —El tuit acababa con una amenaza siniestra—: El 8 de noviembre, en vez de no votar, ¿tal vez impedimos voto del todo? ¿Quizá ser Grinch que hace que elección no pase? ¿A lo mejor hackear elección es mejor idea? #hackelection2016». La contraseña para acceder a lo publicado por los Shadow Brokers recordaba a los postores la subasta de herramientas de la NSA que estaba a punto de llegar a su fin y rezaba: «Páganos».

Seis semanas más tarde, los Shadow Brokers aparecieron de nuevo, en esa ocasión en un campo distinto, más similar a lo que habían hecho Netragard, Vupen, NSO y otros, y escribieron: «ShadowBrokers prueba subasta. A gente no le gusta. Los Shadow Brokers prueban fondos colectivos. A gente no le gusta. Ahora los Shadow Brokers prueban ventas directas». Junto a su discurso propio de Borat había una captura de pantalla de varios archivos que el grupo decía que valían entre una y cien bitcoins cada uno (entre setecientos ochenta y setenta y ocho mil dólares). Si los compradores querían adquirir las herramientas de la NSA a la carta, podían pujar de forma directa por cada vulnerabilidad. Fuera porque a quienes querían comprar el riesgo de convertirse en un objetivo de la NSA les pareciera demasiado extremo o porque toda la subasta era una farsa, nadie picó. Aquel enero, los Shadow Brokers anunciaron que iban a salir del mercado de ciberarmas del todo.

«Adiós, hasta la vista gentes. Los ShadowBrokers cortan comunicación, hacen salida. Continuar es demasiado riesgo, demasiada estupidez, no muchos bitcoins. A pesar de teorías, siempre ha sido por bitcoins para los ShadowBrokers. Publicaciones gratis y charla política absurda era por atención de publicidad».

Durante tres meses, los Shadow Brokers desaparecieron. Mientras tanto, otra filtración, en esa ocasión de una cámara de la CIA —los filtradores la llamaron «Vault7»— que contenía unas herramientas de hackeo de Langley de entre 2013 y 2016 llegó a Internet. La cámara detallaba cómo la CIA podía adentrarse en vehículos, televisores inteligentes, navegadores de Internet y en los sistemas operativos de los teléfonos Apple y Android, además de en los sistemas informáticos Windows, Mac y Linux. En esencia, el filón madre. Sin embargo, los Shadow Brokers no se otorgaron el mérito de las filtraciones. Y, a juzgar por las herramientas, parecía que Vault7 era obra de un segundo filtrador. Dos años después, la CIA culpó de la filtración a un exprogramador de élite de la CIA llamado John Schulte, quien afirmó ser inocente. Un jurado determinó que Schulte era culpable de prestar declaraciones falsas ante los investigadores, pero, en cuanto a si Schulte era o no la fuente de las filtraciones, el jurado se había quedado en un *impasse*, lo cual obligó al juez a declarar un juicio nulo.

Conforme la NSA y el FBI se apresuraban para averiguar quién estaba detrás de las filtraciones de los Shadow Brokers, la principal teoría era que un hacker de la NSA había dejado el arsenal de la agencia en un ordenador o servidor que había sido atacado por hackers rusos. Algunos miembros de la NSA no estaban tan convencidos. Las filtraciones incluían una gran parte de la colección de días cero de TAO, entre ellas algunas herramientas que la agencia almacenaba en discos físicos. Los investigadores sospechaban que un infiltrado de la agencia podía haberse guardado una memoria USB y salir de allí sin que nadie lo notara. Aun así, aquella explicación no tenía en cuenta el hecho de por qué algunos de los archivos extraídos por los Shadow Brokers no se encontraban en los discos ni por qué parecía que los habían robado de distintos sistemas en distintos momentos. Las filtraciones incluían presentaciones de PowerPoint y otros archivos, lo cual hacía que la explicación de que los Shadow Brokers hubieran extraído las herramientas que un operador de TAO torpe había dejado en Internet fuera menos creíble.

Una pista que provenía de los israelíes condujo a los investigadores al ordenador personal de un trabajador de la NSA. Dicho trabajador había instalado un software antivirus creado por Kaspersky, la empresa de ciberseguridad rusa. Los israelíes, según me indicaron mis fuentes, se habían adentrado en los sistemas de Kaspersky y habían descubierto que la empresa se valía del acceso de su programa antivirus a ordenadores de todo el mundo para buscar y extraer documentos secretos. Los israelíes compartieron capturas de pantalla extraídas de los sistemas de Kaspersky con sus contrapartes estadounidenses, lo cual lo demostraba. Y, en ese momento, parecía que el programa de Kaspersky podía haber robado documentos secretos de la NSA del ordenador personal de un trabajador. Era una apabullante historia de espías que atacaban a espías que atacaban a espías, pero, a esas alturas, ya nada me sorprendía. Tras publicar nuestro artículo sobre ello en el *The New York Times*, Kaspersky afirmó que una investigación interna había determinado que el programa antivirus de la empresa se limitaba a hacer su trabajo: buscar una cadena de programa malicioso en particular que contenía la palabra «secreto» en el código. Si bien eso significaba admitir que el programa de Kaspersky había extraído datos secretos del ordenador personal de un trabajador de la NSA, Kaspersky afirmó haber destruido los datos de la NSA en cuanto se percató de qué era exactamente lo que había quedado atrapado en su red de pesca. A algunos, la explicación de Kaspersky les pareció plausible, mientras que a otros les pareció una broma. Los funcionarios estadounidenses llevaban años sospechando que Kaspersky era una tapadera de la inteligencia rusa. Y aquel episodio arrojó una nube negra de sospecha sobre la empresa, lo cual avivó la teoría de que Rusia estaba involucrada de algún modo en el robo de las herramientas de la NSA.

Si los Shadow Brokers eran operativos rusos, varios miembros de la industria de seguridad presumieron que, con la elección de Donald Trump de aquel noviembre, habían cumplido su misión. El grupo desapareció del mapa durante tres meses; sin embargo, el respiro fue demasiado breve. En abril de 2017, los Shadow Brokers volvieron a aparecer y publicaron la contraseña del primer archivo cifrado que habían publicado unos ocho meses antes, el tesoro que afirmaban que era «mejor que Stuxnet». Aquello resultó ser un caso de publicidad falsa. El archivo descifrado incluía vulnerabilidades que afectaban a versiones antiguas de Linux, Unix y Solaris, algo muy alejado de las ciberarmas de destrucción masiva que habían prometido.

Si su objetivo de verdad había sido ayudar para que se escogiera a Trump como presidente, parecía que a los Shadow Brokers les había empezado a caer mal su candidato. Junto a la filtración había una larga lista de quejas políticas: con la facilidad de un experto comentarista estadounidense, los Shadow Brokers se dirigieron a Trump directamente. Querían que el presidente supiera que les enfadaba que hubieran apartado a Steve Bannon del Consejo de Seguridad Nacional, por el ataque del Pentágono contra

Siria del día anterior, por el «estado profundo», por el Freedom Caucus del Congreso y por el privilegio de los blancos.

«LosShadowBrokers quieren que tengas éxito —le escribieron a Trump—. LosShadowBrokers quieren que América sea grande de nuevo».

Williams había seguido las filtraciones con asco y asombro a partes iguales y tenía su propia teoría. Estaba convencido de que las filtraciones eran obra de los rusos y que las habían hecho coincidir con el momento oportuno para avergonzar a Estados Unidos y hacer que las noticias dejaran de hablar de la interferencia rusa en las elecciones, y más adelante para protestar por las incursiones estadounidenses en Siria. Sentado en una habitación de hotel en Orlando la noche anterior a que tuviera que liderar una sesión de formación sobre seguridad que iba a durar todo el día, Williams decidió expresar su opinión. En una entrada de blog, afirmó que los Shadow Brokers eran una clásica operación de influencia del Kremlin y comentó que el momento en el que se había producido su último comentario (tan solo un día después de que Estados Unidos lanzara cincuenta y nueve misiles de crucero Tomahawk contra una base aérea siria) era un intento por parte de Rusia de avergonzar a Estados Unidos.

«Se trata de un evento trascendental. Rusia está usando una ciberoperación (el robo de datos de un probable hackeo) para influenciar la política del mundo real —escribió Williams—. Rusia responde rápidamente a los ataques con misiles contra Siria al publicar la contraseña de un archivo que antes se había guardado. Es una opción nuclear para los Shadow Brokers».

Williams pulsó en publicar y se fue a dormir. A la mañana siguiente, se despertó a las 07:30 a. m., se dio la vuelta y miró el teléfono. Estaba lleno de mensajes y menciones en Twitter: los Shadow Brokers habían respondido directamente a su entrada de blog. Su peor pesadilla estaba a punto de desatarse. Los Shadow Brokers acababan de identificar correctamente a Williams como un exmiembro de TAO, un papel que Williams nunca había revelado en público. Cuando sus clientes o compañeros le preguntaban sobre su trayectoria profesional, les contestaba que había trabajado para el Departamento de Defensa. No podía hablar mucho sobre su trabajo en la NSA, y le preocupaba que, si todo el mundo se enteraba de dónde había trabajado, aquello pudiera limitar sus opciones de viajes. Estados Unidos había empezado a condenar a hackers de China, Rusia e Irán. Temía que, si se conocía su antiguo empleo, pudieran arrestarlo en algún viaje, demandarlo u obligarlo a compartir sus conocimientos.

«Sentí como si me hubieran dado un puñetazo en el estómago», me dijo, refiriéndose a cuando miró el teléfono aquella mañana.

El texto de los Shadow Brokers contra Williams estaba repleto de extrañas referencias a «OddJob», «CCI», «persistencia BITS de Windows» y la investigación que involucraba al «Q Group». No eran las extrañas palabras de los Shadow Brokers, sino palabras en código de la agencia. Fueran quienes fueran los Shadow Brokers, se habían adentrado en la operación TAO mucho más de lo que Williams había creído. Tenía que tratarse de algún tipo de infiltrado.

«Contaban con conocimientos operacionales que ni siquiera la mayoría de mis compañeros operadores de TAO tenían —dijo Williams—. Quien sea que escribiera eso era un infiltrado bien colocado o había robado muchos datos operacionales».

La descarga del contraataque de los Shadow Brokers le cambió la vida a Williams. Canceló viajes de negocios a Singapur, Hong Kong e incluso a la República Checa. Siempre había creído que, si alguien desvelaba su identidad de aquel modo, la agencia le cubriría las espaldas. No obstante, desde la publicación de los Shadow Brokers, no había recibido ni una triste llamada.

«Me pareció una traición —dijo—. Los Shadow Brokers me atacaron por ese trabajo, y no sentí que el gobierno me estuviera protegiendo».

La NSA, mientras tanto, se había quedado temblando. La agencia que se consideraba el líder mundial en adentrarse en las redes informáticas extranjeras no había sido capaz de proteger ni la suya. Y, cuando parecía que nada podía ir a peor, resultó que los Shadow Brokers se habían guardado sus mejores herramientas para el final.

Unos pocos días más tarde, el 14 de abril de 2017, los Shadow Brokers desataron su filtración más dañina hasta la fecha. El recuento de daños a la NSA, a empresas tecnológicas y a sus clientes ascendió de millones a decenas de miles de millones de dólares, y cada vez más.

«La semana pasada, los shadowbrokers intentaron de ayudar a gente —rezaba el mensaje—. Esta semana losshadowbrokers dicen que le den a la gente».

Y allí estaban: las joyas de la corona, el código de veinte de las vulnerabilidades de días cero más codiciadas de la NSA, vulnerabilidades que habían tardado meses en construir y refinar, herramientas que otorgaban la mejor contrainteligencia que podía obtener la agencia. Sin embargo, no se trataba solo de herramientas de espionaje, sino que tenían la capacidad de infligir una destrucción inimaginable. Algunas de las vulnerabilidades podían convertirse en «gusanos», lo cual quería decir que cualquiera podía incorporarles código que propagara programas maliciosos por todo el mundo de forma automática. La ciberarma de destrucción masiva.

El exdirector de la NSA, Michael Hayden, quien había defendido a la agencia durante años tras las filtraciones de Snowden, se quedó sin palabras, algo muy poco común en él.

«No puedo defender que una agencia posea herramientas poderosas si no puede proteger dichas herramientas e impedir que otros accedan a ellas —le dijo a mi compañero Scott Shane—. Presenta una amenaza muy grave al futuro de la agencia —añadió, refiriéndose a la pérdida de esas herramientas, así como al daño que podían causar».

Según los hackers y expertos de seguridad empezaron a analizar las filtraciones más recientes, una vulnerabilidad de TAO destacó sobre las demás: EternalBlue, la vulnerabilidad que podía introducirse de forma invisible en millones y millones de sistemas Windows sin dejar ni una mota de polvo digital a su paso.

«Difícil de detectar y fácil de utilizar. Era prácticamente apuntar y disparar», me contó un exoperador de TAO. Según algunos representantes del VEP, se trataba de una herramienta que sería demasiado peligrosa si salía de la agencia, pero que habían mantenido guardada por el valor de inteligencia que aportaba de todos modos.

Resulta que los días cero subyacentes a EternalBlue no eran días cero después de todo. Un mes antes, Microsoft había desplegado sin decir nada un parche para solucionar sus fallos subyacentes. Normalmente, Microsoft daba el mérito a quien entregara un fallo en su sistema, pero, en esa ocasión, la atribución estaba en blanco. La NSA había avisado a Microsoft sobre el fallo en sus sistemas antes de que los Shadow Brokers tuvieran la oportunidad de desatarlo en Internet. En ese momento, conforme los investigadores trataban de comprender cuánto se había usado EternalBlue, descubrieron lo nebulosa que era aquella herramienta. El único rastro que quedaba de que se hubiera usado era una vulnerabilidad complementaria de la NSA, cuyo nombre en código era «DoublePulsar», y que se solía usar para implantar EternalBlue en los sistemas informáticos.

Cuando los investigadores escanearon Internet, decenas de miles de máquinas infectadas de todo el mundo les respondieron. Después de aquello, con las herramientas de la NSA en manos de todos, el número de sistemas infectados iba a estar por las nubes. Una semana más tarde, el número de máquinas infectadas sobrepasó los cien mil. Dos semanas más tarde, ya había cuatrocientas mil víctimas infectadas.

En Fort Meade, la agencia se preparó para el impacto.

22
Los ataques

Londres, Reino Unido

El primer indicio de que nuestras ciberarmas volvían hacia nosotros fue el caos en el exterior de los hospitales de Londres que se produjo el 12 de mayo de 2017. Las ambulancias se desviaban de su rumbo. Las salas de urgencias rechazaban a pacientes. Personas que estaban por operarse salían de los quirófanos en camilla y les decían que tendrían que posponer la intervención a otro día. Casi cincuenta hospitales británicos habían sufrido un asalto del programa de secuestro informático más violento que había pasado jamás por Internet.

Era de noche cuando me empezó a vibrar el teléfono. «¿Lo has visto? —decían los mensajes—. ¡El sistema sanitario británico ha caído!». Para cuando me puse de pie, los ataques de secuestros informáticos no dejaban de detonar por todo el mundo. Los bancos y las empresas ferroviarias rusas; los trenes alemanes; el fabricante de vehículos francés Renault; las aerolíneas indias; cuatro mil universidades de China; la empresa de telecomunicaciones más grande de España, Telefónica; Hitachi y Nissan en Japón; la policía japonesa; un hospital de Taiwán; cadenas de cine en Corea del Sur; casi todas las gasolineras de PetroChina, la petrolera del Estado de China; y, en Estados Unidos, FedEx y pequeñas empresas de servicios públicos de electricidad desperdigadas por todo el territorio: todas secuestradas por una pantalla en rojo con una cuenta regresiva que exigía trescientos dólares de rescate para desencriptar sus datos. Si no pagaban en tres días, según les dijeron a las víctimas, los atacantes les pedirían el doble de rescate. Y, en siete días, iban a borrar sus datos para siempre. «Tus archivos importantes están cifrados —rezaba la nota de secuestro—. Quizá hayas empezado a buscar un modo de recuperar los archivos, pero no hace falta que pierdas el tiempo. Nadie puede recuperar tus archivos sin nuestro servicio de desencriptación».

Por todo el mundo, montones de personas desconectaron sus ordenadores de la red. Pero, en casi todos los casos, ya era demasiado tarde. La velocidad del programa de secuestro era algo que los investigadores de seguridad no habían visto jamás. Algunos de ellos rastrearon en directo las infecciones en un mapa. En menos de veinticuatro horas, doscientas mil organizaciones de ciento cincuenta países se vieron afectadas. Solo se libraron del ataque Antártida, Alaska, Siberia, la parte central de África, Canadá, Nueva Zelanda, Corea del Norte y una gran parte del Oeste de Estados Unidos. Los que se llevaron la peor parte fueron China y Rusia, países conocidos por su uso de software pirata. En China, cuarenta mil instituciones quedaron infectadas. Y, a pesar de que los funcionarios rusos del poderoso Ministerio del Interior del Estado lo negaron en un principio, más de mil sistemas informáticos del ministerio habían sufrido el ataque.

Cuando los analistas empezaron a diseccionar el código del programa de secuestro, denominaron a los ataques «WannaCry» (¿quieres llorar?), no porque la palabra capturara a la perfección cómo se sentían muchas de sus víctimas, sino por un pequeño fragmento del código: «.wncry». Conforme continuaron examinando el código con mayor detenimiento, descubrieron por qué los ataques se habían propagado con semejante rapidez: los atacantes habían empleado un poderoso catalizador, la vulnerabilidad de la NSA robada, EternalBlue.

Fue un detalle poco conveniente que los funcionarios de Trump se propusieron evitar en sus discursos durante los días siguientes, según el recuento de los daños aumentaba. Tres días después del mayor ataque jamás producido en Internet, Tom Bossert, el consejero de seguridad nacional de Trump, les dijo a los presentadores del programa *Good Morning America* que los ataques indicaban un «llamamiento urgente a la acción colectiva» por parte de los gobiernos de todo el mundo. Cuando le preguntaron a Bossert en una conferencia de prensa de aquel mismo día si el código de WannaCry se había originado en la NSA, desplegó una astuta estrategia evasiva. No era «una herramienta desarrollada por la NSA para secuestrar datos. Era una herramienta desarrollada por las partes culpables, probablemente criminales u otros países». La línea oficial del gobierno se convirtió en: «Vale, las herramientas eran nuestras, pero no somos responsables de cómo otros las usen».

En aquel caso, ayudaba el hecho de que el atacante fuera un enemigo odiado casi de forma universal: Corea del Norte. A pesar de su velocidad y del factor sorpresa, los autores de WannaCry habían cometido varios errores incautos. Para empezar, habían usado herramientas recicladas. A los investigadores no les llevó demasiado tiempo rastrear los ataques de WannaCry hasta los mismos servidores de mando y control que los hackers norcoreanos habían usado en su ataque de 2014 contra Sony Pictures. Otros vínculos con Corea del Norte emergieron más adelante. Los atacantes casi ni se habían molestado en alterar los programas de puertas traseras y herramientas para eliminar datos que solo se habían visto con anterioridad en ataques desde Pionyang. Algunos llegaron a la conclusión de que el hecho de haber reciclado las herramientas de Corea del Norte y disimulado tan mal era en sí una astuta treta, una bandera falsa para confundir a los investigadores.

Unas pocas horas más tarde me encontré en una llamada con unos investigadores de Symantec, quienes concluyeron que los ataques de WannaCry sí eran obra del grupo que conocían como «Lazarus», el nombre en código que utilizaban para la conocida unidad de hackers de Corea del Norte. No había sido solo Sony; los hackers norcoreanos habían empleado las mismas herramientas de ataque en una impresionante lista de golpes a bancos durante el año y medio previo. Pionyang se percataba de que los ciberataques eran un modo mucho más fácil de evitar las sanciones que los métodos convencionales de Corea del Norte: la falsificación y el tráfico ilegal de animales. Habían pillado a los hackers norcoreanos (aunque estos nunca recibieron ningún castigo) en importantes robos cibernéticos en Filipinas, Vietnam y en el Banco Central de Bangladesh, donde hicieron una petición de transferencia de mil millones de dólares al Banco Federal de Nueva York. Fue solo un error de ortografía (habían escrito *foundation* [fundación] como *fandation*) lo que hizo que los banqueros no transfirieran la cantidad completa, pero, aun así, lograron hacerse con 81 millones de dólares, uno de los robos a bancos más grandes de la historia. WannaCry fue la siguiente evolución en los intentos por parte de Corea del Norte de generar unos ingresos que tanto necesitaba.

«El mundo cibernético es un instrumento de poder hecho a su medida —dijo el exsubdirector de la NSA Chris Inglis después de que quedara claro el papel de Corea del Norte en los ataques de WannaCry—. El coste de entrada es bajo, es muy asimétrico y existe cierto grado de anonimato y sigilo en su uso. Puede provocar que una gran cantidad de infraestructura nacional y del sector privado esté en riesgo. Es una fuente de ingresos. Se podría decir que tienen uno de los programas cibernéticos más exitosos del mundo, no porque sea sofisticado en términos técnicos, sino porque ha conseguido cumplir todas sus metas con un coste muy bajo», afirmó Inglis.

Sin embargo, igual que el error de ortografía anterior, el ataque había sido torpe. Los norcoreanos no habían desarrollado un modo de entregarles a las víctimas las claves de desencriptación si estas pagaban el rescate. Incluso si llegaban a pagar, no tenían ningún modo de recuperar sus datos. Una vez que quedó claro, las víctimas dejaron de pagar. WannaCry les acabó proporcionando menos de doscientos mil dólares en pagos, una miseria comparada con los millones de dólares que los cibercriminales profesionales de secuestros informáticos ganaban al mes. Además, y por fortuna para las víctimas, los atacantes también habían incluido un sistema de desactivación en su código sin querer. Pocas horas después del ataque, un británico de veintidós años que había dejado la universidad, llamado Marcus Hutchins, descubrió que podía inutilizar los ataques al redirigir los servidores de las víctimas lejos del servidor de mando y control, hacia una dirección web que había adquirido por menos de once dólares. Al redirigir a las víctimas de WannaCry a su propia web benigna, Hutchins detuvo los ataques en seco. Un ataque que podría haber secuestrado a millones de sistemas más que ahora tenían inmunidad, y no gracias a un gran golpe de inteligencia, sino porque un solo hacker se atrevió a programar un modo de salir del caos total. El acto heroico en el último momento por parte de Hutchins lo convirtió en un objetivo para los agentes federales estadounidenses, quienes fueron a recogerlo unos meses más tarde en el aeropuerto de Las Vegas, cuando se dirigía a casa tras asistir a la DefCon, y lo acusaron de crear programas maliciosos en el inicio de su carrera. Aquel caso fue un recordatorio para los hackers de todo el mundo de que ninguna buena acción queda sin castigo.

Los ataques de WannaCry parecían haber estado planeados con tanta prisa que algunos llegaron a cuestionar si a los hackers norcoreanos se les habría escapado por accidente su código antes de que este estuviera listo. O tal vez solo habían estado probando su nueva herramienta, sin saber la potencia del arma de la NSA con la que se acababan de hacer. Fuera como fuese, no solo no habían logrado generar beneficios económicos ni esconder sus huellas, sino que habían hecho enfadar a su mayor apoyo y benefactor: China. La adicción de China al software falsificado hizo que sus sistemas fueran de los más afectados.

La respuesta de la Casa Blanca a los ataques de WannaCry fue reseñable no solo por la informalidad con la que evadió toda responsabilidad por haber perdido las ciberarmas del país, sino también por lo rápido que acusó a Corea del Norte. A diferencia de aquel caso, más de un año después de que los funcionarios de inteligencia hubieran concluido que Rusia se había infiltrado de forma agresiva en las elecciones presidenciales de 2016, Trump aún no quería nombrar ni culpar a Rusia por sus ataques. En una reunión cara a cara con Putin aquel mismo año, Trump declaró ante los periodistas que creía lo que decía Putin cuando este afirmaba que Rusia no había sido responsable de ello.

«No hizo lo que dicen que ha hecho —dijo Trump a bordo del Air Force One—. Todo ha sido una trampa de los demócratas».

Un mes después del vis a vis con Putin, la Casa Blanca no tardó en aprovechar la oportunidad para culpar a Corea del Norte de los ataques de WannaCry. En un artículo de opinión del *The Wall Street Journal* titulado «Es oficial: Corea del Norte está detrás de WannaCry», Bossert, el asesor de seguridad nacional, escribió: «Corea del Norte ha obrado mal, sin recibir ningún castigo, desde hace más de una década, y su conducta maliciosa cada vez es más indignante. WannaCry fue un ataque imprudente e indiscriminado […] [Corea del Norte] cada vez emplea más ciberataques para financiar su conducta temeraria y para causar la disrupción en todo el mundo».

Lo que olvidó mencionar el artículo fue el papel que tuvieron las herramientas de la NSA a la hora de permitir el ataque.

En la sede de Microsoft, en Redmond, Brad Smith, el presidente de la empresa, estaba hecho una furia. Microsoft contaba con una mejor telemetría sobre los ataques que ninguna otra entidad —debido a que EternalBlue se aprovechaba de Windows— y en aquellos momentos la empresa estaba presenciando de primera mano lo destructivos que podían ser los días cero de la NSA sobre sus programas.

Los ingenieros de seguridad y ejecutivos de Microsoft se reunieron en la sala de crisis de la empresa. La NSA tan solo le había otorgado a la empresa un aviso de unas pocas semanas para solucionar los fallos de su software antes de que los Shadow Brokers lo publicaran todo en Internet. Fue una mejora ínfima comparada con Flame, cuando llamaron a los ingenieros para que interrumpieran sus vacaciones porque la NSA había abusado del mecanismo de actualizaciones de software de Microsoft para infectar sistemas informáticos de todo Irán. Aun así, en términos reales, a los clientes de Microsoft les llevaba meses, incluso años, instalar un parche, una realidad que entonces era más obvia aún, dado que cientos de miles de sistemas sin parchear estaban secuestrados por la adaptación de Corea del Norte de la ciberarma de la NSA. Como tantos sistemas afectados usaban versiones antiguas y expiradas del sistema operativo Windows XP, los ejecutivos decidieron que ya no podían hacer caso omiso del software más antiguo. Un número apabullante de sistemas informáticos que controlaban la infraestructura crítica del mundo (hospitales, historiales de pacientes y servicios públicos), todavía usaban Windows XP, por mucho que Microsoft hubiera dejado de actualizar dicho sistema operativo en 2014. Por muy fácil que fuera culpar a los operadores por no tener sus sistemas al día, parchear y actualizar el software que se encarga de maquinaria industrial de gran escala o que está en contacto con la red eléctrica no es una tarea sencilla. Los parches automáticos seguían siendo algo prohibido en las redes de infraestructura crítica. A menudo, toda actualización a esos sistemas necesitaba una aprobación de los altos cargos, y solo solía ocurrir durante unos estrechos periodos de mantenimiento o cuando se podían desactivar los sistemas de forma segura, lo que en muchas ocasiones quería decir una vez o dos al año. Ni siquiera los parches críticos, como el que Microsoft había desplegado para los fallos subyacentes de EternalBlue en marzo de ese año, se llegaban a aplicar si tenían la más mínima posibilidad de causar alguna disrupción. Los ingenieros de Microsoft trabajaban día y noche para pensar cómo parchear los sistemas más antiguos y vulnerables. Una vez más, Microsoft trabajaba sin descanso para limpiar el estropicio del gobierno.

En muchos modos, Estados Unidos se había librado de una buena. A diferencia de Rusia y China, al menos las empresas estadounidenses eran lo suficientemente conscientes de que no debían usar programas pirata. Salvo por FedEx y algunas empresas pequeñas de servicios públicos de electricidad de todo el país, la mayoría de las redes estadounidenses no habían sufrido ningún daño. Aun así, Smith ya se estaba preparando para el siguiente impacto. Cada ataque tenía el don de valerse del anterior, y todo indicaba que el siguiente no iba a ser tan descuidado. No contarían con ningún modo de desactivarlo deprisa, ningún hacker de veintidós años que pudiera salvarlos.

Smith se había quedado callado durante años mientras la NSA transformaba el software de Microsoft en armas para espiar, y luego destruir, a objetivos de Irán. Snowden fue un punto de inflexión. Después de que las filtraciones de Snowden sugirieran que la NSA contaba con acceso directo a los sistemas de Microsoft, Smith encontró su voz. Asaltó las cortes de vigilancia secreta estadounidenses por prohibir que las empresas contaran su versión de la historia. Y, cuando las negociaciones entre las empresas y el gobierno se estancaron, lideró a un equipo de abogados de Microsoft a los tribunales, donde consiguió que un juez determinara que Microsoft y otras empresas podían publicar datos relacionados con el número de peticiones que la empresa había recibido por parte de gobiernos de todo el mundo. Pese a que no era mucho, al menos ayudó a Microsoft a demostrar que no le estaba proporcionando a la NSA un canal directo a los datos de sus clientes. No obstante, los ataques de WannaCry fueron distintos. La NSA se había guardado las vulnerabilidades de Microsoft durante años y había permitido que sus clientes sufrieran ataques y, una vez más, eran los de Redmond quienes tenían que limpiar el estropicio. Smith estaba fuera de sí. Había llegado el momento de que la agencia se hiciera responsable de sus actos. Y, por tanto, apuntó directo a la NSA en un manifiesto.

«Este ataque representa otro ejemplo más de por qué es un problema que los gobiernos acumulen vulnerabilidades —escribió Smith—. Es un patrón emergente en 2017. Hemos visto vulnerabilidades guardadas por la CIA que han aparecido en WikiLeaks, y ahora esta vulnerabilidad robada de la NSA ha afectado a clientes de todo el mundo —continuó—. Los gobiernos del mundo deberían tratar este ataque como una señal de alarma […] Necesitamos que los gobiernos tengan en cuenta el daño a los civiles que provoca el hecho de guardar todos estos fallos y el uso de vulnerabilidades».

En Fort Meade, la NSA actuó como si le diera igual. La agencia aún no había hecho ninguna declaración pública sobre los Shadow Brokers y ni siquiera había confirmado que las ciberarmas filtradas fueran suyas. Cuando insistí de forma extraoficial, varios funcionarios de inteligencia veteranos me dijeron que dejara de centrarme en las herramientas y que pensara en cómo las habían utilizado los adversarios. No tenían ni el más leve remordimiento ni sensación de responsabilidad por el papel que habían interpretado sus municiones cibernéticas en los ataques.

Mientras tanto, en Moscú, los hackers del GRU de Rusia observaron los ataques de WannaCry con desdén y confusión a partes iguales. Cuando estuvieron preparados para lanzar sus propios ataques, tuvieron la precaución de no repetir los errores de Pionyang.

Dos meses más tarde, Dmytro Shymkiv estaba recorriendo las montañas de Catskill, en Nueva York, cuando le empezó a sonar el teléfono. El ucraniano de cuarenta y un años había dejado a sus hijos en un campamento de verano francés al norte del estado de Nueva York; el descanso anual de su familia de las ciberescaramuzas cotidianas que se daban en Kiev. Tres años antes, Shymkiv había dejado su cómodo trabajo de liderar la oficina de Microsoft en Ucrania, había ido hasta la plaza de la Independencia de Kiev y se había incorporado a la revolución popular. Fue la primera vez que un importante ejecutivo ucraniano se había adentrado en las protestas de 2014 de forma tan pública, y la prensa recalcó el hecho de que un ejecutivo de Microsoft hubiera dejado su trabajo para ir a cavar nieve en el lugar de las protestas.

Tres años después, Shymkiv pertenecía al gobierno popular. Petro Poroshenko, el nuevo presidente de Ucrania, le había pedido a Shymkiv en persona que se incorporara a su gabinete como vicepresidente para que ayudara al país a defenderse a sí mismo contra los incesantes ciberataques rusos.

Con la fiesta nacional de la independencia ucraniana acercándose aquel junio, Shymkiv imaginó que todo iba a estar tranquilo en su país. Sin embargo, cuando volvió de su rato de ejercicio en las montañas de Catskill, miró sus mensajes de texto.

«Las máquinas están muriendo», decía uno de ellos.

Toda Ucrania se había congelado. En esta ocasión no se trataba de un ataque contra la red eléctrica, pero era algo igual de siniestro. Los sistemas informáticos de los dos aeropuertos principales de Kiev habían dejado de funcionar. Los sistemas de envíos y logística de Ucrania estaban paralizados. Los ucranianos no podían extraer fondos de los cajeros automáticos ni pagar por gasolina, pues las máquinas de pagos ya no funcionaban. Las mismas empresas energéticas ucranianas que habían sufrido los ataques durante los apagones se habían vuelto a quedar congeladas una vez más. Los sistemas informáticos de estaciones de autobús, bancos, vías ferroviarias, el servicio postal y las empresas mediáticas mostraban un mensaje de secuestro que les resultaba familiar.

Durante las primeras horas de la campaña, los investigadores creyeron que el ataque provenía del programa de secuestros informáticos conocido como «Petya», una referencia a la película de James Bond *GoldenEye*, en la cual unos satélites soviéticos secretos armados con cabezas nucleares, uno llamado Petya y el otro Mischa, preparan un pulso electromagnético nuclear para desactivar la electricidad en todo el mundo. Sin embargo, los investigadores no tardaron en percatarse de que el ataque era mucho más sofisticado que el de Petya. No usaba una, sino dos herramientas robadas de la NSA (EternalBlue y otra llamada «EternalRomance») para propagar su programa malicioso. Y en las herramientas habían incluido otra formidable vulnerabilidad, «MimiKatz», una herramienta de robo de contraseñas desarrollada por un investigador francés cinco años antes como vulnerabilidad para mostrar su capacidad para adentrarse tanto como fuera posible en las redes de las víctimas.

La prisa condujo a los investigadores a denominar el ataque como «NotPetya». A pesar de la tapadera que utilizaba, NotPetya no era ningún secuestro informático: la encriptación del programa no se podía revertir. No se trataba de ningún intento de sacar beneficios, sino que era un ataque diseñado para desatar la mayor destrucción posible. El momento en el que habían decidido atacar, el día nacional de Ucrania, tampoco era ninguna coincidencia. Shymkiv sabía que era Moscú, que quería que Kiev viera que la Madre Rusia seguía al mando.

Desde su centro de operaciones improvisado en el campamento de verano de sus hijos, lo primero que hizo Shymkiv fue publicar en la cuenta de Facebook del gobierno ucraniano. «Estamos bajo ataque —escribió—, pero la oficina presidencial sigue en pie».

«Era crucial hacer que el país supiera que alguien seguía con vida —me dijo Shymkiv—. Cuando se produce un ataque, hay que mantener la narrativa».

Su equipo en Ucrania empezó a compartir el parche de Microsoft y a publicar un plan de recuperación. Shymkiv llamó a sus homólogos en el Ministerio de Infraestructura de Ucrania, excompañeros de Microsoft, e intercambió mensajes con sus contactos de Facebook. No había ninguna empresa ni agencia gubernamental del país que no hubiera sufrido, y mucho, por el ataque. Lo que aún no sabía era lo lejos de Ucrania que iba a llegar el virus.

En Merck, el gigante farmacéutico, las empresas se paralizaron. La multinacional jurídica DLA Piper no podía acceder ni a un triste correo electrónico. La empresa de bienes de consumo británica Reckitt Benckiser se quedó fuera de la red durante semanas, y lo mismo ocurrió con varios subsidiarios de FedEx. Maersk, el operador de mensajería más grande del mundo, quedó paralizado y sufrió cientos de millones de dólares en daños. El puerto de contenedores más grandes de India rechazaba cargamentos. En

Estados Unidos, los médicos de hospitales en la Virginia rural y en todo Pensilvania perdieron el acceso a los historiales de los pacientes y a los sistemas de prescripción. NotPetya incluso se había propagado a la lejana Tasmania, donde los trabajadores de la empresa de chocolate Cadbury en Hobart observaron horrorizados mientras sus máquinas se bloqueaban con el mismo mensaje de secuestro que parpadeaba en ordenadores de todo el mundo. El ataque llegó hasta la propia Moscú. Los sistemas informáticos de Rosneft, el gigante petrolero ruso, también quedaron inutilizados.

Durante los días siguientes, los investigadores se percataron de lo meticulosos que habían sido los rusos al planear su ataque. Seis semanas antes, se habían adentrado en una pequeña empresa familiar de software de Ucrania en las afueras de Kiev, Linkos Group. Linkos vendía un programa de impuestos para el país, «M.E. Doc», que era un requisito en la mayoría de las agencias gubernamentales ucranianas y en muchas de sus empresas más grandes. La empresa era el objetivo perfecto para los ataques rusos. Los hackers de Rusia, muy astutos, habían convertido en troyano una actualización de M.E. Doc para infectar a todo el país. En cuanto los investigadores rastrearon las infecciones hacia el programa de Linkos, los soldados ucranianos se cernieron sobre la empresa con las armas preparadas. Cientos de periodistas se reunieron en el exterior de la empresa de software familiar para preguntarles si eran agentes rusos. Sin embargo, no eran más que cómplices involuntarios, no más culpables que los cientos de miles de víctimas que habían dejado sus sistemas vulnerables a las armas de la NSA.

Linkos fue el paciente cero. Al parecer, los hackers rusos creyeron que, al infectar M. E. Doc, podrían limitar el alcance de los daños a Ucrania, pero resultó ser una idea demasiado optimista, pues en Internet no existen las fronteras. Ningún ciberataque podía confinarse a los ciudadanos de una sola nación. Esa había sido la breve lección del escape de Stuxnet: ese tipo de ataques era trasnacional. Cualquier empresa que hiciera algún negocio con Ucrania, incluso las que tuvieran un solo empleado trabajando a distancia desde Ucrania, recibió el impacto. Una vez que dicho empleado quedaba infectado, EternalBlue y MimiKatz acababan lo empezado y se abrían paso a través del resto de sus redes para encriptar todo lo que encontraran de camino. La velocidad a la que NotPetya viajó del Ministerio de Sanidad de Ucrania hasta los medidores de radiación de Chernóbil y luego hasta Rusia, Copenhague, Estados Unidos, China y Tasmania fue apabullante. Y en esta ocasión, una vez más, los funcionarios estadounidenses estaban ansiosos por señalar y culpar a los responsables en Rusia. En la Casa Blanca, Tom Bossert escribió otro artículo de opinión en el *The Wall Street Journal* en el que cargaba contra Rusia por el ataque y resumía una nueva estrategia estadounidense para la disuasión cibernética. No obstante, el artículo de Bossert nunca salió a la luz: el presidente acabó finiquitándolo, por miedo de que fuera a enfadar al amigo de Trump, Putin.

Y todo ello sucedió a pesar de que el ataque de Rusia se convirtió en el más destructivo de la historia del mundo. Meses más tarde, Bossert indicó que los daños causados por NotPetya estaban valorados en diez mil millones de dólares, aunque algunos creen que lo había subestimado mucho. El mundo solo ha sido capaz de contabilizar los daños de los cuales han informado las empresas públicas y agencias gubernamentales. Muchas organizaciones más pequeñas valoraron sus destrozos en silencio y negaron haber sufrido ningún ataque en público. Shymkiv se rio al recordar las llamadas que recibió de ejecutivos informáticos de todo Ucrania, muchos de los cuales habían afirmado en público que se habían librado de los ataques.

«Me llamaban y decían: "Ehh... ¿Sabes cómo instalar seis mil ordenadores?"».

Tan solo el daño causado a Merck y Mondelez ya sobrepasaba los mil millones de dólares. Sus compañías de seguros se negaron a pagar los daños causados por NotPetya tras alegar una cláusula muy común, pero poco usual, en su política, la de «exención de guerra». Según las aseguradoras, el ataque ruso calificaba como acto de guerra; por mucho que no se hubiera perdido ninguna vida de forma directa aquel junio, fue una demostración de cómo un arma robada de la NSA y un código escrito con astucia podían hacer tanto daño como una fuerza militar hostil.

Cuando volé a Ucrania en 2019 para visitar la zona cero por mí misma, el país seguía recuperándose de los ataques. Shymkiv se reunió conmigo en mi hotel para desayunar. Era rubio, de ojos azules y tenía el aspecto de un marinero: bléiser azul, camisa de cuello alto y un bronceado que parecía incongruente en pleno invierno. Acababa de volver de los confines del planeta. Había dejado su trabajo en el gobierno y se había apuntado a un viaje marítimo de una semana de duración entre Argentina y la Antártida. Al igual que mi excursión por el Maasai Mara justo antes de emprender este viaje, fue el único modo de escapar del infierno digital que lo rodeaba. Había zarpado junto a una tripulación de marineros israelíes, alemanes e incluso rusos a través del océano Antártico hasta llegar a las estaciones de investigación de la Antártida.

«Evitábamos hablar de política», me dijo, entre risas.

En su viaje de vuelta, su tripulación había navegado por el Pasaje de Drake, el punto en el que los océanos Atlántico, Pacífico y Antártico se juntan. Un fuerte oleaje mecía su barco en todas las direcciones. Mientras la tripulación trataba de mantener el barco recto, Shymkiv me dijo que miró hacia arriba. El cielo del hemisferio sur estaba más claro y tranquilo que nunca.

«No había visto nada igual en la vida», me dijo. Durante un breve espacio de tiempo, como un espíritu incorpóreo, pudo ver más allá del caos que lo rodeaba.

Llevaba cinco años luchando contra un ciberataque ruso tras otro, pero él sabía que, por mucho que la interferencia rusa en Ucrania fuera a continuar de un modo u otro, el país era su conejillo de Indias digital, no su objetivo principal.

«Solo experimentaban con nosotros —me dijo mientras comíamos un plato de bacon y huevos—. No podían haberse llegado a imaginar el daño colateral que NotPetya iba a provocar. Alguien en Rusia se llevó una medalla por esa operación».

Dos años más tarde, Ucrania seguía rebuscando entre los restos del ataque.

«Lo que deberíamos preguntarnos es qué van a hacer a continuación», concluyó.

Cinco meses después del ataque de NotPetya, Brad Smith se dirigió al escenario de la sede de las Naciones Unidas en Ginebra. Le recordó al público que, más de medio siglo atrás, en 1949, doce países se habían unido para acordar las reglas básicas de la guerra. Los países estaban de acuerdo en que los hospitales y el personal médico eran zona prohibida. Les llevó tres cimas diplomáticas más a lo largo del siguiente siglo antes de que ciento sesenta y nueve naciones firmaran el Cuarto Convenio de Ginebra, en el cual accedían a proporcionar protecciones básicas al personal militar herido o capturado, personal médico y civiles en tiempos de guerra, unas reglas que siguen en pie en la actualidad.

«Fue aquí en Ginebra, en 1949, donde los gobiernos del mundo se juntaron y juraron proteger a los civiles hasta en tiempos de guerra —les dijo Smith a los funcionarios gubernamentales de todo el planeta—. Y, aun así, veamos lo que está ocurriendo. Hay naciones que atacan a civiles incluso en tiempos de paz».

Smith señaló los incesantes ciberataques. Las infiltraciones en los datos se habían convertido en algo tan común que ya lo aceptábamos como una parte más de la vida. No pasaba ni un día en el que no hubiera alguna noticia sobre un nuevo ataque informático. Todos estábamos ya acostumbrados a lo que ocurría después de ello: una oferta de un año gratis de servicios de supervisión de crédito y una débil disculpa pública de algún director de empresa. Si el ataque era lo suficientemente malo, era posible que ese director o directora pudiera acabar fuera de la empresa, pero lo que solía ocurrir era que, tras un descenso momentáneo en bolsa, todos pasábamos página.

Los ataques más recientes eran distintos. Los ciberataques destructivos que asaltaron el planeta en 2017 uno detrás de otro (WannaCry, seguido de NotPetya) definieron la era post-Stuxnet. En ausencia de alguna regla cibernética aceptada de forma universal, o de una definición siquiera, Estados Unidos había establecido las reglas por sí mismo, lo cual hacía que atacar la infraestructura crítica de un país en tiempos de paz fuera permisible. En aquellos momentos, Corea del Norte y Rusia se valían de ciberarmas estadounidenses para llevar a cabo sus propios ataques y estaban demostrando lo vulnerables que eran las infraestructuras del mundo. Varios hospitales rechazaban pacientes. La producción de Merck de una vacuna muy importante se había visto interrumpida, y la empresa había tenido que acudir a los almacenes de emergencia de los Centros de Control de Enfermedades para suplir la demanda. Los envíos mundiales se habían paralizado conforme Maersk trataba de restablecer de forma desesperada sus sistemas de inventario. Para cuando Mondelez, el conglomerado de *snacks*, contabilizó las pérdidas de galletas Oreo, galletas saladas, ordenadores portátiles fritos y facturas desaparecidas, el impacto contra su negocio se acercaba a los cien millones de dólares. En Chernóbil, con los monitores de radiación desactivados, los ingenieros se metieron en trajes de protección contra materiales peligrosos para monitorizar los niveles de radiación sobre el lugar de la explosión nuclear en persona, con medidores manuales. Y si Corea del Norte hubiera comprobado su código como es debido, si Rusia hubiera mantenido a Ucrania a oscuras un poco más, si hubiera llevado los ataques de NotPetya un paso más allá, el coste financiero y humano habría sido muchísimo peor.

«Está claro adónde se dirige el mundo —declaró Smith ante el grupo de diplomáticos—. Nos dirigimos a un mundo en el que cada termostato, calefacción eléctrica, aire acondicionado, central de energía, dispositivo médico, hospital, semáforo y automóvil estará conectado a Internet. Pensemos lo que eso significará para todos cuando esos dispositivos reciban un ataque».

Y, si bien no mencionó el nombre de la agencia, Smith se estaba refiriendo a la NSA y al mercado de ciberarmas que Estados Unidos había creado.

«Los ataques de naciones crecen por unas mayores inversiones que conducen a unas ciberarmas cada vez más sofisticadas —dijo Smith—. La pura verdad es que no podemos vivir en un mundo seguro y a salvo a menos que ese mundo tenga unas nuevas reglas. —Smith sostuvo que el siglo veintiuno requería de unas nuevas reglas sobre la paz y la guerra—. El mundo necesita un nuevo Convenio de Ginebra digital […] Lo que necesitamos es un enfoque que los gobiernos adopten y que dicte que no atacarán a los civiles en tiempos de paz. Que no atacarán hospitales. Que no atacarán la red eléctrica. No atacarán los procesos políticos de otros países y no usarán ciberarmas para robar la propiedad intelectual de empresas privadas, sino que trabajarán con otros gobiernos para establecer una ayuda mutua y hacia el sector privado cuando se produzca un ciberataque. De hecho, lo que de verdad necesitamos no es solo reconocer la necesidad de que existan estas reglas, sino, sinceramente, saber cuándo los demás las están infringiendo».

La idea de un tratado internacional para regular el mundo cibernético ya se había propuesto en otras ocasiones por parte de europeos y rusos, en especial tras Stuxnet. Un pequeño grupo de exfuncionarios estadounidenses con conocimientos clasificados sobre el ritmo, escala y naturaleza destructiva de los ciberataques habían propuesto ideas similares. En 2010, el año en que se descubrió Stuxnet, Richard Clarke, el especialista en contraterrorismo de los presidentes Reagan, Clinton y Bush, propuso una política en la que las naciones accedieran a no atacar infraestructura civil. Durante años, Estados Unidos no había participado en esos debates, en gran parte porque era el superpoder supremo del mundo cibernético y porque imaginaba poseer unas capacidades ofensivas que a sus adversarios les llevaría años o incluso décadas replicar. Sin embargo, el robo de sus herramientas, además de los ataques de WannaCry y NotPetya, dejaron claro que esa ventaja se estaba acortando. Decenas de nuevos países se estaban adentrando en aquel campo de batalla invisible. Estados Unidos, durante dos décadas, había establecido las bases de la ciberguerra, y en esos momentos eran los negocios, la infraestructura y los civiles estadounidenses los que sufrían las consecuencias del aumento de las hostilidades y la inactividad colectiva.

Y, aun así, en lugar de establecer un tratado multilateral, o siquiera bilateral, Estados Unidos decidió ir por otro lado. En el mismo momento en el que Smith terminaba su discurso en Ginebra aquel 9 de noviembre de 2017, los hackers del Pentágono, a espaldas del comandante en jefe, estaban ocupados estableciendo trampillas y bombas lógicas en la red eléctrica rusa.

23
El jardín trasero

Baltimore, Maryland

Para cuando las vulnerabilidades de la NSA volvieron como un bumerán contra los pueblos, ciudades, hospitales y universidades de Estados Unidos, no había nadie que guiara a los estadounidenses a través del umbral, que los aconsejara o que les dijera siquiera si era aquel el umbral que debían cruzar.

Estados Unidos llevaba décadas librando la ciberguerra a escondidas, sin ninguna consideración de verdad sobre qué podría pasar cuando los ataques, vulnerabilidades de días cero y capacidades de vigilancia se tornaran contra el país. Y, en la década posterior a Stuxnet, unos ejércitos invisibles se habían puesto a hacer cola en sus puertas; muchos ya se habían adentrado en las máquinas, en el proceso político y en la red eléctrica de Estados Unidos, a la espera del impulso necesario para apretar el gatillo. Por mucho que Internet prometiera ser una herramienta eficiente y de conexión social, en esos momentos era una bomba de relojería.

Bajo el gobierno de Trump, todo se desató mucho más deprisa, en una dimensión que muy pocos estadounidenses podían comprender del todo.

El acuerdo al que había llegado Obama con Xi Jinping para interrumpir el espionaje industrial acabó en cuanto Trump dio el pistoletazo de salida a su guerra comercial contra China.

El abandono del trato nuclear con Irán por parte de Trump, lo único que mantenía a raya a los hackers iraníes, desató más ciberataques iraníes contra los intereses estadounidenses que nunca.

El Kremlin, que hasta el momento no se había visto perjudicado por su interferencia en las elecciones presidenciales de 2016 ni por sus ataques contra las redes eléctricas de Ucrania y Estados Unidos, no dejó de atacar el sistema electoral, el discurso o la infraestructura estadounidense.

Los volubles aliados de Estados Unidos en el Golfo (los saudíes y emiratíes) se volvieron más atrevidos en su elección de objetivos. Tras haber evadido toda repercusión negativa por el brutal asesinato del periodista saudí Jamal Khashoggi, los saudíes se encogieron de hombros y siguieron adelante.

Los cibercriminales continuaron destrozando pueblos y ciudades estadounidenses con ataques, con unas demandas de rescate cada vez más grandes, de unos pocos cientos de dólares hasta catorce millones. Y los funcionarios del lugar, desesperados, pagaban.

El único adversario que pareció echarse atrás bajo el mandato de Trump fue Corea del Norte, pero solo porque sus hackers estaban demasiado ocupados hackeando intercambios de criptomonedas. Pionyang se había percatado de que, al sabotear los intercambios que convertían bitcoin en dinero, podía generar cientos de millones de dólares de beneficio, mitigar sanciones y volver a sus armas nucleares.

Y, con cada vez más frecuencia, la amenaza más destructiva contra el discurso civil del país, contra la verdad y los hechos, provenía de la propia Casa Blanca.

Para 2020, Estados Unidos se encontraba en la peor posición de su historia en el reino digital.

Tres años después de que la NSA perdiera el control de sus herramientas, la larga estela de EternalBlue estaba por todas partes. Los fallos subyacentes de Microsoft ya no eran días cero, pues el parche de Microsoft existía desde hacía dos años, pero, aun así, EternalBlue se había convertido en una característica permanente de los ciberataques contra pueblos, ciudades y universidades estadounidenses, donde los administradores informáticos supervisan redes enredadas y entrecruzadas compuestas por software antiguo y expirado que había dejado de recibir parches mucho tiempo atrás. Según me contaron los ingenieros de seguridad de Microsoft, en 2019 no pasó ni un solo día en el que no dieran con las ciberarmas de la NSA en un nuevo ataque.

«"Eternal" es el nombre idóneo —me dijo Jen Miller-Osborn, una investigadora de amenazas, a principios de 2019— para un arma tan útil que no desaparecerá nunca».

En Allentown, Pensilvania, los servicios municipales quedaron interrumpidos durante varias semanas después de que un programa malicioso se propagara como un incendio por todas las redes de la ciudad, donde robó contraseñas, borró bases de datos policiales y archivos de casos y paralizó la red de vigilancia de la ciudad, compuesta por ciento ochenta y cinco cámaras.

«Este virus en particular no es como ningún otro —declaró el alcalde de Allentown ante los periodistas del lugar—. Viene con inteligencia incorporada».

Nadie se había molestado siquiera en contarle al alcalde que el virus que devastaba su ciudad había estado a bordo de un misil digital construido por la principal agencia de inteligencia del país.

Unos pocos meses después del ataque contra Allentown, los agentes federales asaltaron una cárcel de San Antonio, Texas, en mitad de la noche. El programa malicioso se estaba propagando desde un sistema de la cárcel a una velocidad que los funcionarios no habían visto jamás (gracias a EternalBlue), y temían que pudiera ser un intento de sabotear las próximas elecciones.

«Podía haber sido cualquier cosa —declaró el *sheriff* del condado de Bexar en las noticias locales—. Una organización terrorista, un gobierno extranjero hostil».

En mayo de 2019, las vulnerabilidades de la NSA aparecían en su propio jardín trasero. A pocos minutos en coche desde Fort Meade a través de la autopista Baltimore-Washington, los ciudadanos de Baltimore se despertaron y descubrieron que ya no podían pagar sus facturas de agua, impuestos de vivienda ni multas de aparcamiento. Varios hogares entraron en ejecución hipotecaria porque sus propietarios no podían acceder al sistema para pagar las facturas. Los epidemiólogos no tenían ningún modo de avisar a los funcionarios de sanidad de la ciudad sobre enfermedades contagiosas. Incluso la base de datos que rastreaba las remesas malas de drogas callejeras se había caído de la red. Los datos de Baltimore se habían visto reemplazados por un mensaje de secuestro, uno que se estaba convirtiendo en algo demasiado familiar en los pueblos y ciudades de todo el país, que exigía bitcoins a cambio de desbloquear sus datos. Durante las siguientes semanas, conforme los funcionarios de Baltimore se negaban a pagar la extorsión, el precio de un solo bitcoin (que el año anterior había descendido en picado) se alzó en un 50 %, lo que aumentó el rescate de Baltimore a más de cien mil dólares. Aun así, eso no era nada en comparación con los 18 millones de dólares que Baltimore iba a tener que pagar para solucionar todos los problemas.

Baltimore acudió a un puñado de equipos de respuesta ante incidentes, entre ellos varios ingenieros de seguridad de Microsoft, para que ayudaran a recuperar los datos. Y, una vez más, Microsoft volvió a encontrarse con EternalBlue.

Mi compañero Scott Shane y yo cubrimos la historia de Baltimore en el *The New York Times*, pero la NSA no quería saber nada de ello.

«La NSA comparte la preocupación de todos los ciudadanos de bien de todo el mundo en cuanto a la amenaza que representa la actividad cibernética criminal y maliciosa, pero la caracterización de que existe una herramienta indefendible de un país que propaga programas de secuestro no es cierta en absoluto», declaró ante el público Rob Joyce, quien lideraba los programas de hackeo de la NSA, unos días después de publicar nuestro artículo.

Joyce era un mago de las palabras. En realidad, tal como comprobaron los investigadores poco después, Baltimore había sido víctima de varios ataques: un asaltante había encerrado sus sistemas con un programa de secuestro informático, mientras que otro había hecho detonar EternalBlue para robar datos. Joyce y otros miembros del mercado echaron la culpa a Baltimore por no haber parcheado sus sistemas y se aprovecharon del tecnicismo de que, en aquel caso en particular, el secuestro informático no se había propagado mediante EternalBlue. Omitieron cualquier detalle del hecho de que los atacantes habían usado la herramienta de la NSA con otro propósito y del papel que había ejercido la NSA al servir las herramientas de hackeo más avanzadas del mundo en bandeja de plata a los enemigos del país. En Microsoft, los ingenieros y los ejecutivos estaban hechos una furia. La agencia se había aprovechado de aquel pequeño tecnicismo para no cargar con la culpa. Mientras tanto, Microsoft limpiaba los destrozos de EternalBlue en pueblos y ciudades de todo el país.

Para entonces ya estaba acostumbrada a los giros semánticos de la NSA. Semanas antes, me había sentado junto al almirante Michael Rogers, el brusco exdirector de la NSA cuyo paso por la agencia había coincidido con las filtraciones de los Shadow Brokers y los destructivos ataques que ocurrieron después. Fue bajo el liderazgo de Rogers que la NSA había admitido algo notable, pero que ya había pasado a ponerse en tela de duda. Con la intención de refutar las acusaciones sobre que su agencia acumulaba días cero, Rogers había aprobado una muy poco común declaración pública en noviembre de 2016 que afirmaba que la NSA entregaba el 91 % de los días cero que encontraba. Según la agencia, el 9 % restante se lo quedaban porque el vendedor ya lo había solucionado o por «razones de seguridad nacional». Lo que me sorprendió fue lo específicos (aunque sin sentido) que eran los porcentajes de la NSA: no estaba claro si aquel 9 % restante representaba diez días cero o diez mil, aunque los números tampoco habrían aclarado nada, puesto que un solo día cero, como Heartbleed, poseía la habilidad de afectar a millones de sistemas.

Analizar la declaración de la agencia era una pérdida de tiempo. Las filtraciones de los Shadow Brokers, los días cero que la NSA se guardaba, los años en los que lo hacían, la gravedad de las vulnerabilidades, la omnipresencia de los sistemas a los que afectaban y los destrozos de los ataques de WannaCry y NotPetya confirmaban lo engañosa que había sido la agencia de Rogers.

El día en que nos encontramos cara a cara en un hotel de San Francisco a principios de 2019, nada de eso parecía molestar demasiado a Rogers, quien hacía nueve meses había dejado la agencia. Ya no vestía su uniforme, llevaba un jersey típico de un abuelo y una barba. Aun así, su arrogancia seguía allí. Aquel día, le pregunté cuál había sido su reacción cuando Corea del Norte y Rusia habían usado las vulnerabilidades robadas de la NSA para secuestrar los sistemas informáticos del mundo.

—Mi reacción —me contestó Rogers— fue pensar: «Nuestros abogados nunca nos habrían dejado hacer eso».

No sé qué era lo que esperaba, pero la política realista de Rogers me sobresaltó.

—¿Puede dormir sabiendo que han ocurrido esos ataques? —tartamudeé.

—Duermo muy bien, gracias —me dijo. No había ni un atisbo de remordimiento ni duda.

Luego le pregunté directamente qué responsabilidad recaía sobre su agencia por WannaCry, NotPetya y los ataques que recorrían los pueblos y ciudades de Estados Unidos, ante lo cual el almirante se reclinó en su asiento y se cruzó de brazos.

—Si Toyota fabrica camionetas, y alguien se mete en una de ellas, le pega un dispositivo explosivo en la parte delantera, atraviesa un perímetro y conduce hasta un montón de gente, ¿es eso responsabilidad de Toyota?

No sabía si estaba siendo pedante o si de verdad esperaba una respuesta, pero entonces se respondió a sí mismo:

—La NSA programó una vulnerabilidad que no estaba diseñada para hacer lo que ha hecho.

Fue la primera vez que alguien de la agencia reconoció que la NSA era la autora de las herramientas robadas. Era una analogía ineficaz, una que dejaba claro que la agencia no sentía ninguna responsabilidad por engañar al público estadounidense ni por dejarlo vulnerable ante los ciberataques que habían golpeado (y seguían golpeando) las redes del país.

Cuando transmití la analogía de Rogers a Microsoft unas semanas más tarde, los ejecutivos casi perdieron la cabeza.

«Esa analogía presupone que las vulnerabilidades proporcionan algún beneficio a la sociedad —me dijo Tom Burt, un conductor de coches de carreras aficionado que supervisaba los equipos de seguridad de los clientes de Microsoft—. Los gobiernos desarrollan estas vulnerabilidades y las mantienen en secreto con el único propósito de usarlas como armas o herramientas de espionaje. Son peligrosas de forma inherente. Cuando alguien hace uso de ellas, no les está pegando ninguna bomba. Ya son bombas de por sí».

Mientras hablábamos, los ingenieros de Burt desmantelaban aquellas bombas en silencio por todo el país.

Resulta que la estela de las vulnerabilidades de la NSA era más larga y extraña de lo que ninguno de nosotros sabía. Meses antes de que los Shadow Brokers filtraran por primera vez las herramientas de la NSA en 2016, y más de un año antes de que Corea del Norte y Rusia las hubieran utilizado para desatar el caos en el mundo, China había descubierto las vulnerabilidades de la NSA en sus propios sistemas, las había extraído y las había empleado para llevar a cabo sus propios ataques en secreto. Transcurrieron tres años hasta que alguien lo descubrió. Si la NSA sabía que China estaba atacando a aliados de Estados Unidos mediante sus propias herramientas, esa inteligencia nunca llegó a la sagrada sala del VEP, donde los deliberantes podrían haber aprovechado la oportunidad para hacer que arreglaran los fallos mucho antes de que los Shadow Brokers, Corea del Norte o Rusia pudieran utilizarlos para sus fechorías.

El descubrimiento de Symantec fue una prueba clara de que, incluso cuando la NSA usaba sus herramientas en secreto, no había ninguna garantía de que nuestros adversarios no fueran a detectarlas y, como un pistolero que usa el rifle de un enemigo y se pone a disparar, a volverlas en contra del país. Se trataba de otro indicio de que NOBUS —la presunción de que «nadie salvo nosotros» tenía la habilidad de encontrar y aprovecharse de días cero— era algo muy arrogante. Y no solo eso, también era obsoleto. La ventaja de la NSA había disminuido en gran medida durante la última década, no solo por Snowden y los Shadow Brokers y lo que se había aprendido a partir de Stuxnet, sino porque Estados Unidos había subestimado a sus enemigos.

Lo más inquietante era el grupo de hackers chinos que se encontraba detrás de la extracción y redistribución de vulnerabilidades de la NSA. El grupo, cuyo nombre en clave es «Legión Ámbar», operaba desde Guangzhou, una ciudad ancestral del sur de China, pero ni siquiera la agencia lograba comprender sus vínculos con el Estado. «Los operadores [de la Legión Ámbar] parecen ser hackers privados o contratados, pero no se sabe mucho acerca de su afiliación —concluía una valoración clasificada de la NSA—. Aun así, el hecho de que hayan atacado tanto a Five Eyes y a los gobiernos y entidades industriales del mundo indica que trabajan bajo las órdenes de elementos del gobierno chino».

Los analistas de la NSA llegaron a creer que los miembros de la Legión Ámbar formaban parte de un ejército de reservistas digital compuesto por los mejores ingenieros de seguridad de China, quienes trabajaban para empresas privadas de Internet durante el día, pero que la principal agencia de espionaje de China, el Ministerio de Seguridad del Estado, se valía de sus talentos para operaciones delicadas durante la noche. Entre los primeros objetivos de Legión Ámbar se encontraban los contratistas de defensa de Estados Unidos. Sin embargo, su lista de objetivos se había expandido a lo largo de los años hasta incluir a desarrolladores de armas y laboratorios de investigación científica estadounidenses, de donde habían robado tecnología aeroespacial, de satélites y, lo más alarmante de todo, de propulsión nuclear. Symantec no podía o no quería decir qué era exactamente lo que los chinos habían robado mediante las vulnerabilidades de la NSA, pero, a juzgar por el historial de la Legión Ámbar, no se trataba de fórmulas de pintura.

China, durante el último medio siglo, había mantenido una política de renuncia al primer uso en lo que concernía a las armas nucleares. No obstante, desde que Xi Jinping había asumido la presidencia en 2012, se había retractado. En su primer discurso presidencial ante la Segunda Fuerza de Artillería de China —la división responsable de las armas nucleares chinas—, Xi les dijo a sus soldados que las armas nucleares eran esenciales para la posición de China como superpoder mundial. Obvió mencionar la renuncia al primer uso.

Si bien China se encontraba décadas por detrás de Estados Unidos en términos de desarrollo de armas nucleares, gracias a la Legión Ámbar, había robado todo lo que necesitaba para ponerse al día. En 2018, los funcionarios estadounidenses observaron, horrorizados, cómo Pekín probaba con éxito un nuevo misil balístico lanzado desde un submarino y empezaba a poner en marcha una nueva clase de submarinos que podían estar equipados con misiles nucleares. Mientras tanto, el juego para ver quién era más valiente entre los cazas y buques de guerra chinos y estadounidenses en el mar del Sur de China estaba muy cerca de desencadenar un conflicto más amplio. Ambos países abandonaron unas líneas de comunicación ya establecidas, el tipo de medidas necesarias para impedir que unos incidentes menores se transformaran en una guerra. Para 2019, sus buques y cazas ya se habían enfrentado en dieciocho ocasiones en las que casi se había producido una colisión. Y, en 2020, los funcionarios estadounidenses acusaron a China de probar armas nucleares en secreto, lo que transgredía unos acuerdos de no proliferación establecidos tiempo atrás.

A todo ello se sumaba la guerra comercial de Trump, y era posible asegurar que el acuerdo al que Xi y Obama habían llegado en 2015 para interrumpir los ataques con motivos comerciales llegaban a su fin. Para cuando Trump se había acomodado en el Ala Oeste, los hackers chinos habían vuelto a aparecer por las empresas estadounidenses con fuerzas renovadas. A principios de 2019, descubrí que Boeing, General Electric Aviation y T-Mobile habían sufrido ataques. En menos de un año, la lista de objetivos de China se había expandido hasta incluir a tantas empresas de telecomunicaciones, de producción, sanitarias, petroleras, de gas, farmacéuticas, de alta tecnología, de transportes, de construcción, petroquímicas, de viajes y de servicios públicos como pudieran, además de a universidades. Solo que esta vez, en lugar de adentrarse directamente en sus víctimas mediante la fuerza bruta, los hackers chinos se valían de puertas laterales y accedían a las empresas a través de los programas que los empleados usaban para trabajar a distancia. Habían abandonado los programas maliciosos que se solían atribuir a China y habían empezado a cifrar su tráfico. Limpiaban su rastro y borraban los registros del servidor y movían archivos a Dropbox en lugar de extraerlos directamente hacia los servidores de mando y control de China.

«La huella de las operaciones chinas de la actualidad es muy diferente», me explicó Priscilla Moriuchi a principios de 2019. Moriuchi había dirigido las operaciones cibernéticas de la NSA en el Pacífico, donde sus deberes incluían determinar si Pekín acataba los términos del acuerdo de 2015. Durante años había dictaminado que el trato, sorprendentemente, estaba funcionando. Sin embargo, bajo el gobierno de Trump, habían vuelto a la acción. En lugar de emplear la fuerza bruta o de atacar a las víctimas una a una, los hackers chinos estaban desplegando su propia variación del hackeo de Huawei de la NSA, mediante la cual atacaron enrutadores Cisco, aplicaciones Citrix y empresas de telecomunicaciones para obtener acceso a cientos de miles, por no decir millones, de víctimas más. El equipo de Moriuchi observó cómo los hackers chinos extraían propiedad intelectual estadounidense del tamaño de buques de carga hacia China para que las empresas de Pekín propiedad del Estado la aprovecharan.

Los escépticos sostienen que Xi nunca había planeado cumplir el acuerdo de 2015. Los exfuncionarios de Obama mantienen que Xi obraba con sinceridad y que el trato habría seguido en pie si Trump no lo hubiera trastocado todo. Lo que sabemos es que, en los tres años posteriores a que Xi firmara el trato, el presidente había consolidado las divisiones de hackeo del Ejército Popular de Liberación bajo una nueva Fuerza de Apoyo Estratégico, parecida al Cibercomando del Pentágono, y que había trasladado la mayoría de las operaciones de hackeo del país lejos de las dispersas unidades del Ejército, hacia el Ministerio de Seguridad del Estado, una entidad más sigilosa y estratégica.

Pekín empezó a acumular sus propios días cero y a eliminar el mercado de estos en China, fuera clandestino o no. Las autoridades clausuraron de forma abrupta la plataforma más conocida de China para informar de días cero y detuvieron a su fundador. La policía china anunció que iba a hacer cumplir unas leyes que prohibían la «revelación no autorizada» de vulnerabilidades. Las autoridades obligaban a los hackers chinos a otorgarles el derecho de negarse a sus días cero antes de publicarlos. Los mismos equipos de hackers chinos que habían dominado las grandes competiciones internacionales de hackeo durante los últimos cinco años dejaron de aparecer por allí bajo las órdenes del Estado. El Tío Sam no disponía de ese lujo; no podía reclutar de forma obligatoria a los hackers estadounidenses. Si el gobierno estadounidense quería un acceso exclusivo a sus días cero, sus agencias (bueno, a decir verdad, los contribuyentes del país) iban a tener que pagar por ellos. Y los precios del mercado no dejaban de subir, subir y subir.

En agosto de 2019 eché mi primer vistazo a donde iban a parar todos aquellos días cero chinos. Ese mes, los investigadores de seguridad del Proyecto Cero de Google descubrieron que varias páginas web destinadas a la minoría musulmana uigur de China implantaban a escondidas programas espía en los iPhones de cualquiera que las visitara, al aprovecharse de una serie de días cero de iOS. Se trataba de una de las operaciones de vigilancia más elegantes que el Proyecto Cero de Google hubiera visto jamás. Cualquiera que visitara las páginas, no solo en China sino en todo el mundo, invitaba sin querer a los espías chinos a su vida digital. Durante las semanas siguientes, un segundo grupo de investigadores descubrió un esfuerzo paralelo para sabotear los teléfonos Android de los uigures. Y, poco después de eso, Citizen Lab descubrió una campaña distinta, pero de índole similar, cuyo objetivo eran los tibetanos.

Los objetivos no fueron ninguna sorpresa. Bajo la presidencia de Xi, China estaba aplicando la mano dura contra los Cinco Venenos (los uigures, tibetanos, taiwaneses proindependencia, el Falun Gong y los activistas prodemocracia) como nunca antes. En Xinjiang, la provincia occidental que comparte frontera con India y Asia Central, los musulmanes uigures de China habían pasado a vivir en una jaula virtual. Xinjiang se había convertido para China en lo que Ucrania era para Rusia: una incubadora para cualquier nueva pieza de tecnología de vigilancia. A los uigures se les obligaba a descargar un programa espía obligatorio que monitorizaba sus llamadas y mensajes. Numerosas cámaras de vigilancia colgaban en cada entrada, tienda, mezquita y calle de Xinjiang. Los algoritmos de reconocimiento facial habían sido entrenados para identificar a uigures a partir de sus singulares rasgos faciales. Y, cuando atrapaban a uno, los agentes de China inspeccionaban cada píxel del vídeo en busca del más mínimo indicio de disentimiento. Si encontraban algo sospechoso, por remoto que fuera, encerraban a los uigures en «centros de formación laboral», los cuales eran, a efectos prácticos, cámaras de tortura.

En esos momentos China exportaba su vigilancia al extranjero. Los investigadores de Google determinaron que cada semana durante dos años, miles de personas de todo el mundo —uigures, periodistas y, por Dios, hasta estudiantes de secundaria de Estados Unidos que estaban interesados en su lucha— habían visitado las páginas web infectadas de China y habían descargado el implante de Pekín.

Se trataba de un ataque de abrevadero que había dado la vuelta a todo lo que creíamos saber sobre la vigilancia móvil. Para empezar, se suponía que encontrar días cero de iOS y Android era complicado: no por nada el FBI había pagado 1,3 millones de dólares por una sola vulnerabilidad de iPhone, y las capacidades ya costaban hasta dos millones en el mercado clandestino. Teniendo en cuenta el coste, imaginábamos que los gobiernos usarían las herramientas de ciento a viento por temor a malgastar su acceso. No obstante, los chinos habían logrado esconder a simple vista una cadena de catorce vulnerabilidades de días cero durante dos años. Y China no usaba esa capacidad para cazar al siguiente Bin Laden, sino que atacaban a los uigures y a sus simpatizantes de todo el mundo. A muchos no les sorprendió que China probara aquellas herramientas contra sus propios ciudadanos antes. La pregunta era: ¿cuánto tiempo tardaría Pekín en usar las capacidades contra los estadounidenses de forma directa?

«Los chinos usan sus mejores herramientas contra sus propios ciudadanos primero porque son a quienes más temen —me explicó Jim Lewis, el exfuncionario del gobierno que rastreaba las ciberamenazas—. Luego las usan contra nosotros».

Casi al mismo tiempo que Estados Unidos se enfrentaba al resurgir de China como ladrón de propiedad intelectual y espía mundial, el Pentágono y los funcionarios de Seguridad Nacional se reencontraban con otro viejo enemigo.

En cuanto Trump anuló el acuerdo nuclear de Irán, los sensores de todo el mundo se activaron por ciberataques iraníes. Pese a que al principio se trataba de ataques de *phishing* contra diplomáticos europeos, al parecer evaluando la posibilidad de que los aliados de Estados Unidos fueran a seguir a Trump por la puerta, a finales de 2018, los hackers de Irán atacaban a agencias gubernamentales, empresas de telecomunicaciones e infraestructura crítica estadounidense a una velocidad sin precedentes. Los iraníes se habían convertido en los hackers nacionales más activos de nuestra órbita digital, más aún que China.

El propio Keith Alexander, el cerebro detrás de Stuxnet, se preparaba para el impacto:

«Es probable que seamos uno de los países con tecnología más automatizada del mundo y disponemos de una muy buena ofensiva, pero ellos también —me dijo el general Alexander la semana en que Trump abandonó el trato—. Y, por desgracia, nosotros tenemos más que perder».

En los primeros meses de 2019, la amenaza fue a peor. Los mismos hackers iraníes que habían borrado datos en Arabia Saudí habían apuntado hacia el Departamento de Energía, las empresas petroleras y de gas y los laboratorios de energía de Estados Unidos. Si bien los ataques parecían ser de recabado de inteligencia estándar, conforme las hostilidades entre Washington y Teherán aumentaban durante aquel verano, los enterados del mundillo sospechaban que los hackers iraníes estaban «preparando el terreno» para algo más destructivo.

Siendo justos, Estados Unidos hacía lo mismo en Irán, y, de hecho, llevaba años haciéndolo. Bajo un programa muy clasificado concebido bajo la presidencia de Bush, pero acelerado durante la de Obama (nombre en código «Nitro Zeus»), el Cibercomando de Estados Unidos había empezado a plantar bombas de relojería en los sistemas de comunicaciones, defensas aéreas y partes críticas de la red eléctrica en Irán. Para junio de 2019, se podía asumir que los ataques de Irán contra la infraestructura crítica estadounidense era el modo que tenía Teherán de vengarse. Lo que la comunidad de seguridad presenció aquel verano fue, a efectos prácticos, una destrucción mutua asegurada en tiempo real.

Las chispas saltaron por todas partes durante ese verano. Una serie de escaramuzas militares cada vez más graves acabaron adentrándose en el dominio cibernético. En mayo y junio de aquel año, Estados Unidos culpó a Irán de colocar minas en los cascos de varios barcos petroleros mientras pasaban por el golfo de Omán —una línea de envíos vital para un tercio del petróleo del mundo— para luego hacerlas detonar casi al mismo tiempo. Teherán dijo que las explosiones eran una «bandera falsa» por parte de Estados Unidos, ante lo cual los funcionarios estadounidenses respondieron publicando un vídeo en el que se veía a un barco de patrulla iraní acercarse a uno de los barcos atacados, horas después de la explosión inicial, para extraer una de sus minas del casco, la cual no había detonado. Una semana más tarde, Irán derribó un dron de vigilancia estadounidense. Trump ordenó un ataque contra los radares y misiles de Irán antes de dar marcha atrás a diez minutos del comienzo de la operación. Ordenó al Cibercomando que detonara los sistemas informáticos iraníes que creían que se habían utilizado para planear los ataques contra los barcos petroleros. Una vez más, Teherán respondió del mismo modo y hackeó a más de doscientas empresas petroleras, de gas y de maquinaria pesada con sede en Oriente Medio y en Estados Unidos para robar secretos comerciales y borrar datos, lo que produjo un coste de cientos de millones de dólares.

El cambio de parecer de Trump sobre los misiles indicaba que el presidente, conocido por su impulsividad y sus amenazas de «destruir por completo» a los enemigos con «fuego y furia», era un comandante en jefe más cauto de lo que asumían los críticos. Como Estados Unidos ya aplicaba la presión máxima con las sanciones y Trump no estaba dispuesto a lanzar misiles, este escogió la tercera opción: ataques cibernéticos. Si bien tenía sus beneficios, tal como dijo Keith Alexander, «nosotros teníamos más que perder».

Los funcionarios con los que hablé aquel verano parecían aliviados por el hecho de que los ataques de Irán no hubieran causado más estragos aún. Como Estados Unidos estaba más digitalizada y vulnerable que nunca, no habían sido las defensas del país lo que los había detenido. Algunos propusieron la hipótesis de que tal vez Teherán se había contenido un poco por la posibilidad de que los estadounidenses echaran a Trump de la presidencia en 2020 y de que su sucesor diera marcha atrás. Para ayudar a sus expectativas, los hackers de Irán apuntaron a la campaña presidencial de Trump para las elecciones de 2020. A lo largo de un periodo de treinta días entre agosto y septiembre de 2019, los hackers de Irán intentaron atacar la campaña de Trump y a cualquiera que se encontrara en su órbita en más de dos mil setecientas ocasiones. Fue la primera señal de que, por mucho que Rusia se llevara toda la atención sobre la interferencia en las elecciones, otras naciones también se estaban entrometiendo en las de 2020, aunque fuera por motivos distintos.

Tal como puede verse, así era el precario estado de la ciberamenaza iraní cuando, el 2 de enero de 2020, Trump ordenó un ataque con drones contra el general Qassim Soleimani. Estados Unidos podría haber acabado con la vida de Soleimani en mil ocasiones distintas, pero los anteriores gobiernos nunca se habían atrevido a apretar el gatillo por miedo a que su muerte fuera a provocar el tipo de contraataque a gran escala que podía conducir a una guerra. El poderoso comandante de seguridad e inteligencia de Irán era como un segundo hijo para el líder supremo del país, Ali Khamenei. Lideraba la Fuerza Quds de la Guardia Revolucionaria y era el responsable de la muerte de cientos, por no decir miles, de estadounidenses en Irak a lo largo de los años, y no cabía duda de que tenía más muertes planeadas. Sin embargo, en Irán, era un héroe.

«Abróchate el cinturón», me escribió un alto cargo en un mensaje de texto la noche que Soleimani quedó hecho pedazos.

Casi al instante, una etiqueta iraní —#OperationHardRevenge (Operación Dura Venganza)— apareció en Facebook, Twitter e Instagram. Varios hackers vandalizaron páginas web de Minneapolis y Tulsa con imágenes en memoria de Soleimani. Durante un breve periodo de un sábado, cualquier alumno de secundaria que estudiara historia y buscara una versión anotada de la Constitución estadounidense en la página web de la biblioteca federal del país se habría encontrado con la imagen de un Trump ensangrentado que recibía un puñetazo en la cara. Un funcionario iraní publicó en Twitter la dirección de varias propiedades de hotel de Trump como posibles objetivos.

«Le cortas la mano a Qassim Soleimani, y nosotros te quitaremos los pies de la región», tuiteó un funcionario iraní. Al parecer, aquello era una referencia al hecho de que Soleimani había perdido la mano en el ataque estadounidense.

Unos días después, los iraníes cumplieron su promesa y bombardearon una serie de bases militares conjuntas del Ejército estadounidense y el iraquí con veintidós misiles. Por suerte, o porque así lo habían planeado, los misiles impactaron contra infraestructura y no contra personas. Unas pocas horas más tarde, Irán anunció que los misiles habían dado fin a su respuesta.

Trump creía que aquello sería lo último que se hablaría del tema.

«Todo va bien», tuiteó el presidente.

Sin embargo, en el Departamento de Seguridad Nacional, los agentes no compartían su tranquilidad. Por mucho que la respuesta militar de Irán hubiera concluido, Chris Krebs, el funcionario de ciberseguridad más veterano del Departamento, advirtió de que la amenaza de la guerra cibernética tan solo acababa de empezar. Irán, según nos dijo, tenía la habilidad de «quemar el sistema hasta los cimientos».

El día del bombardeo de Irak, Krebs pidió a unos mil setecientos miembros del sector privado y de los gobiernos estatales y locales estadounidenses que protegieran sus sistemas, actualizaran sus programas, hicieran copias de seguridad de sus datos y trasladaran cualquier cosa valiosa fuera de la red.

«Tenéis que haceros a la idea de que el próximo ataque podría ser el último», les dijo.

Hasta la fecha de publicación de este libro, los hackers iraníes continúan adentrándose más en la infraestructura crítica estadounidense y en las empresas que controlan la red eléctrica del país. Y no muestran ningún indicio de querer salir pronto. Según Suzanne Spaulding, la exsubsecretaria de ciberseguridad e infraestructura crítica del Departamento de Seguridad Nacional, es la forma que tiene Irán de decir «estamos cerca y te apuntamos a la cabeza con una pistola».

Mientras tanto, un nuevo bróker de días cero aparecía en Internet a escondidas y empezaba a pujar más que ningún otro miembro del mercado. El bróker se hacía llamar «Crowdfense», y me enteré de que trabajaba de forma exclusiva para los emiratíes y sus aliados más cercanos, los saudíes. Crowdfense soltaba tres millones de dólares por las mismas vulnerabilidades de iPhone por las que todos los demás ofrecían (como mucho) dos millones.

Las monarquías del Golfo estaban ocupadas eliminando a intermediarios a diestro y siniestro. En 2019, Twitter descubrió que dos ingenieros nada sospechosos de entre sus filas eran en realidad espías saudíes. Ambos habían robado datos de más de seis mil cuentas —la mayoría de disidentes saudíes, pero también de algunos estadounidenses— en nombre de Bader al Asaker, el mayor secuaz del príncipe heredero Mohammed bin Salman, también conocido como «MbS». Si las monarquías estaban dispuestas a llegar hasta esas alturas para espiar y silenciar a sus críticos, Silicon Valley no tenía ninguna posibilidad de detenerlas.

Ya no tenía que imaginar cómo usaban aquellos datos de Twitter. En los Emiratos Árabes Unidos, Ahmed Mansoor seguía en confinamiento solitario por «difamar» a los líderes del país en Twitter. Y, para entonces, la CIA ya había concluido que MbS había ordenado personalmente el ataque contra el fallecido periodista del *The Washington Post*, Jamal Khashoggi. Nada de eso me sorprendía ya. Sin embargo, la Casa Blanca estaba irreconocible. Trump y su yerno, Jared Kushner, soltaron excusas en nombre de su aliado rico gracias al petróleo por la atrocidad que había cometido. Kushner y MbS siguieron comunicándose por WhatsApp incluso después de que surgieran unas espeluznantes grabaciones de los secuaces de MbS desmembrando el cadáver de Khashoggi.

Pero los periodistas no pensaban dejar el tema, y mucho menos los compañeros de Khashoggi en el *The Washington Post*. Trump ya había atacado al *Post* y a su propietario, Jeff Bezos, el fundador de Amazon, por la cobertura que habían hecho sobre su gabinete. Trump había empezado a referirse al periódico como #AmazonWashingtonPost en Twitter, donde declaró que era un «arma de presión» y un «gran refugio fiscal» para Amazon y su director ejecutivo, «Jeff Bostezos». Por tanto, cuando los saudíes se enfrentaron directamente a Bezos, ningún miembro de la Casa Blanca de Trump se molestó en detenerlos.

Los saudíes se aseguraron de que Bezos pagara por el compromiso del periódico hacia la historia de Khashoggi. Luego de tres meses de artículos sin cesar por parte del *The Washington Post* sobre el asesinato de Khashoggi, el *National Enquirer* —el periódico sensacionalista vendido en supermercados propiedad del buen amigo y apañador de Trump, David Pecker— publicó once páginas de fotografías y mensajes de texto íntimos que mostraban que Bezos tenía una aventura extramatrimonial. De algún modo, el periódico había logrado acceder al teléfono de Bezos.

En una entrada de blog, Bezos hizo alusión a que Arabia Saudí le había hackeado el teléfono y dijo que había contratado a un equipo de seguridad privada para que investigara si era cierto. Resulta que la fuente del artículo del *Enquirer* fue el hermano de la amante, quien había compartido los mensajes y las fotos privadas de su hermana con el periódico por doscientos mil dólares. Aun así, en el transcurso de su investigación, los investigadores de Bezos determinaron que los saudíes habían hackeado el teléfono de Bezos al mismo tiempo mediante una vulnerabilidad de día cero de WhatsApp. No resultó muy complicado establecer quién había sido el culpable: el propio MbS le había enviado un vídeo a Bezos a través de WhatsApp, y, poco después, el teléfono de Bezos había pasado a enviar el triple de sus datos normales a través de un laberinto de servidores hasta el Golfo.

Unas semanas más tarde, recibí una llamada de una fuente. Resultó que la vulnerabilidad de WhatsApp que le había dado acceso a los saudíes al teléfono de Bezos era la misma que su amigo había vendido a Crowdfense, la empresa fantasma saudí y emiratí.

—¿Cómo puedes estar tan seguro? —pregunté.

—O es esa vulnerabilidad, o es una vulnerabilidad de WhatsApp que hace exactamente lo mismo.

—¿Tu contacto estaría dispuesto a hablar conmigo? ¿De manera extraoficial?

—Nunca —me contestó.

El dichoso salmón.

A decir verdad, no lo culpaba. Yo también había oído los rumores. Los mercenarios que regresaban a Estados Unidos me decían que habían empezado a recibir llamadas telefónicas amenazadoras de parte de su antiguo jefe, quien les advertía que habría «consecuencias» si alguna vez hablaban del trabajo que habían desempeñado en Abu Dabi.

Sabían lo lejos que estaba dispuesto a llegar el Estado para silenciar a quienes les daban problemas. Y la marca transaccional de Trump de diplomacia de Oriente Medio había retirado las pocas barreras que quedaban. Con Trump, a las monarquías del Golfo les había tocado la lotería. El presidente estaba dispuesto a pasar por alto sus abusos contra los derechos humanos en aras de la prosperidad económica y con la esperanza de un tratado de paz entre los Emiratos Árabes Unidos e Israel que Jared Kushner, el yerno del presidente, pudiera decir algún día que había creado. Kushner, según me contaron unos funcionarios, solía presumir de su correspondencia regular con el príncipe heredero de los Emiratos Árabes Unidos, Mohammed bin Zayed (también conocido como «MbZ») y MbS (¿su método de comunicación preferido? WhatsApp).

Tras haber visto con cuantas cosas se habían salido las monarquías del Golfo bajo el mandato de Trump, algunos sospecharon que intentarían dejar su propia huella en las siguientes elecciones.

«No creerás que van a dejar que su príncipe abandone el poder sin más, ¿no?», me preguntó un exfuncionario de la Casa Blanca a finales de 2018.

Me llevó un momento percatarme de que el «príncipe» en este caso no era MbZ ni MbS, sino su amiguito de WhatsApp, su mejor activo en la Casa Blanca: Kushner.

Mientras tanto, el precio que el Golfo estaba dispuesto a pagar a los hackers para vigilar a sus enemigos no dejaba de aumentar.

«Este juego cibernético va a parar al mejor postor», me dijo Tom Bossert, el primer asesor de seguridad nacional de Trump, después de que abandonara la Casa Blanca. Nunca como entonces había hecho tanta falta una brújula moral en el mercado. Quizá, conforme surgieran más abusos, más personas se negarían a vender sus días cero a los autócratas. Pero ¿a quién quería engañar? Teniendo en cuenta el precio que los regímenes estaban dispuestos a pagar, siempre habría hackers y brókeres que lo harían sin mirar atrás.

Desde que había estado en Buenos Aires, la economía argentina se había contraído aún más. El desempleo había alcanzado una cifra récord en los últimos trece años. El peso argentino cambiaba de valor de forma salvaje nuevamente. Los prometedores hackers jóvenes del país tenían más incentivo que nunca para aislarse en el mercado clandestino y sin inflación de las ciberarmas. Y, si eran los dictadores y los déspotas quienes querían su código, que así fuera.

Todo ello estaba ocurriendo bajo el gobierno de un presidente que ponía los intereses de la nación por encima de todo, cuyo temperamento hacía que no le interesara nada complejo, quien romantizaba el autoritarismo y hacía caso omiso de cualquier mención a la interferencia rusa en las elecciones al afirmar que era una elaborada «mentira». Que su guerra comercial con China, su abandono del trato nuclear iraní y su negativa a confrontar a Putin directamente pudieran haber provocado unas consecuencias peligrosas sin querer parecía importar muy poco en la película de vaqueros que Trump se había montado en la cabeza. En su versión, él era Wyatt Earp y restauraba la ley y el orden, protegía la frontera y se cubría de gloria a base de tiroteos.

Al principio de su presidencia, Trump se había aburrido de las reuniones de inteligencia diarias y las había cancelado. También había echado a los mejores funcionarios de ciberseguridad. Y, cuando llegó el momento de tratar con la interferencia rusa en las elecciones, soltó evasivas del estilo: ¿qué interferencia? Cualquier mención al problema arrojaba dudas sobre su propia legitimidad. A finales de 2018, el gabinete de Trump ya estaba relajando algunas de las sanciones que había aplicado a los oligarcas rusos y a sus empresas. A lo largo de los siguientes meses, a cualquier alto cargo que intentara traer a colación la seguridad de las elecciones en la Casa Blanca «se le entregaba el Heisman», tal como dijo un funcionario, en referencia al trofeo de fútbol americano que muestra una figura que se aparta mientras aleja a los demás con el brazo. El cargo de coordinador de ciberseguridad, la persona cuyo trabajo es coordinar la política cibernética estadounidense y supervisar el VEP mediante el cual Estados Unidos decide qué días cero se queda y cuáles soluciona, quedó eliminado por completo. Cuando la secretaria de seguridad nacional, Kirstjen Nielsen, trató en repetidas ocasiones de centrar al gabinete para que no ocurriera lo mismo que en 2016, el jefe de gabinete de Trump de ese entonces, Mick Mulvaney, le dijo a Nielsen que no volviera a mencionar la interferencia en las elecciones en frente del presidente nunca más. Y, meses más tarde, a ella también le indicaron dónde estaba la puerta.

De hecho, Trump declaró que recibiría una interferencia con los brazos abiertos. Después de que le preguntaran directamente en junio de 2019 si estaría dispuesto a aceptar información que desprestigiara a un futuro oponente de parte de un gobierno extranjero, Trump contestó: «Creo que sí la aceptaría». Y, unas semanas más tarde, Trump y Putin se burlaron del tema. Cuando le preguntaron si pensaba decirle a Putin que no interfiriera en 2020, Trump regañó a su amigo de forma burlona y le dijo: «No te metas en las elecciones, presidente», mientras le sonreía y lo señalaba con un dedo. En cuanto a los periodistas que los interrogaron aquel día, Trump le dijo: «Deshazte de ellos», a Putin, cuyo gabinete había supervisado el asesinato de decenas de periodistas rusos.

«"Noticias falsas" es un gran término, ¿verdad? No tenéis este problema en Rusia, pero nosotros sí».

A decir verdad, Putin nunca había dejado de interferir. De hecho, 2016 fue solo su ensayo. Tal como le dijo un experto al Comité de Inteligencia del Senado, los ataques a las bases de datos estatales de votantes y a los sistemas electorales en 2016 fue «la misión de reconocimiento para elaborar un mapa de la red, un mapa topológico, para que pudieran entender la red, establecer una presencia para regresar más adelante y ejecutar una operación de verdad». ¿Qué les impidió ir más allá, entonces? Tal vez fue el cara a cara entre Obama y Putin, o la llamada de Brennan al líder del FSB. Sin embargo, con las elecciones de 2020 cada vez más cerca —y con cada vez más pruebas de que el Kremlin había vuelto a las andadas—, era justo preguntarse qué miembro de la Casa Blanca iba a confrontar a Putin en esa ocasión.

En los cuatro años que duró la presidencia de Trump, el Kremlin se envalentonó aún más, aunque también pasó a actuar con más sigilo. En 2016, la operación de influencia rusa destacaba por lo descarada que era: las publicaciones en redes sociales estaban escritas en un inglés torpe, los anuncios de Facebook se adquirieron con rublos y los autoproclamados secesionistas de Texas y los manifestantes de Black Lives Matters iniciaban sesión desde la plaza Roja. No obstante, en la actualidad los rusos establecen cuentas bancarias en paraísos fiscales, pagan a usuarios de Facebook reales para alquilar sus cuentas y ocultan su localización verdadera mediante Tor, un programa de anonimato.

En la sede de la IRA en San Petersburgo, los troles rusos ya comprendían mucho más la política estadounidense. Sustituyeron los bots rusos obvios por chatbots con guiones humanos que buscaban palabras clave en discusiones y aportaban su granito de arena en forma de respuestas incendiarias predeterminadas. Se valían de cada oportunidad para avivar el fuego de las guerras culturales estadounidenses y opinaban sobre armas, inmigración, feminismo, raza o incluso los jugadores de la NFL que se arrodillaban mientras sonaba el himno nacional. Los troles de Rusia empezaron a tener en cuenta la diferencia horaria entre ambos países y publicaban cualquier cosa que fuera a hacer que a los progresistas les hirviera la sangre al inicio del día en Rusia, para que a los estadounidenses los provocara por la noche, y publicaban cualquier cosa cuyo destino fueran los conservadores al inicio de la mañana, justo cuando se sentaban a ver el programa *Fox & Friends*. La IRA continuó creando cuentas de Facebook falsas con nombres como «Bertha Malone» y «Rachell Edison», propagaban rumores falsos sobre que Obama tenía vínculos con los Hermanos Musulmanes y repetían narrativas de la Asociación Nacional del Rifle sobre que los demócratas querían quitarles las armas a todos. El proyecto de la IRA para interferir en las elecciones de mitad de mandato de 2018 tenía el nombre en código «Proyecto Lakhta». Y, durante los seis meses previos a dichas elecciones, invirtieron diez millones de dólares en sus intentos. Una vez más, resultó casi imposible medir su impacto sobre la psiquis estadounidense.

Sin embargo, en esa ocasión, los funcionarios estadounidenses lograron evitar a Trump y responder con decisión.

En septiembre de 2018, el presidente cedió la toma de decisiones sobre los ciberataques ofensivos de Estados Unidos al Pentágono, donde dichas decisiones recayeron sobre el general Paul M. Nakasone, el nuevo director de la NSA y quien también dirigía el Cibercomando. El mes anterior, el extremista asesor de seguridad nacional del presidente, John Bolton, había elaborado una nueva estrategia cibernética que le otorgaba al Cibercomando mucho más margen para llevar a cabo ciberataques del que había tenido durante el gobierno de Obama, cuando cada ataque necesitaba la aprobación presidencial expresa. Trump firmó la orden secreta y todavía clasificada, conocida como el «Memorando Presidencial de Seguridad Nacional 13», en septiembre. Con las riendas del Cibercomando sueltas y Trump fuera de vista a efectos prácticos, los guerreros de élite de la nación trasladaron la lucha contra los servidores rusos una vez más.

En octubre de aquel mismo año, un mes antes de las elecciones a medio mandato, el Cibercomando transmitió un mensaje al Kremlin. Publicaron las advertencias directamente en las pantallas de los ordenadores de la IRA, en las cuales amenazaban a los troles de la agencia con condenas y sanciones si interferían en las elecciones. Fue el equivalente digital de los panfletos que los pilotos estadounidenses soltaron sobre Japón en 1945, en los cuales les instaban a evacuar antes de que cayeran las bombas. El día de las elecciones, el Cibercomando desactivó los servidores de la IRA y los dejó así durante varios días, mientras los funcionarios electorales certificaban las votaciones. Puede que nunca lleguemos a saber qué habían planeado los rusos para ese día, si es que habían planeado algo, pero las elecciones a medio mandato de 2018 salieron relativamente indemnes.

El triunfo del Cibercomando acabó siendo un espejismo. Unas pocas semanas más tarde, la unidad de hackers rusos conocida como Oso Amistoso (una de las mismas unidades que había atacado al Comité Democrático Nacional en 2016) resurgió tras un año de descanso. Durante varias semanas, lanzaron una cantidad inmensa de ataques de *phishing* contra los demócratas, periodistas, agentes de la ley, contratistas de defensa e incluso el Pentágono antes de volver a desaparecer en un silencio bastante inquietante a principios de 2019. O bien habían interrumpido sus ataques (lo cual era poco probable), o habían aprendido a esconderse mejor.

Durante los siguientes meses, la NSA y los británicos del GCHQ pillaron a las unidades de inteligencia rusas adentrándose en las redes de una unidad de hackers de élite iraní para aprovechar los sistemas de Irán para atacar a gobiernos y empresas privadas de todo el mundo. En un mensaje público muy poco frecuente, las agencias explicaron el plan ruso. Se trataba de una advertencia, con 2020 más cerca, de que la amenaza rusa evolucionaba a un ritmo trepidante. Ya nada podía juzgarse por sus apariencias.

En Washington, una incipiente agencia de ciberseguridad dentro del Departamento de Seguridad Nacional recibió la tarea más desagradecida y, por alguna razón, controvertida de Washington: proteger las elecciones presidenciales de 2020. Justo después de las elecciones a medio mandato de 2018, Trump aprobó la Ley de Agencias de Ciberseguridad y de Seguridad de Infraestructuras, lo cual ascendió a una agencia de ciberseguridad dedicada dentro del Departamento de Seguridad Nacional que pasó a conocerse mediante el acrónimo «CISA». A Chris Krebs, un exejecutivo de Microsoft cuarentón con un carisma infantil, se le pidió que liderara la agencia que iba a defender unas elecciones que el presidente no quería que se defendieran y a ayudar a estados que no querían su ayuda. Después de todo, son los estados quienes deciden las elecciones estadounidenses. Para proporcionar a los estados una ayuda federal de seguridad electoral, aunque fuera con tan solo un escaneo de vulnerabilidades, las agencias federales deben recibir una invitación. Los estados, en particular los de mayoría republicana, siempre habían interpretado la ayuda federal en sus elecciones como otro tipo de interferencia. Sin embargo, en 2019, lo único que había que hacer era observar el número récord de secuestros informáticos que asolaban los condados, pueblos y ciudades estadounidenses para comprender lo vulnerables que eran.

Más de seiscientos pueblos, ciudades y condados estadounidenses fueron víctimas de secuestros informáticos entre 2019 y 2020. Los cibercriminales no solo atacaban las grandes ciudades como Albany o Nueva Orleans, sino también condados más pequeños en estados pendulares como Míchigan, Pensilvania y Ohio. En Texas, un nuevo campo de batalla, veintitrés pueblos recibieron un ataque al mismo tiempo. En el estado de Georgia, el recuento de víctimas era apabullante: la ciudad de Atlanta, el Departamento de Seguridad Pública del Estado, los sistemas judiciales locales y del estado, un gran hospital, un gobierno de condado y un departamento de policía de una ciudad de treinta mil habitantes. En cada uno de esos casos, las redes habían fallado; los registros públicos desaparecieron, los ciudadanos perdieron acceso a sus correos electrónicos; los ordenadores portátiles tuvieron que someterse a exámenes forenses, ser reconfigurados o tirados a la basura; y los departamentos de policía quedaron reducidos a papel y bolígrafo.

Los funcionarios y expertos de seguridad temblaban al pensar en el impacto que podía tener un secuestro informático lanzado en el momento justo, el 3 de noviembre, contra las listas de votantes, bases de datos de registros o secretarías de estado.

«Las posibilidades de que un gobierno local no sufra ningún ataque mientras trata de gestionar las próximas elecciones, ya muy complicadas de por sí, parecen ínfimas», me advirtió Brett Callow, un analista de amenazas.

Florida —el hijo problemático de las elecciones de Estados Unidos— parecía estar llevándose la peor parte. El condado de Palm Beach, el mismo que había decidido las elecciones del año 2000, ocultó el hecho de que, en las semanas anteriores a las elecciones de 2016, sus oficinas electorales fueron víctimas de un secuestro informático que las dejó inutilizadas. Los funcionarios del condado ni siquiera se molestaron en contárselo a los funcionarios federales hasta 2019, cuando, una vez más, unos hackers secuestraron a dos de sus pueblos. En Riviera Beach, los funcionarios desembolsaron seiscientos mil dólares para deshacer un violento ataque que había interrumpido el acceso a correos electrónicos, servicios públicos de agua y estaciones de bombeo. En otro ataque, más al sur, en el pueblo de Palm Springs, los funcionarios pagaron una cifra no revelada hasta el momento a sus extorsionistas, quienes nunca les devolvieron los datos.

A simple vista, los ataques que golpeaban los pueblos y ciudades estadounidenses parecían secuestros informáticos corrientes. Pero a partir del otoño de 2019, estaba claro que muchos eran ataques de varias fases. Los hackers no solo negaban el acceso a los datos de las víctimas, sino que los robaban; en algunos casos los publicaban en Internet y vendían acceso a los sistemas de las víctimas en la web oscura, y, en un caso particularmente perturbador, se les pilló tratando de vender su acceso a Corea del Norte. Del mismo modo que los investigadores de Ucrania habían determinado que el ataque de secuestro informático de NotPetya se trataba de un golpe político, los agentes de la CISA, el FBI y las agencias de inteligencia temieron que los secuestros informáticos que sufría el país no estuvieran motivados solo por el beneficio económico, sino por la política.

La procedencia de todos aquellos ataques no era ningún misterio. Un sorprendente número de ellos se producía entre las 09 a. m. y las 05 p. m. en horario de Moscú. Muchos se desplegaban mediante una red de bots llamada «TrickBot» que formaba un enorme entramado de ordenadores infectados cuyos desarrolladores se encontraban en Moscú y en San Petersburgo. Los operadores de TrickBot vendían acceso a ordenadores infectados a cibercriminales y secuestradores informáticos de toda Europa del Este. Sin embargo, el grupo de secuestradores informáticos que usaba TrickBot para pedir rescates a los objetivos estadounidenses había dejado unas pistas muy reveladoras tras de sí. Desperdigados entre el código de los atacantes había artefactos en ruso. Y tal vez lo más revelador de todo fue que habían diseñado el programa de secuestros informáticos específicamente para evitar infectar sistemas informáticos rusos. El código buscaba configuraciones de teclado en cirílico, y, si las encontraba, pasaba de largo; se trataba de una prueba técnica de que estaban cumpliendo la primera regla de Putin: no se hackea dentro de Rusia.

Para 2019, los secuestros informáticos generaban miles de millones de dólares para los cibercriminales rusos y cada vez eran más lucrativos. Incluso cuando los cibercriminales aumentaron sus exigencias de rescates para desbloquear los datos de las víctimas de cientos de dólares a cientos de miles y luego hasta millones, los funcionarios locales (y sus aseguradoras) calcularon que seguía siendo más barato pagar a sus extorsionadores digitales que reconstruir sus sistemas y datos desde cero. La industria de los secuestros informáticos estaba en su punto álgido y, con todo el botín que iba a parar a Rusia, a los funcionarios de inteligencia les parecía inconcebible que el Kremlin no estuviera al tanto de ello o que no se aprovechara u obligara a los criminales a darle acceso para cumplir sus propios fines políticos.

Era una conclusión un tanto apresurada, pero, con las elecciones presidenciales de 2020 tan cerca, los funcionarios no podían permitirse hacer caso omiso de la larga tradición entre los cibercriminales rusos y el Kremlin. Tenían grabado a fuego en sus recuerdos el ataque de Rusia contra unas quinientas millones de cuentas de correo electrónico de Yahoo que se había producido hacía cinco años. Los investigadores necesitaron varios años para desentramar ese ataque, pero acabaron rastreando a dos cibercriminales que trabajaban codo a codo con dos agentes rusos del FSB. Los agentes del FSB habían permitido que los cibercriminales sacaran provecho del robo de datos personales mientras ellos aprovechaban su acceso para espiar los correos electrónicos personales de funcionarios estadounidenses, disidentes y periodistas. Más recientemente, los analistas de inteligencia habían determinado que un grupo que se hacía llamar «Evil Corp» (Corporación Malvada) no es que trabajara codo a codo con el FSB, es que era el FSB.

«Existe una *pax mafiosa* entre el régimen ruso y sus grupos de criminales cibernéticos —me explicó Tom Kellermann, un experto en cibercrimen ruso, conforme nos aproximábamos a las elecciones presidenciales de 2020—. Los cibercriminales rusos se tratan como un activo nacional que proporciona al régimen acceso libre a las víctimas de secuestros informáticos y crímenes financieros. Y, a cambio de ello, reciben el estado de intocables. Es un fraude de protección y funciona para ambos bandos».

Los funcionarios no proporcionaron ninguna prueba. Aun así, aquel otoño, conforme los secuestros informáticos atacaban una ciudad tras otra, empezaron a temer que los elementos de secuestro fueran una cortina de humo para adentrarse en condados que podían convertirse en objetivos ideales para las elecciones de 2020. Aquel noviembre, observaron cómo su peor pesadilla casi se convertía en realidad. La semana de las elecciones para el cargo de gobernador de Luisiana, los cibercriminales tomaron como rehén la oficina del secretario de Estado en un secuestro informático que habría dado vuelta las elecciones si los funcionarios del lugar no hubieran tenido la previsión suficiente de separar los padrones de los votantes de Luisiana de su red general. Las elecciones de Luisiana procedieron intactas, pero la investigación forense reveló lo premeditado que había sido el ataque. Las marcas de tiempo revelaron que los asaltantes de Luisiana se habían adentrado en sus sistemas tres meses antes, pero habían esperado con paciencia hasta que llegara el momento de pasar a la acción durante las elecciones. El FBI temía que fuera una señal de lo que iba a ocurrir en las elecciones presidenciales.

Durante los meses siguientes, el FBI envió misivas confidenciales a agentes de campo de todo el país para advertirles que era «probable» que los secuestros informáticos fueran a derribar la infraestructura electoral de Estados Unidos. En cuanto a si esos ataques eran obra de especuladores oportunistas o de un adversario estatal más calculado, o una mezcla de ambos, el gobierno aún no tenía ninguna respuesta clara.

En Washington, parecía que las elecciones iban a ser la temporada de caza de los hackers. Una pila de leyes sobre seguridad electoral se enfrentaba a un bloqueo por parte de un solo hombre, el líder de la mayoría del senado, Mitch McConnell. McConnell dejó claro que no pensaba permitir que avanzara ninguna ley de seguridad electoral, por muy bipartita que esta fuera. Incluso las medidas que los expertos en integridad electoral consideraban críticas —rastros para cada papeleta y unas rigurosas auditorías poselecciones, leyes que impedían que las máquinas de votaciones se comunicaran con la red y que requerían que las campañas informaran de compromisos con el extranjero— no prosperaban más allá del escritorio de McConnell. Fue solo después de que sus críticos empezaran a llamarlo «Mitch Moscú» que McConnell aprobó a regañadientes 250 millones de dólares para ayudar a los estados a protegerse de las interferencias. Sin embargo, incluso entonces se negó a añadir unos requisitos federales para las copias de seguridad en papel y las auditorías que los expertos consideraban de vital importancia. En público, McConnell lo hacía por la pureza de su ideología: llevaba mucho tiempo criticando lo que decía que era una «toma del poder» de las elecciones estatales por parte de Washington. En privado, sus compañeros sospechaban que su opinión sobre las leyes electorales surgía de su miedo a provocar al presidente.

Y el presidente no necesitaba mucho para que lo provocaran. En su afán por sustituir lo que él llamaba la «mentira rusa» con una explicación alternativa, Trump se aferró de buena gana a una teoría de la conspiración promulgada por Rusia que afirmaba que Ucrania había sido la culpable de la interferencia en las elecciones de 2016, lo cual, a su vez, puso en marcha su proceso de destitución. En el revisionismo del Kremlin (y, luego, de Trump), el Comité Democrático Nacional no había sufrido un ataque por parte de Rusia, sino de Ucrania; la empresa que el Comité había contratado para investigar el ataque, CrowdStrike, pertenecía a un ucraniano acaudalado, y CrowdStrike escondía el servidor afectado del Comité en Ucrania —de modo que el FBI no podía acceder a él—, para ocultar el papel de Ucrania en el ataque. Ni una sola palabra de todo aquello era cierta. Las diecisiete agencias de inteligencia estadounidenses concluyeron al principio de la investigación que Rusia se encontraba detrás del ataque al Comité Democrático Nacional. La teoría sobre CrowdStrike no se mantenía en pie: uno de sus cofundadores era estadounidense, mientras que el otro era un exiliado ruso cuya familia había huido a Estados Unidos cuando era pequeño. CrowdStrike nunca había poseído físicamente los servidores del Comité. Del mismo modo que cualquier otra empresa de seguridad que responde a los ataques contra Estados Unidos, llevaba a cabo su investigación a través de un proceso «por imagen», que involucraba copiar los discos duros y memoria afectados de un sistema informático e investigar desde ahí. CrowdStrike había compartido sus hallazgos con el FBI. Dicha agencia también contaba con imágenes de copia de los discos duros del Comité, y, mediante su propio análisis, estuvo de acuerdo con CrowdStrike en que la culpa recaía sobre las unidades de hackers rusas Oso Amistoso y Oso Lujoso.

En cualquier otra situación política, a todo aquel que impulsara esa teoría alternativa se le hubiera diagnosticado como demente, pero no era así en la era de Trump. Se trataba del último esfuerzo desesperado del Kremlin y de Trump de pintar a Ucrania y a los demócratas como villanos al mismo tiempo. Y, tal como ocurrió cuando afirmó que Barack Obama no había nacido en Estados Unidos y que por tanto no podía ser presidente, Trump no pensaba rendirse. Retuvo cerca de cuatrocientos millones de dólares en ayuda militar a Ucrania que ya habían sido aprobados por el Congreso. Y, cuando el nuevo presidente de Ucrania, Volodímir Zelenski, trató de caerle bien a Trump y sacudir el árbol de las inversiones, Trump le dijo a Zelenski:

«Me gustaría que nos hicieras un favor antes. —Fue en su tristemente célebre llamada de julio de 2019, y continuó—: Dicen que Ucrania tiene el servidor». Un *quid pro quo*.

Otra teoría de la conspiración surgió en esa llamada. Dicha teoría involucraba a Burisma, la empresa de gas ucraniana en cuya junta directiva se encontraba Hunter Biden, el hijo de Joe Biden. Burisma había incorporado al hijo de Biden mientras su padre lideraba la política ucraniana de Obama como su vicepresidente. En esos tiempos, Biden —apoyado por los aliados europeos de Estados Unidos— había presionado a Ucrania para que despidiera a su mayor fiscal, quien no perseguía los casos de corrupción. Sin embargo, cuando Joe Biden empezó a aparecer en encuestas muy reñidas contra Trump en el verano de 2019, además de surgir como el oponente más probable de Trump en las elecciones presidenciales de 2020, Trump le dio un vuelco a la narrativa: acusó a Biden de entrometerse en el sistema de justicia penal ucraniano solo porque Burisma estaba siendo investigada y su hijo podía verse implicado. El abogado personal del presidente, Rudy Giuliani, convirtió la teoría en su misión personal. Él mismo viajó hasta Ucrania, desde donde llamaba a Estados Unidos con regularidad y afirmaba poseer pruebas del delito (un año más tarde, el Departamento del Tesoro declaró que la fuente ucraniana de Giuliani era un «agente ruso en activo» y sancionó al ucraniano por librar una campaña de influencia encubierta para interferir en las elecciones de 2020).

En la conocida llamada telefónica con Zelenski, Trump le había pedido un segundo favor: que el presidente ucraniano anunciara una investigación pública de Burisma y los Biden, a lo cual Trump se refirió como «esa otra cosa». Si no hubiera sido por un informante de la Casa Blanca —quien debía escuchar la llamada por obligación de la ley—, Ucrania podría haber aceptado la petición de Trump con tal de recibir sus millones de ayuda militar. En cambio, el testimonio del informante dio paso a un proceso de destitución del presidente, liberó a Zelenski de Trump y detuvo en seco la investigación de Burisma.

O eso creíamos. Lo que ocurrió de verdad fue que los hackers rusos retomaron la campaña de presión de Trump por donde este la había dejado. En noviembre de 2019, en Capitol Hill, conforme finalizaban las investigaciones a puerta cerrada para el proceso de destitución de Trump sobre la intervención del presidente en Ucrania y la vista pública estaba lista para comenzar, me enteré de que Oso Lujoso, una de las unidades rusas responsables del ataque contra el Comité Democrático Nacional en 2016, había empezado a adentrarse en Burisma mediante una campaña de *phishing* muy similar. Y también en aquella ocasión parecía que los hackers de

447

Rusia habían robado las credenciales necesarias para navegar con libertad por las bandejas de entrada de Burisma en busca de cualquier correo electrónico que pudiera ayudar a la extraña mezcla de teorías de la conspiración de Trump y, si era posible, mancillar el nombre de los Biden al mismo tiempo. Hablé sobre el ataque de Rusia a Burisma aquel enero. Y, mientras nos adentrábamos en los últimos meses de la campaña presidencial de 2020, que hackearan y filtraran los materiales de Burisma parecía algo inevitable (y así fue: el *New York Post* tomó el relevo y se encargó de cubrir la noticia). Si aquello iba a dar base a las afirmaciones sin pruebas de Trump y Giuliani sobre la «corrupción» de los Biden ya no parecía importar. Las investigaciones falsas y las insinuaciones (no la verdad) habían acabado con la campaña de Hillary Clinton. Trump imaginó quizás que eso era lo único que necesitaba para ganar otra vez. Y parecía que Rusia, una vez más, estaba dispuesta a ayudar y bien colocada para hacerlo.

Los funcionarios de inteligencia estadounidenses advirtieron a los legisladores y a la Casa Blanca, un mes más tarde, de que los hackers y troles rusos habían vuelto a trabajar sin descanso para asegurarse de que Trump volviera a ser escogido presidente. Trump se puso echo una furia en las reuniones. Y no porque Rusia estuviera interfiriendo en la democracia estadounidense; al presidente le molestaba que los funcionarios de inteligencia hubieran compartido sus hallazgos con los demócratas. Trump estaba tan enfadado que reemplazó a su director interino de inteligencia nacional con alguien que lo apoyaba y tachó la inteligencia de «desinformación» en Twitter. Los republicanos también hicieron caso omiso de los datos de los investigadores. Chris Steward, republicano de Utah, declaró ante el *The New York Times* que Moscú no tenía ningún motivo para apoyar a Trump en 2020.

«Reto a cualquiera a que me dé un argumento de verdad por el que Putin quisiera tener a Trump de presidente antes que a Bernie Sanders».

Resulta que Rusia también estaba apoyando a Sanders. En una reunión distinta, los funcionarios de inteligencia le dijeron a Sanders que Rusia estaba tratando de aumentar sus posibilidades en las elecciones democráticas primarias contra Biden, al parecer en una apuesta de que Sanders fuera a ser el oponente más débil para Trump.

«Si Sanders gana la nominación democrática, entonces Trump gana la Casa Blanca —le dijo un exconsejero del Kremlin a un periodista—. El escenario ideal es mantener la división y la incertidumbre en Estados Unidos hasta el final. Nuestro candidato es el caos».

Durante los siguientes meses, rastreé una campaña rusa tras otra. Sin embargo, con su guía para 2016 ya expuesta, el Kremlin estaba cambiando de táctica. Los hackers rusos apuntaban a correos electrónicos relacionados con la campaña una vez más, pero ya no se hacían con ellos mediante ataques de *phishing* rudimentarios. Los analistas de la NSA descubrieron que Gusano de Arena, los mismos hackers rusos que habían desactivado la red eléctrica de Ucrania, habían desatado NotPetya y se habían adentrado en los sistemas de registro de votantes en los cincuenta estados en 2016, se estaban aprovechando de una vulnerabilidad en un programa de correos electrónicos que, tal como la NSA anunció en un aviso público, le otorgaba a Rusia un «acceso de ensueño».

Después de que los atraparan atacando a Burisma, Oso Lujoso tuvo más cuidado a la hora de esconder sus huellas. Trasladaron sus operaciones a Tor, el programa de anonimato que escondía su localización verdadera. Microsoft reveló que, tan solo en un periodo de dos semanas, Oso Lujoso había apuntado a más de seis mil novecientos cuentas de correo personal que pertenecían a miembros de la campaña, ayudantes y políticos de ambos bandos.

Y, pese a que aún no estaba claro qué papel tenía el Kremlin en los ataques de secuestros informáticos, si es que tenía alguno, los ataques eran cada vez peores. Los desarrolladores de TrickBot catalogaban los municipios estadounidenses a los que tenían acceso y vendían a quien lo quisiera una forma muy sencilla de hackear las elecciones del país.

En lo que concernía a la desinformación, el objetivo de Rusia seguía siendo el mismo: divide y vencerás. Solo que, en aquella ocasión, los troles del Kremlin no tenían que inventarse «noticias falsas». Los estadounidenses (y, tal vez más que ningún otro, su presidente) ya generaban bastante contenido falso, engañoso y divisivo día tras día. En 2016, los rusos crearon historias ficticias sobre demócratas que practicaban la brujería. Con los estadounidenses más divididos que en ningún otro punto de la historia reciente, a los troles rusos y los medios de comunicación del país les resultó mucho más eficiente amplificar la desinformación nacida en Estados Unidos que inventarse la suya. Aquella vez no querían llegar a hacerse virales (pues eso llamaría demasiado la atención), sino que solo buscaban las chispas, allá donde se encontraran, para ofrecer un poco de leña.

Cuando una *app* móvil que los demócratas usaban para informar acerca de los resultados del caucus primario implosionó a la vista de todos en febrero, observé cómo los troles rusos retuiteaban y alentaban a los estadounidenses que creían equivocadamente que la *app* era un ardid del círculo íntimo de Hillary Clinton para arrebatarle las elecciones a Bernie Sanders. Cuando la pandemia de coronavirus se estableció en todo el mundo, vi a esas mismas cuentas rusas retuitear a estadounidenses que afirmaban que el COVID-19 era un arma biológica estadounidense o una conspiración insidiosa de Bill Gates para sacar provecho de la vacuna cuando estuviera disponible. Y, mientras el mundo se quedó paralizado a la espera de esa vacuna, los troles rusos trabajaron a destajo para aportar legitimidad al debate sobre las vacunas, algo que ya habían hecho durante la peor parte del brote de sarampión acaecido en Ucrania un año antes. Retuiteaban a estadounidenses que se negaban a creer las estadísticas oficiales del COVID-19, protestaban contra los confinamientos y dudaban de los beneficios de llevar mascarilla. Y, cuando miles de estadounidenses se dirigieron a las calles a protestar por los asesinatos de afroamericanos a manos de la policía, vi cómo esas mismas cuentas rusas retuiteaban a estadounidenses, entre ellos el propio presidente, que sostenían que el movimiento Black Lives Matter era un caballo de Troya de los radicales de izquierda violentos. Con cada nueva campaña, se hacía más difícil encontrar el punto exacto en el que la desinformación estadounidense acababa y las medidas activas rusas empezaban. Los estadounidenses se habían convertido en los «idiotas útiles» de Putin, y, mientras estos estuvieran enzarzados en sus propias luchas internas, el líder ruso podía maniobrar por el mundo a su antojo.

«El mantra de las medidas activas de Rusia es el siguiente: "Ganar a través de las fuerzas de la política, en lugar de con la política de la fuerza" —me explicó Clint Watts, un exagente del FBI que se especializa en desinformación rusa—. Eso conlleva ir donde se encuentra el adversario para llenarlo de política a tal punto, que se queda desconcertado y eres libre de hacer lo que te plazca».

Algunos días, los funcionarios estadounidenses parecían estar decididos a ponerle las cosas más fáciles a Putin. Y no era solo Mitch Moscú, con su negación a aprobar ni una sola ley de seguridad electoral. Aquel agosto, el recién instalado jefe de espionaje de la nación, John Ratcliffe, puso fin a las reuniones de inteligencia en persona al Congreso sobre interferencia en elecciones. Ratcliffe culpó de la decisión a demasiadas filtraciones, pero, al volver a valoraciones por escrito, permitía que el director de inteligencia nacional distorsionara la inteligencia de un modo que el toma y daca de las reuniones en persona con el Congreso no permitían. Durante las siguientes semanas y meses, los analistas y funcionarios de inteligencia observaron, horrorizados, cómo Ratcliffe tergiversaba la inteligencia para que fuera del gusto de Trump, metía a infiltrados en reuniones de inteligencia para evitar que se salieran de los temas preaprobados, desclasificaba inteligencia de forma selectiva para ganar puntos políticos, ofrecía a los simpatizantes de Trump los mejores puestos entre sus filas y contradecía los datos de la inteligencia siempre que se le presentaba la oportunidad al afirmar que China e Irán, y no Putin, eran la amenaza más grave contra las elecciones.

Era una fantasía de propaganda diseñada para un solo hombre y se correspondía muy poco con la realidad. Si bien China e Irán también estaban en activo, no lo estaban del modo que Trump y sus secuaces querían que los estadounidenses creyeran. Las tropas cibernéticas iraníes eran más agresivas que nunca, pero no eran precisamente un éxito. Por mucho que bombardearon la campaña de Trump con ataques de *phishing*, nunca llegaron a adentrarse en sus sistemas. Más cerca de las elecciones, falsificaron correos electrónicos que enviaron a miles de estadounidenses, en los cuales afirmaban ser «Proud Boys», el grupo supremacista blanco de extrema derecha, y advertían a los votantes que, o votaban al Partido Republicano o «irían a por ellos». Sin embargo, no llegaron a usar datos de votantes robados como algunos habían sospechado, sino que se valieron de datos públicos. Y, debido a un error descuidado, los funcionarios estadounidenses rastrearon los correos electrónicos de inmediato hasta Irán. Fue la atribución más rápida de la historia, y, tal vez, debería haber sido celebrada. Pero Ratcliffe aprovechó el momento para retorcer la verdad a favor de Trump. Sobre un podio, declaró ante los periodistas que la pequeña triquiñuela iraní no solo había estado diseñada para intimidar a los votantes y sembrar la intranquilidad social, sino que tenía la intención de «dañar a Trump».

Trump y sus consejeros continuaron diluyendo la amenaza de Rusia al exagerar la de China e Irán. Aquel septiembre, en un mitin de campaña, el presidente afirmó, otra vez, que la interferencia rusa era mentira.

«¿Y qué hay de China? ¿Qué pasa con los otros países? Siempre es Rusia, Rusia, Rusia, que ha vuelto a las andadas».

Los representantes de Trump siguieron su ejemplo de buena gana. Cuando les preguntaron en entrevistas de televisión sobre qué país representaba la mayor amenaza contra las próximas elecciones, el consejero de seguridad nacional de Trump, Robert O'Brien, y su belicoso fiscal general, Bill Barr, repitieron que la amenaza más seria era China, y no Rusia.

Lo que complicaba su narrativa era el hecho de que, en aquel mismo momento, China estaba atacando a Biden, no a Trump. Los funcionarios de inteligencia no lo admitieron en público, pero los equipos de seguridad tanto de Google como de Microsoft descubrieron que la campaña de hackeo de China apuntaba directamente a la campaña de Biden. Y los esfuerzos de China no parecían ser la fase preliminar de un ataque y filtración ruso, sino el espionaje de siempre, algo no muy distinto al ataque chino contra las campañas de McCain y Obama en las elecciones de 2008, cuando los espías chinos habían obtenido acceso a los documentos de política y correos electrónicos de los mayores asesores. En aquella ocasión, los investigadores de seguridad y analistas de inteligencia también creyeron que China estaba leyendo la bola de cristal con la intención de evaluar los planes de política de Biden en cuanto a Pekín.

La misión de la comunidad de inteligencia siempre había sido neutral. Con cada día que pasaba, el presidente y sus personas designadas distorsionaban la inteligencia, en gran y pequeña medida, para cumplir los fines políticos del presidente. De los altos cargos de Trump, solo el director del FBI, Christopher Wray, estaba dispuesto a atravesar la realidad alterna de la Casa Blanca en comentarios públicos. El mismo mes que Barr y O'Brien pasaron por televisión para acusar a China, Wray testificó ante los legisladores que Rusia estaba interfiriendo en las elecciones mediante «una influencia extranjera maliciosa en un intento de dañar la campaña de Biden». A pesar de que pronunció esas palabras como si no fuera nada, dada la hambruna de verdad en la que se encontraba el país, calaron como la declaración de un soldado renegado, y Trump y sus esbirros lo castigaron por ello.

«Chris, no ves ninguna actividad por parte de China, aunque sea una amenaza MUCHO más grande que Rusia, Rusia, Rusia. Los dos, y otros países, podrán interferir en nuestras elecciones de 2020 con nuestra vulnerable estafa de papeletas (¿falsas?) no solicitadas», tuiteó Trump.

Más adelante, Steve Bannon, la mano de extrema derecha del presidente, pidió que a Wray, además de al doctor Anthony Fauci (el experto en enfermedades infecciosas), se les cortara la cabeza como advertencia para los trabajadores federales que se atrevieran a cuestionar la propaganda del presidente.

Todos habíamos pasado los últimos cuatro años preocupados por lo que estuvieran planeando los adversarios del país. Sin embargo, conforme se acercaba la fecha de las elecciones, quedó claro que la interferencia de verdad procedía de dentro. Incluso antes de que se produjera un solo voto, Trump ya había empezado a restar legitimidad a las elecciones de 2020, y, con ella, a la democracia en sí, al decir que estaba «amañada» y que era «un fraude y una estafa». Las encuestas mostraron que la mayoría de los estadounidenses, un 55 %, estaba de acuerdo.

«No me gustan muchas de las cosas que ha hecho el presidente, pero esta es la peor —me dijo el senador Angus King, el independiente de Maine, en los días previos a las elecciones—. Minar la confianza del pueblo estadounidense en el funcionamiento de su sistema democrático es de lo más peligroso. Y, qué casualidad, encaja con lo que Rusia y otros países hacen».

Esas eran las minas políticas que tenían que sortear los funcionarios estadounidenses mientras desempeñaban un último esfuerzo para reforzar las defensas electorales de los estados y los condados antes de noviembre de 2020. Con McConnell negándose a aprobar ni una sola ley de seguridad electoral, el senador de Virginia Mark Warner, el líder demócrata del Comité de Inteligencia del Senado, convirtió en su misión personal el hecho de convencer a los secretarios de estado de todo el país, incluso a los de extrema derecha, de que la amenaza de la interferencia extranjera era real y de que debían aceptar la ayuda de la CISA.

En la CISA, Krebs despachó a su mano derecha, Matt Masterson, excomisario de la Comisión de Asistencia Electoral, para que fuera de estado a estado, sombrero en mano, para rogarle a los estados y a los condados que escanearan sus sistemas y los parchearan para solucionar vulnerabilidades, que protegieran las bases de datos de registros de votantes y padrones, que cambiaran sus contraseñas, bloquearan direcciones IP maliciosas, activaran la autenticación en dos pasos e imprimieran copias de seguridad en papel. La pandemia les había dado la vuelta a las elecciones al cerrar centros de votaciones y empujar a millones de estadounidenses más a votar por correo. En ciertos modos, aquello hizo que las elecciones fueran más seguras: las papeletas enviadas por correo tenían un rastro de papeleo incorporado, pero también hacía que las bases de registro de votantes fueran más importantes todavía. Un ataque que saboteara los datos del registro de votantes —al cambiar sus direcciones, marcar votantes registrados como no registrados o borrar por completo a los votantes del sistema— ponía en riesgo el derecho a voto de miles o incluso millones de personas si se llevaba a cabo a gran escala. El cambio a votos por correo también implicaba que, a menos que se produjera una victoria aplastante, las elecciones no se decidirían en una sola noche, sino que sería un proceso lento de varios días o incluso semanas de duración, lo que provocaría una superficie de ataque cada vez más grande. Además, hacía que la amenaza de un secuestro informático contra los sistemas de registro, la oficina postal, la verificación de firmas de votantes y los sistemas de tabulación e informes fuera mucho más inquietante.

En septiembre de ese año, en Redmond, Tom Burt, de Microsoft, estaba nervioso por los secuestros informáticos que habían sufrido los pueblos y ciudades de Estados Unidos. Tan solo ese mes, una empresa de Texas que vendía el software que algunas ciudades y estados usaban para mostrar los resultados electorales había sido víctima de uno de esos secuestros. La empresa, Tyler Technologies, no contabilizaba los votos de verdad, pero sí sumaba los resultados e informaba de ellos en al menos veinte lugares distintos del país, lo cual la convertía en el tipo de objetivo que los funcionarios temían que pudiera ser víctima de un ataque por parte de alguien que quisiera sembrar el caos y la incertidumbre en las elecciones. El ataque fue tan solo uno de entre los más de mil secuestros informáticos en pueblos y ciudades estadounidenses que se habían producido el año anterior, pero era justo el tipo de lugar idóneo del que los hackers rusos se habían aprovechado durante las elecciones de Ucrania en 2014, cuando soltaron programas maliciosos que habrían proclamado la victoria del candidato de extrema derecha si los ucranianos no lo hubieran impedido justo a tiempo. El ataque también resultaba inquietante por otro motivo: en los días siguientes, los clientes de Tyler (la empresa no dijo cuáles) vieron que unas entidades ajenas trataban de adentrarse en los sistemas de sus clientes, lo cual despertó temores de que los asaltantes estuvieran buscando algo más que sacar provecho rápido.

Burt había estado observando los secuestros informáticos, cada vez más intranquilo. El catalizador fue ver que los operadores de TrickBot habían incorporado capacidades de vigilancia que les permitía espiar a funcionarios infectados y tomar nota de qué sistema pertenecía a un funcionario electoral. A partir de ahí, sería pan comido para los cibercriminales o los agentes estatales paralizar los sistemas electorales durante los días anteriores y siguientes a las elecciones.

«No sabemos si se trata de la inteligencia rusa —me dijo Burt—, pero lo que sí sabemos es que TrickBot es, en términos de volumen, el conducto de distribución clave de los secuestros informáticos, y que sería muy fácil para los agentes estatales contratar TrickBot para distribuir secuestros informáticos con la meta de sabotear los sistemas electorales. Ese es un riesgo real en particular porque gran parte de los secuestros informáticos tiene a los distritos como objetivo. Imagina que cuatro o cinco distritos electorales son víctima de un secuestro informático el día de las elecciones. Sería como echar keroseno sobre este inconcebible debate sobre si los resultados son válidos o no. Sería una noticia bomba que no terminaría nunca. Y sería una gran victoria para Rusia. Celebrarían con su vodka hasta bien entrado el año que viene».

«Ese —le dijo a sus subordinados— es un riesgo que quiero eliminar».

El lugar obvio por el que empezar era TrickBot. Lo habían utilizado como conducto para llevar a cabo secuestros informáticos en Florida, en tribunales del estado de Georgia, contra el *Los Angeles Times*, Nueva Orleans, agencias estatales de Luisiana y, aquel mismo mes, uno de los secuestros informáticos médicos más grandes de la historia transmitido por TrickBot había saboteado más de cuatrocientos hospitales en plena pandemia.

Burt había formado un equipo de ejecutivos de seguridad y abogados que se puso en acción para descubrir cómo impedir el avance de TrickBot. Entre todos, decidieron que la acción jurídica, a través de los tribunales, era el mejor modo de proceder. Al trasladar su caso al tribunal federal, podían obligar a los proveedores de alojamiento web a desconectar a los operadores de TrickBot, bajo el argumento de que los cibercriminales estaban incumpliendo las leyes de derechos de autor estadounidenses al usar el código de Microsoft con propósito malicioso. Elaboraron una estrategia durante varios meses, pero decidieron esperar hasta octubre para actuar, por temor a que un movimiento más temprano fuera a darles a los hackers rusos más tiempo para reagruparse de cara a las elecciones de noviembre.

Sin embargo, cuando llegó el momento de pasar a la acción durante dicho mes, Microsoft descubrió que alguien más ya estaba ahí. A partir de finales de septiembre, el Cibercomando estadounidense se había adentrado en el mando y control de TrickBot y les había entregado a sus ordenadores infectados un conjunto de instrucciones que los hacían entrar en un bucle infinito. Era el equivalente de un teléfono que se llama a sí mismo una y otra vez para que cualquiera que intente comunicarse con él reciba un mensaje de línea ocupada. Los operadores de TrickBot fueron capaces de retomar el control de sus sistemas en medio día, pero, cerca de una semana más tarde, el Cibercomando volvió a atacar los sistemas de TrickBot del mismo modo. En aquella ocasión, la disrupción también fue temporal; no obstante, se trataba de un mensaje similar al que las tropas cibernéticas del general Nakasone había enviado a la Agencia de Investigación de Internet durante los días previos a las elecciones a medio mandato: «Os estamos observando, estamos dentro de los sistemas y os haremos caer si venís a por nuestras elecciones», (conforme se acercaban las elecciones, descubrimos que el Cibercomando había lanzado un ataque similar contra los hackers iraníes detrás de la campaña de Proud Boys, lo cual disminuyó su habilidad para llevar a cabo más ataques).

En una reunión con periodistas, Nakasone se negó a hablar sobre los ataques contra Irán y TrickBot, pero dejó claro que el Cibercomando estaba preparado para hacer más.

Si recibimos la autorización previa, estamos preparados y dispuestos a organizar otras operaciones contra nuestros adversarios. —En cuanto a las semanas siguientes, el general dijo—: Confío en que las acciones que hemos tomado contra nuestros adversarios estas últimas semanas y meses aseguren que no interfieran en nuestras elecciones».

El desmantelamiento de TrickBot por parte de Microsoft en el tribunal federal que ocurrió en las semanas siguientes a los ataques del Cibercomando formó la segunda parte de un ataque doble que redujo a los operadores de TrickBot a «animales heridos», tal como me lo explicó un ejecutivo de seguridad a finales de octubre. Con más del 90 % de su infraestructura desactivada, los operadores rusos de TrickBot cambiaron a nuevas herramientas y fueron a la yugular al vengarse contra los hospitales estadounidenses. Compartieron entre ellos listas de unos cuatrocientos hospitales estadounidenses a los cuales planeaban atacar con secuestros informáticos y, sin demasiada prisa, empezaron a atacarlos uno a uno. Todo ello menos de una semana antes de las elecciones, cuando los hospitales se estaban enfrentando a un repunte récord de casos de coronavirus.

«Esperamos causar pánico», escribió un hacker ruso a sus camaradas en un mensaje privado capturado por un investigador de amenazas.

El FBI, la CISA y el Departamento de Sanidad y Servicios Humanos establecieron una llamada de emergencia con administradores de hospitales e investigadores de seguridad para informarles de la urgente «amenaza creíble». Algunos hospitales de California, Oregón y Nueva York ya habían informado haber sufrido ataques. Si bien la situación no era crítica hasta el momento, los ataques habían obligado a los hospitales a pasar a papel y bolígrafo, a interrumpir sesiones de quimioterapia y, a algunos hospitales que ya contaban con menos trabajadores que nunca, a trasladar a pacientes a otros lugares. Los funcionarios temían el caos que podía provocar todo ello, pero, a una semana de las elecciones, tenían que mantenerse centrados.

En el Cibercomando, la CISA, el FBI y la NSA, los funcionarios entraron en alerta máxima. La votación ya había comenzado, por lo que los ataques habían empezado a salir a la superficie: en Georgia, los hackers rusos habían impedido el acceso a una base de datos que verificaba las firmas de los votantes en sus papeletas por correo mediante un secuestro informático que también había publicado los datos de registros de votantes en Internet; en Luisiana, habían llamado a la Guardia Nacional para que detuviera unos ciberataques que usaban herramientas que antes solo se habían visto en Corea del Norte contra oficinas gubernamentales pequeñas. Pillaron al principal equipo ruso tratando de adentrarse en sistemas de Indiana y California. Y alguien había saboteado la campaña de Trump de forma momentánea al vandalizar su página web con amenazas escritas en un inglés torpe que advertían de que lo peor estaba por llegar.

En sí mismo, ninguno de esos ataques era demasiado grave. Sin embargo, sumados entre todos, alimentaban lo que la CISA de Krebs y los ejecutivos de ciberseguridad de Silicon Valley llamaban un «ataque de percepción»: ataques más pequeños, tal vez concentrados en estados en disputa, que podían amplificarse con facilidad y aprovecharse como pruebas de que toda la votación estaba «amañada», tal como repetía el presidente hasta la saciedad. En la CISA, el equipo de Krebs estableció una página web de «control de rumores» para desmentir teorías de la conspiración y afirmaciones exageradas de que se estaba cometiendo fraude electoral. Aquello los puso en el punto de mira del presidente. Krebs y sus trabajadores aceptaron que lo más probable era que fueran a despedirlos por ello en cuanto concluyeran las elecciones.

Durante meses, en Silicon Valley, los ejecutivos de ciberseguridad de Facebook, Twitter y Google habían dedicado más tiempo a proteger sus redes y habían intercambiado más inteligencia entre todos ellos, tal como me dijo un ejecutivo de Twitter, que con sus parejas. La gran mayoría de sus esfuerzos tenía como objetivo defenderse de una interferencia extranjera, fuera esta en forma de ataque o de campaña de influencia, y prepararse para incorporar advertencias y etiquetas en publicaciones falsas o engañosas que minaran la integridad de las elecciones. Ellos también sabían que aquello no le iba a sentar demasiado bien al presidente.

Cuando llegó el día de las elecciones, se produjeron los deslices de siempre por todo el país. En Georgia, se rompió una tubería en el condado de Fulton, lo cual retrasó el recuento de votos en Atlanta durante varias horas, y luego durante días. En otros dos condados de Georgia, distintos problemas de software demoraron a los trabajadores electorales cuando estos trataban de comprobar a los votantes. En otro condado más, un problema de software diferente retrasó a los funcionarios que informaban del recuento de votos, pero no afectó al recuento final. En Míchigan, los funcionarios de un condado contaron los votos de una ciudad dos veces por error, pero corrigieron el error en poco tiempo. En otro lugar, la fortaleza republicana del condado de Antrim, los resultados no oficiales mostraron en un principio que Biden ganaba a Trump por unos tres mil votos, todo un giro ante los votos que había recibido Trump allí en las elecciones de 2016. Un trabajador electoral había configurado erróneamente los escáneres de papeletas y sistemas de informes con unas versiones de papeletas ligeramente distintas, lo cual implicó que los resultados no se alinearan con el candidato apropiado al principio; fue un error humano del que no tardaron en percatarse y fue solucionado.

No obstante, y de forma casi milagrosa, no había ningún indicio de interferencia ajena ni de fraude, ni siquiera se produjo un solo secuestro informático aquel día. Cada tres horas, los funcionarios de la CISA informaban a los periodistas de lo que estaban presenciando, y, si bien insistían en que «el peligro no había pasado todavía», los ataques que muchos habían temido por parte de los cibercriminales de Rusia, Irán y China nunca se llegaron a producir. Era, tal como dijo Chris Krebs, «otro martes más en Internet».

Puede que nunca lleguemos a saber lo que habían planeado los adversarios de Estados Unidos para el día de las elecciones del país, ni qué fue lo que los detuvo durante los días siguientes, mientras el «espejismo rojo» de votaciones en persona de Trump acababa pintado de azul cuando el número récord de votaciones por correo otorgaron la victoria al siguiente presidente de Estados Unidos, Joe Biden.

Me gustaría pensar que fueron los ataques coordinados del Cibercomando, los héroes no reconocidos de la CISA que protegieron los sistemas de los estados y condados, el desmantelamiento de TrickBot, la atribución rápida de los ataques iraníes o los fiscales federales que, en las semanas anteriores a las elecciones, al destapar las acusaciones, habían señalado a los funcionarios de inteligencia militar rusos detrás de NotPetya, los ataques a la red eléctrica ucraniana, el ataque contra las Olimpiadas de 2018, las elecciones francesas y las extracciones de datos de las bases de registro de votantes de 2016. Quisiera pensar que, entre todo eso, se produjo un elemento de disuasión que funcionó, uno que podamos mejorar y desplegar una y otra vez.

Hubo un momento, en las semanas anteriores a las elecciones, en el que Putin pareció perder su cara de póker y rendirse por un momento. En una declaración del Kremlin, pidió un «reinicio» cibernético con Estados Unidos:

«[Propongo…] intercambiar garantías de no interferir en los asuntos internos del prójimo, incluidos los procesos electorales —dijo Putin—. Uno de los principales retos estratégicos de nuestro tiempo es el riesgo de una confrontación a gran escala en la esfera digital. Nos gustaría pedirle a Estados Unidos una vez más —insistió— que reiniciemos nuestras relaciones en el uso de las tecnologías de la información y la comunicación».

Tal vez era sincero. Sin embargo, los funcionarios estadounidenses desestimaron la propuesta de Putin al instante. El mayor funcionario de seguridad nacional del Departamento de Justicia tachó la petición del reinicio de Putin de ser «retórica poco honesta y propaganda cínica y barata».

Aun así, algo me dice que la razón por la que no nos encontramos con más interferencias rusas en 2020 no fue el hecho de que las defensas lo hubieran disuadido, sino que Rusia creía que ya había acabado lo que tenía que hacer. En los tiempos que corren, los troles rusos no tenían que levantar ni un dedo para sembrar el caos y la discordia cuando los estadounidenses, acompañados del último presidente, lo hacían por ellos. Mientras escribo este libro, ha pasado una semana desde las elecciones del 3 de noviembre, y Trump aún no ha concedido la victoria. Sus afirmaciones de que las elecciones estaban «amañadas», de que se produjo un «fraude» de votantes generalizado y de los sospechosos «fallos» se han intensificado más aún. Incluso cuando Twitter añade una advertencia sobre los tuits del presidente, las webs conservadoras como Breitbart, Federalist y nuevas plataformas de redes sociales para conservadores, como Parler, transmiten su mensaje lejos y en voz alta. En un lado del país, cientos de los simpatizantes de Trump se acumulan en el exterior de un centro de votación de Arizona para gritar «¡contad los votos!», mientras unos manifestantes sin mascarilla en Míchigan gritan «¡dejad de contar!». En Atlanta, el hijo del presidente pide a sus partidarios que «luchen hasta la muerte». En Filadelfia, el centro de la democracia de Estados Unidos, los trabajadores electorales reciben amenazas de muerte por contar votos. El torrente de desinformación es algo completamente distinto a lo que los estadounidenses han presenciado durante los últimos cuatro años. Y está claro que el «ataque de percepción» que los funcionarios estadounidenses tanto temían se está produciendo desde el interior de la Casa Blanca.

Tal vez, dentro de poco, nos enteremos de que los troles iraníes y rusos hacen rebotar los mensajes del presidente por las cajas de resonancia de las redes sociales. Sin embargo, incluso si es así, se están viendo superados por los propios estadounidenses. Si el objetivo de la interferencia de Putin en 2016 era sembrar el caos y socavar la democracia, lo que ocurre ahora no podría ni habérselo imaginado.

Siempre me han advertido que nos dirigimos hacia la nube de hongo. De hecho, detrás de todas las veloces noticias a las que les seguía la pista —la interferencia en las elecciones, la desinformación, el robo comercial de China y su cada vez más grave vigilancia, el destrozo que se iba a producir por parte de Irán—, cubrí una que parecía presagiar lo peor.

¿Recuerdan las llamadas que había empezado a recibir hacía años por parte del Departamento de Seguridad Nacional? ¿Las que advertían de que Rusia se quería adentrar en las redes de energía del país? ¿En la red eléctrica? Pues resulta que, mientras Estados Unidos perdía el tiempo con la «*mentira rusa*», la realidad era que los hackers rusos se traían algo mucho peor entre manos.

Supongo que fue apropiado que recibiera aquella llamada el 4 de julio, durante el día nacional de Estados Unidos. Había estado conduciendo a través de las montañas Rocosas de Colorado durante ese fin de semana de vacaciones de 2017, junto a mi marido y mi perro, cuando sonó el teléfono.

«Están dentro —me dijo la voz del otro lado de la línea—. Joder, están dentro».

Le dije a mi marido que parara el coche y me dejara salir. Mi fuente había dado con una alerta urgente conjunta entre el Departamento de Seguridad

Nacional y el FBI. Estaba dedicada solo a las empresas de servicios públicos, los proveedores de agua y las centrales nucleares. Los burócratas habían tratado de ocultarlo en un fin de semana de vacaciones. Y, en cuanto le eché un vistazo, vi a qué se debía: los rusos se habían adentrado en las centrales nucleares del país.

Pese a que el informe no lo explicaba con pelos y señales, enterrado en sus indicadores técnicos, los analistas habían incluido un fragmento de código de uno de los ataques. El código dejaba bastante claro que los hackers rusos se habían adentrado en el objetivo más alarmante de todos: Wolf Creek, la central nuclear de 1200 megavatios cerca de Burlington, Kansas. Y no se trataba de un ataque de espionaje. Los rusos estaban mapeando las redes de la planta para un futuro ataque; ya habían saboteado a los ingenieros industriales que mantenían un acceso directo a los controles del reactor e indicadores de radiación que podían provocar el tipo de fusiones nucleares que el mundo solo había presenciado en Chernóbil, Three Mile Island y Fukushima. Se trataba de un Stuxnet, solo que no era Estados Unidos quien organizaba el ataque, sino Rusia. Y el objetivo no era detener una explosión, sino provocarla.

Los rusos se habían entrometido en la política del país de forma descarada, pero, en lo que concernía a su infraestructura, se habían adentrado y la habían tanteado, la habían acechado, habían disparado sus tiros de advertencia en Ucrania y luego se habían marchado. No obstante, en esos momentos se encontraban en el interior de las centrales nucleares del país, a la espera del día en que Putin gritara «fuego». Y, si nos quedaba alguna duda acerca de qué eran capaces de hacer los rusos durante ese mes de julio, solo teníamos que ver a Ucrania o al ciberataque que llevaron a cabo un mes más tarde en la refinería Petro Rabigh de Arabia Saudí. Mediante unos días cero, los hackers rusos saltaron desde el ordenador de un ingeniero hasta los controles de la central y desactivaron los cierres de seguridad, el último paso antes de desatar una explosión. Ya habían sorteado los obstáculos técnicos para crear un ciberataque de destrucción masiva, y en aquel momento estábamos todos atrapados en una espera eterna en un callejón sin salida.

En otra advertencia conjunta entre el Departamento de Seguridad Nacional y el FBI del siguiente marzo, las agencias nombraron de forma oficial a Rusia como el culpable de los asaltos contra la red eléctrica y las centrales nucleares estadounidenses. Su informe incluía una inquietante ilustración de aquel nuevo problema: una captura de pantalla que mostraba los dedos de los rusos sobre los interruptores.

«Ahora tenemos pruebas de que están a la espera en nuestras máquinas —me dijo Eric Chien, el director de Symantec—. Eso les permite desactivar la energía o sabotearnos. Por lo que podemos ver, estaban ahí. Tienen la habilidad de desactivar la electricidad. Lo único que les hace falta es un motivo político».

El informe también incluía una cronología muy reveladora. Los rusos habían acelerado sus ataques contra la red eléctrica estadounidense en marzo de 2016, el mismo mes en que Rusia había hackeado Podesta y el Comité Democrático Nacional. Ocho meses más tarde, incluso el Kremlin se sorprendió cuando escogieron a su candidato para el despacho oval. Sin embargo, en lugar de echarse atrás, la presidencia de Trump solo los envalentonó para seguir adelante. Bajo su vigilancia, Rusia se había adentrado de forma invisible en un número incontable de centrales nucleares y de energía de todo el país.

«Diría que ahora mismo no creen que les vaya a pasar nada —declaró el general Nakasone ante el Senado unos días antes de que lo confirmaran como director de la NSA y líder del Cibercomando de Estados Unidos en mayo de 2018—. No nos tienen miedo».

Mientras Nakasone asumía su nuevo deber, su equipo seguía evaluando los ataques rusos contra nuestros sistemas. No era solo Wolf Creek; los rusos también habían atacado la central nuclear Cooper, en Nebraska, y un incontable número de otros operadores, cuyas identidades todavía desconocemos. También habían descubierto que los mismos hackers rusos que habían desmantelado las protecciones de seguridad de la refinería saudí habían estado haciendo «pasadas digitales» por los operadores químicos, petroleros y de gas de Estados Unidos. Rusia estaba cada vez más cerca del ataque.

La postura de Nakasone siempre había sido que Estados Unidos necesitaba «defenderse hacia delante» en el dominio cibernético. De ascendencia japonesa y estadounidense, era hijo de un lingüista que había experimentado Pearl Harbor en persona, por lo que creía que el único modo de impedir que ocurriera lo peor era enfrentarse al enemigo en el campo de batalla. Fue Nakasone quien tuvo un papel crucial al liderar Nitro Zeus, la operación estadounidense para colocar minas terrestres en la red eléctrica iraní. Y fue Nakasone quien dijo que los ataques de Rusia sobre la infraestructura crítica del país no podían quedar impunes. En aquel momento, bajo su nueva autoridad, el Cibercomando empezó a preparar su respuesta.

Durante los meses siguientes, el Cibercomando implantó potentes programas maliciosos en el sistema ruso a una profundidad y con una agresividad que nunca antes se había intentado. Durante años, Estados Unidos había sido de los miembros más sigilosos del reino digital, pero el país quería demostrar su poder para hacer que Rusia viera que, si se atrevía a darle al interruptor en Estados Unidos, este contraatacaría. Algunos creían que, tras años de derrotas y pérdidas en el dominio digital, esos ataques deberían haberse producido hacía tiempo. Otros estaban preocupados de que Estados Unidos estuviera consagrando la red eléctrica como un objetivo legítimo a efectos prácticos, pues, claro está, lo era.

Durante tres meses, David Sanger y yo tratamos de averiguar todo lo que pudimos sobre la cada vez más violenta guerra fría entre Washington y Moscú. Pese a que los ataques estaban muy clasificados, el por entonces asesor de seguridad nacional, John Bolton, soltó alguna que otra pista en público. La semana que nos preparamos para acudir a la imprenta, Bolton declaró en una conferencia:

«El año pasado pensábamos que la respuesta en el ciberespacio contra la interferencia electoral era la máxima prioridad, por lo que nos centramos en ella. Pero ahora estamos ensanchando las miras, ampliando las áreas en las que estamos preparados para actuar. —Refiriéndose a Rusia, añadió—: Impondremos costes sobre vosotros hasta que captéis la idea».

Durante los siguientes días, nos comunicamos con Bolton y Nakasone a través de sus portavoces, quienes se negaron a responder a nuestras preguntas sobre los ataques contra las redes eléctricas estadounidenses. Sin embargo, cuando David acudió al Consejo de Seguridad Nacional y les presentó los detalles que estábamos preparados para publicar, ocurrió algo curioso. Normalmente, cuando se trata de noticias de seguridad nacional delicadas, recibimos cierto rechazo, pero esa vez no. Los funcionarios dijeron que no tenían ninguna preocupación de seguridad nacional sobre el hecho de que publicáramos nuestra noticia. Era la prueba más clara hasta el momento de que los ataques de Estados Unidos contra la red eléctrica rusa tenían la intención de ser vistos.

De hecho, nos enteramos de que la única duda que albergaban los funcionarios del Pentágono sobre la publicación era que no habían informado a Trump de todos los detalles de los ataques a la red eléctrica. En parte, ello se debía a que las nuevas autoridades del Cibercomando no requerían de su conocimiento ni de su aprobación, pero eso no era más que la tapadera. En realidad, los funcionarios temían informar a Trump por miedo a que este fuera a revocar los ataques o a hablar de ellos con los funcionarios rusos, tal como había hecho dos años antes, cuando había revelado como si nada una operación estadounidense muy clasificada (una operación que se consideraba tan delicada que muchos altos cargos del propio gobierno estadounidense no sabían nada de ella) al ministro de Asuntos Exteriores de Rusia.

Cuando nuestra noticia pasó por la imprenta en junio de 2019, Trump perdió los papeles. Acudió a su medio favorito, Twitter, para exigirnos que reveláramos nuestras fuentes de inmediato y para acusarnos de «un acto virtual de traición». Era la primera vez que el presidente soltaba la palabra «traición».

Nos habíamos desensibilizado ante sus ataques a lo largo de los años —«noticias falsas», «el enemigo del pueblo», «el fracasado el *The New York Times*»—, pero nos acusaba de un crimen que se podía castigar con la muerte. Fue un paso adelante muy grave en su guerra contra la prensa, un ataque que hasta entonces se había reservado a los autócratas y a los dictadores. Para su mérito eterno, nuestro publicador, A. G. Sulzberger, acudió en nuestra defensa de inmediato y escribió en un artículo de opinión en el *Wall Street Journal* que el presidente había cruzado una «línea muy peligrosa».

«Tras haber llegado ya al lenguaje más incendiario posible —preguntó Sulzberger en su artículo—, ¿qué le queda salvo convertir sus amenazas en una realidad?».

Yo no estaba preocupada por mí, sino por mis compañeros que se encontraban en el extranjero. Desde que había empezado en aquel mundillo, me había estado adentrando en terreno peligroso. Aun así, siempre me tranquilizaba algo que mi mentor, Phil Taubman, me había enseñado. Taubman había sido el jefe de la oficina de Moscú del *The New York Times* durante la Guerra Fría. El día en que publiqué la noticia sobre el ataque de China al *The New York Times*, nos reunimos para comer juntos y me preguntó si tenía miedo. Se trataba de una pregunta que me había impedido hacerme a mí misma aposta, y solo le contesté con una risita nerviosa. Ante ello, Taubman me habló de los días en los que la KGB lo había seguido mientras llevaba a sus hijos a la escuela cada día en Moscú. El Kremlin lo hacía de forma exagerada, pues quería que Taubman supiera que observaban todo lo que hacía.

«Deberías asumir lo mismo en tu caso», me dijo Taubman esa tarde. Pero también quería que supiera que uno de los mayores privilegios de trabajar para el *The New York Times* era que nos protegía una armadura invisible. Tal como me dijo, si me ocurría algo malo, aquello desataría un incidente internacional. No por nada la KGB lo había seguido con tanta agresividad, pero siempre sin pasarse de la raya. Durante siete años, me había refugiado en esas palabras. «Armadura invisible. Un incidente internacional».

Sin embargo, había empezado a preguntarme si mi armadura invisible existía de verdad. La muerte de Khashoggi, así como la falta de una respuesta contundente por parte de Estados Unidos, había sido una señal de alarma. Nunca había creído que Trump fuera a cumplir sus amenazas, pero me preocupaba el apoyo tácito que estaba entregando a otros gobiernos de China, Turquía, México, Birmania, Rusia y el Golfo. Ya estábamos viendo cómo sucedía todo aquello en modos muy inquietantes: los hackeos de México, los periodistas encarcelados en Turquía, los matones turcos a quienes se les había dado carta blanca para propinar palizas a los manifestantes estadounidenses en el viaje de Recep Tayyip Erdogan a Washington D. C., los periodistas estadounidenses expulsados de China, el ataque saudí contra Bezos. En Egipto, las autoridades no se lo habían pensado dos veces antes de detener a mi compañero David Kirkpatrick en El Cairo y deportarlo en 2019. Y, en un incidente aparte que se produjo dos años antes y que no salió a la luz hasta que Trump nos acusó de «traición», el *The New York Times* recibió una llamada de un ciudadano estadounidense preocupado. El hablante nos dejó claro que actuaba por voluntad propia. Las autoridades egipcias se estaban preparando para arrestar de inmediato a otro compañero, Declan Walsh, quien poco tiempo atrás había publicado una investigación sobre el papel de Egipto en la tortura y el asesinato de un estudiante italiano, cuyo cadáver habían arrojado por una autopista de El Cairo. Por alarmante que resultara aquella llamada, también era bastante estándar, pues el *The New York Times* había recibido muchas advertencias similares de diplomáticos estadounidenses a lo largo de los años. Aun así, aquella era distinta; el funcionario estaba muy nervioso. Le dijo al periódico que sus jefes de la embajada estadounidense ya les habían dicho a los egipcios que no iban a intervenir. El gabinete de Trump pensaba dejar que la detención se produjera con normalidad. Cuando Walsh llamó a la embajada en busca de ayuda, los trabajadores fingieron preocuparse, pero le sugirieron que, al ser ciudadano irlandés, acudiera a la embajada de Irlanda. Al final, fue Irlanda, y no Estados Unidos, quien lo rescató. Tal como escribió más adelante Walsh, aquel episodio dejó claro que «los periodistas no podían confiar en que el gobierno de Estados Unidos les cubriera las espaldas como antes». En otras palabras, nuestra armadura invisible había desaparecido. Se había desvanecido en cuanto Trump había jurado el cargo.

Todo el mundo —los hackers, los funcionarios, los ucranianos, las voces que hablan en el vacío— siempre me había advertido que una explosión cataclísmica desatada de forma cibernética acabaría con nosotros. El Pearl Harbor cibernético. Y, cuando me adentré en este mundillo hace casi una década, siempre preguntaba: «Vale, entonces, ¿cuándo sucederá?». Sus respuestas, casi de forma cómica, eran las mismas: «Entre dieciocho y veinticuatro meses». «18 A 24 ✓» estaba garabateado en todos mis cuadernos de espiral. Lo suficientemente cerca como para que su predicción sonara urgente, pero, al mismo tiempo, lo suficientemente lejos como para que no les echara en cara sus proyecciones si no se hacían realidad.

Ya han transcurrido más de cien meses, y, aunque no hayamos llegado a la nube de hongo todavía, sí que estamos mucho más cerca que nunca. Durante las semanas anteriores a las elecciones presidenciales, los mismos hackers rusos que se habían adentrado en las centrales nucleares de Estados Unidos empezaron a incursionar en las redes locales del país. El momento que habían escogido para los ataques, tan cerca de las elecciones; los culpables, los cuales se cree que fue una unidad del FSB ruso; y el potencial de disrupción hicieron saltar las alarmas en Fort Meade. No obstante, las elecciones se produjeron y no ocurrió nada. Mientras escribo este libro, aún no sabemos qué estaban haciendo ni por qué. Algunos sospechan que, al enviar a sus hackers más sigilosos a atacar los sistemas estatales y locales, Rusia quería minimizar los riesgos. Si Putin creía que Trump volvería a ser elegido presidente y quería forjar una mejor relación con Estados Unidos, tal vez quería limitar el grado en el que se veía que Rusia interfería. Sin embargo, una vez se escogió a Biden como presidente, es posible que Rusia trate de usar su cabeza de puente en los sistemas estadounidenses para debilitarlo o restarle legitimidad, o que se contenga para no provocar al nuevo gabinete, o que se quede ahí sentada con el equivalente digital de una pistola en la sien.

«Una posible explicación es que estén llamando a los profesionales de verdad (el equipo principal), los cuales están acostumbrados a operar en esta infraestructura crítica tan delicada, donde uno quiere mantenerse oculto hasta que llega el momento apropiado —me dijo Suzanne Spaulding, la ex-subsecretaria de ciberseguridad del Departamento de Seguridad Nacional—. Al hacerlo con más sigilo, disponen de más opciones».

A decir verdad, no sé cuándo vamos a ver el tipo de explosión por medios cibernéticos de la que tantas veces me han advertido a lo largo de los años, ni siquiera si se va a producir. Aun así, la analogía con Pearl Harbor tiene muchos fallos. Estados Unidos no vio venir el ataque de Japón por aquel entonces, pero llevamos una década esperando su equivalente cibernético. Lo que experimentamos no es un ataque, sino una plaga, invisible ante la vista humana, que recorre el país a una velocidad trepidante para adentrarse cada vez más en la infraestructura, la democracia, las elecciones, la libertad, la privacidad y la psiquis de Estados Unidos, sin ningún indicio de que todo vaya a acabar. Los sistemas informáticos estadounidenses son víctimas de un ataque cada treinta y nueve segundos, y solo nos detenemos a reflexionar cuando ocurren desgracias muy visibles. Aun así, incluso las lecciones inculcadas por los ataques más destructivos suelen olvidarse demasiado pronto. Hemos normalizado los ataques, por mucho que cada vez haya más en juego, que las amenazas muten a versiones cada vez más letales y que nos ataquen a mayor velocidad que nunca. Todas estas crisis se despliegan en una dimensión que muy pocos de nosotros somos capaces de ver, en un idioma que muy pocas personas comprenden, e inhabilitan ciudades, pueblos y hospitales casi cada día. En ocasiones, respondemos con acusaciones o sanciones y, con cada vez más frecuencia, con ciberataques más graves. Nosotros también hemos olvidado que Internet no tiene fronteras, que no hay ninguna línea roja dibujada. No somos inmunes a nuestros propios ataques. El enemigo, como bien se suele decir, es un muy buen profesor. El mercado de ciberarmas ya no lo monopoliza Estados Unidos, ya no puede mantener sus ciberarmas a salvo, sino que estas pueden volverse en contra del país, como ya lo han hecho. Las vulnerabilidades también nos afectan, solo que nosotros tenemos más de ellas.

Unos meses antes de las elecciones de noviembre de 2020, llamé al propio padrino de la ciberguerra estadounidense. Pillé a Jim Gosler en su casa en el desierto de Nevada. Estaba desmontando máquinas tragaperras, en busca, como siempre, de nuevas vulnerabilidades. Supongo que había acudido a él para que me tranquilizara.

«Es algo inevitable —me dijo Gosler—. La gente lleva mucho tiempo sin creer que el problema sea lo suficientemente grande».

Me recordó que en la actualidad hay tantas vulnerabilidades como estrellas hay en el cielo, por lo que solo era cuestión de tiempo que un adversario paciente se aprovechara de ellas en nuestra contra. Y en aquellos momentos todo estaba sucediendo con tanta frecuencia que, de hecho, la mayoría de los ataques ni siquiera llegaban a los titulares. Atacaban las centrales nucleares, hospitales, residencias, los mejores laboratorios de investigación y empresas del país, y, por alguna razón, sin importar lo mucho que escribiera yo, todo parecía escaparse de la conciencia del estadounidense medio, de las personas que conectaban sus Google Nest, Alexas, termostatos, vigilabebés, marcapasos, bombillas, vehículos, hornos y bombas de insulina a Internet.

A decir verdad, no hay nadie que lidere el esfuerzo. No hay caballería. Y ahora la pandemia ha virtualizado nuestras vidas a una velocidad que jamás nos habríamos imaginado, lo cual nos ha expuesto ante los ciberataques como nunca antes. No fue ninguna sorpresa que los hackers se valieran del coronavirus para atacar los hospitales, los laboratorios de vacunas y las agencias federales que lideraban la respuesta contra el COVID-19. No está claro el éxito que habrán tenido los contraataques rusos contra los hospitales estadounidenses. Diez días después de las elecciones, cada vez más hospitales decían haber sufrido ciberataques. Y, con los casos de coronavirus alcanzando niveles récord, además de con la reducción de trabajadores sanitarios sanos, me temo que solo es cuestión de tiempo para que los ciberataques se cobren alguna vida.

Mientras escribo este libro, los Estados y cibercriminales atacan las redes estadounidenses desde tantos ángulos que, desde mi posición elevada en cuarentena, se hacen casi imposibles de rastrear.

«Lo hemos estado viendo desde hace mucho tiempo —me dijo Gosler—. Es la muerte por mil ataques informáticos. Nuestros adversarios ven que tenemos sistemas de interés que son vulnerables. Se les han servido las herramientas para aprovecharse de ellos en bandeja de plata, y están dispuestos a adentrarse en un nivel de riesgo moderado debido al anonimato de Internet. Con el paso del tiempo, solo vas a ver un nivel cada vez mayor de este tipo de ataques».

Resulta muy sencillo olvidar que solo hace cuarenta años que los humanos transmitimos el primer mensaje por Internet. Me imaginé cómo sería Internet en otros diez años más, en otros veinte. Pensé cn lo dependientes que íbamos a llegar a ser de esa red, cuántas partes más de nuestra infraestructura iban a acabar conectadas a ella. Y luego, por un momento, me permití pensar en el potencial para el caos informativo y la destrucción masiva que ello conllevaría.

«Mira, Nicole —me dijo Gosler—. Tendrías que ser un monje ermitaño en una montaña de África para que no te preocuparan las vulnerabilidades informáticas».

Y, con eso, dejé al padrino de la ciberguerra estadounidense para que siguiera trasteando con sus máquinas tragaperras. Me pregunté cuántos nuevos ataques me habría perdido durante el transcurso de nuestra breve llamada telefónica. Ansiaba cambiar de lugar con ese monje ermitaño de aquella montaña de África.

Nunca había echado tanto de menos a los elefantes.

EPÍLOGO

A poco más de un kilómetro de distancia de donde crecí, en Portola Valley, California, hay una vieja taberna de madera. Allí, en la ribera de un riachuelo poco iluminado, se encuentra el Alpine Inn Beer Garden, un lugar al cual los que somos de allí aún llamamos «Zott's», la versión abreviada de los Rossotti, los antiguos propietarios. Zott's había existido desde la década de 1850, primero como casa de apuestas, luego como cantina y, más adelante, como taberna que sirve hamburguesas y cerveza, por mucho que no le guste al prestigioso vecino situado al este del edificio, la universidad Stanford.

El campus de Stanford estaba seco. Bajo el decreto de Leland Stanford, no se podía servir alcohol en el campus, ni siquiera en Palo Alto, y a los administradores les preocupaban los montones de estudiantes que se emborrachaban al otro lado de la calle. El primer presidente de Stanford había presionado para clausurar Zott's, y lo había llamado «un lugar especialmente vil, incluso para tratarse de una taberna», aunque no lo había logrado.

Sí que se trataba de un antro para pendencieros de toda clase y, en retrospectiva, fue un lugar muy apropiado para el nacimiento de Internet.

Si bien muy pocos clientes actuales lo saben, todo el universo digital gira en torno a una mesa de pícnic de la parte trasera, donde unos científicos informáticos transmitieron el primer mensaje por Internet durante una tarde de verano de 1976. Aquel agosto, los científicos de SRI International —el instituto de investigación del cercano Menlo Park— aparcaron su vieja camioneta de panadería en Zott's para llevar a cabo una demostración para unos funcionarios del Pentágono que habían volado hasta allí para la ocasión. Habían escogido aquel local como una pequeña broma entre ellos; los cerebritos de SRI habían esperado que algunos moteros de los Hells Angels estuvieran por allí. Y así había sido; cuando saludaron a los generales aquel día, uno de ellos preguntó:

—¿Qué carajos hacemos en el parking de un bar de moteros?

—Pensábamos que lo preguntarían —respondió uno de los científicos—. Queríamos hacer esta demostración en un entorno hostil.

Los científicos procedieron a arrastrar una pesada terminal informática de Texas Instruments hasta la mesa de pícnic más alejada y, bajo la atenta mirada de los vaqueros y los moteros, conectaron un cable desde la terminal hasta su camioneta de panadería que seguía aparcada allí. El equipo de SRI había pasado meses modernizando la camioneta hasta convertirla en una unidad de radio móvil gigante con radios valoradas en un total de cincuenta mil dólares en su interior. Una vez todo estuvo conectado, pidieron una ronda de cervezas y transmitieron el primer correo electrónico por Internet.

En cuestión de milisegundos, el mensaje se alejó de Zott's mediante la unidad de radio móvil de la camioneta de panadería y pasó por una segunda red —la red de la Agencia de Proyectos de Investigación Avanzados del Pentágono, «ARPANET»— hasta su destino final, en Boston. Aquella fue la primera vez que se enlazaban dos redes informáticas distintas. Un año después, tres redes quedaron «internetworked» (entrelazadas en red) y el Internet tal como lo conocemos se puso en marcha.

Aún hay una placa que conmemora el «Nacimiento de la era de Internet» en la pared del local, junto a una imagen de los hombres y una mujer que acompañaban a su compañero, el cual escribía el primer mensaje de Internet con una mano, mientras con la otra sujetaba una cerveza. Hace unos años, decidí ir en busca del hombre de la fotografía. Se llama Dave Retz. Le pregunté a Retz si alguno de ellos, aquel día, tuvo alguna preocupación de seguridad sobre lo que estaban construyendo.

«Claro que no —me contestó—. Lo único que nos preocupaba era que todo funcionara bien».

En aquel entonces, nadie pensaba que aquel sistema interconectado, organizado desde una vieja camioneta de panadería, se acabaría convirtiendo en la memoria colectiva de la humanidad, ni que proporcionaría el soporte digital de los bancos, comercios, transportes, infraestructura, sanidad, energía y sistemas armamentísticos modernos. Aunque, Retz, tras pensarlo un poco, concedió que sí se había producido un inquietante atisbo de lo que estaba por llegar.

Dos años antes de aparcar en Zott's, los controladores de tráfico aéreo del aeropuerto de San Francisco se quejaron de que unos rayos «de origen desconocido» interferían con sus radares. Resulta que las frecuencias de radio de SRI se habían infiltrado en el control de tráfico del aeropuerto. Sin embargo, ni siquiera entonces la idea de que aquel invento pudiera algún día llegar a amenazar con derribar aviones, interrumpir el suministro de agua o amañar unas elecciones perturbó a los hombres y mujeres que construyeron su base. Unas cuatro décadas después, en 2020, los funcionarios del Aeropuerto Internacional de San Francisco acababan de descubrir que los mismos hackers rusos ocultos que tanteaban las centrales nucleares, la red eléctrica y los estados en sí del país habían saboteado un portal de Internet que utilizaban los viajeros y trabajadores del aeropuerto.

Le pregunté a Retz si se arrepentía de algo, y su respuesta fue inmediata e inequívoca:

—Todo se puede interceptar —me dijo—. Todo se puede capturar. Uno no tiene ningún modo de verificar la integridad de estos sistemas. En aquel entonces no habíamos pensado en nada de esto. Pero la cosa es —añadió, con remordimiento— que todo es vulnerable.

Hace una década, las amenazas principales contra la seguridad nacional de Estados Unidos seguían estando en su mayoría en el dominio físico: secuestradores que estrellaban aviones contra edificios, naciones con malas intenciones que se hacían con bombas nucleares, mulas que transportaban drogas por debajo de la frontera del sur, los dispositivos explosivos improvisados que atormentaban a las tropas estadounidenses en Oriente Medio y los terroristas del país que los hacían detonar en mitad de una maratón. Desarrollar los medios para rastrear dichas amenazas e impedir el siguiente ataque siempre ha sido competencia de la NSA. Si el siguiente 11 de septiembre ocurriese mañana, la primera pregunta que nos haríamos sería la misma que nos hicimos hace unas dos décadas: ¿cómo hemos podido no verlo venir?

No obstante, durante las dos décadas siguientes al 11 de septiembre, el paisaje de las amenazas ha cambiado en gran medida. En la actualidad, se podría decir que es más fácil que un malhechor o una nación sabotee el software que controla un avión Boeing 737 Max a que un terrorista secuestre el avión y lo estrelle contra un edificio. Las amenazas que solo eran cuestiones hipotéticas hace una década ahora son muy reales. Rusia demostró que puede cortar el suministro de energía en pleno invierno. Los mismos hackers rusos que desactivaron los cierres de seguridad de la planta petroquímica saudí ahora hacen ataques de corrido digitales contra objetivos estadounidenses. Se puede decir que un rudimentario ataque de *phishing* cambió el transcurso de unas elecciones presidenciales en Estados Unidos. Hemos visto cómo se rechazaba el acceso de algunos pacientes a hospitales por culpa de un ataque norcoreano. Hemos pillado a hackers iraníes adentrándose en las presas del país. Los hospitales, pueblos, ciudades, y, más recientemente, los gasoductos de Estados Unidos han sido víctimas de secuestros informáticos. Hemos atrapado a aliados extranjeros usando medios cibernéticos en repetidas ocasiones para espiar y acosar a civiles inocentes, entre ellos ciudadanos estadounidenses. Y, a lo largo de la pandemia de coronavirus, los sospechosos habituales como China e Irán, además de los nuevos miembros del mundillo, como Vietnam y Corea del Sur, han puesto a las instituciones que encabezan la respuesta del país en su punto de mira.

Puede que la pandemia sea global, pero la respuesta ante ella no lo ha sido para nada. Tanto los aliados como los adversarios recurren al ciberespionaje para observar todo lo que puedan sobre la contención, los tratamientos y la respuesta de cada país. Los cibercriminales rusos se han aprovechado de estadounidenses que teletrabajaban desde sus hogares para adentrarse en un número incontable de empresas estadounidenses de la lista de Fortune 500.

Ninguno de esos intentos tiene límites. La semana en la que terminé de escribir este libro, Estados Unidos fue víctima del ciberataque médico más grande de la historia, después de que unos cibercriminales lanzaran un secuestro informático contra Universal Health Services, una cadena de hospitales que se encuentra en más de cuatrocientos lugares. Cientos de ensayos clínicos también fueron rehenes —entre ellos el esfuerzo acelerado por desarrollar pruebas, tratamientos y vacunas para el coronavirus— después de que la empresa cuyo software se usa para gestionar dichos ensayos sufriera un secuestro informático. Incluso los países que no cuentan con una capacidad de hackeo discernible han empezado a mostrar un nuevo potencial. En Nigeria, los antiguos estafadores ahora se han pasado al hackeo para convencer a aquellos que están confinados en sus hogares de que pulsen en sus correos electrónicos sobre el COVID, lo cual les otorga acceso a los sistemas de las víctimas. Los *hacktivistas* también están haciendo de las suyas. En respuesta al asesinato de George Floyd a manos de la Policía de Minneapolis, unos hackers afiliados con Anonymous (un difuso colectivo de hackers que había desaparecido durante gran parte de la última década) atacaron más de doscientas comisarías de policía y estaciones del FBI de todo el país en apoyo a los manifestantes del movimiento Black Lives Matter y publicaron diez años de datos de agentes de la ley en Internet, lo cual es la filtración más grande sobre agencias de la ley estadounidenses. En Israel, los funcionarios acababan de acusar a Irán de atacar sus plantas de agua, al parecer en un intento por cortar el suministro de agua de miles de israelíes que no podían salir de casa. Cuando la pandemia alcanzó su punto álgido en Estados Unidos, los intentos de hackeo diarios se cuadruplicaron. La frecuencia de ataques y el espectro de objetivos era «astronómico, fuera de toda predicción», según me dijo un exoperador de inteligencia. Y esos eran solo los ataques que podíamos detectar.

«Miramos a un problema mucho más grande a través de una mirilla», me dijo John Hultquist, el investigador de amenazas.

Durante años, las agencias de inteligencia racionalizaron el hecho de ocultar las vulnerabilidades digitales como algo esencial para monitorizar a los adversarios de Estados Unidos, para planear guerras y para la seguridad del país. Sin embargo, esas racionalizaciones se están desmoronando. Hacen caso omiso al hecho de que Internet, como muchas otras cosas que ahora nos damos cuenta en esta pandemia global, nos ha dejado conectados de forma inextricable. Las vulnerabilidades digitales que afectan a uno afectan a todos. La barrera entre lo físico y lo digital es cada vez más insignificante. Es verdad que «todo se puede interceptar», y la mayoría de lo que nos importa ya se ha interceptado: nuestros datos personales, propiedad intelectual, empresas químicas, centrales nucleares e incluso las propias ciberarmas del país. La infraestructura de Estados Unidos ya está virtualizada, y cada vez más, debido a la pandemia que nos conduce a la red con un alcance y una velocidad que unas semanas atrás no nos habríamos ni imaginado. Como resultado, nuestra superficie de ataque, además del potencial para el sabotaje, nunca ha sido tan grande.

Estados Unidos tuvo razón al concluir que, en términos ofensivos, sus cibercapacidades estaban muy por delante del resto de países. NOBUS, la idea de que «nadie salvo nosotros» podía ser capaz de encontrar y aprovecharse de las vulnerabilidades que descubrían las agencias estadounidenses, fue cierto durante un tiempo. Podemos darles las gracias a los Gosler del mundo por ello. Stuxnet fue una obra maestra que hizo que los reactores israelíes no despegaran, y menos personas han muerto debido a ello. Hizo que los programas nucleares iraníes sufrieran un retraso de varios años y se puede decir que ayudó a llevar a Teherán a la mesa de negociaciones. Claro que también le mostró al mundo (y a nadie más que a su propio objetivo) lo que se estaba perdiendo.

Una década más tarde, la carrera armamentística cibernética global ya está en marcha. Las naciones invierten mucho más tiempo y dinero en encontrar vulnerabilidades que los que el mundo comercial y la comunidad de acceso abierto usan para solucionarlas. Rusia, China, Corea del Norte e Irán acumulan sus días cero y despliegan sus bombas lógicas. Conocen muy bien la topografía digital de Estados Unidos, y, en demasiados casos, ya están dentro de ella. Con las filtraciones de los Shadow Brokers, la propagación de las herramientas de hackeo que se pueden comparar y utilizar y el creciente mercado de mercenarios digitales, se podría decir que el espacio entre lo que Estados Unidos es capaz de hacer y lo que sus enemigos pueden hacer se ha acercado lo suficiente.

El mundo se encuentra en el precipicio de una catástrofe cibernética. Unos pocos años atrás, taché esas palabras de ser demasiado alarmistas, incluso irresponsables. Demasiadas empresas usaban sus estrategias «FUD» para acabar vendiendo programas inservibles. La industria de la ciberseguridad nos habló de tantos escenarios apocalípticos con tanta frecuencia que nos llevaron al hartazgo. No obstante, tras haber pasado una década sumergida en las amenazas digitales, temo que esas palabras nunca hayan sido más acertadas. Nos encontramos en una carrera corta de miras hasta el fondo, y ahora nuestro interés nacional más urgente es detenernos para empezar a salir de ahí.

Se dice que el primer paso para solucionar un problema es reconocer que este existe. Este libro es mi propio intento para «situarnos a la izquierda del *bum*». Es la historia de nuestra enorme vulnerabilidad digital, de cómo y por qué existe, de los gobiernos que se han aprovechado de ella y han permitido que exista y que todos estemos bajo un riesgo cada vez mayor. Si bien esta historia puede resultarle familiar a algunos, sospecho que es una que muy pocos de nosotros conocemos y que muchos menos comprendemos de verdad. Sin embargo, es precisamente nuestra ignorancia sobre estos problemas lo que se ha convertido en nuestra mayor vulnerabilidad, y los gobiernos cuentan con ella. Se han valido de requisitos de clasificación y empresas fantasma y de la naturaleza técnica de los problemas involucrados en el asunto para ocultar y confundir un hecho muy persistente: las mismas instituciones que deben mantenernos a salvo han escogido, una y otra vez, hacer que seamos más vulnerables. Mi esperanza es que este libro sirva como señal de alarma para proporcionar el conocimiento necesario para solucionar lo que bien podría ser el rompecabezas más complejo de nuestra era digital.

Hay una razón por la que he escrito este libro para el público en general, por la que he decidido centrarme en personas y no en máquinas, por la que espero que sea «intuitivo». Y esa razón es que no existe ninguna bala de plata cibernética; vamos a necesitar personas para salir de este embrollo. La comunidad técnica dirá que he generalizado y simplificado demasiado, y así es, algunos de los problemas y soluciones son muy técnicas, y es mejor que se las dejemos a ellos. Aun así, debo decir que muchos no son nada complicados, que también tenemos un papel que interpretar en todo ello, y que, cuanto más tiempo sigamos ocultando la verdad a los demás, más entregamos el control del problema a los que tienen menos incentivos para solucionarlo de verdad.

Lidiar con nuestro problema digital involucrará unos compromisos muy difíciles para nuestra seguridad nacional, nuestra economía y la conveniencia diaria que ahora damos por sentado. Aun así, la alternativa (no hacer nada) nos está conduciendo por un camino muy peligroso. Mentiría si dijera que tengo todas las respuestas, pues no es así. Pero sé que debemos empezar por algún lado, y mi sugerencia es que adoptemos la mentalidad de los hackers: empezar por los unos y los ceros y subir peldaños desde ahí.

Tenemos que proteger el código. Nadie se molestará en invertir dinero para hacer que las capas más superficiales sean más seguras si la base sigue siendo débil. No podemos rehacer Internet ni cambiar el código del mundo, ni tampoco deberíamos intentarlo, pero sí podemos alzar el listón de manera significativa para los cibercriminales y naciones que pretenden sacar provecho y sembrar el caos en la infraestructura. Para ello, debemos dejar de introducir fallos flagrantes en nuestro código. Parte del problema es que la economía recompensa al primero que llega al mercado. Quien consigue llevar su aparato al mercado con la mayor cantidad de características posible antes que la competencia gane. Sin embargo, la velocidad siempre ha sido el enemigo natural del buen diseño de seguridad. Nuestro modelo actual penaliza los productos con el software más seguro, el más comprobado.

Y, aun así, el mantra «muévete rápido y rompe cosas» que impulsó Mark Zuckerberg durante los primeros días de Facebook nos ha fallado una y otra vez. El coste anual de pérdidas cibernéticas ya supera al provocado por el terrorismo. En 2018, los ataques terroristas tuvieron un coste de 33 mil millones de dólares en la economía global, lo cual fue una disminución del 38 % comparado con el año anterior. Un estudio de la RAND Corporation del mismo año, a partir de más de quinientas cincuenta fuentes (el análisis de datos más completo de su tipo) concluyó que las pérdidas globales provocadas por ciberataques se encontraban en la magnitud de cientos de miles de millones de dólares. Y esa era la estimación baja. Los conjuntos de datos individuales predijeron unas pérdidas cibernéticas anuales de más de dos billones de dólares.

Dichos costes seguirán aumentando conforme naciones como Corea del Norte sigan viendo que pueden extraer mucho más dinero y provocar mucho más daño en Internet que en el mundo físico. Y ¿qué estamos haciendo al respecto? Seguimos apretujando hasta el último atisbo de resistencia y seguridad de nuestros sistemas digitales en aras de los beneficios económicos, la velocidad y la seguridad nacional. No obstante, si algo bueno ha surgido de estos últimos años de ataques que aparecieron en los titulares, puede que sea la nueva frase que vi en un grafiti en la pared durante una visita reciente a Facebook. Alguien había tachado «muévete rápido y rompe cosas» y lo había reemplazado con «muévete despacio y arregla tu desastre».

La seguridad empieza en el momento de la concepción. Durante demasiado tiempo, solo hemos solucionado los problemas una vez que el código vulnerable se encontraba en manos de millones de personas, en vehículos, aviones, dispositivos médicos y la red eléctrica. La industria de ciberseguridad trató de proteger sistemas vulnerables al establecer un foso digital a su alrededor en forma de cortafuegos y programas antivirus. Pero no ha funcionado. Es casi imposible pensar en una empresa o agencia gubernamental que no haya sufrido un ataque informático. En estos momentos necesitamos optar por un enfoque al cual la propia NSA llama «de defensa profunda», un enfoque a capas en cuanto a la seguridad que empieza en el código. Y el único modo de elaborar un código seguro es comprender por qué existen las vulnerabilidades, dónde existen y cómo se aprovechan de ellas los atacantes para poder usar todos esos conocimientos para evaluar el código y mitigar los ataques, de forma ideal antes de que el sistema en sí llegue al mercado. En la actualidad, la mayoría de los desarrolladores y empresas de software hacen lo mínimo y comprueban el código solo para cerciorarse de que funciona. Los ingenieros de seguridad deben incorporarse al proceso desde el principio para que lleven a cabo sus comprobaciones de seguridad y evalúen el código original y cualquier código que se extraiga de una tercera parte.

Esta idea no es nada nueva. Los expertos de seguridad han estado pidiendo un diseño más seguro desde mucho antes de que apareciera Internet. La directiva de Cómputo Confiable de Microsoft de 2002 fue un punto de inflexión. No fue perfecta, y se produjeron traspiés y se encontraron obstáculos por el camino: las vulnerabilidades de Windows formaron la materia prima de Stuxnet, WannaCry y NotPetya. Sin embargo, surtió efecto en otros sentidos. Microsoft solía ser una broma, pero ahora se ve como el líder de la seguridad. El coste de un día cero de Windows ha pasado de ser casi nada hasta un millón de dólares, lo cual, según algunos, refleja el tiempo y la energía necesarios para superar la seguridad de Microsoft. Las preocupaciones sobre Windows han pasado a la historia poco a poco, mientras que Adobe y Java se han convertido en nuestros hijos problemáticos colectivos.

Lo cual nos lleva al código de acceso abierto, el código de programas gratuitos que forma la red central de la mayoría de lo que hacemos en Internet. Las empresas como Apple y Microsoft tienen sistemas de propiedad privada, pero en su interior contienen unas piezas fundamentales formadas por código de acceso abierto que mantienen unos voluntarios que, al menos en teoría, comprueban el trabajo del prójimo en un sistema de revisión por pares similar al de la ciencia o al de Wikipedia. El software de acceso abierto forma entre el 80 y el 90 % de un programa moderno cualquiera. En la actualidad, cualquier coche de alta gama contiene más de cien millones de línea de código, más que un Boeing 787, un caza de combate F-35 y una lanzadera espacial. Dicho código activa la música en *streaming*, permite usar el sistema de manos libres y monitoriza los niveles de combustible y la velocidad, y más o menos un cuarto de ello es de acceso abierto. Conforme «el software se come el mundo», el código de acceso abierto ha encontrado un modo de estar presente en casi cada dispositivo que se nos ocurra. La mayoría de las empresas y agencias gubernamentales que dependen de él ni siquiera saben qué código se encuentra en sus sistemas ni quién lo mantiene.

Nos enteramos de ello a las malas en 2014, cuando los investigadores descubrieron Heartbleed, un fallo del protocolo de encriptación de acceso abierto OpenSSL. Transcurrieron dos años hasta que alguien se percató de una enorme brecha de seguridad que había hecho que más de un millón de sistemas informáticos fueran vulnerables. A pesar del hecho de que OpenSSL se usaba en cadenas de hospitales, Amazon, Android, el FBI y el Pentágono, Heartbleed reveló que su código dependía de un británico llamado Steve que casi no tenía dinero para poner un plato en la mesa.

En nuestro nuevo mundo feliz, estos protocolos de acceso abierto nada glamurosos se han convertido en infraestructura crítica, y casi ni nos hemos molestado en percatarnos de ello. Después de Heartbleed, la organización sin ánimo de lucro Linux Foundation y las empresas tecnológicas que dependían de OpenSSL se propusieron encontrar y financiar proyectos de acceso abierto esenciales. La Linux Foundation, junto con el Laboratorio de Ciencias Innovadoras de Hardvard, se encuentran en pleno proyecto para organizar un censo que identifique los programas de acceso abierto más importantes y utilizados, con el objetivo de proporcionar a los desarrolladores los fondos, la formación y las herramientas necesarias para protegerlos. Por separado, Microsoft y Facebook patrocinan un programa de recompensas por fallos que abarca todo Internet para dar dinero a los hackers por los fallos que entreguen sobre tecnología muy utilizada. GitHub, la plataforma para programadores que ahora forma parte de Microsoft, también ofrece recompensas por fallos de programas de acceso abierto, y les ha otorgado protección jurídica a los hackers que entregan dichos fallos. Todos estos esfuerzos son loables y necesitamos más de ellos, pero son solo una pequeña pieza del rompecabezas.

Los gobiernos tienen un importante papel que interpretar. Después de Heartbleed, la Comisión Europea empezó a patrocinar auditorías de código de acceso abierto y un programa de recompensas por fallos. Algunas agencias gubernamentales estadounidenses también están dando sus primeros pinitos en esta dirección. Por ejemplo, la Administración de Alimentos y Medicamentos de Estados Unidos ha estado presionando a los fabricantes de dispositivos médicos para que publiquen un «listado de materiales de ciberseguridad», una lista de cada componente de software y hardware comercial, de acceso abierto y adquirido que utilice el dispositivo en sí y que pueda ser susceptible a vulnerabilidades. El Comité de Energía y Comercio de la Cámara de Representantes de Estados Unidos también está alentando a crear una Ley de Materiales después de que los hackers sabotearan un fragmento de código de acceso abierto no parcheado para adentrarse en Equifax, la agencia de información crediticia, y robaran datos de más de la mitad de los estadounidenses. Y, más recientemente, la Comisión del Ciberespacio Solarium (compuesta por legisladores, funcionarios de la administración y expertos en ciberseguridad estadounidenses) recomendó crear una nueva Autoridad de Certificación y Etiquetado de Ciberseguridad Nacional que proporcionara a los consumidores la información necesaria para valorar la seguridad de los productos y servicios tecnológicos que adquieren.

Estos son los primeros pasos para identificar, priorizar, apoyar y evaluar el código esencial y a los miles de programadores que los mantienen. Permite a los usuarios finales saber qué contienen sus sistemas y tomar sus propias decisiones basadas en riesgos sobre en qué código confían y cuál requiere de más investigación. Esa misma comisión también recomendó medidas que consideran responsables a las empresas de los daños provocados por incidentes de hackeo que se aprovechen de vulnerabilidades conocidas, una recomendación que hizo mucho por mejorar los parches.

También debemos disponernos a evaluar a los desarrolladores en sí. Recientemente, la Linux Foundation empezó a entregar medallas digitales a los programadores que se formen en cursos sobre seguridad en la programación y que aprueben exámenes de certificación. Jim Zemlin, el director ejecutivo de la fundación, me dijo hace poco que cree que los gobiernos deberían exigir el equivalente en ciberseguridad de un carné de conducir para los programadores que mantienen el código más importante. Cuando uno se para a pensar que dicho código es el que acaba en el interior de nuestros teléfonos, vehículos y sistemas armamentísticos, su propuesta parece bastante sensata.

También debemos abordar el hecho de que los desarrolladores de código de acceso abierto se han convertido últimamente en objetivos frecuentes para los cibercriminales y las distintas naciones. Los atacantes han saboteado sus cuentas para insertar puertas traseras en un código que incorporan a millones de sistemas. Este tipo de ataque pone de manifiesto la necesidad de proporcionar a los desarrolladores una autenticación en varios pasos y otras herramientas de verificación.

Tenemos que replantearnos la arquitectura fundamental de nuestras máquinas. Una arquitectura segura entraña identificar los sistemas más importantes —las joyas de la corona—, ya sean los datos de los clientes, los historiales médicos, los secretos comerciales, los sistemas de producción o los sistemas de frenado y conducción de nuestros vehículos, para luego separarlos de los sistemas no esenciales, lo cual permite una interoperabilidad solo cuando sea necesario.

«En un mundo ideal, se construiría como si estuviera roto —es como me lo explicó un día Casey Ellis, un emprendedor de ciberseguridad—. Las empresas tienen que imaginar que el sistema ya está saboteado, y luego ver cómo limitar el alcance de los daños».

Este modelo tal vez te sea más conocido como el sistema de «entorno aislado» que usa Apple para las *apps* de iPhone. Apple diseñó su sistema para que cada *app* no tenga acceso a otras aplicaciones ni datos sin el permiso explícito del usuario del iPhone. Si bien los atacantes todavía pueden encontrar fallos críticos y «formas de escapar del entorno aislado», Apple ha puesto el listón mucho más alto, lo cual drena el tiempo y los fondos de los hackers. La mitigación de Apple es uno de los motivos por los que los gobiernos y sus brókeres están dispuestos a pagar dos millones de dólares a los hackers para comprar un modo de liberar un iPhone a distancia: refleja la cantidad de trabajo necesaria para ello.

En el lado del hardware, los investigadores de seguridad están replanteándose la arquitectura del microchip, la parte más fundamental de nuestras máquinas. Entre las ideas más prometedoras se encuentra una colaboración conjunta entre la Agencia de Proyectos Avanzados de Defensa del Pentágono (DARPA), SRI y la Universidad de Cambridge, en Reino Unido. La última gran colaboración entre SRI y el Pentágono más o menos dio paso a Internet, y este proyecto promete ser igual de ambicioso. La idea es rediseñar los chips informáticos desde dentro para añadir unas cámaras de contaminación que impedirían que el código malicioso o sospechoso recorriera los chips del interior de nuestros teléfonos, ordenadores personales y servidores.

Los mayores fabricantes de chips del mundo, entre ellos Arm (el cual fabrica procesadores para la mayoría de los *smartphones*) ya han indicado que están dispuestos a incorporar ese nuevo diseño —llamado «CHERI», siglas en inglés de Instrucciones RISC Mejoradas de Capacidad de Hardware— a sus chips. Microsoft, Google, Hewlett-Packard y otras empresas están explorando el concepto. Si bien quedan muchas preguntas por responder sobre el sacrificio de funcionamiento y es inevitable que muchos pongan el grito en el cielo sobre la ruina económica que puede producirse si el diseño provoca el más mínimo retraso, dada la pesadilla de ciberseguridad actual, los fabricantes de chips y dispositivos están empezando a valorar que se produzca un funcionamiento más lento en aras de la seguridad.

Más arriba en la pirámide se encuentran los usuarios finales, es decir, nosotros. Se dice que la seguridad solo es tan buena como el eslabón más débil, y ese seguimos siendo nosotros. Aún pulsamos sobre enlaces y archivos adjuntos maliciosos en los correos electrónicos. Incluso cuando se solucionan las vulnerabilidades, no aplicamos los parches tan deprisa como deberíamos. Los cibercriminales y las naciones se aprovechan del software sin parchear en todo momento. El día en el que un parche empieza a estar disponible es el día en el que el fallo que soluciona se sabotea más. ¿Por qué? Porque se nos da muy mal actualizar nuestros programas.

Y las contraseñas no sirven de nada. Todas han sido robadas ya de organizaciones que no se molestaron en protegerlas. Un día, dentro de muy poco, espero que las contraseñas desaparezcan para siempre. Sin embargo, hasta que se nos ocurra un nuevo sistema, el mejor modo de protegernos es usar contraseñas distintas en lugares distintos y activar la autenticación en dos pasos siempre que sea posible. La gran mayoría de los ciberataques (el 98 %) comienzan con ataques de *phishing* que no contienen ningún día cero ni ningún programa malicioso, sino que tan solo nos engañan para que revelemos nuestras contraseñas. A pesar de la atracción de los días cero, Rob Joyce, el líder de TAO, el mayor hacker de Estados Unidos a efectos prácticos, pronunció un muy poco común discurso hace cuatro años, en el cual dijo que los días cero no eran para tanto, porque los fallos no parcheados y el robo de credenciales es un vector mucho más común para los ataques entre naciones.

El ataque conocido como «pulverización de contraseñas» ha aumentado su uso durante los últimos tres años. En este tipo de ataque, los hackers prueban contraseñas comunes (como, por ejemplo, «contraseña») en varias cuentas de usuario. Por mucho que no sea nada muy avanzado, sí que es muy efectivo. La pulverización de contraseñas fue lo único que necesitaron los hackers iraníes que trabajaban bajo las órdenes de los Cuerpos de la Guardia Revolucionaria Islámica para adentrarse en treinta y seis empresas privadas estadounidenses, varias agencias gubernamentales de Estados Unidos y algunas ONG.

La autenticación en dos pasos es la mejor defensa contra estos ataques. Actívala donde puedas ahora mismo.

Las elecciones. No pueden llevarse a cabo a través de Internet. Y punto. En 2020, en el punto álgido de la pandemia, Delaware, Nueva Jersey y Colorado experimentaron con los votos en línea. Es una locura. Tal como me dijo hace poco J. Alex Halderman, un científico informático y experto en seguridad electoral: «Estas jurisdicciones se están arriesgando mucho a socavar la legitimidad de los resultados de sus elecciones».

Hasta la fecha, no existe ni una sola plataforma de votación en línea que los expertos de seguridad como el señor Halderman no hayan hackeado. Si uno o dos académicos son capaces de adentrarse en un sistema y manipularlo para que escoja a su candidato preferido, también puede hacerlo Rusia, China y cualquier otro país que quiera tener el poder de colocar a su candidato o candidata en la Casa Blanca.

En 2020 dimos unos grandes pasos hacia la mejora de la seguridad de los sistemas de registro de votantes. No podemos cometer el error de asumir que, como esos datos son públicos, no necesitan protección. Las bases de datos del registro de votantes podrían quedar encerradas en un secuestro informático o se podrían manipular para retirar el derecho a voto de alguien de forma digital. Lo único que haría falta sería que un hacker se colara en la lista de un distrito clave para eliminar votantes registrados o modificar direcciones para indicar de manera falsa que los votantes se han mudado a otro estado. Tan solo el mero hecho de entrar en las listas, sin llegar a manipularlas, puede ser suficiente para sembrar dudas sobre unas elecciones amañadas.

Estados Unidos necesita restablecer la posición del coordinador de ciberseguridad, la posición que el gabinete de Trump eliminó en 2018. Es de vital importancia que la Casa Blanca cuente con alguien que coordine la estrategia de ciberseguridad nacional y lidere la respuesta del gobierno a los ciberataques y ciberamenazas.

Pese a que la regulación no va a sacar al país de su apuro, al establecer unos requisitos de ciberseguridad básicos, sí que se puede hacer que la infraestructura crítica de Estados Unidos sea más resistente ante un ciberataque. El país está muy por detrás del resto en este aspecto. Una y otra vez, el Congreso no ha logrado aprobar ninguna legislación significativa que exija que las empresas que gestionan las funciones más esenciales del país cumplan unos estándares básicos. En ese vacío, tanto Obama como Trump han aplicado órdenes ejecutivas que identifican la infraestructura crítica, establecen «mejores prácticas» voluntarias para los operadores y fomentan compartir la inteligencia sobre amenazas. Por muchas buenas intenciones que tengan las órdenes, siempre que los secuestros informáticos sigan afectando a los hospitales y a los gobiernos locales, debemos hacer algo más.

Podríamos empezar por aprobar leyes que de verdad tengan fuerza y exijan, por ejemplo, que los operadores de infraestructuras se abstengan de usar software antiguo que ya no cuente con soporte técnico; que lleven a cabo pruebas de penetración con regularidad; que no reutilicen las contraseñas de los fabricantes; que activen la autenticación en dos pasos; y que aíslen de la red los sistemas más importantes. Durante años, los grupos de presión de la Cámara de Comercio de Estados Unidos han sostenido que incluso los estándares voluntarios son demasiado pesados para las empresas privadas que supervisan la infraestructura crítica de la nación. Yo diría que el coste de no hacer nada ya supera con creces la pesadez de hacer algo.

Varios estudios han demostrado que los países más seguros del mundo en términos digitales, aquellos que sufren un menor número de ciberataques con éxito por máquina, son, de hecho, los más digitalizados. Los países más seguros son los escandinavos (Noruega, Dinamarca, Finlandia y Suecia) y, más recientemente, Japón. Noruega, el más seguro de todos, es el quinto país del mundo en digitalización. Es así porque los noruegos implementaron una estrategia de ciberseguridad nacional en 2003, la cual revisan y actualizan cada año para que pueda enfrentarse a las amenazas del momento. Las empresas noruegas que proporcionan «funciones nacionales básicas», como los servicios financieros, electricidad, servicios sanitarios, suministro de alimentos, transporte, calefacción, medios de comunicación y telecomunicaciones deben cumplir con un nivel de seguridad «razonable». El gobierno penaliza a las empresas que no llevan a cabo pruebas de penetración, seguimiento de amenazas o que no se adhieren a otras mejores prácticas de seguridad. A los trabajadores del gobierno se les exige que usen identificaciones electrónicas, autenticación en dos pasos y encriptación. Y las empresas noruegas han convertido la ciberseguridad en un elemento clave de su formación y su cultura corporativa.

El caso de Japón puede resultar más instructivo todavía. En Japón, el número de ciberataques con éxito disminuyó en gran medida (más del 50%) a lo largo de un solo año, de acuerdo con un estudio empírico de datos proporcionados por Symantec. Los investigadores atribuyeron el progreso del país a una cultura de higiene cibernética, pero también a un plan maestro de ciberseguridad que Japón implementó en 2005. La política de Japón es extraordinariamente detallada. Exige unos requisitos de seguridad claros para las agencias gubernamentales, empresas que proporcionan infraestructura crítica, empresas privadas, universidades e individuos. Según el estudio de los investigadores, se trataba del único plan de ciberseguridad nacional que hablaba de «aislar» los sistemas críticos. Durante los años siguientes a que se implementara el plan, los investigadores descubrieron que los dispositivos japoneses estaban más protegidos que los de otros países de PIB similar.

Nunca generaremos resistencia a los ciberataques —ni tampoco a las campañas de desinformación extranjeras— sin una buena política y una sensibilización nacional sobre las amenazas cibernéticas. Deberíamos hacer que la ciberseguridad y la alfabetización en medios de comunicación sea una parte esencial de los programas escolares estadounidenses. Demasiados ciberataques dependen de sistemas estadounidenses vulnerables que funcionan con software no actualizado o que no se han parcheado. Y eso es, en gran medida, un problema de educación. Lo mismo ocurre con la guerra de la información: los estadounidenses se dejan engañar por campañas de desinformación y teorías de la conspiración porque carecen de las herramientas necesarias para percatarse de las operaciones de influencia, ya sean extranjeras o domésticas, en tiempo real. Tal como dijo el politólogo Joseph S. Nye tras la interferencia de Rusia en 2016: «La defensa de la democracia en una era de guerra de información cibernética no puede basarse solo en la tecnología».

Diría que Estados Unidos, tras haber creado y patrocinado el mercado de ciberarmas y vulnerabilidades durante décadas, ahora necesita usar su inmenso poder adquisitivo para ayudar a crear una carrera armamentística para el bien común. Gary McGraw, el autor de *Software Security*, sostiene que el gobierno debería considerar desgravaciones fiscales para empresas que desarrollen programas seguros. Mientras los gobiernos sigan desembolsando más dinero a los hackers para dejar las vulnerabilidades abiertas que a las empresas para cerrarlas, la defensa siempre estará coja. El gobierno podría empezar por expandir el alcance de los programas de recompensas por fallos del Pentágono y las iniciativas privadas de Synack, HackerOne y BugCrowd que invitan a los mejores hackers de forma privada para adentrarse en redes gubernamentales. También podría expandir esos programas más allá de las redes federales, hasta el código de acceso abierto y la infraestructura nacional crítica. Podría considerar establecer una iniciativa como la del Proyecto Cero de Google, en la cual el gobierno reclute a los mejores hackers de las agencias de inteligencia y del sector privado (de los bancos, Silicon Valley y las empresas de ciberseguridad) para un servicio de uno o dos años. En teoría, ello involucraría desplegar a los mejores hackers del país para encontrar y solucionar vulnerabilidades en el código más crítico de la nación durante un año, para luego pasar otro año más en el campo, ayudando a mitigar las vulnerabilidades a los administradores informáticos de los hospitales, ciudades, centrales de energía, oleoductos y laboratorios de investigación biomédica y a los funcionarios de elecciones estatales y locales.

Es algo muy fácil de decir. El gobierno federal está incapacitado por un gran déficit de confianza. Existe una desconfianza hacia la ayuda de ciberseguridad federal, en especial entre los funcionarios de elecciones estatales y de condado, que merece su propio libro. Algunos estados, y más aún los de mayoría republicana, han sospechado desde hace mucho tiempo de la ayuda electoral federal y la han visto como que el gobierno se está extralimitando. A los funcionarios de Carolina del Norte les llevó tres años dar luz verde a un análisis forense por parte del Departamento de Seguridad Nacional a los sistemas informáticos que se usaron para comprobar a los votantes del condado de Durham durante las elecciones de 2016. Y todo ello después de que unos fallos de ordenadores generalizados y unas irregularidades retiraran el derecho a voto de un incontable número de votantes del condado de Durham, un condado democrático en un estado pendular, y de que un informe filtrado de la NSA confirmara que el programa que se utilizaba para comprobar a los votantes había sido saboteado por los hackers rusos. Fue a finales de 2019, luego de tres años de titulares y preguntas sin responder, que los funcionarios del estado accedieron a la evaluación del Departamento de Seguridad Nacional (el análisis concluyó que las causas más probables de las irregularidades fueron unos problemas técnicos, no los hackers).

Este déficit de confianza es todavía peor en el sector privado. Después de Snowden, las empresas privadas, y más aún las empresas tecnológicas que se vieron implicadas, empezaron a ser cada vez más reacias a proporcionarle más información o acceso al gobierno federal del que debían según la ley. La mayoría de las empresas y líderes estadounidenses de Washington están de acuerdo, sobre el papel, en que compartir la inteligencia sobre amenazas es algo crucial para defender las redes públicas y privadas. Aun así, las empresas siguen siendo reacias a hacer lo que hace falta para establecer un canal para transmitir datos de amenazas al gobierno de forma fiable y en tiempo real. Gran parte de esa reticencia se debe a la percepción. Después de las filtraciones de Snowden, las empresas temen que los mecanismos para compartir amenazas, incluso si solo se usan para compartir datos sobre vulnerabilidades, ataques activos y técnicas, puedan malinterpretarse como una puerta trasera del gobierno por los clientes extranjeros de China, Alemania y Brasil.

«¿Cuál es el obstáculo para todo esto? Es este déficit de confianza que nos carcome desde lo que ocurrió con Snowden hace seis años —declaró hace poco el jefe de seguridad de Uber, Matt Olsen, ante un público de ciberseguridad—. Creo que el gobierno ha dado grandes pasos para volver a ganar la confianza del pueblo estadounidense sobre la recolección de inteligencia. Creo que ha hecho un gran trabajo a la hora de reconstruir las relaciones con nuestros aliados —continuó Olsen—, pero no ha hecho suficiente».

Dicho déficit de confianza ha crecido más aún debido a los programas de sabotaje ofensivo del gobierno. Heartbleed obligó al gobierno a hablar sobre su Proceso de Equidad de Vulnerabilidades, del cual oímos por primera vez a partir de las declaraciones públicas de J. Michael Daniel y luego por una petición de la Ley de Libertad de Información transmitida por la Electronic Frontier Foundation, la cual obligó al gobierno a entregar una copia censurada de su política de VEP. Más recientemente, el gobierno ha llevado a cabo esfuerzos de buena fe para revelar más información. Rob Joyce, quien fue el último coordinador de ciberseguridad de la Casa Blanca antes de que se eliminara el cargo, publicó un mapa de alto nivel del VEP del gobierno en noviembre de 2017 porque, según él, era «lo correcto». El documento de Joyce es el mapa más completo del que disponemos acerca del proceso mediante el cual el gobierno se guarda o publica sus días cero. Reveló los nombres de las agencias gubernamentales involucradas en el proceso, una información que antes estaba clasificada. Y reafirmó que: «El principal objetivo de esta política es dar prioridad al interés público en la ciberseguridad y proteger la infraestructura central de Internet, los sistemas de información, los sistemas de infraestructura crítica y la economía estadounidense mediante la revelación de vulnerabilidades descubiertas por el [gobierno de Estados Unidos] en ausencia de un interés superior demostrable sobre el uso de la vulnerabilidad en sí para la aplicación de la ley de inteligencia o propósitos de seguridad nacional». En el anexo de dicho documento se explicaban los criterios clave en los cuales las partes interesadas del VEP se basaban para decidir si debían revelar un día cero: su «prevalencia, fiabilidad y gravedad».

Revelar dicha información fue algo loable, y más teniendo en cuenta que ningún otro país del planeta ha hecho algo que se le parezca siquiera. Sin embargo, al compararlo con la vulnerabilidad EternalBlue de la NSA, la cual se basaba en un fallo de uno de los protocolos de software más utilizados del mundo, suena a palabras vacías. Según cada uno de los criterios listados («¿Cuánto se utiliza?». «¿Existe la amenaza de que los adversarios vayan a aprovecharse del fallo?». «¿Cuán grave es?». «Si se revelara la existencia de esta vulnerabilidad, ¿qué riesgos supondría para las relaciones del gobierno con la industria?»), deberían haber revelado el fallo de Microsoft subyacente a EternalBlue años antes de que los Shadow Brokers lo publicaran en Internet. Lo único que tiene que hacer uno es observar los destrozos causados por su uso por parte de Corea del Norte y Rusia para ver lo ubicuo que fue el fallo, y la parálisis resultante en hospitales y centros de envío y la falta de vacunas para ver su gravedad. Un antiguo hacker de TAO comparó la vulnerabilidad de EternalBlue con «pescar con dinamita». Y, por mucho que el documento del VEP afirme que los días cero solo se guardan «durante un tiempo limitado», la NSA se quedó con EternalBlue durante más de cinco años. Del mismo modo, las filtraciones de los Shadow Brokers incluyeron un implante de Oracle de cuatro años de antigüedad que afectaba a algunos de los sistemas de bases de datos más utilizados del mundo.

Sería ingenuo, y más dada la misión de allanamiento de la NSA, exigir que las agencias de inteligencia revelaran cada día cero que encuentran. Algunos afirman que mientras el gobierno disponga de modos de penetrar sistemas y dispositivos mediante días cero, tendrá menos incentivo para obligar a las empresas como Facebook, Apple y demás a debilitar la encriptación de sus productos. Ello quedó de manifiesto en el caso de 2016 entre el FBI y Apple, cuando el FBI abandonó sus intentos por forzar a Apple a debilitar la seguridad de sus sistemas después de que un hacker entregara una vulnerabilidad de día cero a los agentes federales para que pudieran acceder al iPhone del terrorista de San Bernardino.

Pero está claro, por mucho que de forma oficial se dijera lo contrario, que el VEP se inclinaba por defecto hacia la ofensiva, en lugar de hacia la defensa. Diría que existen cambios de sentido común que podrían restaurar el equilibrio. Para empezar, la lista de agencias con representación en el VEP tiende hacia la ofensiva: el director de inteligencia nacional, el Departamento de

Justicia, que incluye al FBI, la CIA, el Cibercomando y los elementos ofensivos de la NSA, cuentan con mucha representación. Y, si bien las agencias como la del Tesoro, el Departamento de Estado, el de Comercio, el de Seguridad Nacional y la Oficina de Administración y Presupuestos (la cual vio cómo China le extraía millones de sus registros) pueden preferir revelar las vulnerabilidades, opino que las agencias más civiles, como el Departamento de Sanidad y Servicios Humanos y el Departamento de Transportes, también necesitan un asiento en la mesa, dado el sinfín de ciberataques que se producen contra los hospitales, instituciones médicas y sistemas de transporte.

En la actualidad, el secretario ejecutivo que supervisa los debates del VEP es el líder de garantía de la información de la NSA, la división de la agencia responsable sobre la ciberseguridad. Los investigadores del Centro Belfer de Ciencia y Asuntos Internacionales de Harvard han cuestionado si la NSA puede de verdad actuar como parte neutral, incluso si el oficial responsable de ello se encuentra en el bando de la defensa. Argumentan que la responsabilidad del proceso debería transferirse al Departamento de Seguridad Nacional y que los inspectores generales y la Junta de Supervisión de Privacidad y Libertades Civiles deberían auditar la implementación del proceso. Estoy de acuerdo en que ello sería un buen principio para restaurar la fe sobre el proceso y para asegurarse de que no se convierte en una aprobación automática de los programas ofensivos de la nación.

A un nivel más práctico, el VEP debería exigir algo similar a fechas de caducidad para los días cero. Ya contamos con un estudio de casos muy claro sobre qué es lo que ocurre cuando la NSA se aferra a un día cero de un sistema muy utilizado durante cinco años. Teniendo en cuenta que la RAND Corporation concluyó que la esperanza de vida media de un día cero es de poco menos de un año, deberíamos considerar establecer fechas de caducidad menores a esa cifra. Quedarse con días cero de forma indefinida o hasta que existan pruebas claras de que otro adversario los está utilizando contra nuestros propios intereses es una partida imposible de ganar (y quienes salimos perdiendo somos nosotros).

En 2017, un grupo bipartito trató de acorralar al VEP con una ley conocida como Ley PATCH (siglas en inglés de «Ley para proteger nuestra habilidad para defendernos de los ataques informáticos»). Dicha ley pretendía exigir que cualquier día cero que se guardara tuviera que reevaluarse de forma periódica y que se elaboraran unos informes anuales para el Congreso y el público. La Ley PATCH se atascó en el Senado, pero sus promovedores afirman que el plan es volver a introducirla.

Todavía no hemos visto ninguna suma total sobre el almacén de días cero del gobierno. Los agentes de la NSA han declarado que la idea de que cuentan con un enorme almacén de días cero es una exageración. Pues bien, podrían demostrar su afirmación al informar sobre el número de días cero que revelan y se guardan cada año, además de sobre el tiempo medio que guardan los días cero. Por supuesto, ninguna vulnerabilidad es igual a otra, y tan solo una de ellas (digamos Heartbleed) tiene la habilidad de afectar a millones de sistemas, pero, aun así, los datos más detallados podrían ayudar a tranquilizar al público respecto de que el gobierno se quede o no miles de días cero en sus almacenes de forma indefinida.

Cuando el gobierno ha revelado días cero a los vendedores, no se ha llevado el mérito. Las empresas suelen nombrar a quienes entregan los fallos de sus productos, pero, cuando el fallo de Microsoft subyacente a EternalBlue se solucionó, por ejemplo, el espacio de la atribución estaba en blanco. Saber cuándo el gobierno entrega un fallo para que este se arregle podría ayudar a restaurar la confianza. Y también haría mucho por resaltar la gravedad de un fallo si las empresas tecnológicas y los administradores de sistemas supieran que ese fallo ha sido descubierto por los hackers de élite del mundo. Existe un precedente de ello. En 2019, cuando el GCHQ entregó una vulnerabilidad importante de Microsoft llamada «BlueKeep», la NSA publicó un aviso que instaba a los usuarios a parchear sus sistemas en cuanto les fuera posible. Hace poco, el GCHQ empezó a publicar el número de días cero que entregaba cada año. Estados Unidos ha dado unos pasitos en esa dirección. En 2019, por ejemplo, el Cibercomando comenzó a publicar muestras de programas maliciosos que descubría en VirusTotal, una especie de motor de búsqueda como el de Google para encontrar código malicioso visto por Internet.

El VEP todavía contiene enormes vacíos legales. El más flagrante concierne a los días cero que el gobierno adquiere de terceras partes. Según las últimas revelaciones del VEP, la decisión del gobierno de revelar o no una vulnerabilidad «podía estar sujeta a restricciones de socios extranjeros o del sector privado del [gobierno], tales como acuerdos de confidencialidad». En los casos en los que se aplica un acuerdo de confidencialidad, un día cero ni siquiera podría ser objeto de consideración para ser revelado. Dado lo mucho que depende el gobierno de los días cero de contratistas y hackers, además de lo comunes que son los acuerdos de confidencialidad en el mercado, esta excepción de letra pequeña que contiene el VEP parece una colosal cláusula de escape.

Al ser uno de los mayores y más veteranos miembros del mercado de días cero, Estados Unidos cuenta con un enorme poder adquisitivo. Si, a partir de mañana, las agencias gubernamentales estadounidenses exigieran que cualquier bróker de días cero o hacker con el que el gobierno entablara un negocio les entregara derechos exclusivos a sus herramientas, además de la habilidad de entregarlos para ser solucionados, probablemente ello se convertiría en el estándar. También tendría el efecto añadido de impedir que esos hackers vendieran el mismo día cero a gobiernos extranjeros que pudieran usarlos para dañar los intereses de Estados Unidos. Y, ya que estoy soñando, creo que Estados Unidos debería exigir que las empresas a las cuales compran herramientas de vigilancia (las NSO y Hacking Team del mundo) no vendan a países que han demostrado usar esas herramientas contra estadounidenses o en claras transgresiones a los derechos humanos, tal como los saudíes hicieron con Jamal Khashoggi o los Emiratos Árabes Unidos cuando usaron herramientas de vigilancia adquiridas de Gamma Group (el anteriormente conocido como Hacking Team), Dark Matter y NSO para monitorizar a Ahmed Mansoor.

Además, llámame loca, pero los antiguos hackers de la NSA no deberían estar adentrándose en los correos electrónicos de la primera dama en nombre de otra nación. No deberían formar a generales turcos sobre su oficio. Necesitamos leyes que gobiernen lo que los hackers, brókeres y contratistas de defensa pueden compartir con los gobiernos extranjeros, con la esencial excepción de que no podemos redactar esas reglas de un modo que impida que los defensores compartan ciberamenazas entre fronteras. A los hackers y a los investigadores de ciberseguridad les preocupa que, al prohibir el comercio de vulnerabilidades entre fronteras, se impida también el correcto funcionamiento de la defensa. En cuanto a ello, creo que tenemos la habilidad de redactar reglas que no sean demasiado amplias y de creer que los que dicen lo contrario exageran en gran medida los problemas que nos esperan si nos atrevemos a cambiar nuestra forma de pensar.

Es posible que Estados Unidos nunca firme un Convenio de Ginebra digital mientras Rusia, China e Irán sigan subcontratando gran parte de su trabajo sucio a cibercriminales y contratistas. Y es probable que nunca acceda a ningún acuerdo que ponga sus planes bélicos estratégicos en desventaja.

Pero necesitamos líneas rojas. Creo que podemos estar de acuerdo en que un conjunto de objetivos debería estar prohibido en cuanto a un ciberataque, como los hospitales, los suministros de alimentos y agua, las infraestructuras electorales, los aviones, las centrales nucleares y demás.

Estas son las tareas esenciales de nuestros tiempos. Puede que muchos digan que es imposible cumplirlas, pero en otras ocasiones ya hemos acudido a los mejores miembros de nuestra comunidad científica, del gobierno, la industria y la gente de a pie para superar retos existenciales. ¿Por qué no podemos hacerlo una vez más?

Mientras escribo estas últimas palabras, estoy confinada en plena pandemia mundial, veo cómo el mundo formula las mismas preguntas («¿Por qué no estábamos más preparados?», «¿por qué no teníamos suficientes pruebas?», «¿o suficiente equipo de protección?», «¿o sistemas de advertencia?», «¿y qué hay del plan de recuperación?») y sé de primera mano que todas esas preguntas también se aplican al mundo cibernético.

Cruzo los dedos deseando que el siguiente ciberataque espere hasta que pase la pandemia, aunque cruzar los dedos nunca nos ha servido de mucho. No tenemos que esperar que ocurra una desgracia para ponernos en marcha.

En definitiva, no dejo de recordar al hacker neozelandés, McManus, y su camiseta que decía: «ALGUIEN DEBERÍA HACER ALGO».

AGRADECIMIENTOS

El mismo día en que me llevaron al armario de secretos clasificados del *The New York Times*, recibí un correo de quien ahora es mi marido, en el cual me invitaba a lo que sería nuestra primera cita. Me encontraba en el otro extremo del país, trabajando en un proyecto del que no podía hablar y que no sabía cuándo acabaría. Por tanto, voló hasta Las Vegas para verme durante el único día en el que me habían concedido un pequeño descanso para asistir a la conferencia de hackers anual Black Hat. Llegó justo a tiempo para llevarme a cenar durante mi cumpleaños. Fue nuestra primera cita, y, desde entonces, ha estado dedicado a mí, a mi carrera y a asegurarse de que esta historia llegaba a publicarse. No hay muchas personas como él, y siempre le agradeceré su amor y su apoyo y que hiciera de padre soltero mientras me disponía a escribir este libro. También debo darle las gracias a mi hijo, Holmes, por no darme demasiadas patadas mientras me movía con dificultad por la zona de Washington D. C., acechaba empresas de ciberarmas y viajaba por el mundo con él en mi vientre. Espero el día en que lea este libro, pues sé que lo escribió conmigo. Y a nuestra jugadora más importante, Sally Adams, nuestra canguro y ahora mi mejor amiga, por cuidar de él en mi ausencia. Sin Sally, no habría ningún libro.

No existe ningún honor profesional mayor que ser capaz de pronunciar las palabras «Nicole Perlroth, del *The New York Times*». Trabajar para el periódico ha sido el mayor honor de mi vida, y de verdad puedo decir que mis compañeros son mis héroes. He aprendido más de los periodistas, editores, correctores de texto y fotógrafos durante mi década en el *The New York Times* que lo que aprendí durante mi formación. Me despierto cada día fascinada ante el esfuerzo sobrehumano que es necesario para publicar el periódico. Sé muy bien que el *The New York Times* jamás me habría contratado si no fuera por la recomendación de mis queridos mentores y amigos, Phil Taubman y Felicity Barringer, quienes me acogieron cuando me acababa de graduar, me enseñaron cómo funcionaba todo y colocaron mi nombre en el sombrero cuando el periódico buscaba a un periodista joven y hambriento que incorporar a su plantilla. Glenn Kramon, secretario de redacción del *The New York Times*, ha sido una fuente de apoyo e inspiración constante. John Gddes, exeditor en jefe del periódico, se lanzó a la piscina no solo al contratarme, sino al dar el visto bueno para que publicáramos el artículo sobre el ciberataque que sufrió el *The New York Times* por parte del Ejército chino, un artículo que se podría decir que ayudó a cambiar el modo en que las empresas abordan y reconocen sus propios ciberataques y alteró la voluntad de Estados Unidos de acusar a los culpables de los ataques contra las redes estadounidenses. Estoy eternamente agradecida con Larry Ingrassia, exeditor de negocios del *The New York Times*, por ofrecerme el trabajo y por no subestimarme nunca. También quisiera darles las gracias a Damon Darlin y a David Gallagher, dos de los mejores editores con los que he trabajado. Millones de gracias a los Dean: Dean Baquet, editor ejecutivo del periódico, por invitarme a la sala de secretos clasificados; y Dean Murphy, quien fue muy generoso al otorgarme el tiempo necesario para escribir este libro. Pui-Wing Tam y James Kerstetter han reunido al mejor equipo de tecnología que existe. Ambos me otorgaron el tiempo para perseguir este proyecto secundario y el ánimo que necesitaba para no desviarme, incluso cuando me encontraba al borde del agotamiento mental y físico. Quisiera darle las gracias en especial a John Markoff, por escuchar con tanta paciencia mis (muchas) preguntas, por ofrecerme fuentes y consejos cuando lo sustituí en este mundillo y por ser un ejemplo inspirador para los periodistas asustados que se incorporaban a la oficina de San Francisco. He tenido la gran fortuna de trabajar junto a los mejores periodistas y editores de seguridad del negocio: Scott Shane, David Sanger, Rebecca Corbett, Mark Mazzetti, Matthew Rosenberg, Bill Hamilton y Thom Shanker. Le debo también un agradecimiento especial a Jeff Cane, por editar mis últimos capítulos y por asegurarme que estas páginas no estaban tan mal, y a Ewa Beaujon, quien comprobó la veracidad de toda la información con suma precisión y me ha ahorrado muchos errores embarazosos. En Silicon Valley y más allá, muchas gracias a Brian X. Chen, Nick Bilton, Claire Cain Miller, Jenna Wortham, Mike Isaac, Quentin Hardy, a las nuevas mamás y a todos los miembros de la mejor oficina que existe. También quisiera darle la gracias a la familia Sulzberger por seguir apoyando un periodismo valiente y de calidad. Muchas gracias en especial a Arthur Sulzberger Jr. por compartir su armario con nosotros. Y a A. G. Sulzberger por defendernos en público a David Sanger y a mí cuando el presidente de Estados Unidos nos acusó de «traición».

Muchas gracias también a mis competidores, quienes ayudaron a detallar estas páginas y quienes me impulsan cada día a ser mejor escritora y periodista. Nunca será divertido comparar historias a las diez de la noche de un domingo, pero, al fin y al cabo, todos estamos en el mismo bando. Quisiera reconocer especialmente a Joe Menn, Andy Greenberg, Kevin Poulsen, Brian Krebs, Kim Zetter, Ellen Nakashima y Chris Bing.

La idea de escribir este libro comenzó cuando Danielle Svetcov me invitó a cenar. Varios agentes me habían preguntado si tenía interés en escribir un libro, pero ninguno como Danielle. Cuando la busqué en Google por primera vez, vi que representaba a los autores de varios libros de cocina, entre ellos algunos escritos por mis chefs de San Francisco favoritos. ¿Podía ayudarme a reservar mesa en State Bird Provisions? ¿O permitirme escribir el libro de cocina de mi marido en su nombre? (Recuerda, Danielle, lo prometiste). Danielle se presentó con un dossier de varios centímetros de ancho que contenía cada artículo que había escrito para el *The New York Times* que podía ser una lectura entretenida. Había preparado títulos de capítulos y de libros y una lista de personajes que aparecían en mis artículos y que creía que podían ser protagonistas cautivadores. No me dejó otra opción que aceptar. Estuvo a mi lado a lo largo de brutales tratos con editoriales, demasiados problemas médicos como para que los recuerde todos, una boda y un bebé y fue una editora tan involucrada como ninguna otra con la que haya trabajado. Danielle no es una agente literaria más; es una leyenda. Gracias también a mi coagente, Jim Levine, un gran hombre del sector editorial y una voz tranquila cuando más la necesitaba.

Anton Mueller y todo el equipo de Bloomsbury creyeron en este proyecto cuando yo no estaba segura de creer en él. Anton hizo todo lo posible para que este libro funcionara bajo la enorme presión del tiempo, y sus astutas ideas han mejorado cada una de sus páginas. Sabía ver la línea continua y cargó con este libro hasta el amargo final. Nunca podré darles las gracias suficientes a él y a Bloomsbury.

Escribir un libro es una tarea solitaria, pues uno pasa demasiado tiempo en su cabeza. Un puñado de amigos de varias partes de mi vida me proporcionaron ánimos y carcajadas muy necesarios durante todo el proceso: Megan Clancy, Julia Vinyard, Lauren Glaubach, Lauren Rosenthal, Justin Francese, Marina Jenkins, Frederic Vial, Abby y Michael Gregory, Rachel y Matt Snyder, Sarah y Ben Seelaus, Patty Oikawa, Liz Armistead, Bill Broome, Coco e Ethan Meers, Sean Leow, Carolyn Seib, Nate Sellyn, Jen Krasner,

Paul Gaetani, Jean Poster, Melissa Jensen, la familia Dann, Paul Thomson, John y Jenna Robinson, Alex Dacosta y Tyson White y nuestra familia extensa de Chugach Powder Guides.

A mis padres, Karen y Mark Perlroth, y a mis hermanos, Victor y Nina. Cualquier éxito que haya tenido en esta vida es el resultado directo de su apoyo y su amor. Cuando era pequeña, todos se turnaban para ayudarme con mis deberes y me supervisaban los trabajos trimestrales. La idea de que algún día acabaría siendo periodista y escribiendo un libro, y más aún sobre un mercado secreto y clasificado de ciberarmas, sigue siendo un misterio. Muchas gracias en especial a mi hermano por ayudarme a organizar mis pensamientos y por incluir notas al pie encaminadas a pronunciar un discurso dirigido a las partes interesadas, y a mi madre, por todo. Ahora me estoy dando cuenta de lo que quiere decir ser «mamá».

Este libro no habría sido posible sin los cientos de fuentes que fueron muy generosas al explicarme todos los detalles de este extraño mundillo y del mercado más secreto del planeta. Muchas gracias por vuestra paciencia al compartir vuestras historias, muchas de las cuales se suponía que no debían salir a la luz nunca, y por confiar en mí para que las contara. Hay muchas fuentes cuyos nombres no aparecen en estas páginas, pero cuya ayuda fue inestimable. Ya sabéis quiénes sois. Desde el fondo de mi corazón, muchas gracias.

Y, por último, muchas gracias a mi hermano mayor, Tristan, quien falleció unos años atrás. Juro que te oigo susurrarme al oído. Más que ninguna otra persona, tú me has enseñado que la vida es corta y que tenemos que aprovecharla. Este libro es para ti.

NOTAS

La mayor parte del material del presente libro proviene de entrevistas y de mis reportajes para el *The New York Times*. Tal como se indica en la nota de la autora, muchas fuentes se mostraron reticentes a hablar sobre los mecanismos internos del mercado de las ciberarmas. Muchas solo accedieron a hablar sin atribución, lo que significaba que podía emplear su información sin revelar la fuente. Siempre que ha sido posible, he pedido a esas fuentes que presentaran documentación en forma de correos electrónicos, mensajes de texto, calendarios, contratos, notas y demás migajas digitales para corroborar su reconstrucción de los hechos. Todo material que no se cite en la bibliografía o en las notas provino de fuentes confidenciales y pruebas documentales, siempre bajo la condición de no revelar la fuente.

También dependí de una colección de tesoros de reportajes de mis compañeros de la prensa de ciberseguridad, quienes han hecho un maravilloso trabajo al registrar sin descanso el caos cibernético durante la última década, y he tratado de reconocerlo en las siguientes notas. Incluso en los casos en los que pude confirmar la información de manera independiente, he tratado de identificar el libro o artículo que lo publicara por primera vez, aunque estoy segura de que habré pasado por alto algún artículo o publicación que lo hizo antes que yo, por lo que ofrezco mis disculpas de antemano.

Me llena de orgullo decir que cierta parte de los mejores reportajes sobre ciberseguridad pertenecen a mis compañeros del *The New York Times*. John Markoff, mi predecesor en el periódico, ha sido muy generoso con su tiempo y sus fuentes materiales y ha colaborado conmigo en varios artículos de los mencionados en estas páginas. David Sanger fue quien reveló el verdadero nombre en código «Juegos Olímpicos» para el gusano informático que el mundo solo conoció como Stuxnet. Y fue David quien me condujo a informar sobre la cada vez mayor Guerra Fría digital entre los Estados Unidos y Rusia que el presidente equiparó a la «traición». Scott Shane escribió una de las mejores historias sobre las capacidades digitales de la NSA mientras estaba sentado a mi lado en el armario de Sulzberger. David, Scott y yo participamos juntos en una serie de historias durante las filtraciones de los Shadow Brokers y después de ello. Sin Azam Ahmed jamás habría descubierto cuánto abusaba México de la tecnología de vigilancia del NSO. Mark Mazzetti, Adam Goldman, Ronen Bergman y yo escribimos una historia completa sobre Dark Matter y el NSO Group para el *The New York Times*. Más adelante, Mark, Ronen y yo revelamos que una *app* muy descargada llamada ToTok (un juego de palabras sobre la popular *app* china TikTok) era una herramienta de vigilancia emiratí muy bien camuflada. Matt Rosenberg y yo escribimos juntos sobre el ataque más reciente de Rusia sobre Burisma, la empresa ucraniana situada en el centro del proceso de destitución del presidente Trump. Y David, Matt y yo seguimos cubriendo las amenazas de ciberseguridad a las elecciones de 2020. Algunos de los mejores reportajes sobre los debates éticos que se están llevando a cabo en Silicon Valley en cuanto a la seguridad y a la desinformación pertenecen a mis compañeros Sheera Frenkel, Cecilia Kang, Mike Isaac, Daisuke Wakabayashi, Kevin Roose y Kate Conger. Estas colaboraciones han sido la mejor parte de mi carrera, y este libro no habría sido posible sin ellos.

También me gustaría reconocer los excelentes reportajes de mis compañeros en *Wired*, Reuters, el *The Washington Post* y la página web Motherboard de Vice, además del análisis del más alto nivel de criptógrafos como Paul Kocher y Peter Neumann y los investigadores sobre seguridad de Area I, Citizen Lab, CrowdStrike, FireEye, Google, Lookout, Microsoft, Recorded Future, Symantec, McAfee, Trend Micro y más. Entre otros, me gustaría destacar a Andy Greenberg, cuya historia sobre el ataque de NotPetya se encuentra entre las más completas hasta la fecha, y que me proporcionó uno de los primeros vistazos al mercado de los días cero en *Forbes*. El libro de Kim Zetter, *Countdown to Zero Day: Stuxnet and the Launch of the World's First Digital Weapon* (Broadway Books), fue de una ayuda inestimable para explicar los detalles de la caza para descifrar Stuxnet. Eric Chien y Liam O'Murchu, de Symantec, contestaron todas mis llamadas y constataron los hechos mientras describía los días cero que habían formado los puntos de entrada de Stuxnet. El libro de Fred Kaplan, *Dark Territory: The Secret History of Cyber War* (Simon & Schuster, 2016), también me proporcionó un contexto muy útil. En muchas ocasiones he citado a Joe Menn, de Reuters, cuya cobertura sobre ciberseguridad es de las mejores del mundo. Chris Bing y Joel Schectman, también de Reuters, me atraparon con su excelente reportaje de 2019 sobre el «Proyecto Raven». El diálogo entre Walter Deeley y los analistas de la NSA citado en el capítulo del Proyecto Gunman fue extraído del libro de Eric Haseltine, *The Spy in Moscow Station: A Counterspy's Hunt for a Deadly Cold War Threat* (Thomas Dunne Books, 2019).

Una lista completa de fuentes se incluye en la bibliografía, disponible en www.thisishowtheytellmetheworldends.com Las siguientes notas no son una lista que lo cubre todo, sino tan solo una guía sobre los reportajes, análisis de seguridad, artículos académicos, estadísticas y fuentes que he referenciado y que me han resultado más útiles, por si quieres averiguar más.

PRÓLOGO

Los detalles del ataque de NotPetya de 2017 provienen de mis reportajes en conjunto con Mark Scott y Sheera Frenkel en el *The New York Times*. Dos años más tarde, mi compañero Adam Satariano y yo pudimos proporcionar más detalles sobre el coste de NotPetya cuando las empresas como Merck y Mondelez presentaron denuncias contra compañías de seguros que habían aplicado una exención de guerra común pero poco utilizada en sus contratos de seguros. La obra de Andy Greenberg, *Sandworm: A New Era of Cyberwar and the Hunt for the Kremlin's Most Dangerous Hackers* (Doubleday, 2019), que apareció en *Wired*, citó a Tom Bossert, el ex-Consejero de Seguridad Nacional de Trump, como una fuente para la etiqueta de precio de diez mil millones de dólares en daños causados por el ataque. Algunas fuentes creen que el coste pudo haber sido mucho mayor, dado que muchas empresas privadas más pequeñas no informaron de los daños sufridos. Gran parte de los detalles sobre estos ataques provinieron de entrevistas llevadas a cabo en Ucrania. Mis compañeros del *The New York Times*, Andrew Kramer y Andrew Higgins, me ayudaron a registrar los ciberataques de 2017 en el campo según ocurrían. He tomado prestadas declaraciones de la cobertura de Michael Gordon en el *The New York Times* sobre la anexión de Crimea por parte de Rusia. Me basé en la historia de viajes de Andrey Slivka del 20 de agosto de 2006 publicada en el *The New York Times* y titulada «Joining Tycoons at a Black Sea Playground in Crimea» para la descripción de un viajero de Crimea antes de la anexión.

Los comentarios de Putin sobre los hackers «patrióticos» de 2017 fueron recogidos por muchos canales de noticias, pero me basé en la historia de Calamur Krishnadev en el *Atlantic* del 1 de junio de 2017: «Putin Says *Patriotic Hackers* May Have Targeted U.S. Election». Dependí de Mark Clayton, del *Christian Science Monitor*, para una descripción de la interferencia rusa en las elecciones de 2014. Andrew Kramer y Andrew Higgins fueron los primeros en informar de que el FBI atribuyó a Rusia de manera independiente el ataque electoral sufrido en Ucrania en 2014 y también documentaron su relación con la televisión estatal rusa. Andrew Kramer también recogió el derribo del vuelo 17 de Malaysian Airlines. David Sanger y yo cubrimos los ataques de Corea del Norte en Sony Pictures, para pesar de nuestras familias aquella navidad de 2014.

Las historias sobre el hackeo de las centrales de energía ucranianas por parte de Rusia provinieron de mis entrevistas, además del detallado reportaje de Kim Zetter en *Wired*: «Inside the Cunning Unprecedented Hack of Ukraine's Power Grid».

El comentario de Keith Alexander sobre el robo de propiedad intelectual por parte de China, «la mayor transferencia de capital de la historia», fue citado por Andrea Shalal-Esa en Reuters.

Hice unos reportajes sobre los ataques a bancos iraníes junto a mi compañero del *The New York Times*, Quentin Hardy. Más adelante, Michael Corkery y yo informamos sobre el ataque de Corea del Norte al Banco Central de Bangladesh. Los ataques de programas de secuestro por parte de Irán a hospitales, empresas y ciudades estadounidenses están detallados en una acusación del Departamento de Justicia de noviembre de 2018, aunque no se ha arrestado ni extraditado a nadie. Los comentarios de Sheldon Adelson que desataron el ataque de Irán a los casinos de Las Vegas Sands fueron citados por Rachel Delia Benaim y Lazar Berman en el *Times of Israel*. Michael Riley y Jordan Robertson, de Bloomberg, redactaron el mejor reportaje sobre los ataques a los Sands.

Mi compañero David Sanger y yo fuimos los primeros en hablar del ataque de Rusia al Departamento de Estado en 2015. Sanger, Shane y Lipton detallaron los otros objetivos de Rusia en su artículo de 2016 sobre los ataques de Rusia al Comité Democrático Nacional. Mi compañero Steven Lee Myers escribió una historia completa sobre los ciberataques rusos a Estonia, aunque más adelante pude encontrar una atribución más directa al grupo juvenil Nashi de Rusia en los documentos de Snowden. El ataque por parte de Rusia a la cadena de televisión francesa TV5Monde fue detallado en Reuters. Mi compañero Clifford Krauss y yo detallamos el ataque de Rusia a Petro Rabigh, la central petroquímica saudí, en 2018. Mi compañero David Kirkpatrick detalló los intentos de Rusia de manipular el voto del Brexit en 2017. Y David Sanger y yo escribimos varias historias entre 2013 y 2019 sobre los ataques por parte de Rusia a la red eléctrica estadounidense y los ataques del Cibercomando de los Estados Unidos a la red eléctrica rusa. Junto a mis compañeros Michael Wines y Matt Rosenberg, documentamos los ataques de Rusia a nuestros aparatos electorales y las preguntas sin respuestas que dejó la oficina local que Carolina del Norte contrató para llevar a cabo la subsiguiente investigación forense. Adam Nossiter, David Sanger y yo detallamos los ataques de Rusia a las elecciones francesas de 2017, los cuales ofrecieron un fascinante vistazo a la preparación cibernética de Francia (los franceses plantaron documentos falsos en su red para tratar de confundir a los hackers rusos). Los ataques por parte de Rusia contra la Agencia Mundial Antidopaje fueron relatados en un Informe Microsoft de finales de 2019. Mi compañera Rebecca Ruiz hizo pública la historia de la interferencia rusa en Sochi y merece que se reconozca su aporte a la mayor parte de los reportajes de la película *Ícaro* de 2017.

Escribí sobre las filtraciones de los Shadow Brokers en el *The New York Times* junto a Scott Shane y David Sanger en una serie de artículos que incluyeron una explicación completa de cómo las filtraciones habían sacudido la NSA. Andy Greenberg escribió en *Wired* un estupendo relato del impacto en Maersk, el conglomerado de envíos danés, titulado «The Untold Story of NotPetya, the Most Devastating Cyberattack in History», en agosto de 2018. Ellen Nakashima, del *The Washington Post*, fue de las primeras en informar de que la CIA culpaba de NotPetya al Ejército ruso en un artículo del 12 de enero de 2018 titulado «Russian Military Was behind "NotPetya" Cyberattack in Ukraine, CIA Concludes». Un excelente análisis del uso como armas de los «debates» sobre la vacunación por parte de Rusia apareció en la edición de octubre de 2018 del *American Journal of Public Health* en el artículo «Weaponized Health Communication: Twitter Bots and Russian Trolls Amplify the Vaccine Debate», de los autores David A. Broniatowski, Amelia M. Jamison, SiHua Qi, Lulwah AlKulaib, Tao Chen, Adrian Benton, Sandra C. Quinn y Mark Dredze.

Las estadísticas sobre la rápida adopción de Internet de las Cosas se han extraído de un informe McKinsey de 2017 titulado «What's New with the Internet of Things?».

El índice de cien guerreros cibernéticos encargándose de la ofensiva mientras solo uno trabajaba en defensa se extrajo de un comentario de Ed Giorgio, quien pasó treinta años en la NSA, en un panel de 2015 de la Conferencia RSA. Giorgio declaró que, cuando era el director de creación de códigos de la NSA, lideraba a un grupo de diecisiete criptógrafos, y, cuando lideraba a los descifradores de códigos, lideraba a un grupo de mil setecientos criptoanalistas. Giorgio también pasó tres años en el homólogo británico de la NSA, el GCHA, y declaró en ese mismo panel que el índice de cien a uno también era cierto allí.

Dependí de la historia de mis compañeras del *The New York Times* Alicia Parlapiano y Jasmine C. Lee sobre las campañas de desinformación de 2016 por parte de Rusia en su artículo del 16 de febrero de 2018 llamado «The Propaganda Tools Used by Russians to Influence the 2016 Election», el cual detallaba cómo los troles rusos se habían hecho pasar por secesionistas de Texas y activistas del movimiento Black Lives Matter. El hecho de cómo Rusia estableció como objetivo a los afroamericanos también se exploró en un artículo de David Shane y Sheera Frenkel del 17 de diciembre de 2018 para el *The New York Times* titulado «Russian 2016 Influence Operation Targeted African-Americans on Social Media». Sanger y Catie Edmonson escribieron que la interferencia de Rusia se extendía a los cincuenta estados en julio de 2019. Otro compañero, Jeremy Ashkenas, rebuscó entre teorías extremas para encontrar pruebas de que sí había sido Rusia —y no un «hacker de doscientos kilos desde su cama», según las famosas declaraciones de Trump— quien había interferido en las elecciones de 2016. Los ataques sobre la inteligencia estadounidense por parte de Trump en 2016 quedaron bien documentados en el artículo de Julie Hirschfeld Davis para el *The New York Times* del 16 de julio de 2018 «Trump, at Putin's Side, Questions U.S. Intelligence on 2016 Election», y Peter Baker y Michael Crowley fueron los primeros en documentar la extraña conversación entre Trump y Putin sobre la interferencia en un artículo de junio de 2019 para el mismo periódico.

Si bien el número de ataques sobre las redes estadounidenses difiere según la fuente, para empezar, el Pentágono declaró en 2017 que los análisis, sondas y ataques diarios a las redes informáticas del Departamento de Defensa habían ascendido a ochocientos millones de «incidentes cibernéticos», desde cuarenta y un millones de análisis diarios en 2015. El número lo proporcionó el portavoz del Pentágono, el teniente coronel James Brindle, y puede comprobarse en la Oficina del Jefe Adjunto de Operaciones Navales para la Dominación de la Información.

CAPÍTULO 1: EL ARMARIO DE LOS SECRETOS

Luke Harding, de *The Guardian*, documentó el ir y venir del papeleo con el GCHQ sobre los discos duros de Snowden en enero y febrero de 2014, e incluso proporcionó archivos de video que mostraban a los editores del periódico destruyendo los discos duros. Nicolai Ourossof escribió un excelente relato del diseño arquitectónico de Renzo Piano para la sede central del *The New York Times* en noviembre de 2007. Trabajé de cerca con Jeff Larson y Scott Shane para rebuscar entre los tesoros de Snowden y evaluar hasta dónde había llegado la NSA para vencer a la encriptación digital. Nuestro artículo, «NSA Able to Foil Basic Safeguards of Privacy on Web», se publicó de manera simultánea con *The Guardian* y ProPublica el 6 de septiembre de 2013. Cubrí las consecuencias del Instituto Nacional de Estándares y Tecnología, la agencia federal a cargo de establecer los estándares de ciberseguridad, durante los días siguientes. Joe Menn, de Reuters, fue un paso más allá con una investigación, publicada en diciembre de aquel año, que revelaba que la NSA había pagado a RSA, una de las mayores empresas de ciberseguridad, para que usara un algoritmo débil en sus productos comerciales de encriptación para que la NSA pudiera descifrarlos.

La gran mayoría de los reportajes sobre cómo la NSA y el GCHQ capturan datos en tránsito y desde los puntos de destino provinieron de los documentos de Snowden y fueron documentados por Glenn Greenwald, quien para entonces trabajaba en *The Guardian*, y Barton Gellman y Laura Poitras, del *The Washington Post*. Unos reportajes de Poitras también aparecieron en *Der Spiegel*, junto con

Marcel Rosenbach y Holger Stark. Mis compañeros James Glanz, Andrew Lehren y Jeff Larson, por aquel entonces en ProPublica, redactaron un informe sobre cómo la NSA y sus compañeros de Five Eyes extraían datos de *apps* móviles en enero de 2014.

David Sanger escribió el mejor artículo sobre Juegos Olímpicos en su libro de 2012 llamado *Confront and Conceal: Obama's Secret Wars and Surprising Use of American Power* (Broadway Books), el cual se adaptó en forma de artículo para el *The New York Times* en junio de 2012. El libro de Kim Zetter de 2014, *Countdown to Zero Day*, analizó Juegos Olímpicos desde la perspectiva de los investigadores técnicos que lo habían descubierto por primera vez en bits y bytes mientras viajaba por el mundo. El análisis técnico más completo del día cero de Microsoft que China empleó para adentrarse en Google y en más de treinta otras empresas es el de George Kurtz y Dmitri Alperovich, quienes para entonces trabajaban en McAfee y más adelante cofundaron CrowdStrike.

Una historia sobre el día cero más costoso de la historia estadounidense, el guion que faltaba en el programa de navegación del *Mariner I*, está en los archivos de la NASA y puede encontrarse en: nssdc.gsfc.nasa.gov/nmc/spacecraft/display. action?id=MARIN1. El precio de 150 millones de dólares es el equivalente en la moneda actual.

Joe Menn redactó el mejor reportaje sobre la interceptación de datos de Yahoo para Reuters en su artículo «Exclusive: Yahoo Secretly Scanned Customer Emails for U.S. Intelligence», publicado en octubre de 2016.

Me basé en el artículo de Paul Fehri del 17 de diciembre de 2005 para el *The Washington Post* sobre la decisión del *The New York Times* de posponer la publicación de su historia sobre los pinchazos telefónicos de la NSA. Snowden declaró para Natasha Vargas-Cooper, del *Advocate*, en noviembre de 2013, que dicha decisión es el motivo por el que no llevó su colección de documentos de la NSA al *The New York Times*.

La primera filtración sobre nuestro trabajo en el armario fue publicada por Ben Smith, quien por entonces trabajaba en BuzzFeed, el 23 de agosto de 2013. La descripción más completa del hackeo de las tarjetas llave de hoteles fue escrita años después, en agosto de 2017, por Andy Greenberg, para el *Wired*, en el artículo «The Hotel Room Hacker».

CAPÍTULO 2: EL DICHOSO SALMÓN

La conferencia de seguridad industrial a la que hago referencia en este capítulo es la Conferencia S4, que Dale Peterson organiza cada año en Miami. Más adelante, describí algunas de mis conversaciones con los italianos en un artículo que escribí junto a David Sanger para el *The New York Times*: «Nations Buying as Hackers Sell Flaws in Computer Code» en julio de 2013.

El libro de David Sanger, *Confront and Conceal*, es la explicación más completa de Juegos Olímpicos/Stuxnet. La charla TED de Ralph Langner en 2011 sigue siendo una de las descripciones más accesibles de Juegos Olímpicos/Stuxnet a cargo de un experto técnico y puede verse en el siguiente enlace: www.ted.com/talks/ ralph_langner_cracking_stuxnet_a_21st_century_cyber_weapon#t-615276. Cabe mencionar también que algunas publicaciones israelíes afirman que el nombre

«Juegos Olímpicos» fue un guiño a las agencias de inteligencia de cinco países (Estados Unidos, Israel, Países Bajos, Alemania y el Reino Unido), pero mis fuentes lo niegan y dicen que era un guiño a las cinco agencias estadounidenses e israelíes que colaboraron en el desarrollo y la ejecución del gusano informático.

CAPÍTULO 3: EL VAQUERO

John Watters, Sunil James y David Endler me ofrecieron una ayuda inestimable al proporcionarme su tiempo y sus recuerdos sobre los primeros días de iDefense. Pude confirmar su historia sobre la bancarrota de la empresa a través de documentación judicial y conferencias de prensa. También le debo mucho al fundador de BugTraq, Scott Chasin, alias de hacker «Doc Cowboy»; a Elias Levy, alias de hacker «Aleph One», quien se encargó de moderar BugTraq antes de que se vendiera a Symantec; y a Jeff Forristal, alias «Rainforest Puppy», a Saumil Shah y otros que me ofrecieron incontables horas de su tiempo para describir la dinámica entre los hackers y los vendedores de tecnología durante esta época.

Los apasionados argumentos de Scott Culp contra la divulgación de vulnerabilidades todavía pueden encontrarse en la página web de Microsoft: «It's Time to End Information Anarchy», publicado por primera vez en octubre de 2001.

Una de las historias más completas y legibles de los primeros días de Internet es la del libro de 1998 de Katie Hafner y Matthew Lyon, *Where Wizards Stay Up Late: The Origins of The Internet* (Simon & Schuster). La organización W3C también mantiene una cronología de los desarrollos más importantes de Internet en www.w3.org/History.html. Todavía se puede leer el artículo de 1993 de la revista *Time* titulado «First Nation in Cyberspace» en: content.time.com/time/magazine/article/0,9171,979768,00.html. La tira cómica de *Doonesbury* de Gary Trudeau de 1993 está disponible en: www.gocomics.com/doonesbury/1993/10/18. Recomiendo leer el artículo de Glenn Fleishman de diciembre del 2000 en la revista *Times* sobre la conocida viñeta del *The New Yorker*, titulado «Cartoon Captures Spirit of the Internet».

Los reportajes más completos sobre la saga judicial de Microsoft fueron escritos por mi mentor, ya fallecido, Joel Brinkley. Extraje la cita de Bill Gates («¿Cuánto dinero tenemos que aportar para que dejen de usar Netscape?») del artículo de Brinkley de 1998 titulado «As Microsoft Trial Gets Started, Gates's Credibility is Questioned». Mark Zuckerberg transmitió su mantra «muévete rápido y rompe cosas» a Henry Blodget en una entrevista de octubre de 2009. La cita completa era: «Muévete rápido y rompe cosas. Si no se rompe nada, es que no te mueves lo suficientemente rápido».

Me basé en el artículo de *The Guardian* de Jane Perrone «Code Red Worm» para la referencia sobre el gusano informático. La revista *Scientific American* proporcionó una historia más completa sobre ello en su artículo del 28 de octubre de 2002 titulado «Code Red: Worm Assault on the Web». Una historia detallada sobre el virus Melissa puede consultarse en la página web del FBI: www.fbi.gov/news/stories/melissa-virus-20th-anniversary-032519. Para una explicación sobre Nimda, recurrí a la historia de Charles Piller y Greg Miller de mayo del 2000 en *Los Angeles Times*. Y, para examinar el impacto de la iniciativa de Cómputo Confiable de Microsoft, me basé en entrevistas y en el artículo de Tony Bradley para

Forbes en 2014, «The Business World Owes a Lot to Microsoft Trustworthy Computing», y en una retrospectiva de Microsoft publicada en 2012 bajo el título «At 10-Year Milestone, Microsoft's Trustworthy Computing Initiative More Important Than Ever», para ver una historia interna. El correo electrónico de Bill Gates de 2002 se puede encontrar en la página web de *Wired*: www.wired.com/2002/01/bill-gates-trustworthy-computing.

Dave Endler, de iDefense, fue de hecho quien comenzó la oferta competitiva de Tipping Point conocida como «Iniciativa Día Cero». Endler ajustó la fórmula de iDefense un poco: en lugar de pagar recompensas de una en una, incorporaban a los hackers que entregaban fallos de alta calidad en programas similares a los de viajeros frecuentes que recompensaban a los mejores investigadores con unos bonus de hasta veinte mil dólares (Watters había invertido en Tipping Point durante sus primeros días, por lo que, en cierto modo, él y Endler seguían jugando para el mismo equipo cuando el primero dejó iDefense).

CAPÍTULO 4: EL PRIMER BRÓKER

Andy Greenberg fue el primero en detallar el negocio de días cero del Grugq en su artículo de 2012 en la revista *Forbes* titulado «Meet The Hackers Who Sell Spies the Tools to Crack Your PC (and Get Paid Six-Figure Fees)», el cual mostraba al bróker de vulnerabilidades sudafricano sentado junto a una bolsa de dinero que se puede imaginar que provenía de sus ventas de días cero. Varias entrevistas subsiguientes me transmitieron las consecuencias del artículo de Greenberg en *Forbes*.

Jimmy Sabien no es el verdadero nombre del bróker, ni tampoco es un alias que escogiera él. Me lo he inventado. Cualquier parecido con cualquier persona del mercado de días cero es una mera coincidencia.

En cuanto a la afirmación de que la mayor parte de los fallos son resultado de un error humano, un estudio del Consejo de Investigación Nacional descubrió que prácticamente todas las vulnerabilidades de seguridad están provocadas por código con fallos. Por ejemplo, al menos un tercio de los avisos de seguridad del Equipo de Respuesta a Emergencias Informáticas (CERT por sus siglas en inglés) desde 1997 hablan sobre código de programas mal comprobado.

Si bien Sabien no nombró el fallo de día cero de Hewlett-Packard específico del que me estaba hablando, en 2002, dos investigadores de la conferencia de hackers Black Hat demostraron una vulnerabilidad de impresoras HP que sonaba casi idéntica a la que me describió Sabien. Las impresoras siguen siendo unos objetivos muy provechosos para los hackers. Entre las vulnerabilidades de las que dependía el gusano Stuxnet se encontraba un día cero en el *spooler* de la impresora, el programa que indica qué imprimir. Y en 2017, un estudiante de posgrado identificó más de ciento veinticinco vulnerabilidades de impresora en la Base de Datos Nacional de Vulnerabilidades que tenían veinte años de antigüedad. Incluso en 2019, un par de investigadores descubrieron cuarenta y nueve vulnerabilidades en seis de las impresoras comerciales más utilizadas, algunas de las cuales podían emplearse para acceder de forma remota a las máquinas y a sus contenidos. Véase la rueda de prensa del NCC Group titulada «NCC Group Uncovers Dozens of Vulnerabilities in Six Leading Enterprise Printers», de agosto de 2019.

El Consejo de Relaciones Internacionales analiza tendencias en gastos militares a partir de datos ajustados a la inflación que provienen del Instituto Internacional de Investigación de la Paz de Estocolmo y de la Oficina de Análisis Económico de Estados Unidos. Véase: www.cfr.org/report/trends-us-military-spending.

La cita sobre el «Río Grande» de James Ellis, excomandante del Mando Estratégico de Estados Unidos, fue citada por Patrick Cirenza en su artículo de febrero de 2016 titulado «The Flawed Analogy between Nuclear and Cyber Deterrence», que escribió para *The Bulleting of the Atomic Scientists*.

CAPÍTULO 5: EL CHARLIE DE LOS DÍAS CERO

Comprobé la veracidad de los relatos de Miller con el artículo de Andy Greenberg de 2011 para *Forbes* titulado «iPhone Security Bug Lets Innocent-Looking Apps Go Bad». Greenberg también habló de cómo Apple había puesto a Miller en la lista negra por ese motivo en: «Apple Exiles a Security Researcher from Its Development Program for Proof-of-Concept Exploit App».

Recogí el hackeo de los Jeep de Miller para el *The New York Times*, pero la historia de Greenberg para *Wired* incluía un vídeo muy importante de Miller y su coinvestigador, Chris Valasek. El vídeo puede encontrarse en: www.wired.com/2015/07/hackers-remotely-kill-jeep-highway

El Libro Blanco de Charlie Miller de 2007 sobre el mercado de días cero, titulado «The Legitimate Vulnerability Market: Inside the Secretive World of 0-day Exploit Sales» sigue estando disponible, junto con el cheque de cincuenta mil dólares borrado con corrector, en: www.ecoinfosec.org/archive/weis2007/papers/29.pdf

Las últimas incursiones de Miller en el sistema iOS de Apple y en Android de Google están muy bien documentadas. Me basé en el artículo del 2007 de mi compañero del *The New York Times* John Schwartz titulado «IPhone Flaw Lets Hackers Take Over, Security Firm Says», y en el artículo de *Ars Technica* de 2008 sobre el hackeo del MacBook Air por parte de Miller. Un vídeo de YouTube que muestra a un joven Miller tomando el control de un MacBook Air en dos minutos puede consultarse en www.youtube.com/watch?v=no11eIx0x6w. La explicación por parte de Miller en Black Hat de 2007 sobre cómo hackeó el software Mac OS X de Apple se puede encontrar en el podcast de Black Hat en: https://podcasts.apple.com/gb/podcast/charlie-miller-hacking-leopard-tools-techniques-for/id271135268?i=1000021627342. Mi compañero John Markoff cubrió la vulnerabilidad de Android para *The New York Times* en octubre de 2008 en el artículo «Security Flaw Is Revealed in T-Mobile's Google Phone». Me basé en historias contemporáneas de publicaciones técnicas, entre ellas *Computer World* y ZDNet, para comprobar la veracidad de las aventuras de Miller con el MacBook Pro. Michael Mimoso habló del movimiento «No más fallos gratis» para la publicación de comercio Search Security en 2009. Dino Dai Zovi también me ha proporcionado comentarios y contexto en varias entrevistas.

CAPÍTULO 6: PROYECTO GUNMAN

El artículo más completo sobre el Proyecto Gunman es un relato de la NSA desclasificado en 2007 bajo el título *Learning from the Enemy: The GUNMAN Project,* que se basa en entrevistas con Sharon Maneki para el Centro de Historia Criptológica. Se consulta en: www.nsa.gov/Portals/70/documents/news-features/declassified-documents/cryptologic-histories/Learning_from_the_Enemy.pdf

A pesar de que la historia oficial de la NSA omitió el nombre de los aliados que avisaron a Estados Unidos del espionaje por parte de Rusia, se mencionó tanto a Francia como a Italia en un artículo de *Politico* de mayo de 2017 «The Time the Soviets Bugged Congress and Other Spy Tales». Me basé en varias historias sobre espionaje ruso en las embajadas estadounidenses de Moscú. Un artículo de portada del *The New York Times* de mayo de 1964 titulado «In Moscow, Walls Have Ears (40)» documentaba los cuarenta micrófonos que los técnicos estadounidenses habían encontrado en las paredes de la estructura de la embajada. Para una historia fascinante, aunque también trágica, sobre la astucia rusa, se puede consultar la descripción de la vida de Leon Theremin escrita por Nathaniel Scharping en octubre de 2019 para la revista *Discover*: «Creepy Music and Soviet Spycraft: The Amazing Life of Leon Theremin». Fue el dispositivo de escucha de Theremin lo que se implantó en el Gran Sello de los Estados Unidos tallado a mano que le regalaron al embajador estadounidense en 1945 y que sobrevivió a cuatro embajadores hasta que lo descubrieron en 1952.

El desastre de la embajada saboteada de Moscú se detalló en un artículo del *The New York Times* escrito por Elaine Sciolino en 1988 bajo el título «The Bugged Embassy Case: What Went Wrong».

El diálogo citado entre Walter G. Deeley y su equipo, además de varios detalles sobre el estrés de Deeley en aquellos tiempos, se ha extraído del libro de Eric Haseltine *The Spy in Moscow Station*, publicado en 2019.

CAPÍTULO 7: EL PADRINO

La cita favorita de Gosler de Price Pritchett se encuentra en su libro de 1994, *The Employee Handbook of New Work Habits for a Radically Changing World: 13 Ground Rules for Job Success in the Information Age.*

Me basé en la retrospectiva de Matthew Carle de 2013 sobre la Operación Ivy Bells para describir la infiltración del cable submarino: «40 Years Ago, The Navy's "Operation Ivy Bells" Ended With a 70s Version of Edward Snowden», publicada por *Business Insider*.

La historia de Los Álamos puede encontrarse en los Recursos de la Oficina de Historia y Legado del Departamento de Energía de Estados Unidos bajo el título «The Manhattan Project: An Interactive History». La referencia al papel de Sandia en el desarrollo del 97 % de los componentes de armas no nucleares se puede consultar en la página web de Sandia: «Evaluating Nuclear Weapons: A Key Sandia Mission». Eric Schlosser proporcionó un relato tan entretenido como perturbador sobre los accidentes con armas nucleares estadounidenses en su libro de 2013, *Command and Control: Nuclear Weapons, the Damascus Accident and the Illusion of Safety* (Penguin press).

El discurso del premio Turing de Ken Thompson en 1984, titulado «Reflections on Trusting Trust» puede consultarse en el siguiente enlace: www.cs.cmu.edu/~rdriley/487/papers/Thompson_1984_ReflectionsonTrustingTrust.pdf

Los experimentos Chaperon de Gosler también se detallaron en una disertación de 2016 de Craig J. Wiener, de la Universidad George Mason, bajo el título «Penetrate, Exploit, Disrupt, Destroy: The Rise of Computer Network Operations as a Major Military Innovation».

La estimación de daños provocados por el gusano Morris se ha extraído del libro de Adam Levy, *Avoiding the Ransom: Cybersecurity for Business Owners and Managers*, publicado en 2016 (lulu.com).

Las referencias sobre el número de líneas de código de Linux, de los aviones Joint Strike Fighter del Pentágono y de Windows Vista de Microsoft se han consultado en el artículo de Richard Danzig de 2014, «Surviving on a Diet of Poisoned Fruit: Reducing the National Security Risks of America's Cyber Dependencies», publicado por el Centro para una Nueva Seguridad Estadounidense.

El profético informe RAND de Willis H. Ware, cuyo título oficial es «Security and Privacy in Compute Systems», pero que pasó a conocerse como «Informe Ware», puede encontrarse en el archivo de seguridad nacional de la Universidad George Washington: nsarchive.gwu.edu/dc.html?doc=2828418-Document-01-Willis-H-Ware-RAND-Corporation-P. El Informe Anderson de 1970 para las Fuerzas Especiales de la Junta de Ciencia de la Defensa puede consultarse en: csrc.nist.gov/csrc/media/publications/conference-paper/1998/10/08/proceedings-of-the-21st-nissc-1998/documents/early-cs-papers/ware70.pdf

Dos historias completas sobre las dificultades de presupuestos y gestión en la era pre 11 de septiembre son el artículo de George Cahlink del 1 de septiembre de 2001, «Breaking the Code», para la revista *Government Executive*, y la antología de Roger Z. George y Robert D. Kline de 2006, *Intelligence and the National Security Strategist: Enduring Issues and Challenges* (National Defense University Press).

Las disputas entre William Payne y su antiguo centro de trabajo, Sandia, pueden encontrarse en una serie de documentos judiciales archivados en la Corte del Distrito de Estados Unidos, en el Distrito de Nuevo México. Según la demanda, en 1992, Gosler habló a los empleados de Sandia del trabajo de la organización para la NSA en un «canal encubierto», cuyas tareas involucraban «introducir virus en software y hardware informático» y «sabotear» la maquinaria y los algoritmos de encriptación. En cierto momento, Payne afirma que se le ordenó adentrarse en programas informáticos en nombre del FBI y que Gosler trató de reclutarlo para un proyecto de la NSA, aunque él se negó. Payne sostiene que lo despidieron de Sandia por quebrantar su acuerdo de trabajo clasificado con la NSA. Aquella misma demanda hace referencia en repetidas ocasiones a la investigación de Crypto AG por parte del *Baltimore Sun*.

Scott Shane y Tom Bowman proporcionaron el primer relato, y también el más detallado, de la operación de Crypto AG de la NSA en su artículo del 10 de diciembre de 1995 escrito para el *Baltimore Sun*, bajo el título «Rigging the Game». Quince años después, Greg Miller, del *The Washington Post*, añadió unos reportajes adicionales sobre el papel que interpretaron la CIA y la inteligencia de Alemania Occidental en la operación Crypto AG, incluido su nombre en código:

«Thesaurus», el cual más adelante se convirtió en «Rubicon». Véase: www.washingtonpost.com/graphics/2020/world/national-security/cia-crypto-encryption-machines-espionage/

Un resumen de la jerarquía de amenazas de Gosler se puede consultar en el Informe de las Fuerzas Especiales de la Junta de Ciencias de Defensa del Departamento de Defensa de enero de 2013, organización de la cual Gosler fue el codirector: «Resilient Military Systems and the Advanced Cyber Threat», disponible en: nsarchive2.gwu.edu/NSAEBB/NSAEBB424/docs/Cyber-081.pdf

El Presupuesto Negro de la NSA de 2013 fue publicado por el *The Washington Post* en agosto de 2013. Snowden filtró los documentos de la NSA que detallaban sus proyectos criptográficos, los cuales publicamos en nuestro artículo del 5 de septiembre de 2013 titulado «NSA Able to Foil Basic Safeguards of Privacy on the Web».

Robert Wallace, H. Keith Melton y Henry R. Schlesinger detallaron un contexto adicional sobre el papel de la CIA en las operaciones de redes informáticas en su libro de 2008, *Spycraft: The Secret History of CIA's Spytechs, from Communism to Al-Qaeda* (Dutton).

El testimonio de James Woolsey fue citado por Douglas Jehl en su artículo del *The New York Times* de febrero de 1993: «CIA Nominee Wary of Budget Cuts».

El relato más completo sobre la misión fallida en Somalia se puede encontrar en el *The New Yorker*, en el artículo escrito por Jon Lee Anderson en 2009 bajo el título «The Most Failed State».

Ellen Nakashima y Joby Warrick detallaron el comentario de Keith Alexander sobre «todo el pajar» en un artículo de julio de 2013 escrito para el *The Washington Post*: «For NSA Chief, Terrorist Threat Drives Passion to *Collect it All*».

La cita de Michael Hayden sobre la «edad de oro de la inteligencia de señales» se extrajo del libro de Hayden de 2017, *Playing to the Edge: American Intelligence in the Age of Terror* (Penguin Press).

La historia de las batallas de inteligencia entre la NSA y la CIA se detalla en un documento interno de la CIA del 20 de agosto de 1976 y puede consultarse en www.cia.gov/library/readingroom/docs/CIA-RDP79M00467A002400030009-4.pdf. También se recoge en el artículo de 2008 de Harvey Nelson: «The U.S. Intelligence Budget in the 1990s», publicado en el *International Journal of Intelligence and Counterintelligence*.

Un relato sobre los artilugios de espionaje desarrollados por la CIA se puede consultar en los archivos de dicha organización: «Directorate of Science and Technology: Technology So Advanced, It's Classified». Véase: www.cia.gov/news-information/featured-story-archive/directorate-of-science-and-technology.html

Henry A. Crumpton, formado por Gosler en la CIA, detalló la obra de Gosler en la agencia en su libro de 2013, *The Art of Intelligence: Lessons from a Life in the CIA's Clandestine Service* (Penguin Press). Gosler también explicó el papel de la CIA en el sabotaje de redes informáticas en su ensayo «The Digital Dimension», publicado en la antología de 2005 *Transforming U.S. Intelligence*, editada por Jennifer E. Sims y Burton Gerber (Georgetown University Press). Gosler resumió las oportunidades del siguiente modo: «El diseño, fabricación, pruebas, logística, mantenimiento y operación de aquellos sistemas proporcionan oportunidades de acceso íntimo a un adversario dispuesto a elaborar modificaciones sutiles que comprometan la confidencialidad, la integridad o la disponibilidad».

Se habla de los numerosos premios de inteligencia que Gosler recibió en el libro de Alec Ross de 2016, *The Industries of the Future* (Simon & Schuster).

CAPÍTULO 8: EL OMNÍVORO

Los fracasos de inteligencia que condujeron al 11 de septiembre se explican mejor en el Informe de la Comisión del 11 de Septiembre, disponible en: https://9-11commission.gov/report/. También me ayudó el Informe Especial sobre Khalid al Mihdhar y Nawaf al Hazmi de noviembre de 2004 de la Oficina del Inspector General, disponible en: oig.justice.gov/special/s0606/chapter5.htm

Para más detalles sobre los programas de escucha y vigilancia de la NSA, me basé en los siguientes artículos: «The NSA Is Building the Country's Biggest Spy Center (Watch What you Say)» de James Bamford para *Wired* en 2012; la cobertura de Charlie Savage para el *The New York Times*, incluido su artículo de 2015 «Declassified Report Shows Doubts about Value of NSA's Warrantless Spying», y el artículo de Peter Baker y David Sanger de ese mismo año «Why the NSA Isn't Howling Over Restrictons». La referencia a los «casos de Pizza Hut» se extrajo del artículo de 2003 de Ryan Singel para *Wired* titulado «Funding for TIA All but Dead», además de la cobertura de las filtraciones de Snowden por parte de Glenn Greenwald y Spencer Ackerman para el *The Guardian* en 2013: «How the NSA Is Still Harvesting Your Online Data» y «NSA Collected U.S. Email Records in Bulk for More Than Two Years under Obama».

Para una explicación completa sobre el aumento de las misiones de la NSA, me basé en la historia de 2019 de Henrik Moltke para el *Intercept*, «Mission Creep: How the NSA's Game-Changing Targeting System Built for Iraq and Afghanistan Ended Up on the Mexico Border»; en la cobertura de 2015 de Charlie Savage y Jonathan Weisman para *The New York Times*, «NSA Collection of Bulk Call Data Is Ruled Illegal»; y en el artículo de Scott Shane de 2013 en *Counterpunch*, «No Morsel Too Minuscule for All-Consuming NSA». Ryan Gallagher y Peter Maass, del *Intercept*, detallaron el cambio de la NSA hacia el hackeo de administradores de sistemas informáticos en 2014 en «Inside the NSA's Secret Effort to Hunt and Hack System Administrators».

El artículo más completo sobre el trabajo de la empresa de comunicaciones AT&T con la NSA es el de Julia Angwin, Charlie Savage, Jeff Larson, Henrik Moltke, Laura Poitras y James Risen en su colaboración de 2015 con el *The New York Times*: «AT&T Helped U.S. Spy on Internet on a Vast Scale».

Barton Hellman y Ellen Nakashima proporcionaron la explicación más detallada sobre las ciberoperaciones ofensivas de la NSA en su artículo de 2013 para el *The Washington Post* titulado «U.S. Spy Agencies Mounted 231 Offensive Cyber-Operations in 2011, Documents Show». El *Intercept* publicó un artículo igual de detallado basado en los mismos de documentos el 12 de marzo de 2014, «Thousands of Implants», disponible en: firstlook.org/theintercept/document/2014/03/12/thousands-implants

David Sanger y yo escribimos un artículo sobre los ataques de la NSA a Huawei en 2014, «U.S. Penetrated Chinese Servers It Saw as a Spy Risk».

El *Der Spiegel* publicó un PowerPoint interno del TAO de la NSA que detallaba cómo trabajaban los hackers de TAO. La presentación puede consultarse en www.spiegel.de/fotostrecke/photo-gallery-nsa-s-tao-unit-introduces-itself-fotostrecke-105372.html

CAPÍTULO 9: EL RUBICÓN

El vistazo más completo a las deliberaciones internas de la Casa Blanca que se produjeron antes de Stuxnet se detalla en el libro de David Sanger *Confront and Conceal*, y debo gran cantidad de los reportajes de este capítulo a David. Este capítulo también le debe mucho a la historia de Kim Zetter de 2014, *Countdown to Zero Day*, el cual detalla de un modo sublime la urgencia de los investigadores para destapar y diseccionar el código detrás de Stuxnet. Entre los dos, ambos libros proporcionan uno de los vistazos más emocionantes y completos a la primera ciberarma del mundo y son los que más merecen atención. El libro de Fred Kaplan, *Dark Territory*, también me ayudó al proporcionarme una perspectiva más amplia.

Uno de los mejores artículos que describe la campaña de presión sostenida de Israel sobre la Casa Blanca de Bush es el de mis compañeros del *The New York Times* Ronen Bergman y Mark Mazzetti de septiempre de 2019, y merece ser leído: «The Secret History of the Push to Strike Iran». Un aspecto de la campaña de presión de Israel del que no se habla mucho es que, a partir de 2006, Israel empezó a soltar cientos de documentos que contenían hallazgos del Mossad en Fort Meade. En 2018, Benjamin Netanyahu hizo públicos algunos de esos documentos en un intento por convencer al presidente Trump de que saliera del trato nuclear del Plan de Acción Integral Conjunto con Irán. Varios de esos mismos documentos aparecieron en la presentación de Netanyahu, disponible en: www.youtube.com/watch?v=_qBt4tSCALA. La campaña israelí aumentó en 2007, después de que una Estimación de Inteligencia Nacional de Estados Unidos concluyera, según la inteligencia de TAO, que Irán había puesto en pausa su programa de armas nucleares en los momentos previos a la invasión de Irak en 2003 por parte de Estados Unidos. Gregory F. Treverton, de la RAND Corporation, recoge el debate sobre la Estimación de Inteligencia Nacional en «The 2007 National Intelligence Estimate on Iran's Nuclear Intentions and Capabilities», publicado por el Centro para el Estudio de la Inteligencia en mayo de 2013, que puede encontrarse en: www.cia.gov/library/center-for-the-study-of-intelligence/csi-publications/books-and-monographs/csi-intelligence-and-policy-monographs/pdfs/support-to-policymakers-2007-nie.pdf. Una opinión israelí sobre esa misma estimación se detalla por el teniente general Yaakov Amidror y el general de brigada Yossi Kupperwasser en «The US National Intelligence Estimate on Iran and Its Aftermath: A Roundtable of Israeli Experts», publicado por el Centro de Asuntos Públicos de Jerusalén en 2008 y disponible en: jcpa.org/article/the-u-s-national-intelligence-estimate-on-iran-and-its-aftermath-a-roundtable-of-israeli-experts-3

Para una historia coetánea sobre la campaña de presión a Estados Unidos por parte de Israel, véase también el artículo de Steven Erlanger e Isabel Kershner de diciembre de 2007 para el *The New York Times* titulado «Israel Insists That Iran

Still Seeks a Bomb». Para las estadísticas sobre muertes de soldados estadounidenses en Irak en 2007, me basé en los números disponibles en: www.statista.com/statistics/263798/american-soldiers-killed-in-iraq. Y para una encuesta coetánea sobre el hundimiento del índice de aprobación de Bush durante aquel mismo año, me basé en *USA Today/Gallup Polls* de 2001 a 2008, las cuales mostraban que el índice de aprobación de Bush en 2007 se había hundido desde el 90 % en 2011 hasta menos del 40 % y continuó bajando hasta alcanzar el 27 % en 2008. Los procentajes pueden consultarse en: news.gallup.com/poll/110806/bushs-approval-rating-drops-new-low-27.aspx

Dependí mucho de la descripción de Keith Alexander elaborada por Shane Harris en 2013 para *Foreign Policy* —la cual incluía la descripción de Harris del diseño inspirado por *Star Trek* de Fort Belvoir—, bajo el título «The Cowboy of the NSA». Otras fuentes adicionales sobre el paso de Alexander por la NSA fueron el artículo de Glenn Greenwald de 2013 para *The Guardian*, «Inside the Mind of Gen. Keith Alexander», además del artículo del 12 de junio de 2013 para *Wired* por parte del cronista más completo de todos, James Bamford: «NSA Snooping Was Only the Beginning: Meet the Spy Chief Leading Us into Cyberwar».

Los detalles sobre el primer intento de TAO de sabotear las redes de comunicación de Al Qaeda aparecen en *Confront and Conceal* de David Sanger y en *Dark Territory* de Fred Kaplan.

Mientras Estados Unidos e Israel elaboraban su plan para sabotear el programa de enriquecimiento nuclear de Natanz, Irán seguía a años de distancia de los niveles de enriquecimiento necesarios para la bomba. Para 2020, Irán solo había conseguido un 3,7 % de enriquecimiento del isótopo U-235 requerido para una bomba. Para alcanzar el nivel de enriquecimiento necesario para la energía atómica, los expertos dicen que se necesita un enriquecimiento de U-235 del 4 %, y un 90 % para un arma atómica.

Para más información sobre el estado del programa de enriquecimiento nuclear de Irán en aquellos tiempos, y sobre el 10 % de centrifugadores que Irán reemplazaba cada año debido a accidentes naturales, véase la excelente crónica de Kim Zetter de 2014 sobre Stuxnet, *Countdown to Zero Day*. Para un resumen en términos claros sobre el enriquecimiento nuclear, me basé en el libro de 2011 de Charles D. Ferguson, *Nuclear Energy: What Everyone Needs to Know* (Oxford University Press).

Mis compañeros Michael R. Gordon y Eric Schmitt recogieron los ejercicios de cazas israelíes en Grecia en «U.S. Says Israeli Exercise Seemed Directed at Iran», publicado por *The New York Times* el 20 de junio de 2008. La cronología más detallada del ataque previo de Israel al reactor nuclear de Siria es la de Seymour M. Hersh para *The New Yorker*, «A Strike in the Dark», publicada en febrero de 2008. Un año más tarde, Dan Murphy escribió el artículo «Could an Israeli Air Strike Stop Iran's Nuclear Program?» para el *Christian Science Monitor* en octubre de 2009. Allí cita a Dan Hulutz, el exdirector de las fuerzas aéreas de Israel, a quien le preguntó específicamente hasta qué altura estaba dispuesto a llegar Israel para detener el programa nuclear de Irán. La respuesta de Halutz fue «dos mil kilómetros», más o menos la distancia entre Tel Aviv y Natanz. Para una historia coetánea sobre el ataque israelí al reactor nuclear Osirak de Irak, también me basé en el artículo de David K. Shipler de 1981 para *The New York Times*, «Israeli Jets Destroy Iraqi Atomic Reactor; Attack Condemned by U.S. and Arab Nations», el cual sigue disponible en: www.nytimes.com/1981/06/09/world/israeli-jets-destroy-iraqi-atomic-reactor-attack-condemned-us-arab-nations.html

Me basé en los reportajes de David Sanger sobre la réplica de Natanz de Israel en Dimona, que se encuentra en su libro de 2018, *The Perfect Weapon*. Una historia coétanea de 2008 sobre el famoso recorrido de Mahmud Ahmadinejad por Natanz fue recogida por William Broad en el *The New York Times*: «A Tantalizing Look at Iran's Nuclear Program». En cuanto a las imágenes del recorrido de Ahmadinejad, me basé en las fotografías publicadas en Iran Watch, un proyecto liderado por el Wisconsin Project on Nuclear Arms Control, disponible en: www.iranwatch.org/our-publications/worlds-response/ahmadinejad-tours-natanz-announces-enrichment-progress

Para más detalles sobre la ciberarma estadounidense e israelí, dependí mucho de entrevistas con trabajadores y analistas de inteligencia no nombrados. Sin embargo, muchas de ellas solo corroboraron lo que decía David Sanger en 2012 en *Confront and Conceal* y en su obra de 2010, *The Inheritance: The World Obama Confronts and the Challenges to American Power* (Crown).

Para explicar la comparación de costes entre Stuxnet y los bombarderos antibúnkeres, me basé en las cifras proporcionadas por la Oficina de Contabilidad del Gobierno de Estados Unidos y en las listas de precios de vulnerabilidades publicada por Zerodium, el bróker de vulnerabilidades. Según la Oficina, Estados Unidos compró veintiún bombarderos B-2 a un precio de 44,75 mil millones de dólares, lo cual indica que el coste de cada avión es de 2,1 mil millones de dólares. Véase: www.gao.gov/archive/1997/ns97181.pdf. Según la lista de precios publicados de días cero, el mayor coste para un solo día cero en 2019 era de 2,5 millones de dólares, aunque los precios no dejan de aumentar. Véase: zerodium.com/program.html

En cuanto a cómo Stuxnet llegó a Natanz, existen distintos informes. En 2019, Kim Zetter y Huib Modderkolk informaron en Yahoo News que un ingeniero iraní, reclutado por la agencia de inteligencia neerlandesa AIVD, proporcionó «datos esenciales» y «un acceso interno muy necesario cuando llegó el momento de introducir Stuxnet en aquellos sistemas mediante una memoria USB». Otras fuentes proporcionaron información contradictoria, por lo que lo dejo como una cuestión abierta.

Estoy eternamente agradecida con Eric Chien y Liam O'Murchu, de Symantec, por los detalles sobre los días cero de Stuxnet. Ambos fueron de los primeros en publicar un análisis detallado del código de Stuxnet. Su análisis se incorporó más adelante en una disección forense de Stuxnet realizada por Carey Nachenberg de la Facultad de Derecho de la Universidad Stanford en 2012. También debo darle las gracias a Ralph Langner, «el alemán», por ser tan paciente conmigo cuando volví a ese tema casi una década después de que él empezara a diseccionar el código de Stuxnet. La charla TED de Langner en 2011 sigue siendo uno de los análisis más comprensibles que existen. Se puede consultar en: http://www.ted.com/talks/ralph_langner_cracking_stuxnet_a_21st_century_cyber_weapon?language=en&subtitle=es

Hasta la fecha, los funcionarios israelíes afirman que fueron capaces de descubrir Stuxnet antes de que este pudiera sembrar el caos. Sin embargo, las cifras oficiales demuestran lo contrario: tras aumentar su capacidad de manera constante entre 2007 y 2009, los registros de la Agencia Internacional de Energía Atómica dan cuenta de un descenso gradual que empezó en junio de 2009 y continuó durante el año siguiente. Véase la valoración preliminar de David Albright, Paul Brannan y Christina Walrond, «Did Stuxnet Take Out 1,000 Centrifuges at the Natanz Enrichment Plant?», para el Instituto de Ciencias de Seguridad Internacional del 22 de diciembre de 2010; y el informe de David Albright, Andrea Stricker y Christina Walrond, «IAEA Iran Safeguards Report: Shutdown of Enrichment at Natanz Result of Stuxnet Virus?», para el Instituto de Ciencias de Seguridad Internacional de noviembre de 2010. Aquel mismo noviembre, Ali Akbar Salehi, líder de la Organización de Energía Atómica de Irán, confirmó al medio IRNA que el virus sí que había llegado a Irán: «Hace un año y varios meses, los occidentales enviaron un virus a los centros nucleares de nuestro país». Aun así, afirmó que «descubrimos el virus exactamente en el punto en el que quería penetrar gracias a nuestra vigilancia, por lo que impedimos que el virus causara daños [en el equipamiento]». Los comentarios del general Michael Hayden sobre el Rubicón se extrajeron de su discurso de febrero de 2013 en la Universidad George Washington: www.c-span.org/video/?c4367800/gwu-michael-hayden-china-hacking

Para más información sobre la historia de los ataques rusos y norcoreanos contra los sistemas estadounidenses, véase el artículo de Craig Whitlock y Missy Ryan, «U.S. Suspects RUssia in Hack of Pentagon Computer Network», para *The Washington Post* del 6 de agosto de 2015, además del de Choe Sang-Hun y John Markoff, «Cyberattacks Jam Government and Commercial Web Sites in U.S. and South Korea» para *The New York Times* del 8 de julio de 2009. El texto sobre los comentarios de Obama sobre la ciberseguridad y los ataques contra su campaña de 2008 pueden consultarse en «Text: Obama's Remarks on Cyber-Security», del *The New York Times* del 29 de mayo de 2009, disponible en www.nytimes.com/2009/05/29/us/politics/29obama.text.html. También me basé en relatos coetáneos sobre Stuxnet escritos por mis compañeros del periódico, incluido uno de John Markoff, mi predecesor en el *The New York Times*: «A Silent Attack, but Not a Subtle One», del 27 de septiembre de 2010, además del de Broad, Markoff y Sanger, «Israeli Test on Worm Called Crucial in Iran Nuclear Delay», del 16 de enero de 2011.

Langner fue muy generoso conmigo al recordar los momentos y días previos a su charla TED, y el programa oficial de aquel año me ayudó a corroborar su información. El programa de TED de 2011 se puede encontrar en: conferences.ted.com/TED2011/program/schedule.php.html

CAPÍTULO 10: LA FÁBRICA

Para la cita de quien por entonces era el ejecutivo de información de Chevron sobre que Stuxnet había alcanzado sus sistemas, véase el artículo «Stuxnet Infected Chevron's IT Network» de Rachael King para *The Wall Street Journal* del 8 de noviembre de 2010. La referencia sobre las vacas equipadas con podómetros digitales proviene de Nic Fildes, en su artículo «Meet the Connected Cow» del 25 de octubre de 2007 para el *Financial Times*. La referencia al ordenador Watson de IBM se extrajo del artículo coetáneo de 2011 escrito por Markoff: «Computer

Wins on *Jeopardy!*: Trivial, It's Not», del *The New York Times* del 16 de febrero de 2011. El anuncio de Siri por parte de Apple proviene de la propia empresa: www.apple.com/newsroom/2011/10/04Apple-Launches-iPhone-4S-iOS-5-iCloud

La información sobre el presupuesto secreto del Pentágono y las operaciones de espionaje ofensivo del Cibermando se basó en el artículo de Barton Gellman y Ellen Nakashima a partir de las filtraciones de Snowden: «U. S. Spy Agencies Mounted 231 Offensive Cyber-Operations in 2011, Documents Show», del *The Washington Post* del 30 de agosto de 2013. Véase también el artículo de Ryan Gallagher y Glenn Greenwald, «How the NSA Plans to Infect "Milliones" of Computers with Malware», del *Intercept* del 12 de marzo de 2014. El mejor vistazo público del que disponemos en cuanto a las contrataciones de sabotaje y espionaje de la NSA fue publicado por Jacob Appelbaum, Judith Horchert y Christian Stöcker en *Der Spiegel*, «Catalog Advertises NSA Toolbox», el 29 de diciembre de 2013. Erich Rosenbach, quien por entonces era el secretario adjunto de Defensa para la Seguridad Global y la Defensa Nacional del Pentágono y quien más adelante se convirtió en el «especialista cibernético» del Pentágono, habló sobre sus preocupaciones en cuanto a que el creciente mercado de días cero acabara en manos de adversarios extranjeros y agentes ajenos al Estado para atacar sistemas industriales en el discurso inaugural de la conferencia de ciberseguridad de la AFCA en marzo de 2013, la cual se puede consultar en (minuto 3:24): www.c-span.org/video/?c4390789/keynote-address-eric-rosenbach. Para más información, véase el artículo de opinión del *Economist* sobre el cada vez mayor comercio de armas digitales: «The Digital Arms Trade», de marzo de 2013. El comentario del general Michael Hayden sobre el cálculo «NOBUS» del gobierno se encuentra en el artículo de Andrea Peterson del 4 de octubre de 2013 para el *The Washington Post*: «Why Everyone Is Left Less Secure When The NSA Doesn't Help Fix Security Flaws». Los comentarios de un analista de la NSA sobre hackear enrutadores se extrajo de las filtraciones de Snowden y también se detallaron en el artículo del *Intercept* del 12 de marzo de 2014, «Five Eyes Hacking Large Routers». Los datos sobre la nueva partida presupuestaria de 25,1 millones de dólares para días cero se extrajo del artículo de Brian Fung de agosto de 2013 para el *The Washington Post*, el cual contaba con información de una filtración de Snowden sobre el presupuesto en negro del Pentágono. La estimación sobre cuántos días cero podía comprar la agencia con aquellos fondos se extrajo del análisis que llevó a cabo Stefan Frei en 2013 para NSS Labs, «The Known Unknowns: Empirical Analysis of Publicly Known Security Vulnerabilities». Mi compañero Scott Shane y yo detallamos los problemas de moral de la NSA provocados por las filtraciones de Snowden para el *The New York Times*. La misma información también se encuentra en un artículo del 2 de enero de 2018 de Ellen Nakashima y Aaron Gregg para el *The Washington Post*, «NSA's Top Talent Is Leaving Because of Low Pay, Slumping Morale and Unpopular Reorganization». Para un singular análisis empírico sobre la esperanza de vida de los días cero, véase el estudio RAND de Lillian Ablon y Andy Bogart de 2017, *Thousands of Nights: The Life and Times of Zero-Day Vulnerabilities and Their Exploits*, disponible en www.rand.org/pubs/research_reports/RR1751.html. Un estudio anterior, de 2012, determinó que la esperanza de vida media de un día cero era de diez meses: el de Leyla Bilge y Tudor Dumitras, titulado «Before We Knew It: An Empirical Study of Zero-day

Attacks in the Real World», que apareció en la Conferencia ACM sobre Seguridad Informática y de Comunicaciones de aquel mismo año.

La información sobre VRL provino de mis propios reportajes, los cuales se basaron en fuentes de extrabajadores y empleados actuales de VRL y de la página web de VRL. Sin embargo, poco después de ello, alguien avisó a VRL de mi búsqueda, y el lema en cuanto a sus prácticas laborales desapareció de su página web. Extraje las descripciones laborales de VRL de las páginas de LinkedIn de extrabajadores y empleados actuales, lo cual es una buena fuente para comprender qué empresas participan en el comercio de ciberarmas ofensivas. Cabe señalar que algunas de las otras empresas mencionadas en este capítulo —más concretamente, Endgame, Netregard y Exodus Intelligence— afirmaron haber dejado de vender días cero a las agencias gubernamentales durante los últimos años. Las fuentes de los contratos de VRL con el Pentágono, las fuerzas aéreas y la marina las extraje de bases de datos de contratos del gobierno. La afirmación de *marketing* de VRL sobre que tenía «unas capacidades sin igual» se extrajo del propio director ejecutivo de VRL en una rueda de prensa alrededor de la fecha en la que Computer Sciences Corp. adquirió la empresa: «CSC Acquires Vulnerability Research Labs, Press Release», *Business Wire*, 2010. Para más información sobre el abandono por parte de Trump de la política exterior sobre el pueblo kurdo, véase el artículo de Robin Wright de octubre de 2019 para el *The New Yorker*: «Turkey, Syria, the Kurds and Trump's Abandonment of Foreign Policy». Una historia coetánea sobre cómo Trump no denunció a los saudíes por el brutal asesinato de Jamal Kashoggi se extrajo del artículo de Greg Myre del 20 de noviembre de 2018 para NPR, «*Maybe He Did, Maybe He Didn't*: Trump Defends Saudis, Downplays U.S. Intel».

Por último, los comentarios de Alexander en cuanto a su temor por la probabilidad cada vez mayor de que los días cero acabaran en malas manos se extrajo del artículo de James Bamfort de junio de 2013 para *Wired*: «NSA Snooping Was Only the Beginning. Meet the Spy Chief Leading Us into Cyberwar».

CAPÍTULO 11: EL KURDO

Este capítulo le debe muchísimo a Sinan Eren, quien ahora trabaja en la empresa de seguridad móvil Fyde, por compartir conmigo su historia y sus experiencias al trabajar con Immunity. Tampoco podría haber escrito estas páginas sin David Evenden, quien compartió sus experiencias en los Emiratos Árabes Unidos; cabe decir que con un gran riesgo para su seguridad personal.

Recogí por primera vez el negocio de Revuln para *The New York Times* en marzo de 2013. Dos meses más tarde, Luigi Auriemma y Donato Ferrante le contaron a Joseph Menn, de Reuters, que «no vendemos armas, vendemos información», en el artículo «Special Report: U.S. Cyberwar Strategy Stokes Fear of Blowback».

Cabe mencionar también que el debate sobre revelar los días cero no solo existe en la ciberseguridad. Los científicos han batallado durante mucho tiempo sobre la publicación de investigaciones biológicas que podrían ayudar a detener la propagación de un virus, pero que también podrían aprovechar unos científicos con malas intenciones para crear una superarma biológica. Cuando unos científicos neerlandeses trataron de publicar su estudio sobre cómo la letal «gripe aviar» H5N1 se propaga entre mamíferos, una junta de seguridad científica trató de censurar su publicación. Los partidarios de publicar el artículo, entre ellos el doctor Anthony Fauci —quien más adelante se convirtió en el especialista en enfermedades infecciosas más reconocido de Estados Unidos— alegaron que un debate abierto «hace que sea más fácil involucrar a más de los buenos, y el riesgo de que uno de los malos se adentre es ínfimo». Al final, el estudio sobre la gripe aviar se publicó sin ninguna restricción. Véase el artículo de Donald G. McNeil, «Bird Flu Paper Is Published after Debate», para *The New York Times* del 21 de junio de 2012.

Para más información sobre el Acuerdo Wassenaar, puede consultarse el artículo «Russia Seeks to Limit an Arms Control Accord» de Raymond Bonner para *The New York Times* del 5 de abril de 1996.

Los reportajes sobre el programa espía de FinSpy incluidos en el libro se extrajeron de mis propios reportajes en el *The New York Times*, casi siempre escritos junto a investigadores del Citizen Lab de la Escuela de Asuntos Internacionales Munk de la Universidad de Toronto. En particular, dependí mucho de los estudios de Bill Marczak, un miembro del Citizen Lab que hizo que todos esos artículos fueran posibles. Para más información, pueden consultarse mis artículos para *The New York Times*: «Researchers Find 25 Countries Using Surveillance Software», del 13 de marzo de 2013; «Elusive FinSpy Spyware Pops Up in 10 Countries», del 13 de agosto de 2012; «Software Mean to Fight Crime Is Used to Spy on Dissidents», del 31 de agosto de 2012; y «How Two Amateurs Sleuths Looked for FinSpy Software», también del 31 de agosto de 2012. Para más información sobre por qué los investigadores y empresas de seguridad se enfadaron por las amplias reglas incluidas en Wassenaar, véase el artículo de Kim Zetter para *The New York Times* del 24 de junio de 2015, «Why an Arms Control Pact Has Security Experts Up in Arms».

El mejor resumen de las reglas de exportación de la encriptación está en un gráfico de la página web de la Oficina de Industria y Seguridad del Departamento de Comercio de Estados Unidos. Ofrece una lista de ventas a países exentos y comenta cuáles exigen que los vendedores obtengan una licencia. También muestra un gráfico de los informes de ventas bianuales: www.bis.doc.gov/index.php/documents/new-encryption/1651-740-17-enc-table/file. La referencia al *Little Black Book of Electronic Surveillance* [El pequeño libro negro de la vigilancia electrónica] y su cambio de nombre a *The Big Black Book* [El gran libro negro], se extrajo del artículo de opinión del *The New York Times* del 19 de julio de 2019, «Private Surveillance Is a Lethal Weapon Anybody Can Buy», escrito por Sharon Weinberger.

La referencia al surgimiento de Kevin Mitnick en el mercado de vulnerabilidades de día cero se extrajo del artículo de Andy Greenberg del 24 de septiembre de 2014 para *Wired*, «Kevin Mitnick, Once the World's Most Wanted Hacker, Is Now Selling Zero-Day Exploits». La descripción de la herramienta Canvas de Immunity se adaptó de la propia página web de Immunity: www.immunityinc.com/products/canvas.

Para más información sobre las desapariciones masivas de kurdos en Turquía durante los años noventa, véase el artículo de Human Rights Watch, «Time for Justice: Ending Impunity for Killings and Disappearances in 1990s Turkey» del 3 de septiembre de 2012, disponible en: www.hrw.org/report/2012/09/03/time-justice/ending-impunity-killings-and-disappearances-1990s-turkey

Algunos de los reportajes de este capítulo también se incluyeron en un informe completo sobre Dark Matter y el NSO Group que escribí junto a mis compañeros Mark Mazzetti, Adam Goldman y Ronen Bergman para el *The New York Times* del 21 de marzo de 2019: «A New Age of Warfare: How Internet Mercenaries Do Battle for Authoritarian Governments». Tres años antes, sin saber exactamente quién lideraba la campaña de los Emiratos Árabes Unidos para espiar a los disidentes, informé sobre varios estudios de Bill Marczak y John Scott-Railton, de Citizen Lab, sobre las pruebas forenses que indicaban que aquellas campañas estaban relacionadas con los Emiratos Árabes Unidos.

En 2019, dos periodistas de Reuters, Joel Schectman y Christopher Bing, informaron por primera vez sobre los indicios que enlazaban aquellas campañas no solo con los cibermercenarios estadounidenses, sino con un esfuerzo de una década de duración por parte de exagentes de contrainteligencia veteranos de la Casa Blanca para adentrarse en el mercado de vigilancia de los Emiratos Árabes Unidos. Sus historias pueden encontrarse en sus artículos «Inside the UAE's Secret Hacking Team of American Mercenaries», del 30 de enero de 2019, y «White House Veterans Helped Gulf Monarchy Build Secret Surveillance Unit», del 10 de diciembre de 2019, ambos escritos por Christopher Bing y Joel Schectman para Reuters.

Me enteré del hackeo a la FIFA, a funcionarios qataríes y a la red que incluyó a la ex primera dama Michelle Obama por parte de Dark Matter a partir de mis entrevistas con Evenden y otros trabajadores de CyberPoint y Dark Matter. Este libro ha sido la primera vez que se publican los detalles sobre el hackeo a la señora Obama. También pude aclarar los detalles de la visita de Michelle Obama mediante artículos de noticias de aquellos momentos, entre ellos los artículos «First Lady Michelle Obama Arrives in Qatar for Speech», de Associated Press, publicado el 2 de noviembre de 2015; «First Lady Urges Fathers Worldwide to Join *Struggle* for Girls' Education», de Nick Anderson, para *The Washington Post* del 4 de noviembre de 2015; y «Michelle Obama's 24 Minute Speech in Qatar Cost $700.000», de Paul Bedard, para el *Washington Examiner* del 9 de diciembre de 2015. Resulta que los emiratíes sí que tenían buenos motivos para sospechar que Catar había sobornado a los miembros de la FIFA para que la Copa Mundial de Fútbol de 2022 se celebrara en su país. Mientras este libro se preparaba para imprenta, el Departamento de Justicia de Estados Unidos reveló, en abril de 2020, que Catar (y Rusia) habían logrado sobornar a cinco miembros de la junta de la FIFA para que el torneo masculino de la FIFA de 2018 se celebrara en Rusia y que la Copa Mundial de 2022 se celebrara en Catar. La acusación señalaba a tres miembros de la FIFA sudamericanos de aceptar sobornos para votar a favor de Catar. Véase el artículo de Tariq Panja y Kevin Draper, «U.S. Says FIFA Officials Were Bribed to Award World Cups to Russia and Qatar», para *The New York Times* del 6 de abril de 2020.

Si te interesa saber más sobre las relaciones entre Arabia Saudí, los Emiratos Árabes Unidos y Catar, uno de los conflictos más desconocidos de Oriente Medio, la historia más completa, de lejos, fue escrita por mi compañero Declan Walsh para *The New York Times* del 22 de enero de 2018: «Tiny, Wealthy Qatar Goes Its Own Way, and Pays for It».

Los detalles sobre la «prisión de deudores» de los Emiratos Árabes Unidos se corroboraron con el artículo de Jason DeParle, «Migrants in United Arab Emirates Get Stuck in Web of Debt», del *The New York Times* del 20 de agosto de 2011.

A finales de 2019, mi compañero Mark Mazzetti y yo revelamos lo agresiva e innovadora que se había vuelto la vigilancia emiratí. En diciembre de 2019, revelamos la historia de ToTok, una *app* de chats de apariencia inocua que se encontraba en las tiendas de *apps* de Apple y Google y que resultó ser una herramienta de vigilancia emiratí secreta desarrollada por un subsidiario de Dark Matter. Si bien Apple y Google no tardaron en retirar las *apps* de sus tiendas, tal como desveló nuestro reportaje, para entonces los emiratíes ya habían recabado contactos, rostros, impresiones vocales, fotografías, llamadas y mensajes de texto de millones de personas de todo el mundo que ya se habían descargado la *app*.

CAPÍTULO 12: UN NEGOCIO TURBIO

Le debo mucho a Adriel Desautels por su tiempo y paciencia al explicarme los detalles de su negocio de vulnerabilidades. Corroboré su información sobre su conflicto de principios de 2002 con Hewlett-Packard mediante notificaciones jurídicas. Para más información sobre ello, se pueden consultar los artículos de aquellos tiempos: «HP Backs Down on Copyright Warning», de Declan McCullagh, escrito para Cnet el 2 de agosto de 2002; y «Hackers Live by Own Code», de Joseph Menn, para el *Los Angeles Times* del 19 de noviembre de 2003.

Entre las primeras descripciones públicas de un vendedor de programas espías se encuentra una descripción por parte de Bloomberg de Martin J. Muench (conocido como MJM), el emprendedor de programas espías alemán detrás del programa espía FinFisher. Véase el artículo de Vernon Silver, «MJM as Personified Evil Says Spyware Saves Lives Not Kills Them», para Bloomberg, del 8 de noviembre de 2012. Desde entonces, MJM ha reaparecido con una nueva empresa, MuShun Group, y, de forma sospechosa, ha abierto nuevas oficinas en los Emiratos Árabes Unidos y Malasia.

Con la inestimable ayuda de los investigadores de Citizen Lab, hablé sobre el programa espía de FinFisher y el Gamma Group conforme se usaba contra los disidentes de distintos países en «Ahead of Spyware Conference, More Evidence of Abuse», para *The New York Times* del 10 de octubre de 2012, y en «Intimidating Dissidents with Spyware», para *The New York Times* del 30 de mayo de 2016. Más adelante, escribí sobre el NSO Group en varios artículos para el mismo periódico.

Después de que unas grabaciones de una conversación entre George Hotz y un bróker de vulnerabilidades se filtraran en Internet, Hotz negó que el trato se llegara a cumplir. Poco después, se informó de que aquella misma vulnerabilidad del iOS de Apple se había vendido por un millón de dólares a una empresa china. Ante las preguntas sobre dichos informes, Hotz declaró ante el *The Washington Post* en 2014 que «la ética no me va mucho». Véase el artículo de Ellen Nakashima y Ashkan Soltani, «The Ethics of Hacking 101», del 7 de octubre de 2014. La tristemente célebre imagen de «el Grugq» con una bolsa de dinero que había ganado vendiendo vulnerabilidades apareció en el artículo de *Forbes* del 23 de marzo de 2012, «Shopping for Zero-Days: A Price List For Hackers' Secret Software Exploits», escrito por Andy Greenberg y que también incluía las listas de precios para las vulnerabilidades de día cero. Según Andy, dichas listas de precios procedieron de la empresa de Desautels, Netragard, y de otras fuentes del mercado. En 2013, mi compañero David Sanger y yo informamos de que el mayor precio alcanzado por un día cero de iOS fue de doscientos cincuenta mil dólares en el artículo «Nations Buying as Hackers Sell Flaws in Compuer Code» para el *The New York Times* del 13 de julio de 2013. Más adelante, Zerodium eliminó todo el misterio de aquellas listas al publicar una lista de precios completa en su página web en noviembre de 2015, la cual mostraba que el precio de una vulnerabilidad de iOS ya era casi el doble. Para consultar los precios más recientes de Zerodium, visita zerodium.com/program.html. Varios periodistas han hecho un arduo trabajo para recoger el alza de los precios de Zerodium. Véase los artículos «A Top-Shelf iPhone Hack Now Goes for $1.5 Million», escrito por Lily Hay Newman para el *Wired* del 29 de septiembre de 2016; «Why *Zero-Day* Android Hacking Now Costs More Than iOS Attacks», de Andy Greenberg, para el *Wired* del 3 de septiembre de 2019; y «Startup Offers $3 million to Anyone Who Can Hack the iPhone», escrito por Lorenzo Francheschi-Bicchierai el 25 de abril de 2018. Gracias a una petición de la Ley de Libertad de Información por parte de la Electronic Frontier Foundation, en 2015 nos enteramos de que la NSA se encontraba entre los clientes de Vupen. Véase el artículo de Kim Zetter para el *Wired* del 30 de marzo de 2015, titulado «US Used Zero-Day Exploits Before It Had Policies for Them». Toda una nueva ventana hacia el mercado de días cero llegó cuando el enigmático hacker «Phineas Fisher» hackeó a Hacking Team. Los documentos filtrados de Hacking Team se pueden buscar en WikiLeaks a través del enlace: wikileaks.org/hackingteam/emails. Unos artículos de la época sobre las filtraciones pueden encontrarse en el blog Motherboard de *Vice*: «Spy Tech Company "Hacking Team" Gets Hacked», del 5 de julio de 2015; «The Vigilante Who Hacked Hacking Team Explains How He Did It», del 15 de abril de 2016; «Hacking Team Hacker Phineas Fisher Has Gotten Away With It», del 12 de noviembre de 2018, todos ellos escritos por Lorenzo Franceschi-Bicchierai; además de «Fear This Man», escrito por David Kushner para el *Foreign Policy* del 26 de abril de 2016; «Hacking Team Emails Expose Proposed Death Squad Deal, Secret U.K. Sales Push and Much More», de Ryan Gallagher, para el *Intercept* del 8 de julio de 2015; «Leaked Documents Show FBI, DEA and U.S. Army Buying Italian Spyware», de Cora Currier y Morgan Marquis-Boire, para el *Intercept* del 6 de julio de 2015; «Hacking Team's *Illegal* Latin American Empire», escrito por Franceschi-Bicchierai para el *Vice* del 18 de abril de 2016; «The FBI Spent $775K on Hacking Team's Spy Tools Since 2011», de Joseph Cox para el *Wired* del 6 de julio de 2015; y «Cyberwar for Sale», de Mattthias Schwartz para el *The New York Times* del 4 de enero de 2017.

El investigador Vlad Tsyrklevich llevó a cabo un excelente análisis del mercado de días cero basado en las filtraciones de Hacking Team en «Hacking Team: A Zero-day Market Case Study», publicado el 22 de julio de 2015 en: tsyrklevich. net/2015/07/22/hacking-team-0day-market. Tsyrklevich observó una compra por parte de Hacking Team de una vulnerabilidad de correo electrónico de Microsoft Office de una empresa India en Jaipur llamada «Leo Impact Security», lo cual fue la primera vez, que se sepa, que una empresa india que vendía días cero apareció en el mapa.

El correo electrónico premonitorio de Vincenzetti a su equipo, en el cual escribió: «Imagina esto: ¡una filtración en WikiLeaks que te muestre a TI explicando la tecnología más malvada del planeta! J» sigue disponible en WikiLeaks en el enlace wikileaks.org/hackingteam/emails/emailid/1029632

El anuncio de Desautels sobre que cesaría el negocio adicional de días cero de Netragard apareció en el artículo de *Ars Technica* «Firm Stops Selling Exploits after Delivering Flash 0-Day to Hacking Team», escrito por Dan Goodin el 20 de julio de 2015.

CAPÍTULO 13: ARMAS POR ENCARGO

Para un artículo coetáneo de la inversión de capital privado por parte de Francisco Partners a NSO Group, véase «Overseas Buyers Snap Up Two More Israeli Cyber Security Firms», escrito por Orr Hirschauge el 19 de marzo de 2014 para *Haaretz*.

Para la primera declaración pública del FBI sobre su problema de «pérdida de comunicación», véase el testimonio de Valerie Caproni, consejera general del FBI, ante el Subcomité de Crimen, Terrorismo y Seguridad Nacional de la Comisión de Asuntos Judiciales del 17 de febrero de 2011. Más adelante, esto se convirtió en la propuesta de venta del NSO Group. Para más detalles sobre los precios del NSO Group, se puede consultar mi artículo para el *The New York Times*, «Phone Spying Is Made Easy, Choose a Plan», del 3 de septiembre de 2016. En 2015, Hacking Team cobraba a sus clientes una tarifa de instalación de doscientos mil euros, más una suma adicional por características extra que costaban de cincuenta mil a setenta mil euros. Las filtraciones mostraban que NSO cobraba a sus clientes quinientos mil dólares para hackear a tan solo cinco usuarios de BlackBerry, o trescientos mil dólares para cinco usuarios de Symbian, además de la tarifa de instalación. La empresa también cobraba una tarifa de mantenimiento anual del 17 % del coste.

El nerviosismo de Hacking Team sobre la característica «instalación en cubierto a través del aire» del NSO Group puede comprobarse en los correos electrónicos filtrados de Hacking Team disponibles en: wikileaks.org/hackingteam/emails/emailid/6619

Me enteré de la relación del NSO Group con las agencias gubernamentales mexicanas a partir de las filtraciones que me proporcionó mi fuente en 2016. Tras colaborar con Azam Ahmed en México, pudimos detallar los objetivos; activistas de derechos del consumidor, médicos y abogados internacionales, así como las familias de todos ellos, en nuestras revelaciones de junio de 2017: «Invasive Spyware's Odd Targets: Mexican Advocates of Soda Tax», que escribí para el *The New York Times* del 12 de febrero de 2017, además de «Spyware Meant to Foil Crime Is Trained on Mexico's Critics» y «Using Texts as Lures, Government Spyware Targets Mexican Journalists and Their Families», ambos el *The New York Times* del 19 de junio de 2017 y escritos por mí y Azam Ahmed. Nuestros reportajes incitaron protestas en las calles de México y peticiones para que se llevara a cabo una investigación independiente. El presidente de México admitió que su gobierno había adquirido el programa espía de NSO, pero negó que se hiciera un mal uso de él. También lanzó una amenaza velada hacia nosotros, pero luego se retractó. Véase el artículo: «Mexican President Says Government Acquired Spyware but Denies Misuse», escrito por Azam Ahmed para el *The New York Times* del 22 de junio de 2017. Sobre las peticiones para la investigación, puede consultarse el artículo de Kirk Semple, «Government Spying Allegations in Mexico Spur Calls for Inquiry» para el *The New York Times* del 21 de junio de 2017. Hasta la fecha, dichas investigaciones no han llegado a ninguna conclusión.

La relación del NSO Group con Finlandia nunca se ha documentado. Para comprender mejor por qué Finlandia podría estar interesado en sus herramientas de espionaje, véase «Finland Warns of New Cold War over Failure to Grasp Situation in Russia», escrito por Simon Tidsall para el *The Guardian* del 5 de noviembre de 2014, además de la entrevista de Eli Lake con el presidente finlandés Sauli Niinistö para Bloomberg, «Finland's Plan to Prevent Russian Aggression», del 12 de junio de 2019.

Bill Marczak y John Scott-Railton, junto con investigadores de Lookout, fueron los primeros en publicar estudios sobre el programa espía del NSO Group en los Emiratos Árabes Unidos, y sobre Ahmed Mansoor en concreto. Véase: «The Million Dollar Dissident: NSO Group's iPhone Zero-Days Used against a UAE Human Rights Defender», publicado por Citizen Lab el 24 de agosto de 2016. Cubrí esto para el *The New York Times* del día siguiente en el artículo «iPhone Users Urged to Update software After Security Flaws Are Found». Pueden verse también mi artículo del *The New York Times* del 26 de agosto de 2016, «Apple Updates iOS to Patch a Security Hole Used to Spy on Dissidents», y el artículo de Richard Silverstein para Global Research, «Israel's Cyber Security Firm *NSO Group* Permits Foreign Intelligence Agencies to Spy on Human Rights Activists», publicado el 20 de junio de 2017. Más adelante, Marczak, Railton y los investigadores de Citizen Lab Sarah McKune, Bahr Abdul Razzak y Ron Diebert fueron capaces de vincular el programa Pegasus del NSO Group a operaciones en cuarenta y cinco países distintos. Véase el artículo de Citizen Lab del 18 de septiembre de 2018: «Hide and Seek: Tracking NSO Group's Pegasus Spyware to Operations in 45 Countries». Debido a que los clientes de NSO pueden enrutar su programa espía a través de servidores situados en otros países, o mediante VPN (redes virtuales privadas) que conducen el tráfico a través de servidores de todo el mundo, cabe la posibilidad de que algunos de esos países no fueran más que señuelos, servidores en la nube para las operaciones de otros estados.

Las citas e historias personales de Ahmed Mansoor se extrajeron de mis entrevistas con él antes de que lo encarcelaran. Amnistía Internacional y el Centro del Golfo para los Derechos Humanos han hecho un seguimiento del deprimente estado del caso y la salud de Mansoor. Véanse la publicación de Amnistía Internacional del 31 de mayo de 2018: «UAE: Activist Ahmed Mansoor Sentenced to 10 Years in Prison for Social Media Posts», y la del Centro del Golfo para los Derechos Humanos: «United Arab Emirates: Call for Independent Experts to Visit Ahmed Mansoor, on Liquids Only Hunger Strike since September», del 2 de febrero de 2020.

Para una explicación sobre los horribles registros de Turquía en cuanto a la libertad de prensa, véase el artículo del Comité para Proteger Periodistas del 13 de diciembre de 2016: «Turkey: A Journalist Prison».

CAPÍTULO 14: AURORA

Este capítulo dependió mucho de entrevistas con investigadores de Google, por lo que les estoy muy agradecida por otorgarme su tiempo y permiso para documentar el ciberataque chino contra los sistemas de Google que pasó a conocerse como Aurora.

Para una explicación histórica de los primeros indicios del ataque por parte de Japón en Pearl Harbor, véase: «Officer Mistook Radar Warning of Pearl Harbor Raid», del *Columbus Dispatch* del 25 de febrero de 2010.

Cuando hablo del «campo australiano», me refiero a la estación de espionaje conocida como Instalación de Defensa Pine Gap, una organización en conjunto entre Estados Unidos y Australia. Véase el artículo de Jackie Dent, «An American Spy Base Hidden in Australia's Outback», del *The New York Times* del 23 de noviembre de 2017.

Para la afinidad de Sergey Brin hacia los distintos tipos de transportes ciclistas, véase el artículo «Sergey Brin Rides an Elliptigo», escrito por Richard Masoner para *Cyclelicious* el 21 de octubre de 2011. Dicho hecho también se hizo conocido a partir de la película *The Internship*, tal como indica el artículo del *Business Insider* del 24 de mayo de 2013, «*The Internship* Movie Is a Two-Hour Commercial for Google», escrito por Megan Rose Dickey. También me basé en una descripción del 2007 de Sergey Brin que apareció en la revista *Moment* para su biografía: «The Story of Sergey Brin», escrito por Mark Malseed el 6 de mayo de 2007.

Poco después de publicar mis reportajes sobre el ciberataque de China en el *The New York Times*, señalé, junto a mis compañeros David Sanger y David Barboza, a la unidad de hackers china conocida como Unidad 61398 en un artículo del 19 de febrero de 2013: «China's Army Seen as Tied to Hacking against U.S.». Dicho reportaje, que se basaba en parte en investigaciones de la empresa de seguridad Mandiant, acabó conduciendo a la acusación de varios hackers del Ejército Popular de Liberación de China, quienes, hasta el momento, no han sido extraditados. Antes de ello, mis compañeros y yo hablamos sobre los estudiantes de universidades chinas que estaban vinculados de forma digital a los ataques a objetivos extranjeros; véanse los artículos «2 China Schools Said To Be Tied To Online Attacks», publicado el 18 de febrero de 2010 por John Markoff y David Barboza; «Inquiry Puts China's Elite In New Light», escrito por Barboza el 22 de febrero de 2010; «State's Secrets: Day 7; Vast Hacking by a China Fearful of the Web», de James Glanz y John Markoff, publicado el 5 de diciembre de 2010; y «Case Based in China Puts a Face on Persistent Hacking», uno de mis artículos del 29 de marzo de 2012, todos ellos publicados en el *The New York Times*. Para más reportajes sobre el ciberespionaje chino contra objetivos occidentales, véanse también el artículo que escribí junto con David E. Sanger, «Chinese Hackers Resume Attacks on U.S. Targets», del 20 de mayo de 2013; mis artículos «China Is Tied To Spying On European Diplomats», del 10 de diciembre de 2013, y «China Is Said to Use Powerful New Weapon to Censor Internet», del 10 de abril de 2015; el de Helene Cooper, «Chinese Hackers Steal Naval Warfare Information», del 9 de junio de 2018; el que escribí con David E. Sanger, Glenn Thrush y Alan Rappeport, «Marriott Data Breach Traced to Chinese Hackers», del 12 de diciembre de 2018; y el que escribí con Kate Conger y Paul Mozur, «China Sharpens Hacking to Hound Its Minorities», del 25 de octubre de 2019, todos ellos también publicados por el *The New York Times*.

El artículo de la época más completo que encontré sobre las luchas de Google contra la censura china fue el que escribió Clive Thompson el 23 de abril de 2006 para la *New York Times Magazine*, titulado «Google's China Problem (And China's Google Problem)». La referencia a los funcionarios chinos alegando que Google era «una página web ilegal» puede encontrarse en el artículo «Vast Hacking by a China Fearful of the Web», escrito por James Glanz y John Markoff para el *The New York Times* del 4 de diciembre de 2010; y las críticas de los legisladores estadounidenses hacia Google, incluido el comentario de un congresista republicano sobre que Google se había «convertido en cómplice del mal», pueden consultarse en las declaraciones del Congreso de Estados Unidos disponibles en C-SPAN: «Internet in China: A Tool for Freedom or Suppression», www.c-span.org/video/?191229-1/internet-china. El papel que interpretó Yahoo en ayudar a los funcionarios chinos a encarcelar a un periodista se describe en el artículo de Joseph Kahn, «Yahoo Helped Chinese to Prosecute Journalist», del *The New York Times* del 8 de septiembre de 2005.

Para un artículo de la época sobre la retirada de Google en China tras el ataque Aurora, véase la entrada de blog de David Drummond, quien por entonces era el consejero general de la empresa, «A New Approach to China», publicada en el blog de Google en enero de 2010. CNN fue de entre los primeros medios de comunicación que relataron lo escrito en la entrada, en el artículo de Jeanne Meserve y Mike M. Ahlers, «Google Reports China-Based Attack, Says Pullout Possible», publicado en CNN.com el 13 de enero de 2010. Sergey Brin concedió una entrevista, algo que no hacía con demasiada frecuencia, a mi compañero del *The New York Times* Steve Lohr después del ataque: «Interview: Sergey Brin on Google's China Move», el 22 de marzo de 2010. En ella, Brin se equivocó al predecir que, a largo plazo, China iba a tener que dejar de censurar Internet. Para más información sobre el tema, véase también el artículo «Google, Citing Cyber Attack, Threatens to Exit China», escrito por Andrew Jacobs y Miguel Helft para el *The New York Times* del 12 de enero de 2010. Ambos artículos señalan que treinta y cuatro empresas también estuvieron vinculadas al mismo ataque que sufrió Google, y seguimos sin saber quiénes son. Véase también el artículo de Andrew Jacobs y Miguel Helft, «Google May End Venture in China over Censorship», del *The New York Times*. Para un recuento histórico más completo de la retirada de Google en China, véase el artículo del *The Guardian* del 22 de marzo de 2010, «Google Stops Censoring Chinese Search Engine: How It Happened», escrito por Bobbie Johnson.

Los comentarios de Hillary Clinton sobre los ataques chinos se recogieron en el artículo «Clinton Urges Internet Freedom, Condemns Cyberattacks», escrito por Paul Eckert y Ben Blanchard para Reuters el 21 de enero de 2010.

La frase de James Comey sobre el alcance de los ataques por parte de China («Existen dos tipos de empresas grandes en Estados Unidos. Aquellas a las que los chinos han hackeado y aquellas que no saben que los chinos las han hackeado») se puede consultar en la entrevista de Comey con Scott Pelley, de CBS News, del 5 de octubre de 2014.

Para más información sobre las negaciones de China y su respuesta, véanse los artículos «China Responds to Google Hacking Claims» y «China Denies Links to Google Cyberattacks», ambos escritos por Tania Brannigan y publicados en *The Guardian*, el 14 de enero y el 23 de febrero de 2010, respectivamente; y «Clinton Urges Internet Freedom, Condemns Cyberattacks», escrito por Eckert y Blanchard. Hasta la fecha, China sigue sosteniendo en público que es la víctima de los ciberataques, no el responsable.

Según un subsiguiente análisis forense del ataque Aurora que llevó a cabo McAfee, el objetivo principal de China era obtener acceso a los repositorios de código fuente de aquellas empresas de alta tecnología y seguridad y contratistas de defensa, así como, posiblemente, alterarlo. «[La gestión del código fuente] estaba abierta de par en par —declaró el por entonces investigador de McAfee, Dmitri Alperovitch—. Nadie ha pensado en protegerla, por mucho que sea la joya de la corona de la mayoría de esas empresas en muchos sentidos, algo mucho más valioso que cualquier dato financiero o personal para el cual hayan usado tanto tiempo y recursos para proteger».

Para la referencia a los dos mil millones de líneas de código de Google, véase el artículo de Cade Metz, «Google Is 2 Billion Lines of Code. And It's All in One Place», publicado por *Wired* el 16 de septiembre de 2015.

Una fuente que menciona la prohibición de Winnie the Pooh en China es Javier C. Hernández, en su artículo «To Erase Dissent, China Bans Pooh Bear and N», del *The New York Times* del 1 de marzo de 2018.

En cuanto al cambio en liderazgo, prioridades y estrategia china de Google, me basé en los siguientes artículos de la época: «Google Mixes a New Name and Big ideas», escrito por Conor Dougherty para el *The New York Times* del 11 de agosto de 2015; «A Google C.F.O. Who Can Call Time-Outs», de James B. Stewart, para el *The New York Times* del 24 de julio de 2015; y «Chinese Retail Giant Alibaba Opening New R&D Lab in San Mateo», publicado por Luke Stangel en el *Silicon Valley Business Journal* del 11 de octubre de 2017. Los planes secretos de Google para regresar al mercado chino aparecieron por primera vez en el *Intercept* del 1 de agosto de 2018, en el artículo de Ryan Gallagher «Google Plans to Launch Censored Search Engine in China, Leaked Documents Reveal». Las protestas que se produjeron después de ello por parte de los trabajadores de Google las cubrieron mis compañeros del *The New York Times* Kate Conger y Daisuke Wakabayashi en el artículo «Google Workers Protest Secrecy In China Project», publicado el 17 de agosto de 2018. Ben Hubbard redactó una crónica de las *apps* de Google y Apple que permitían que los hombres saudíes rastrearan los movimientos de sus familiares mujeres en el artículo «Apple and Google Urged to Dump Saudi App That Lets Men Track Women», del *The New York Times* del 14 de febrero de 2019. El proyecto de Google para el Pentágono y la subsiguiente respuesta negativa también los cubrieron mis compañeros Scott Shane y Daisuke Wakabayashi para *The New York Times* en el artículo del 5 de abril de 2018 «A Google Military Project Fuels Internal Dissent». Para más información sobre los problemas de YouTube, de Google, véase el reportaje de mi compañero Kevin Roose, «The Making of a YouTube Radical», publicado por *The New York Times* el 8 de junio de 2019. Para una historia sobre los problemas con YouTube Kids, véase «On YouTube Kids, Startling Videos Slip Past Filters», escrito por

Sapna Maheshwari para el *The New York Times* del 4 de noviembre de 2017, el cual mostraba que unos vídeos que animaban al suicidio se colaron entre los filtros de YouTube.

Morgan Marquis-Boire pasó varias horas, incluso días, sentado conmigo en entrevistas para este libro a finales de 2016 y en 2017. Meses después de nuestra última entrevista, lo acusaron de drogar y abusar de mujeres en unos perturbadores artículos publicados en el medio de comunicación tecnológico *The Verge*: «We Never Thought We'd Be Believed: Inside the Decade-Long Fight to Expose Morgan Marquis-Boire», escrito por Chloe Ann-King el 29 de noviembre de 2017; y «In Chatlogs, Celebrated Hacker and Activist Confesses Countless Sexual Assaults», de Sarah Jeong, publicado el 19 de noviembre de 2017. Traté de contactar con Marquis-Boire varias veces para que comentara al respecto, pero no me contestó.

CAPÍTULO 15: CAZARRECOMPENSAS

Cubrí las despiadadas guerras de talento de Silicon Valley en mi antiguo puesto en *Forbes*, cuando Google todavía aumentaba sus salarios un 10 % para prevenir que sus empleados se marcharan y Facebook destinaba decenas de millones de dólares solo para impedir que dos de sus mejores ingenieros se marcharan a Twitter. En aquel entonces, las empresas ofrecían «presupuestos de decoración de cubículos» y un suministro de cerveza de un año. Véase mi artículo «Winners and Losers in Silicon Valley's War for Talent», del 7 de junio de 2011.

Para más información sobre las «granjas informáticas» de Google, se puede consultar la entrada «Fuzzing at Scale» del Blog de Google de agosto de 2011, disponible en: security.googleblog.com/2011/08/fuzzing-at-scale.html. Y, para más información sobre las recompensas por fallos, véanse mi artículo «Hacking for Security, and Getting Paid for It», que escribí para el *The New York Times* del 14 de octubre de 2015; el de Steven Melendez, «The Weird, Hyper-Incentivized World of *Bug Bounties*», publicado por Fast Company el 24 de enero de 2014; y «Google Offers $3.14159 Million in Total Rewards for Chrome OS Hacking Contest», escrito por Andy Greenberg para *Forbes* el 28 de enero de 2013. La historia de Missoum Said, el argelino que ganó suficiente dinero para remodelar la casa de su familia y ayudar a sus padres a viajar a la Meca, se basó en una entrevista. También entrevisté a Mazen Gamal y Mustafa Hassan, los dos hackers que usaron sus ganancias para comprar un piso, y uno de ellos usó el dinero también para comprar un anillo de compromiso. Puedes leer más sobre cómo Nils Juenemann usó sus recompensas en escuelas de Tanzania, Togo y Etiopía en su propio blog: www.nilsjuenemann.de/2012/04/26/ethiopia-gets-new-school-thanks-to-xss

Para el otro lado, me basé en las descripciones de Chaouki Bekrar elaboradas por Andy Greenberg, «Meet the hackers Who Sell Spies the Tools to Crack Your PC and Get Paid Six Figure Fees» y «The Zero-Day Salesman», ambas publicadas por *Forbes* el 21 y el 28 de marzo de 2012, respectivamente. Una petición de la Ley de Libertad de Información transmitida mediante el servicio de registros públicos MuckRock acabó desvelando que la NSA se suscribía a los servicios de Bekrar: www.muckrock.com/foi/united-states-of-america-10/

vupen-contracts-with-nsa-6593/#file-10505. El artículo tiene la fecha del 14 de septiembre de 2012 y estaba firmado por el propio Bekrar.

Sobre los resultados del ataque de Hacking Team de 2015, véanse los artículos «Hacking Team leak Shows How Secretive Zero-Day Exploit Sales Work», escrito por Kim Zetter para *Wired* el 24 de julio de 2015; y «Hacking Team Has Lost Its License to Export Spyware», escrito por Lorenzo Franceschi-Bicchierai para *Vice* el 6 de abril de 2016. Fue después de que el ataque a Hacking Team pusiera al mercado de días cero bajo el punto de mira de los reguladores que Vupen pasó a llamarse Zerodium. Véase «VUPEN Founder Launches New Zero-Day Acquisition Firm Zerodium», escrito por Dennis Fisher y publicado el 24 de julio de 2015 en Threatpost. Zerodium se convirtió en el primer bróker de vulnerabilidades en ofrecer un millón de dólares por una liberación a distancia de iOS de Apple, la cifra más alta que se ha ofrecido en público: twitter.com/Zerodium/status/645955632374288384

Para más información sobre el aumento de recompensas de Google, véase el artículo de Aaron Holmes, «Google Is Offering a $1.5 Million Reward to Anyone Who Can Pull Off a Complex Android Hack», publicado por *Business Insider* el 22 de noviembre de 2019.

Después de que un informante acusara a los contratistas del Pentágono de subcontratar la programación del Pentágono a programadores de Rusia, ambos contratistas negaron las acusaciones. CSC afirmó no saber nada de NetCracker, el conducto del subcontratista, a pesar de que el informante afirmaba que así era. Fuera como fuese, tanto CSC como NetCracker aceptaron un acuerdo de 12,75 millones de dólares de multa, el cual también incluía una remuneración de 2,3 millones de dólares al informante de NetCracker.

La información de los primeros programas de recompensas por fallos de Facebook y Microsoft se recopiló de entrevistas con Michiel Prins, Jobert Abma, Alex Rice de HackerOne, Merijn Terheggen, Katie Moussouris de Luta Securitu, Bill Gurley de Benchmark y otras personas que tuvieron mucha paciencia al sentarse conmigo durante entrevistas que en total duraban horas o incluso días.

El descubrimiento de Flame y lo que provocó en Microsoft se capturó a partir de entrevistas con trabajadores de Microsoft. Escribí una crónica del descubrimiento para el *The New York Times*, «Microsoft Tries to Make Windows Updates Flame Retardant», publicada el 4 de junio de 2012. Mikko Hypponen, un investigador de seguridad finlandés, fue el primero en proponer la teoría de que unos espías de la CIA y la NSA se habían infiltrado de algún modo en Microsoft. Dicha información puede encontrarse en el artículo de Kevin Fogarty, «Researcher: CIA, NSA May Have Infiltrated Microsoft to Write Malware», publicado en *IT World* el 18 de junio de 2012.

Las primeras filtraciones de Snowden del proyecto Prism de la NSA aparecieron en junio de 2013 en *The Guardian* y describían Prism como un «deporte de equipo» entre las empresas de tecnología y el FBI, la CIA y la NSA: «NSA Prism Program Taps into User Data of Apple, Google and Others», escrito por Glenn Greenwald e Ewen MacAskill el 7 de junio de 2013. Un més más tarde, Greenwald, MacAskill, Laura Poitras, Spencer Ackerman y Dominic Rushe informaron de que Microsoft otorgaba acceso a la NSA a mensajes encriptados: «Microsoft Handed the NSA Access to Encrypted Messages», publicado por *The Guardian* el

12 de julio de 2013. Mi compañera Claire Cain Miller y yo informamos en el *The New York Times* sobre el efecto que todo ello tuvo en las empresas de tecnología cuando los funcionarios extranjeros amenazaron con «balcanizar» Internet: «N.S.A. Spying Imposing Cost on Tech Firms», publicado el 22 de marzo de 2014.

La prensa tecnológica cubrió la aparición del programa de recompensas por fallos de Microsoft en 2013. Véase el artículo de Andy Greenberg, «Microsoft Finally Offers to Pay Hackers for Security Bugs with $100,000 Bounty», publicado por *Forbes* el 19 de junio de 2013. Para más información sobre la parte económica de los programas de recompensas por fallos y un resumen muy útil sobre sus orígenes, recomiendo el artículo académico que escribieron Andreas Kuehn y Milton Mueller en 2014, «Analyzing Bug Bounty Programs: An Institutional Perspective on the Economics of Software Vulnerabilities», disponible en: papers. ssrn.com/sol3/papers.cfm?abstract_id=2418812; además del de Mingyi Zhao, Aron Laszka y Jens Grossklag en 2017, publicado en el *Journal of Information Policy*, «Devising Effective Policies for Bug-Bounty Platforms and Security Vulnerability Discovery», el cual habla de la relación señal/ruido de los programas de recompensas por fallos de Facebook, Google, Bugcrowd y HackerOne. Bill Gurley me proporcionó un trasfondo sobre cómo Benchmark invirtió en HackerOne.

Mis compañeros David Sanger, Michael Shear y yo cubrimos el ataque chino contra la Oficina de Administración de Personal para *The New York Times* en el artículo «Attack Gave Chinese Hackers Privileged Access to U.S. Systems», publicado el 21 de junio de 2015.

Para información de la época sobre el primer programa de recompensas por fallos del Pentágono, me basé en entrevistas con funcionarios del Pentágono y con empresas privadas de seguridad que participaron en dichos programas, además de en reportajes públicos como «Carter Announces, *Hack the Pentagon* Program Results», escrito por Lisa Ferdinando y publicado en *DOD News* el 17 de junio de 2016; la rueda de prensa del Departamento de Defensa de Estados Unidos del 24 de octubre de 2018, bajo el título «D.O.D Expands *Hack the Pentagon* Crowdsourced Digital Defense Program»; «Ethical Hackers Sabotage F-15 Fighter Jet, Expose Serious Vulnerabilities», escrito por Jason Murdock para el *Newsweek* del 15 de agosto de 2019; y el artículo de Aaron Boyd, «DOD Invests $34 Million in Hack the Pentagon Expansion», publicado en Nextgov.com el 24 de octubre de 2018.

Los comentarios atribuidos a Chris Inglis, el subdirector de la NSA jubilado, se extrajeron de la charla Black Hat de Dan Geer en 2014, cuya transcripción puede consultarse en el artículo «Cybersecurity as Realpolitik», publicado en *Black Hat Talk* el 6 de agosto de 2014 y disponible en: geer.tinho.net/geer. blackhat.6viii14.txt.

CAPÍTULO 16: PÉRDIDA DE COMUNICACIÓN

Entre las filtraciones de Snowden más incriminatorias se encuentra el artículo del *The Washington Post* de octubre de 2013. Este muestra un pósit en el cual un analista de la NSA había ilustrado cómo la agencia se introducía en los centros de datos de Google y Yahoo. El dibujo incluía una carita sonriente en el punto exacto en el que los datos de Google no estaban cifrados. Barton Gellman y As-hkan Soltani escribieron el artículo en cuestión, «NSA Infiltrates Links to Yahoo, Google Data Centers Worldwide, Snowden Documents Say», el 30 de octubre de 2013. Véase también el apéndice de Gellman y Soltani con Todd Lindeman: «How the NSA Is Infiltrating Private Networks», publicado ese mismo día en *The Washington Post*. La referencia al robo de correos electrónicos y contactos por parte de la NSA se extrajo del artículo de Gellman y Soltani del 14 de octubre de 2013, «NSA Collects Millions of Email Address Books Globally». En los resulta-dos que provocaron las filtraciones en las empresas tecnológicas y la NSA, véanse los artículos: «Google's Schmidt: NSA Spying on Data Centers Is *Outrageous*», del *The Wall Street Journal* del 4 de noviembre de 2013; «Pissed Off Google Security Guys Issue FU to NSA, Announce Data Center Traffic Now Encrypted», escrito por Mike Masnick para *Techdirt* el 6 de noviembre de 2013; «Google Employees Lash Out at NSA over Reports of Cable Tapping», de Alexei Oreskovic para Reu-ters, publicado el 6 de noviembre de 2013; además del artículo que escribí junto a Vindu Goel y David Sanger para el *The New York Times* del 5 de diciembre de 2013, «Internet Firms Step Up Efforts to Stop Spying», y el que redacté junto a David Sanger, «Internet Giants Erect Barriers to Spy Agencies», publicado por el mismo periódico el 6 de junio de 2014. Recomiendo encarecidamente el reporta-je completo de Steven Levy, titulado «How the NSA Almost Killed the Internet» y publicado por *Wired* el 7 de enero de 2014.

La primera información pública sobre el Proyecto Cero de Google apareció en *Wired*, en el artículo de Andy Greenberg «Meet *Project Zero*, Google's Secret Team of Bug-Hunting Hackers», publicado el 15 de julio de 2014. La primera vulnerabilidad importante que descubrió el Proyecto Cero en Microsoft desenca-denó una guerra verbal entre ambas empresas. Para más información sobre ello, véanse los artículos de Steve Dent, «Google Posts Windows 8.1 Vulnerability be-fore Microsoft Can Patch It», publicado en Engadget.com el 2 de enero de 2015; y el de Lorenzo Franceschi-Bicchierai, «How Google Changed the Secretive Mar-ket for the Most Dangerous Hacks in the World», publicado por *Vice* el 23 de septiembre de 2019. Para una cobertura sobre las vulnerabilidades de Jung Hoon Lee, alias Lokihardt, véase la publicación de Russell Brandom, «A Single Resear-cher Made $225,000 (Legally!) by Hacking Browsers This Week», publicada en *The Verge* el 20 de marzo de 2015. El Proyecto Cero recopila sus descubrimientos de día cero en una hoja de cálculo disponible en: googleprojectzero.blogspot.com/p/0day.html.

Tim Cook, en mi humilde opinión, ha sido más accesible a los periodistas que ningún otro director ejecutivo de Silicon Valley. Cook ha usado esas oportu-nidades para hablar de su punto de vista sobre temas que van desde la privacidad a la inmigración, y todas esas entrevistas han brindado una ayuda inestimable a este libro, y más concretamente a este capítulo. ¡Que los demás directivos de Sili-con Valley tomen nota!

Cook describió en público su encuentro con los miembros del Ku Klux Klan para Bloomberg en el artículo «Tim Cook Speaks Up», publicado el 30 de octu-bre de 2014. Véase también su discurso inaugural en 2019 para la Universidad Stanford: www.youtube.com/watch?v=2C2VJwGBRRw. Mis compañeros Matt Richtel y Brian X. Chen redactaron una crónica de los primeros días de Cook como director ejecutivo en «Tim Cook, Making Apple His Own», publicado en *The New York Times* el 15 de junio de 2014.

Tras las revelaciones de Snowden, el presidente Obama mantuvo varias reuniones a puerta cerrada con Cook y otros ejecutivos del sector tecnológico en 2014. En diciembre, Obama se reunió con Cook, además de con Marissa Mayer, de Yahoo; Dick Costolo, de Twitter; Eric Schmidt, de Google; Sheryl Sandberg, de Facebook; Brian Roberts, de Comcast; Randall Stephenson, de AT&T; Brad Smith, de Microsoft; Erika Rottenberg, de LinkedIn; y Reed Hastings, de Netflix. El orden del día oficial era debatir sobre mejoras a la página web sanitaria del gobierno estadounidense, Healthcare.gov, pero la conversación no tardó en pasar a ser sobre la vigilancia gubernamental y la cada vez menor confianza del público. Véase el artículo de Jackie Calmes y Nick Wingfield, titulado «Tech Leaders and Obama Find Shared Problem: Fading Public Trust», publicado por *The New York Times* el 17 de diciembre de 2013. Para una explicación sobre su reunión previa del agosto de aquel año, véase el artículo «Obama, Tech Execs Talk Surveillance», escrito por Tony Romm para *Politico* el 8 de agosto de 2013. Los artículos no mencionan las cartas que recibió Cook, y la información sobre ellas la extraje de otras entrevistas.

La primera muestra de la nueva seguridad del iPhone de Apple por parte de Cook recibió una extensa cobertura en la prensa tecnológica. Véanse «Apple Reveals 4.7-inch and 5.5-inch iPhone 6 and iPhone 6 Plus Devices», escrito por John Kennedy para Siliconrepublic.com el 9 de septiembre de 2014; además del artículo de David Sanger y Brian Chen, «Signaling Post-Snowden Era, New iPhone Locks Out N.S.A.», publicado en el *The New York Times* del 26 de septiembre de 2014.

Para más información sobre la gira publicitaria de «pérdida de comunicación» de Comey, véanse los artículos «FBI Director James Comey *Very Concerned* about New Apple, Google Privacy Features», escrito por Igor Bobic y Ryan J. Reilly el 25 de septiembre de 2014 para el *Huffington Post*; además de los comentarios de Comey del 16 de octubre de 2014, «Going Dark: Are Technology, Privacy, and Public Safety on a Collision Course?»; y la entrevista de Scott Pelley a James Comey en *60 Minutes* del 21 de junio de 2015.

Para un reportaje completo sobre los intentos de la NSA para saltarse la encriptación, véase la crónica que escribí junto a Jeff Larson y Scott Shane, de ProPublica, para el *The New York Times* del 5 de septiembre de 2013, «NSA Able to Foil Basic Safeguards of Privacy on Web».

Me basé en el artículo de Adam Nagourney, Ian Lovett, Julie Turkewitz y Benjamin Mueller sobre los asaltantes de San Bernardino: «Couple Kept Tight Lid on Plans for San Bernardino Shooting», publicado en el *The New York Times* del 3 de diciembre de 2015. Mis compañeros y yo cubrimos de forma extensa el subsiguiente toma y daca entre Apple y el FBI en los artículos: «Why Apple Is Putting Up a Fight Over Privacy with the F.B.I.», escrito por Mike Isaac el 18 de febrero de 2016; «F.B.I. Error Led to Loss of Data in Rampage», de Cecilia Kang y Eric Lichtblau, del 2 de marzo de 2016; y «Apple Fights Order to Unlock San Bernardino Gunman's iPhone», de Eric Lichtblau y Katie Benner, publicado el 17 de febrero de 2016.

Los investigadores de seguridad de la época llamaron «GovtOS» a los cambios de software que el FBI proponía a Apple, una burla del nombre iOS del sistema móvil de Apple. Véase el artículo de Mikey Campbell, «Apple Rails against FBI Demands for *Govtos* in Motion to Vacate Decryption Request», publicado en Appleinsider.com el 25 de febrero de 2016.

El propio Tim Cook habló sobre la batalla de la empresa contra el FBI en varias entrevistas y en un mensaje que lanzó a los clientes de Apple, titulado «A Message to Our Customers» y publicado el 16 de febrero de 2016. En privado, los trabajadores de Apple sostenían que al gobierno no se le podían confiar las claves de las comunicaciones de Apple cuando no podía proteger ni la seguridad de los datos de sus propios empleados, en vista de lo ocurrido durante el ataque chino a la Oficina de Administración de Personal de Estados Unidos.

La cita de Carole Adams, la madre de una de las víctimas del tiroteo de San Bernardino, en apoyo de Apple se extrajo del artículo de *Forbes* del 26 de febrero de 2016, «Apple vs. FBI: How Far Can the Government Go in the Name of *National Security?*».

Para la declaración sin precedentes de Comey sobre que el FBI había pagado 1,3 millones de dólares a unos hackers para desbloquear el iPhone del terrorista, véase el artículo de Eric Lichtblau y Katie Benner, «FBI Director Suggests Bill for iPhone Hacking Topped $1.3 Million», del *The New York Times* del 21 de abril de 2016.

Por desgracia, los periodistas se apresuraron a sumarse a las afirmaciones por parte de Cellebrite de que había sido esa empresa la que había proporcionado el hackeo del iPhone al FBI. Dichos reportajes se equivocaban. Para un ejemplo de una cobertura errónea de aquellos tiempos, véase el artículo de Jonathan Zalman, «The FBI Is Apparently Paying an Israel-Based Tech Company $15,278.02 to Crack San Bernardino Killer's iPhone», publicado en *Tablet* el 24 de marzo de 2016.

Cuatro meses después de que el FBI revelara que había comprado la vulnerabilidad de iPhone, Apple anunció en la conferencia Black Hat de agosto de aquel año que empezaría a entregar recompensas a los hackers a cambio de fallos. Durante años, conforme Google, Facebook, Microsoft y otras empresas ofrecían recompensas, Apple se quedó atrás. Los ejecutivos argumentaban que ya recibían avisos sobre vulnerabilidades por parte de los investigadores y que no debería hacer falta crear un incentivo financiero. También decían que Apple nunca sería capaz de competir con los precios del gobierno. Sin embargo, después de que la controversia del FBI pusiera el foco de atención en el lucrativo mercado de las vulnerabilidades de iOS, Apple cedió y acabó ofreciendo recompensas de hasta doscientos mil dólares a una lista cerrada de hackers invitados para que pudieran encontrar agujeros en el *firmware* de Apple, el software que se encuentra más cerca del metal de la máquina en sí. Según subía el precio de vulnerabilidades de iOS en el mercado clandestino y dichas vulnerabilidades empezaban a aparecer en NSO y en otros porogramas espías a lo largo de 2019, Apple aumentó su recompensa máxima a un millón de dólares por vulnerabilidades remotas «sin pulsar un botón» que permitían que los hackers se adentraran en el núcleo de sus dispositivos sin ser detectados. También abrió su programa de recompensas al público, y, en 2020, Apple empezó a entregar a los hackers unos iPhones especiales en un nuevo programa llamado «Programa de Investigación de Seguridad de Dispositivos iOS». Dichos teléfonos contenían características especiales, como capacidad para depurar fallos, que facilitaban el trabajo de los hackers a la hora de encontrar vulnerabilidades, por ejemplo al permitir sondear partes del sistema operativo iOS y su memoria, algo que no es accesible en los iPhones comerciales, los cuales son más cerrados.

No existen muchos datos sobre el número de países que cuentan con programas de cibersabotaje ofensivo sofisticado. No obstante, Richard Ledgett, antiguo subdirector de la NSA, declaró ante un público en 2017 que «más de cien» países de todo el mundo eran capaces de lanzar ciberataques, tal como recoge el artículo de Mike Levine, «Russia Tops List of 100 Countries That Could Launch Cyberattacks on US», publicado en *ABC News* el 18 de mayo de 2017. Dicha información corroboró lo que publiqué junto a David Sanger en el *The New York Times* en julio de 2013, en el artículo «Nations Buying as Hackers Sell Flaws in Computer Code».

CAPÍTULO 17: CIBERGAUCHOS

La referencia a que las restricciones a las importaciones argentinas provocaban que los televisores de alta definición costaran el doble y llegaran seis meses más tarde se extrajo del artículo de Ian Mount, «A Moveable Fiesta», publicado en la *New York Magazine* el 17 de febrero de 2006.

Para comprobar los resultados de la Competición Internacional Universitaria de Programación (ICPC), la competición de programación más antigua y prestigiosa de su tipo, véase el enlace https://icpc.global/worldfinals/results, que muestra que los equipos estadounidenses pierden con gran frecuencia ante equipos de Rusia, Polonia, China, Corea del Sur y otros países.

En cuanto a la disminución de la moral de la NSA, véase el artículo de Ellen Nakashima y Aaron Gregg para *The Washington Post*, «NSA's Top Talent Is Leaving Because of Low Pay, Slumping Morale and Unpopular Reorganization», publicado el 2 de enero de 2018.

Para una explicación del ataque de César Cerrudo a los semáforos, véase mi artículo para el *The New York Times* del 10 de junio de 2015, «Traffic Hacking: Caution Light Is On».

La referencia a los problemas de Brasil con el cibercrimen se extrajo del artículo «Brazil Struggles with Effective Cybercrime Response», publicado en 2017 por la revista *Janes Intelligence Review*. Un informe de McAfee concluyó que Brasil había perdido entre siete y ocho mil millones de dólares por culpa del cibercrimen, mediante robos de contraseñas, fraudes de tarjetas de crédito y otros ciberataques. El 54 % de los ciberataques brasileños tienen origen dentro del propio país: «Economic Impact of Cybercrime. No Slowing Down», publicado por el McAfee Center for Strategic International Studies en febrero de 2018.

Para más información sobre el discurso inaugural de Black Hat en 2014 por parte de Dan Geer, puede consultarse el artículo «Black Hat Keynote: U.S. Should Buy Up Zero-day Attacks for 10 Times Going Rate», publicado en *Network World* el 7 de agosto de 2014.

Para un artículo de la época sobre las protestas argentinas de 2001, se puede consultar el escrito por Uki Goni, «Argentina Collapses into Chaos», publicado el 20 de diciembre de 2001 en *The Guardian*.

Alfredo Ortega, el «Cibergaucho», sabía de primera mano los retos a los que se enfrentaban los científicos nucleares. Si bien la mayoría de los excursionistas no lo saben, la Patagonia fue la sede de un laboratorio nuclear secreto durante años. A finales de los años cuarenta, un científico alemán nacido en Austria, Ronald Richter, convenció al presidente de Argentina de construir un «Thermotron» nuclear. Tres años y cuatrocientos millones de dólares más tarde, el proyecto fue un fracaso, y a Richter lo encarcelaron por fraude. Sin embargo, el proyecto ayudó a sentar las bases del primer reactor nuclear argentino. Cincuenta años más tarde, los reactores nucleares argentinos son famosos en todo el mundo y se usan principalmente para pruebas y tratamientos médicos. Ortega me contó que uno de sus amigos de la infancia en la Patagonia era un físico nuclear que casi no viajaba durante aquellos días por temor a que lo secuestraran. Según me dijo Ortega, «si va a Catar o a Arabia Saudí, estaría en demasiado riesgo de que lo secuestraran. Lo obligarían a desarrollar programas de armas nucleares». Temía que le ocurriera lo mismo si alguien se enteraba de que vendía vulnerabilidades, en concreto aquellas capaces de cruzar espacios de aire nucleares, hackear satélites o subvertir la cadena de suministros global. La información sobre los reactores nucleares argentinos se encuentra documentada en el artículo de Charles Newbery, «Argentina Nuclear Industry Sees Big Promise in Its Small Reactors», publicado en el *Financial Times* el 23 de septiembre de 2018.

Para una explicación relativamente reciente sobre las relaciones entre Estados Unidos y Argentina, recomiendo encarecidamente el artículo de Graciela Mochkofsky, «Obama's Bittersweet Visit to Argentina», publicado el 23 de marzo de 2016 en el *The New Yorker*. Y para más información sobre los problemas de Cristina Kirchner con los fondos de inversión y su teoría de la conspiración de que Estados Unidos quería acabar con ella, véanse los artículos «The Real Story of How a Hedge Fund Detained a Vessel in Ghana and Even Went for Argentina's Air Force One», escrito por Agustino Fontevecchia en *Forbes* el 5 de octubre de 2012; y «The President of Argentina Thinks the US Wants Her Dead», escrito por Linette López el 2 de octubre de 2014 para *Business Insider*.

En 2002, Bill Clinton desclasificó documentos que mostraban que, en mitad de unas horribles violaciones de derechos humanos por parte del Ejército argentino en junio de 1976, el por entonces secretario de Estado Henry Kissinger le dijo al ministro de Asuntos Exteriores argentino Cesar Augusto Guzzetti que siguiera con ello. «Si hay algo que se pueda hacer, debe hacerlo deprisa —le dijo Kissinger a Guzzetti aquel año en una reunión en Santiago—. Hemos seguido los sucesos de Argentina de cerca y queremos que al gobierno le vaya bien, que tenga éxito. Haremos lo que podamos para ayudarlo a tener éxito. Si pueden acabar antes de que vuelva el Congreso, mejor». Esto puede comprobarse en el National Security Archive Electronic Briefing Book No. 133, publicado el 4 de diciembre de 2003 en: nsarchive2.gwu.edu/NSAEBB/NSAEBB104/index.html.

CAPÍTULO 18: LA TORMENTA PERFECTA

Este capítulo se basó mucho en entrevistas con funcionarios y ejecutivos estadounidenses. También extrajo datos de los reportajes que llevé a cabo para el *The New York Times* entre 2012 y 2019. Para la explicación más completa sobre el ciberataque a la Aramco saudí, véase mi artículo «In Cyberattack on Saudi Firm, U.S. Sees Iran Firing Back», publicado en el *The New York Times* del 23 de octubre de 2012.

Para los comentarios de Abdullah al Saadan sobre el objetivo de Irán, véase «Aramco Says Cyberattack Was Aimed at Production», publicado por Reuters el 9 de diciembre de 2012.

La referencia al incremento de ciberataques contra objetivos estadounidenses se extrajo de mi artículo «Hacked Vs hackers, Game on», del *The New York Times* del 3 de diciembre de 2014. Para más información sobre los esfuerzos sin éxito por parte del gabinete de Obama para aprobar legislación de ciberseguridad en una era dominada por unos ciberataques constantes, véase el artículo que escribí junto con Michael S. Schmidt, «Obama Order Gives Firms Cyberthreat Information», el 12 de febrero de 2013, además del que escribí con David E. Sanger y Michael S. Schmidt, «As Hacking against U.S. Rises, Experts Try to Pin Down Motive», el 3 de marzo de 2013; y mi artículo «Silicon Valley Sounds Off on Failed Cybersecurity Legislation», el 3 de agosto de 2012, todos ellos publicados en el *The New York Times*.

Para más información sobre las tropas cibernéticas de Irán, véase el artículo «Iranian Cyber Army, the Offensive Arm of Iran's Cyber Force», escrito por Ashley Wheeler en septiembre de 2013 y disponible en: www.phoenixts.com/blog/iranian-cyber-army. En cuanto a la afirmación de Teherán de que Irán se había convertido en el cuarto ejército cibernético más grande del mundo, véase «Iran Enjoys 4th Biggest Cyber Army in the World», publicado en *FARS* (Teherán) el 2 de febrero de 2013.

Para el coste del robo de propiedad intelectual por parte de China, véase el Informe de la Comisión sobre Propiedad Intelectual, titulado «The Theft of American's Intellectual Property: Reassessments of The Challenge and United States Policy», publicado el 22 de mayo de 2013 y actualizado el 27 de febrero de 2017. En cuanto a mis reportajes sobre el ataque de China al *The New York Times*, véase «Chinese hackers Infiltrate *New York Times* Computers», publicado en el propio periódico el 30 de enero de 2013. Para más información sobre el impacto que tuvieron aquellas revelaciones en otras víctimas de ciberataques chinos, véase mi artículo «Some Victims of Online Hacking Edge into the Light», publicado el 20 de febrero de 2013; además del artículo que escribí junto a David E. Sanger y David Barboza para acusar a la Unidad 61398 del Ejército Popular de Liberación de China, «Chinese Army Unit Is Seen as Tied to Hacking against U.S.», del 18 de febrero de 2013, ambos publicados en el *The New York Times*, y las subsiguientes acusaciones del Departamento de Justicia, «U.S. Charges Five Chinese Military Hackers for Cyber Espionage Against U.S. Corporations and a Labor Organization for Commercial Advantage», publicado por el propio Departamento el 19 de mayo de 2014. Cubrí esto junto a Sanger en el artículo del *The New York Times* «Hackers from China Resume Attacks on U.S. Targets», publicado el 19 de mayo de 2013. Menos de un año después, mientras trabajaba junto a CrowdStrike, identifiqué una segunda unidad de hackers del Ejército Popular de Liberación responsable de ciberataques contra objetivos estadounidenses: «2nd China Army Unit Implicated in Online Spying», publicado el 9 de junio de 2014 en *The New York Times*.

Para más información sobre los ataques iraníes contra los bancos estadounidenses, véase el artículo que escribí con Quentin Hardy para el *The New York Times*, «Bank Hacking Was the Work of Iranians, Officials Say», del 8 de enero de 2013. Para el cambio de Irán de ataques de denegación de servicio disruptivos a unos ciberataques con más capacidad de destrucción, véase «Cyberattacks Seem Meant to Destroy, Not Just Disrupt», el artículo que escribí con Sanger para el *The New York Times* del 28 de marzo de 2013.

J. Michael Daniel también fue muy generoso conmigo al dedicar su tiempo a explicarme la respuesta inicial del gobierno al ataque iraní contra la presa Bowman Avenue de Westchester County, Nueva York. Tres años después del ataque, el Departamento de Justicia estadounidense desclasificó una acusación contra los siete iraníes que afirmaba que eran responsables de los ataques contra los bancos y la presa Bowman Avenue: Hamid Firoozi, Ahmad Fathi, Amin Shokohi, Sadegh Ahmadzadegan (más conocido por su alias «Nitrojen26»), Omid Ghaffarinia («PLuS»), Sina Keissar y Nader Saedi («Turk Server»). Todos ellos trabajaban en dos sociedades fantasma de los Cuerpos de la Guardia Revolucionaria Islámica: ITSecTeam y Mersad. Fue Firoozi quen penetró la presa Bowman. Según la acusación, Firoozi accedió a información sobre la operación de la presa en repetidas ocasiones: sus niveles de agua y de presión y sus cierres y compuertas. La acusación no dejaba claro si Firoozi había pretendido atacar la presa Bowman de Oregón, la cual es mucho más grande, o si solo pretendía estudiar cómo funcionaban las presas estadounidenses, un ensayo para un ataque futuro. Fuera como fuese, los funcionarios estadounidenses tuvieron que imaginar que las intenciones eran hostiles. Para más información sobre las acusaciones del Departamento de Justicia, véanse los artículos «U. S. Indicts 7 Iranians in Cyberattacks on Banks and a Dam», escrito por David E. Sanger para el *The New York Times* del 24 de marzo de 2016; y «A Dam, Small and Unsung, Is Caught Up in an Iranian Hacking Case», de Joseph Berger, publicado en ese mismo periódico el 25 de marzo de 2016. Sobre el hackeo iraní a los sistemas informáticos de la Marina estadounidense, véase el artículo de Julian E. Barnes y Siobhan Gorman, «U.S. Says Iran Hacked Navy Computers», publicado en el *The Wall Street Journal* el 27 de septiembre de 2013.

A partir de 2009, los investigadores empezaron a atribuir en público los ciberataques chinos a unas universidades de China que recibían fondos del programa 863 del país. Véase el artículo de Michael Forsythe y David E. Sanger, «China Calls Hacking of U.S. Worker's Data a Crime, Not a State Act», del *The New York Times* del 2 de diciembre de 2015. China ha negado que sea cierto.

Un buen artículo de la época sobre el discurso de Panetta a bordo del *USS Intrepid* es el de Elisabeth Bumiller y Thom Shanker, «Panetta Warns of Dire Threat of Cyberattack on U.S.», publicado en el *The New York Times* del 11 de octubre de 2012. Panetta citó los ataques contra bancos estadounidenses y Aramco y dijo que esperaba que su discurso fuera un «toque de clarín» para dar pie a la acción estadounidense para combatir las ciberamenazas. Después de que bajara del podio, algunos miembros del público de líderes de negocios lo acusaron de estar exagerando y de usar una retórica demasiado encendida para llegar al Congreso. Sin embargo, Panetta negó que así fuera y declaró ante un periodista tras el discurso: «Lo que intento con todo esto es que no nos quedemos sentados a la espera de que ocurra una crisis. Es lo que solemos hacer en este país».

El artículo más completo sobre el ataque al casino Sans es el de Ben Elgin y Michael Riley, «Now at the Sands Casino: An Iranian Hacker in Every Server», publicado en *Bloomberg* el 12 de diciembre de 2014.

Los comentarios de Sheldon Adelson que desencadenaron el ataque iraní contra su casino pueden encontrarse en el artículo «Sheldon Adelson Calls on U.S. to Nuke Iranian Desert», escrito por Rachel Delia Benaim y Lazar Berman para el *Times of Israel* y publicado el 24 de octubre de 2013. A modo de respuesta, el líder supremo de Irán, el ayatolá Ali Khamenei dijo que Adelson «debería recibir una bofetada en la boca». Por inofensivo que eso sonara, la siguiente vez que Khamenei habló de abofetear a alguien fue en 2019, cuando Irán lanzó veintidós misiles contra la base militar estadounidense-iraquí en venganza por el ataque con un dron estadounidense que había acabado con la vida del general Qassem Suleimani, de Irán. Khamenei también calificó ese ataque como una «bofetada en la cara».

El extrañamente parecido ataque a Sony Pictures por parte de Corea del Norte en diciembre de 2014 lo recogimos mi compañero David Sanger y yo para el *The New York Times* en el artículo «U.S. Said to Find North Korea Ordered Cyberattack on Sony», publicado el 17 de diciembre de 2014. En cuanto a la cobertura mediática de las filtraciones de Sony, véanse el artículo de Sam Biddle, «Leaked: The Nightmare Email Drama Behind Sony's Steve Jobs Disaster», publicado en *Gawker* el 9 de diciembre de 2014; y el de Kevin Roose, «Hacked Documents Reveal a Hollywood Studio's Stunning Gender and Race Gap», publicado en *Fusion* el 1 de diciembre de 2014.

Para más información sobre la respuesta del gabinete de Obama, véase el artículo que escribí junto con David E. Sanger y Michael S. Schmidt para el *The New York Times* del 19 de diciembre de 2014, «Obama Vows a Response to Cyberattack on Sony». Para una cobertura del apagón de Internet de Corea del Norte que se produjo una semana más tarde, se puede consultar el artículo que redacté junto a David E. Sanger, «North Korea Loses Its Link to the Internet», publicado en el *The New York Times* del 22 de diciembre de 2014.

Varios exfuncionarios estadounidenses niegan haber formado parte del apagón de Internet de Corea del Norte que se produjo el 22 de diciembre de 2014, señalan las sanciones que emitió el gabinete de Obama en enero de 2015 y alegan que la respuesta oficial fue esa. Aquel mes, la Casa Blanca sancionó a diez altos cargos norcoreanos y la agencia de inteligencia que decía que era la fuente de «muchas de las ciberoperaciones más importantes de Corea del Norte». Un hecho que resulta interesante es que, de aquellos diez, dos eran representantes norcoreanos en Irán, uno de los mayores compradores de tecnología militar de Corea del Norte, lo cual ofrecía un vistazo hacia una posible cooperación para compartir conocimientos entre los dos países.

Sanger y yo fuimos los primeros en hablar sobre el ataque iraní contra el personal del Departamento de Estado en el *The New York Times*, en el artículo «Iranian Hackers Attack State Dept. via Social Media Accounts», publicado el 24 de noviembre de 2015.

Después de que Donald Trump desatara su guerra comercial contra China y abandonara el acuerdo nuclear con Irán, los ciberataques chinos e iraníes contra empresas de Estados Unidos volvieron a producirse. Hablé de ello en el artículo

«Chinese and Iranian Hackers Renew Their Attacks on U.S. Companies», publicado el 18 de febrero de 2019 en el *The New York Times*.

La descripción de la primera reunión entre Xi Jinping y Putin, además de su comentario «somos de carácter similar», se extrajo del artículo de Jeremy Page titulado «Why Russia's President is *Putin the Great* in China», publicado en el *The Wall Street Journal* del 1 de octubre de 2014. Sobre las detenciones llevadas a cabo durante el inicio de la presidencia de Xi, véase «Scores of Rights Lawyers Arrested after Nationwide Swoop in China», escrito por Ivan Watson y Steven Jiang para CNN el 15 de julio de 2015. Recomiendo encarecidamente el artículo de Evan Osmos para el *The New Yorker* sobre Xi Jinping, «Born Red», publicado el 6 de abril de 2015.

La estrategia del gobierno de Obama para cortar de raíz el robo cibernético de China se extrajo de numerosas entrevistas con exfuncionarios y también está documentada en la biografía de Susan Rice, *Tough Love: My Story of the Things Worth Fighting For* (Simon & Schuster, 2019). Ellen Nakashima habló con Rice y otras personas sobre las inminentes sanciones en su artículo del 30 de agosto de 2015 titulado «U.S. Developing Sanctions Against China over Cyberthefts» y publicado en el *The Washington Post*.

Para más información sobre el acuerdo de septiembre de 2015 entre Xi y Obama para interrumpir el hackeo para obtener ganancias comerciales, se puede consultar el artículo de Julie Hirschfield Davis y David E. Sanger, «Obama and Xi Jinping of China Agree to Steps on Cybertheft», publicado por el *The New York Times* el 25 de septiembre de 2015. Para una descripción sobre la celebración de aquel septiembre, me basé en el artículo «Obama Hosts Lavish State Dinner for China's President Xi Jinping», publicado por Associated Press el 25 de septiembre de 2015.

Después de que alcanzaran el acuerdo aquel septiembre, iSight Intelligence, una división de FireEye, informó de un descenso inmediato del 90 % en la frecuencia de ciberespionaje chino. Véanse los artículos «Chinese Curb Cyberattacks on U.S. Interests, Report Finds», escrito por David E. Sanger el 20 de junio de 2016 para el *The New York Times*; y «Russia May Be Hacking Us More, But China Is Hacking Us Much Less», de Ken Dilanian, publicado en *NBC News* el 12 de octubre de 2016.

CAPÍTULO 19: LA RED ELÉCTRICA

Este capítulo se basó mucho en mis entrevistas con funcionarios antiguos y actuales del Departamento de Seguridad Nacional que hicieron sonar las alarmas a lo largo de 2012 y 2013 sobre los ataques contra la red eléctrica estadounidense. Para el aumento de ataques que se produjo en 2012, véase el artículo «Hacker Hits on U.S. Power and Nuclear Targets Spiked in 2012», escrito por David Goldman y publicado en CNN el 9 de enero de 2013; y mis artículos para el *The New York Times*, «Tough Times at Homeland Security» y «Luring Young Web Warriors Is Priority. It's Also a Game», publicados el 13 de mayo de 2013 y el 25 de marzo de 2013 respectivamente.

Para más información sobre las ciberamenazas contra la red eléctrica, recomiendo el libro de Ted Koppel, *Lights Out* (Broadway Books, 2015). El libro incluye el texto de la carta confidencial de 2010 que R. James Woolsey, John Deutsch, James Schlesinger, William Perry, Stephen Hadley, Robert McFarlan y otros enviaron al Congreso.

En su discurso de 2013 sobre el estado de la nación, Obama confirmó lo que los trabajadores del Departamento de Seguridad Nacional llevaban un año diciéndome: «Ahora nuestros enemigos también buscan poseer la habilidad de sabotear nuestra red eléctrica, nuestras instituciones financieras y nuestros sistemas de tráfico aéreo. No podemos permitirnos mirar atrás dentro de unos años y preguntarnos por qué no hicimos nada ante unas amenazas reales contra nuestra seguridad y economía». Aquel mismo día, Obama firmó una orden ejecutiva que animaba a que se compartieran mejor las amenazas entre el gobierno y las empresas privadas que supervisaban la infraestructura de la nación, lo cual ofrecía una alternativa más débil que la legislación. La orden era todo zanahoria y nada de palo, porque exigir a los proporcionadores de servicios públicos e infraestructura que mejoraran su ciberseguridad necesitaba la aprobación del Congreso.

Un año más tarde, los funcionarios e investigadores privados de seguridad se habían confiado en su acusación: la culpa recaía en los hackers rusos, tal como indica mi artículo «Russian Hackers Targeting Oil and Gas Companies», publicado el 30 de junio de 2014 en *The New York Times*. En dicho artículo, comenté que varios investigadores creían que los ataques tenían el objetivo de robar secretos industriales. Decían: «El motivo tras los ataques parece ser el espionaje industrial, una conclusión natural teniendo en cuenta la importancia de la industria del gas y el petróleo de Rusia. Sin embargo, el modo en que los hackers rusos atacan a las empresas también les proporciona la oportunidad de tomar el control de sistemas de control industrial desde lejos, de un modo similar en el que Estados Unidos e Israel fueron capaces de usar el gusano informático Stuxnet en 2009 para tomar el control de una central nuclear iraní». Más adelante, cambiaron de parecer: el verdadero objetivo no era robar propiedad intelectual, sino que esos ataques eran la fase de preparación de una ciberguerra.

Para una descripción de las peticiones por parte de Rusia para una prohibición internacional a las ciberarmas, véase el artículo que escribí con Andrew E. Kramer, «Expert Issues a Cyberwar Warning», para el *The New York Times* del 3 de junio de 2012. Acerca del nerviosismo ruso sobre el aumento de los ataques cibernéticos, se puede consultar «Three Faces of the Cyber Dragon: Cyber Peace Activist, Spook, Attacker», escrito por Timothy Thomas y publicado en la Foreign Military Studies Office en 2012. Para más detalles sobre el mercado de Internet de las Cosas en Rusia, véase el artículo de MarketWatch del 17 de octubre de 2019, titulado «Russia Internet of Things (IoT) Market Is Expected to Reach $74 Billion By 2023».

Sobre las estadísticas del PIB ruso, su paridad de poder adquisitivo y crecimiento de su población, me basé en el CIA World Factbook, la clasificación de PIB del Banco Mundial y los estudios del Wilson Center sobre las tendencias demográficas de Rusia.

La investigación de John Hultquist, de FireEye, sobre la unidad rusa GRU, conocida por los investigadores privados como Gusano de Arena, fue una ayuda inestimable para los reportajes que redacté para el *The New York Times*. La explicación más completa sobre el descubrimiento de Gusano de Arena por parte de

Hultquist es la que escribió Andy Greenberg en su libro *Sandworm: A New Era of Cyberwar and the Hunt for the Kremlin's Most Dangerous Hackers*, además del artículo de Kim Zetter, «Russian Sandworm Hack Has Been Spying on Foreign Governments for Years», publicado en *Wired* el 14 de octubre de 2014.

La investigación de Hultquist condujo a una mayor disección de las herramientas de Gusano de Arena por parte de dos investigadores de Trend Micro, otra empresa de seguridad. Véase «Sandworm to Blacken: The SCADA Connection», escrito por Kyle Wilhoit y Jim Gogolinski y publicado por *Trend Micro* el 16 de octubre de 2014.

Dos semanas más tarde, el Equipo de Respuesta ante Emergencias de Sistemas de Control Industrial (ICS-CERT) publicó un aviso de seguridad que detallaba los ataques de Gusano de Arena no solo contra el software de General Electric, sino también contra Siemens y Advantech, las cuales venden software que permite conectarse a infraestructura industrial. Pese a que el aviso ya no se puede consultar, está detallado en numerosos reportajes de la prensa, como por ejemplo el de Michael Mimoso, «BlackEnergy Malware Used in Attacks Against Industrial Control Systems», publicado en *Threatpost* el 29 de octubre de 2014.

El Departamento de Estado estadounidense y el Centro de Ciberseguridad Nacional del Reino Unido revelaron oficialmente que el grupo BlackEnergy/Gusano de Arena, de Rusia, era una división de la Unidad 74455 del GRU ruso el 20 de febrero de 2020. En una poco común declaración de atribución, los funcionarios estadounidenses y británicos vincularon el grupo a una serie de ciberataques contra Georgia acaecidos en 2019, los cuales interrumpieron el servicio de varias miles de páginas web privadas y del gobierno georgiano y cortaron las emisiones de al menos dos importantes cadenas de televisión. Véase la declaración de prensa del 20 de febrero de 2020 por parte del secretario de Estado Michael R. Pompeo, «The United States Condemns Russian Cyber Attack Against the Country of Georgia».

El Departamento de Justicia de Estados Unidos ya había nombrado a la Unidad 74455 del GRU el 4 de octubre de 2018, en una acusación contra siete oficiales militares rusos. Esta alegaba que los miembros de la unidad habían establecido las cuentas de redes sociales y otras infraestructuras de hackeo usadas por la Unidad 26265 del GRU (conocida como «Oso Lujoso») para hackear a los funcionarios antidopaje y a las organizaciones que investigaban el uso de armas químicas por parte de Rusia. Puede consultarse la rueda de prensa del Departamento de Justicia, «U.S. Charges Russian GRU Officers with International Hacking and Related Influence and Disinformation Operations», del 4 de octubre de 2020. La Unidad 74455 del GRU también se mencionó en repetidas ocasiones en el informe Mueller, como una de las dos unidades que habían atacado al Comité Democrático Nacional y habían ayudado a liberar los documentos robados por la Unidad 26165. El informe Mueller afirmaba que la Unidad 74455 era responsable de los ataques contra sistemas informáticos que pertenecían a las juntas estatales electorales de Estados Unidos, a secretarios de Estado y a las empresas estadounidenses que proporcionaban software y otra tecnología de elecciones. La unidad mantiene varios departamentos, uno de los cuales es el grupo que el equipo de Hultquist denominó Gusano de Arena; otro de ellos es el grupo al que CrowdStrike llama «Oso Amistoso». Véase el informe del asesor especial Robert S. Mueller III, «Report on the Investigation into Russian Interference in the 2016 Election», volúmenes I y II, de marzo de 2019.

En Ucrania, Oleksii Yasinsky y Oleh Derevianko pasaron días explicándome la cronología de los ataques de Gusano de Arena contra los medios de comunicación ucranianos, así como a su red eléctrica, y los de NotPetya. Para más información sobre los ataques rusos contra Ucrania, recomiendo encarecidamente el artículo de Kim Zetter para *Wired*, «Inside the Cunning, Unprecedented Hack of Ukraine's Power Grid», del 3 de marzo de 2016, además del libro de Greenberg, *Sandworm*, los cuales representan la explicación más completa de los ataques rusos contra Ucrania hasta la fecha.

CAPÍTULO 20: AHÍ VIENEN LOS RUSOS

El informe de prensa más completo sobre los ataques al Comité Democrático Nacional es el de mis compañeros Eric Lipton, David E. Sanger y Scott Shane, «The Perfect Weapon: How Russian Cyberpower Invaded the U.S.», publicado en *The New York Times* el 13 de diciembre de 2016.

Después del descubrimiento de Heartbleed se produjo un informe en Bloomberg que afirmaba que la NSA tenía conocimiento del fallo Heartbleed desde hacía años, una afirmación que la NSA y la Casa Blanca negaron con rotundidad. Véanse «NSA Said to Exploit Heartbleed Bug for Intelligence for Years», escrito por Michael Riley el 11 de abril de 2014; y el artículo que escribí con David E. Sanger para el *The New York Times* de ese mismo día, «U.S. Denies It Knew of Heartbleed Bug on the Web».

Aquel toma y daca obligó a la Casa Blanca a desvelar, por primera vez, el Proceso de Equidad de Vulnerabilidades, a través del cual el gobierno decide con qué días cero se queda y cuáles entrega para que se solucionen. Para más información, véase la entrada del blog de la Casa Blanca escrita por J. Michael Daniel el 28 de abril de 2014, «Heartbleed: Understanding When We Disclose Cyber Vulnerabilities»; además de la cobertura de David Sanger para *The New York Times*, en el artículo «Obama Lets NSA Exploit Some Internet Flaws, Officials Say», publicado el 13 de abril de 2014.

Estoy en deuda con J. Michael Daniel por todas las horas que pasó hablándome (tanto como podía en público) sobre el cálculo que debe hacer el gobierno al decidir si se guarda o revela una vulnerabilidad informática. También le estoy eternamente agradecida a Howard Schmidt, quien precedió a Daniel como coordinador de ciberseguridad de la Casa Blanca y, por desgracia, falleció en marzo de 2017. A lo largo de varias entrevistas, Schmidt me habló sobre el dilema al que se enfrentaba el gobierno estadounidense porque el mercado de días cero se trasladaba al extranjero. Algunas de esas entrevistas aparecieron en *The New York Times*, mientras que otras ayudaron a inspirar y a informar este libro. Véase el artículo que escribí con David E. Sanger, «Nations Buying as Hackers Sell Flaws in Computer Code», publicado en el *The New York Times* del 13 de julio de 2013.

En cuanto al papel de los Países Bajos en desvelar la existencia de los hackers Oso Amistoso de Rusia, véase el artículo «Dutch Agencies Provice Crucial Intel about Russia's Interference in U.S.-Elections», escrito por Huib Modderkolk el 25 de enero de 2018 y publicado en *Volkskrant*.

Sobre nuestra cobertura de EternalBlue, la vulnerabilidad de la NSA que se filtró y que ejerció un papel esencial en los ataques WannaCry de Corea del Norte y, poco después, en los ataques rusos de NotPetya, véanse mis artículos «Hackers Hit Dozens of Countries Exploiting Stolen NSA Tool», el cual escribí con Sanger el 12 de mayo de 2017; «A Cyberattack the World Isn't Ready For», del 22 de junio de 2017; e «In Baltimore and Beyond, a Stolen NSA Tool Wreaks Havoc», escrito con Scott Shane el 25 de mayo de 2019, todos ellos publicados en *The New York Times*.

Este capítulo se basó en gran medida en el «Report on Russian Active Measures Campaigns and Interference in the 2016 U.S. Election», elaborado por el Comité del Senado de Inteligencia. Recomiendo que se lea este informe y el informe Mueller. Véase: www.intelligence.senate.gov/sites/default/files/documents/Report_Volume2.pdf y los volúmenes I y II del «Report on the Investigation into Russian Interference in the 2016 Presidential Election», escrito por el asesor especial Robert S. Mueller III en marzo de 2019 y disponible en: www.justice.gov/storage/report.pdf.

El primer atisbo público de los intentos de Rusia por infiltrarse en las elecciones presidenciales de 2016 se produjo en el artículo de Ellen Nakashima del 14 de junio de 2016 para *The Washington Post*, «Russian Government Hackers Penetrated DNC, Stole Opposition Research on Trump».

La mejor crónica de ello fue publicada más adelante por mis compañeros Eric Lipton, David E. Sanger y Scott Shane el 13 de diciembre de 2016: «The Perfect Weapon: How Russian Cyberpower Invaded the U.S.».

Un reportaje subsiguiente de aquel mismo año que relataba que la oficina de Moscú del *The New York Times* también fue el objetivo de un intento de ciberataque por parte de Rusia se perdió en la tormenta mediática. No existen pruebas de que los hackers rusos lograran cumplir su objetivo. Véase mi artículo con David E. Sanger, «*New York Times*'s Moscow Bureau Was Targeted by Hackers», publicado en el *The New York Times* del 23 de agosto de 2016.

El mejor artículo de prensa sobre los intentos por parte de Rusia de influenciar a través de las redes sociales es el de Scott Shane y Mark Mazzetti, publicado en el *The New York Times* el 16 de febrero de 2018: «Inside a 3-Year Russian Campaign to Influence U.S. Voters».

También me basé en la acusación de la Agencia de Investigación de Internet rusa por parte de Estados Unidos. Dicha acusación puede consultarse en *Estados Unidos v. Internet Research Agency, et al.*, Caso 1:18-cr-00032-DLF, D.D.C., del 16 de febrero de 2018. Para más información sobre Yevgeny Prigozhin, quien lideró los intentos de la Agencia de Investigación de Internet rusa para influenciar las elecciones presidenciales de 2016, véase el artículo de Neil MacFarquhar, «Yevgeny Prigozhin, Russian Oligarch Indicted by U.S., Is Known as *Putin's Cook*», publicado en el *The New York Times* del 16 de febrero de 2018. Después de que condenaran a Prigozhin por su papel en la interferencia de las elecciones de 2016, declaró ante la agencia de noticias estatal rusa Ria Novosti: «Los estadounidenses son unas personas muy impresionables, ven lo que quieren ver. Los respeto mucho. No me molesta para nada haber acabado en esa lista. Si quieren ver el demonio, que lo vean».

Para un vistazo más detallado acerca de cómo la influencia de redes sociales rusa se desarrolló de manera local, se puede consultar el artículo de Stephen

Young para el *Dallas Observer* del 19 de diciembre de 2018, «Russian Trolls Successfully Peddled Texas Pride in 2016, Senate Reports Say».

En cuanto al ataque a VR Systems, véase el informe de la NSA filtrado, publicado por Matthew Cole, Richard Esposito, Sam Biddle y Ryan Grim en el *Intercept* del 5 de junio de 2017, «Top Secret NSA Report Details Russian Hacking Effort Days before 2016».

Cabe mencionar que el *Intercept*, así como el resto de estadounidenses, solo llegaron a saber del ataque a VR Systems por parte de Rusia gracias a Reality Winner, quien filtró un informe clasificado de la NSA a los periodistas del *Intercept*. Al parecer, ni siquiera el Departamento de Seguridad Nacional conocía la extensión a la que los hackers rusos se habían infiltrado en los vendedores que proporcionan el software y equipamiento crítico para las elecciones estadounidenses. El *Intercept* cometió un fatídico error periodístico; enviaron a la NSA una copia escaneada del informe filtrado. El informe parecía estar doblado y arrugado, lo cual indicó a los agentes que el documento había sido impreso y llevado a mano por un trabajador. A partir de ahí, los investigadores del gobierno estadounidense solo tuvieron que ver quiénes habían impreso el documento (seis personas lo habían hecho) y descubrieron que una de ellas, Reality Winner, había estado en contacto con el *Intercept* desde su ordenador del trabajo en la sede de la NSA en Augusta, Georgia, aunque por un tema no relacionado. Cuando los agentes del FBI aparecieron en casa de Winner, ella confesó haber extraído el informe clasificado y enviarlo al *Intercept*. El informe contenía unos puntos que delineaban un número de serie invisible a la vista humana, el cual permitió a la NSA comparar el documento con una máquina de su oficina. Aquello fue un trágico lapsus en la «seguridad operacional» de los periodistas. El 23 de agosto de 2018, la señora Winner fue condenada a sesenta y tres meses de prisión. Véase el artículo de Amy B. Wang, «Convicted Leaker Reality Winner Thanks Trump after He Calls Her Sentence So Unfair», publicado en el *The Washington Post* del 30 de agosto de 2018.

Para nuestros primeros reportajes sobre Guccifer 2.0, véase el artículo que escribí con Charlie Savage, «Is DNC Email Hacker a Person or a Russian Front? Experts Aren't Sure», en el *The New York Times* del 27 de julio de 2016. Lorenzo Franceschi-Bicchierai, de la sección Motherboard de *Vice*, interpretó un papel esencial en destapar la identidad de Guccifer 2.0 cuando lo entrevistó: «Why Does DNC Hacker *Guccifer 2.0* Talk Like This?», publicado en *Motherboard* el 23 de junio de 2016.

Unos artículos de la época sobre las filtraciones del Comité Democrático Nacional y el impacto que estas tuvieron son el de Sam Biddle y Gabrielle Bluestone, «This Looks Like the DNC's Hacked Trump Oppo File», publicado en *Gawker* el 15 de junio de 2016; el de Kristen East, «Top DNC Staffer Apologizes for Email on Sander's Religion», del *Politico* del 23 de julio de 2016; la publicación de Mark Paustenbach, «Bernie Narrative», en WikiLeaks el 21 de mayo de 2016 y disponible en: Wikileaks.org/dnc-emails; el de Meghan Keneally, «Debbie Wasserman Schultz Booed at Chaotic Florida Delegation Breakfast», publicado en *ABC News* el 25 de julio de 2016; el de Rosaline S. Helderman y Tom Hamburger, «Hacked Emails Appear to Reveal Excerpts of Speech Transcripts Clinton Refused to Release», en el *The Washington Post* del 7 de octubre de 2016; y el que escribí junto con David E. Sanger, «As Democrats Gather, a Russian Subplot Raises Intrigue», publicado en el *The New York Times* del 24 de julio de 2016.

Mi compañero Scott Shane proporcionó la explicación más profunda sobre las cuentas falsas que generó Rusia para influenciar las elecciones presidenciales de 2016 en el artículo del *The New York Times* del 7 de septiembre de 2017, «The Fake Americans Russia Created to Influence the Election».

Para más información sobre los debates iniciales por parte del gabinete de Obama sobre cómo responder a la interferencia de Rusia en 2016, recomiendo el libro de David Sanger, *The Perfect Weapon: War, Sabotage, and Fear in the Cyber Age* (Crown, 2018).

Al principio, el Departamento de Seguridad Nacional informó de que Rusia había atacado sistemas de registro de votantes en veintiún estados, y esa cifra se ajustó más adelante para incluir a todos los cincuenta estados. Véase «Russia Targeted Election Systems in All 50 States, Report Finds», escrito por David E. Sanger y Catie Edmonson para el *The New York Times* del 25 de julio de 2019.

Para una explicación en profundidad sobre cómo el gabinete de Trump evalúa las amenazas a las elecciones de 2020, véanse los artículos «Chaos Is the Point: Russian Hackers and Trolls Frow Stealthier in 2020», del 10 de enero de 2020, y «Amid Pandemic and Upheaval, New Cyberthreats to the Presidential Election», del 7 de junio de 2020, ambos escritos por mí junto a Matthew Rosenberg y David E. Sanger para el *The New York Times*. La controvertida respuesta de McConnell a la seguridad de las elecciones se recoge en el artículo de Steve Benen, «McConnell's Response to Russian Attack Is Back in the Spotlight», publicado en *MSNBC* el 19 de febrero de 2018. Los comentarios públicos de Trump sobre sus dudas acerca de que Rusia interfiriera en 2016 aparecen en «After Election, Trump's Professed Love for Leaks Quickly Faded», escrito por Michael D. Shear para el *The New York Times* del 15 de febrero de 2017; «Trump on RT: Russian Election Interference *Probably Unlikely*», escrito por Cristiano Lima para *Politico* el 8 de septiembre de 2016; y el primer debate presidencial del 26 de septiembre de 2016, publicado en la CNN.

Para más información sobre la advertencia que John Brennan dirigió a Rusia para que el país no interfiriese en las elecciones, véase el artículo de Matt Apuzzo, «ExCIA Chief Reveals Mounting Concern over Trump Campaign and Russia», publicado en el *The New York Times* del 23 de mayo de 2017.

La referencia sobre los expertos en desinformación que afirmaron que el *kompromat* ruso no tuvo demasiada influencia en las elecciones de 2016 se puede encontrar en «Assessing the Russia Internet Research Agency's Impact on the Political Attitudes and Behaviors of American Twitter Users in Late 2017», elaborado por Christopher A. Bail, Brian Guay, Emily Maloney, Aidan Combs, D. Sunshine Hillyguus, Friedolin Merhout, Deen Freelon y Alexander Volfovsky, publicado en *Proceedings of the National Academy of Sciences of the United States*, 117, número 1, del 25 de noviembre de 2019.

Los siguientes artículos indican lo contrario: «What Really Happened in 2016, in 7 Charts», de Matthew Yglesias para el *Vox* del 18 de septiembre de 2017; «Black Voter Turnout Fell in 2016, Even as a Record Number of Americans Cast Ballots», escrito por Jens Manuel Krogstad y Mark Hugo Lopez, del Pew Research Center, y publicado el 12 de mayo de 2016; y «Trump's Victory

Margin Smaller Than Total Stein Votes in Key Swing States», redactado por Brooke Seipel para *The Hill* el 1 de diciembre de 2016.

En respuesta a la interferencia de Rusia en 2016, el gabinete de Obama acabó sancionando al país, expulsó a treinta y cinco diplomáticos rusos (entre ellos, muchos espías) de Estados Unidos y clausuró dos propiedades diplomáticas rusas. Véase el artículo de Mark Mazzetti y Michael S. Schmidt, «Two Russian Compounds, Caught Up in History's Echoes», publicado en el *The New York Times* del 29 de diciembre de 2016. Me basé en un reportaje de la CBS sobre el humo que surgía de la embajada rusa en San Francisco: «Black Smoke Pours from Chimney at Russian Consulate in San Francisco», publicado el 2 de septiembre de 2017.

CAPÍTULO 21: LOS SHADOW BROKERS

La primera transmisión por parte de los Shadow Brokers fue una serie de tuits casi ilegibles y un texto en Pastebin, una página web que permite publicar textos de forma anónima. Véase «Equation Group Cyber Weapons Auction-Invitation», publicado por el grupo el 13 de agosto de 2016.

Para conocer una de las primeras explicaciones sobre las preguntas que circulaban por los agentes de la ley, las agencias de inteligencia y los círculos de ciberseguridad, véase el artículo de David Sanger, «Shadow Brokers' Leak Raises Alarming Question: Was the NSA Hacked?», del *The New York Times* del 16 de agosto de 2016.

Cisco se vio obligada a advertir de inmediato a sus clientes de que sus cortafuegos eran vulnerables, en «Cisco Adaptive Security Appliance SNMP Remote Code Execution Vulnerability», publicado por Cisco Security Advisory Alerts el 17 de agosto de 2016. Véase también el artículo de *Forbes* de ese mismo día, escrito por Thomas Brewster: «Cisco and Fortinet Confirm Flaws Exposed by Self-Proclaimed NSA Hackers».

Bruce Sterling recogió el texto del primer manifiesto de los Shadow Brokers, publicado por *Wired* el 19 de agosto de 2016: «Shadow Brokers Manifesto».

En cuanto al hackeo del teléfono de Angela Merkel por parte de la NSA, véase el artículo «NSA Tapped German Chancellery for Decades, WikiLeaks Claims», publicado el 8 de julio de 2015. El tuit de Snowden que habla de las filtraciones, del 16 de agosto de 2016, puede consultarse en: twitter.com/Snowden/status/765515619584311296.

La primera propuesta de subasta de los Shadow Brokers no llegó a ninguna parte. Véase «No One Wants to Buy Those Stolen NSA-Linked Cyberweapons», escrito por Andy Greenberg para el *Wired* del 16 de agosto de 2016.

En cuanto a la reacción a las filtraciones por parte de la NSA, puede consultarse el artículo que redacté junto a Scott Shane, «Security Breach and Spilled Secrets Have Shaken the NSA to Its Core», en el *The New York Times* del 12 de noviembre de 2017.

Una transcripción de los comentarios de Biden en *Meet the Press* puede encontrarse en el artículo de Joe Lapointe, «Despite All Other News, Sunday Shows Keep Covering Trump's sex Scandal», publicado en el *Observer* el 17 de octubre de 2016.

Después de que los Shadow Brokers publicaran las direcciones web de los servidores señuelo de la NSA de todo el mundo, los hackers empezaron a diseccionar la lista de inmediato y publicaron sus resultados en la página web MyHackerHouse.com. La página web acabó siendo retirada: www.myhackerhouse.com/hacker-halloween-inside-shadow-brokers-leak.

Para más información sobre el caso de la filtradora de la CIA, véanse el artículo de Adam Goldman, «New Charges in Huge C.I.A. Breach Known as Vault 7», del 18 de junio de 2018; y el de Nicole Hong, «Trial of Programmer Accused in C.I.A. Leak Ends with Hung Jury», del 9 de marzo de 2020, ambos publicados en el *The New York Times*.

En cuanto al papel de Kaspersky al acceder a los documentos del trabajador de la NSA desde su ordenador personal, se puede consultar el artículo que redacté junto a Scott Shane y David Sanger, «New NSA Breach Linked to Popular Russian Antivirus Software», del 5 de octubre de 2017, y el que escribí con Shane, «How Israel Caught Russian Hackers Scouring the World for U.S. Secrets», del 10 de octubre de 2017, ambos publicados en el *The New York Times*. Kaspersky niega haber exfiltrado los documentos clasificados del contratista de la NSA a propósito y dijo que, tras haberlos recabado por accidente, los eliminó. La respuesta técnica completa por parte de Kaspersky se encuentra en «Preliminary Results of the Internal Investigation into Alleged Incidents by US Media», disponible en: www.kaspersky.com/blog/internal-investigation-preliminary-results/19894, y en su sección de preguntas frecuentes, «What Just Hit the Fan: FAQs», disponible en: www.kaspersky.com/blog/kaspersky-in-the-shitstorm/19794. Si bien la explicación fue suficiente para muchos investigadores de seguridad y clientes, otros —entre los cuales destaca el gobierno estadounidense— han prohibido el uso de productos antivirus de Kaspersky en sus redes. El hecho de que la empresa llevara mucho tiempo perseguida por acusaciones de ser una tapadera rusa no ayudó a su imagen. Véase el artículo que escribí con Andrew Kramer en el *The New York Times* del 4 de junio de 2012, «Expert Issues a Cyberwar Warning».

La entrada de blog de Jake Williams sobre las filtraciones de los Shadow Brokers puede encontrarse en «Corporate Business Impact of Newest Shadow Brokers Dump», publicado en *Rendition Infosec* el 9 de abril de 2017. La respuesta de los Shadow Brokers se puede consultar en *Steemit Post*, «Response to Response to DOXing», publicada en 2017.

El parche de 2017 de Microsoft no mencionó quién había entregado el fallo crítico del que se aprovechaban las vulnerabilidades Eternal de la NSA. Véase «Microsoft Security Bulletin MS17-010-Critical Microsoft Security Update for Windows SMB Server», publicada el 14 de marzo de 2017 y disponible en: docs.microsoft.com/en-us/security-updates/securitybulletins/2017/ms17-010

CAPÍTULO 22: LOS ATAQUES

Para unos reportajes coetáneos sobre el ataque de WannaCry, se puede consultar el artículo que escribí junto a David Sanger, «Hackers Hit Dozens of Countries Exploiting Stolen NSA Tool», del 12 de mayo de 2017, y el que redacté el 22 de mayo de 2017, «More Evidence Points to North Korea in Ransomware Attacks», ambos publicados en el *The New York Times*. El asesor de seguridad nacional,

Thomas Bossert, habló por primera vez de los ataques de WannaCry en el programa *Good Morning America* de la cadena de televisión ABC del 15 de mayo de 2017: «Unprecedented Global Cyberattack Is *an Urgent Call* to Action, Homeland Security Adviser Says». Para un vistazo más completo a las capacidades cibernéticas de Corea del Norte, véase mi artículo junto a David Sanger y David Kirkpatrick, «The World Once Laughed at North Korean Cyberpower. No More», del *The New York Times* del 15 de octubre de 2017.

Marcus Hutchins, el hacker británico que intervino en WannaCry y frenó en seco el ataque, fue detenido más adelante por crear programas maliciosos, tal como recoge el artículo de Palko Karasz, «He Stopped a Global Cyberattack. Now He's Pleading Guilty to Writing Malware», publicado en el *The New York Times* del 20 de abril de 2019. Para más información sobre Hutchins, véase el artículo de Andy Greenberg, «The Confessions of Marcus Hutchins, the Hacker Who Saved the Internet», publicado en *Wired* del 12 de mayo de 2020.

Para un vistazo sobre cómo el ataque golpeó a China, véase el artículo del *The New York Times* del 15 de mayo de 2017, «China, Addicted to Bootleg Software, Reels from Ransomware Attack», escrito por Paul Mozur. Un estudio de la BSA, una asociación mercantil de vendedores de software, concluyó que el 70 % de los programas instalados en China no contaba con las licencias apropiadas en 2015. Rusia, con un 64 %, e India, con un 58 %, se encontraban cerca del país. Al utilizar programas sin licencia ni parches, aquellos sistemas informáticos no habrían sido capaces de descargar el parche de Microsoft. Fue un recordatorio de que, por muy vulnerable que pudiera ser Estados Unidos ante los ciberataques, la piratería ha hecho que países como China, Rusia o India sean igual de vulnerables. El estudio de la BSA se puede consultar en: www.bsa.org/-/media/Files/StudiesDownload/BSA_GSS_US.pdf

Bossert atribuyó en público el ataque de WannaCry a Rusia en su publicación para el *The New York Times* del 18 de diciembre de 2017: «It's Official: North Korea Is behind WannaCry».

Para más información sobre los primeros intentos por parte de Microsoft para reducir la vigilancia del gobierno, véase el artículo de Rory Carroll, «Microsoft and Google to Sue over US Surveillance Requests», del 31 de agosto de 2013; y el de Spencer Ackerman y Dominic Rushe, «Microsoft, Facebook, Google and Yahoo release US Surveillance requests», del 3 de febrero de 2014, ambos publicados en *The Guardian*. La respuesta de Brad Smith a WannaCry se encuentra en la entrada de blog del 14 de mayo de 2017, «The Need for Urgent Collective Action to Keep People Safe Online: Lessons from Last Week's Cyberattack», disponible en: blogs.microsoft.com/on-the-issues/2017/05/14/need-urgent-collective-action-keep-people-safe-online-lessons-last-weeks-cyberattack

Los primeros relatos sobre la respuesta de Ucrania ante NotPetya se extrajeron de entrevistas con Dmitro Shymkiv. En cuanto a su papel en las protestas de Ucrania en 2014, véase el artículo del 8 de enero de 2014 de University World News, «What the Ukrainian Protests Mean», de Serhiy Kvit.

Hablé sobre los ataques de NotPetya, junto a Mark Scott y Sheera Frenkel, para *The New York Times*, en el artículo del 27 de junio de 2017, «Cyberattack Hits Ukraine Then Spreads Internationally». Andy Greenberg, quien citó a Thomas Bossert, proporcionó la primera estimación pública de los daños causados en el artículo «The Untold Story of NotPetya, the Most Devastating Cyberattack in History», publicado en *Wired* el 22 de agosto de 2018. Shymkiv y otros afirman que diez mil millones de dólares es una cifra demasiado baja, pues alegan que existen empresas privadas que nunca mencionaron haber sufrido ningún daño. Mi compañero Adam Satariano y yo cubrimos las batallas entre las víctimas y sus empresas aseguradoras, las cuales se negaron a pagar por los daños sufridos en Merck y Mondelez, al aferrarse a una cláusula de excención de guerra que suele encontrarse en los contratos, pero que no se suele utilizar. Véase mi artículo con Adam Satariano, «Big Companies Thought Insurance Covered a Cyberattack, They May be Wrong», del *The New York Times* del 15 de abril de 2019.

Los comentarios de Brad Smith hacia las Naciones Unidas se pueden consultar en «Remarks on Cybersecurity and a Digital Geneva Convention», publicado el 9 de noviembre de 2017, y disponible en: www.youtube.com/watch?v=EMG4ZukkClw. En cuanto a la propuesta anterior de Richard Clarke de que los países accedieran a no lanzar ciberataques contra la infraestructura civil, véase el libro de Richard A. Clarke y Robert K. Knake, *Guerra en la red: Los nuevos campos de batalla* (Ariel, 2011).

David E. Sanger y yo elaboramos una crónica sobre los ciberataques rusos contra la red eléctrica estadounidense y viceversa para el *The New York Times* del 15 de junio de 2019, titulada «U.S. Escalates Online Attacks on Russia's Power Grid».

CAPÍTULO 23: EL JARDÍN TRASERO

Scott Shane y yo informamos sobre la larga estela de EternalBlue, la cual incluía ataques en San Antonio, Texas; Allentown, Pensilvania; y, por último, en Baltimore, el jardín trasero de la NSA. Véase el artículo «In Baltimore and Beyond, A Stolen NSA Tool Wreaks Havoc», publicado por *The New York Times* el 25 de mayo de 2019. Véase también «Federal Agents Investigate Attempted Hacking at Bexar County Jail», escrito por Yami Virgin para Fox San Antonio el 31 de enero de 2019.

El artículo dio paso a una respuesta muy negativa por parte de desarrolladores de vulnerabilidades como Dave Aitel y la agencia en sí, los cuales negaron que EternalBlue hubiera sido un factor en el ataque de Baltimore. La verdad fue que Baltimore había sufrido varios ataques: uno de ellos involucraba a EternalBlue, mientras que otro se trataba de un programa de secuestro informático llamado «Robinhood». Los investigadores de Microsoft, que dispone de la mejor telemetría sobre la presencia de EternalBlue en sus sistemas y estaba contratada por la ciudad de Baltimore, confirmó la presencia de EternalBlue y llegó a la conclusión inicial de que la vulnerabilidad de la NSA había ayudado a propagar programas de secuestro informático por los sistemas de Baltimore. El consenso final fue que los atacantes de Baltimore habían propagado su programa de secuestro de forma manual, mientras un grupo distinto usaba la herramienta de la NSA para otro propósito… el cual se desconoce hasta el momento. Aun así, cabe mencionar que, para cuando Baltimore fue víctima de los ataques, la herramienta de la NSA estaba apareciendo por todas partes. Amit Serper, un investigador de Cybereason, dijo que su empresa había respondido ante ataques de EternalBlue en tres universidades estadounidenses distintas y había encontrado servidores vulnerables en grandes ciudades como Dallas, Los Ángeles y Nueva York. Jake Williams, exanalista de TAO, había respondido a ataques de EternalBlue en varios distritos de Estados Unidos. Después de que el mejor hacker de la NSA, Rob Joyce, afirmara en público que EternalBlue no se había usado en el ataque de Baltimore, Microsoft les dijo a sus clientes de dicha ciudad que planeaba publicar una declaración que confirmaba nuestros reportajes. Al final, Baltimore se negó a darle permiso a la empresa para revelar sus hallazgos por motivos desconocidos, aunque se sospecha que fue un intento de hacer que desapareciera toda aquella publicidad, o simplemente no quería hacer público el hecho de que no había parcheado el fallo de Microsoft. Muchos investigadores de seguridad declararon que la culpa no era de la NSA por perder sus herramientas, sino de Baltimore por no actualizar sus sistemas. Aun así, cabe mencionar que los pueblos y ciudades suelen funcionar con presupuestos de ciberseguridad muy limitados y que sus administradores informáticos supervisan un entramado de redes formadas por sistemas antiguos y desfasados. Para más información sobre todo ese toma y daca, véase el artículo que redacté junto con Scott Shane para el *The New York Times* del 31 de mayo de 2019, «NSA Denies Its Cyberweapon Was Used in Baltimore Attack, Congressman Says»; y, para el artículo del *The Wall Street Journal* que confirmaba los distintos ciberataques de Baltimore, véase «Hackers Won't Let Up in Their Attack on U.S. Cities», escrito por Scott Calvert y Jon Kamp el 7 de junio de 2019.

En cuanto al hecho de que China detectó y reutilizó las vulnerabilidades de la NSA, se puede consultar el artículo que escribí con David E. Sanger y Scott Shane para el *The New York Times* del 6 de mayo de 2019, «How Chinese Spies Got the NSA's Hacking Tools, and Used Them for Attacks». El grupo chino que Symantec identificó en su informe también se conoce como «Buckeye», «Gothic Panda» o «APT3», según la agencia de seguridad en cuestión. De acuerdo con unos informes filtrados de la NSA a los que tuve acceso, el grupo, que operaba desde Guangzhou y que antes se conocía por el nombre en código clasificado de la NSA «Legión Ámbar», es uno de los distintos contratistas que trabajan para el Ministerio de Seguridad del Estado de China, y que ya había sido atrapado atacando a desarrolladores de armas y laboratorios de investigación científica de Estados Unidos.

Para más información sobre las relaciones entre Estados Unidos y China, véase el artículo de Evan Osnos, «The Future of America's Contest with China», publicado por el *The New Yorker* el 6 de enero de 2020. En cuanto al supuesto desarrollo de armas nucleares por parte de China, se puede consultar la noticia de Associated Press «China Denies U.S. Allegations It's Testing Nuclear Weapons», del 16 de abril de 2020. Paul Mozur redactó un informe completo sobre la vigilancia de China a sus minorías étnicas uigures en el artículo «One Month, 500.000 Face Scans: How China Is Using A.I. To Profile a Minority», publicado el 14 de abril de 2019; véase también el de Austin Ramzy y Chris Buckley, «*Absolutely No Mercy*: Leaked Files Expose How China Organized Mass Detentions of Muslims», del 16 de noviembre de 2019, ambos publicados por *The New York Times*.

El descubrimiento de Google de las vulnerabilidades de iOS de China se recoge en «A Very Deep Dive into iOS Exploit Chains Found in the Wild», escrito por

Ian Beer para Google Project Zero el 29 de agosto de 2019. Para más información sobre esta campaña, véase la noticia que redacté junto a Kate Conger y Paul Mozur, «China Sharpens Hacking to Hound Its Minorities, Far and Wide», publicada en el *The New York Times* del 22 de octubre de 2019. En cuanto a la operación Nitro Zeus del Pentágono para derribar la red eléctrica iraní en el caso de que se produjera un conflicto más amplio, puede consultarse el artículo de David E. Sanger y Mark Mazzetti, «U.S. Had Cyberattack Plan if Iran Nuclear Dispute Led to Conflict», publicado en el *The New York Times* del 16 de febrero de 2016. Para las fuentes de los ciberataques del Cibercomando contra Irán en respuesta a los ataques contra los barcos petroleros, véase «U.S. Carried Out Cyberattacks on Iran», escrito por Julian E. Barnes y Thomas Gibbons-Neff el 22 de junio de 2019 para el *The New York Times*. Por último, Robert McMillan redactó un informe sobre los ciberataques iraníes contra cientos de empresas occidentales en los últimos años, titulado «Iranian Hackers Have Hit Hundred of Companies in Past Two Years» y publicado el 6 de marzo de 2019 por el *The Wall Street Journal*.

En octubre de 2019, Microsoft informó que Irán estaba tanteando al menos una campaña presidencial, y pudimos confirmar que se trataba de la de Donald Trump, tal como indicamos en el artículo que escribí junto con David E. Sanger, «Iranian Hackers Target Trump Campaign as Threats to 2020 Mount» y que publicó el *The New York Times* el 4 de octubre de 2019. A pesar de la afirmación de Trump de que «todo iba bien» que se produjo después de los ataques iraníes en venganza contra una base del Ejército conjunta entre Estados Unidos e Irak, más adelante descubrimos que los ataques habían causado unas lesiones cerebrales graves en más de cien soldados estadounidenses. Véase el artículo de Bill Chappell, «109 U.S. Troops Suffered Brain Injuries in Iran Strike, Pentagon Says», publicado por NPR el 11 de febrero de 2020.

La referencia sobre que el *The Washington Post* no pensaba dejar que la muerte de Khashoggi quedara impune se extrajo del escrito de la junta editorial del propio periódico, «One Year Later, Our Murdered Friend Jamal Has Been Proved Right», publicada en el *The Washington Post* el 30 de septiembre de 2019. Karen Weise, Matthew Rosenberg y Sheera Frenkel escribieron un artículo sobre el ataque informático de los saudíes a Jeff Bezos después de que se produjera: «Analysis Ties Hacking of Bezos' Phone to Saudi Lader's Account», publicado en el *The New York Times* el 21 de enero de 2020. La fijación de Trump con el salvaje oeste quedó de manifiesto en su discurso sobre el estado de la nación de 2020, en el cual mencionó a Wyatt Earp, Annie Oakley y Davy Crockett, tal como recoge Jessica Machado en «Trump Just Gave Americans a Lesson in White History», publicado el 5 de febrero de 2020 en *Vox*.

La Casa Blanca de Trump eliminó la posición de coordinador de ciberseguridad en mayo de 2018, tal como indicamos David E. Sanger y yo en nuestro artículo «White House Eliminates Cybersecurity Coordinator Role» para el *The New York Times* del 15 de mayo de 2018. En cuanto a la relajación de las sanciones a Rusia, véase el artículo de Donna Borak, «Treasury Plans to Lift Sanctions on a Russian Aluminum Giant Rusal», publicado el 19 de diciembre de 2018 en *CNN Business*. Sobre las advertencias que recibió la secretaria de seguridad nacional, Kirstjen Nielsen, para que dejara de mencionar la seguridad electoral delante del presidente, véase el artículo «In Push for 2020 Election Security, Top Official Was

Warned: Don't Tell Trump», escrito por Eric Schmitt, David E. Sanger y Maggie Haberman para el *The New York Times* del 24 de abril de 2019. Lucien Bruggeman escribió sobre la continua voluntad por parte de Trump de aceptar un *kompromat* extranjero sobre un oponente político en «*I Think I'd Take It*: An Exclusive Interview, Trump Says He Would Listen if Foreigners Offered Dirt on Opponents», publicado en *ABC News* el 13 de junio de 2019. La broma que Trump compartió con Putin sobre librarse de los periodistas puede encontrarse en el artículo de Julian Borger titulado «Trump Jokes to Putin They Should *Get Rid* of Journalists», que publicó *The Guardian* el 28 de junio de 2019. Y sobre la posibilidad muy real de que el ataque a los sistemas electorales de Estados Unidos en 2016 por parte de Rusia no fuera más que un ensayo para las elecciones de 2020, además de sobre los continuos intentos de Rusia de evitar los controles de las redes sociales al alquilar cuentas legítimas y usar VPN, véase el artículo que redacté junto a Matthew Rosenberg y David E. Sanger para el *The New York Times* del 10 de enero de 2020, «"Chaos Is the Point": Russian Hackers and Trolls Grow Stealthier in 2020». Para más información sobre la incesante intrusión de Rusia en los debates estadounidenses sobre posesión de armas, inmigración y raza, véase «Facebook Grapples with a Maturing Adversary in Election Meddling», escrito por Kevin Roose el 1 de agosto de 2018 para *The New York Times*. El 15 de junio de 2020 redacté un artículo para *The New York Times* que contiene un vistazo más detallado a las tácticas de imitación rusas en las redes sociales, además de explicar el papel de Rusia en propagar una teoría de la conspiración muy divisiva durante el caucus de Iowa: «A Conspiracy Made in America May Have Been Spread by Russia».

El ciberataque del Cibercomando contra los servidores rusos durante las elecciones a medio mandato de 2018 se explica en el artículo de David E. Sanger del 20 de septiembre de 2019, «Trump Loosens Secretive Restraints on Ordering Cyberattacks», y en el de Julian E. Barnes del 23 de octubre de 2018, «U.S. Begins First Cyberoperation Against Russia Aimed at Protecting Elections», ambos publicados por *The New York Times*. Hablé de los subsiguientes intentos por parte de Rusia de adentrarse en los servidores del Comité Democrático Nacional en 2018 en mi artículo «DNC Says It Was Targeted Again by Russian Hackers after 18 Election», publicado en *The New York Times* el 18 de enero de 2019.

Para unos artículos de la época sobre los secuestros informáticos en Riviera Beach y Palm Springs, Florida, véase el artículo de Alexander Ivanyuk, «Ransomware Attack Costs $1.5 Million in Riviera Beack, Fl.», publicado el 24 de junio de 2019 en Acronis Security Blog, y el de Sam Smink, «Village of Palm Springs confirms cyberattack», publicado el 20 de junio de 2019 por West Palm Beach TV.

Varias empresas de seguridad han documentado a lo largo de los años los detalles que vinculan los ataques de secuestros informáticos con grupos de cibercriminales rusos. Uno de los primeros informes sobre ellos es el elaborado por Kaspersky el 14 de febrero de 2017, «More than 75 Percent of Crypto Ransomware in 2016 Came from Russian-Speaking Cybercriminal Underground», disponible en: usa.kaspersky.com/about/press-releases/2017_more-than-75-of-crypto-ransomware-in-2016-came-from-the-russian-speaking-cybercriminal-underground. Es importante mencionar que los autores de secuestros informáticos rusos detrás de la familia de programas de secuestros «Sigrun» se ofrecieron a desencriptar datos pertenecientes a las víctimas de Rusia gratis. Alex Svirid, un investigador de seguridad, fue el primero en publicar esta observación en un tuit el 31 de mayo de 2018. Un investigador de seguridad de Malwarebytes contestó con unos correos electrónicos entre un autor de programas de secuestro ruso y dos víctimas (una de ellas en Estados Unidos y la otra en Rusia) para demostrar la veracidad de lo que mencionaba Svirid. Véase el artículo de Lawrence Abrams, «Sigrun Ransomware Author Decrypting Russian Victims for Free», publicado en *Bleeping Computer* el 1 de junio de 2018. Para un análisis técnico sobre cómo los autores de programas de secuestros buscan y evitan sistemas informáticos que cuentan con teclados rusos, véase la publicación de SecureWorks sobre Revil Sodinokibi Ransomware. Extraje información de la época a partir de entrevistas con investigadores de CrowdStrike en 2019 y 2020.

En cuanto a los datos sobre pagos de rescates en secuestros informáticos, me percaté de que las estimaciones difieren en gran medida. Un análisis del FBI sobre carteras de bitcoin y notas de secuestro demostró que, entre octubre de 2013 y noviembre de 2019, 144.350.000 dólares se pagaron en bitcoins a autores de secuestros informáticos, y esa era la estimación baja. En 2020, un análisis de Emsisoft a unos cuatrocientos cincuenta mil incidentes proyectó que las demandas de los secuestros informáticos podían exceder 1,4 mil millones de dólares en 2020 solo en Estados Unidos. En cuanto al coste total que todo ello representó para los negocios (el pago del rescate sumado al tiempo en el que no pudieron trabajar con normalidad), Emsisoft estimó que, en Estados Unidos, excedía los nueve mil millones de dólares. Todo ello se explica en el informe de Emsisoft, «Report: Cost of Ransomware in 2020. A Country-by-Country Analysis», publicado el 11 de febrero de 2020. Renee Dudley redactó un fascinante artículo sobre el auge de pagos de rescate por secuestros informáticos y de los ataques en sí, además de sobre el papel de la industria de aseguradoras cibernéticas que animaba a las víctimas a pagar, en «The Extortion Economy: How Insurance Companies are Fueling the Rise in Ransomware Attacks», publicado en ProPublica el 27 de agosto de 2019.

Los vínculos que se sospecha que existen entre los secuestros informáticos que se produjeron en los pueblos y ciudades de Estados Unidos y las amenazas a la infraestructura electoral del país se basan en las más de doce entrevistas que llevé a cabo con funcionarios e investigadores de seguridad privados estadounidenses a lo largo de 2019 y 2020. Sin embargo, en junio de 2020, un informe confidencial del FBI que advertía de la «probable» convergencia de secuestros informáticos y ataques contra la infraestructura de elecciones apareció en las «filtraciones azules» de Anonymous. El informe del FBI describía el secuestro informático en Luisiana y un subsiguiente secuestro en enero de 2020 que se produjo en el condado Tillamook, en Oregón, y que impidió el acceso a los sistemas de registro de votantes. El informe concluyó que los secuestros informáticos contra «redes de los condados y los estados es muy probable que pongan en riesgo la disponibilidad de los datos en servidores electorales interconectados, incluso si esa no es la intención de los atacantes». Véase el Federal Bureau of Investigation Executive Analytical Report titulado «(U/FOUO) Ransomware Infections of US County and State Government Networks Inadvertently Threaten Interconnected Election Servers», publicado el 1 de mayo de 2020. Mark Ballard escribió un artículo en ese entonces sobre el secuestro informático de Luisiana de aquel noviembre en «Louisiana: Cyberattack Has No Impact on State's Elections», publicado en *Government Technology* el 25 de noviembre de 2019.

Para más información sobre los intentos de Mitch McConnell de bloquear las leyes de seguridad electoral, véase el artículo de Nicholas Fandos, «New Election Security Bills Face a One-Man Roadblock: Mitch McConnell», publicado en *The New York Times* del 7 de junio de 2019. Aquellos intentos le ganaron el sobrenombre de «Mitch Moscú» a McConnell. En septiembre de 2019, el senador McConnell accedió por fin a una ley que autorizaba aportar doscientos cincuenta millones de dólares a la seguridad electoral. Dicha ley no obligaba a los estados a usar los fondos para adquirir máquinas de papeletas marcadas a mano, el sistema electoral de referencia, y estaba muy lejos de los mil millones de dólares para legislación de seguridad electoral que habían propuesto los demócratas. Véase el artículo de Philip Ewing, «McConnell, Decried as *Moscow Mitch* Approves Election Security Money», publicado en *NPR* el 20 de septiembre de 2019.

Scott Shane habló sobre la infundada teoría de la conspiración de Trump sobre CrowdStrike en «How a Fringe Theory About Ukraine Took Root in the White House», publicado en *The New York Times* el 3 de octubre de 2019. Traté personalmente la teoría de la conspiración el 25 de noviembre de 2019 en una entrevista con Jim Sciutto, de la CNN, disponible en: www.youtube.com/watch?v=TLShgL7iAZE. CrowdStrike publicó su respuesta en su blog el 22 de enero de 2020, «CrowdStrike's Work with the Democratic National Committee: Setting the record straight». Los sucesos que dieron pie al proceso de destitución de Trump ya son bien conocidos, pero la transcripción desclasificada de la llamada entre Trump y Volodímir Zelenski del 25 de julio de 2019 se puede consultar en: www.whitehouse.gov/wp-content/uploads/2019/09/Unclassified09.2019.pdf

Para más información sobre el ataque informático de Rusia a Burisma, véase el artículo que escribí con Matthew Rosenber para *The New York Times*, «Russians Hacked Ukrainian Gas Company at Center of Impeachment», publicado el 13 de enero de 2020. En un informe de auditoría, los fiscales de Ucrania anunciaron en junio de 2020 que no habían encontrado ninguna prueba que implicara a Hunter Biden, tal como explica Ilya Zhegulev en «Ukraine Found No Evidence Against Hunter Biden in Case Audit: Former Top Prosecutor», publicado por Reuters el 4 de junio de 2020. Los informes de inteligencia que concluyeron que Rusia, una vez más, interfería en las elecciones para que Trump volviera a ser presidente en 2020 y para aumentar las posibilidades del senador Sanders los explican mis compañeros Adam Goldman, Julian E. Barnes, Maggie Haberman y Nicholas Fandos en «Lawmakers Are Warned That Russia Is Meddling to Re-Elect Trump», publicado el 20 de febrero de 2020 en *The New York Times*. Los informes específicos sobre el hecho de que Rusia apoyara al senador Sanders se explican en «Russia Is Said to Be Interfering to Aid Sanders in Democratic Primaries», escrito por Julian E. Barnes y Sydney Ember para el *The New York Times* del 21 de febrero de 2020. El informe de la NSA sobre el sabotaje ruso de un protocolo de transferencia de correos electrónicos lo publicó la propia agencia en mayo de 2020 bajo el título «Exim Email Transfer Agent Actively Exploited by Russian GRU Cyber Actors».

Para saber más sobre los ataques de Rusia contra la infraestructura estadounidense, incluidas las centrales nucleares, se puede consultar mi artículo «Hackers Are Targeting Nuclear Facilities, Homeland Security Dept. and FBI Say», del *The New York Times* del 6 de julio de 2017; la alerta del Departamento de Seguridad Nacional, «Alert (TA18-074A): Russian Government Cyber Activity Targeting Energy and Other Critical Infrastructure Sectors», publicada el 15 de marzo de 2018 en: www.us-cert.gov/ncas/alerts/TA18-074A; y los artículos que redacté junto a David E. Sanger, «Cyberattacks Put Russian Fingers on the Switch at Power Plants, U.S. Says», del 15 de marzo de 2018, y «U.S. Escalates Online Attacks on Russia's Power Grid», del 15 de junio de 2019, ambos publicados en el *The New York Times*. Una de las primeras noticias sobre el ataque contra Petro Rabigh, en Arabia Saudí, es la que escribí con Clifford Kraus, «A Cyberattack in Saudi Arabia Had a Deadly Goal. Experts Fear Another Try», para el *The New York Times* del 15 de marzo de 2018. La atribución que se produjo más adelante sobre el Instituto Central de Investigación Científica sobre Química y Mecánica, de Rusia, fue publicada por FireEye el 23 de octubre de 2018, «Triton Attribution», disponible en: www.fireeye.com/blog/threat-research/2018/10/triton-attribution-russian-government-owned-lab-most-likely-built-tools.html

David Sanger, en su libro *The Perfect Weapon*, habla más sobre el papel de Nakasone en el Cibercomando y sobre la Operación Nitro Zeus.

La revelación por parte de Trump de inteligencia clasificada muy delicada ante los funcionarios rusos se recoge en el artículo de Matthew Rosenberg y Eric Schmitt para *The New York Times*, «Trump Revealed Highly Classified Intelligence to Russia, in Break with Ally, Officials Say», publicado el 15 de mayo de 2017.

Se puede consultar más cobertura sobre la respuesta de Trump al artículo que escribí con Sanger para detallar los ataques del Cibercomando contra la respuesta rusa («el acto de traición virtual») en la noticia de Erik Wemple, «Virtual Act of Treason: *The New York Times* Is Blowing Trump's Mind», publicada en el *The Washington Post* del 17 de junio de 2019; y en el artículo de opinión de A. G. Sulzberger en el *The Wall Street Journal*, «Accusing *The New York Times* of Treason, Trump Crosses a Line», publicado el 19 de junio de 2019. Para más información sobre la detención de mi compañero David Kirkpatrick en Egipto, véase «Egypt Turns Back Veteran *New York Times* Reporter», escrito por Declan Walsh para el *The New York Times* del 19 de febrero de 2019. Por último, para la historia de Declan sobre cómo la embajada de Estados Unidos no actuó ante su inminente detención, véase «The Story behind the *Times* Correspondent Who Faced Arrest in Cairo», escrita por el propio Declan Walsh el 24 de septiembre de 2019 para *The New York Times*.

La estadística sobre que los sistemas informáticos estadounidenses son víctimas de un ataque cada treinta y nueve segundos la extraje del estudio de Michel Cukier, «Study: Hackers Attack Every 39 Seconds», publicado por la facultad de Ingeniería A. James Clark de la Universidad de Maryland el 9 de febrero de 2017.

EPÍLOGO

En febrero, la agencia de ciberseguridad del Departamento de Seguridad Nacional advirtió que los secuestros informáticos ya estaban atacando a los operadores de oleoductos, tal como se indica en «Ransomware Impacting Pipeline Operations», publicado el 18 de febrero de 2020 por la Agencia de Seguridad de Infraestructura y Ciberseguridad del Departamento de Seguridad Nacional y disponible en: www.us-cert.gov/ncas/alerts/aa20-049a

Durante la fiesta Juneteenth de 2020, Anonymous —el desperdigado colectivo de hackers que llevaba casi una década sin aparecer— resurgió con un ataque a más de doscientas comisarías de policía y «centros de fusión» del FBI, centros de recabado de inteligencia, de todo el país. Las filtraciones, nombradas «filtraciones azules» por Anonymous, sumaban una década (269 GB) de datos sensibles, la filtración pública de agencias de la ley de Estados Unidos más grande hasta la fecha. Los periodistas, la policía y los activistas aún seguían examinando las filtraciones cuando acabé de escribir este libro. Entre los documentos del FBI incluidos en las filtraciones se encontraba un informe del 1 de mayo de 2020 que detallaba dos secuestros informáticos específicos, el primero en Luisiana, en noviembre de 2019, y el otro en el condado Tillamook, Oregón, en enero de 2020, los cuales afectaron a la infraestructura electoral. El informe del FBI concluía de forma un tanto lúgubre que era posible que los secuestros informáticos afectaran a la infraestructura electoral estadounidense conforme se acercaban las elecciones presidenciales de 2020.

Las cifras sobre el alza de ciberataques durante la pandemia de COVID-19 los extraje del informe de Dmitry Galov de Kaspersky Labs, «Remote Spring: The Rise of RDP Brute force Attacks», publicado el 29 de abril de 2020 en: securelist.com/remote-spring-the-rise-of-rdp-bruteforce-attacks/96820

Para más información sobre los ataques contra los datos de vacunas, véase el artículo que redacté junto a David Sanger, «U.S. to Accuse China of Hacking Vaccine Data», para el *The New York Times* del 11 de mayo de 2020.

Sobre la disminución de los costes provocados por el terrorismo y el aumento de los de los ciberataques, tomé el índice de terrorismo global de 2019 del Institute for Economics & Peace, disponible en: visionofhumanity.org/app/uploads/2019/11/GTI-2019web.pdf, y el análisis de los costes cibernéticos mundiales que elaboraron Paul Dreyer, Therese Jones, Kelly Klima, Jenny Oberholtzer, Aaron Strong, Jonathan William Welburn y Zev Winkelman en 2018 para la RAND Corporation, «Estimating the Global Cost of Cyber Risk».

Los datos sobre la prevalencia del software de acceso abierto pueden consultarse en «The 2016 State of the Software Supply Chain», publicado por Sonatype en: www.sonatype.com/hubfs/SSC/Software_Supply_Chain_Inforgraphic.pdf?t=1468857601884. La estadística sobre las «cien millones de líneas de código» en los vehículos de alta gama se extrajo de la guía de Synopsys, «Managing and Securing Open Source Software in the Automotive Industry»: www.synopsys.com/content/dam/synopsys/sig-assets/guides/osauto-gd-ul.pdf. Para más información sobre Heartbleed y el problema de mantener suficientes ojos (y fondos) sobre el código de acceso abierto, véase el artículo que redacté para *The New York Times* el 18 de abril de 2014: «Heartbleed Highlights a Contradiction in the Web». Una de las primeras noticias sobre el programa de recompensa por fallos de Internet es la de Jaikumar Vijayan, «Security Researchers Laud Microsoft, Facebook Bug Bounty Programs», publicado en *Computer World* el 8 de noviembre de 2013. Se puede consultar una descripción técnica de la iniciativa CHERI en: www.cl.cam.ac.uk/

techreports/UCAM-CL-TR-850.pdf. Hace poco, dicha iniciativa obtuvo un aumento de confianza de 45 millones de dólares por parte del gobierno británico. Para más información sobre el robo de credenciales y el papel que sigue teniendo en el sofisticado espionaje entre naciones, se puede ver la charla de Rob Joyce en USENIX Enigma 2016, «NSA TAO Chief on Disrupting Nation State Hackers», disponible en: www.youtube.com/watch?v=bDJb8WOJYdA. Véase también la descripción de Rob Joyce del 15 de noviembre de 2017 sobre el Proceso y la Política de Equidad de Vulnerabilidades, la explicación más completa del gobierno hasta la fecha: www.whitehouse.gov/sites/whitehouse.gov/files/images/External%20-%20 Unclassified%20VEP%20Charter%20FINAL.PDF

El GCHQ del Reino Unido cada vez ha revelado más información sobre su proceso de VEP, y hace poco ha empezado a publicar el número de días cero que revela cada año. Véase el artículo de Joseph Cox, «GCHQ Has Disclosed Over 20 Vulnerabilities This Year, Including Ones in iOS», publicado en *Vice* el 29 de abril de 2016.

La referencia sobre que Irán se había adentrado en treinta y seis empresas, agencias gubernamentales y ONG estadounidenses y sobre su predilección por la «pulverización de contraseñas» se extrajo de la acusación de los hackers iraníes de marzo de 2018 por parte del Distrito Sur de Nueva York. Véase: assets.document-cloud.org/documents/4419747/Read-the-Justice-Dept-indictment-against-Iranian.pdf. En cuanto a la clasificación de ciberseguridad de Noruega y Japón y a los detalles de sus respectivas políticas nacionales de ciberseguridad, véase el informe elaborado por V. S. Subrahmanian, Michael Ovelgonne, Tudor Dumitras y B. Aditya Prakash, «Global Cyber-Vulnerability Report», publicado en *Springer* en 2015. Aprovecho para darle las gracias a Subrahmanian, quien me explicó el análisis país a país.

Para la valoración final del Departamento de Seguridad Nacional sobre los problemas de las elecciones de 2016 en el condado de Durham, en Carolina del Norte, véase «Digital Media Analysis for Durham County Board of Elections», publicado por el propio departamento el 23 de octubre de 2019 y disponible en: static.politico.com/c5/02/66652a364a2989799fd6835adb45/report.pdf

En cuanto a la persistente desconfianza en Silicon Valley hacia el gobierno y los comentarios de 2019 al respecto por parte del jefe de seguridad de Uber, Matt Olsen, véase el artículo de Jeff Stone, «Mistrust Lingers between Government, Industry on Cyber Information Sharing», publicado en *Cyberscoop* en octubre de 2019.

Varias personas me fueron de una ayuda inestimable a última hora mientras elaboraba propuestas para el epílogo. Entre ellas se encuentra Paul Kocher, una de las personas más consideradas del mundo de la ciberseguridad, cuyas conversaciones fueron vitales para el libro. También quisiera darle las gracias a Peter Neumann, de SRI, el «sombrero blanco original», quien me explicó con mucha paciencia el proyecto CHERI y me proporcionó una perspectiva muy necesaria mientras comíamos *noodles*. Jim Zemlin, de la Linux Foundation, fue de gran ayuda al hablar sobre la seguridad de los programas de acceso abierto. Gary McGraw me ayudó a informar mi opinión sobre las estructuras de incentivos. Casey Ellis aceptó mis llamadas a larga distancia mientras estaba confinado en Australia y fue muy amable al compartir conmigo su punto de vista sobre cómo la pandemia afecta a nuestra ciberseguridad. Mis numerosas conversaciones con Jim Gosler, quien nunca se negó a atender el teléfono, informaron mi opinión sobre lo que se debe hacer para enderezar el barco. También le debo mucho a Mike Assante, quien falleció en julio de 2019. Tan solo conocemos un atisbo de lo que Mike hizo tras bastidores para sensibilizar al mundo sobre la vulnerabilidad de nuestras infraestructuras críticas. Unas pocas semanas antes de que muriera de cáncer, Mike me envió un correo electrónico que describía nuestro problema nacional cibernético. Decía: «Por favor, sigue proporcionando al riesgo cibernético de la infraestructura la atención que necesita. Nos encontramos en un momento muy importante en el que las antiguas ideas de ingeniería y de diseño de seguridad no tienen en cuenta del todo el software y la habilidad de manipular la realidad».